파이썬으로 시작하는

데이터과학

심송용 · 최효근 지음

Python

Data Science

KYOWOO

머리말

현대 통계학은 데이터과학의 기초가 되고 있으며 데이터과학에서 가장 많이 사용하는 컴퓨터언어가 파이썬과 R-언어이다. 파이썬은 최근에 더 많은 관심을 받고 있으며 많은 분석에서 사용되고 있다.

이 책에서는 파이썬을 전혀 모르는 경우에 대비한 파이썬 설치부터 간단한 자료처리를 앞부분에서 다룬다. 또한 파이썬을 사용하더라도 데이터 처리에서 특화되어 필요한 내용들을 따로 다룬다. 파이썬의 언어구조, 데이터 프레임, 엑셀이나 텍스트 파일 읽고 쓰기, 자료의 그룹화, 롱 포맷(long format) 및 와이드 포맷(wide format)의 자료형태 및 상호변환 등 이후 장들에서 데이터 분석을 하기 위해 필요한 데이터 처리를 2장부터 제5장에 먼저 소개한다.

필요한 기본 파이썬 지식을 다룬 후에는 데이터 분석의 기초가 되는 수치적 요약, 표를 사용한 요약은 제6장에서 자료의 시각화는 제7장에서 소개한다. 또한 최근의 비정형 데이터에서 자주 만나는 텍스트 데이터의 처리는 단어의 빈도, 찾기 및 워드 클라우드 작성 등의 기초적인 텍스트 마이닝은 제5장, 제7장에서 소개한다. 파이썬 그래픽에서 문제되는 것 중의 하나가 한글 사용인데 한글 사용 문제는 7.9절에서 운영체계 안에 있는 폰트를 불러오는 방법을 소개하여 시각화에서 한글 사용 문제를 해결하였다.

기본적인 자료의 요약이 되었으면 표본의 데이터에서 모집단의 특성을 추론하는 과정을 다루게 되고 이는 제9장에서 모집단의 평균, 비율에 대한 추론 및 두 모집단 평균이나 비율에 대한 비교로 이루어진다.

또한 제8장에서는 각 모의실험(simulation)을 하기 위한 난수의 발생, 각종 통계적 분포의 확률 등을 다루어 필요한 모형에 따른 모의실험 및 통계적 추론에서 사용하는 기본적인 개념을 다룬다.

데이터 분석의 추론에서 통계적 분포를 가정하는 경우가 많은데 제12장에서는 사용하는 모형이 적합한지 판단할 수 있는 여러가지 적합도검정(goodness-of-fit test)을 소개한다.

데이터분석에서 두 변수의 연관성을 분석하는 것은 중요한 문제 중의 하나이다. 두 변수가 모두 연속일 때 사용하는 상관계수과 상관계수에서 파생되는 내적일관성 문제들은 제11장에서 다루고 두 변수가 이산형일 때 얻는 교차표에서 두 변수의 연관성을 분석하는 방법은 제12장에서 다루었다.

두 변수의 연관성 분석에서 두 변수의 관계식을 찾는 회귀분석 문제는 제13장에서 다루었다. 회귀분석 문제는 머신러닝에서도 자주 사용하는 모형이므로 머신러닝에서 사용하는 모듈도 함께 다루었다.

두 그룹의 비교를 넘어서 비교할 그룹이 세 개 이상일 경우 어떤 모형을 사용할 지와 이 모형의 사용예는 제14장에서 소개한다. 여러 개의 그룹을 비교할 때 필요한 시각화와 다중비교 및 대비검정도 함께 다루었다.

전통적인 통계적 방법을 넘어 최근의 데이터 과학에서 많이 사용하는 워드 클라우드 작성은 문자열 처리에서 따로 다루고 웹 클롤링(Web Crawling)은 HTML에 대한 이해가 필요하므로 별도의 장으로 제15장에서 다루었다. 여기서는 HTML에 대한 간단한 소개와 파이썬에서의 웹브라우저 기동, 인터넷에 있는 파일을 직접 가져오기 등을 통해 HTML을 파싱(parsing)하여 웹의 자료를 분석하는 방법을 소개하였다.

자주 사용하는 파이썬 클래스나 함수는 상자에 노출시켜 최대한 빨리 찾을 수 있도록 하고 색인 항목을 만들 수 있는 최대한으로 만들어 색인에서 쉽게 사용예에 접근할 수 있도록 하였다.

LaTeX 사용자를 위해 데이터 프레임 등을 LaTeX `tabular` 환경으로 출력하는 문제나 `matplotlib`에서 LaTeX 명령을 사용하는 문제 등을 각각 6.5절 및 7.11절에서 다루었다. 참고로 이 책은 LaTeX으로 편집되었다.

가능한 많은 보기를 사용하여 실제 파이썬에서 어떻게 구현할 것인지 살펴보고 이때 사용한 프로그램은 `example1.py` 와 같이 파이썬 프로그램 파일 이름을 밝혀서 바로바로 코드를 확인할 수 있도록 하였다. 이 책에서 사용한 모든 파이썬 프로그램은 웹페이지를 통해서 얻을 수 있도록 하였다.

심송용 · 최효근

차례

제 1 장

파이썬의 설치

파이썬의 설치는 파이썬만 설치하는 경우도 있으나 대개 사용자 편의를 위해 파이썬 통합개발환경(Integrated Development Environment; IDE)를 설치하는 경우가 많다. 현재 파이썬의 IDE로 가장 대중적인 것은 아나콘다(Anaconda)이므로 아나콘다를 설치하는 것에 대해서 알아보자. 아나콘다를 설치하면 파이썬도 함께 설치된다.

1.1. 아나콘다의 설치

아나콘다의 설치는 2021년 6월 기준
`https://www.anaconda.com/`
에서 'individual edition' 선택 후 'Download'를 선택하거나
`https://www.anaconda.org/`
에서 'Download'를 선택하여 `Anaconda3-2021.05-Windows-x86_64.exe` 를 내려 받아 실행하면 설치된다. 설치과정은 몇 번의 클릭으로 간단하게 이루어진다.

1. 그림 1.1는 위에서 내려받은 설치 파일을 실행할 때 처음 나오는 화면과 라이센스 동의화면이다.

2. 그림 1.2는 아나콘다가 이 컴퓨터에서 현재 로그인된 사용자만 사용할 것인지 모든 사용자가 사용할 것인지 설정하고, 아나콘다가 설치될 폴더를 설정한다.

3. 그림 1.3은 아나콘다를 시스템 경로 포함시킬지 설정(보안상의 이유로 경로에 포함하지 않는 것을 권하고 있음)하고 [Install] 버튼을 클릭할 때 설치과정을 보여준다.

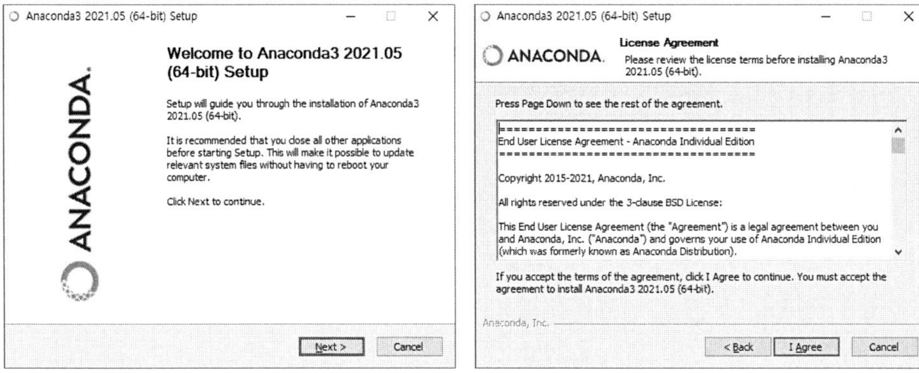

그림 1.1: 아나콘다의 설치 – 1

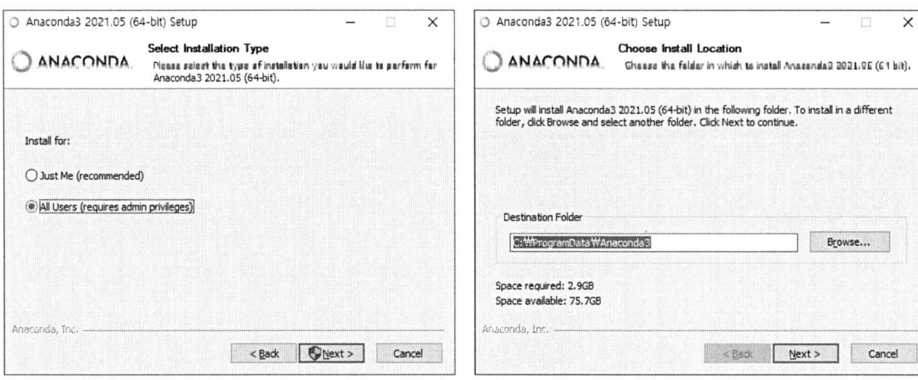

그림 1.2: 아나콘다의 설치 – 2

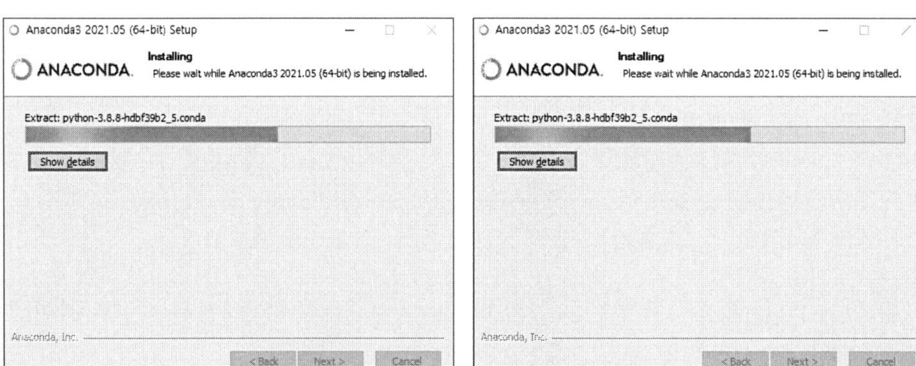

그림 1.3: 아나콘다의 설치 – 3

4. 그림 1.4는 아나콘다가 설치 완료되었음과 설치 후 만들어지는 프로그램의 목록을

보여준다.

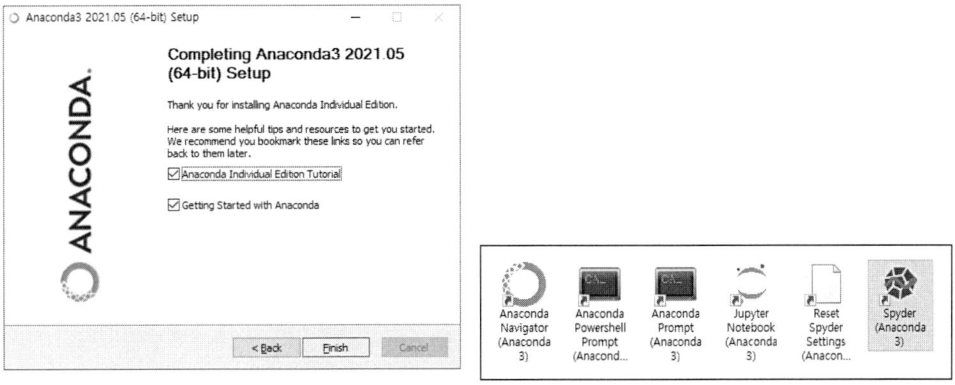

그림 1.4: 아나콘다의 설치 – 4

1.2. 기능들

아나콘다를 설치할 때 설치되는 내비게이터, 아나톤다 파워셸, 스파이더 등 각각 프로그램의 기능에 대해 간단히 알아보자.

내비게이터

그림 1.4의 아나콘다 내비게이터는 아나콘다 관련 프로그램의 실행이나 설치화면을 만들어주고 관련 링크를 제공해준다. 그림 1.5는 아나콘다 내비게이터의 실행화면이다.

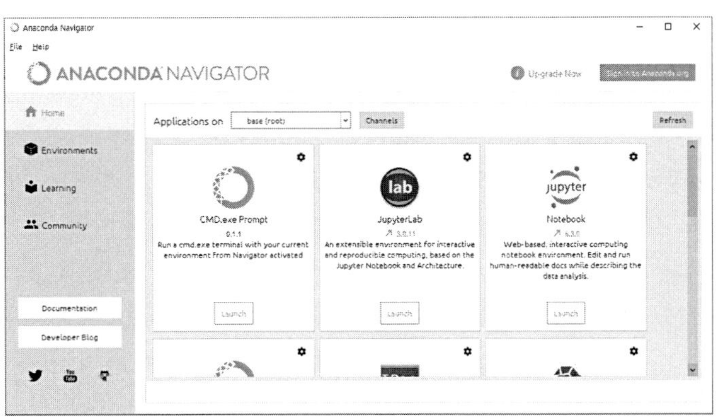

그림 1.5: 아나콘다의 설치 – 5

셸 프롬프트와 conda 명령

아나콘다 파워셸 프롬프트와 아나콘다 프롬프트는 아나콘다에서 사용할 수 있는 기능을 명령어로 직접 입력할 수 있는 콘솔(console)을 제공한다. 이 둘은 각각 윈도우의 Powershell.exe와 com.exe에 연동되어 있으며 명령어 라인에 명령을 입력하여 프로그램을 실행한다. 예를 들어 아나콘다 프롬프트를 실행한 후

```
> jupyter -h
```

라고 명령하면 Jupyter의 도움말을 보여준다. 작업 내용에 따라서 "관리자 권한으로 실행'을 선택하여야 할 수도 있다.

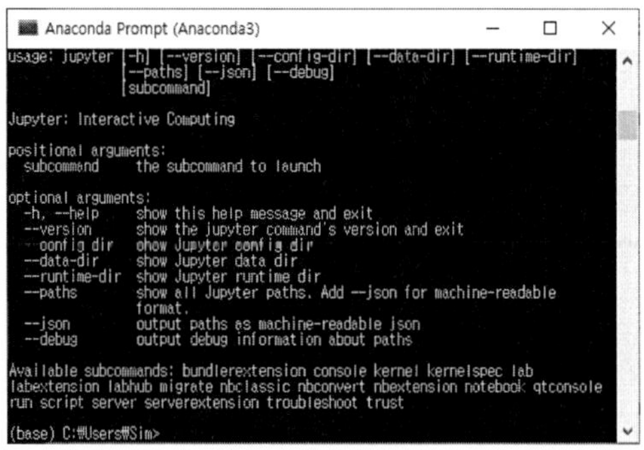

그림 1.6: 아나콘다의 설치 – 6 (아나콘다 프롬프트)

이 프로그램은 아나콘다의 프로그램을 업데이트하거나 파이썬 모듈을 추가할 때도 편하게 사용할 수 있다. 이를 위해 conda 명령을 사용하며 예를 들어 그림 1.6의 화면은 pyqt와 qt를 업데이트하는

```
> conda update qt pyqt
```

명령을 실행한 결과이다. Spyder를 업데이트하려면

```
> conda update spyder
```

명령을 입력하면 된다. 이 명령을 실행할 때 그림 1.7과 같이 Spyder가 업데이트 된다. 주의할 점은 아나콘다가 모든 사용자를 위해 설치된 경우 아나콘다 프롬프트 실행시 더블클릭으로 실행하면 관리자 권한이 없어 쓰기 오류가 발생하는 경우가 있으므로 마우스 오른쪽 버튼 ⇒ '관리자 권한으로 실행'을 선택하여 프로그램을 기동하여야 한다. 아래 그림은 아나콘다 파워셸 프롬프트를 관리자 권한으로 실행한 것이다.

conda 명령의 사용법은 conda - h 명령으로 확인할 수 있으며 옵션으로 자주 사용하는 것은 위에서 본 update와 install이다. install은 파이썬의 추가 모듈을 설치할 때 사용된다.

파이썬만 따로 설치한 경우 모듈의 설치나 업데이트는 pip3 명령으로으로 할 수 있다. pip3를 사용하여 모듈을 설치하는 것은 대부분 큰 문제가 없으나 파이썬이 아나콘다에서 설치된 경우 conda 명령을 사용하는 것이 권장된다.

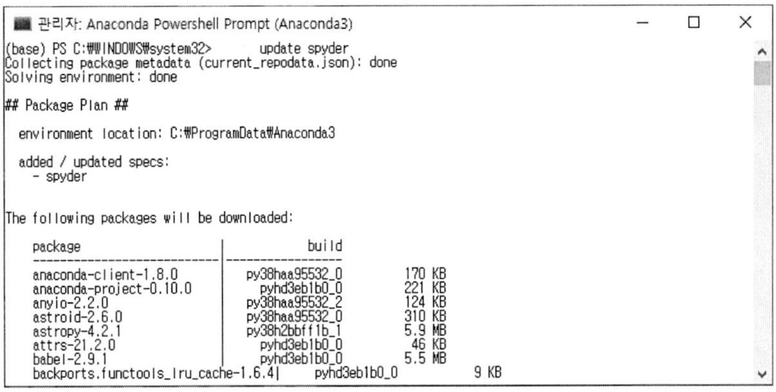

그림 1.7: 아나콘다의 업데이트

Jupyter Notebook

Jupyter Notebook은 아나콘다를 웹브라우저에서 사용할 수 있도록 해주는 프로그램이다. Jupyter Notebook을 실행하여 'New' ⇒ 'Python3'를 선택하면 그림 1.8과 같이 파이썬 명령을 실행할 수 있는 화면이 나오며 이 화면에서 파이썬 명령을 입력하고 Run 버튼을 클릭하면 파이썬 명령이 실행된다. 아래 그림은 문자열 'Hello World'를 출력하거나 $1 + 2$의 계산 결과를 보여준다.

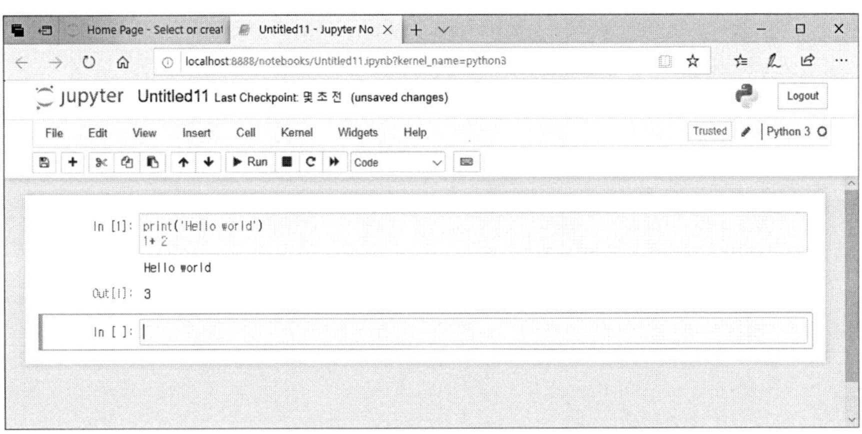

그림 1.8: Jupiter Notebook의 실행

스파이더

Spyder는 파이썬을 실행하기 위한 통합개발환경 중의 하나로 실행하면 그림 1.9와 같은 화면이 생성된다. Spyder의 왼쪽 화면은 파이썬으로 작성한 파일의 편집기이며 오른쪽 위의 화면은 변수, 또는 파일탐색기 화면이다. 이 창 아래의 'Variable explorer'와 "File

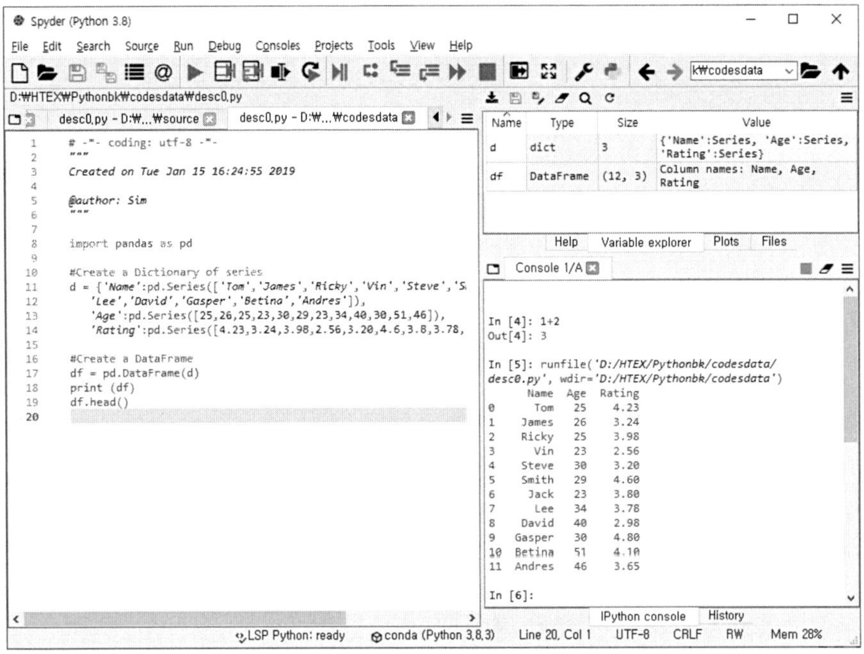

그림 1.9: Spyder의 실행 화면

explorer', 'Plots' 탭을 클릭하여 변수나 파일의 탐색 및 그림을 그릴 때 얻은 그래픽 출력을 확인할 수 있다. 오른쪽 위의 창에는 'Variable explorer' 탭이 선택되어 현재 사용중인 변수 d, df에 관련된 정보를 보여주고 있다.

오른쪽 아래의 창은 파이썬 명령을 한 줄씩 실행할 수 있는 파이썬 명령 콘솔이다. 또한 왼쪽 창의 파이썬 명령(왼쪽 창은 파일로 만든 파이썬 명령임)이 실행될 때 이 명령의 출력이 만들어지는 창이기도 하다.

그림 1.9는 1+2를 입력하여 결과인 3을 얻고 왼쪽 화면의 파일 desc0.py을 실행하여(메뉴의 'Run'을 선택하거 플레이 버튼 클릭) 해당 출력을 얻었다. 왼쪽 창에 이 파일의 내용이 보인다.

아나콘다의 업데이트

아나콘다의 업데이트는 윈도우의 콘솔창이나 아나콘다 프롬프를 사용하여 간단하게 업데이트 할 수 있다. 아나콘다 패키지의 일부 프로그램만 업데이트 하는 경우 업데이트 잘 안되는 경우가 있는데 이런 경우 아나콘다 전체를 업데이트 하면 된다. 아나콘다의 업데이트는 아나콘다 프롬프트를 마우스 오른쪽 버튼을 클릭하여

```
> conda update anaconda
```

관리자 권한으로 실행하거나 윈도우의 명령어창(cmd.exe)를 관리자 권한으로 실행한 후 명령을 입력하고 기다리면 된다(시간이 좀 걸림). cmd.exe를 사용하는 경우 conda

명령이 경로(PATH)에 있지 않으므로 기본 설치 경로인

```
C:\ProgramData\Anaconda3\condabin
```

로 찾아가서 위 명령을 사용한다.

conda 명령은 아나콘다 사용시 파이썬 모듈의 설치, 제거, 업데이트 등에서도 사용되며 이런 경우의 사용 보기는 2.7절, 11.3.3절, 15.2.3절 등에서 확인할 수 있다.

제 2 장

파이썬의 기본 기능

2.1. 계산기능

파이썬은 계산기 기능을 가지고 있으며 간단한 계산은 Jupyter의 편집창에서 하는 경우 print 명령으로 출력은 얻어야 하나, 오른쪽 아래 창의 IPython 콘솔에 입력하면 바로 결과를 얻을 수 있다. 2+3/2의 값을 얻으려면

```
>>> 2+3/2
3.5
```

로 얻을 수 있으며, 2^{10}의 값은

```
>>> 2**10
1024
```

로 얻는다. 여기서 a^b의 값을 파이썬에서 계산하려면 a**b로 표현하며 **는 지수승을 계산하는 연산자임을 알 수 있다. **의 두 별표 사이에 빈 공간이 들어가면 안 된다.

변수에 특정한 값을 저장하려면 파이썬에서는 대부분의 컴퓨터 언어와 같이 등호 = 를 사용한다.

```
>>> a = 10
```

a에 저장된 값을 확인하려면

```
>>> a
10
```

를 사용하거나 print 함수를 사용하여

```
>>> print(a)
10
```

를 얻는다. 변수에 저장된 값을 직접하기 위해서는

```
>>> a*2 + 3
23
```

와 같이 필요한 계산식을 주면 된다.

2.2. 변수

컴퓨터 언어에서 숫자, 문자, 숫자나 문자의 모음 등의 값을 특정한 이름으로 저장하여 사용하는 경우가 많다. 이렇게 저장한 것을 변수(variable)라고 한다. 예를 들어

```
>>> a = 13/3
```

로 13/3의 결과를 변수 a에 저장할 수 있으며 값의 확인은 앞에서 본 것처럼

```
>>> a
4.333333333333333
```

또는 print(a)로 한다. 저장된 값에 대한 연산은

```
>>> a - 1
3.333333333333333
```

과 같이 할 수 있으며 이와 같은 연산 결과를 다른 이름으로 저장하거나 같은 이름으로 저장할 수 있다.

```
>>> b = a * 3
>>> b
13.0
```

는 a의 값에 3을 곱합 결과를 변수 b에 저장하는 것이고

```
>>> a = a + 4
>>> a
8.333333333333332
```

는 a의 값에 4를 더해 다시 a에 저장한다(이전의 a 값은 사라짐).

변수 이름과 특수 문자

대부분의 언어에서 통용되는 것과 같이 변수 이름은 문자로 시작하며 숫자가 뒤에 붙을 수 있다.[1] 변수이름에는 특수문자는 사용할 수 없으며 !, @, +, -, $, %, ^, &, *, (,), {, }, [,], <, >, ?, ,, /, \, ␣(빈 칸) 등은 변수이름에 사용할 수 없다.

[1] 이를 alphanumeric이라고 부른다.

마침표(.)도 파이썬에서 특별한 의미를 갖기 때문에 변수이름에 사용하지 않는다. 파이썬은 대소문자를 구분한다. 즉, 변수 a와 변수 A는 다른 변수이다.

- x/y, a==v 등은 변수이름으로 사용할 수 없다. 특수문자가 들어가 있다.
- gdp, gdp19는 사용할 수 있는 변수이름이지만 19gdp는 사용할 수 없다.
- x.all 파이썬에서는 사용할 수 없다. 파이썬의 경우 x라는 클래스가 정의되고 이 클래스에서 all이 정의된 경우 사용할 수 있다. 일반적인 목적으로 사용하지 못한다는 의미이다. 뒤에서 클래스를 배운 후 이 개념을 정리하기로 하자.

2.3. 표준입출력

표준입출력 또는 표준입출력장치(standard input/output device; std I/O)란 시스템이 입력을 받거나 출력을 하는 기본 장치를 말하는 것으로 최근의 컴퓨팅 환경에서는 대개 키보드를 통한 입력과 사용중인 컴퓨터의 화면 출력이 각각 표준입력과 표준출력이다. 파이썬을 사용할 때 프로그램이 사용자의 입력을 받을 때는 input 명령을 사용하고 화면에 출력을 내보낼 때는 print 명령을 사용하며 이 명령에서 별도의 입축력 장치를 설정하지 않을 때 사용하는 입력과 출력이 표준입출력이다.

이 두 명령에 대한 자세한 것은 5.1절에서 하기로 하고 여기서는 결과 위주로 간단하게 살펴보기로 한다. 먼저 출력을 위한 print 명령은 출력할 내용을 print에 정해주면 된다. 인쇄할 것이 여러 개인 경우 콤마로 구분해준다.

```
>>> print(13/2)
>>> a = 1; b = 2
>>> print(a, b, a+b)
```

의 결과는 각각

```
6.5
1 2 3
```

이다.

사용자의 입력을 받기 위한 명령은 input으로 사용자가 키보드로 입력한 값을 프로그램으로 읽어 들인다. 읽은 값은 문자열로 인식한다(문자열, 숫자 등 자료의 종류는 2.5절에서 다룬다).

보기 2.1 `stdio1.py` 다음은 사용자의 입력을 받아 입력받은 내용을 출력하는 보기이다.

```
>>> name=input()
```

이라고 하면 컴퓨터가 사용자의 입력을 기다리며(입력의 완료는 줄바꾸기(Enter키)임) 사용자가 입력을 하면 입력받은 내용을 name이라는 변수에 저장한다. 이 때 콘솔에는 아무 표시가 없이 사용자의 입력을 기다리므로 Kim이라고 입력하고 출력을 해보면

표 2.1: 파이썬 자료의 형태

자료형태	함수	자료형태	함수
정수형	int	실수형	float
논리형	bool(True/False)	문자열	str

```
>>> print(name)
Kim
```

을 얻는다. 입력을 받기 위해 아무 표시없이 대기만 하므로 사용자에게 무엇을 입력할지 알려주는 것이 가능한데 이를 위해서 print 문에 문자열을 주면 그 문자열이 출력되면서 사용자의 입력을 받는다. 즉,

```
>>> name = input("Your name: ")
Your name:
```

을 얻게 되며 여기에 Kim을 키보드를 사용해 입력하면

```
>>> print(name)
Kim
```

으로 print의 결과를 얻을 수 있다. 출력의 모양을 조정하는 것은 5.1.2절을 참고하기로 한다. ■

2.4. 주석

파이썬의 주석(comment; 프로그램의 실행에는 사용되지 않으나 프로그램 설명 등의 목적으로 프로그램 내에 포함된 일체의 값)은

- '''에서 부터 ''' 사이의 모든 내용
- # 이후의 줄바뀌기 전까지의 모든 내용(한 줄 이상은 안 됨)

은 주석으로 프로그램 실행에서는 사용되지 않는다.

2.5. 파이썬의 자료 종류

파이썬의 수치자료는 정수형(int)과 실수형 float(64bit)로 구분된다. 정수형 자료는 소숫점이 없는 값이며 소숫점이 있으면 실수형이다. 문자열의 값은 큰 따옴표(") 또는 작은 따옴표(') 안에 표시하여야 한다. 논릿값은 가질 수 있는 값이 True 또는 False로 정해져 있다.

자료의 형식 확인

파이썬에서는 어떤 자료의 형태를 확인하기 위해서는 `type` 함수를 아래의 보기처럼 사용한다.

보기 2.2 `datatype1.py` 다음은 자연수와 실수를 저장하고 이들의 `type`을 확인한 것이다.

```
>>> a = 100
>>> print(type(a))
<class 'int'>
>>> b = 100.1
>>> print(type(b))
<class 'float'>
```

자료의 형식 강제 변환–캐스팅

강제로 자료의 형태를 변환할 필요가 종종 있으며 프로그램 내에서 강제로 자료의 형식을 바꾸는 것을 캐스팅(casting)이라고 한다. 캐스팅은 정수형, 실수형, 논리형, 문자열로 바꾸자고 할 때 각각에 대해서 `int`, `float`, `bool`, `str` 함수를 사용한다. 문자형 자료의 경우 실제로 알파벳이나 한글 등의 문자가 포함된 경우에는 정수나 실수형으로 강제 변환할 수 없다.

보기 2.3 (`datatype1.py` 계속) 다음은 자료의 형식을 강제변환하는 보기이다.

```
>>> xx = '12.3'
>>> print(float(xx))
```

의 결과로 숫자 12.3을 얻는다. 만일

```
>>> yy = 'a12'
>>> print(float(yy))    # 에러
```

을 시도하면 `a12`에서 문자 `a`는 숫자로 바꿀 수 없으므로 에러가 발생한다.

숫자를 논리형으로 강제변환할 때는 0이면 `False`, 그 외 모든 경우는 `True`로 변환된다. 문자열의 경우 논리형으로 강제변환하면 항상 `True`이며 길이가 0인 문자열은 `False`가 된다.

```
>>> bool(23.7)
True
>>> bool(0)
False
>>> bool('')
False
>>> bool('x')
True
>>> int(b); int(100.7)
100 100
```

표 2.2: 파이썬의 산술연산자

연산자	연산의 종류	연산 예
+	합	1 + 2 ⇒ 3
-	차	1 - 2 ⇒ −1
/	나눗셈	2 / 3 ⇒ 0.666667
*	곱셈	2 * 3 ⇒ 6
**	제곱(승)	2 ** 3 ⇒ 8 (= 2^3)
%	나눗셈의 나머지	10 % 3 ⇒ 1 (10을 3으로 나눈 나머지)
//	나눗셈의 몫	10 // 3 ⇒ 3 (10을 3으로 나눈 몫)

이며 실수를 정수로 int 함수로 강제변환하면 소수점 아래는 버린다(반올림 아님에 주의). ■

2.6. 연산자

파이썬에는 다양한 연산에 사용할 연산를 지원한다. 산술연산자는 산술 계산에 사용하는 연산자이다. 산술연산자외에 논리연산을 위한 논리연산자, 비교를 위한 비교연산자 등은 표 4.1을 참고하기로 한다.

2.6.1 산술연산자

사칙연산을 비롯한 연산에 사용할 수 있는 연산자는 표 2.2와 같다. 이 표에 요약된대로 가감승제는 각각 +, -, *, /로 할 수 있으며 a^b과 같은 계산은 **로 하며 나눗셈의 몫과 나머지는 각각 %, //로 얻을 수 있다.

보기 2.4 `height1.py` 미국에서는 키의 단위로 피트(foot)와 인치를 사용한다. 1인치는 2.54cm이고 12인치가 1피트(1 foot)이다. 대개 키는 몇 피트 몇인치로 표현하는데 5피트 7인치면 5,7(five seven=five foot seven inches)로 표현한다. 키를 피트와 인치 두 개의 값으로 받아서 이를 국제 표준인 cm로 변환해보자.

```
feet = input('피트값 입력: ')
inches = input('인치값 입력: ')

tot_in = int(feet)*12 + int(inches)
height = tot_in * 2.54

print(feet, ' 피트 ', inches, ' 인치는 ', height, ' cm입니다' )
```

이 프로그램에서 input 명령으로 피트와 인치의 값을 입력받고 이를 모두 인치 단위로 환산한 후 tot_in에 저장하였다. 이때 입력받은 값이 문자열이므로 모두 int 함수를

표 2.3: 산술연산 내장 함수

함수	연산	보기(aa = -10.5, xx = 5.4)
`abs(x)`	x의 절댓값	`abs(aa), abs(xx)` ⇒ 10.5 5.5
`pow(a,b)`	a^b 반환	`pow(2,5)` ⇒ $2^5 = 32$
`round(x, dec)`	x의 반올림. dec는 소수점 아래의 숫자 개수로 기본값은 0	`round(3.141592)` ⇒ 3, `round(3.141592,3)` ⇒ 3.142
`divmode(a,b)`	a를 b로 나눈 몫과 나머지를 튜플로 얻는다(튜플은 3.1.4절 참고).	`divmod(7, 2)` ⇒ `(3, 1)`

사용하여 정수로 변환하였다. 마지막으로 전체 인치에 5.24를 곱하여 cm 단위로 변경한 후 `height`에 저장하고 결과를 출력하였다. 실행 결과는 다음과 같다.

```
피트값 입력: 5
인치값 입력: 7
5 피트 7 인치는 170.18 cm입니다
```

문자열의 +, * 연산자

파이썬에서 + 연산자는 기본적으로 사칙연산에서 '합하기'에 사용되나 + 연산자가 문자열 사이에 사용될 때는 문자열을 합치는 연산이 이루어진다. + 연산자는 숫자 사이의 연산이면 합이 계산되고 문자열 사이의 연산이면 문자열을 합하는(paste) 기능을 한다. 예를 들어 `'a'+'b'`는 `'ab'`가 된다. 주의할 점은 이 + 연산자가 문자열과 숫자 사이에서의 사용은 안 된다는 것이다. 즉 `'a' + 12`는 에러이며 `'a' + '12'`는 a12가 된다.

`*` 연산자는 연산의 대상이 문자열인 경우 반복을 의미한다. 즉, `'ab'*3`는 문자열 `'ab'`를 세 번 반복한 `'ababab'`가 된다.

보기 2.5 `strop1.py` 다음의 코드를 실행해보면

```
>>> c = 'my string'
>>> d = str(a)+" "+c
>>> print(d)
100 my string
```

를 얻으며

```
e = 'String'
print(e*3)
```

의 결과는 `StringStringString`이다. ■

표 2.2의 연산자 중 +와 *는 연산 대상이 문자열인 경우 이미 살펴 보았고, 연산 대상이 리스트 등인 경우 이들 연산자의 기능은 3.1.6절에서 확인하기로 한다.

표 2.2의 연산자 대신 사용할 수 있는 산술연산관련 파이썬 내장 함수는 표 2.3에 정리된 것과 같이 절댓값(abs), 지수승(pow), 나눗셈의 몫과 나머지(divmode), 반올림(round) 등에 각각 사용할 수 있다.

2.7. 파이썬 패키지/모듈

파이썬에서 패키지 또는 모듈을 사용하고자 할 때는 프로그램의 가장 위에 import 라는 명령을 사용한다.[2] 이 명령은

```
import package_name as name 또는
from package_name import class
```

로 사용하며 package_name에는 불러들일 패키지의 이름을 설정하고 name에는 이 패키지의 프로그램 내에서 사용할 이름을 설정한다.

보기 2.6 `package.py` 예를 들어서 통계나 과학용 계산에 사용되는 여러 가지 기능을 포함하는 numpy 패키지를 사용하고자 할 때[3]

```
>>> import numpy as np
```

라고 프로그램의 시작부분에 명령하면 된다. as를 사용하지 않으면 import한 모듈의 이름 package_name을 전부 사용하여 하는데 많은 경우 이 package_name이 길기 때문에 가독성 등을 위해서 as를 사용한다. 예를 들어 위의 import 명령을 먼저 한 후 다음과 같이

```
>>> a = np.arange(15)
>>> print(a)
```

명령하면 [0 1 2 3 4 5 6 7 8 9 10 11 12 13 14] 를 얻는다. 이 경우 import 명령이 없으면 에러가 발생하며 arange 함수는 15개의 정수값을 생성하는 numpy 패키지에 포함된 함수이다. 파이썬은 인덱스는 항상 0부터 하는 것을 기억하자. 만일 이 15개의 값의 평균을 계산하고 싶으면

```
>>> m = np.mean(a)
>>> print(m)
```

을 추가하여 평균 7을 얻을 수 있다. mean 함수도 numpy 패키지에 포함된 함수로 평균을 계산하는 함수이며 파이썬의 기본 기능에는 포함되어 있지 않은 함수이다. ■

내장 패키지가 아닌 경우 import하는 패키지의 위치는 sys.path 속성으로 확인이 가능하다. 즉,

보기 2.7 `sys1.py` 다음과 같이 내장 패키지 sys를 import한 후 path 속성을 보면

[2]반드시 프로그램의 처음에 있을 필요는 없으나 가독성 등을 위해 관례적으로 import 문은 프로그램의 맨 위에 쓴다.

[3]이 패키지의 홈페이지는 http://www.numpy.org/ 이다.

```
import sys
print(sys.path)
```

로

```
['C:\\ProgramData\\Anaconda3\\python38.zip',
          ⋮
 '',
 'C:\\ProgramData\\Anaconda3\\lib\\site-packages',
          ⋮
 'C:\\Users\\Sim\\.ipython']
```

를 얻으며 이 중 ''는 현재의 작업디렉토리(present working directory; pwd)를 의미하므로 import하는 프로그램 파일이 있는 위치가 자동으로 포함된다. numpy 패키지의 경우

```
C:\ProgramData\Anaconda3\Lib\site-packages\numpy
```

폴더에 설치되어 있다. 사용자 환경에 따라 이 위치는 달라질 수 있다. ■

import 할 모듈은 파이썬을 설치할 때 함께 설치된 경우는 문제가 없으나 해당 모듈이 설치되지 않았을 경우 설치부터 하여야 한다. 이를 위해 기본 파이썬의 경우 콘솔에서

```
% pip3 <command> <options> package
```

로 사용하여 package를 설치(<command>가 install), 업데이트(update), 삭제uninstall 등을 한다. 사용할 수 있는 <command>와 옵션에 대한 자세한 내용은 콘솔창에서

`% pip3 help`

명령으로 확인할 수 있다.

아나콘다의 경우 콘솔창에서 pip3를 사용하여 패키지를 관리하는 것을 권장하지 않으며 아나콘다 설치시 제공되는 아나콘다 파워셀을 기동하여 conda 명령으로 패키지를 설치하는 것이 좋다. conda 명령은

```
% conda [options] <command> package
```

로 사용하며 options에는 -h(또는 --help)로 도움말을 -V(또는 --version)으로 버전을 확인하며 <command>에 install(설치), update(업데이트), uninstall 또는 remove(삭제) 등의 키워드로 package를 관리한다. 자세한 것은

`% conda --help`

로 확인하기로 한다. 이들 명령을 사용하여 추가 모듈을 사용한 예는 7.4절, 7.10절, 11.3.3절, 15.2절, 15.2.3절 등에서 확인할 수 있으며 추가 패키지를 설치할 경우 가능하면 해당 패키지의 홈페이지를 방문하여 설치관련 페이지에서 알려준대로 pip3 또는 conda 명령을 사용하는 것이 좋다.

2.8. 결측치와 무한대, 원주율 등

파이썬에서의 결측치는 numpy, pandas 등의 모듈 내에서 지원되며 이를 보통은 'Not a Number'(NaN)으로 표시한다. 'Not a Number'는 `nan`, `NaN`, `NAN`을 사용한다. 결측치는 아니지만 숫자가 아닌 무한대(∞)는 `inf`, `Inf`, `infty`, `Infinity` 중 하나를 사용한다. 결측치와 무한대는 기본 파이썬에서도 각각 `float('nan')`과 `float('inf')`로 정의할 수 있다.

이들을 사용하려면 먼저 numpy 모듈을 import 하고 `nan.py`

```
>>> import numpy as np
```

자료에서 결측치를 `np.nan`, `np.NaN` 또는 `np.NAN`으로 입력한다.

```
>>> height = np.array([45, 75, 60, 51, np.nan])
```

평균을 계산해보면

```
>>> print(np.mean(height))
nan
```

로 자료의 결측치에 의해 계산결과는 `nan`이다. numpy 모듈에서는 `NaN`을 제외하고 평균을 계산해주는 `nanmean` 함수가 있으므로 이 함수를 사용하여 평균을 계산해보면

```
>>> print(np.nanmean(height))
57.75
```

가 얻어진다. 무한대가 포함되거나 0/0의 계산을 해보면

```
>>> x = np.array([1, -1, 0, np.infty, -np.inf])
>>> print(x/0)
[ inf -inf  nan  inf -inf]
>>> print(x/np.Infinity)
[ 0. -0.  0. nan nan]
```

와 같은 결과를 얻음을 알 수 있다. 파이썬에서는 `Inf`, `nan`이 포함된 계산이나 0/0 계산의 경우

```
RuntimeWarning: divide by zero encountered in true_divide
```

와 같은 경고메세지가 추가로 출력된다.

원주율과 e

원주율 π 값은 numpy 의 `pi`로 무리수

$$e = \lim_{x\to 0}(1+x)^{1/x} = \lim_{x\to\infty}(1+1/x)^x$$

은 `numpy.e`로 얻을 수 있다.

표현	결과	표현	결과
%Y	연도(네자리)	%y	연도(두 자리, 00-99)
%S	초	%w	요일번호(0=일요일-6토)
%M	분(minute)	%W	그해 몇 번째 주인지 계산(1-53)
%m	월(01-12)	%H	시간(00-23)
%d	날짜(01-31)	%I	시간(01-12)
%a	요일(월-금)	%A	요일(월요일-금요일)

표 2.4: 날짜 객체의 형식 표현

```
print('e=', np.e, 'pi=', np.pi)
```

의 결과는

```
e= 2.718281828459045 pi= 3.141592653589793
```

이다.

2.9. 날짜 및 시간

파이썬의 날짜 및 시간은 datetime 패키지 등을 사용하여 필요한 작업을 수행할 수 있다. datetime 패키지의 datetime 클래스의 now 함수를 사용하면 시스템의 현재 시각을 알 수 있으며 현재 시각에서 연월일시분초 등은 datetime 객체의 year, month, day, hour, minute, second로 얻을 수 있다. datetime.py

```
>>> import datetime as dt
>>> now = dt.datetime.now()
>>> print(now.year)
2021
```

날짜와 시간에서 특정한 값을 추출하고자 할 때는 표 2.4의 %Y 등의 값을 사용할 수 있으며 이 때는 datetime 객체의 strftime 메소드를 호출한다. strftime 메소드는 날짜와 시간의 형식을 입력받아 문자열로 반환한다. 예를 들어 앞의 now를 사용하여 다음과 같은

```
>>> print(now.strftime("%Y-%m-%d: %A"))
2020-01-17: Friday
```

결과를 얻을 수 있다. 여기서 요일은 영어로 되어 있음에 유의한다. 연습문제 3.3에서 이 요일을 한글로 바꾸는 보기가 있으니 참고하자. datetime 객체를 생성하려면 datetime 클래스에 연월일, 시분초 등을 설정하면 된다. 시분초는 기본값이 0이라 별도 설정이 없으면 0이다. 예를 들어 자료에서 출생 연월일을 읽어서 이를 사용하여 나이를 계산해 보면

표 2.5: 특수문자(escape characters)

Escape Sequence	이스케이프 결과
\b	ASCII Backspace (백스페이스)
\f	ASCII Formfeed (새 페이지)
\n	ASCII Linefeed (LF) (줄바꾸기)
\N{<name>}	준 유니코드 데이터베이스에서 <name>에 해당하는 문자
\r	ASCII Carriage Return (CR) (줄의 처음)
\t	ASCII 가로 탭(TAB)
\uxxxx	16-bit 16진수 xxxx에 해당하는 유니코드 문자
\Uxxxxxxxx	32-bit 16진수 xxxxxxxx에 해당하는 유니코드 문자
\v	ASCII 세로 탭(Vertical Tab)
\\	\ 문자 자체
\", \'	각각 큰 따옴표(")와 작은 따옴표(')

```
>>> dob1 = dt.datetime(2000, 5, 17)
```

로 날짜 객체를 생성하고

```
>>> age = now.year - dob1.year
```

현재 연도 now.year(원고작성 중 연도는 2021년임)와 날짜 객체의 연도(dob1.year) 차이가 나이이므로 이를 계산한다.

```
>>> print(age)
21
```

2.10. 특수문자(escape character)

파이썬을 포함한 컴퓨터 언어에서 특수한 목적으로 사용하는 문자열이 있는데 이를 escape character라고 한다. 이 특수문자는 \로 시작하며 \ 다음 문자에 따라서 특별한 의미를 갖는다. 이 특수문자들은 표 2.5에 요약하였다. `escapechar.py`

```
print("\\a\"\'")
print("a\tb")
print("a\141\x61")
print("a\nb")
print('\u2192 \N{rightwards arrow}')
\a"'
a        b
aaa
```

```
a
b
$\rightarrow$ $\rightarrow$
```

이외에 텍스트 파일을 읽을 때 하나 이상의 빈 칸을 의미하는 \s+는 기억해두면 유용한 특수문자이다. 이들은 일부는 정규식이라고 불리는 데이터처리에서도 사용되므로 5.2.2 절을 참고하기로 한다.

연습문제

2.1 기온을 표시하는 단위로 국제표준으로 섭씨(°C; celius 또는 centigrade)가 사용된다. 하지만 미국에서는 기온이나 체온의 단위로 일상생활에서는 화씨(°F; Fahrenheit)를 사용한다. 이 둘의 관계는

$$°C = \frac{5}{9}(°F - 32) \tag{2.1}$$

이다. 화씨 온도를 실수(`float`)로 입력받아 섭씨 온도로 변환하는 프로그램을 작성하여라. `temp1.py`

2.2 자동차 연비를 표현하는 방법은 여러 가지가 있다. 우리나라는 연료 1l당 몇 km를 주행하는지 표시하고, 유럽 등에서는 100km를 가기 위해 몇 리터의 연료가 필요한지 표현한다. 유럽식 연비를 입력받아 우리나라 방식의 연비를 계산하는 프로그램을 작성하여라. `mpg1.py`

2.3 미국의 경우 자동차 연비표현은 우리나라와 같은 방식이나 단위가 다르다. 우리나라는 l당 몇 km 주행인지 계산하나 미국은 갤런(gallon; 1 gallon = 3.785412 l) 당 몇 마일(1 mile= 1.609344 km) 방식이다. 이런 이유로 연비를 MPG(mile per gallon)으로 표시하기도 한다. 미국식 연비를 입력받아 우리나라 연비로 변환하는 프로그램을 작성하여라. `mpg2.py`

2.4 각도를 표시하는 방법은 일반각과 호도법(radian)이 있다. 호도법의 각도 r과 일반각 d는 다음의 관계에 있다.

$$r = \frac{\pi}{180} * d$$

d를 실수(float)로 입력받아 호도법의 각도를 계산해주는 프로그램을 작성하여라. 단 π는 파이썬 내의 상수값을 사용하여라. `angle1.py`

2.5 컴퓨터의 현재시각을

현재시각은 `2021-12-04 (Sat) 11:25:05`

과 같은 형식으로 출력해보아라. `datetime2.py`

2.6 다음 파이썬 명령의 결과는 얼마인가?

```
>>> a = '12'
>>> b = 34
>>> a + b
```

① 46 ② 1234 ③ 에러 ④ 12 34

2.7 위의 연습문제 2.6의 결과가 `'1234'`가 되도록 프로그램을 수정해보아라. 단, `a`와 `b`의 값은 바꾸지 않는다.

2.8 위의 연습문제 2.6의 결과가 46이 되도록 프로그램을 수정해보아라. 단, `a`와 `b`의 값은 바꾸지 않는다.

2.9 다음 중 변수 이름으로 사용할 수 없는 것을 모두 고르고 사용하지 못하는 이유를 설명하여라.
① `a` ② `ch#5` ③ `2022gdp` ④ `변수 1`

2.10 `infop1.py` $\infty - \infty$, ∞/∞의 값을

(a) `numpy` 모듈을 사용하지 않고 계산해보아라.

(b) `numpy`를 이용하여 계산해보아라.

이들 연산의 결과값이 0이나 1이 아님에 동의하는가?

2.11 변수 `x`에 결측치를 저장하고 이 `x`에 1을 더한 값을 `nanop1.py`

(a) `numpy` 모듈을 사용하지 않고 계산해보아라.

(b) `numpy`를 이용하여 계산해보아라.

2.12 nan + ∞가 얼마인지 기본 파이썬과 numpy 모듈을 사용하여 확인하여라. 결과로 얻어진 값이 ∞가 수학적 lim 개념임에 유의하여 설명해보아라. `nanop1.py`

제 3 장

배열, 데이터 프레임

한 변수이름에 여러 개의 값을 저장한 것을 대개의 언어에서 배열(array)이라고 한다. 파이썬은 다양한 형태의 배열을 제공하는데 가장 기본적인 것이 리스트(list)이며 튜플, 딕셔너리 등 다른 언어에서 보기 어려운 종류도 있다.

3.1. 리스트(list), 튜플(tuple)과 딕셔너리(dict)

파이썬의 기본 배열은 리스트이며 하나의 이름에 여러 개의 값을 저장할 수 있다. 튜플과 딕셔너리는 리스트와 유사한 종류이나 값을 변경하지 못하거나 인덱스가 일반적인 숫자가 아닌 점이 다르다.

3.1.1 리스트(list)

파이썬에서 리스트를 만드는 방법은 [와] 사이에 원소의 값을 콤마로 분리하여 지정하면 된다. 파이썬에서 1차원 리스트는 `listtuple1.py`

```
>>> a = [2, 3, 'c']
>>> x = [1, 2, 'a', a]
>>> print(x)
[1, 2, 'a', [2, 3, 'c']]
```

와 같이 []를 사용하여 설정할 수 있으며 특정한 위치의 원소는 x[i]로 i번째 위치를 설정하여 값을 얻을 수 있다. 파이썬의 인덱스는 0부터 시작한다. 즉, i가 0이면 첫 번째 원소이다.

```
>>> x[3]
[2, 3, 'c']
```

으로 x의 네 번째 원소는 리스트임을 알 수 있다. 리스트 생성자(constructor)는 list 함수이다. 이 함수를 사용하여 값을 가지고 있는 리스트를 만들거나, 크기나 값이 지정되지 않은 리스트를 만들 수 있다.

```
x = list()
```

로 type이 list이면서 값은 아직 지정되지 않은 리스트를 만들 수 있으며

```
y = list((1,2,3))
```

로 값을 세 개 가진 리스트를 만들 수 있다. 여기서 사용한 두 번째 괄호 (1,2,3)은 3.1.4 절에서 다루는 튜플인데 튜플을 리스트로 강제 변환한 것이다.

3.1.2 인덱스와 슬라이스

파이썬 인덱스는 대부분의 언어와 같은 방법으로 특정한 원소를 지정하는데 인덱스에 음수를 사용하여 왼쪽부터가 아닌 오른쪽부터 셀 수 있다. 오른쪽부터 셀 때는 음수를 사용한다. 예를 들어 리스트 xx가

```
xx = ['a', 'b','c','d', 'e', 'f', 'g']
```

라면 왼쪽부터 인덱스와 오른쪽부터의 인덱스는 다음과 같다. 오른쪽 인덱스는 0부터 시작하지 않는다.[1] 다음은 위의 xx의 인덱스이다.

값	a	b	c	d	e	f	g
왼쪽 인덱스	0	1	2	3	4	5	6
오른쪽 인덱스	−7	−6	−5	−4	−3	−2	−1

예를 들어

```
print(xx[-5])
```

의 결과는 c를 얻는다.

인덱싱에서 :을 사용하면 인덱스의 범위를 지정할 수 있으며 이와 같이 :을 사용하여 특정한 범위의 값을 얻는 것을 슬라이싱(slicing)이라고 한다. 이 기능은 R-언어에서 있던 기능으로 자료의 일부분을 취하기 편리한 기능이다. 사용법은

```
변수[시작인덱스:종료인덱스:증분]
```

이며 '시작인덱스'부터 시작하여 '종료인덱스' 전까지의 '증분'만큼 증가 시킨 인덱스에 해당하는 값을 얻게 된다('종료인덱스' 미포함). '증분'은 생략이 가능하며 기본값은 1이다. 예를 들어

[1] 0부터 시작하려면 왼쪽부터 0인지 오른쪽부터 0인지를 추가로 알려주어야 하므로 이를 구현하지 않음.

```
>>> print(xx[1:4])
['b', 'c', 'd']
>>> print(xx[1:4:2])
['b', 'd']
```

로 각각 1, 2, 3번 인덱스에 해당하는 값과 1, 3번에 인덱스에 해당하는 값을 얻게 된다. 증분이 양수(음수)인 경우 '종료인덱스'는 '시작인덱스'보다 큰(작은) 값이 주어져야 하며 그렇지 않으면 빈 리스트를 얻게 된다.

```
print('empty list: ', xx[4:0])
print('empty list: ', xx[-4:-1:-1])
```

는 모두 빈 리스트 []를 얻는다.

범위를 지정할 때 '처음부터', 또는 '마지막까지'를 표현할 때는 각각 '시작인덱스'의 값과 '종료인덱스'의 값을 지정하지 않으면 된다. 예를 들어

```
>>> print(xx[:4])
['a', 'b', 'c', 'd']
>>> print(xx[4:])
['e', 'f', 'g']
```

은 각각 처음부터 4번까지로 0, 1, 2, 3에 해당하는 값과, 4부터 끝까지로 4, 5, 6번 인덱스에 해당하는 값이 얻어진다.

증분을 음수로 하는 경우 순서를 반대로 한 결과를 얻을 수 있다. 예를 들어

```
>>> print('reversed order: ', xx[6:0:-1])
reversed order:  ['g', 'f', 'e', 'd', 'c', 'b']
>>> print('reversed order: ', xx[-1:-8:-1])
reversed order:  ['g', 'f', 'e', 'd', 'c', 'b', 'a']
```

을 얻는다. '종료인덱스'는 포함되지 않으므로 xx[6:0:-1]의 결과에는 첫번째 값 'a'가 포함되지 않음에 주의한다.

3.1.3 이차원 리스트

행렬 형태의 2차원 리스트의 경우 각 행의 값을 원소로 지정하여

```
>>> x2 = [ [1,2,3], [4,5,6], [7,8,9] ]
```

로 설정할 수 있으며 특정한 위치의 값을 얻고자 할 때는 [][]로 위치를 지정하며 앞의 []에는 행번호, 뒤의 []에는 열 번호를 설정한다. 즉, xm[0][2] 는 첫 번째 행, 세 번째 열의 값이다.

```
>>> x2[0][2]
3
```

를 얻는다. 2차원 리스트의 경우 특정한 행 전체를 얻으려면 행번호만 []사이에 넣으면 된다.

```
>>> x2[2]
[7, 8, 9]
```

특정한 열은

```
>>> [row[2] for row in x2]
[3, 6, 9]
```

와 같이 for 같은 반복문을 사용하면 된다.[2] 이 경우 사용한 [2]는 각 행의 3번째 값이므로 세 번째 열이 얻어진다. 숫자 2 대신 0과 1을 사용하면 각각 첫 번째, 두 번째 열이 얻어진다.

3.1.3.1 리스트의 속성

`list.append(x)` append 속성은 기존 list에 x를 마지막에 추가한다. `a[len(a):] = [x]`로도 같은 결과를 얻을 수 있다.

`list.extend(iterable)` iterable을 기존 list에 추가한다. `a[len(a):] = iterable`로 같은 결과를 얻는다.

`list.insert(i, x)` x를 i번째 위치 앞에 끼워 넣는다. `a.insert(0, x)`는 제일 앞에 `a.insert(len(a), x)`는 제일 끝에 끼워 넣는다.

`list.remove(x)` 리스트에서 x와 같은 값을 갖는 첫번째 원소를 제거한다. 만일 x와 같은 값이 없으면 ValueError를 반환한다.

`list.pop(i)` 리스트에서 i번째 원소의 값을 삭제하고 반환한다. 인덱스 없이 `a.pop()`으로 사용하면 마지막 원소를 삭제하고 반환한다.

`list.clear()` 리스트의 모든 원소를 삭제한다. `del a[:]`와 결과가 같다..

`list.index(x[, start[, end]])` 리스트에서 x와 같은 값을 갖는 첫 번째 원소의 인덱스값을 반환한다. start와 end는 생략할 수 있으며 이 값이 설정되면 start부터 end 사이의 인덱스값에 대해서 x와 같은 값의 첫번째 인덱스를 반환한다. start나 end가 있을 때 반환된 인덱스는 전체 리스트의 인덱스이다. 만일 x와 같은 값이 없으면 ValueError를 반환한다.

`list.count(x)` x와 같은 값이 리스트에 몇번 있는지 반환한다.

`list.sort(*, key=None, reverse=False)` 크기순서대로 배열한다. 기본값은 오름차순이다.

`list.reverse()` 리스트의 값의 순서를 반대로 한다.

`list.copy()` 리스트를 복사한다. 이때 deep copy가 아닌 shallow 임에 유의한다.

[2] for 구문은 4.2.1절을, 지금 같은 사용법은 4.2.4절에서 다룬다.

표 3.1: 리스트 등에 적용할 수 있는 산술 및 논리 내장 함수

함수	연산	보기(x2 = [1,2,3,4,5,-10])
`max(x)`	x의 최댓값	`max(x2)` ⇒ 5
`min(x)`	x의 최솟값	`min(x2)` ⇒ −10
`sum(x)`	x의 합.	`sum(x2)`⇒ 5
`sorted(x, reverse=False)`	x의 오름차순정렬, `reverse`가 `True`이면 내림차순	`sorted(x2)` ⇒ `[-10, 1, 2, 3, 4, 5]`
`reversed(x)`	x의 순서를 반대로 하는 객체 반환.	`list(reversed(x2))`⇒ `[-10, 5, 4, 3, 2, 1]`

3.1.4 튜플(tuple)

파이썬에서 리스트와 유사한 것으로 튜플(tuple)을 제공하는데 사용하는 방법은 리스트와 유사하나 원솟값 설정에서 [] 대신 ()를 사용하는 점과 튜플의 값은 최초설정된 이후 수정이 안 되는 차이가 있다.

```
>>> tpl = (1,2,3)
>>> type(tpl)
tuple
>>> tpl[2]
3
>>> tpl[2] = 3
```

튜플 값은 수정이 불가능하므로 이 명령은 에러 발생한다. 대개 튜플을 값을 변경하지 말아야 할 경우 사용자가 튜플로 정의하기도 하고, 함수에서 반환받는 값들이 튜플로 반환되기도 한다. 튜플을 만들기 위한 생성자로 `tuple` 함수를 사용할 수 있는데 `list` 함수와 같이 초기화한 튜플을 만들거나 튜플로 변환할 때 사용한다.

```
t2 = tuple()
t3 = tuple([1,2,3])
```

은 각각 길이가 0인 튜플 `t2`를 만들거나 리스트 `[1, 2, 3]`을 튜플로 변환하여 `t3`에 저장한다.

리스트 등에 적용되는 내장함수

리스트에 적용할 수 있는 파이썬 내장함수는 표 3.1에 정리하였다. 이들 내장함수는 리스트 뿐 아니라 이후에 다루는 튜플 등에도 적용이 가능하다. 이 중 `reversed`는 리스트 등으로 반환하지 않고 revered 객체를 반환받으므로 이 값을 확인하려면 표 3.1의 보기와 같이 `list` 등의 함수로 바꾸어 주어야 한다. `builtin2.py`

파이썬 내장함수 중 짝을 만드는 함수로 `zip` 함수는

```
zip(x1, x2, ...)
```

으로 사용하여 (x1[i], x2[i], ...)를 원소로 하는 zip 객체를 만든다. 예를 들어

```
x = [1, 2, 3]
y = [4, 5, 6]
z = [7, 8, 9]
zipped = zip(x, y, z)
list(zipped)
```

의 결과는

```
[(1, 4, 7), (2, 5, 8), (3, 6, 9)]
```

이다.

3.1.5 딕셔너리(dictionary)

딕셔너리는 이름 그대로 사전을 의미하며 인덱스가 0부터 시작하는 정수가 아니라 사전처럼 특정한 이름(문자열)을 갖도록 한 것이다. 리스트는 []에, 튜플은 ()에 값을 선언하지만 딕셔너리는 {와 } 사이에 인덱스(키(key)라고 부름)의 값과 자료의 값을 콜론(:)으로 연결하여 선언한다. 다음은 국제전화에서 사용하는 나라별 인식번호를 딕셔너리로 선언한 것이다. `dict1.py`

```
>>> country_code = {'korea': 82, 'us':1, 'china':86}
>>> print(len(country_code))
3
```

길이는 3이며

```
>>> print(country_code['korea'])
82
```

로 개별값은 키(key)값을 사용하여 접근한다. 딕셔너리에 인덱스를 사용하면 에러이다. 즉,

```
>>> print(country_code[1])
```

은 사용할 수 없다. 딕셔너리에 키(key)값만 보려면 keys 함수를, 해당 값만 보려면 values 함수를 사용할 수 있으며 각각의 항목을 키와 값의 짝으로 보려면 items 함수를 사용할 수 있다.

```
>>> print(country_code.keys())
dict_keys(['korea', 'us', 'china'])
>>> print(country_code.values())
dict_values([82, 1, 86])
>>> print(country_code.items())
dict_items([('korea', 82), ('us', 1), ('china', 86)])
```

딕셔너리 객체의 생성자는 dict 함수이며 이 함수로

```
x2 = dict()
```

로 길이가 0인 딕셔너리를 만들거나

```
x3 = dict(a=1, b=2, c=3)
x4 = dict([(’d’, 4), (’e’, 5), (’f’, 6)])
x5 = dict([(’a’, 1)], b=2, c=3)
x6 = dict({’a’ : 1, ’b’ : 2}, c=3)
```

으로 리스트나 튜플을 딕셔너리로 변환할 수 있다. 딕셔너리는 Key가 필요하므로 리스트나 튜플을 딕셔너리로 변환하려면 key를 지정하여야 하는데 위에서 보는 것처럼 key 값이 key=value 형식으로 지정되거나 튜플 (key, value) 형식으로 지정하여야 한다. 위의 결과는 순서대로

```
{’a’: 1, ’b’: 2, ’c’: 3}
{’d’: 4, ’e’: 5, ’f’: 6}
{’a’: 1, ’b’: 2, ’c’: 3}
{’a’: 1, ’b’: 2, ’c’: 3}
```

이다.

딕셔너리 객체의 속성은 3.1.3.1절의 속성들을 사용할 수 있는데 딕셔너리의 특성상 몇 번째 인덱스를 지정하기보다 key를 사용한다. 특히 원소를 추가할 때는 기존의 키와 중복되지 않게 원소를 추가하므로

```
dict[’key’] = ’value’
```

와 같은 형식으로 원소를 추가한다. pop 속성은 3.1.3.1절의 설명과 같은 결과를 주는데 딕셔너리의 경우

```
dict.pop(key, defaultvalue)
```

로 사용하며 모든 값을 삭제하는 것은 clear 메소드를 사용한다. pop 메소드는 키 값이 key인 항목을 삭제하고 그 값을 반환한다. 만일 key에 해당하는 원소가 없으면 defaultvalue를 반환한다.

```
x3[’c’] = 3
x3[’d’] = 4
print(x3)
aa = x3.pop(’a’)
print(aa, x3)
```

의 결과는 다음과 같으며

```
{’a’: 1, ’b’: 2, ’c’: 3, ’d’: 4}
1 {’b’: 2, ’c’: 3, ’d’: 4}
```

만일 특정 키의 값이 리스트 등과 같은 종류이면 append 속성을 사용하여 원소를 추가한다. 이 때는 value의 원소를 추가하는 것이지 딕셔너리의 항목을 추가하는 것이 아님에 유의한다.

```
dd = dict(a=[1], b=[3,4])
print(dd)
dd['a'].append(2)
print(dd)
```

의 결과는 키 a의 값에 append를 한

```
{'a': [1], 'b': [3, 4]}
{'a': [1, 2], 'b': [3, 4]}
```

이 된다.

3.1.6 리스트 등에서의 +와 * 연산자

파이썬에서는 숫자를 피연산 개체로 사용할 때는 +와 *가 각각 합과 곱을 의미하고 문자열인 경우 각각 합치기(paste)와 반복을 의미하는 것을 2.6절에서 보았다. 이 연산자가 리스트 등에서 적용되면 다른 방식으로 연산을 하게 된다.

리스트 등에서 +와 *는 리스트의 원소를 추가하거나 원소들을 반복한다. 이는 문자열이 파이썬 내부에서 각각의 문자를 원소로 갖는 리스트이므로 어떤 의미에서는 당연한 결과일 수도 있다. 리스트에 대한 자세한 것은 3.1.1절을 참고하기로 한다.

이와 같은 방식의 연산은 튜플(3.1.4절 참고)에서도 이루어진다. `operator1.py`

```
1 bb = (1, 2)
2 print(bb*2, bb+(3,2))
3 #print(bb + 2) # 에러
4 #print(bb +(2) # 에러
```

위의 명령의 결과는 다음과 같다.

```
(1, 2, 1, 2) (1, 2, 3, 2)
```

여기서 3번 줄의 경우는 앞에서 본 것과 같은 이유로 에러인 것이 쉽게 이해되지만 4번 줄의 경우는 오류가 없다고 생각할 수 있는데 4번 줄의 경우 (2)가 숫자 2로 해석되어 3번 줄과 같은 명령이 되기 때문이다. 튜플의 경우 원소가 하나인 튜플은 만들어지지 않는다.

```
x = (3)
print(type(x))
y = ('1')
print(type(y))
y = ('1', '2')
print(type(y))
```

의 결과는

```
<class 'int'>
<class 'str'>
<class 'tuple'>
```

이다.

참고:

1. 딕셔너리의 경우 키(key)가 유일해야 하므로 * 연산자를 이용한 반복이 논리적으로 가능하지 않고 '+' 연산은 논리적으로 가능하지만 지원하지 않는다.

2. 문자열은 파이썬의 내부에서는 각각의 문자를 원소로 갖는 배열로 인식된다. 따라서 리스트등에서 사용한 +, * 연산자의 연산방법이 문자열에 그대로 적용된다.

3.1.7 range와 관련 함수

리스트 등과 같은 배열 중에서 특별히 1(또는 0)부터 특정한 자연수의 값을 가진 배열을 필요로 하는 경우가 많이 있다. 특히 반복문(4.2.1절 참조) 작성 등에서 필요하다. 이를 위해 파이썬에는 range 함수가 있으며

```
range([start,] stop[, step])
```

로 사용하여 start에서 시작하여 stop까지의 숫자를 step 간격으로 생성한다. 이때 start, stop, step은 모두 정수라야 한다. 이 함수에서 start와 step은 생략할 수 있으며 기본값은 각각 0과 1이다. 생성된 range 객체에서 stop 값은 포함되지 않음에 주의한다. 또한 range 함수로 만든 객체는 range 객체로 리스트나 튜플이 아닌 별도의 클래스이다. range1.py

```
>>> x1 = range(10)
range(0, 10)
>>> print(list(x1))
[0, 1, 2, 3, 4, 5, 6, 7, 8, 9]
x2 = range(10,0,-1)
print(list(x2))
[10, 9, 8, 7, 6, 5, 4, 3, 2, 1]
```

range 함수와 비슷한 기능으로 numpy 패키지에 포함된 arange 함수와 linspace 함수가 있다. 이들은

```
numpy.arange([start, ]stop, [step, ])
```

과

```
numpy.linspace(start, stop, num=50, endpoint=True,...)
```

로 사용하며 start에서 시작하여 stop까지 step만큼 증가하면서 수열을 만드는 것은 같은데 이들 값으로 정수 뿐 아니라 실수를 사용할 수 있는 장점이 있다. 이 두 함수의 출력은 모두 numpy의 ndarray이다(3.2절 참고). linspace 함수는 num을 설정하여 start와 stop사이에 등간격으로 num에 설정된 개수만큼의 등차수열을 생성한다. linspace의 경우 stop이 포함되는 것이 기본값이며 이를 포함하지 않으려면 endpoint에 False를 설정하면 된다.

```
import numpy as np

>>> x3 = np.arange(0.2, 10, 1.5)
>>> print(x3)
[0.2 1.7 3.2 4.7 6.2 7.7 9.2]
>>> x4 = np.linspace(1,10, num=5)
>>> print(x4)
[ 1.    3.25  5.5   7.75 10.  ]
```

3.2. ndarray 배열

리스트, 튜플 등 파이썬의 기본 기능으로 사용할 수 있으나 관련 연산 등을 위해서는 numpy 패키지의 함수를 사용하는 것이 좋다. 패키지의 사용은 import 명령을 사용하여

```
>>> import numpy as np
```

와 같이 패키지를 불러들인 후 사용한다. 리스트 등은 하나의 이름에 여러개를 저장하는 것이 주 목적이지만 수학에서 다루는 벡터와 행렬처럼 하나의 이름에 여러 개의 값(숫자)을 저장하고 이 숫자를 바로 연산에 사용할 수 객체가 필요한 경우가 자주 있다. 주로 수치연산에서 필요한 기능이며 이 기능은 numpy 모듈이 제공한다.

이를 위해서 제공되는 함수는 array 함수이며 numpy 모듈에서 array 함수로 생성되는 객체를 대개 ndarray(n-dimensional array)라고 부른다. array 함수를 사용하여 ndarray 객체를 생성하는 가장 간단한 방법은 기존의 리스트나 튜플을 바로 ndarray로 변환하는 것이다. 즉, numpy 패키지를 np 라는 이름으로 import 했다고 할 때

```
>>> xv = np.array([1, 2, 3, 4, 5, 6, 7, 9])
```

와 같이 리스트를 ndarray로 만들 수 있다.

1차원 ndarray 중 특수한 경우는 3.1.7절에서 본 arange와 linspace와 zeros와 ones 함수가 있다. 이들은 각각 모든 원소가 0인 ndarray와 모든 원소가 1인 ndarray를 만들어준다. 이들은

```
numpy.zeros(shape, dtype=None, order='C', *, like=None)
```

와

```
numpy.ones(shape, dtype=None, order='C', *, like=None)
```

로 사용하며 shape에는 튜플로 만들어질 ndarray의 차원을 설정한다. 만일 정수를 설정하면 1차원 벡터가 만들어진다. `zeroone1.py`

```
>>> my0 = np.zeros(5)
[0. 0. 0. 0. 0.]
>>> my1 = np.ones((2,3))
[[1. 1. 1.]
 [1. 1. 1.]]
```

벡터에서 특정한 위치의 값을 얻고자 할 때는 해당 위치의 인덱스의 값을 지정한다. 이 때 주의할 점은 첫 번째 자료의 위치는 1번이 아니고 0번이라는 점이다. xv의 다섯 번째 위치의 값은

```
>>> xv = np.arange(1,10)
>>> xv[4]
5
```

로 얻으며 특정한 범위의 값은

```
>>> xv[1:4]
array([2, 3, 4])
```

와 같이 2,3,4 번째의 값을 얻을 수 있다.

벡터의 길이를 알고자 하면 len 함수를 사용거나 numpy 패키지의 size 메소드를 호출한다.

```
>>> len(xv)
9
>>> xv.size
9
```

행렬을 생성하기 위해서는 `re.shape1.py`

```
>>> xm1 = np.array([[1,2,3], [3,4,5], [6,7,9]])
```

와 같이 한 행 한 행씩 행렬의 값을 설정할 수 있다. R과 같이 벡터값을 주고 행렬로 바꾸려면 numpy의 reshape 기능을 사용할 수 있다. 즉 위의 행렬과 같은 결과를 얻으려면

```
xm1 = np.arange(1,10) 또는 xm = np.array(range(1,10))
xm2.reshape(3,3)
```

로 xm2는

```
[[1 2 3]
 [3 4 5]
 [6 7 9]]
```

로 xm1과 동일한 행렬을 얻을 수 있다. reshape는 위와 같이 ndarray의 속성으로 사용할 수도 있고 numpy.reshape(xm, (1,9))와 같이 함수로도 사용할 수 있다. numpy의 reshape 메소드는

```
reshape(a, newshape, order='C')
```

로 사용하며 a는 차원을 변경할 ndarray, newshape에는 새 차원의 튜플, order에는 'C'(행 우선), 'F'(열 우선) 또는 'A'(메모리에 저장된 방식에 따라 자동으로 'C' 또는 'F'가 설정) 중의 한 값을 설정할 수 있다. ndarray의 속성으로 reshape를 사용할 때도 같은 매개변수를 설정한다.

```
xm3 = np.arange(1,10).reshape((3,3), order='F')
print(xm3)
```

로 얻은 xm3는

```
[[1 4 7]
 [2 5 8]
 [3 6 9]]
```

가 되어 1부터의 값이 열 우선으로 배열되었음을 알 수 있다. reshape의 차원의 설정값에 -1을 사용하는 특수한 경우가 있는데 자세한 내용은 316면을 참고하기로 한다.

행렬의 차원을 알 수 있는 함수는 numpy 패키지의 shape 함수가 있다. shape의 결과는 행의 개수와 열의 개수를 포함한 tuple이다.

```
>>> xm3.shape
(3, 3)
```

만일 행렬에 대해서 len 함수를 호출하면 행의 개수인 3이 출력되고, numpy 배열의 속성 size를 사용하면 전체 원소의 개수 9가 출력된다.

```
print('length: ', len(xm3))
print('size:', xm3.size)
```

의 결과로는 각각 행의 개수 3과 전체 원소의 개수 9를 반환받는다.

numpy의 array 함수로 생성된 행렬의 특정한 위치의 값을 얻으려면

```
>>> xm[1,2]
8
```

와 같이 2번째 행, 세 번째 열의 값을 얻을 수 있으며, 특정한 행 또는 열을 구하려면

```
>>> xm3[:, 0]   # 첫 번째 열
[1 2 3]
xm3[0:2, :] # 첫 두 행
[[1 4 7]
 [2 5 8]]
```

과 같이 :를 사용하여 설정할 수 있다. 앞에서 본 것과 같이 :의 의미는 앞뒤의 값을 설정하여 a:b로 a부터 (b-1)까지인데 a, b모두 생략하면 가능한 모든 범위라는 의미로 해석한다.

배열의 특정 위치의 값을 바꾸는 경우는

```
>>> xm2[3] = 11
>>> xm2
array([ 1,  2,  3, 11,  5,  6,  7,  8,  9])
```

와 같이 값을 지정하면 된다. 파이썬의 인덱스는 0부터 시작하므로 3번 인덱스의 값을 바꾸면 네 번째 값이 바뀜에 주의하자. 마찬가지 방법으로

```
>>> xm3[0, 2] = 11
```

와 같은 방법으로 행렬의 값을 바꿀 수 있다.

```
>>> xm2[3] = 11
>>> xm3
[[ 1  4 11]
 [ 2  5  8]
 [ 3  6  9]]
```

3.2.1 리스트와 배열의 복사할 때 주의할 점

파이썬에서 리스트와 numpy의 배열 등 하나의 이름에 여러 개의 값을 가진 객체를 복사하는 경우 주의할 점이 있다. 예를 들어 `listcopy.py`

```
>>> xm = [ [1,2,3], [4,5,6], [7,8,9] ]
>>> xm2 = xm
```

로 `xm2`를 만든 경우 파이썬은 `mx2`를 별도로 저장하지 않고 `xm`과 `xm2`를 같은 주소(reference 또는 address)를 사용하여 저장한다(이를 shallow copy라고 함). 따라서 `xm`이나 `xm2` 중 하나만 값을 바꾸어도 둘 다 바뀌게 된다.[3] 리스트의 경우 `copy`를 사용하여

```
>>> xm2 = xm.copy()
```

로 `xm2`를 만들어도 결과는 마찬가지이다. 즉,

```
>>> xm[0][0] = 10
```

로 `xm[0][0]`의 값만 바꾸어도 `xm2[0][0]`의 값도 함께 바뀌게 된다.

```
>>> print(xm)
[[10, 2, 3], [4, 5, 6], [7, 8, 9]]
>>> print(xm2)
[[10, 2, 3], [4, 5, 6], [7, 8, 9]]
```

[3]실제로 두 변수의 값을 따로따로 바꾼 것은 아니고 한 주소에 두 이름을 가진 상태라 둘 다 바뀐 것처럼 보인다.

리스트의 경우 별개의 이름으로 리스트의 값만 복사하려면(이를 deep copy라고 함) copy 모듈의 deepcopy 함수를 사용하면 된다. 즉,

```
>>> ym = [[1,2,3], [4,5,6], [7,8,9]]
>>> ym2 =deepcopy(ym)
>>> ym[0][0] = 10
>>> print(ym)
[[10, 2, 3], [4, 5, 6], [7, 8, 9]]
>>> print(ym2)
[[1, 2, 3], [4, 5, 6], [7, 8, 9]]
```

로 ym[0][0]의 값이 바뀔 때 ym2[0][0]의 값은 바뀌지 않는다.

> 참고: 리스트의 copy 함수는 일차원 배열일 때는 별도의 리스트를 만든 것처럼 행동하기도 한다. 예를 들어 아래와 같이 `listcopy2.py`
>
> ```
> >>> xv = [1,2,3]
> >>> xv2 = xv
> >>> xv3 = xv.copy()
> ```
>
> 로 xv2는 등호(=)로 xv를 복사하고, xv3는 copy 함수를 사용하여 만든 후
>
> ```
> >>> xv.append("added item")
> ```
>
> xv의 내용만 바꾸어 보면
>
> ```
> >>> print("xv = ", xv, "\nxv2 = ", xv2, "\nxv3 = ", xv3)
> ```
>
> 결과로
>
> ```
> xv =  [1, 2, 3, 'added item']
> xv2 =  [1, 2, 3, 'added item']
> xv3 =  [1, 2, 3]
> ```
>
> 을 얻는다. xv2는 xv의 변경 결과에 의해 바뀌지만 xv3는 바뀌지 않음을 알 수 있다. 따라서 리스트의 값을 복사한 별개의 리스트를 만들고자 하는 경우 항상 deepcopy 함수를 사용하는 것이 좋다.

numpy의 ndarray 배열에서도 비슷한 현상이 발생한다. numpy 배열에서도 등호(=)를 사용하여 새 배열을 만들면 참조(reference)를 같게 만들기 때문에 하나의 값을 바꾸면 둘 다 바뀌는 현상이 발생한다. 리스트와 달리 numpy의 배열은 copy 메소드를 사용하면 값을 복사한 별도의 배열을 생성하므로(deep copy) 값이 같은 별도의 배열(reference가 다른)을 생성할 수 있다.

보기 3.1 `arraycopy.py` 등호로 복사한 경우와 copy 메소드를 사용한 경우의 차이를 확인해보자.

```
>>> import numpy as np
>>> xm = np.array( [[1,2,3], [4,5,6], [7,8,9]] )
>>> xm2 = xm
```

로 배열 xm을 만들고 =를 사용하여 복사한 배열 xm2를 만든 후 xm[0][0]의 값을 바꾸면

```
>>> xm[0][0] = 10
>>> print(xm[0][0], xm2[0][0])
```

의 결과 10, 10으로 xm과 xm2의 값이 동시에 바꾼 것을 알 수 있다.

이제 copy 함수를 사용하여

```
>>> ym = np.array( [[1,2,3], [4,5,6], [7,8,9]] )
>>> ym2 = ym.copy()
```

로 ym2를 생성하고

```
>>> ym[0][0] = 10
```

로 ym[0][0]의 값을 바꾸고 이 둘을 인쇄해보면

```
>>> print(ym)
[[10  2  3]
 [ 4  5  6]
 [ 7  8  9]]
>>> print(ym2)
[[1 2 3]
 [4 5 6]
 [7 8 9]]
```

로 ym의 값은 바뀌지만 ym2의 값은 바뀌지 않음을 알 수 있다. ■

3.3. 행렬, 벡터의 연산

파이썬에서 벡터 및 행렬 등에 대한 수학적인 연산은 파이썬의 numpy 모듈의 ndarray인 경우와 기본 파이썬의 리스트, 튜플 등일 때와 차이가 있으므로 주의하여야 한다. ndarray는 n-dimendional array의 약자로 numpy의 행렬이나 벡터 등을 저장하는데 사용하는 배열로 메소드 이름은 array이다. 예를 들어 다음과 같은 코드를 생각해보면

arrayop2.py

```
>>> import numpy as np
>>> x1 = [1,2,3,4]; x2 = [5,6,7,8]
>>> y1 = np.array([1,2,3,4]); y2 = np.array([5,6,7,8])
```

로 x1, x2, y1, y2를 저장하고 $(1,2,3,4)+2 = (3,4,5,6)$을 계산해보자 (x1 + 2)과 (y1 + 2)를 계산해보면

```
>>> print(x1+2)
```

는 에러가 발생한다. 이유는 x1은 리스트이고 2는 숫자라 연산이 안 되기 때문이며 이를 피하기 위해서

```
>>> print (x1 +[2])
```

를 하면 x1 뒤에 [2]를 추가(append)하게 되어

```
[1, 2, 3, 4, 2]
```

가 얻어진다. numpy 모듈의 ndarray인 y1으로 계산하면

```
>>> print(y1+2)
[3 4 5 6]
```

으로 원하는 값이 얻어지며,

$$[1,2,3,4]+[4,5,6,7]=[6,8,10,12]$$

을 얻기위해

```
>>> print(x1+x2)
```

를 하면 리스트의 연결인

```
[1, 2, 3, 4, 5, 6, 7, 8]
```

가 얻어져 우리가 원하는 결과가 아니며

```
>>> print(y1+y2)
[ 6  8 10 12]
```

로 우리가 원하는 결과를 얻는다. 이런 이유로 벡터나 행렬의 연산에는 파이썬의 기본 모듈보다 numpy 모듈을 사용하는 것이 유리하므로 여기서는 R과 유사한 형태의 연산이 가능한 numpy 모듈을 사용하여 연산하는 방법을 소개하기로 한다.

3.3.1 벡터의 연산

파이썬의 벡터는 행벡터와 열벡터를 구분하는 것이 좋다. 여태까지 일반적으로 사용한 벡터는 행벡터이다. 즉, `arrayop0.py`

```
>>> xrow = np.array([1,2,3])
```

은 행벡터이며 이를 열벡터로 얻기 위해서는

```
>>> xcol = np.array([[1], [2] ,[3]])
```

으로 표현하여야 한다. 이 경우 실제로 이들의 차원과 값을 인쇄해보면

```
>>> print("dimensions: ",  xrow.shape, xcol.shape)
dimensions:  (3,) (3, 1)
```

로 xrow의 차원은 3개의 값을 가진 벡터이며 xcol은 내부적으로 3개의 행과 1개의 열을 가진 행렬임을 알 수 있다. 이들 값들은

```
>>> print("xrow \n", xrow, "\n xcol: \n",  xcol)
```

로 인쇄하면

```
xrow
 [1 2 3]
xcol:
 [[1]
 [2]
 [3]]
```

로 얻어진다. 여기서 \n은 줄 바꿈을 의미하며 따옴표 안에 있어야 한다.

참고: 파이썬에서는 두 벡터 $\boldsymbol{a} = (a_1, a_2, \ldots, a_m)$과 $\boldsymbol{b} = (b_1, b_2, \ldots, b_n)$이 있을 때 $\boldsymbol{a} + \boldsymbol{b}$의 계산은 m과 n이 다를 때는 되지 않는다. 이는 R과 다른 점이다. 다만 m이나 n 중의 하나가 1이거나(스칼라) $m = n$인 경우는 R과 같은 방법으로 계산된다. 즉, $\boldsymbol{a} = (a_1, a_2, \ldots, a_m)$ 과 에 대한 연산 ∘는

$$\boldsymbol{a} \circ \boldsymbol{b} = (a_1 \circ b_2, a_2 \circ b_2, \ldots, a_n \circ b_n)$$

로 계산된다. 예를 들어 `vectorop1.py`

```
>>> aa = np.array(range(1, 11))
>>> bb = np.array(range(1, 6))
>>> cc = np.array([1,2,1,2,1])
```

가 있을 때

```
>>> bb + cc
```

의 결과는

```
array([2, 4, 4, 6, 6])
```

로 얻어지지만

```
>>> aa + bb
```

는 aa의 길이와 bb의 길이가 같지 않아 에러가 발생한다. 길이가 1인 경우, 즉

```
>>> aa * 3
```

또는

```
>>> bb ** 2 # np.power(bb, 2) 와 같음
```

는 모든 원소에 대해서 3을 곱하거나 제곱을 해주는 방식으로 계산된다. 즉, 위의 결과는 각각

```
array([ 3,  6,  9, 12, 15, 18, 21, 24, 27, 30])
array([ 1,  4,  9, 16, 25], dtype=int32)
```

이 된다.

3.4. 행렬과 벡터의 항목 추가 및 삭제(numpy)

벡터에서 특정한 위치의 원소를 삭제/삽입하거나 행렬에서 행이나 열을 삭제/삽입하는 연산은 자료를 처리하기 위해 종종하는 작업이다. 이 작업은 파이썬의 첨자에 대한 연산을 사용할 수 있으나 numpy 패키지의 delete, append, insert 등의 함수를 사용하여 수행하는 것이 편리하다. 이들 numpy의 함수는

```
numpy.delete(a, index, axis)
numpy.append(a, obj, axis)
numpy.insert(a, index, obj, axis)
```

로 사용하며 각 매개변수는 다음과 같다.

a 는 삭제, 추가 또는 삽입 대상인 배열,

index 는 삭제 또는 추가할 위치(인덱스값)를 지정하며

obj 는 추가 또는 삽입할 개체이다.

axis 는 행 또는 열(정확하게는 몇 번째 첨자인지 표시한 것임)을 알려주며 0은 행, 1은 열이다. 1차원 배열(행벡터)인 경우 axis는 설정하지 않아도 된다.

보기 3.2 arrayop1.py 다음의 예를 살펴보자. 먼저

```
>>> import numpy as np
```

로 numpy를 import 하고

```
>>> a = np.array(range(1,11,2))
```

를 로 두면 a는 ndarray인 array([1, 3, 5, 7, 9])이다. delete 함수를 사용하여 3번째 항목을 삭제하면

```
>>> a1 = np.delete(a, 2)
```

로 a1이 array([1, 3, 7, 9])로 얻어지며 여러 개를 한 번에 삭제하려면 삭제할 첨자를

```
>>> idx = [0, 1, 3]
```

로 둔 후

```
>>> a2 = np.delete(a, idx)
```

와 같이 삭제한다. 1, 2, 4번째 원소가 삭제되어 a2는 array([5, 7])이 된다.

append와 insert는

```
>>> b1= 11
>>> a3 = np.append(a, b1)
```

로 a3은 array([1, 3, 5, 7, 9, 11])가 되며

```
>>> b2 = 2
>>> a4 = np.insert(a, 1, b2)
```

로 2번째 위치에 b2 값을 끼워 넣어 a4 는 array([1, 2, 3, 5, 7, 9])가 된다. 벡터를 삽입하는 것도 같은 방법으로 b3가

```
>>> b3 = [1,2,3]
```

일 때

```
>>> a5 = np.insert(a, 2, b3)
```

의 결과는 3번째 위치에 [1, 2, 3]을 끼워 넣은

```
array([1, 3, 1, 2, 3, 5, 7, 9])
```

가 된다.

삭제, 추가, 삽입은 행렬에서도 같은 방법으로 수행할 수 있다. 행렬에서의 사용 방법을 알아보기 위해 먼저

```
>>> mx1 = np.array(range(1,10)).reshape(3,3)
```

을 정의하자. 이 행렬에 (10, 20, 30) 세 개의 원소를 갖는 벡터를 행이나 열에 추가하려면

```
>>> mx2 = np.append(mx1, np.array([10, 20, 30]).reshape(1,3), axis=0)
>>> mx3 = np.append(mx1, np.array([10, 20, 30]).reshape(3,1), axis=1)
```

로 명령할 수 있다. 위의 명령에서 보는 것처럼 append할 obj는 mx1과 같은 행렬이어야 한다. 위의 결과는 다음과 같다.

```
mx1:                  mx2:                      mx3:
array([[1, 2, 3],     array([[ 1,  2,  3],      array([[ 1,  2,  3, 10],
       [4, 5, 6],            [ 4,  5,  6],             [ 4,  5,  6, 20],
       [7, 8, 9]])           [ 7,  8,  9],             [ 7,  8,  9, 30]])
                             [10, 20, 30]])
```

특정한 행이나 열을 삭제하기 위해서는

```
>>> mx4 = np.delete(mx1, 0, axis=0) # 첫째행 삭제
>>> mx5 = np.delete(mx1, [0,1], axis=1) # 1, 2열 삭제
```

와 같이 사용할 수 있으며 첫 번째는 첫 번째 행을 삭제하는 것이고 두 번째는 삭제할 열을 0, 1로 두 개를 지정한 것이다. 이 두 명령의 결과는

```
mx4: array([[4, 5, 6],          mx5: array([[3],
            [7, 8, 9]])                      [6],
                                             [9]])
```

가 된다. 특정한 위치에 삽입하기 위해서는

```
>>> mx6 = np.insert(mx1, 1, np.array([10, 20, 30]), axis=0)
>>> mx7 = np.insert(mx1, 1, np.array(range(10, 100, 10)).reshape(3,3),
                    axis=1)
```

로 행이나 열에 벡터 또는 행렬을 끼워 넣을 수 있다. 위 두 명령의 결과는 다음과 같다.

```
mx6:                            mx7:
array([[ 1,  2,  3],            array([[ 1, 10, 40, 70,  2,  3],
       [10, 20, 30],                   [ 4, 20, 50, 80,  5,  6],
       [ 4,  5,  6],                   [ 7, 30, 60, 90,  8,  9]])
       [ 7,  8,  9]])
```

행렬인 경우 행이나 열의 추가를 위해서 각각 numpy.vstack 및 numpy.hstack 함수를 사용할 수 있다. ■

3.4.1 행 또는 열을 붙이기

자료를 다루다 보면 분리된 자료를 하나로 합할 필요가 발생한다. 이때 사용할 수 있는 기본적인 함수 중의 하나는 numpy의 concatenate 함수이다. 이 함수는

```
numpy.concatenate((a1, a2, ...), axis=0,...)
```

이며 a1, a2 등은 하나로 합칠 배열 등이며 axis는 합할 기준으로 0은 행(기본값), 1은 열 기준이며 None은 배열의 모든 원소를 각각의 값으로 분리하여(flatten) 합하게 된다. 다음의 사용예를 보자.

보기 3.3 `concatenate1.py` 아래의 프로그램에서 얻는 x1, x2, x3를 생각해보자. 여기서 zeros는 모든 원소의 값이 0인 벡터를 만드는 numpy의 메소드이다.[4]

```
import numpy as np

a1 =[1,2,3]; a2=[4,5,6]

x1 = np.concatenate( (np.array(a1), np.zeros(3), np.array(a2)) )
x2 = np.concatenate( (np.array([a1]), [np.zeros(2)], np.array([a2])),
                    axis=1)
x3= np.concatenate( (np.array([a1]), [np.zeros(3)], np.array([a2])),
                   axis=None)
```

먼저 x1은 axis의 기본값인 0이 적용되어 각각의 ndarray의 원소를 행으로 합하므로

[4]유사한 메소드로 ones는 모든 원소의 값이 1인 벡터를 만든다.

```
x1: [1. 2. 3. 0. 0. 0. 4. 5. 6.]
```

를 얻게 되며 x2는 각각의 원소의 열을 합하므로(여기에서 array(a1)이 아닌 array([a1])을 사용함에 주의)

```
x2: [[1. 2. 3. 0. 0. 4. 5. 6.]]
```

가 된다. 축이 없는 경우 모든 원소를 분리해 얻으므로 x3는

```
x3: [1. 2. 3. 0. 0. 0. 4. 5. 6.]
```

를 얻는다. ■

R-언어의 cbind와 rbind와 비슷한 기능을 하는 함수로 numpy 모듈에서 column_stack과 row_stack 함수를 사용할 수 있다. 사용법은

```
numpy.column_stack(tup) 및 numpy.row_stack(tup)
```

이며 tup에는 각각 가로로 또는 세로로 붙일 1차원 또는 2차원 배열의 튜플을 나열하며 반환값은 붙여진 ndarray이다.

보기 3.4 `stack1.py` 다음은 두 개의 리스트 및 세 개의 리스트를 행과 열로 붙이는 보기이다.

```
import numpy as np

x1 = [1, 2, 3]; x2 = [6, 4, 5]

x3 = np.row_stack((x1, x2))
x4 = np.column_stack((x1, x2, [8, 7, 9]))
```

위 프로그램의 결과로 x3와 x4는 각각

```
x3: [[1 2 3]          x4:      [[1 6 8]
     [6 4 5]]                   [2 4 7]
                                [3 5 9]]
```

를 얻는다. ■

위의 column_stack이나 row_stack과 비슷하지만 동작되는 방식이 약간 다른 hstack과 vstack 함수도 numpy에 포함되어 있다. 이들은

```
numpy.hstack(tup) 및 numpy.vstack(tup)
```

으로 사용하며 tup에는 쌓을(stack) ndarray 배열의 이름을 나열하며 이들의 차원은 모두 같아야 한다.

앞의 column_stack 및 row_stack과 hstack과 vstack의 차이는 매개변수가 1차원 배열일 때

- column_stack 및 row_stack은 매개변수에 주어진 배열을 각각 열벡터 및 행벡터로 간주하고 쌓는데 반해
- hstack과 vstack은 주어진 매개변수의 형태를 유지한다

는 차이가 있다.

보기 3.5 (stack1.py 계속) 예를 들어 보기 3.4의 x1, x2에 대해서

```
x5 = np.column_stack((x1, x2))
x6 = np.hstack((x1, x2))
```

의 결과는

```
x5:   [[1 6]              x6: [1 2 3 6 4 5]
        [2 4]
        [3 5]]
```

로 column_stack은 x1, x2를 각각의 열로 붙였으나 hstack은 이 둘을 가로 붙인 결과를 얻는다.

```
x6 = np.vstack((x1, x2))
```

의 결과는 x1이 행벡터, x2도 행벡터이므로 이 둘을 합한

```
[[1 2 3]
 [6 4 5]]
```

로 x1, x2로 row_stack한 것과 같은 결과를 얻는다.

만일 x1, x2를 hstack으로 두 개의 열을 가진 행렬을 얻으려면

```
x7 = np.hstack(( np.array(x1).reshape(3,1),
                 np.array(x2).reshape(3,1) ))
```

으로 x1, x2의 차원을 reshape 속성으로 바꿔주면 된다. ■

3.4.2 행렬의 곱

파이썬 numpy에서 ndarray 행렬을 만들기 위해서는 리스트나 튜플을 만들 때처럼 다음과 같이 각각의 행을 입력하거나 matrixop1.py

```
>>> mtx = np.array([[1,2,3], [4,5,6]])
```

벡터의 값을 입력한 후 array 객체의 reshape 메소드를 사용하여 행의 열의 수를 지정할 수 있다. 예를 들어

```
>>> mtx = np.array([1,2,3,4,5,6]).reshape(2,3)
```

로 행의 수 2, 열의 수 3인 행렬을 만들 수 있다. 위의 두 명령으로 얻어진 mtx는 모두

```
array([[1, 2, 3],
       [4, 5, 6]])
```

이다.

두 행렬의 곱을 numpy 패키지의 matmul 함수를 사용하면 편리하다. numpy 패키지의 matmul 함수로 두 행렬 a와 b의 곱 ab를 구하려면

```
numpy.matmul(a, b)
```

를 사용한다. 이 함수를 사용하기 위해 먼저

```
>>> import numpy as np
```

를 하고 곱할 두 행렬을

```
>>> mx1 = np.array(range(1,7)).reshape(2,3)
>>> mx2 = np.hstack((np.repeat(1,3).reshape(3,1),
                     np.repeat(2,3).reshape(3,1)))
```

로 정의하자. 이 두 행렬은 각각

```
mx1                             mx2
array([[1, 2, 3],               array([ [1, 2],
       [4, 5, 6]])                      [1, 2],
                                        [1, 2]])
```

이다. 이 두 행렬의 곱은

```
>>> mx3 = np.matmul(mx1, mx2)
```

로 얻을 수 있으며 mx3는

```
array([[ 6, 12],
       [15, 30]])
```

이며 ndarray 행렬의 차원은 shape 메소드로 얻을 수 있다.

```
>>> mx3.shape
```

로 (2, 2)를 얻는다.

3.4.3 전치행렬 및 역행렬 그리고 선형방정식

전치행렬(transpose)는 행과 열을 바꾼, 또는 대각선을 기준으로 원소의 위치를 바꾼 행렬이며 행렬 $\boldsymbol{A}$의 전치행렬은 $\boldsymbol{A}^T$, $\boldsymbol{A}^t$ 또는 $\boldsymbol{A}'$ 등의 부포로 표시한다. 파이썬에서의 전치행렬은 numpy의 transpose 함수나 ndarray의 T 속성을 사용하여 얻을 수 있다. 즉, 행렬 a의 전치 행렬은

```
numpy.transpose(a) 또는
a.T
```

로 얻는다. 행과 열의 개수가 같은 행렬을 정방행렬(square matrix)이라고 하며 정방행렬 $\boldsymbol{A}$에 대해서 $\boldsymbol{A}\boldsymbol{A}^{-1} = \boldsymbol{A}^{-1}\boldsymbol{A} = \boldsymbol{I}$가 성립하는 $\boldsymbol{A}^{-1}$을 $\boldsymbol{A}$의 역행렬이라고 한다. 여기서 $\boldsymbol{I}$는 대각선 원소는 1, 대각선 이외의 원소는 모두 0인 정방행렬로 이 행렬을 고유행렬(identity matrix)라고 한다. 파이썬에서 역행렬은 `numpy.linagl`의 `inv` 메소드를 사용하여 얻을 수 있다.

```
numpy.linalg.inv(a)
```

로 사용하며 반환값은 `a`의 역행렬이다.

연립방정식

$$\begin{aligned}
a_{11}x_1 + a_{12}x_2 + \cdots + a_{1n}x_n &= b_1 \\
a_{21}x_1 + a_{22}x_2 + \cdots + a_{2n}x_n &= b_2 \\
\vdots \qquad\qquad & \quad \vdots \\
a_{n1}x_1 + a_{n2}x_2 + \cdots + a_{nn}x_n &= b_n
\end{aligned} \tag{3.1}$$

는 $\boldsymbol{A}$와 $\boldsymbol{x}$ 및 $\boldsymbol{b}$를 각각

$$\boldsymbol{A} = \begin{bmatrix} a_{11} & a_{12} & \cdots & a_{1n} \\ a_{21} & a_{22} & \cdots & a_{2n} \\ & \vdots & & \\ a_{n1} & a_{n2} & \cdots & a_{nn} \end{bmatrix}, \quad \boldsymbol{x} = \begin{bmatrix} x_1 \\ x_2 \\ \cdots \\ x_n \end{bmatrix}, \quad \boldsymbol{b} = \begin{bmatrix} b_1 \\ b_2 \\ \cdots \\ b_n \end{bmatrix} \tag{3.2}$$

이라고 하면

$$\boldsymbol{A}\boldsymbol{x} = \boldsymbol{b} \tag{3.3}$$

이며 해는 $\boldsymbol{A}$의 역행렬 $\boldsymbol{A}^{-1}$이 존재할 때

$$\boldsymbol{x} = \boldsymbol{A}^{-1}\boldsymbol{b} \tag{3.4}$$

로 얻는다. 식 (3.4)의 해 $\boldsymbol{x}$는 파이썬에서 `numpy.linalg`의 `solve` 메소드를 사용하여 얻을 수 있다.

보기 3.6 `matrixop2.py` 행렬 A를 다음과 같은 값을 원소로 하는 ndarray

```
array([[1, 6, 8],
       [2, 4, 7],
       [3, 5, 9]])
```

라고 할 때

```
A = np.array([[1, 6, 8], [2, 4, 7], [3, 5, 9]])

x2 = np.transpose(A)
x3 = A.T
```

으로 x2, x3는 모두 같은 값으로

```
[[1 2 3]
 [6 4 5]
 [8 7 9]]
```

를 얻으며

```
x4 = np.linalg.inv(A)
print(np.matmul(A,x4))
```

로 x4는 $\boldsymbol{A}$의 역행렬로

```
[[ 0.33333333 -4.66666667  3.33333333]
 [ 1.         -5.          3.        ]
 [-0.66666667  4.33333333 -2.66666667]]
```

를 얻으며, A와 x4의 행렬곱은

```
[[ 0.33333333 -4.66666667  3.33333333]
 [ 1.         -5.          3.        ]
 [-0.66666667  4.33333333 -2.66666667]]
```

로 고유행렬 $\boldsymbol{I}$를 얻는다.

만일 $\boldsymbol{b}$가 $(37, 31, 40)^T$일 때 $\boldsymbol{Ax} = \boldsymbol{b}$ 를 만족하는 $\boldsymbol{x}$는

```
b = np.array([[37], [31], [40]])
x = np.linalg.solve(A,b)
```

으로 얻으며 이 값은 $\boldsymbol{x} = (1, 2, 3)$이다. $\boldsymbol{Ax} = \boldsymbol{b}$인지 확인하려면

```
chkb = np.matmul(A, x)
```

으로 chkb의 값이 $(37, 3140)^T$임을 확인할 수 있다. $\boldsymbol{x}$의 값은 $\boldsymbol{A}^{-1}\boldsymbol{b}$를

```
np.matmul(x4, b)
```

으로 얻어도 $(1, 2, 3)^T$로 같은 결과를 얻는다. ■

3.5. 데이터 프레임과 시리즈

파이썬에도 R과 같은 이름을 사용하는 데이터 프레임이 있으며 이는 pandas 패키지의 DataFrame 클래스를 사용하여 생성할 수 있다. 또한 일차원 자료의 경우 Series 클래스를 사용하여 자료를 처리하면 편리하다.

3.5.1 Series

1차원 자료를 Series 객체로 만들면 이 클래스의 다양한 메소드를 사용할 수 있다. Series 객체의 생성은

```
pandas.Series(data=None, index=None, dtype=None, ...)
```

로 한다. 속성은

data: Series의 자룟값 설정한다. 값을 설정할 때는 리스트, 튜플, 딕셔너리 등으로 설정할 수 있다.

index: 인덱스의 값을 설정한다. 반환받는다. 따로 설정하지 않으면 (0, 1, 2, …, n)이 기본값이다.

dtype: int, float 등과 같은 데이터 타입을 설정한다.

을 설정한다. Series 객체를 생성하고 관련 메소드 몇 개를 적용해보면 다음과 같다.

보기 3.7 series1.py Series 클래스를 사용하는 방법을 몇가지 살펴보면 다음과 같다.

```
import pandas as pd
import string

x = [1,1,1,2,2,3,3,5,5,5]
names = list( string.ascii_lowercase[0:10] )
```

먼저 string 모듈의 ascii_lowercase는 영문 알파벳 소문자를 저장한 문자열로 이 문자열에서 앞의 10개만 얻고 이를 list 함수를 사용하여 각 문자가 원소인 리스트로 만들었다. 리스트인 x에 대해서 이를 Series로 만들면

```
s1 = pd.Series(x)
s2 = pd.Series(x, index=names)
```

와 같이 만들 수 있으며 s1은 인덱스를 별도 설정하지 않아서 0, 1, ⋯로 인덱스가 만들어지며, s2의 경우 인덱스가 알파벳이므로 인덱스에 알파벳이 사용된다.

s1			s2		
	0	1		a	1
	1	1		b	1
	2	1		c	1
	⋮			⋮	
	9	5		j	5

튜플이나 리스트와 달리 딕셔너리의 경우 key가 인덱스가 된다.

```
>>> s3 = pd.Series({'r1': 3, 'r2':2, 'r3':1})
r1    3
r2    2
r3    1
```

Series 객체에서 데이터 값과 인덱스를 따로 얻을 수 있으며 이를 위해 각각 values와 index 인스턴스를 사용한다.

```
>>> print(s3.index)
Index(['r1', 'r2', 'r3'], dtype='object')
>>> print(s3.values)
[3 2 1]
```

위 출력들에서 보는 것처럼 Series의 출력은 세로로 만들어진다.

Series에서의 인덱싱은 인덱스의 번호나 이름이 사용된 경우 이름을 사용할 수도 있다.

```
>>> print(s1[3])
2
>>> print(s2['a':'d'])
a    1
b    1
c    1
d    2
```

Series는 다양한 메소드를 제공하는데 그 중 몇 가지만 보면

```
>>> length = s2.shape
(10,)
>>> ave = s2.mean()
2.8
>>> maxx = s2.max()
5
>>> freq = s2.value_counts()
1    3
5    3
2    2
3    2
```

와 같으며 shape는 차원을, mean, max는 평균과 최댓값을 얻는다. value_counts는 도수분포표를 얻으며 얻은 도수분포표는 Series 객체이다. ■

3.5.2 데이터 프레임

pandas 모듈에서 제공하는 DataFrame 클래스는 2d 자료를 저장하고 저장한 자료에서 다양한 형태의 메소드를 제공한다. 데이터프레임의 생성은

```
class pandas.DataFrame(data=None, columns=None, dtype=None, ...)
```

로 할 수 있으며 속성은 다음과 같다.

data: 데이터 프레임의 자룟값 설정하며 ndarray, Iterable, dict 또는 DataFrame의 설정이 가능하며 data의 형태가 dict이면 각 자료가 데이터 프레임의 열을 구성하게 된다. 리스트나 ndarray는 행우선형태로 저장된다.

`columns:` 열(변수) 이름을 설정한다. 따로 설정하지 않으면 (0, 1, 2, ..., n)이 기본값이다.

`dtype:` int, float 등과 같은 데이터 타입을 설정한다.

자료가 텍스트 파일이나 엑셀 형식 등의 파일로 저장된 경우 파일의 내용을 읽어서 데이터프레임으로 저장할 수 있는데 이는 5.4.1절, 5.5절 등을 참고하기로 한다.

보기 3.8 `DataFrame1.py` 딕셔너리, 리스트, numpy의 array 값을 데이터 프레임으로 변환하는 과정을 알아보자. 파일에 저장된 텍스트나 엑셀 형식의 자료를 데이터 프레임으로 읽어 들이는 것은 5장에서 다룬다.

```
>>> import pandas as pd
>>> import numpy as np
```

로 아래의 코드에서 필요한 pandas와 numpy를 임포트 한다. 먼저 딕셔너리로 저장된 자료

```
d = {'name': ['Kim', 'Lee', 'Park'], 'height': [170, 180, 175]}
```

를 데이터 프레임으로 저장하기 위해서는

```
>>> df1 = pd.DataFrame(data=d)
```

로 명령할 수 있다. 이 명령의 결과 df1은

```
>>> print(df1)
   name  height
0  Kim    170
1  Lee    180
2  Park   175
```

이 된다. 딕셔너리의 경우 각 키(key)에 해당하는 값이 생성된 데이터 프레임의 열이 되며 해당 열의 이름은 키의 값이 됨을 알 수 있다. 만일 데이터 프레임의 각 변수가 이미 리스트 등의 변수로 저장되었다면 딕셔너리를 다음과 같이 사용할 수 있다.

```
nn = ['Kim', 'Lee', 'Park']
hh = [170, 180, 175]
df4 = pd.DataFrame({'name':nn, 'height': hh})
print(df4)
```

이 결과로 만들어진 df4는 앞의 df2와 동일하다.

리스트로 데이터 프레임을 구성하는 경우

```
>>> df2 = pd.DataFrame([['kim', 170], ['Lee', 180], ['Park', 175]],
                       columns=['name', 'height'])
```

로 사용할 수 있으며 각각의 값은 리스트와 같은 방법으로 행으로 구성되며, 열의 이름은 columns에서 따로 설정한다. 이 명령으로 만들어진 df2는

```
>>> print (df2)
   name  height
0   kim     170
1   Lee     180
2   Park    175
```

이다. numpy의 array로 만든 데이터 프레임은 아래의

```
>>> df3 = pd.DataFrame(np.array([[1, 2, 3], [4, 5, 6], [7, 8, 9]]),
                   columns=['a', 'b', 'c'])
```

명령으로 만들 수 있으며 구성방식은 리스트와 같다.

```
>>> print (df3)
```

의 결과는 다음

```
   a  b  c
0  1  2  3
1  4  5  6
2  7  8  9
```

과 같이 np.array의 형식대로 데이터 프레임이 구성된다.

데이터 프레임을 구성할 각 열이 리스트 등으로 사전에 구성되어 있으면 딕셔너리를 이용하여 데이터 프레임을 만들 수 있다. 이때 딕셔너리의 키(key)에는 열이름에 사용할 문자열을 설정하면 된다. 예를 들어

```
a = [1,2,3]
b = [3,4,5]
```

이 있고 이들 값을 각각 열 이름 y와 X로 하는 데이터 프레임을 만들려면

```
df5 = pd.DataFrame({'y':a, 'X':b})
```

으로 할 수 있으며 이때 만들어진 데이터 프레임 df5는

```
   y  X
0  1  3
1  2  4
2  3  5
```

이다. ■

3.5.3 데이터 프레임의 메소드와 인스턴스

DataFrame 클래스에는 많은 메소드나 속성이 제공되어 데이터 프레임에 필요한 상당한 작업들이 이 메소드의 호출로 이루어질 수 있다. 예를 들어 `DataFrame1.py`

```
print(df3.size)
print(df3.shape)
```

의 결과는 9와 (3,3)이며[5] describe 메소드의 경우

```
>>> print(df3.describe())
```

로 세 변수에 대한 통계량을 다음

```
         a    b    c
count  3.0  3.0  3.0
mean   4.0  5.0  6.0
std    3.0  3.0  3.0
min    1.0  2.0  3.0
25%    2.5  3.5  4.5
50%    4.0  5.0  6.0
75%    5.5  6.5  7.5
max    7.0  8.0  9.0
```

과 같이 얻을 수 있다. 각 통계량에 대한 설명은 제6장을 참고하기로 한다. 데이터 프레임을 사용한 자료의 요약 등 관련 메소드들은 이 책의 나머지 부분에서 관련 주제로 다루기로 하며 전체 메소드/인스턴스는 pandas의 홈페이지

https://pandas.pydata.org/pandas-docs/stable/reference/api
/pandas.DataFrame.html

를 참고하기로 한다.

3.5.4 인덱싱

파이썬 데이터 프레임에서 특정한 열을 얻으려면 데이터 프레임에 이름을 설정한다. 즉, 위의 데이터 프레임 df1에서 height에 해당하는 열을 얻으려면

```
>>> x = df1['height']
```

를 사용하면 되며 print(x)의 결과는

```
0    170
1    180
2    175
```

로 두 번째 열만 추출할 수 있다. 이와 같이 한 개의 열을 얻은 경우 이 열은 3.5.1절의 Series 객체이다.

여러 개의 열을 한 번에 얻으려면 열이름을 리스트로 설정한다. 예를 들어 데이터 프레임 df의 열 v1에서 v10 중의 일부인 v1, v3, v4만 얻으려면 df['v1', 'v3', 'v4']를 사용할 수 있다. 데이터 프레임에서 두 개이상의 열을 뽑아내면 그 결과는 DataFrame 인스턴스이다.

데이터 프레임에서 특정한 행을 얻으려면 DataFrame의 iloc 메소드를 사용하여 행번호를 설정한다. 앞의 df1에서 1번, 2번 행을 얻으려면

[5] size는 전체 데이터의 개수, shape은 행과 열의 개수를 튜플로 반환한다.

```
>>> y = df1.iloc[0:2]
```

로 얻을 수 있으며

```
>>> print(y)
```

의 결과는 앞의 2행인

```
  name  height
0  Kim     170
1  Lee     180
```

가 된다.

iloc 인스턴스는 행 뿐 아니라 열에도 적용된다. 즉

```
>>> y = df1.iloc[:, 1]
```

은 두 번째 df의 두 번째 열이 얻어진다. 행번호 및 열 번호에서 음수를 사용하면 끝에서부터라는 의미이다. 즉

```
>>> y = df1.iloc[:, -1]
```

은 마지막 열이 된다. 열이나 행의 일부분만 얻을 수도 있으며 이 경우 인덱스의 리스트를 사용한다. 즉 0번 열의 1,2 행의 값을 얻으려면

```
>>> y = df1.iloc[[1,2], 0]
```

로 사용하거나 다음 둘

```
df1['name'][1:3]
df1['name'][[1,2]]
```

중의 하나를 사용할 수 있다. 위 세 명령의 결과는 모두

```
1      Lee
2     Park
```

이다.

3.6. 데이터 프레임 합치기

두 개 이상의 데이터 프레임을 합하여 하나의 데이터 프레임으로 합치는 경우는 종종 발생한다. 특히 데이터베이스에서는 관련 자료를 별도의 테이블로 구성하고 필요한 경우 여러 테이블에서 자료를 불러와 하나의 임시 테이블로 구성한 후 필요한 작업을 수행하는 경우가 많다.

두 데이터 프레임을 합치는 방법은 기존 데이터 프레임에 변수가 추가되는 경우(데이터 프레임의 행이 추가됨)와 기존 데이터 프레임의 관측치가 추가되는 경우(행이 추가됨)

가 있다. 기존 데이터 프레임의 열을 추가하기 위해서는 `join` 메소드를 데이터 프레임 `leftdf`의 오른쪽에 `rightdf`를 붙이려면

```
leftdf.join(rightdf, on=None, how='left', lsuffix='', rsuffix='',
      sort=False)
```

로 사용하며 각 매개변수는 다음과 같다.

`rightdf` 기존 데이터 프레임 `leftdf`의 오른쪽에 붙일 데이터 프레임, 리스트, 시리즈 등의 이름을 설정한다.

`on` 기존의 데이터 프레임과 합칠 데이터 프레임의 키(key)에 해당하는 열의 이름을 문자열이나 문자열의 리스트로 설정한다. 따로 설정하지 않으면 기본 인덱스 $(0, 1, 2\cdots)$ 이다.

`how` 두 데이터 프레임을 합칠 때 인덱스가 100% 일치하지 않을 때 어떤 기준으로 합할지 정한다. `’left’`(기본값), `’right’`, ‘`’outer’`, ‘`’inner’` 중의 하나로 설정한다. 이들은 각각

- `’left’`]: 기존 데이터 프레임 `leftdf`의 인덱스에 맞춘다. `leftdf`의 인덱스와 일치하지 않는 `rightdf`의 자료는 합한 결과에 포함되지 않는다.
- `’right’`]: `’left’`와 반대로 추가되는 `rightdf`의 인덱스와 일치하는 자료만 추가한다.
- `’outer’`]: 합해지는 두 데이터 프레임의 인덱스의 합집합을 인덱스로 갖는 데이터 프레임을 만든다.

`’inner’` : `’outer’`와 반대로 두 데이터 프레임의 인덱스의 교집합만의 인덱스로 데이터 프레임을 구성한다.

`lsuffix, rsuffix` 두 데이터 프레임을 합칠 때 인덱스나 키가 중복되므로[6] 기존 인덱스에 붙일 접두어를 설정한다. `lsuffix`는 `leftdf`의 인덱스에 붙일 접두어, `rfuffix`는 `rightdf`에 붙일 접두어를 설정한다.

`sort` 논리값을 설정하며 기본값은 `False`이다. `True`로 설정하면 `key` 값에 따라 오름차순으로 정렬한다.

보기 3.9 `joinappend.py` 다음과 같이 두 개의 데이터 프레임 `df1`과 `df2`가 있다.

```
df1 = pd.DataFrame({'key': ['k1', 'k0', 'k2', 'k3', 'k4'],
                    'value1': ['Val01', 'Val00', 'Val02', 'Val03',
                               'Val04']})

df2 = pd.DataFrame({'key': ['k0', 'k1', 'k5'],
                    'value2': ['Val10', 'Val11', 'Val12']})
```

[6]경우에 따라서는 같은 이름의 변수가 여러개 존재할 수도 있다.

df1의 오른쪽에 df2를 join하여 보면

```
mydf1 = df1.join(df2, lsuffix='_df1', rsuffix='_df2' )
```

의 결과는

```
   key_df1 value1 key_df2 value2
0       k1  Val01      k0  Val10
1       k0  Val00      k1  Val11
2       k2  Val02      k5  Val12
3       k3  Val03     NaN    NaN
4       k4  Val04     NaN    NaN
```

이다. 이 때 df2는 key가 k5인 자료가 없고, how의 기본값이 left이므로 합한 데이터 프레임에는 포함되지 않았다.

```
mydf2 = df1.join(df2.set_index('key'), on='key')
```

의 결과는

```
  key value1 value2
0  k1  Val01  Val11
1  k0  Val00  Val10
2  k2  Val02    NaN
3  k3  Val03    NaN
4  k4  Val04    NaN
```

로 on에 설정된 key를 기준으로 데이터 프레임을 합하였다.

```
mydf3 = df1.join(df2.set_index('key'), on='key', how='outer',
                 sort=True)
```

의 결과는

```
    key value1 value2
1.0  k0  Val00  Val10
0.0  k1  Val01  Val11
2.0  k2  Val02    NaN
3.0  k3  Val03    NaN
4.0  k4  Val04    NaN
NaN  k5    NaN  Val12
```

합할 두 자료의 키값 중 어느 한 쪽이라도 값이 있으면 모두 포함하며

```
mydf4 = df1.join(df2.set_index('key'), on='key', how='inner')
```

의 결과는

```
  key value1 value2
0  k1  Val01  Val11
1  k0  Val00  Val10
```

과 같이 두 데이터 프레임 모두에 포함된 키값만 합하게 된다. ■

열을 합치려면 join과 유사한 기능을 하는 merge 메소드도 사용할 수 있다. 사용법은 join과 유사하므로 자세한 것은 Pandas 홈페이지 등을 참고하기로 한다.

데이터 프레임에 행을 추가할 때는 append 메소드를 사용할 수 있다. 데이터 프레임 topdf의 아래쪽에 bottomdf를 붙이려 할 때 사용법은

```
topdf.append(bottomdf, ignore_index=False, verify_integrity=False,
          sort=False)
```

이며 각 매개변수는 다음과 같이 사용한다.

bottomdf 기존 데이터 프레임에 추가할 데이터 프레임, 리스트 또는 딕셔너리 등의 이름

ignore_index 새로 만들어지는 데이터 프레임의 인덱스를 기존의 인덱스를 사용할지 설정한다. 기본값은 False이므로 기존 인덱스가 사용된다. 나중에 새 인덱스로 설정하려면 reset_index 메소드를 사용할 수 있다.

verify_integrity 합하는 두 개의 인덱스가 겹치는지 확인할지 설정하며 기본값은 False로 확인하지 않는다. 만일 True로 설정된 상태에서 합할 두 개체의 인덱스가 겹치면 ValueError가 반환된다.

sort 합칠 두 개의 개체의 변수 이름이 같은 순서가 아니면 변수이름 기준으로 정렬할지 설정하며 기본값은 False이다.

보기 3.10 jointapppend1.py 다음과 같이 두 데이터 프레임이 있을 때 df1의 아래에 df2를 만드는 것을 생각해보자. 아래의 colums에 설정된 list 함수에 의해 문자열 'AB'는 하나씩 분리되어 각각 열의 이름이 됨에 유의하자.

```
df1 = pd.DataFrame([[1, 2], [3, 4]], columns=list('AB'))
df2 = pd.DataFrame([[5, 6], [7, 8]], columns=list('AB'))
```

이제 다음과 같이 아무 옵션없이 append를 하면

```
mydf1 = df1.append(df2)
```

의 결과는

```
   A  B
0  1  2
1  3  4
0  5  6
1  7  8
```

가 된다. 여기서 인덱스는 df1과 df2의 원래 인덱스가 그대로 사용되어 두 데이터 프레임이 합해짐을 볼 수 있다. 이제 df1의 변수이름의 순서를 바꾸어

```
df1 = pd.DataFrame([[1, 2], [3, 4]], columns=list('BA'))
mydf2 = df1.append(df2, ignore_index=True)
```

를 해보면 mydf2는

```
   B  A
0  1  2
1  3  4
2  6  5
3  8  7
```

가 된다. 여기서 변수의 순서는 df1의 변수 순서 B → A를 사용하였으며 df2의 변숫값은 변수이름에 따라 적절하게 이전되었음을 확인할 수 있다. 또한 ignore_index에 의해 인덱스는 0부터 3까지로 변경됨을 확인할 수 있다.

```
mydf3 = df1.append(df2, ignore_index=True, sort=True)
```

의 결과는

```
   A  B
0  2  1
1  4  3
2  5  6
3  7  8
```

로 변수이름 알파벳 순서로 정리됨을 알 수 있다. ■

3.7. 와이드 포맷과 롱포맷

분석할 자료가 하나의 개체에서 어떤 속성이 여러번 관측된 경우에는 이 자료를 저장하는 방법이 두 가지가 사용된다. 예를 들어 환자의 혈당을 3회에 걸쳐 기록한 경우

```
patient time1 time2 time3
      1   115   110   120
      2   120   100   123
```

으로 자료를 저장할 수도 있고 같은 자료를

```
patient time glucose
      1    1     115
      1    2     115
      1    3     115
      2    1     115
      2    2     115
      2    3     115
```

과 같이 저장할 수도 있다. 첫번째 방식은 와이드 포맷(wide format)이라고 하며 두번째 방식은 롱 포맷(long format)이라고 부른다. 분석 방법에 따라 또는 사용하는 프로그램에 따라 와이드 포맷이 필요할 수도 있고 롱포맷이 필요할 수도 있으며 이 둘의 형식을 필요에 따라 변환할 필요가 있다. 이들은 모두 pandas 모듈을 필요로 한다.

먼저 와이드 포맷에서 롱포맷으로 변경하는 방법을 알아보자. pandas 모듈의 melt 메소드는

```
pandas.melt(wide, id_vars=None, value_vars=None, var_name=None,
            value_name='value', col_level=None, ignore_index=True)
```

으로 사용하며

wide 와이드 포맷으로 정리는 데이터 프레임의 이름이며

id_vars 롱 포맷에서 자료의 구분에 사용할 변수의 이름으로 리스트, 튜플 또는 ndarray 로 설정한다.

value_vars 반복된 측정치의 변수 이름을 리스트, 튜플 또는 ndarray로 설정한다.

var_name 롱 포맷으로 정리할 때 각각의 반복을 구분하기 위한 변수의 이름을 설정한다.

value_name 반복된 값을 하나의 롱 포맷 변수로 만들 때 이 변수의 이름에 사용할 문자열을 설정한다.

ignore_index:bool 인덱스도 변수로 포함할지 설정한다. 기본값은 True 이므로 포함하지 않는다.

이 메소드의 반환값은 롱포맷으로 정리된 데이터 프레임이다. 와이드 포맷에서 롱 포맷으로 변환할 때 사용할 수 있는 메소드로 wide_to_long 메소드가 pandas에서 제공되는 사용예는 보기 14.4를 참고하기로 한다.

롱 포맷에서 와이드 포맷으로 변환하는 것은 데이터 프레임의 pivot 속성을 사용하면 된다. 사용법은

```
DataFrame.pivot(index=None, columns=None, values=None)
```

이며

index 와이드 포맷에서 자료의 구분에 사용될 변수의 목록. 리스트로 설정한다.

columns 반복된 것을 표시하는 변수이의 이름을 설정한다.

values 반복으로 얻은 값의 변수이름을 설정한다.

보기 3.11 data_man1.py wideform1.txt는 환자번호, 성별, 최초내원시 측정값, 1주 및 2주 후의 측정값이 다음과 같이 정리된 파일이다.

```
patient gender week0  week1 week2
   1    M       5       4     3
   2    M       1       0     0
   3    M       0       0     0
   4    M       4       2     1
   5    M       4       1     1
   6    F       5       3     2
   7    F       3       3     3
   8    F       3       1     0
   9    F       2       2     1
  10    F       4       1     1
```

이 파일의 자료를 데이터 프레임으로 읽은 후 롱 포맷으로 변환해보자. 먼저 이 자료를 읽고

```
import pandas as pd
wide1 = pd.read_csv("D:\HTEX\Pythonbk\codesdata\wideform1.txt",
                    sep="\s+", header=0)
```

아래와 같이 pandas의 meltmelt@melt를 사용하면

```
long1 = pd.melt(wide1, id_vars=['patient','gender'],
                value_vars=['week0', 'week1', 'week2'],
                var_name='week', value_name='response')
print('long format by melt: \n', long1)
```

value_var에 설정된 세 변수는 반복측정된 값이며 id_vars에 따라 이 값이 한 줄씩의 자료로 만들어진다. 이 때 몇 번째 값인지 표현해주는 변수는 var_name에 설정된 week이 되며, 따로 표현된 세 번의 반복된 값에 사용할 변수이름은 value_name에 설정한 response가 된다. 결과는

```
    patient gender   week  response
0         1      M  week0         5
1         2      M  week0         1
2         3      M  week0         0
3         4      M  week0         4
4         5      M  week0         4
5         6      F  week0         5
6         7      F  week0         3
7         8      F  week0         3
8         9      F  week0         2
9        10      F  week0         4
10        1      M  week1         4
11        2      M  week1         0
12        3      M  week1         0
13        4      M  week1         2
14        5      M  week1         1
15        6      F  week1         3
16        7      F  week1         3
```

```
17        8    F  week1        1
18        9    F  week1        2
19       10    F  week1        1
20        1    M  week2        3
21        2    M  week2        0
22        3    M  week2        0
23        4    M  week2        1
24        5    M  week2        1
25        6    F  week2        2
26        7    F  week2        3
27        8    F  week2        0
28        9    F  week2        1
29       10    F  week2        1
```

로 얻어진다. 이제 이 롱 포맷을 다시 와이드 포맷으로 변경해보자. 이를 위해 데이터 프레임의 pivot 메소드를 다음

```
wide2 = long1.pivot(index=['patient','gender'], columns='week',
                    values='response')
print('wide format by pivot: \n', wide2)
```

과 같이 사용한 결과는

```
week            week0  week1  week2
patient gender
1       M           5      4      3
2       M           1      0      0
3       M           0      0      0
4       M           4      2      1
5       M           4      1      1
6       F           5      3      2
7       F           3      3      3
8       F           3      1      0
9       F           2      2      1
10      F           4      1      1
```

이다. 여기서 index에는 롱 포맷에서 한 행에 여러 변수의 값을 사용할 때 서로 다른 값을 가질 변수의 리스트로 여기서는 patient와 gender가 사용되었다. 따라서 각 환자 번호와 성별에 대해서 중복된 값을 출력하며 중복된 값은 columns에 설정된 값(변수이름) week이 서로 다른 값일 때의 response 값(values에 설정된 변수 이름)이 된다.

위 출력에서 롱 포맷의 변수 week의 변숫값 week0, week1, week2이 열이름(변수이름)으로 표현된 것을 볼 수 있는데 이를 수정하기 위해 reset_index를 사용하면(앞의 3줄)

```
wide3 = wide2.reset_index()
```

의 결과로

```
week  patient gender  week0  week1  week2
0           1      M      5      4      3
```

```
1          2    M    1    0    0
2          3    M    0    0    0
```

를 얻게 된다. 원래 자료에서 읽은 것과 비교해보면(앞의 3줄) wide1은

```
   patient gender  week0  week1  week2
0        1      M      5      4      3
1        2      M      1      0      0
2        3      M      0      0      0
```

로 인덱스에 대해서 이름(week)이 있고 없고의 차이만 보인다. reset_index의 사용예는 보기 14.1에서도 확인할 수 있다. ■

와이드 포맷에서 롱 포맷으로 바꾸는 또 다른 방법으로 pandas의 wide_to_long 메소드를 사용할 수 있는데 이 방법은 반복측정된 변수의 이름이 var0, var1, var2 등으로 중복된 앞 부분(이 경우 var)과 달라지는 끝 부분(이 경우 숫자)으로 구성될 때 사용하면 편리하다. 사용법은

```
wide_to_long(df, stubnames, i, j, sep='', suffix='\d+')
```

이며 각 매개변수는

df 와이드 포맷인 데이터 프레임의 이름이 설정되고,

stubnames 반복측정된 변수 이름에서 중복되는 부분을 설정한다.

i 인덱스로 사용할 변수로 melt 메소드의 id_vars와 같은 설정이다.

j 반복측정에서 서로 다른 반복을 표시할 변수의 이름을 문자열로 설정한다. 여기서 설정된 변수의 값은 원래변수 이름에서 stubnames에 설정된 부분을 제외한 뒷 부분이 된다.

sep 반복측정된 변수이름들에서 앞부분과 뒷부분 사이의 구분자가 있는 경우 설정한다.

suffix 반복측정된 변수이름의 뒷부분의 구성에 대해서 정규식으로 설정한다. 기본값은 \d+로 한 개이상의 숫자를 의미한다. 이 \d+는 정규식으로 정규식에 대한 것은 5.2.2절을 참고하기로 한다.

를 설정한다.

보기 3.12 data_man1.py 보기 3.11에서 사용한 데이터 프레임 wide1을 wide_to_long 함수로 롱 포맷으로 바꾸어 보면

```
long5 = pd.wide_to_long(wide1, stubnames='week',
                        i=['patient','gender'], j='order')
```

먼저 stubnames에는 반복측정된 변수의 이름이 이 경우 week0, week1 등이므로 week으로 설정하고 인덱스에 사용될 변수는 melt의 id_vars와 같은 설정으로 매개변수 i에 설정하였다. j에는 order이라 설정하였으로 이 변수가 만들어지고 와이드 포맷 데이터의 변수 이름이 week0, week1, week2이므로 stubnames에서 설정한 week을 제외한 나머지 부분 0, 1, 2가 데이터 값이 된다. 위의 결과로(앞 부분만)

```
                        week
patient gender order
1       M      0           5
               1           4
               2           3
2       M      0           1
               1           0
               2           0
3       M      0           0
               1           0
               2           0
4       M      0           4
               1           2
```

을 얻으며 reset_index를 적용하면

```
long5.reset_index()
```

의 결과로

```
patient gender  order  week
0         1      M      0     5
1         1      M      1     4
2         1      M      2     3
3         2      M      0     1
```

를 얻는다(앞 네 줄만 인쇄). ■

연습문제

3.1 보기 3.3의 x2 계산과정에 array([a1]) 대신 array(a1)을 사용하면 어떻게 되는지 확인하고 이유를 설명하여라.

3.2 x가 [1, 2, 3]일 때

(a) x + 1과 x + [1]로 어떤 결과를 얻는지 말하고 이유를 설명하여라.

(b) x의 각 원소에 1을 더한 2, 3, 4를 원소로 갖는 배열을 얻으려면 어떤 명령을 사용할지 말하여라.

3.3 파이썬의 datetime에서 요일을 표시하면 영어로 만들어진다. 이를 한글로 바꾸어 출력해보아라. 즉, 2021-12-04 (Sat) 대신 2021-12-04 (토)를 인쇄하여라. 힌트: 한글 요일의 배열을 만들고 요일의 숫자를 얻어 이 숫자를 인덱스로 하여 한글 요일을 추출한다. `datetime3.py`

3.4 다음 프로그램을 실행하였을 때 mtx[0][0]의 값은 얼마인가? mtx[0][0]의 값이 이렇게 나온 이유를 설명하여라. `copy1.py`

```
a = [1,2,3]
b = [3,4,5]
mtx = [a,b]
a[0]=10
```

3.5 연습문제 3.4에서 a이 값이 바뀌어도 mtx의 값은 바뀌지 않도록 mtx를 만들어보아라. `copy2.py`

3.6 다음은 자동차 모델명(model)과 연비(mpg), 엔진의 실린더수(cyl) 및 배기량(disp)를 조사한 것이다. 이 자료는 R-언어의 mtcars 데이터프레임의 일부이다. 이 자료는 `mtcars_sub.txt` 에서 원시자료를 `seriesdata1.py` 에서 각 열의 값을 리스트로 저장한 형태로 얻을 수 있다. `series2.py`

```
model               mpg cyl  disp
Mazda RX4           21.0   6 160.0
Hornet 4 Drive      21.4   6 258.0
Duster 360          14.3   8 360.0
Merc 450SLC         15.2   8 275.8
Cadillac Fleetwood  10.4   8 472.0
Lincoln Continental 10.4   8 460.0
Chrysler Imperial   14.7   8 440.0
Honda Civic         30.4   4  75.7
Toyota Corolla      33.9   4  71.1
Dodge Challenger    15.5   8 318.0
Pontiac Firebird    19.2   8 400.0
Porsche 914-2       26.0   4 120.3
```

```
Lotus Europa        30.4   4  95.1
Ford Pantera L      15.8   8 351.0
Maserati Bora       15.0   8 301.0
Volvo 142E          21.4   4 121.0
```

이 자료를 사용하여

(a) 첫 줄의 값을 리스트의 이름으로 하여 각각의 열을 리스트로 만들어라.

(b) 이름이 mpg2인 Series를 만들어보아라. 이때 mpg를 데이터의 값으로하고 model은 각 데이터의 행의 이름으로 한다.

(c) 만들어진 mpg2에서 Porsche 914-2의 연비는 얼마인지 숫자를 사용하지 않은 인덱싱으로 확인하여라.

(d) mpg2에서 데이터의 값만 따로 얻어보아라(모델명이 출력되지 않도록).

3.7 연습문제 3.6에서 (a) 부분은 seriesdata1.py 에서 확인할 수 있다. 이 파이썬 프로그램을 import하여 연습문제 3.6과 같이 mpg2를 만들고 Porsche 914-2의 연비는 얼마인지 인덱싱으로 확인하여라. series3.py

3.8 연습문제 3.7과 같이 데이터 부분은 import하여 DataFrame2.py

(a) 연비(mpg), 엔진의 실린더수(cyl) 및 배기량(disp)를 각각 열 이름으로 하는 데이터 프레임을 만들어라. 이 때 행의 이름은 모델명(model)으로 한다.

(b) Porsche 914-2의 연비, 실린더수 및 배기량을 숫자를 사용하지 않은 인덱싱으로 얻어 보아라.

(c) Porsche 914-2의 실린더 개수만 얻어보아라. 이때 인덱싱에서 숫자를 사용하지 않는다.

3.9 다음과 같이 행렬 $\boldsymbol{A}$, $\boldsymbol{B}$ 및 열벡터 $\boldsymbol{b}$가 주어졌을 때 linalg1.py

$$\boldsymbol{A} = \begin{bmatrix} 1 & 6 & 9 \\ 8 & 2 & 4 \\ 7 & 5 & 3 \end{bmatrix}, \quad \boldsymbol{B} = \begin{bmatrix} 1 & 2 & 3 \\ 4 & 5 & 6 \\ 7 & 8 & 9 \end{bmatrix}, \quad \boldsymbol{b} = \begin{bmatrix} 40 \\ 24 \\ 26 \end{bmatrix}$$

(a) $\boldsymbol{AB}$와 $\boldsymbol{BA}$를 계산하여 두 행렬의 곱은 곱하는 순서에 따라 결과가 달라짐을 확인하여라.

(b) $\boldsymbol{A}$의 역행렬을 구하여 $\boldsymbol{x} = \boldsymbol{A}^{-1}\boldsymbol{b}$로 $\boldsymbol{Ax} = \boldsymbol{b}$의 해를 구하여라.

(c) solve 메소드를 사용하여 위 연립 방정식을 풀어라.

(d) $\boldsymbol{A}^{-1}$과 $\boldsymbol{B}^{-1}$을 구해 보아라.

3.10 연습문제 14.2의 자료를 다음

```
   trt  obs1  obs2  obs3  obs4
0    1    90    97    98    95
1    2    88    92    90    93
2    3    93    97    97    94
```

과 같이 데이터 프레임으로 저장하여라. 이 데이터 프레임을 롱 포맷으로 바꾸어 보아라. `lwform1.py`

3.11 보기 3.10의 롱 포맷 결과에서 각 관측의 이름 `obs1`, `obs2`, `obs3` 등이 포함된 열을 삭제하여라. `lwform1.py`

3.12 보기 3.11의 결과를 `trt`의 값에 따라 오름차순으로 재배열하여라. 이런 목적으로 사용할 수 있은 `DataFrame`의 메소드는 `sort_values`로

```
sort_values(by, axis=0, ascending=True, ...)
```

으로 by에 정렬할 값이 저장된 열을 설정한다. `lwform1.py`

3.13 연습문제 14.2의 자료를 다음

```
    trt  obs
0     1   90
1     1   97
2     1   98
3     1   95
4     2   88
5     2   92
6     2   90
7     2   93
8     3   93
9     3   97
10    3   97
11    3   94
```

과 같이 롱 포맷으로 저장하여라. 저장된 이 데이터 프레임은 변수가 두 개이나 `pivot` 메소드는 세 개의 변수를 요구하는 것에 주의하여 이를 와이드 포맷으로 변환하여라. `lwform2.py`

제 4 장

파이썬의 언어구조

컴퓨터 언어로 어떤 작업을 수행할 때 조건에 따라 수행하는 작업이 달라지거나 특정한 값만 바꾸어서 같은 작업을 반복하는 경우가 많으며 파이썬은 이들 작업을 수행하기 위한 조건문 및 반복문을 가지고 있다.

4.1. 조건문

프로그램의 목적을 수행하다 보면 조건이 달라지면 수행해야 할 명령어도 달라지는 경우가 많다. 이와 같은 상황을 처리하기 위한 컴퓨터 언어의 명령어를 대개 조건문이라고 한다.

조건문을 처리하기 위해서는 수치의 비교 및 참, 거짓에 대한 연산이 필요한 경우가 많은데 이들 연산자는 각각 비교연산자와 논리연산자라고 하며 파이썬에서 사용하는 연산자는 표 4.1에 정리하였으며, 이 표의 끝의 any와 all은 파이썬의 내장함수로 논릿값 연산에 사용할 수 있는 함수이다. 파이썬에서는 한 조건에서 실행할 명령이 여러 개인 경우 이 명령들의 들여 쓰기의 양이 모두 같아야 한다. 파이썬에서는 명령어 블록을 지정하기 위해 괄호를 사용하지 않고 들여쓰기의 양으로 표시를 하므로 들여쓰기에 주의하여야 한다. 예를 들어 `indents.py`

`if (x > 5):`
`    print(x)`
`print('bye')`
	`if (x > 5):`
	`    print(x)`
	`    print('bye')`

표 4.1: 파이썬의 논리연산자와 비교연산자.

연산자	뜻	사용예
<	작은	5 < 4 는 False, 4 < 4는 False
>	큰	5 > 4 는 True, 4 > 4는 False
<=	같거나 작은	5 <= 4 는 False, 4 <= 4는 True
>=	같거나 큰	5 >= 4 는 True, 4 >= 4는 True
==	같은	5 == 4 는 False, 4 == 4는 True
!=	같지 않은	5 != 4 는 True, 4 != 4는 False
and	논리 AND	둘다 True일 때만 True. True and True 는 True
or	논리 OR	둘 다 False일 때만 False. False or True는 True
&, |	bitwise AND, OR	두 값의 각각의 bit를 비교한 결과를 True, False로 반환하므로 일반적인 논리비교가 아님에 주의. a = 5; b = 5; print(a & b) 의 결과는 5임. a, b를 이진수로 바꾼후 각각의 비크를 비교하여 둘다 1일 때 1로 만든 후 이 값을 인쇄한 결과.
not	NOT(부정)	not (5==5) 의 결과는 False
is	같은지 비교	두 개의 객체가 같은 주소를 사용하면 True, 아니면 False. is의 부정은 is not 임에 주의.
any(x)	x 중 적어도 하나	any([True, False, True])는 True
all(x)	모든 x	all([True, False, True])는 False

의 결과는 x가 5일 때 왼쪽은 bye가 인쇄되나 오른쪽은 아무것도 출력되지 않는다. 위의 두 코드에서 print('bye')의 들여 쓴 양을 보면 왼쪽은 들여 쓰지 않았고 오른쪽은 위의 if 문 다음의 들여 쓴 양과 같음을 알 수 있다. 따라서 왼쪽은 x > 5 일 때만 x를 인쇄하고 bye는 if 문과 상관없이 인쇄되나 오른쪽은 x > 5일 때만 x, bye가 인쇄된다.

조건문을 사용하는 경우 대부분 표 4.1에서 설명된 비교연산자와 논리연산자가 사용된다.

보기 4.1 `locompop1.py` 표 4.1에서 본 것 중 몇 가지만 살펴보면 다음과 같다.

```
import numpy as np

a1 = np.array([1,2,3]); a2 = 1e2; a3 = 100

print(a2 is a3)
print(a2 == a3)
print(any(a1 > 1))
print(all(a1 > 1))
```

의 결과는 순서대로 False, True, True, False이며 a2와 a3의 값은 같으나(==), 메모리 주소는 다름을 확인할 수 있다. 파이썬에서 새 배열을 만들 때 =을 사용한 경우 이름은 다르지만 주소를 공유한다. 즉,

```
a4 = a1
```

의 결과는 두 개의 다른 이름 a1과 a4는 이름은 다르나 같은 주소를 사용한다. 따라서

```
print(a1 is a4)
```

의 결과는 True이고

```
a1[0] = 10
print(a4[0])
```

로는 a1[0]의 값을 10으로 바꾸었으나 주소를 공유하는 a4의 [0] 인덱스의 값도 바뀌는 결과를 얻어서 a4[0]는 10이다. ■

파이썬의 if-else 구문은 다음과 같이 설정한다.

```
if (test_1) :
  statements1
else:
 if (test_2):
   statements2
 else:
   if (test_3):
     statements3
   else:
     statements4
```

여기에서 에서 보는 것과 같이 파이썬의 일반적인 작성방법대로 들여쓰기를 통한 if-else 구문을 반복하게 된다. 즉 test_1이 참이면 statements1을, test_1이 거짓이고 test_2가 참이면 statements2를, test_1, test_2가 모두 거짓이고 tests_3이 참이면 statement3을 실행하고 그 외의 경우 statements4를 실행한다. statements들에는 한 개 또는 여러 개의 명령이 들어갈 수 있다.

보기 4.2 iftest1.py 자연수인 숫자를 입력받아 이 숫자가 홀수, 짝수, 자연수 여부를 인쇄하는 파이썬 함수를 작성해보면 아래와 같다.

```
def if_test1 (x) : # if_test1.py
 if (x % 2 == 0) :
   print ("x는 짝수입니다")
 else:
   if (x % 2 == 1):
```

```
    print("x는 홀수입니다")
  else:
      print ("x는 자연수가 아닙니다")
```

이 프로그램은 처음의 if에서 짝수이면 짝수를 인쇄하고 함수가 종료되고, 두 번째 if는 바로 위의 else에 의해서 짝수가 아닌 숫자에 대해서 홀수임을 테스트하고 홀수가 아니면 자연수 아님을 인쇄하게 된다. ■

이 함수의 정의에서 def라는 키워드를 사용하였으며 매개변수 x를 전달받는다.[1] 전달받은 숫자를 2로 나눈 나머지가 0, 1 또는 그 외인 경우에 따라서 짝수, 홀수 및 자연수 아님을 출력하게 된다. 참고로 함수작성과 def 명령에 대해서는 4.3절에서 자세하게 다루기로 하며 여기서는 def 줄 자리에 x의 값을 설정하고 프로그램을 실행하여도 된다.

4.1.1 중첩된 if-else

if-else 구문으로 조건이 여러 개인 상황을 프로그램하게 되면 가독성이 떨어지고 실수하기도 쉽다. 파이썬에서는 이들 중첩된 if-else 구문을 elif 문을 사용하여 else와 if가 연결되는 것을 간단하게 줄일 수 있다. elif 문을 사용하면 if-else가 중첩되는 경우를 다음과 같이 축약할 수 있다.

```
if (test_1):
  statement1
elif (test_2):
  statement2
elif (test_3):
  statement3
else:
  statement4
```

여기서 각각의 elif 문은 else와 if 문을 합한 역할을 한다.

보기 4.3 if_test2.py 앞의 보기 4.2의 중첩된 if-else 구문을 elif 문을 사용하여 다시 작성해보면 다음과 같다.

```
def if_test2 (x) :
 if (x % 2 == 0) :
   print ("x는 짝수입니다")
 elif (x % 2 == 1):
   print("x는 홀수입니다")
 else:
   print ("x는 자연수가 아닙니다")
```

[1] 이 값이 자연수인지 확인하는 과정은 프로그램에 포함하지 않았다.

def 명령에 대해서는 4.3 절에서 자세하게 다루기로 한다.

4.1.2 inline if 문

파이썬은 일상 언어와 유사하게 사용할 수 있도록 설계한 언어로 inline if 문도 자연어와 유사한 형태로 구성된다. 사용법은 단순히 if 문을 한 줄에 쓰는 것으로 완성된다.

```
statement1 if condition  else statement2
```

로 구성된다. if 구문과 다른 점은 :을 사용하지 않으며 condition이 참일 때 실행할 구문이 if 문보다 선행된다는 것이다.

```
a = 0
b = 1 if a != 0 else 2
print(b)
```

의 결과는 2이다. 만일 != 대신 ==을 사용하면 결과는 1이다. 참고로 inline if 문에서도 elif를 사용할 수 있으나 여러번의 조건 비교가 있다면 가독성을 고려하여 앞 절에서 소개한 방법으로 elif를 사용하는 것을 권장한다.

4.2. 반복문

반복문이란 같은 작업을 반복하여 실행하도록 하는 명령을 말한다. 반복문에 의해 반복되는 것을 루프(loop)라고 하며 경우에 따라 실수 또는 의도적으로 무한히 반복하는 경우가 있는데 이 경우 프로그램이 종료되지 않을 수도 있으므로 반복문을 처음 작성해보는 경우 프로그램이 끝나지 않으며 Ctrl+C를 사용하여 강제 종료하고 프로그램을 재검토할 필요가 있다.

4.2.1 for 반복문

for 반복문은 리스트, 벡터 등 반복할 수 있는 객체 각각의 값에 대해서 특정한 명령문을 반복하여 실행하도록 한다. 사용법은

```
for var in iterable:
  statements1
else:
  statements2
```

이며 iterable에 있는 값을 하나씩 var에 저장하여 statements1을 실행한다. else 문은 for 반복문이 정상적으로 끝났을 때 정상적으로 반복문이 끝나지 않은 경우는 break 문을 사용하여 중간에 반복문에서 이탈하는 경우이다.[2] 정상적으로 반복문이 실행이 완료되면 statements2가 실행된다.

[2]break 문은 4.2.3절을 참고하기로 한다.

보기 4.4 `fortest1.py` 예를 들어 1부터 10까지 제곱을 합하여 그 결과를 얻는다면

```
mysum = 0
for x in [1,2,3,4,5,6,7,8,9,10]:
  mysum = mysum + x**2
else:
  print(mysum)
```

으로 작성할 수 있다. 이 프로그램이 실행되면 $385(= 1^2 + 2^2 + \cdots + 10^2)$가 출력된다.

보기 4.5 `list1.py` 학생들이 세 과목의 시험을 치르게 한 후 이 성적을 처리하는 방법에 대해서 알아보자.

이름	과목1	과목2	과목3
김철수	90	80	70
이하나	95	87	55
박한기	80	80	80
최동수	96	80	90
조형남	70	60	55
김수정	90	70	77

2차원 리스트로 6명학생의 3과목 성적 저장한 리스트에서 학생명 과목 점수의 합과 각 과목의 평균점수를 계산해보자.

```
score = [['김철수', 90, 80, 70], ['이하나', 95, 87, 55],
         ['박한기', 80, 80, 80], ['최동수', 96, 80, 90],
         ['조형남', 70, 60, 55], ['김수정', 90, 70, 77]]

mysum = [0 for i in range(6)]
mymean = ['평균']+ [0 for i in range(3)]

for i in range(6):
    for j in range(1,4):
       mysum[i] = mysum[i]+score[i][j]
       mymean[j] = mymean[j] + score[i][j]/6

print('Sum:\n', mysum)
print('Mean:\n', mymean)
```

위의 프로그램에서 mysum은 학생별 점수합, mymean은 과목별 평균점수를 저장하기 위한 변수이고 mymean의 첫 번째 값은 '평균'으로 설정하였다. mysum은 단순히 합하기만 하고 mymean은 점수의 1/6을 곱해서 합해서 결과가 평균이 되도록 하였다.

```
Sum:
 [240, 237, 240, 266, 185, 237]
Mean:
 ['평균', 86.83333333333334, 76.16666666666667, 71.16666666666666]
```

4.2.2 while 반복문

파이썬의 while 반복문은 for 반복문과 같이 일정한 명령을 반복하는 기능을 가지나 자칫 무한 반복하는 알고리즘을 만들기도 하므로 주의하여야 한다. while 문의 사용은

```
while test:
    statements_1
else:
    statements_2
```

로 하며 test가 참일 동안 statements1을 반복하며, while이 break에 의해 탈출하지 않고 정상적으로 종료되는 경우 else에 의한 명령 statements2가 실행된다.[3] else는 for에서와 같이 필요하지 않은 경우 설정하지 않아도 된다.

보기 4.6 whiletest1.py 앞의 for문을 사용한 보기 4.4와 같은 결과를 얻기 위해 while 문을 사용하여 작성해보면 다음과 같다.

```
x = 1
sum = 0
while (x <= 10):
  sum = sum + x**2
  x = x + 1
else:
  print(sum)
```

위의 경우 else 없이 print(sum) 만 있어도 결과는 같다(들여쓰기 주의).

> 참고: while 문의 경우 while 다음에 나오는 조건이 while 블록 안에서 변경되지 않으면 무한반복에 빠지거나 한 번도 실행되지 않는 경우가 나오므로 이 부분을 주의해서 살펴야 한다.
>
> while 문을 사용할 때는 무한 루프(반복이 중지되지 않고 계속되는 반복문)이 되기 쉬우므로 프로그램 작성 후 결과가 지나치게 오랫동안 나오지 않거나 출력이 계속되는 경우 Ctrl-Z 또는 Ctrl-C 강제 종료를 하고 프로그램을 다시 검토할 필요가 있다.

4.2.3 continue와 break 명령

for나 while의 반복문을 사용할 때 특정한 조건인 경우 반복구문을 실행하지 않거나, 반복구문에서 빠져 나오고자 할 때가 있다. 이 때 각각 continue와 break 문을 사용한다. continue 문을 만나면 이후 반복할 명령은 실행하지 않고 반복은 계속하나, break 문을 만나면 이 명령 이후 반복할 명령들을 실행하지 않을 뿐 아니라 반복자체를 중지하고 for나 while 문 바깥으로 나오게 된다.

[3] break 문은 4.2.3절을 참고하기로 한다.

보기 4.7 `continuebreak.py` 1부터 5사이의 숫자 중 3만 제외하고 인쇄하는 프로그램을 작성해보자.

```
x = range(1,6)
for j in x:
 if (j == 3): continue
 print(j, " ")
```

결과는 다음과 같이 3일 때를 제외한 출력이 얻어지며

```
1
2
4
5
```

로 j가 3일 때는 continue 문에 의해 print 문이 실행되지 않음을 알 수 있다. 만일 continue 자리에 break 문을 사용하면

```
x = range(1,6)
for j in x:
 if (j == 3): break
 print(j, " ")
```

의 결과는

```
1
2
```

로 3이후의 모든 반복이 생략된다. 파이썬의 반복문 for나 while에 달린 else문의 명령들은 break에 의해 반복이 비정상적으로 종료된 경우 명령은 실행되지 않는다. ■

4.2.4 리스트 컴프리헨션

리스트 컴프리헨션(list comprehension)이란 앞 절의 for 구문 등을 한 개의 구문으로 압축하여 쓰는 것을 말하며 이를 사용하면 간단한 반복문이 불필요하게 길어지는 것을 방지하여 프로그램이 간략해지며 가독성을 높인다.

보기 4.8 `listcomp1.py` 일정한 값이 저장되어 있는 배열에 1씩 합해주어 새 배열을 만드는 방법을 생각해보자.

```
a =list(range(1,11))
x = []
for i in a:
    x.append(i + 1)
print(x)
```

으로 for 구문을 사용할 수 있다. 결과는

```
[2, 3, 4, 5, 6, 7, 8, 9, 10, 11]
```

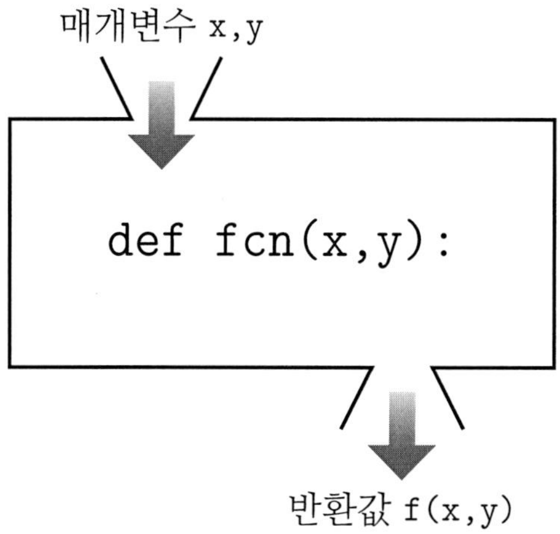

그림 4.1: 함수의 도식도.

로 리스트 컴프리헨션은 이 구문을

```
x = [i+1 for i in a]
```

로 압축하여 쓰는 것을 말한다. 이 한 줄의 결과는 앞의 for 구문을 사용한 것과 동일하다. 즉 리스트 컴프리헨션은 리스트가 가질 값을 먼저 쓰고 뒤에 for 구문을 써서 한 줄로 명령을 완성하는 방법을 말한다. range 함수로 만든 것은 리스트가 아니고 range 객체라서 이를 숫자를 원소로 갖는 리스트로 만들 필요가 있으며 한 방법은 위의 코드에서 본 list 함수를 사용하는 것인데 이것도 리스트 컴프리헨션으로 만들 수 있다. 즉,

```
x = [i for i in range(1,11)]
```

로 x는 1부터 10 사이의 자연수를 갖는 리스트가 된다. ■

4.3. 함수의 작성

함수란 특정한 값을 입력받아서 입력받은 값을 사용하여 필요한 계산 내지는 작업을 수행하고 그 결과를 돌려주는 프로그램의 모음을 말한다. 필요에 따라서는 입력을 받지 않거나 함수가 작업한 결과를 돌려주지 않을 수도 있다. 입력받는 값은 매개변수(paremeters) 또는 인수(arguments)라고 하고 작업한 결과로 만들어주는 출력은 반환값(return value)라고 한다. 함수는 특정한 작업을 파이썬에서 함수의 정의는 def 명령을 사용하여

```
def f_name(par1=value1, par2=value2, ...):
    statement1
    statement1
        :
    return [expression]
```

로 함수를 정의하며

들여쓰기 파이썬은 블록의 시작과 끝을 특별한 부호를 사용하지 않고 들여쓰기로 구분하므로 함수가 호출되었을 때 사용할 명령어들은 적당한 들여쓰기를 유지하는 것에 주의하여야 한다.

`def` 는 함수 정의를 시작한다는 뜻의 키워드이며

`f_name` 은 사용자가 설정하는 함수의 이름이다. 함수이름은 변수이름과 마찬가지로 특수문자를 사용할 수 없으며, 문자로 시작하며, 숫자가 뒤따를 수 있다. 관례적으로 파이썬의 함수이름은 소문자로 시작한다.

`par1=value1, par2=value2` 등은 전달할 매개변수 값에 대한 설정이다. 전달될 변수이름 par에 값 value를 등호로 연결해 지정해주면 함수내에서 par 값을 value로 사용한다.

`return [expression]` 은 함수 명령 실행결과를 받고자 할 때 사용한다. return 명령이 생략되면 출력값이 별도로 없으며 None이 반환된다. 여러 개를 반환하고자 하면 콤마(,)로 구분하여 값들을 나열해주면 되며, 이 경우 각각의 값을 원소로 하는 튜플(tuple)이 반환된다(보기 4.10 참조).

보기 4.9 `function_test0.py` 숫자인 두 개의 값을 매개변수로 받아서 이 두 값의 합을 반환하는 함수를 작성해보자.

```
def sum2(x, y):
  mysum = x + y
  return(mysum)
```

로 먼저 함수를 작성하고

```
>>> a = int(input("a=")); b=int(input("b="))
>>> print(a, "와", b, "의 합: ", sum2(a,b))
```

을 실행한다. input 함수는 명령어 줄(command line)에서 사용자의 입력을 받아 그 값을 문자열로 저장하는 파이썬 내장함수이다. 이 프로그램에서 sum2는 두 개의 값을 전달받아 각각 x, y라 하고 x와 y의 합을 계산하여 mysum에 저장한 다음, 이 값을 반환한다. 메인 프로그램에서 a와 b 값을 입력받아서 각각 print 함수에 정해진 규칙대로 a, b 값 및 sum2(a,b)의 호출결과 반환받은 값을 인쇄하게 되어 a에 4, b에 7을 입력할 때 이 프로그램의 결과는

```
4 와 7 의 합:  11
```

을 얻게 된다. ■

다음 보기로 매개변수의 기본값을 설정하는 경우를 생각해보자. 사용자가 함수를 호출할 때 매개변수의 값을 설정하는 경우 사용자의 설정값을 사용하고, 그렇지 않은 경우 프로그램에서 기본값을 사용하는 경우이다. 기본값의 설정은 함수의 정의에서 매개변수 이름에 기본값을 등호에 설정하면 된다.

보기 4.10 `function_test1.py` 다음의 함수에서는 매개변수가 a, b가 있으며 이들이 각각 a=0 및 b=10으로 지정되어 있다. 따라서 함수를 호출할 때 a나 b의 값을 지정하지 않으면 각각 0과 10을 기본값으로 사용하게 된다. 이 함수는 매개변수의 값 a부터 b까지의 합과 제곱의 합 및 합에 사용한 자료의 길이(len 함수)를 반환하는 함수이다.

```
import numpy as np

def my_sums(a=0, b=10):
  sum1 = 0; sum2 = 0
  data = np.arange(a,b+1)
  for i in data:
    sum1 = sum1 + i
    sum2 = sum2 + i**2
  return sum1, sum2, len(data)
```

로 함수를 만든 후

```
>>> my_sums(1, 10)
(55, 385, 10)
```

은 a가 1, b가 10이므로 1부터 10까지의 합, 제곱의 합 및 길이는

```
>>> my_sums()
(55, 385, 11)
```

를 반환받는다. 이 함수는

```
>>> my_sums(b=100, a=0)
```

으로 함수 정의시 매개변수 순서가 아닌 순서로 호출이 가능하며 결과는

```
(5050, 338350, 101)
```

을 얻는다. 또한 다음과 같이 각각의 값을 원래의 순서대로 지정할 수 도 있다.

```
>>> my_sums(a=0, b=100)
(5050, 338350, 101)
```

위의 함수들을 사용하여 자료가 입력될 때 평균과 분산을 계산해보자. 평균과 분산은 각각

$$\bar{x} = \frac{\sum_{i=1}^{n} x_i}{n}, \qquad s^2 = \frac{\sum_{i=1}^{n} x_i^2 - n\bar{x}^2}{n-1} \tag{4.1}$$

로 계산하며, 여기서 $\sum_{i=1}^{n} x_i$는 함수의 `sum1`, $\sum_{i=1}^{n} x_i^2$는 `sum2`, n은 함수의 `len(data)`이므로 다음과 같이 평균과 분산을 함수의 결괏값으로 계산할 수 있다. 먼저 함수를 호출하여

```
a = my_sums(1,10)
```

함수의 반환값을 `a`에 저장하게 되면, $\sum_{i=1}^{n} x_i$는 반환값의 `a[0]`, $\sum_{i=1}^{n} x_i^2$ 는 반환값의 `a[1]` `a[2]`는 `len(data)`이므로

```
>>> mm = a[0]/a[2]
>>> vv = (a[1] - a[2]*(mm**2)) / (a[2] - 1)
```

로 계산하면 이들 결과는

```
>>> mm
5.5
과
>>> vv
9.166666666666666
```

로 1부터 10까지의 값들 10개의 평균과 분산을 구할 수 있다.

4.4. 람다함수와 map 함수

함수의 작성과정에서 알아두면 유용한 람다함수와 `map` 함수에 대해서 알아보자.

4.4.1 람다함수

람다함수(lambda function)는 파이썬의 함수 기능 중 함수의 이름이 없는 함수로 간단한 함수를 작성할 때 편하게 사용할 수 있다. 예를 들어 절댓값을 계산하는 함수를 다음과 같이 inline `if` 문을 사용하여 작성하면 `lambda1.py`

```
def myabs1(x):
 result = x if x >= 0 else -x
 return result
```

이 함수를 호출하기 위해 다음과 같이

```
print(myabs1(-5))
5
```

사용하게 된다. 이를 람다함수를 사용하여 다시 써보면

```
myabs2 = lambda x: x if x >= 0 else -x
```

로 람다함수를 사용하며 이 경우 lambda가 함수의 이름인 것처럼 사용되었으며 x는 매개변수(인수)로 사용된 것이다.

```
print(myabs2(-15))
15
```

로 쓸 수 있다. 다음의 경우

```
x = (lambda a, b: a+b)(1,2)
```

람다함수는 lambda a, b: a+b까지로 매개변수 a, b를 가지며 결과는 이 둘의 합을 반환한다. 여기서 괄호를 사용하여 (1,2)를 붙임으로써 매개변수의 값으로 각각 1과 2가 지정되므로 x를 인쇄하면 3을 얻게 된다.

람다함수는 간단한 계산을 하기 위해 함수가 짧은 경우 편리하게 사용할 수 있으나 가독성 등을 고려할 때 강하게 권하지는 않는다.

4.4.2 map 함수

map 함수는 리스트 등의 각각의 원소에 특정한 함수를 적용하기 위서 사용하며

```
map(function, iterable,...)
```

로 사용한다. map 함수는 결과를 map 객체로 반환받으므로 필요하면 list 함수 등으로 캐스팅한다. 다음은 각각의 원소에 2배를 한 후 1을 더하는 계산이다. `maptest1.py`

```
def mycalc(x):
    return 2*x + 1

x = [1, 2, 3, 5]

y = map(mycalc, x)
print(list(y))
```

로 [3, 5, 7, 11]을 결과로 얻는다.

4.5. 몇 가지 유용한 함수 및 관련 객체

파이썬에서 함수와 관련된 몇가지 유용한 객체에 대해서 알아보자.

4.5.1 defaultdict

defaultdict는 딕셔너리(dict)와 같으나 존재하지 않는 키(key) 값이 호출될 때 에러가 발생하지 않게 함수를 지정할 수 있다. 이 기능은 파이썬의 기본 모듈 중의 하나인 collections 모듈에서 지원된다. 사용법은

```
collections.defaultdict(fcn)
```

로 키 값이 존재하지 않을 때 fcn이 실행된다.

보기 4.11 `defaultdict1.py` 다음은 키 값이 없을 때 unknown_key 함수를 호출하는 보기이다.

```
import collections as cln

def unknown_key():
    return "해당 자료없음"

# Defining the dict
d = cln.defaultdict(unknown_key)
d["a"] = 1; d["b"] = 2

print(d["a"], d["b"], d["c"])
```

이 프로그램의 실행 결과는

```
1 2 해당 자료없음
```

로 정의되지 않은 키의 값 c에 대해서 에러를 발생하지 않고 함수 unknown_key를 실행한다. ■

defaultdict에서 키가 없을 때 적용할 함수로 딕셔너리의 값(value)의 데이터 형식을 지정해서 값이 없을 때 에러가 발생하지 않게 하는 방법으로 사용하기도 한다.

```
d2 = cln.defaultdict(list)
d2["a"] = [1,2]; d2["b"] = [2,3]
print(d2["a"], d2["b"], d2["c"])
```

의 경우는 키 값이 없을 때 내장 함수 list가 호출되어 출력은

```
[1, 2] [2, 3] []
```

가 되어 키 값 c일 때 내장 함수 list()가 호출된 결과를 얻는다. 키 값이 없을 때 이와 같이 딕셔너리의 값(value)의 기본 자료 형식을 반환 받게 하는 방법이 프로그래머 들이 종종 사용하는 방법이다.

4.5.2 reduce 함수

reduce 함수는 functools에 포함된 것으로

```
reduce(function, iterable)
```

로 사용하며 리스트, 튜플, 딕셔너리 등의 iterable의 첫 두 원소에 대해 함수 function을 적용하여 그 결과를 iterable의 다음 원소에 대해서 실행하는 것을 반복한다. 이 때 function은 매개변수는 두 개이고 한 개의 값만 return하여야 한다.

보기 4.12 `reduce1.py` 다음은 1부터 10까지의 합과 곱을 reduce 함수를 사용하여 얻어본 것이다.

```
from functools import reduce
import numpy as np

def myadd(x, y):
    return x + y

nums = np.arange(1,11)
ans1 = reduce(myadd, nums)
ans2 = reduce(lambda x, y: x * y, nums)
print(ans1, ans2)
```

이 코드의 결과는 55와 3628800d이며 ans1의 경우 1과 2를 합한 결과로 3을 더해주고 이 결과에 4를 더해 주고 등등을 10일 때까지 반복하며 결과는 1부터 10까지의 합이다. ans2는 lambda 함수를 사용하여 두 개의 곱이 반환되므로 1부터 10까지의 곱이 계산된다. ■

4.6. 가변 길이 변수와 패킹, 언패킹

언패킹(unpacking)이란 리스트와 같은 형태의 자료의 값을 분리하여 다른 변수이름으로 저장하는 것을 말한다. `unpack1.py`

```
t = (1, 2, 3)
a, b, c = t
print("a=", a, "b=", b, "c=", c)
```

에서 보는 것처럼 튜플인 t이 값을 순서대로 각각 a, b 및 c에 저장하게 된다. 출력은

```
a= 1 b= 2 c= 3
```

이다. 언패킹의 경우 개수가 일치하지 않으면 에러가 발생한다. 즉

`a, b = t`나

`a, b, c, d = t`

는 모두 t의 길이가 3인데 설정된 변수는 2개 또는 4개라 에러이다.

딕셔너리의 경우

```
my_dict = {"Hello": 15, "Goodbye": 5}
k, v = list(my_dict.items())[0]
print("First key:", k, "First value:", v)
```

등과 같이 언패킹을 사용할 수 있으며 위의 결과는

```
First key: Hello First value: 15
```

이다.

```
k, v = my_dict.items()
print(k)
print(v)
```

과 같이 딕셔너리의 각 값을 튜플로 받을 수도 있다. print 결과는

```
('Hello', 15)
('Goodbye', 5)
```

이다.

파이썬에서 *로 시작하는 변수이름을 사용할 수 있는데 해당변수의 길이가 상황에 따라 유동적으로 달라진다는 의미이다. 예를 들어

```
ll = [1, 2, 3, 4, 5, 6]
a, *b, c = ll
print("a=", a, "b=", b, "c=", c)
```

으로 언패킹을 하면 *b가 길이가 가변이므로 *b는 첫번째와 마지막의 값을 제외한 나머지값이 된다. 출력은 다음과 같다.

```
a= 1 b= [2, 3, 4, 5] c= 6
```

위의 print 문에서 보는 것처럼 최초로 변수의 값을 지정할 때는 *를 붙이지만 이 변수를 나중에 사용할 때는 *를 붙이지 않는다.

```
print(a+b[1])
```

의 결과는 4로 얻는다.

이와 같은 방법으로 변수를 정의하는 것은 정확하게 몇 개의 값이 매개변수가 될지 모르는 함수의 작성에서 유용하게 사용된다. 정확하게 몇 개를 전달할지는 정해지지 않았지만 전달된 매개변수를 모두 합하는 함수를 생각해보자. 이 때 전달받을 값이 몇 개인지 모르므로 *를 붙여서 *arg와 같이 매개변수를 정한다. 즉

```
def addall(*args):
        total = 0
        for x in args:
                total += x
        return total
```

으로 함수를 작성하게 되면 매개변수 arg 앞에 *가 붙었으므로 arg는 가변길이 변수가 된다. 이제

```
print(addall(1,2,4))
print(addall(1,2,3,4,5,6))
```

의 결과는 각각 7과 21을 얻게 된다.

가변길이 변수를 사용하는 또 다른 방법은 키워드를 가지는 변수(딕셔너리 형태)이다. 딕셔너리 형식의 가변길이 변수인 경우 변수이름 앞에 **를 붙인다. 예를 들어

변수이름이 kwargs인데 이 변수가 키워드를 사용하는 형식이며 **kwargs로 설정하게 된다. **같 붙은 변수 경우 key=value 형태로 값을 지정하게 된다. 다음과 같은 함수를 생각해보자.

```
def say_hello(**kwargs):
    for key, value in kwargs.items():
        print("{0} = {1}".format(key, value))
```

이 함수는 가변 매개변수를 전달받는데 전달되는 변수는 key=value 형식이라야 한다. 따라서 이 함수를

```
say_hello(name="yasoob")
say_hello(name="Richard", country="US")
```

과 같이 한 개의 변수, 2개의 변수 등으로 호출이 가능하다. 위 호출의 결과는

```
name = yasoob
name = Richard
country = US
```

이며 첫 줄은 첫번째 호출에 의해서, 2–3번 줄은 두 번째 호출로 얻는 출력이다.

4.7. 재귀함수

재귀함수 또는 재귀적 호출(revursive call)는 어떤 함수 내에서 자기 자신을 호출하는 함수를 말한다. 즉,

```
def f(x):
 f(x) = f(x)*f(x-1)
```

등과 같이 함수 f의 계산 중에 자기자신 f가 사용되는 경우이며 이와 같은 방법은 수열과 같이 특정한 규칙으로 반복되는 경우에 간단하게 함수를 작성할 수 있는 기법이다.

보기 4.13 `recursive1.py` 1부터 n까지 합하는 것을 생각해보자. 1에 2를 더하고 그 결과에 3을 더하는 식으로 반복하면 된다. 즉 k까지의 합이 $f(k-1)$이면 그 다음은

$$f(k) = f(k-1) + k$$

로 쓸 수 있다. 따라서

```
def mysum(nn):
    if nn == 1:
       return 1
    else:
      return(mysum (nn-1) + nn)

print(mysum(10))
```

로 프로그램을 작성할 수 있으며 nn이 1이면 1이고 그렇지 않으며 nn+mysum(nn-1)이 된다.

재귀함수의 경우 반드시 자신을 호출하지 않는 문장이 어딘가에 있어서 무한반복에 빠지지 않도록 하여야한다. 파이썬은 기본적으로 재귀적 호출이 1,000번을 넘으면 자동정지하도록 설계되었다. 위 함수의 결과는 10까지의 합을 호출한 것이므로 1부터 10까지의 합인 55이다.

재귀함수는 코드는 단순해지지만(장점) 메모리를 많이 차지하고 가끔 함수가 무슨 계산을 하는지 해석하기 어려운 때가 있다.

4.8. 데이터프레임의 함수 적용

분석을 위한 자료는 DataFrame 객체로 저장된 경우가 많으며 데이터 프레임의 경우 행별 열별로 특정 함수(내장 또는 사용자 함수)를 행별이나 열별로 적용하여 원하는 결과를 얻고자 하는 경우가 많다. 이런 목적으로 사용하기 적절한 메소드로 apply가 있다. 이 메소드는

```
DataFrame.apply(func, axis=0, raw=False, **kwds)
```

로 사용하며 매개변수는

`func` 각 행별 또는 열별로 적용할 함수의 이름을 func에 지정하고

`axis` 0(또는 'index'; 기본값)이나 1(또는 'column')을 설정하여 각각 열별(over the rows) 또는 행별(over the columns) 함수적용 결과를 얻게 된다.

`raw` 전달되는 각 열 또는 행이 pandas.Series로 할지 numpy의 ndarray로 할지 설정하며 기본값은 False로 ndarray로 전달된다.

`**kwds` 함수 func에 전달할 매개변수가 있으면 키워드 매개변수로 전달한다.

로 사용한다.

보기 4.14 `dfapply1.py` 학생별 과목별 성적이 데이터 프레임으로 저장되었다고 하고 각 학생의 성적의 합 및 과목별 평균점수를 계산해보자.

```
import pandas as pd
import numpy as np

df=pd.DataFrame([[90, 89, 70], [99, 98, 97], [70, 65, 78],
                 [50, 55, 60], [80,87,90]],
                index=['김철수', '여인선', '박이슬','이호동', '최은수'],
                columns=['stat','language', 'math'])
df.apply(np.mean, axis=0)
df.apply(lambda x: x[0]+x[1]+x[2], axis=1)
```

먼저 학생의 점수는 다음과 같으며

```
       stat  language  math
김철수    90        89    70
여인선    99        98    97
박이슬    70        65    78
이호동    50        55    60
최은수    80        87    90
```

np.mean 함수로 평균을 계산하되 axis가 0이므로 열별 평균을 얻게되고 이 값은 과목별 평균점수가 된다. mean 함수는 numpy에 내장된 함수이므로 쉽게 사용할 수 있다. 결과는

```
stat        77.8
language    78.8
math        79.0
```

두 번째 apply는 lambda 함수를 사용하였으며 x라는 매개변수를 전달받아 첫 세 개의 값을 합한 결과를 반환하게 된다. 이 때 axis는 1이므로 행별 합을 계산하게 되게 각 학생의 점수합이 얻어진다. 결과는

```
김철수    249
여인선    294
박이슬    213
이호동    165
최은수    257
```

이다. 이 경우 사용자 정의 함수를 사용하는 보기로 만들기 위해 lambda 함수를 사용하였으나

```
DataFrame.apply(np.sum, axis=1)
```

로 같은 결과를 얻을 수 있다.

머신러닝이나 통계분석 등에서 자료의 단위가 같지 않은 경우나 값의 크기가 변수별로 지나치게 차이가 나는 경우는 분석결과가 왜곡되는 경우가 있어서 표준화(standardization)나 정규화(normalization)가 많이 사용된다. $\bar{X}$와 S가 특정변수의 평균과 표준편차일 때 표준화는

$$Z_i = \frac{X_i - \bar{X}}{S} \tag{4.2}$$

로 정의되고 정규화는 min, max가 각각 자료의 최솟값과 최댓값일 때

$$Z_i = \frac{X_i - \min(X)}{\max(X) - \min(X)} \tag{4.3}$$

로 정의된다. 위의 학생점수에 대해서 과목별 표준화 점수와 정규화 점수를 얻어보자. 표준화 점수는 대부분의 값이 -3과 3 사이의 값을 가지며 정규화 점수는 0과 1 사이의 값을 갖는다.

```
def mynorm(x):
    nscore = (x - np.min(x)) / (np.max(x) - np.min(x))
    return(nscore)
def myst(x):
    nscore = (x - np.mean(x)) / np.std(x)
    return(nscore)

df.apply(mynorm, axis='index')
df.apply(myst)
```

의 결과는 정규화점수는 다음과 같고

```
          stat  language      math
김철수  0.816327  0.790698  0.270270
여인선  1.000000  1.000000  1.000000
박이슬  0.408163  0.232558  0.486486
이호동  0.000000  0.000000  0.000000
최은수  0.612245  0.744186  0.810811
```

표준화점수는 다음과 같다.

```
          stat  language      math
김철수  0.719692  0.633357 -0.675338
여인선  1.250612  1.192202  1.350676
박이슬 -0.460131 -0.856895 -0.075038
이호동 -1.639954 -1.477833 -1.425713
최은수  0.129781  0.509169  0.825413
```

표준화 점수는 양의값으로 크면 상대적으로 높은 점수이며 음의 값으로 크면(절댓값이 크면) 상대적으로 낮은 점수임을 의미하며 정규화 점수는 1에 가까우면 상대적으로 높은 점수, 0에 가까우면 상대적으로 낮은 점수를 의미한다. ■

4.9. __main__ 키워드

특정한 목적을 위해 큰 프로그램을 작성할 때는 클래스나 함수단위로 프로그램을 나누어서 작성하고 이를 합치게 된다. 이때 각 함수가 잘 작성되었는지 확인하기 위해 함수단계 등에서 실제 프로그램이 완성되었을 때는 필요없지만 중간 출력 등을 하기 위해

```
if __name__ == "__main__":
```

이라는 조건문을 사용하게 된다. 이 조건문은 지금 작성된 프로그램이 직접 실행되는 경우에만 이 `if` 문이 참일 때 동작될 구문들을 실행하고 그렇지 않은 경우에는(주로 만들어진 프로그램이 다른 프로그램에 의해 `import`되는 경우임) 실행하지 않는다. `__name__`은 파이썬의 글로벌 변수이다. 다음 보기는 두 개의 파일을 사용한다.

보기 4.15 `ifmain1.py` `callifmain1.py` 먼저 4.8절에서 사용한 `dfapply1.py`를 약간 수정하여 다음과 같이 만들고 이 파일의 이름을 `ifmain1.py`라고 하자.

```
import pandas as pd
import numpy as np

def mynorm(x):
    nscore = (x - np.min(x)) / (np.max(x) - np.min(x))
    return(nscore)
def myst(x):
    nscore = (x - np.mean(x)) / np.std(x)
    return(nscore)

def main():
    df=pd.DataFrame([[90, 89, 70], [99, 98, 97], [70, 65, 78],
                     [50, 55, 60], [80,87,90]],
                   index=['김철수', '여인선', '박이슬','이호동',
                          '최은수'],
                   columns=['stat','language', 'math'])
    print('정규화점수:\n', df.apply(mynorm, axis='index'))
    print('표준화 점수:\n', df.apply(myst))
if __name__ == "__main__":
   main()
```

이 파일에는 세 개의 함수가 있으며 이 파일을 직접 실행하면

`__name__ == "__main__"`

가 True가 되어 main 함수가 실행되므로 앞에서 본 출력이 만들어지지만 직접 실행하지 않고 다른 프로그램에서 호출되면 main 함수는 실행되지 않고 세 개의 함수 mynorm, myst 및 main의 정의만 살아있게 되고 실제 main 함수는 호출되지 않는다. 실제 사용예는 보기 11.9에서도 볼 수 있다.

이제 다음과 같이 다른 프로그램(callifmain1.py)에서 위의 ifmain1을 호출해보자. 아래의 코드에서 2번 줄 import에서 ifmain1이 임포트되어 이 프로그램이 실행되게 된다.

```
1 import pandas as pd
2 import ifmain1

3 df = pd.DataFrame([[90, 89], [98, 97], [70, 78], [50, 55]],
4                   index=['김미정', '깁보화', '이순선','오남희'],
5                   columns=['KNN', 'Logistic'])
6 print('정규화점수:\n', df.apply(ifmain1.mynorm, axis='index'))
7 print('표준화 점수:\n', df.apply(ifmain1.myst))
```

이 프로그램 안에는 ifmain1.mynorm과 ifmain1.myst가 새 자료 df1에 대해서 호출되었고 결과는

```
정규화점수:                          표준화 점수:
           KNN   Logistic                   KNN   Logistic
김미정  0.833333  0.809524          김미정  0.697877  0.585387
깁보화  1.000000  1.000000          깁보화  1.127339  1.091668
```

```
이순선  0.416667  0.547619           이순선 -0.375780 -0.110749
오남희  0.000000  0.000000           오남희 -1.449436 -1.566307
```

만일 `ifmain1.py`에서 `dfapply1.py`와 같이 `main` 함수를 따로 만들지 않고
`if __name__ == "__main__":`
을 사용하지 않으면 `import` 할 때 출력이 주루룩 나오게 된다. `main` 함수도 필요하면 별도로 호출하여 `ifmain1.py`의 출력을 만들 수 있다. 다음 명령의 결과는 4.8절의 결과와 같다.

```
ifmain1.main()
```

4.10. 객체지향 프로그래밍

C, Pascal 등과 같은 예전의 프로그래밍언어는 프로그램이 특정한 작업을 하는 함수들로 구성되는데 이와 같은 언어는 크고 복잡한 문제를 해결하는 프로그램을 작성하는데 효율적이지 않다. 이를 해결하기 위해 Java나 파이썬 같은 객체지향 프로그래밍 언어가 탄생하였다.

객체지향 프로그래밍은 특정한 기능을 하는 변수, 함수 등을 하나로 묶어서 클래스를 만들고 여러 클래스들을 만들어 원하는 기능의 프로그램을 작성하는 방법을 말한다. 클래스(class)는 변수와 함수(메소드(method)라고 부름) 등을 정의한 틀이며 이 틀에서 만들어진 것을 객체(object)라고 한다. 비유하자면 클래스는 붕어빵을 만드는 틀이며, 객체는 이 붕어빵 틀에서 만들어진 붕어빵이라고 할 수 있다. 붕어빵 틀에 팥을 넣고 만들면 팥붕어빵, 생크림을 넣으면 생크림 붕어빵이 만들어지는 것처럼 프로그램의 작성에서 클래스를 작성하고 특정한 매개변수의 값을 클래스에 전달하여 객체를 생성하여 이 객체들의 동작에 의하여 원하는 기능의 프로그램을 작성하는 방법이 객체지향 프로그래밍이다.

4.10.1 클래스의 작성과 객체의 생성

파이썬에서 객체를 생성하는 것은 `class` 명령으로 한다. `class` 명령은

```
class C_name(S_class):
    함수들
    명령어 들
```

로 하며 `C_name`은 사용자가 설정한 클래스의 이름이다. 클래스의 이름은 관례적으로 첫 글자를 대문자로 하는 경우가 많다. 특정한 클래스에서 객체(object)를 생성하는 방법은

```
obj1 = C_name(par1, par2, ...)
```

와 같이 객체를 생성한다. 이를 instantiation이라고 하며 instantiation으로 만들어지진 객체를 인스턴스(instance)라고 한다. 여기서 par1, par2 등은 객체 생성에서 사용할 매개변수의 값이며 매개변수가 필요없는 경우 생략할 수 있다. par1, par2 등의 값은 4.10.2절의 __init__ 함수의 매개변수이다. S_class는 C_name 클래스가 S_class의 내용을 상속받아 작성될 때 설정한다. 이러한 경우를 상속이라고 하는데 클래스의 상속은 4.10.4절을 참고하기로 한다.

생성된 객체의 변수나 함수(메소드)를 사용할 때는 객체이름에 마침표(.)을 넣고 필요한 변수나 함수의 이름을 적는다. 즉, 클래스의 인스턴스인 obj1의 함수 myfcn을 호출하려면

```
obj1.myfcn(par1, par2, ...)
```

과 같이 함수 myfcn을 호출한다. 전달할 매개변수변수가 없으면 par1, par2 등은 생략한다.

보기 4.16 ClassTest1.py 다음과 같이 가장 간단한 클래스를 만들어 보자. 클래스의 이름은 Test0이며 이 클래에서는 세 개의 변수 a, str, x가 정의되어 있다.

```
class ClassTest1:  # (ClassTest1.py)
  a0 = [1,2,3]
  str0 = "Test 문자열"
  x0 = 10
```

이 클래스의 인스턴스를 만들려면

```
p1 = ClassTest1
```

로 만들 수 있으며 이 클래스에서 정의된 변수의 값을 얻으려면

```
>>> print(p1.a0)
[1, 2, 3]
>>> print(p1.str0)
Test 문자열
>>> print(p1.x0)
10
```

와 같이 객체 이름 p1에 마침표를 붙인 후 변수이름을 설정하면 된다. ■

4.10.2 __init__ 함수와 self

클래스의 정의에서 자주 보는 키워드가 __init__ 함수와 self 함수이다.

- __init__ 함수는 클래스가 호출될 때 별도의 함수 호출없이 자동으로(무조건) 호출되는 함수를 말한다. __init__ 함수가 포함된 클래스를 정의할 때 가독성 등의 이유로 함수들 중에서는 __init__ 함수를 가장 먼저 정의한다. 클래스의 생성에서 매개변수의 설정이 필요한 경우는 __init__ 함수에서 필요한 매개변수이다.

  __init__ 함수가 매개변수를 전달받을 경우 객체를 생성할 때 __init__ 함수에 필요한 매개변수가 전달되어야 한다.

- self 키워드는 클래스 자신을 의미하는 키워드이다. 클래스내에서 생성된 변수나 함수를 호출할 때 사용한다. 즉 클래스 내에서 str0 이라는 변수가 설정되었다면 self.str0으로 이 변수를 얻을 수 있으며 self 없이 str0을 사용하면 클래스 밖에서 선언된 전역변수를 찾게 된다.

보기 4.17 `ClassTest2.py` 전역변수 myStr을 다음과 같이 선언하고

```
myStr = "My name is "
```

클래스 ClassTest2를 다음과 같이 정의하자. 이 클래스에는 __init__ 함수가 정의되어 있으며 이 함수는 한 개의 매개변수를 필요로 한다. 여기서 self는 키워드로 매개변수가 아니고 클래스 자신을 의미한다. 따라서 객체를 생성할 때 매개변수 한 개의 값이 전달되는 것이 바람직하다.

```
class ClassTest2:
  def __init__(self, name):
     self.name = name

  def myfcn(self):
     print(myStr + self.name)
```

이제 다음과 같이 객체를 생성하고

```
p1 = ClassTest2("Johny")
```

이 객체의 myfcn 함수를 호출해보면

```
p1.myfcn()
My name is Johny
```

전역변수 myStr과 ClassTest2 클래스의 name 변수의 값이 합쳐진 값이 출력된다. 이번엔 전역변수가 아닌 클래스 내의 변수로 myStr을 정의하는 경우를 생각해보자.

보기 4.18 `ClassTest3.py` 보기 4.17의 프로그램의 내용을 살짝 수정하여 다음과 같이 myStr을 클래스 내부에 정의해보자. 이 경우 myStr은 클래스 내부에서 정의되어 있으므로 클래스 내에서 이 변수를 사용하려면 self.myStr로 호출하여야 한다.

```
class ClassTest3:
  myStr = "My name is "
  def __init__(self, name):
    self.name = name
```

아래의 myfcn에서 앞의 프로그램과 같이 print(myStr + self.name)으로 인쇄를 하는 경우에 클래스 밖에서 이 변수가 정의되어 있거나 함수 내에서 정의되어 있지 않으면 에러가 발생하며, 정의되어 있는 경우 정의된 값이 사용된다.

```
class ClassTest3:
   myStr = "My name is "
   def __init__(self, name):
     self.name = name
   def myfcn(self):
     print(myStr + self.name) # 전역에서 myStr이 정의되지 않으면 에러
     #print(self.myStr + self.name)
```

이제 객체를 생성하고 함수를 호출해보면

```
p1 = ClassTest3("Johny")
p1.myfcn()
My name is Johny
```

가 출력된다. ■

4.10.3 객체의 변경

생성된 객체에서 값을 바꿀 수 있다. 앞의 보기 4.18에서 생성된 인스턴스 p1을 사용하여

```
p1.myStr = "제 이름이 "
```

로 p1의 myStr의 값을 수정하고 myfcn 함수를 호출하면

```
p1.myfcn()
제 이름이 Johny
```

로 수정된 myStr을 사용한 출력이 얻어진다.

객체의 특정한 속성을 삭제하기 위해서는 del 명령을 사용할 수 있다.

```
del p1.myStr
```

을 실행하면 p1에서 myStr만 삭제되고 객체 자체를 삭제하려면

```
del p1
```

와 같이 객체 이름을 삭제대상으로 하는 명령으로 삭제한다.

연습문제 10 및 연습문제 11에 클래스를 작성하고 작성된 클래스를 import하는 예가 있으니 참고하기로 한다.

4.10.4 클래스의 상속

객체지향 프로그래밍언어는 클래스의 상속(inheritance)을 지원한다. 클래스의 상속이란 어떤 클래스에서 이미 정의된 속성을 다른 클래스에서 그대로 이어 받는 것을 말한다. 이때 먼저 정의된 클래스를 상위클래스(superclass)라고 하고 상위클래스의 속성을 그대로 이어 받는 클래스를 하위클래스(subclass)라고 한다. 상위 클래스의 속성을 이어 받을 하위 클래스를 정의할 때는 상속받을 상위클래스의 이름을 매개변수로 사용한다. 예를 들어 Vehicle 클래스를 상속받아 Bus 라는 클라스를 정의한다면

```
class Bus(Vehicle):
```

로 Bus 라는 이름의 하위 클래스를 정의한다. 이 Bus 클래스에는 Vehicle 클래스에서 정의한 모든 속성이 따로 정의하지 않아도 그대로 사용할 수 있다. 다음의 보기에서 상속이 어떻게 사용되는 살펴보자.

보기 4.19 ClassTest4.py 먼저 Vehicle이라는 클래스는 다음

```
class Vehicle: # inherit0.py
    def __init__(self, type):
        print("Vehecle type is " + type)
```

과 같이 type이라는 매개변수를 받아서 탈 것의 종류를 인쇄한다. 이제 Bus라는 하위 클래스는 Vehicle이라는 상위 클래스를 상속받고, 승차인원을 매개변수로 받아서 이를 인쇄한다.

```
class Bus(Vehicle):
    def __init__(self, capacity):
        super().__init__("bus")
        print("Capacity is up to " + str(capacity))
```

여기서 super라는 메소드는 상속받은 상위 클래스를 의미한다. 즉,

```
super().__init__("bus")
```

는 Vehicle.("bus") 명령과 동일한 결과를 얻는다.

한 클래스를 여러 개의 클래스가 상속받을 수 있다. 같은 방법으로 Auto라는 클래스를 Vehicle 클래스를 상속받아 승차인원을 인쇄하도록 하자.

```
class Auto(Vehicle):
    def __init__(self, capacity):
        super().__init__("auto")
        print("Capacity is up to " + str(capacity))
```

이제

```
xx = Auto(5)
```

로 Auto 클래스를 호출하면 상위 클래스의 __init__ 함수에 의해

```
Vehecle type is auto
```

가 인쇄되고, Auto 클래스의 __init__ 함수에 의해

```
Capacity is up to 5
```

가 인쇄된다. 같은 방법으로 xx = Bus(45) 명령으로

```
Vehecle type is bus
Capacity is up to 45
```

를 얻는다. ■

4.10.5 패키지, 모듈과 import

파이썬에서 모듈(module)이란 클래스, 상수 등을 모두 포함한 것을 말하여 대개 별도의 파일로 저장되어 있어서 import의 대상이기도 한다.import@import 모듈 대신 Java 나 R-언어에서 사용하는 용어로 패키지(package)라고 부르기도 한다 import의 대상은 운영체계가 Unix 클론의 경우

```
/usr/local/lib/python3.x/dist-packages
```

에 저장되며 Windows에서 아나콘다로 설치한 경우

```
C:\ProgramData\Anaconda3\lib\site-packages
```

에 import 대상의 이름으로 저장되어 있다. 예를 들어 numpy를 import하라고 하면 현재의 작업 디렉토리에 numpy.py라는 파일 또는 __init__.py라는 파일이 있어야 한다.

import할 때 마침표가 들어간 경우가 있는데 이 마침표는 실질적으로는 서브디렉토리를 의미한다. 예를 들어

```
numpy.random.normal(0,1,10)
```

는 위의 기본디렉토리 아래에 numpy, 그 아래에 random이란 디렉토리가 있으며 이 디렉토리에서 random.py라는 파일 또는 __init__.py라는 파일을 가져오게 된다.

import 할 때 종종 from을 쓰는 경우가 있는데 예를 들면

```
import numpy.random as nr
```

로 import한 후 이 객체의 클래스, 메소드 등을 사용하거나

```
from numpy.random import normal
```

로 from으로 디렉토리를 지정하고 바로 특정한 개체를 import할 수 있다. 어느 방법을 사용하든 큰 차이는 없으나 각 방법에 따른 사소한 장단점은 존재한다. 특정한 모듈이나 패키지의 구체적인 파일 위치를 알고자 할 때는 각 모듈의 __file__ 속성을 인쇄하면 된다 예를 들어 numpy가 np로 import되었다면

```
print(np.__file__)
```

```
C:\ProgramData\Anaconda3\lib\site-packages\numpy\__init__.py
```

를 얻게 된다(Windows 운영체계, 아나콘다로 파이썬 설치한 경우임).

이제 일부 클래스가 별도의 모듈(파일)에 포함된 경우를 생각해보자. 이 때 별도의 모듈은 사용자가 작성한 것이고 이를 상속받아 새 클래스를 작성해 보자. 이 경우 이 모듈을 먼저 import하여야 한다.

보기 4.20 `Sums1.py` , `ClassTest5.py` 다음은 Sums라는 클래스에서 자료가 파이썬 객체(object)를 상속받아 이 객체에서 자료의 수 n, $\sum x_i$와 $\sum x_i^2$를 각각 n, sum1과 sum2로 받는다. 코드에서 보는 것처럼 object는 len 함수가 적용가능해야 하고 ndarray로 변환가능해야 한다.

```
import numpy as np # inherit1.py

class Sums1(object):
  def __init__(self, x):
    self.n = len(x)
    self.x = np.array(x)

  def sum1(self):
    return(np.sum(self.x))

  def sum2(self):
    return(np.sum(self.x**2))
```

이 내용을 저장한 파일을 Sums1.py라는 이름으로 저장한다.

이제 위의 Sums1.py와 같은 디렉토리에 이 Sums 클래스를 상속받아 평균과 표준편차를 계산하는 두 메소드 myMean과 mySd를 포함하는 클래스를 다음과 같이 만들자.
ClassTest5.py

```
import numpy as np
import Sums1
은
class Stats(Sums1.Sums):
  def __init__(self, x):
    super().__init__(x)  # n, x are set

  def myMean(self):
    my_mean = super().sum1()/self.n
    return(my_mean)

  def mySd(self):
    my_sd = np.sqrt(super().sum2() - self.myMean()**2 /self.n)
    return(my_sd)
```

여기서 Stats의 정의에서 사용한 Sums1.Sums1은 처음의 Sums1은 모듈 Sums1.py를 의미하며 이 모듈의 클래스 Sums1이 마침표 뒤의 Sums1이며 이 부분은 모듈 Sums1.py 내의 클래스 Sums1을 의미한다.

이제 다음과 같이 자료 x에 대해서 클래스 Stats의 인스턴스 statx를 만든 후 이 인스턴스의 속성이나 메소드를 호출하면

```
x = range(1,11)
statx = Stats(x)
print('n: ', statx.n, 'mean: ', statx.myMean(), 'stdev: ',
      statx.mySd())
```

로 n: 10, mean: 5.5, stdev: 19.544를 얻게 된다. ■

연습문제

4.1 근로자의 근무시간을 입력받아 근무시간에 따른 임금을 계산하려고 한다. 임금은 40시간 이하일 때는 시간당 9천원이고, 40시간 초과분에 대해서는 13,500원다. 근로자가 여러명 있기 때문에 한 번 프로그램이 실행되면 음수값이 입력되기 전까지는 프로그램을 계속 반복하려고 한다. 이를 위한 프로그램을 작성하여라. `wage1.py`

4.2 위의 문제와 같은 조건하에서 근무시간이 52시간 초과인 경우 임금을 계산하지 않고 '근무시간을 다시 확인하기 바랍니다'를 추가로 출력하는 프로그램을 작성하여라. 52시간 초과시 근무시간은 출력하고 임금은 문자열 `NA`를 출력한다. 프로그램 작성시 Nested `if` 구문은 사용하지 않는다. `wage2.py`

4.3 보기 4.5에서 `mysum`과 `mymean`은 구체적인 값으로 설정되어 있다. 이 초깃값을 리스트 컴프리헨션으로로 설정해보아라. `list3.py`

4.4 보기 4.5에서 과목수와 학생수로 3과 6이라는 구체적인 숫자가 사용되었다. 교과목 수와 시험을 친 학생의 수가 달라져도 데이터만 있으면 적용할 수 있도록 이 숫자를 프로그램 내에서 계산해보아라. `list2.py`

4.5 보기 4.5의 계산을 `list4.py`

(a) `DataFrame`의 `mean`과 `sum` 메소드를 사용하여 반복문을 사용하지 않고 해보아라.

(b) `DataFrame`의 `apply` 메소드를 사용하여 반복문을 사용하지 않고 해보아라.

4.6 각도를 표시하는 방법은 일반각과 호도법(radian)이 있다. 호도법의 각도 r과 일반각 d는 다음의 관계에 있다. `angle2.py`

$$r = \frac{\pi}{180} * a$$

(a) 변환할 각도와 변환방법이 일반각 → 호도법 (`'d2r'`) 인지 호도법 → 일반각 (`'r2d'`) 인지를 입력 받아 변환된 각도를 반환하는 함수를 작성하여라. 변환방법은 `'d2r'`을 기본값으로 한다.

(b) 각도 0, 45, 90이 호도법으로 몇도인지, 또 0, $\pi/2$, π는 일반각으로 몇도인지 이 함수를 호출하여 계산하여라. 단 이 파이썬 코드가 포함된 파일이 다른 코드에서 `import`될 때는 이 부분이 실행되지 않도록 하여라.

4.7 n개의 자료에 대해서 이 자료의 평균, 분산, 중앙값을 계산하려고 한다. 이를 위해서 다음과 같은 순서로 프로그램을 작성하여라. `stats1.py`

(a) 리스트에 주어진 값의 승의 합을 반환하는 함수를 작성하여라. 즉, $\sum_{i=1}^{n} x_i^p$을 계산하여 이 값을 반환한다. 이때 내장함수 등은 사용하지 않고 `for` 문을 사용하여 작성하며 이 함수의 이름은 `sum2p`로 한다.

(b) 정수를 매개변수로 입력받아 이 정수가 홀수인지 짝수인지 판별하는 함수를 작성하여라. 이 함수의 이름은 `iseven`으로 하되 짝수이면 `True`, 홀수이면 `False`를 반환한다.

(c) 자료의 값으로 `x1`은 1부터 20까지의 자연수 중 짝수, `x2`는 1부터 100까지의 자연수 중 3의 배수를 사용하고 위의 함수 `sum2p`, `iseven`들을 호출하여 `x1`과 `x2`의 평균, 분산, 중앙값을 출력하여라. 자료를 만들 때는 `range` 함수를 사용하여라.

참고로

(a) 리스트를 크기순으로 배열하는 것은 `sort` 함수를 사용할 수 있다. 즉, `x.sort()`를 사용하면 리스트 `x`는 크기순으로(오름차순) 재배열된다.

(b) n개의 자료가 $x_1, x_2, \ldots, x_n$이면 평균과 분산은 각각 $\bar{x} = \frac{\sum_{i=1}^{n} x_i}{n}$, $S^2 = \frac{\sum_{i=1}^{n} x_i^2 - n\bar{x}^2}{n-1}$이며 중앙값은 자료를 크기 순서대로 정렬할 때 n이 홀수이면 $(n+1)/2$번째 자료의 값, n이 짝수이면 $n/2$ 번째 자료와 $(n/2+1)$번째 자료의 평균이다.

4.8 연습문제 4.7의 자료 `x1`과 `x2`에 대해서 기초통계량을 계산하되

(a) 효율성을 위해 중앙값을 계산하는 함수 `mymed`를 작성하여라. 이 때 매개변수로 전달받은 자료 리스트는 오름차순으로 정렬이 되어 있지 않음을 가정하여라.

(b) 평균이나 분산의 계산을 위해 자료의 크기 n을 따로 얻었는데 이를 해소하기 위해 `sum2p`를 수정하여 자료의 개수 n도 함께 반환받아라.

위의 두 수정 사항을 반영하여 만든 함수 `sum2p`, `iseven`, `mymed`를 사용하여 평균, 중앙값 및 분산을 계산하여라. `stats2.py`

4.9 연습문제 4.8에서 작성한 함수를 포함하는 클래스 `MyStats`를 작성하여라. 이때

(a) `__init__` 메소드에서 분석할 자료를 전달받고 추가 계산을 위해 전달 받은 자료를 미리 오름차순 정렬하고 자료의 개수도 여기서 계산하여라.

(b) n은 `__init__`에서 계산하였으므로 연습문제 4.7의 `sum2p`를 사용하여라.

작성한 클래스를 사용하여 연습문제 4.7의 자료 `x1`과 `x2`에 대해서 기초통계량을 계산하여라. `MyStats.py`

4.10 연습문제 4.9에서 작성한 클래스 `MyStats`를 상속받아 최대, 최소, 평균, 분산, 자료 개수, 중앙값들을 계산하는 메소드나 속성을 가진 클래스 `MySummary`를 작성하여 이를 이용하여 연습문제 4.7의 자료를 분석하여라. `MySummary.py`

4.11 연습문제 4.10에서 작성한 클래스 `MySummary`가 포함된 파이썬 파일을 적절한 위치에 저장하고 이를 `import`하여 연습문제 4.7의 자료 `x1`과 `x2`에 대해서 기초통계량을 계산하여라. 이때 앞에서 작성한 프로그램에서 출력이나 계산 등을 직접 호출할 때만 계산하도록 `'__main__'` 키워드를 사용하여라. `caller1.py`

제 5 장

자료처리

5.1. 명령어줄 입출력

5.1.1 입력

파이썬에서도 대화형 입력을 받을 수 있으며 이 때 사용하는 함수는 input 함수이다. input 함수 내에 문자열을 설정하여 출력을 만들면서 입력을 받을 수 있고, 입력받은 값은 문자열로 저장된다. 사용법은

```
input(prompt)
```

이다. prompt에는 화면에 보여줄 문자를 설정한다.

보기 5.1 나이를 입력 받아 출생연도를 계산을 하기 위한 파이썬 함수를 간단하게 작성해보면 `birthyear.py`

```
import datetime
def birthyear():
  age = input("Enter age: ")
  now = datetime.datetime.now()
  curyear = now.year
  b_year = curyear-int(age)
  print("born.year= ", b_year)
```

가 된다. 이 함수에서 날짜 및 시간을 얻기 위해 datetime 모듈을 import 하였음에 유의하자. datetime 모듈의 datetime 클래스의 now 메소드를 사용하면 현재의 시간을

얻을 수 있으며 이 중 연도는 now.year를 사용하여 얻을 수 있다. 입력받은 age 값이 문자열이므로 curyear를 계산하기 위해 int(age)로 int 함수를 사용하여 입력받은 값을 정수로 변환하는 과정을 거친다. 이 함수가 작성되었으면

```
>>> birthyear()
Enter age: 50
born.year=  1970
```

로 결과를 얻을 수 있다. ■

5.1.2 출력

print 함수를 사용하여 표준 출력을 만들 수 있다. print 함수는 콤마(,)를 사용하거나 문자열의 경우 +를 사용하여 출력한다. 이 출력을 사용자가 원하는 형식(format)으로 출력하기 방법을 알아보자.

5.1.2.1 % 서식과 format 함수

% 서식이란 %type과 %(value)를 짝으로 만들어서 value를 type 형식으로 출력한다. 사용법은

```
"%type1 %type2,... " %(value1, value2,... )
```

이며 value1은 type1 형식으로 value2은 type2 형식으로 변환한다는 의미이다. type에는 다음과 같은 것이 있다.

%s	문자열	%d	정수	%o	8진수	%%	%문자
%c	문자(1개)	%f	실수	%x	16진수		

다음의 보기를 확인해보자.

보기 5.2 formattest1.py

```
print("My car is Hyundai %s model year %d." %("Sonata", 2020))
number = 5
day="three"
mystr = "I eat %d apples in %s days" % (number, day)
print(mystr)
```

이 보기에서 Sonata는 문자열로, 2020은 숫자로 number는 숫자로 day는 문자로 변환하여

```
My car is Hyundai Sonata model year 2020.
I eat 5 apples in three days
```

로 출력을 얻는다. ■

% 서식 대신 문자열의 format 메소드를 사용하여 출력을 조정할 수도 있다. 사용법은

```
"문자열 {0} 문자열 {1} ".format(value1, value2, )
```

이며 문자열 내의 {와 } 사이에 `format` 메소드에서 설정한 값들의 인덱스를 설정한다. 첫 번째 값의 인덱스는 0이다. (`formattest1.py` 계속)

```
print("My car is Hyundai {0} model year {1}".format("Sonata", 2020))
print("My car is {1} Hyunai {0}".format("Sonata", 2020))
print("My car is {1} Hyunai {0}, I like my {0}".
                             format("Sonata", 2020))
```

의 결과는 각각 순서대로

```
My car is Hyundai Sonata model year 2020
My car is 2020 Hyunai Sonata
My car is 2020 Hyunai Sonata, I like my Sonata
```

이다.

5.1.2.2 미세조정

`%d`나 `%f`는 숫자의 개수, 소숫점이하의 자리수 등을 설정할 수 있다.

- `%10d`: 10칸을 차지하는 정수
- `%05d`: 5칸을 차지하는 정수인데 앞의 빈 칸은 0으로 채움, 30은 00030으로
- `%.2f`: 소수점이하는 2자리만 인쇄
- `%5.3f`: 전체 자리수 5개 중 소수점이하 2자리수. 정수부분 2자리(소수점도 한 자리)

다음의 예를 보면 (`formattest1.py` 계속)

```
ratio = 5/3
mystr = "I eat %5d apples in %15s days. It is %.3f apples a day"
             % (number, day, ratio)

print(mystr)
print("I eat {0:4d} apples in {1} days. It is {2:5.2f} apples a day"
          .format(number, day, ratio))
print("I eat {0:04d} apples in {1} days. It is {2:5.2f} apples a day"
          .format(number, day, ratio))
```

의 결과는 순서대로

```
I␣eat␣␣␣␣␣5␣apples␣in␣␣␣␣␣␣␣␣␣␣␣three␣days.␣It␣is␣1.667␣apples␣a␣day
I␣eat␣␣␣␣5␣apples␣in␣three␣days.␣It␣is␣␣1.67␣apples␣a␣day
I␣eat␣0005␣apples␣in␣three␣days.␣It␣is␣␣1.67␣apples␣a␣day
```

이다. ␣는 빈 칸을 의미한다.

5.1.2.3 좌우 정렬

출력의 좌우를 조절하는 방법은

- %를 사용할 경우 숫자 앞에 {부호를 사용
- format 속성을 사용할 경우에는 숫자 앞에 <, >를 사용하여 각각 왼쪽 오른쪽으로 정렬

다음의 예를 보자.

```
print("My car is Hyundai %-10s model year %-6d." %("Sonata", 2020))
print("My car is Hyundai %10s model year %6d." %("Sonata", 2020))
print("I eat {0:<4d} apples in {1:>10s} days. It is {2:<5.2f}
          apples a day".format(number, day, ratio))
```

의 결과(실제 코드는 줄바꾸기에 주의!!)는

```
My car is Hyundai Sonata     model year 2020  .
My car is Hyundai     Sonata model year   2020.
I eat 5    apples in      three days. It is 1.67  apples a day
```

가 된다.

5.1.2.4 이름에 의한 지정

- % 서식의 경우 딕셔너리 형태(key: value, key: value, ...)로 서식에서 %(key)로 형식을 지정하거나
- format 속성은 name=value 로 이름을 지정하고 name으로 인쇄 형식을 설정할 수 있다.

다음의 보기를 살펴보자. (formattest1.py 계속)

```
print("My car is Hyundai %(model)6s model year %(year)4d."
      %{"year":2020, "model":"Sonata"})
print("My car is Hyundai {model} model year {year}".format(year=2020,
      model="Sonata"))
```

출력은 다음과 같다.

```
My car is Hyundai Sonata model year 2020.
My car is Hyundai Sonata model year 2020
```

첫 번째의 경우 model은 6개의 문자로 year은 4개의 숫자로 하여 인쇄한 것이고 두번째의 경우 model과 year에 사용할 값만 지정한 것이다.

> 참고: format 메소드를 사용하는 경우 변수 이름 개념으로 year, model에 따옴표 없이 사용하며 % 서식은 딕셔너리로 키(key)값이 문자열로 "year", "model"과 같이 따옴표를 사용하여 한다.

```
mydict = {"year":2020, "model":"Sonata"}
print("My car is Hyundai %(model)6s model year
                         %(year)4d." %mydict)
```

로 사용가능하며(실제 코드 줄바꿈 없음) mydict는 딕셔너리임에 유의하자. 위 명령의 결과는 다음과 같다.

```
My car is Hyundai Sonata model year 2020.
```

참고: 숫자의 경우 천단위마다 콤마를 사용하려면(12345.6 대신 12,345.6) f'{var:,}'를 사용한다.

```
>>> var = 12345.
>>> print("출력:", f'{var:,}')
출력: 12,345.0
```

5.2. 문자열 처리와 정규식

5.2.1 문자열 함수

파이썬에서는 문자열은 리스트로 저장되므로 문자열에 포함된 각각의 문자는 배열의 인덱싱으로 얻을 수 있으며 분리는 리스트의 언패킹(unpacking) 방법 등으로 할 수 있다. 문자열이 리스트로 저장되므로 문자열에 포함된 문자열의 개수는 리스트의 길이를 확인하는 함수 len을 사용하면 된다.

보기 5.3 charop1.py 다음의 보기를 살펴보자.

```
>>> a = "abc"
>>> print(len(a))
3
```

으로 문자 세 개의 값을 갖는 a는 길이가 3인 리스트이며 각각의 알파벳이 리스트의 원소임을 알 수 있고[1] 따라서

```
>>> print(a[1])
b
```

와 같이 두 번째 값에 따로 접근할 수도 있다. Unpacking 방법을 사용하여

```
>>> x,y,z = a
```

로 각각의 문자를 다른 변수에 저장할 수 있으며

[1]하지만 변수 a는 type 함수로 형식을 확인하면 <class 'str'>로 str이다. 즉, 형식자체가 리스트인 것이 아니고 str 클래스에서 각각의 문자를 다시 리스트 형식으로 저장하고 있음을 알 수 있다.

```
>>> print(x)
```

의 결과는

```
a
```

로 얻게 된다. 문자열이 개별 문자를 원소로 하는 리스트이므로 리스트에서 사용하는 + 와 * 연산자를 사용하여 문자열 합치기와 반복하기를 할 수 있다. 즉, + 연산자 합하기 (paste)에 * 연산자는 반복하기에 사용한다. 예를 들어

```
aa = a +"ABC"
print(aa)
```

로 문자열을 합하고,

```
aaa = a * 3
print(aaa)
```

로 문자열을 반복할 수 있음을 알 수 있다. 문자열이 개별 문자를 원소로 하는 리스트이므로 반복문을 상용하여 개별 문자에 접근할 수 있다.

```
astr='문자열입니다.'
rstr = []
for char in astr:
    rstr = [char] + rstr
```

의 결과로 rstr은 ['.', '다', '니', '입', '열', '자', '문']가 된다. 참고로 문자열 역순으로 하는 '파이썬스러운' 방법은

```
print(list(reversed(astr)))
print(astr[::-1])
```

이며 reversed는 파이썬 내장 함수로 객체의 순서를 뒤집는 함수이다. 위의 for 문을 사용한 예는 개별 원소에 대한 접근의 보기임에 유의하자. ■

문자열을 특정한 문자를 기준으로 분리하기 위해서는 split 메소드를 사용할 수 있다. 이 메소드는

```
string.split(sep, max)
```

로 사용하며 sep는 분리기준인 문자를, max는 분리할 최대 횟수를 설정한다. sep가 생략되면 빈 칸이 max가 생략되거나 -1이면 모든 sep에서 분리한다. (charop1.py 계속)

```
>>> bb = 'A test string'
>>> blist0 = bb.split()
>>> blist1 = bb.split('i')
>>> print(blist0, blist1)
```

의 결과는

함수	설명
len(str)	str의 길이 반환
upper()	대문자로 변환
lower()	소문자로 변환
title()	각 단어의 첫글자는 대문자로
capitalize()	첫문자만 대문자로
strip()	시작과 끝부분의 빈 칸 삭제
lstrip()	시작부분의 빈 칸 삭제
rstrip()	끝부분의 빈 칸 삭제
islower()	소문자인지 여부
isupper()	대문자인지 여부
split(sep)	sep 기준으로 문자열을 분리하여 리스트로 만들기. sep가 없으면 빈 칸 기준 분리.
isdigit()	숫자인지 판정
count(str)	str이 몇 번 있는지 세기
find(str)	str이 왼쪽에서 몇 번째 문자인지 확인
rfind(str)	str이 오른쪽에서 몇 번째 문자인지 확인
startswith(str)	str로 문자열이 시작하는지 확인
endswith(str)	str로 문자열이 끝나는지 확인

표 5.1: 파이썬 문자열함수

```
['A', 'test', 'string'] ['A test str', 'ng']
```

로 blist0는 빈 칸 기준으로 분리하여 세 개의 원소를 갖는 리스트가 얻어지고, 두 번째는 문자 'i를 기준으로 분리하여 두 개의 원소를 갖는다.

파이썬에서 문자열 찾기는 count, find 또는 rfind 함수를 사용하고 문자열 교체는 replace 함수를 사용한다. 이들 함수에 대한 요약은 표 5.1에 정리하였다.

```
string.count(str) 또는 string.find(str) 또는 rfind(str)
string.replace(old, new, count)
```

로 사용하며 count 함수는 str이 몇 번 있는지 횟수를 반환하며, find 함수는 str 왼쪽부터 몇 번째에, rfind는 오른쪽에서 몇 번째인지 반환한다. replace 함수는 old를 new로 교체하며 count는 교체할 횟수를 설정한다. count가 설정되지 않은 모든 old를 new로 교체한다. (charop1.py 계속)

```
>>> mystr = 'abcdeabcab'
>>> n0 = mystr.count('ab')
```

```
>>> n1 = mystr.find('ab')
>>> n2 = mystr.rfind('ab')
>>> newstr = mystr.replace('ab', 'AB')
>>> print(n0, n1, n2, newstr)
```

의 결과는

```
3 0 8 ABcdeABcAB
```

로 얻는다. 문자열 mystr에서 ab라는 문자열은 3회 나오고, ab가 처음 나온 위치는 0번째 인덱스이며, 마지막(오른쪽에서 세면)으로 나오는 인덱스는 8(9번째)이다. ab를 AB로 모두 교체한 결과 ABcdeABcAB가 얻어진다.

eval과 exec 함수

문자열 객체의 메소드는 아니지만 알아두면 편리한 파이썬의 내장함수 eval과 exec에 대해서 알아보자. eval 함수는 문자열로 표시된 수식을 매개변수로 받아서 받은 문자열을 계산하는 함수이다. (charop1.py 계속)

```
>>> aa = -10.5
>>> xx = 5.4
>>> print(eval('xx+2*aa'))
-15.6
>>> print(eval('xx > 1'))
True
```

exec 함수는 eval 함수와 사용법은 동일하나 문자열로 표현된 파이썬 명령이 수식이 아닌 명령(statement)이라는 차이가 있다.

```
>>> mystr = 'xx = xx + 2*aa'
>>> exec(mystr)
>>> print(xx)
-15.6
```

5.2.2 정규식

문자열을 찾거나 교체할 때 특정한 문자열이 아니라 숫자인지 문자인지 판별하거나 첫 문자가 0으로 시작하는 전화번호인지 등의 문자열 비교가 필요한 경우가 있다. 이러한 비교를 편하게 하기 위해 정규식(regular expression)을 사용한다. 파이썬에서 정규식에 관련한 작업을 하기 위해서는 re 모듈을 많이 사용한다.

\(백슬래시) 특수문자를 의미한다. 예를 들어 아래의 [나]는 특수문자인데 [자체를 찾고자 할 때는 \\[를 사용하여야 한다. \는 \\를 사용하여야 하며 아래에서 사용한 [,], -, +, ., * 등은 모두 \\를 붙여야 한다. regexp1.py

```
import re
mystr = re.sub('\\[', 'A',  '[12.5+13-1*5$')
```

```
print(mystr)
mystr = re.sub('\\+', 'A',  '[12.5+13-1*5$')
print(mystr)
mystr = re.sub('\\$', 'A',  '[12.5+13-1*5$')
print(mystr)
```

의 결과는 순서대로

```
A12.5+13-1*5$
[12.5A13-1*5$
[12.5+13-1*5A
```

으로 각각 [, +, $를 문자 A로 바꾸었다.

> 참고: 실제 정규식에서 특수문자는 \ 하나를 사용하는 것이 규정되어 있으나 \ 자체가 특수문자를 의미하여 \를 표시하기 위해 \\로 두 번 사용하기 때문에 \[는 \\[등으로 표시한다.

re.sub 메소드는

```
re.sub(정규식, new, text, count)
```

로 사용할 수 있으며, text의 정규식에 해당하는 문자열을 new로 교체한다. count에는 교체할 횟수를 설정할 수 있으며, count가 생략되면 해당하는 모든 문자열을 교체한다.

[] 집합(set)을 의미하며 [와] 사이에 들어간 중의 하나. [aA] 는 소문자 a 또는 대문자 A 중의 하나임을 의미한다.

- 순서가 있는 경우 특정한 시작부터 마지막 위치까지. a-z는 소문자 a부터 z까지의 모든 로마자를 의미하고 0-9는 0부터 9까지의 정수를 의미한다. 파이썬에서 정규식을 이용한 문자열 교체는 re 패키지의 sub 함수를 사용하여야 하므로 다음과 같이 위의 결과를 다음과 사용할 수 있다. (regexp1.py 계속)

```
mystr = re.sub('[a-z]', '-',  'bcde0123ABC')
print(mystr)
```

의 결과는

```
----0123ABC
```

으로 a부터 z사이의 모든 알파벳은 -로 교체한 결과를 얻는다.

정규식으로 특정 문자열을 찾으려면 re 모듈의 search 메소드를

```
re.search(pattern, string)
```

로 사용하며 string에 있는 pattern을 찾고 pattern이 있으면 True를 없으면 Fasle를 반환한다.

```
>>> l_case = re.search('[a-z]', 'bcde0123ABC')
>>> if l_case: print('a-z exists')
>>> else: print('No a-z')
```

는 주어진 문자열 'bcde0123ABC'에서 소문자 a부터 z까지 하나라도 있으면 True를 아니면 False를 반환하여 이 프로그램의 결과는

```
a-z exists
```

가 출력된다. 만일 l_case를

```
>>> l_case = re.search('[k-z]', 'bcde0123ABC')
```

로 바꾸고 if-else 문을 적용하면 k부터 z사이의 문자는 없으므로

```
No k-z
```

가 출력될 것이다.

? 물음표는 ? 앞자리에 0개 또는 한 개의 앞의 문자를 의미한다. 즉 o?는 ''없음' 또는 o를 의미한다. 예를 들어 colou?r 는 u자리에 아무것도 없거나 u가 한 개 있는 "color" 및 "colour"와 일치한다.

* 별표는 0개 또는 그 이상의 직전 문자를 의미한다. 예를 들어 ab*c 는 "ac", "abc", "abbc", "abbbc" 등과 모두 일치한다.

+ 플러스 부호는 1개 또는 그 이상의 직전 문자를 의미한다. 예를 들어 ab+c 는 "abc", "abbc", "abbbc" 등과는 일치하나 "ac"와는 일치하지 않는다.

{} 중괄호는 반복을 의미한다.

{n} 중괄호 안의 한 개의 숫자는 주어진 숫자만큼의 반복이다. a{4} 는 aaaa를 의미한다.

{min,max} 콤마를 사용한 것은 최소 min번부터 최대 max 번까지 반복이다.

{min,} max를 생략하고 사용하면 min 이상번 반복이다.

```
mystr = [ re.sub('colou?r', 'COLOR', word) for word in
        ['color', 'coloor', 'colooor', 'colour', 'colouur'] ]
mystr = [ re.sub('colou*r', 'COLOR', word) for word in
        ['color', 'coloor', 'colooor', 'colour', 'colouur'] ]
mystr = [ re.sub('colo+r', 'COLOR', word) for word in
        ['color', 'coloor', 'colooor', 'colour', 'colouur'] ]
mystr = [ re.sub('colo{3}r', 'COLOR', word) for word in
        ['color', 'coloor', 'colooor', 'colour', 'colouur'] ]
mystr = [ re.sub('colo{1,3}r', 'COLOR', word) for word in
        ['color', 'coloor', 'colooor', 'colour', 'colouur'] ]
mystr = [ re.sub('colo{2,}r', 'COLOR', word) for word in
        ['color', 'coloor', 'colooor', 'colour', 'colouur'] ]
```

의 print(mystr)의 결과는 순서대로 각각

```
['COLOR', 'coloor', 'colooor', 'COLOR', 'colouur']
['COLOR', 'coloor', 'colooor', 'COLOR', 'COLOR']
['COLOR', 'COLOR', 'COLOR', 'colour', 'colouur']
['color', 'coloor', 'COLOR', 'colour', 'colouur']
['COLOR', 'COLOR', 'COLOR', 'colour', 'colouur']
['color', 'COLOR', 'COLOR', 'colour', 'colouur']
```

이 된다.

. (마침표) 는 한 개의 임의의 문자를 의미한다. 이를 와일드 카드(wild card)라고 한다. 예를 들어 a.b는 a 다음에 1개의 문자, 그리고 b로 이루어진 "abc", "a0c"는 일치이고 "abbb"는 일치하지 않는다. a로 시작하고 b로 끝나는 임의의 길이의 문자열은 a.*b로 표시할 수 있다.

```
mystr = [ re.sub('a.b', 'A.B', word) for word in
        ['ab', 'abb', 'abbb', 'axb', 'axxxxb'] ]
mystr = [ re.sub('a.*b', 'A.B', word) for word in
        ['ab', 'abb', 'abbb', 'axb', 'axxxxb'] ]
```

의 print(mystr)의 결과는 순서대로

```
['ab', 'A.B', 'A.Bb', 'A.B', 'axxxxb']
['A.B', 'A.B', 'A.B', 'A.B', 'A.B']
```

이 된다.

| 중의 하나(논리적 또는)를 의미한다. grey|gray는 grey 나 gray 둘 중 하나를 의미한다.

() 특정한 정규식의 범위를 의미한다. gr(a|e)y는 gray 또는 grey를 의미한다. 파이썬의 re.sub는 한 개씩만 교체하므로 리스트를 교체하려면 for 등의 반복문을 사용하여야 한다. (regexp1.py 계속)

```
>>> mystr =  [re.sub('grey|gray', 'GRAY',  word) for word in
          ['grey', 'gray', 'groy', 'greay', 'greey']]
>>> mystr=[re.sub('gr(a|e)y', 'GRAY', word) for word in
          ['grey', 'gray', 'groy', 'greay', 'greey']]
```

의 print(mystr)의 결과는 다음과 같다.

```
['GRAY', 'GRAY', 'groy', 'greay', 'greey']
['GRAY', 'GRAY', 'groy', 'greay', 'greey']
```

^ : 문자열의 시작 또는 부정(not)을 의미한다. 예를 들어 "^a"는 문자열의 처음에 있는 a를 의미하며 [^0-9]는 0에서 9사이의 숫자가 아닌 다른 모든 문자를 의미한다.

$ 문자열의 끝(마지막 문자)을 의미한다. 예를 들어 "b$"는 b로 끝나는 문자열을 의미하며 "^$"는 빈(empty) 문자열을 의미한다.

```
mystr = [re.sub('^1', '-', word) for word in
             ['12.5', 'ab', 'abc', '']]
mystr = [re.sub('[^0-9]', '-', word) for word in
             ['12.5', 'ab', 'abc', '']]
mystr = [re.sub('^$', '-', word) for word in
             ['12.5', 'ab', 'abc', '']]
```

의 print(mystr)의 결과는

```
['-2.5', 'ab', 'abc', '']
['12-5', '--', '---', '']
['12.5', 'ab', 'abc', '-']
```

\s, \S, \d 각각 하나의 빈칸(줄바꾸기, 탭 포함), 빈 칸이 아닌 하나의 문자 및 숫자 한 개를 의미한다.

```
mystr='T␣est␣␣spaces␣␣␣␣and␣numbers␣␣␣1␣␣␣22␣333'
```

에 대해서(여기서 ␣는 빈 칸을 시각화한 것이다)

```
print(re.sub('\s+', ' ', mystr))
print(re.sub('\d', 'x', mystr))
print(re.sub('\S+', 'char', mystr))
```

를 실행해 보면 결과는 순서대로

```
T est spaces and numbers 1 22 333
T est  spaces    and numbers   x   xx xxx
char char  char    char char   char   char char
```

를 얻으며 첫 번째는 하나 이상의(+) 빈 칸을 한 개의 빈 칸으로 두 번째는 한 개의 숫자를 x로, 세 번째는 한 개 이상의 빈 칸 아닌 문자를 char로 바꾼 것이다. \s+는 텍스트 파일의 자룟값 구분에서 한 개이상의 빈 칸을 사용하였을 때 구분자로 지정하는 경우가 가끔 있으므로 기억해두는 것이 좋다. 또한 표 2.5의 \t, \f, \n, \r도 이 표의 설명과 동일한 의미로 정규식에서 사용할 수 있다.

5.3. 파일 핸들과 텍스트 파일 입출력

파이썬에서 파일을 열기 위해서는 open 함수를

```
open(file, mode, encoding)
```

로 사용하며 각 매개변수는 다음과 같이 설정한다.

`file` : 파일의 이름이나 URI(인터넷에서 바로 읽을 경우 등)을 설정한다. Windows 사용자들은 경로구분이 \이므로 경로구분에 \를 \\로 두 번 사용하거나 경로구분에 유닉스 스타일로 /를 사용한다.

`mode` : 파일을 열어서 할 작업을 설정한다.

- `"r"`: (read)읽기모드(기본값). 파일이 없으면 에러.
- `"a"`: (append) 기존 파일에 내용을 추가. `file`이 없으면 새 파일 만들어 입력
- `"w"`: (write) 쓰기 모드. `file`이 없으면 새 파일 만들어 입력
- `"x"`: (create) 새 파일을 만든다. 만일 `file`이 이미 존재하면 에러.

`encoding` 한글이 포함된(정확하게는 영어가 아닌 다른 문자가 포함된) 파일을 읽을 경우 인코딩이 문제가 된다. 기본값은 운영체계의 기본값을 사용하는데 윈도우의 경우 `CP949`라는[2] 이전 표준을 사용하고 있으나 요즘은 `UTF-8`(대개 대소문자 구별없이 `utf-8`도 인식됨)을 사용한다. 따라서 최근의 파일(대개 `UTF-8`을 윈도우에서 읽을 경우 인코딩을 변경해주어야 하는 경우가 많다.

`open` 함수로 연 파일은 대개 프로그램이 종료되면 자동으로 닫히지만 프로그램 내에서 닫아주는 것이 원칙이다. 파일을 닫는 것은 파일 핸들의 `close` 메소드를 사용한다. 예를 들어

```
f = open("D:/codes/BTS_Dynamite_lyrics.txt", "r")
```

으로 파일을 열고 이 파일 핸들(file handle)의 이름이 `f`로 하였다. 이 파일에 관련된 작업이 끝났으면

```
f.close()
```

로 파일 핸들 `f`를 닫는다.

텍스트 파일을 열면 이 파일 핸들 클래스의 `readline`과 `readlines` 등의 메소드를 사용하여 파일의 내용을 읽을 수 있다. 이들 메소드의 차이는

`readline` 메소드는 한 줄씩 읽어 들이고(한 줄 읽고 대기하므로 다음 줄을 읽으려면 반복문 등이 사용된다. 보기 5.6 등 참고).

`readlines` 메소드는 전체를 한 번에 읽어 리스트로 반환 받으며 각 파일 내의 각각의 줄(line)이 반환받은 리스트의 한 원소(문자열)가 된다.

`read` 메소드는 전체를 한 번에 읽어 하나의 문자열로 반환받는다. 사용예는 보기 7.10에 있다.

[2] `ANSI`, `euc-kr` 등과 같은 방식의 인코딩으로 최신 표준이 아니나 이전에는 이 방식이 표준이었다.

전체를 한 번에 읽어야 할 필요가 없는 경우 메모리 등의 부하를 고려할 때 readline이 시스템에 부하를 덜 주나 프로그램은 조금 더 복잡해지는 경우가 많다.

보기 5.4 `readfile2.py` 대한민국헌법이 텍스트 파일 대한민국헌법.txt로 저장되어 있다. 이 파일을 읽어서 이 파일에 몇 줄이 들어가 있는지 판단해보자. 헌법은 인터넷으로 검색하면 법제처 등의 기관에서 내려 받을 수 있다.

```
f = open("D:/htex/Pythonbk/codesdata/대한민국헌법.txt", "r",
         encoding='utf-8')
lines = f.readlines()
f.close()
print('이 파일의 라인 수:', len(lines))
print(lines)
```

의 결과는

```
이 파일의 라인 수: 575
['대한민국헌법\n', '\n', '대한민국헌법\n',
                    ⋮
'국가법령정보센터\n', '\n', '\x0c']
```

이다. 여기서 open 함수에서 encoding을 utf-8으로 설정해주었음에 유의한다. ■

5.3.1 텍스트 파일처리와 텍스트 마이닝

텍스트 마이닝은 텍스트 자료에서 특정 단어의 빈도나 단어 사이의 연관 등을 분석하는 분야이다. 텍스트 마이닝을 하기 위한 기초로 텍스트 파일에서 특정 단어의 빈도수를 찾아보자. 참고로 영문 등 로마자나 그리스 문자 기반의 언어에서 특정 단어를 찾을 때는 대소문자 구별하는 문제가 있고 이를 위해 lower나 upper 메소드를 문자열에 적용해야 하는 경우가 많다.

보기 5.5 `wordcount11.py` 보기 5.4의 대한민국 헌법의 내용을 읽어서 이 파일 안에 '대통령'이란 문자열이 몇 번 나오는지 세어 보자. 다음의 프로그램은 파일의 내용을 한 번에 다 읽어오는 경우로 readlines 메소드를 사용하였다.

```
f = open("D:/htex/pythonbk/codesdata/대한민국헌법.txt", "r",
         encoding='utf-8')
texts = f.readlines()
f.close()

allwords = ""

for line in texts:
    allwords = allwords + line.strip()

counter = allwords.count("대통령")
print (counter)
```

D:/htex/pythonbk/codesdata/대한민국헌법.txt를 읽기 모드로 열어서 f.readlines()로 파일의 전체 내용을 texts에 저장한 후 f.close()로 파일 접속을 끊는다. 다음 단계는 allwords에 모든 줄(line)을 합해서 하나로 만들고 allwords 내의 모든 문자열에서 '대통령'이 몇 번 나오는지 확인하였다. 출력은

```
87
```

로 87번 있다. ■

앞의 프로그램은 파일 전체를 읽어서 texts에 한 번, allwords에 또 한 번 저장하므로 파일이 큰 경우 메모리 등에서 부담이 될 수 있다.

보기 5.6 `wordcount12.py` 이를 고려하여 다음과 같이 바꾸어 보자. 여기서는 한 줄씩 파일의 내용을 읽어서 해당 줄에 단어 '대통령'이 몇 번 있는지 확인하고 이를 모두 합하는 방식이다. 한 줄 씩 읽기 위해서는 반복문이 필요하며 이를 위해 for 구문을 사용하였다.

```
f = open("D:/htex/pythonbk/codesdata/대한민국헌법.txt", "r",
         encoding='utf-8')
counter = 0
for line in f:
    lcounter = line.count("대통령")
    if lcounter > 0: print(line)
    counter = counter + lcounter
f.close()
print (counter)
```

이번은 각 줄을 읽은 후 모두 소문자로 바꾼 후 각 줄에 "dynamite"가 나온 회수를 센 다음 이를 모두 합하였다. 따라서 프로그램 내부에서 파일 전체를 저장하지 않는다. 이 프로그램의 출력 결과는 다음과 같다.

```
제47조 ①국회의 ... 국회의 임시회는 대통령 또는 국회재적의원
③ 대통령이 임시회의 집회를 요구할 때에는 기간과 집회요구의...
제53조 ①국회에서 의결된 법률안은 정부에 이송되어 15일 이내에 대통령이...
                        ⋮
제2조 ①이 헌법에 의한 최초의 대통령선거는 이 헌법시행일...
②이 헌법에 의한 최초의 대통령의 임기는 이 헌법시행일로부터...
87
```

로 '대통령'이 들어간 줄을 인쇄하고 이 단어가 들어간 횟수를 87을 얻었다. 밑줄은 출력에 포함된 것이 아니고 해당 단어를 보기 쉽도록 추가한 것이다. ■

위의 코드에서 가사의 해당 라인을 출력하지 않을 것이면 for 문을 한 줄로 줄일 수 있다. 텍스트 파일을 읽어 워드 클라우드로 시각화하는 것은 7.10절을 참고하기로 한다.

5.3.2 텍스트를 파일로 쓰기

파일에서 읽을 수 있다면 쓰기도 가능할 것이며 이 경우 open 함수 등으로 연 파일 핸들에서 writelines나 write 메소드를 사용하면 된다. 이 두 메소드의 차이는 출력을 파일에 쓴 다음 줄을 바꾸는지(writelines) 바꾸지 않는지에(write) 있다. 즉 writelines는 줄바꾸기(\n)이 자동으로 포함되고 write는 줄바꾸기가 포함되지 않는다.

보기 5.7 `wordcount13.py` 보기 5.6에서의 출력을 텍스트 파일로 저장해보자.

```
fr = open("D:/htex/pythonbk/codesdata/대한민국헌법.txt", "r",
          encoding='utf-8')
fw = open("D:/htex/pythonbk/codesdata/대한민국헌법.lis", "w")
counter = 0
fw.write("\'대통령\'이 포함된 줄\n\n")
for line in fr:
    lcounter = line.count("대통령")
    if lcounter > 0:
        print(line)
        fw.writelines(line)
    counter = counter + lcounter
fr.close(); fw.close()
print (counter)
```

출력으로 표준출력에 추가하여 파일 대한민국헌법.lis이 만들어지며, 이 파일의 내용은

```
'대통령'이 포함된 줄

제47조 ①국회의 정기회는 법률이 정하는 바에 의하여 매년 1회 집회되며,...
③대통령이 임시회의 집회를 요구할 때에는 기간과 집회요구의 이유를...
제53조 ①국회에서 의결된 법률안은 정부에 이송되어 15일 이내에 대통령이...
          ⋮
```

이 된다. ■

5.3.3 인터넷 파일 읽기

인터넷에 있는 파일을 파이썬으로 바로 읽어서 텍스트로 가져올 수 있다. 이를 위해서는 urllib.request의 urlopen을 사용할 수 있다. 이 메소드는

```
urlopen(url [, data [, timeout]])
```

로 사용하며 url에는 열고자 하는 인터넷 주소를, data에는 POST 방식으로 전송 시에 서버로 전달할 데이터를 timeout에는 타임아웃 시간을 설정한다. urlopen에서 사용할 수 있는 몇 가지 메소드는

read([nbytes]) : nbyte의 데이터를 바이트 문자열로 읽는다. nbytes가 생략되면 해당 링크의 전부를 읽는다.

`readline()`, `read()` : 각각 링크의 텍스트를 한 줄 및 전부를 읽는다.

`info()` : URL에 연관된 메타 정보를 담은 매핑 객체를 반환받는다.

`getcode()` : HTTP 응답 코드를 정수로 반환받는다. 이 값은 200이면 성공(Success)으로 서버에 요청한 페이지가 성공적으로 처리되었음을 의미하고 403은 금지 내지 거부(Forbidden), 404는 찾을 수 없음(Not Found), 500은 내부 서버 오류(Internal Server Error) 등을 의미한다.

`close()` 연결을 닫는다.

등이 있다.

보기 5.8 `fileio2.py` 인터넷 주소에서 파일을 읽어서 읽은 내용을 로컬 컴퓨터에 저장해보자.

```
from urllib.request import urlopen

link = "http://jupiter.hallym.ac.kr/ftpdata/data/crime.html"

urif = urlopen(link)
myfile = urif.read()
urif.close()
myfile = myfile.decode('euc-kr') # 또는 ansi

fw = open('d:/htex/Pythonbk/codesdata/crime.html', 'w')
fw.write(myfile)
fw.close()

print(urif.info())
print(urif.getcode())
```

이 프로그램은 `link`에 준 주소에 접속하여 내용을 읽어서 로컬 파일로 저장하였다. 이 로컬 파일을 브라우저로 읽어보면 그림 5.1과 같다(주소창을 보면 로컬 파일임을 알 수 있다). `info`에서는 접속한 서버의 버전, 컨텐트의 종류(이 경우 `text/html`임) 등을 얻으며 `getcode`의 결과는 200이다. ■

5.4. 데이터 프레임의 텍스트 파일 입출력

자료의 공유를 위해서 자료를 저장하거나 다른 곳에서 얻은 자료가 텍스트 파일인 경우 이를 처리하여야 하는데 파이썬에서 자료가 텍스트로 저장된 파일을 읽거나 쓰는 방법에 대해서 알아보자.

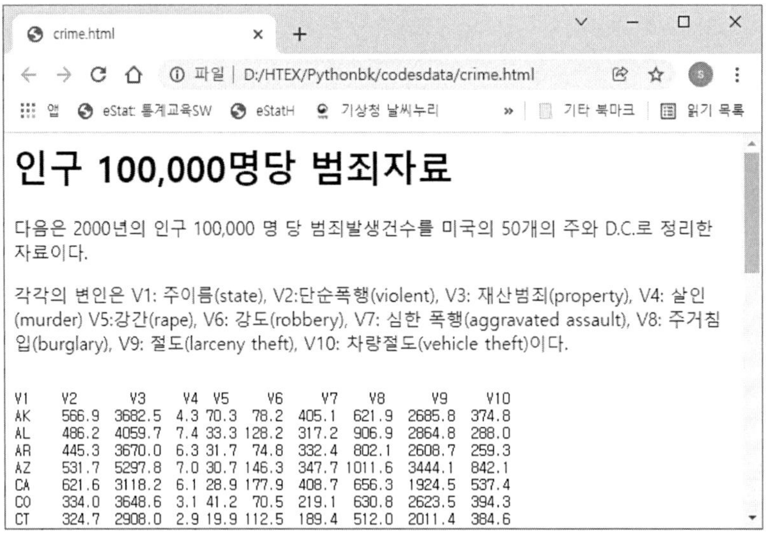

그림 5.1: urlopen의 얻은 결과 저장하기

5.4.1 텍스트 파일 읽기

파이썬에서 텍스트 파일을 읽기 위해서는 pandas 패키지의 read_csv 함수를 사용할 수 있다. 이 함수는 CSV 파일을 읽어서 pandas의 데이터 프레임 형식으로 저장한다. 메소드 이름에 CSV가 들어가 있어서 CSV만 읽는 것으로 보일 수 있으나 이 메소드는 다른 형태의 텍스트 파일을 읽을 수 있다.

```
pandas.read_csv(filepath_or_buffer, sep=',', header='infer',
   names=None, index_col=None, usecols=None, skipinitialspace=False,
   skiprows=None, nrows=None, skip_blank_lines=True,  encoding=None)
```

여기서

`filepath_or_buffer` : 읽을 파일의 이름을 설정한다.

`sep` : 각 자료의 구분에 사용한 문자를 설정한다. 한 개 이상의 빈 칸으로 구분된 경우 구분자의 값으로 `'\s+'`를 사용한다.

`header` : 각 변수의 이름이 설정되어 있는 경우 변수의 이름이 저장된 행의 번호. 대개 첫 행에 변수의 이름이 있으므로(있는 경우) 0을 설정한다.

`nrows` : 읽어 들일 행의 개수 `None`은 모두 읽는다.

`skiprows` : 읽지 않을(건너 뛸) 행의 개수(`int`) 또는 읽지 않을 행의 번호(0부터 시작)

`usecols` : 기본값은 없으며 파일에서 읽어 들일 열의 이름이나 열의 번호(0부터)를 설정한다. 읽을 열의 이름이나 번호에 설정한 값의 순서는 무시되며, 원래 파일의

순서대로 출력된다.
pd.read_csv(data, usecols=['foo', 'bar']) 와
pd.read_csv(data, usecols=['bar', 'foo'])
의 결과는 동일하다. 특정한 순서대로 열을 출력하려면
pd.read_csv(data, usecols=['bar', 'foo'])[['foo', 'bar']]
로 순서를 설정하여야 한다.

encoding : 파일의 인코딩에 사용한 인코딩 방법을 설정한다. 기본값은 'utf-8'이나 윈도우 사용자들의 경우 윈도우의 기본 인코딩인 'cp949' 또는 'euc-kr'을 설정해야 한다. 읽을 파일에 한글이 들어간 경우 이 인코딩의 설정이 다르면 제대로 읽지 못하는 경우가 있으니 주의해야 한다.

index_col : 행검색에서 키(key)가 될 열을 설정한다. 기본값은 None으로 키가 설정되지 않는다. 이 키(key)값은 데이터베이스의 키(key)와 비슷한 역할을 하여 키 값으로 자료를 검색할 수 있다. 이때는 데이터 프레임의 loc 메소드를 사용한다.

보기 5.9 `fileio0.py` 다음의 예에서 사용한 score.txt는 utf-8으로 인코딩된 파일이며, score.csv는 euc-kr로 인코딩된 파일이다. 이 두 파일의 내용은 동일하나 score.txt는 구분자(delimiter)로 빈 칸이 사용되었다.

```
import pandas as pd

df1 = pd.read_csv('d:/hwp/books/PR4DS/source/score.txt', header=0,
                  sep=' ', encoding='utf-8')
df2 = pd.read_csv('d:/hwp/books/PR4DS/source/score.csv', header=0,
                  encoding='cp949')
df3 = pd.read_csv('d:/hwp/books/PR4DS/source/score.csv', header=0,
                  encoding='euc-kr')
```

로 텍스트 파일을 인코딩을 설정하여 읽을 수 있다. 읽은 결과는

```
>>> print(df1.head(3))
  name  korean english math ns  ss
0     강대성  67    87    60    85   80
1     한준호  63    73    82    73   85
2     김종욱  74    53    76    72   58

>>> print(df2.head(3))
   id   name  korean   english  math ns  ss
0   1  강대성      67       87    60  85  80
1   2  한준호      63       73    82  73  85
2   3  김종욱      74       53    76  72  58

>>> print(df3.tail(3))
    id   name  korean   english  math ns  ss
47  48  최수진      76       86    79  73  77
```

```
48  49  정지영     71     70    40  91  85
49  50  강민호     56     86    58  70  83
```

로 모두 제대로 읽어 데이터 프레임으로 저장되었음을 알 수 있다. pandas의 DataFrame 클래스의 메소드에서 head와 tail은 위에서 보는 것처럼 각각 데이터 프레임의 앞부분 또는 뒷부분의 정해진 행의 수만큼 출력한다. 데이터 프레임의 경우 데이터 타입이 DataFrame이다.

```
>>> print(type(df1))
<class 'pandas.core.frame.DataFrame'>
# 다음은 인코딩이 맞지 않아 에러가 발생하는 경우
# df1 = pd.read_csv('d:/hwp/books/PR4DS/source/score.txt', header=0,
#                   encoding='cp949')
# df3 = pd.read_csv('d:/hwp/books/PR4DS/source/score.csv', header=0,
#                   encoding='utf-8')
```

매개변수 skiprows를 설정하여 첫 번째 행을 생략하고 읽으려면 다음과 같이 할 수 있다.

```
>>> df4 = pd.read_csv('d:/hwp/books/PR4DS/source/score.csv',
                      skiprows=1, encoding='euc-kr')
```

이 경우 아래 결과에서 보는 것처럼 첫 번째 자료의 값이 열이름이 된다.

```
>>> print(df4)
     1  강대성  67  87  60   85   80
0    2  한준호  63  73  82   73   85
1    3  김종욱  74  53  76   72   58
```

데이터가 저장된 파일에서 일부 열만 읽어 오려면 usecols를 설정할 수 있다. 아래의 경우 데이터에서 english, name, korean, math 만 읽고 ns, ss는 데이터 프레임에 읽어 들이지 않는다.

```
>>> df5 = pd.read_csv('d:/hwp/books/PR4DS/source/score.csv',
                      header=0, encoding='euc-kr',
                      usecols=['english', 'name', 'korean', 'math'])
```

읽은 df5는 아래와 같다.

```
>>> print(df5.head(3))
    name  korean   english  math
0  강대성      67        87    60
1  한준호      63        73    82
2  김종욱      74        53    76
```

결과로 얻어진 열의 순서는 usecols에 설정된 순서와 같지 않으며 데이터 파일에서의 열의 순서임을 알 수 있다. 열의 순서를 바꾸려면 데이터 프레임의 열순서를 바꾸는 것과 같은 방법으로 열이름을 주면 된다. 즉,

```
>>> df6 = pd.read_csv('d:/hwp/books/PR4DS/source/score.csv', header=0,
                 encoding='euc-kr',
                 usecols=['english', 'name', 'korean', 'math'])
                 [['english', 'korean', 'math', 'name']]
```

는 열들 중에서 english, name, korean, math를 읽어 들이고, 출력으로 만들어지는 데이터 프레임에서 열의 순서는 english, korean, math, name로 하라는 명령이다.

```
>>> print(df6.head(3))
```

이 명령의 결과는 (줄바꿈 생략)

```
english korean  math name
0 87 67 60  강대성
1 73 63 82  한준호
2 53 74 76  김종욱
```

이다. ■

index_col을 설정할 경우 데이터베이스의 테이블의 키(key)와 같이 key의 값으로 행을 검색할 수 있다. (fileio0.py 계속)

```
>>> df7 = pd.read_csv('e:/hwp/books/PR4DS/source/score.txt', sep=" ",
            index_col='name')
```

는 앞의 df1을 읽은 것과 같은 방법으로 읽었으나 name을 키(key)로 지정하였으므로 DataFrame의 loc 메소드를 이용하여

```
>>> print(df7.loc['강대성'])
```

등과 같이 사용할 수 있다. 이 경우 키(key)변수인 name의 값이 강대성인 행을 인쇄하게 되어 출력은

```
korean 67 english 87 math 60 ns 85 ss 80
Name: 강대성, dtype: int64
```

을 얻게 된다.

읽을 파일이 인터넷에 있는 경우 이 파일을 인터넷에서 바로 읽을 수 있으며 이 때는 파일의 인터넷 주소를 설정하면 된다. 예를 들어

```
link = "http://jupiter.hallym.ac.kr/ftpdata/data/crime.html"
df8 = pd.read_csv(link, header=1, skiprows=6, skipfooter=1,
                  encoding='euc-kr', engine='python', sep='\s+')
print(df8.shape)
```

은 link에 준 인터넷 주소에서 파일을 바로 읽어 온다. 이 때 읽어온 내용은 데이터 프레임으로 저장되어 차원은 51×10임을 알 수 있다. 이 주소에 브라우저로 접속한 후 '소스보기'로 HTML 파일을 확인해보면 앞 부분에 데이터가 아닌 부분이 있으므로 이 부분을 건너뛰기 위해 skiprows를 사용하였다.

5.4.2 텍스트 파일 출력

파이썬에서 데이터 프레임을 텍스트 파일로 저장하기 위해서 사용할 수 있는 방법 중의 하나는 pandas 모듈의 DataFrame 클래스의 to_csv 메소드이다. 이 메소드는

```
DataFrame.to_csv(path_or_buf=None, sep=',', columns=None, mode='w',
    header=True, index=True, index_label=None, encoding=None)
```

이며 매개변수는

path_or_buf : 데이터프레임의 내용을 저장할 파일의 경로나 파일핸들을 설정한다.

sep : 값을 구분하기 위해 사용할 문자를 설정한다. 기본값은 ","이며 빈 칸 등 다른 문자를 설정할 수 있다. sep에 콤마가 아닌 문자도 설정할 수 있으므로 이 메소드는 기본적으로 데이터 프레임을 텍스트 파일로 저장하는 메소드이다.

columns : 데이터 프레임 중 일부 열만 저장하고자 할 때 저장할 데이터 열의 이름을 설정한다.

header : 데이터 프레임의 열 이름을 파일의 처음에 쓸 것인지 설정한다. 기본값은 True 이다. 만일 문자열 리스트가 설정되면 열이름을 사용한다.

index : 기본값은 True이며 행의 인덱스(0부터 시작하는 행번호)를 쓸 것인지 설정한다.

mode : 문자열을 설정하며 기본값은 "w"로 기존의 파일이 있을 경우 덮어쓰고 파일이 없는 경우 새 파일에 쓴다.

encoding : 저장할 파일의 인코딩을 설정한다. 기본값은 "utf-8"이다.

파일을 열었을 경우 작업이 끝나면 열린 파일핸들을 닫아주는 것이 안전하다. 파일 핸들은 파일 클래스의 close 메소드를 사용한다. 예를 들어 f가 위의 to_csv 메소드로 열린 파일이면

```
f.close()
```

로 파일 핸들을 닫는다. 다음의 보기는 딕셔너리를 사용하여 데이터 프레임을 만들고 이 데이터 프레임을 텍스트 파일로 저장하는 예이다.

보기 5.10 fileio1.py 자동차의 모델과 가격이 다음과 같이 파이썬의 딕셔너리로 있을 때 이를 데이터 프레임으로 저장하고 이 데이터 프레임의 내용을 텍스트 파일로 저장해보자.

```
>>> from pandas import DataFrame
>>> cars = {'make': ['Hyundai','Kia','Ford','Chevrolet'],
        'model': ['Sonata', 'K5', 'Taurus', 'Impala'],
        'price':  [3200,3100,3500,3700] }
```

로 세 개의 열 make, model, price를 가진 딕셔너리를 만들고 이를

```
>>> df = pd.DataFrame(cars)
```

로 데이터 프레임으로 만들었다. 이 데이터 프레임을 파일로 쓰기 위해

```
>>> write_txt = df.to_csv (r'E:\hwp\books\pr4ds\cars.txt',  sep = " ",
                          index = True, header=True)
```

로 사용할 수 있다. 이 때 파일이름의 앞부분의 r은 경로표시로 /가 아닌 \를 사용한다는 의미이며, sep에 빈 칸을 설정하였고 index, header에 True로 설정하여 cars.txt에 저장한다. 저장한 파일의 첫 부분은

```
  make    model  price
0 Hyundai Sonata 3200
1 Kia     K5     3100
```

으로 열이름, 행의 인덱스가 인쇄되고 값은 분리는 빈 칸으로 되어 있음을 알 수 있다. 파일이름을 직접 설정하지 않고 파일 핸들을 사용할 경우

```
>>> f=open("E:/hwp/books/pr4ds/cars.csv","w")
```

로 파일 핸들을 만들고 이 파일핸들을 파일경로로 하여 to_csv 함수를 호출할 수 있다.

```
>>> write_csv = df.to_csv (f,  sep = ",", index = None, header=True)
```

로 cars.csv에 결과가 저장되며, 이 경우 sep에 콤마가 사용되었으므로 사용 편리를 위해 파일 확장자는 csv로 하였다. 파일을 열고 작업이 끝나면 파일 핸들은

```
>>> f.close()
```

명령으로 닫아주어야 한다. ■

5.5. 엑셀 파일 입출력

파이썬에서 엑셀 파일을 읽어서 데이터 프레임으로 저장하는 것은 pandas 모듈의 메소드인 read_excel로 할 수 있다. 이 메소드는

```
pandas.read_excel(io, sheet_name=0, header=0, names=None,
                  index_col=None, usecols=None,)
```

로 사용하며 매개변수는

io : 읽을 엑셀 파일의 이름을 설정한다. 인터넷에서 바로 읽을 수 있으며 이 경우 URL을 설정한다.

sheet_name : 엑셀파일의 특정 시트를 설정하는 경우 시트 이름 또는 시트 번호를 설정한다. 기본값은 0으로 첫 번째 시트를 읽게 된다. 여러 개의 시트를 읽는 경우 [0, 1, "Sheet5"]와 같이 리스트로 시트번호나 이름을 설정하며, 모든 시트를 읽고자 할 때는 None을 설정한다.

header : 열의 이름에 사용할 행의 번호를 설정하며 기본값은 0으로 첫 번째 행의 값은 열이름으로 사용하게 된다. 만일 열이름이 없으면 None을 설정한다.

names : 읽은 자료에서 열이름을 설정하며 사용할 열의 이름을 배열 형태로 설정한다.

보기 5.11 `rwxlsx.py` 다음과 같은 엑셀 파일이

	A	B
1	170	M
2	175	M
3	182	M
4	168	F
5	162	F
6	158	F

왼쪽 시트를 읽어 오른쪽 데이터 프레임으로 변환

	height	gender
0	170	M
1	175	M
2	182	M
3	168	F
4	162	F
5	158	F

height.xlsx에 저장된 경우를 생각해 보자. 이 경우 자료만 시트에 있으며 열이름이 첫째 행에 주어져 있지 않다. 먼저

```
>>> import pandas as pd
```

로 pandas를 import하고 엑셀 파일에 열이름이 없으므로 header는 None, 사용할 열이름은 names에 설정하여

```
>>> data = pd.read_excel(r'D:\htex\Pythonbk\codesdata\height.xlsx',
                         header=None, names=['height','gender'])
```

로 읽으면 된다. 읽을 파일의 경로 첫 문자 r은 따옴표 안에서 사용된 문자 중 특수문자가 있을 경우 문자 그대로 해석하라는 의미이다. 따라서 윈도우용 경로 구분에 사용된 \가 \로 그대로 인식된다.

읽을 파일의 첫 줄의 자료가 열이름이 아니므로 header가 None으로 설정되어야 하고, 필요하면 names에 열의 이름을 설정할 수 있다.

```
>>> df1 = pd.DataFrame(data)
```

읽은 결과를 DataFrame으로 만들고 인쇄해보면

```
>>> print(df1)
```

위의 결과를 얻게 된다. 읽을 엑셀파일이 인터넷에 있는 파일인 경우

```
>>> data=pd.read_excel(
      'http://jupiter.hallym.ac.kr/ftpdata/data/bmi.xlsx',
      index_col=2)
>>> df2 = pd.DataFrame(data)
>>> print(df2)
```

로 URI을 파일이름 자리에 입력하여 인터넷을 통해 엑셀파일을 바로 읽어서 데이터 프레임으로 저장할 수 있다. ■

데이터 프레임을 엑셀파일로 쓰기 위해서는 pandas 모듈의 DataFrame 클래스의 to_excel 메소드를 사용할 수 있다. 이 메소드는

```
DataFrame.to_excel(file, sheet_name='Sheet1', columns=None,
      header=True, index=True, startrow=0, startcol=0)
```

로 사용하며 매개변수는

`file` 데이터 프레임을 저장할 엑셀파일의 이름을 설정한다.

`sheet_name` 저장할 시트의 이름을 설정한다. 기본값은 'Sheet1'이다.

`columns` 저장할 열의 이름을 설정한다. 기본값 None은 모든 열을 저장한다.

`header` : 열이름을 엑셀파일에도 저장할지 설정함. 기본값은 True로 쓰여진 엑 셀 파일의 첫째행은 열이름이 된다.

`index` : 행이름을 엑셀파일에 저장할지 설정함. 기본값은 True이다.

`startrow, startcol` : 엑셀의 시트에서 쓰기 시작할 행과 열의 인덱스로 기본값은 모두 0이므로 왼쪽 위의 첫 셀부터 쓰기 시작한다.

보기 5.12 (`rwxlsx.py` 계속) 보기 5.10에서 사용한 자료

```
cars = {'make': ['Hyundai','Kia','Ford','Chevrolet'],
        'model': ['Sonata', 'K5', 'Taurus', 'Impala'],
        'price':  [3200,3100,3500,3700] }
```

로 데이터 프레임을 만들고

```
df3 = pd.DataFrame(cars)
```

이 데이터 프레임을 엑셀로 저장하기 위해

```
export_excel = df3.to_excel(r'D:\htex\Pythonbk\codesdata\cars.xlsx',
                            index = None, header=True)
```

로 명령하면 엑셀파일 cars.xlsx에 데이터 프레임의 내용이 저장된다. 만들어진 엑셀파일 cars.xlsx는 그림 5.2와 같다. ■

5.6. 데이터베이스 접근

요즘은 많은 자료 데이터 베이스화 되어 DB 서버에 저장되는 경우가 많다. 이 경우 자료의 분석을 위해서는 이 데이터 베이스의 자료를 읽어 와야 하는데 이 방법에 대해서

그림 5.2: 엑셀로 데이터 프레임 저장하기

	A	B	C
1	make	model	price
2	Hyundai	Sonata	3200
3	Kia	K5	3100
4	Ford	Taurus	3500
5	Chevrolet	Impala	3700
6			

알아보기로 한다. 이를 위해서는 데이터 베이스에서 사용하는 언어인 SQL(Sequential Query Language)를 알아야 하는데 이에 대한 소개는 여기서는 생략하고 데이터 베이스 관련 문헌을 참고하기로 한다.

또한 다른 프로그램에서 데이터 베이스에 접근하려면 ODBC(Open DataBase Connectivity)가 필요하며 이 ODBC는 데이터 베이스 서버와 사용하는 언어(이 책의 경우 파이썬)에 따라 달라지므로 데이터 베이스 서버에 따른 적절한 ODBC가 설치되어 있어야 한다.

이런 이유로 여기서는 개인이 직접 데이터 베이스 서버를 사용할 수 있고 세계적으로 많이 사용되는 MySQL 서버를 접속하여 파이썬으로 자료를 가져오는 것에 대해서 알아보기로 한다. 다른 데이터 베이스를 사용하더라도 다음에서 설명하는 것과 유사한 방법으로 ODBC(for Python)를 설치하고 설치한 ODBC를 파이썬에 import하면 원하는 결과를 얻을 수 있다.

5.6.1 파이썬 MySQL 커넥터 설치

파이썬–MySQL 커넥터를 설치하기 위해 다음 두 단계가 필요할 수 있다. 첫 번째 단계는 이미 다른 프로그램의 설치 과정에서 설치된 경우가 많아 생략해도 될 수 있다.

1. Python MySQL connector를 설치하려면 MS Visual C++ for Visual Studio 2015 Redistributable가 먼저 설치되어 있어야 하므로 비주얼 스튜디오가 설치되어 있지 않은 경우 이를 먼저 설치하여야 한다. 이 설치는

   ```
   https://www.microsoft.com/en-us/download/details.aspx?id=48145
   ```

   에서 할 수 있다. 이 사이트에서 사용언어를 선택하고 Download 버튼을 클리하여 64bit와 32bit(윈도우 10 이후는 64bit)를 선택하며 `vc_redist.x64.exe`를 실행(관리자 권한 사용 권장)하면 설치된다(그림 5.3 참고).

2. 이제 MySQL 싸이트

   ```
   https://dev.mysql.com/downloads/connector/python/
   ```

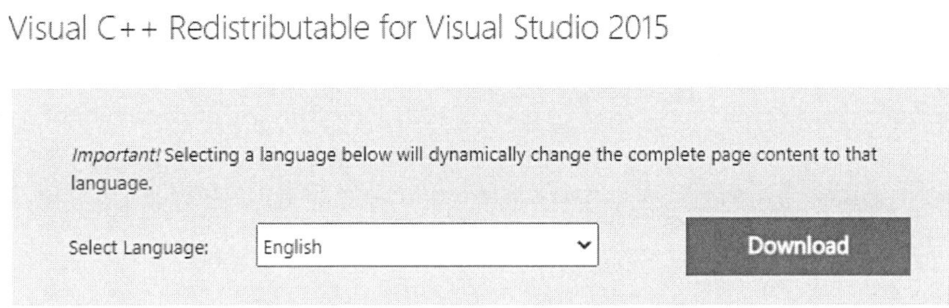

그림 5.3: MS Visual C++ 내려 받기

또는 MySQL 홈페이지 ⟹ DOWNLOADS ⟹ MySQL Community (GPL) Downloads ⟹ MySQL Connectors 순서로 클릭하여 나오는 그림 5.4에서 운영체계 선택하고, 윈도우의 경우 위의 Visual Basic C++과 같은 bit에 맞춰서 설정한 후 `msi` 파일을 다운로드 받아 실행하면 된다.

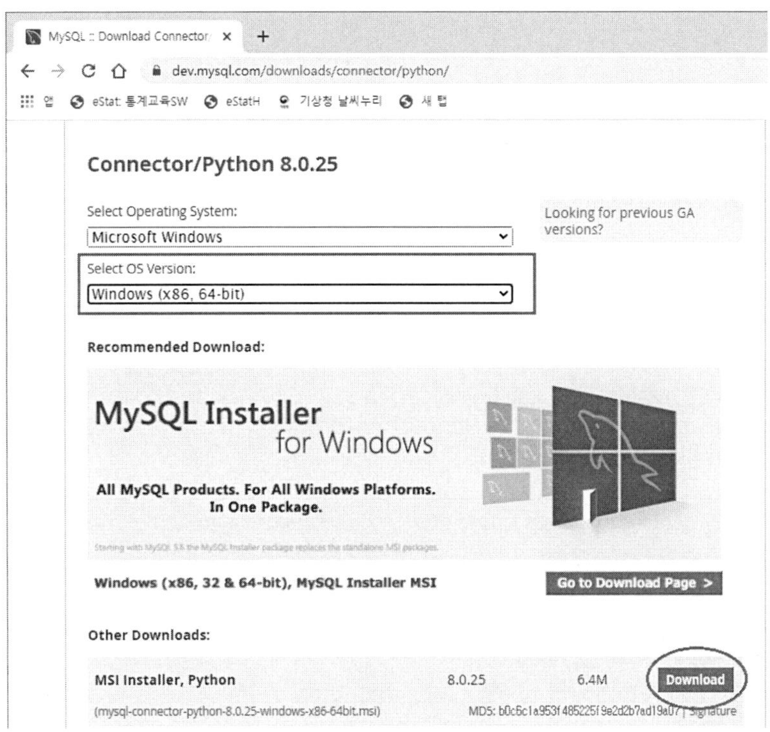

그림 5.4: MySQL connector 내려 받기

이 때 오라클 회원 로그인 또는 회원 가입을 권하는데 자세히 보면 이 과정없이 사용할 수 있는 링크가 아래에 있으므로 반드시 회원일 필요는 없으며 실행할 파일은

```
mysql-connector-python-8.0.25-windows-x86-64bit.msi
```

이다.

이 과정이 완료되면 파이썬에서 mysql.connector라는 모듈이 설치되므로 이를 import 하면 된다.

5.6.2 예제

이제 MySQL–파이썬 ODBC가 설치되었으므로 파이썬에서 MySQL 서버에 접근하여 자료를 처리할 수 있다. 이를 위해 필요한 조건은

- MySQL 서버가 존재하고 이 서버의 IP나 호스트 이름을 알 수 있어야 하고
- 이 서버 관리자에 의해서 MySQL 서버에 접근할 수 있는 ID와 암호가 있어야 한다.
- MySQL 서버에 의해 주어진 ID의 권한에 따라 단순히 자료를 읽기만(view)할 수도 있고 자료를 추가/수정/삭제를 할 수도 있으므로 주어진 ID의 권한을 알고 있어야 한다.

위의 조건들은 데이터 베이스 서버 관리자와 사전 협의가 있어야 한다.

보기 5.13 mysql1.py 다음 보기는 MySQL 서버의 ID는 user_ID, 암호는 abc123인 MySQL 서버의 IP가 210.115.233.256인 경우에 사용된 보기이다(IP는 사용불가능한 IP이므로 가상의 서버임).

먼저 mysql.connector를 import 하고

```
import mysql.connector as myc
```

위의 가상 서버에 이름이 sakila인 데이터 베이스가 있을 때[3]

```
conn = myc.connect(user='user_ID', password='abc123',
                           host='210.115.233.256',
                           database='sakila')
```

과 같이 connect 클래스를 생성한다. 이 때 DB 서버의 IP, 이 서버의 ID, 암호 및 사용할 데이터 베이스 이름을 host, user, password, database에 설정한다. DB 서버에 ID와 암호로 접속한 후

```
SQL> USE sakila;
```

를 명령한 상태라고 보면 된다. 이제 이 데이터 베이스 skila에 내릴 수 있는 명령을 사용하면 된다. 이 때 사용할 수 있는 클래스는 cursor이며

[3] textttsakila는 MySQL 윈도우용 서버의 무료 버전을 설치하면 함께 설치되는 데이터 베이스 중의 하나이다.

```
cursor = conn.cursor()
query1 = "SHOW TABLES"
cursor.execute(query1)
rows = cursor.fetchall()

print('Total Row(s):', cursor.rowcount)
```

로 사용하면 SQL 명령 `SHOW TABLES`를 사용한 결과를 얻게 된다. 이 SQL 명령은 현재 사용중인 데이터 베이스의 테이블을 전부 보여달라는 명령이다. SQL 명령의 실행은 `execute` 메소드를, 명령의 결과로 얻은 데이터 베이스 서버의 반환값은 `fetchall` 메소드로 가져올 수 있음을 알 수 있다. 위의 결과로

```
Total Row(s): 97
```

을 얻으므로 97개의 테이블이 있음을 알 수 있으며

```
for row in rows:
    print(row)
```

로 각 테이블의 이름을 확인할 수 있다. 이 출력의 일부분은 다음과 같다.

```
('actor',)
('actor_info',)
('address',)
('category',)
```

즉, `sakila` 데이터 베이스 안에 테이블 `actor`, `actor_info` 등의 테이블 이름을 확인할 수 있다.

이제 이 테이블의 속성을(변수 이름과 속성) 확인하기 위해

```
query2 = 'DESCRIBE actor'
cursor.execute(query2)
fields = cursor.fetchall()
print(fields)
```

을 사용할 수 있으며 이 결과로

```
[('actor_id', b'smallint(5) unsigned', 'NO', 'PRI', None,
              'auto_increment'),
 ('first_name', b'varchar(45)', 'NO', '', None, ''),
 ('last_name', b'varchar(45)', 'NO', 'MUL', None, ''),
 ('last_update', b'timestamp', 'NO', '', b'CURRENT_TIMESTAMP',
                 'DEFAULT_GENERATED on update CURRENT_TIMESTAMP')]
```

을 얻으며 `actor` 테이블의 필드(변수; 열)가 `actor_id`, `first_name`, `last_name` 및 `last_update`가 있으며 이들의 속성이 추가로 주어져 있다.

실제로 이 테이블에서 자료를 얻어 보면

```
query3 = 'SELECT actor_id, last_name FROM actor WHERE actor_id < 10'
cursor.execute(query3)
actors = cursor.fetchall()
for row in actors:
    print(row)
```

로 할 수 있으며 이 경우 actor 테이블에서 actor_id가 10 미만인 자료의 actor_id와 last_name을 출력한 것으로 일부 출력은 다음과 같다.

```
(1, 'GUINESS')
(2, 'WAHLBERG')
(3, 'CHASE')
(4, 'DAVIS')
```

접속한 데이터 베이스에서 작업이 완료되었으면 다음

```
cursor.close()
conn.close()
```

과 같이 cursor와 커넥션을 close 메소드로 닫아주어야 한다. ■

연습문제

5.1 `formattest2.py` a = 2/3, b = 1.234e4, c = a + b일 때 포맷 방법을 사용하여

(a) a의 값을 0.667로 소수점 이하 셋 째자리까지 인쇄하여라(반올림 등 사용 않음).

(b) b의 값을 천 단위 구분 콤마를 포함하여 12,340으로 인쇄하여라(12,340.0 처럼 불필요한 소수점 없음).

(c) c의 값을 12,340.667까지 인쇄하여라(반올림 등 사용 않음).

(d) 7부터 12까지의 자연수를 007, 008, $\cdots$, 012로 전체 자리수가 세 자리가 되게 인쇄하여라.

5.2 input 명령으로 숫자를 입력 받을 때 입력에 문자가 들어가면 에러가 발생한다. 이러한 예상되는 에러를 파이썬에서는 try-except 구문으로 처리하는데 가장 기본적인 사용법은

```
try:
    commands1
except [error]:
    commands2
```

이며 commands1을 실행할 때 에러 error이 발생하면 commands2를 실행하도록 하여 예상되는 에러에 대해서는 프로그램의 비정상 종류(에러 메세지를 내고 프로그램이 종료되는 것)을 방지하게 된다. 간단하게는 `try_except1.py`

```
num = input('숫자 입력: ')
try:
  num = int(num)
  print(num, '을(를) 입력하였습니다.')
except:
  print('숫자(정수)가 아닙니다. 다시 입력하세요')
```

과 같이 만들 수 있다. 이 프로그램에서 숫자로 캐스팅할 때 캐스팅이 안되는 오류는 ValueError로 이 에러는 따로 잡아서 인쇄 등 추가 작업을 할 수 있다.

입력한 숫자를 사용하여 이 숫자가 몇 자리수인지(예: 5는 한 자리수, 124는 세자리수) 반환하는 프로그램 다음을 만족하도록 작성하여라.

(a) while 문을 사용하여 입력을 계속 받도록 무한 반복하는 프로그램으로 작성하여라.

(b) 숫자(정수)가 아닌 값을 입력받으면 try-except를 사용하여 이 때 발생한 ValueError를 인쇄하여라.

(c) 0이 입력되면 프로그램을 종료한다.

참고로 십진수의 자리수는 밑이 10인 로그함수(numpy.log10)를 적용하여 계산할 수 있다. `formattest3.py`

5.3 iris.txt를 텍스트 파일로 읽어서 이 파일에 포함된 데이터가이 몇 줄인지 확인하여라. 이 파일의 첫째 줄은 변수이름이므로 이 계산에서 제외한다. `fileio10.py`

5.4 iris.txt를 읽어 pandas.DataFrame으로 저장하여라. 이 자료의 첫 번째 행은 변수 이름이며 나머지 행은 자룟값이고 값의 구분은 한 개 이상의 빈 칸으로 되어 있다. `dfio11.py`

5.5 iris.xlsx를 읽어 pandas.DataFrame으로 저장하여라 이 자료의 첫 번째 행은 변수 이름이며 나머지 행은 자룟값이다. `dfio12.py`

5.6 연습문제 5.3에서 읽은 내용을 텍스트 파일로 저장하여라. 저장하는 파일의 이름은 iriswrite.txt로 하며 값의 구분은 빈칸으로 한다. `fileio11.py`

5.7 연습문제 5.4에서 읽은 내용을 CSV 파일로 저장하여라. 이 때 행번호는 저장하지 않으며 첫 줄은 변수이름으로 하며 저장하는 파일의 이름은 iriswrite.CSV로 한다. `dfio13.py`

5.8 연습문제 5.4에서 읽은 내용을 엑셀 파일로 저장하여라. 이 때 행번호는 저장하지 않으며 첫 줄은 변수이름으로 한다. 저장하는 파일의 이름은 iriswrite.xlsx로 저장할 시트의 이름은 'Iris'로 한다. `dfio14.py`

5.9 연습문제 5.3에서 읽은 파일의 내용을 print해 보면 줄바꾸기가 '\n'으로 들어가 있음을 알 수 있다. 정규식을 사용하여 이 \n을 모두 삭제하여 줄바꾸기를 없애보아라. `regexp2.py`

5.10 연습문제 5.3에서 읽은 파일의 내용에서 Setosa는 몇 번 나오는가? `wordcount6.py`

5.11 인터넷 검색을 통해 방탄소년단의 노래 Dynamite의 가사를 얻어 dymamite.txt로 적절한 위치에 저장한 다음 이 텍스트 파일이 몇 줄인지 확인하여라. `readfile1.py`

5.12 인터넷 검색을 통해 방탄소년단의 노래 Dynamite의 가사를 얻어 dymamite.txt로 적절한 위치에 저장한 다음 대소문자 구별없이 dynamite라는 단어가 몇 번 나오는지 확인하여라. 가사를 읽을 때는 한 번에 읽어 리스트로 저장하되 가사의 한 줄이 이 리스트의 원소가 되게 하여라. `wordcount1.py`

제 6 장

통계와 자료의 요약

통계(statistics)는 자료(데이터) 자체를 의미하는 경우도 있고 자료를 요약 또는 분석한 것을 일컫는 경우도 있다. 자료를 수집하고, 수집한 자료를 요약하고 분석하여 자료가 가진 여러 정보를 사용하여 의미있는 결론을 이끌어 내는 학문분야 중 기초가 되는 학문을 통계학(statistics)이라고 한다.

6.1. 통계학(Statistics)이란?

관심 또는 연구 대상이 되는 집단(모집단, population)의 특성을 파악하기 위해, 모집단부터 일부의 자료(표본, sample)를 수집, 정리, 요약, 분석하여 표본의 특성을 파악한 다음 이것을 이용하여 모집단의 특성에 대해 추론하는 원리와 방법을 제공하는 학문으로 이는 대개 다음과 같은 흐름으로 진행된다.

1. 잘 정의된 연구 목적을 설정
2. 연구에 관련된 자료를 어떻게 수집할 것인가를 계획
3. 자료의 수집과 정리
4. 자료로부터 필요한 정보를 얻을 수 있는 적절한 통계적 방법 사용
5. 정보의 해석과 결론 유도

6.1.1 모집단과 표본

어떤 연구에서 관심이 되는 모든 개체의 집합을 일반적으로 **모집단**(population) 또는 **통계적 모집단**(statistical population)이라고 한다. 통계학 응용분야에서는 각각 개체를 관련된 어떤 특성이나 숫자로 표시하기도 하는데 이 때 표시된 특성이나 숫자의 전체 집합을 모집단이라고 한다. **표본**(sample)은 모집단의 부분집합으로 추출방법에 따라 약간의 변이성이 존재하지만 일반적으로 모집단의 성질을 잘 간직하고 있게 추출하여야 한다. 모집단은 표본을 통해서 발견한 여러 가지 성질에 기초하여 일반화하고자 하는 대상이기도 하다.

어떤 실험이나 조사에서 조사 대상은 모집단이 되어야 하지만 현실적인 한계나 그 외 다른 이유로 표본을 조사나 실험대상으로 한다. 모집단을 실험이나 조사의 대상으로 하지 못하는 이유에는

1. 경제성: 예산의 한계.
2. 시간적 제약: 선거 여론조사.
3. 전수조사가 현실적으로 불가능: 소양댐에 서식하는 어류 중 외래 어종의 비율. AIDS 환자의 발병 후 5년 생존률. 흡연자의 세포내 염색체 교대현상 등.
4. 실험의 파괴성: 자동차 충돌실험, 전구의 수명.

등이 있다.

모집단에서의 평균, 분산, 비율 등은 모평균, 모분산, 모비율 등으로 부르고 표본에서의 그 값은 표본평균, 표본분산, 표본비율 등으로 부른다. 대부분의 경우 모집단의 값은 알려지지 않은 값이며 그 값을 알아내기 위해 표본을 얻고, 그 표본에서의 값을 근거로 모집단의 값에 대한 통계적 추론을 하게 된다.

모집단의 특성을 나타내는 모평균, 모분산 등을 **모수**(parameter)라고 하며 주로 그리스 문자인 μ, σ, θ 등으로 표시하며 표본에서 모집단의 값을 추정하기 위해 계산된 값은 $\hat{\mu}$, $\hat{\sigma}$, $\hat{\theta}$ 등으로 표시하거나 로마자인 $\bar{X}$, S와 같이 표시한다. ^는 모자를 의미하는 hat으로 읽는다. 대부분의 경우 모평균, 모비율 등과 같은 모수들은 모르는 값이며 이 값에 대한 정보를 얻기 위해서 표본을 얻고 표본에서 얻은 값으로부터 이 모수들을 추정하게 된다. 이와 같이 표본에서 계산된 값은 **통계량**(statistic)이라고 한다.

그림 6.1은 통계학적 분석이 이루어지는 과정을 흐름도로 표시한 것으로 어떤 모집단에 대한 관심이 있을 때 적절한 표본이론에 근거하여 표본을 추출하고 이 표본에 대하여 여러 가지 통계적 분석을 하여 그 결과로 모집단에 대한 추론을 하고 있음을 나타낸다.
(예) 대통령 선거. (관심 : 각 후보자에 대한 지지율 예측)

모집단 : 대한민국 유권자.
표 본 : 여론조사에 추출된 1,000명 – 2,000명 정도의 유권자.
모수 : 후보자에 대한 지지율

(예) 강원도 산림의 수종. (관심 : 종다양성에 대한 관심)

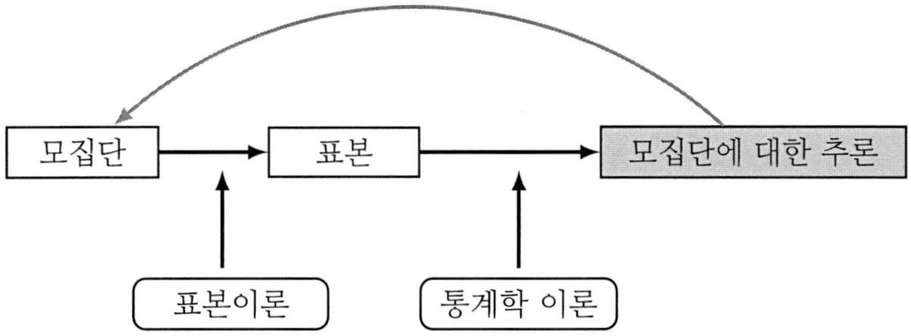

그림 6.1: 통계적 자료분석에 대한 흐름도

모집단 : 강원도내의 모든 수종.
표 본 : 산림조사에서 추출된 수종들.
모수 : 수종

(예) 대학학술림 잣나무의 구과 수 (관심 : 잣 생산에 대한 관심)

모집단 : 학술림내 전 잣 구과 수.
표 본 : 몇몇 표본에서 추출된 구과 수.
모수 : 구과 수.

6.2. 변수의 정의와 자료의 종류

연구 목적을 달성하기 위해 개념이나 속성을 정의하여야 한다. 정의된 개념이나 속성을 변수 또는 변인(variable)이라고 한다. 변수에 대한 정의는 두 가지로 구분하기도 하는데

- 개념적 정의(conceptual definition)는 어떤 속성에 대한 사전적 정의를 말한다.
- 조작적 정의(operational definition)는 추상적인 개념에 대한 수치적 정의를 말한다. 통계학적 분석을 하기 위해서는 모든 속성이나 개념이 수치화되어야 하기 때문에 조작적 정의가 필요하게 된다.

분석을 위해서 얻는 자료의 변수들은 그 특성에 따라서 몇 가지로 분류할 수 있으며 분류 기준에 따라서 몇 가지 다른 분류방법이 있다.

6.2.1 범주형과 측정형의 분류

먼저 자료가 범주형인지 아닌지 구별하는 방법으로

1. 범주형 자료(categorical data): 자료의 값이 자료가 어떤 범주에 속하는지 나타내는 자료를 말하며 대부분 자료에 대한 성별이나 출신지역과 같이 조사대상에

질적인 분류의 목적으로 만들어지거나 정책에 대한 만족도나 본인이 행복한 정도와 같이 정확하게 반응 값을 측정할 수 없어 아주만족, 만족, 불만족, 아주 불만족 등과 같이 범주로써 측정한 자료인 경우이다. 이러한 범주형 자료는 특히 사회과학분야에 많이 보게된다. 때로는 정확한 값을 얻을 수 있는 경우에도 이를 범주형 자료로 변환하기도 하는데 소득 수준인 경우 월 평균소득 300만원 이상은 '고소득'으로 150만원에서 300만원 사이는 '중간'으로 150만원 이하인 경우 '저소득'으로 분류하는 경우가 그 예이다. 범주형 자료는 자료값의 순서가 의미가 있는지 여부에 따라서 다음과 같이 두 가지로 다시 나눌 수 있다.

(a) 명목자료: 남녀, 색상, 출신지역등과 같이 서로 다른 값임을 표시하는 것이 자료의 값이 되며 자료에 대한 수학적 연산은 의미가 없다.

(b) 순서자료: (상층, 중층, 하층), (소년, 중년, 장년, 노년), 3단(5단,7단) 척도 등과 같이 자료의 값의 순서가 있으며, 평균 등 산술적인 계산을 하는 것이 의미가 있는 경우가 많다.

2. 측정형 자료(measurement data, 수치적 자료):

(a) 이산형 자료: 자녀의 수, 발생 횟수(교통사고 발생 수)와 같이 자료의 값이 셀 수 있는 경우이다.

(b) 연속형 자료: 신장, 체중, 수명 등과 같이 연속적인 값을 가질 수 있는 자료이다.

이 있다. 참고로 형제, 자매의 숫자 등과 같이 셀 수 있는 형태의 자료는 계수자료(counting data)라고 하며, 일반적으로 연속자료라고 생각 할 수도 있으나 계수자료로 취급되기도 한다. 이러한 계수자료는 범주형 자료의 경우처럼 이산적인 값을 갖기 때문에 두 형태의 자료를 한데 묶어 이산자료(discrete data)라고도 한다. 여기서 이산(discrete)이라는 의미는 간격을 가진 일정한 수(대부분 정수)로 구성된 것을 의미하고 연속(continuous)은 일정한 간격없이 어느 주어진 구간에서 취할 수 있는 것을 의미한다. 나이는 일반적으로 연속자료로 취급할 수 있고 계수자료로도 취급할 수 있다.

6.2.2 측정 수준에 의한 분류

자료의 측정수준에 의한 척도의 분류로 다음과 같이 네 가지로 분류하기도 한다.

1. 명목척도(nominal scale)
둘이상의 명목상의 차이에 의해 구분되는 변수를 측정할 때 사용하는 척도로 분류적인 의미만 가진다. 예를 들어 성(gender), 출신지역, 종교 등을 코딩하는 경우이다.

2. 서열척도 또는 순서척도(ordinal scale)
특성의 정도에 따라 범주화하여 그 정도의 순서대로 배열한 것으로 범주간의 상대적 서열이 존재하나 그 차이는 같지 않을 수 있다. 즉, 1과 2의 차이와 2와 3

의 차이가 같지 않은 경우이다. 예를 들면 계층을 상(1), 중(2), 하(3)로 코딩하는 경우나 IQ 측정값이나 어떤 사안에 대한 태도 매우 찬성(1), 찬성(2), 중립(3), 반대(4), 매우 반대(5) 와 같이 측정하는 경우이다.

3. 등간척도(interval scale)
측정 특성이 범주간 간격이 일정할 때 사용할 수 있으며 연속적인 값을 갖는 경우가 대부분이다. 예를 들어 온도(섭씨(celsius; $^\circ C$) 또는 화씨(fahrenheit; $^\circ F$)) 등이다. 이 척도와 다음의 비율척도의 차이는 등간척도에는 절대적인 0이 없다는 것이다.

4. 비율척도(ratio scale)
연속적으로 측정되는 경우가 대부분이며 절대 0의 값이 존재하는 경우이다. 비율척도의 보기는 인구수, 소득, 도시화율, 실업률, 가족크기, 절대온도(kelvin; $^\circ K$) 등이다.

6.3. 자료의 수치요약

얻어진 자료에 대해서 자료의 요약값을 얻는 방법에 대해서 알아보자. 대개 전형데이터인 경우 자료가 데이터프레임으로 저장된 경우가 많고 수치자료만 들어있는 경우 ndarray나 리스트형태로 자료가 저장된다. 자료분석을 위해 자료가 `numpy`의 ndarray, `pandas`의 `DataFrame`이나 `Series`로 이미 저장된 경우가 많으므로 이 두 모듈과 파이썬의 기본 모듈 `statistics` 모듈에 관련된 것 위주로 살펴보도록 한다. 여기에서 따로 소개하지는 않으나 `scipy.stats`에도 많은 통계계산을 위한 메소드가 제공되므로 SciPy 홈페이지 등을 살펴보기 바란다.

6.3.1 중심의 위치

자료의 중심에 대한 측도는 산술평균, 중앙값(또는 중위수), 최빈값(`mode`) 등이 사용된다. n개의 자료가 $x_1, x_2, \ldots, x_n$이며 산술평균 $\bar{x}$은

$$\bar{x} = \frac{\sum_{i=1}^{n} x_i}{n} \tag{6.1}$$

이며 중앙값은 자료를 순서대로 나열할 때 가운데 위치하는 값으로 자료의 수 n이 홀수이면 $(n+1)/2$번째 값이, 짝수이면 $n/2$번째와 $(n/2+1)$번째 값의 평균으로 계산한다.

이 값들은 파이썬의 기본 모듈 중의 하나인 `statistics` 모듈에서 계산할 수 있으며 `pandas`의 `DataFrame`이나 `Series`, `numpy` 등에서도 이들을 계산하는 메소드를 제공한다.

`statistics` 모듈

`statistics` 모듈에서는 산술평균은 `mean` 또는 `fmean` 함수가, 중앙값(또는 중위수) 계산에는 `median`)이, 최빈값 계산에는 `mode` 또는 `multimode` 함수가 사용된다. 산술평균

계산에는 mean 함수 및 fmean 함수가 제공되는데 이 둘의 결과는 같으나 계산과정에서 fmean 함수는 자료를 모두 실수형으로 변환한 후 평균을 계산하여 상대적으로 연산속도가 빠르다.

최빈값은 주로 범주형 자료에서 가장 빈도가 높은 값을 의미하며 이 값은 여러 개가 있을 수 있다. mode는 여러 개의 최빈값이 있더라도 그중 가장 먼저 나오는 한 값만 반환하며 multimode 함수는 여러 개의 최빈값을 모두 계산해준다.

분위수는 p번째 분위수와 같이 p값을 설정하여야 하며 자료를 크기순으로 나열할 때 p번째에 해당하는 값을 말한다.

```
quantiles(data, *, n=4, method='exclusive')
```

n은 자료를 n등분할 때 나오는 점 $(n-1)$에 대한 분위수를 얻으며 기본값이 4이므로 자료를 4등분할 때 세 개의 값 25%, 50%, 75%에 해당하는 분위수가 얻어진다. 다음은 bmi.csv 및 필요한 가상의 자료를 사용하여 필요한 계산을 한 것이다. describe1.py

```
import statistics as stat
import pandas as pd

df = pd.read_csv(r'D:\HTEX\Pythonbk\codesdata\bmi.csv')

ave1 = stat.mean(df['height'])
162.09604519774012
ave2 = stat.fmean(df['height'])
162.09604519774012
med = stat.median(df['height'])
162
mod1 = stat.mode(['a','a','a','b','b','b','c','d','d'])
a
mod2 = stat.multimode(['a','a','a','b','b','b','c','d','d'])
['a', 'b']
qq = stat.quantiles(df['height'])
[158.0, 162.0, 165.0]
```

여기서

- 키의 평균은 162.1로 fmean과 mean 함수의 계산결과는 동일하다.
- 중앙값은 162로 얻어진다.
- 중앙값이 여러 개(이 경우 a, b 모두 3번 씩 있음) 있는 경우 mode 함수는 a만 반환하지만 multimode 함수는 a, b 모두 반환한다. multimode 함수의 반환값은 값이 하나라도 리스트임에 주의하자.

```
stat.multimode(['a','a','b','b','b','c','d','d'])
['b']
```

- 분위수는 기본값 n이 4로 설정되어 25%, 50%(중앙값), 75%에 해당하는 분위수 3개가 출력되었다. 이 세개의 분위수를 합해서 사분위수(quartiles)라고 하며 25%, 50%(중앙값), 75% 번째 분위수는 각각 제1사분위수, 제2사분위수 및 제3사분위수라고 한다. 이들은 부호로 순서대로 Q_1, Q_2 및 Q_3로 표현하기도 한다.

pandas DataFrame 또는 Series의 메소드

pandas의 데이터프레임(DataFrame)이나 Series 클래의 메소드로 평균등을 계산할 수 있다. 이때 사용하는 메소드의 이름은 mean(평균), median(중앙값), mode(최빈값), min(최솟값), max(최댓값), quantile(분위수) 등이다. 데이터프레임에서 이들 메소드를 사용할 경우 행별로 계산할지 열별로 계산할지 설정하여야 하는데 각 열별로 평균 등을 계산할 때는 axis 속성에 0 또는 'index'를 설정하고 각 행에 대해서 평균 등을 계산할 때는 1 또는 'columns'를 설정한다. 기본값은 0이다. 대개 0이 행, 1이 열인데 반해 여기서 열별 계산에는 axis에 0을, 행별 계산에는 axis에 1을 설정하는데 이는 열별 계산은 각각의 행의 값을 사용하여(over the rows)로, 행별 계산은 각각의 열의 값을 사용하여(over the columns)로 해석하면 기억하기 편하다. 예를 들어

```
x = pd.DataFrame([[1,2], [3,4], [5,6]], columns=['A','B'])
   A  B
0  1  2
1  3  4
2  5  6
```

에서

```
ave1 = x.mean()
A     3.0
B     4.0
```

로 axis가 기본값인 0(또는 'index'를 사용하여 over the rows로 계산하여 각 열별 평균을 계산하며

```
ave2 = x.mean(axis=1)
0     1.5
1     3.5
2     5.5
```

인 경우 'over the columns'로 계산하여 각 행별 평균이 계산된다.

quantile의 경우(statistics 모듈은 quantiles로 복수형이나 여기서는 s가 없음에 유의)

```
quantile(q=0.5, axis=0, numeric_only=True, interpolation='linear')
```

로 q에 필요한 분위의 값을 0과 1사이의 값을 설정할 수 있으며 기본값은 0.5로 중앙값이 얻어진다. 이 값이 0이나 1일 때는 각각 최솟값과 최댓값을 얻는다. 다음의 보기를 보자.

`describe1.py`

```
ave1 = df.mean(axis=0)
height      162.096045
weight       53.468927
year       1971.819209

ave2 = df.mean(axis='index')
height      162.096045
weight       53.468927
year       1971.819209

med1 = df['height'].median()
162.0
max1 = df['height'].max()
180
min1 = df['height'].min()
150
mod1 = df['height'].mode()
0    160
qq1 = df['height'].quantile(q=[.05, 0.1, 0.25, 0.5, 0.75, 1])
0.05    153.0
0.10    155.0
0.25    158.0
0.50    162.0
0.75    165.0
1.00    180.0
```

여기서

- 평균의 경우 df의 각 열에 대해서 평균을 얻으며(axis가 0인 경우와 'index'인 경우는 같은 값임) 값이 문자열인 세 개의 변수에 대해서는 에러메세지 없이 계산하지 않았음을 알 수 있다.
- 최빈값의 경우 여러개가 있을 수 있으므로 리스트로 얻어지며 값은 한 개라서 인덱스가 0인 값 160을 얻었다.
- 분위수의 경우 주어진 값에 대해서 분위수를 얻었으며, 이 때 100% 분위수는 최댓값과 같음을 알 수 있다.

6.3.1.1 numpy의 메소드들

numpy 모듈에서 mean, median과 같은 메소드가 있으며 사용법은 pandas의 같은 이름의 메소드와 유사하다.

numpy에는 평균들 중 가중평균을 계산할 수 있는 메소드로 average가 있다. average는

```
numpy.average(a, axis=None, weights=None,...)
```

로 사용하며 자료 a에 대한 가중치가 weights일 때 가중평균을 계산한다. 가중평균은 자료가 $x_1, x_2, \ldots, x_n$이고 각 자료에 대한 가중치가 $w_1, w_2, \ldots, w_n$일 때

$$\bar{x}_w = \frac{\sum_{i=1}^{n} x_i w_i}{\sum_{i=1}^{n} w_i} \tag{6.2}$$

로 계산되며 각 자료의 가중치가 균등하게 $1/n$이면 식 (6.1)의 산술평균이 된다. 이 메소드의 사용예는 연습문제 6.3을 참고하기로 한다.

numpy 모듈의 분위수는 percentile을 사용하여 구할 수 있다. statistics나 pandas는 분위수이나 numpy의 경우 이름이 의미하는대로 백분위수를 계산한다. 사용법은

```
numpy.percentile(a, q, axis=None)
```

이며 a에는 분위수를 계산할 자료(배열)를, q에는 분위의 값(0–100)을 설정하며 axis에는 a가 2차원 이상일 때 quantile이나 quantiles와 같은 방법으로 설정한다.

```
>>> med = np.percentile(x, q=50, axis=0)
array([3., 4.])
```

x의 두 변수에 대한 50% 백분위수(중앙값)을 계산하고

```
>>> qq = np.percentile(df['height'], q=[0, 25, 50, 75, 100])
array([150., 158., 162., 165., 180.])
```

는 키에 대한 0%, 25%, 50%, 75%, 100% 백분위수를 얻는다. 이들은 각각 최솟값, 제1사분위수, 제2사분위수, 제3사분위수 및 최댓값이다.

6.3.2 흩어짐에 대한 측도

흩어짐에 대한 측도는 분산, 표준편차, 범위, 사분위수 범위 등이 사용된다. 크기 n인 표본에서 표본분산과 표본표준편차는

$$S^2 = \frac{\sum_{i=1}^{n}(x_i - \bar{x})^2}{n-1}, \quad S = \sqrt{S} \tag{6.3}$$

이며 크기가 N인 유한 모집단의 경우 모분산과 모표준편차는

$$\sigma^2 = \frac{\sum_{i=1}^{N}(x_i - \mu)^2}{N}, \quad \sigma = \sqrt{\sigma^2} \tag{6.4}$$

으로 정의된다. 이때 모평균은 $\mu = \sum_{i=1}^{N} X_i/N$이다. 산포의 정도에 대한 측도들도 statistics 모듈의 메소드나 DataFrame이나 Series의 메소드로 얻을 수 있다. statistics 모듈은 stdev, variance 및 pstdev, pvariance 함수를 제공하는데 이 함수는 순서대로 표본표준편차, 표본분산(식 6.3) 및 모표준편차, 모분산(식 6.4)를 계산하여 반환한다.

```
df = pd.read_csv(r'D:\HTEX\Pythonbk\codesdata\bmi.csv')
stdev1 = stat.stdev(df['height'])
stdev2 = stat.pstdev(df['height'])
var1 = stat.variance(df['height'])
var2 = stat.pvariance(df['height'])
```

의 결과는 (소숫점 이하 5자리부터 버림)

```
5.4727 5.4572 29.9509 29.7817
```

이다.

pandas 모듈의 DataFrame이나 Series 클래스의 메소드로 var, std를 다음과 같이 사용하면 표본분산 및 표본표준편차를 계산한다.

```
std(axis=0, skipna=True, numeric_only=True,...) 또는
var(axis=0, skipna=True, numeric_only=True,...)
```

axis는 기본값이 0으로 over the rows로 각 열의 표준편차, 분산을 계산하며 1이면 각 행의 표준편차와 분산을 계산한다.

```
x = pd.DataFrame([[1,2], [3,4], [5,6]], columns=['A','B'])
var3 = x.var(axis=0)
var4 = x.var(axis=1)
```

에서 var3와 var4는 각각

```
var3            var4
A     4.0       0     0.5
B     4.0       1     0.5
                2     0.5
```

이다. 이 결과에서 보는 것처럼 데이터프레임에서 std나 var 메소드를 호출하면 각 열이나 행에 대해서 각각의 표준편차나 분산을 계산하며 결과는 Series로 저장된다.

```
std = df['height'].std()
var = df['height'].var()
5.47274612783781 29.95095017976374
```

의 결과에서 보는 것처럼 std나 var 메소드는 statistics 모듈에서의 값과 비교해보면 표본표준편차 및 표본분산을 계산해주는 것을 알 수 있다.

> 참고: numpy 모듈의 std 함수도 표준편차를 계산하지만 기본값은 식 (6.4)를 계산하는 것이며 식 (6.3)을 사용하려면 ddof 인수에 1을 설정하여야 하는 것에 주의하여야 한다. 즉
>
> ```
> numpy.std(x)
> ```
>
> 은 식 (6.4)를 계산하고
>
> ```
> numpy.std(x, ddof=1)
> ```
>
> 식 (6.3)을 계산한다. 사용 예는 보기 9.4를 참고하기로 한다.

자료의 흩어짐에 대한 측도 중의 하나로 범위(range)를 사용할 수 있는데 범위 R은 최댓값과 최솟값의 차이를 말한다. 즉, 범위 R은

$$R = \text{최댓값} - \text{최솟값}$$

로 얻어진다. 범위는 같은 모집단에서 추정하더라도 표본의 크기가 커지면 범위도 크게 추정되는 문제가 있다. 파이썬에서 범위를 계산하는 하나의 함수는 찾기 어려우므로 바로 계산하면 된다.

보기 6.1 `datarange1.py` 다음 코드의 경우 4가지 방법으로 범위를 계산하였다.

```
import pandas as pd
import numpy as np

df = pd.read_csv(r'D:\HTEX\Pythonbk\codesdata\bmi.csv')
ht = df['height']
range1 = np.max(ht) - np.min(ht)
range2 = np.percentile(ht,100) - np.percentile(ht,0)
range3 = sorted(ht)[len(ht)-1] - sorted(ht)[0]

ht2 = sorted(ht)
range = ht2[len(ht2)-1] - ht2[0]
```

첫 번째는 `max`와 `min`을 사용하였고, 두 번째는 백분위에서 0%, 100%번째 백분위수가 각각 최소 및 최대임을 이용하여 계산하였다. 세 번째는 오름차순으로 정렬한 배열에서 가장 마지막 원소와 첫 번째 원소의 차이를 계산하였다. 이 세 가지 모두 원자료를 두 번씩 읽어야 하므로[1] 마지막은 한 번의 정렬로 범위를 계산하는 방식을 취하였다. 위의 모든 범위 계산의 결과는 30이다. ■

자료의 흩어짐에 대한 측도로 사용하는 것 중의 하나가 사분위수범위(interquartile range; IQR)인데 IQR은 제3사분위수와 제1사분위수의 차이(즉, 가운데 50%의 자료가 포함되는 범위)인

$$\text{IQR} = Q_3 - Q_1 \tag{6.5}$$

로 얻는다.

보기 6.2 `iqr1.py` pandas나 numpy에서는 사분위수범위를 바로 계산해주진 않으므로 이를 직접 계산하여야 한다. 즉, 보기 6.1의 자료를 사용하여 IQR을 계산하려면

```
q1, q3 = df['height'].quantile(q=[.25, .75])
iqr1 =q3 - q1

q3, q1 = np.percentile(df['height'], [75 ,25])
iqr2 = q3 - q1
```

[1] `max`, `percentile` 등을 호출할 때마다 데이터의 처리가 한 번씩 필요함.

과 같은 방법으로 Q_1, Q_3를 얻은 후 차이를 계산하면 된다. 두 IQR의 계산값은 모두 7이다. scipy.stats에는 iqr이라는 메소드가 있으므로

```
from scipy.stats import iqr
iqr3 = iqr(df['height'])
```

로도 같은 결과를 얻는다. ■

6.3.3 선형변환과 평균과 분산의 성질

n개의 자료 $x_1, x_2, \ldots, x_n$이 있을 때 상수 a와 b에 대해서 y_i가 $y_i = ax_i + b$로 x_i의 선형변환이면 y_i들의 평균, 분산 및 표준편차는 다음의 성질을 만족한다.

- $\bar{y} = a\bar{x} + b$
- $\text{var}(y) = a^2\text{var}(x)$
- $\text{sd}(y) = |a|\text{sd}(x)$ (표준편차는 음수가 될 수 없으므로 a가 음수일 경우는 $|a|$가 곱해짐)

여기서 분산은 곱해진 값 a에만 영향을 받으며 더해 준 b에는 영향을 받지 않음을 알 수 있다.

보기 6.3 `lintr1.py` 표준정규분포에서 난수를 발생시켜 평균, 분산 및 표준편차를 계산해보고 이 난수에 대해서 $y = 10x + 4$를 계산하여 평균, 분산 및 표준편차를 계산하여 위의 관계가 성립하는지 알아보자.

```
import scipy.stats as st
import numpy as np

a = 10
b = 4
x = st.norm.rvs(size=100)

y = a*x + b
mx = np.mean(x)
vx = np.var(x, ddof=1)
sx = pow(vx, 0.5)
print(mx, vx, sx)

my1 = np.mean(y)
vy1 = np.var(y, ddof=1)
sy1 = pow(vy1, 0.5)
print(my1, vy1, sy1)

my2 = a*mx + b
vy2 = a**2*vx
sy2 = abs(a)*sx
```

```
print(my1-my2, vy1-vy2, sy1-sy2)
```

mx, vx, sx는 각각 원자료의 평균, 분산, 표준편차이며 my1, vy1, sy1는 각각 변환된 자료를 직접 사용하여 평균, 분산, 표준편차를 계산한 것이다. my2, vy2, sy2는 각각 변환된 자료를 직접 사용하지 않고 위의 관계식을 이용하여 평균, 분산, 표준편차를 계산한 것이다. 이 프로그램의 출력은(난수를 사용하였으므로 프로그램 실행 때마다 값이 약간씩 차이가 남)

```
0.058920297736004906 1.2285888966574525 1.1084172935575538
4.589202977360049 122.85888966574527 11.08417293557554
0.0 1.4210854715202004e-14 1.7763568394002505e-15
```

이며 직접 계산한 것과 관계식을 사용한 결과가 같음을 알 수 있다. 여기서 1.4210×10^{-14}, 1.776×10^{-15} 등의 값은 실질적으로 0인 값이다. ■

6.3.4 분포의 모양

분포의 모양에 대한 측도로는 분포가 대칭인지에 대한 측도와 분포가 얼마나 뾰족한지에 대한 측도가 사용된다. 이 둘은 각각 왜도(skewness)와 첨도(kurtosis)라고 하는 척도를 사용하며 각각 왜도 γ_1은

$$\gamma_1 = \frac{E[(X-\mu)^3]}{\sigma^3} \tag{6.6}$$

으로 정의되며 분포가 기댓값을 중심으로 좌우대칭일 경우에 0이며 왼쪽으로 기울어지면 음수, 오른쪽으로 기울어진 분포에서는 양수 값을 갖는다. 따라서 정규분포나 t 분포인 경우 대칭이므로 왜도는 0이다.

분포가 좌우 대칭인 경우가 아니면 오른쪽으로 기울어진(skewed to the right; positively skewed) 또는 왼쪽으로 기울어진(skewed to the left; negatively skewed) 분포인데 그림 6.2의 (가)는 오른쪽으로 기울어진 분포이며 (나)는 왼쪽으로 기울어진 분포이다. 오른쪽으로 기울어진 분포에서는 최빈값, 중앙값, 평균 순서로 값이 크고 왼쪽으로 기울어진 분포에서는 반대로 평균, 중앙값, 최빈값 순서대로 큰 값이 되는 경우가 대부분이다. 실제로 위의 분포는 자유도가 5인 χ^2 분포와 이를 좌우로 바꾼 분포 그림인데 자유도가 5인 χ^2 분포의 최빈값, 중앙값, 평균(기댓값)은 각각 3, 4.35146 및 5이다.

첨도 γ_2는

$$\gamma_2 = \frac{E[(X-\mu)^4]}{\sigma^4} - 3 \tag{6.7}$$

으로 정의되며 이는 분산이 σ^2인 정규분포의 경우 $E[(X-\mu)^4]/\sigma^4$의 값이 3이므로 정규분포에서의 첨도를 0으로 하기 위해서 3을 미리 빼서 정의한 것이다. 따라서 정규분포의 첨도는 0이며 정규분포보다 더 뾰족한 분포인 경우 첨도가 0보다 크고 정규분포보다 덜 뾰족한 분포의 첨도는 0보다 작다. 그림 6.3에는 첨도가 무한대(∞)인 분포, 첨도가 4, 2

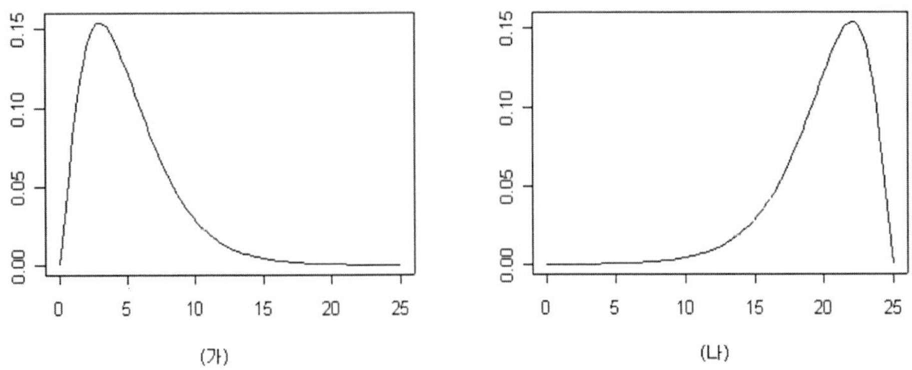

그림 6.2: 오른쪽과 왼쪽으로 기울어진 분포

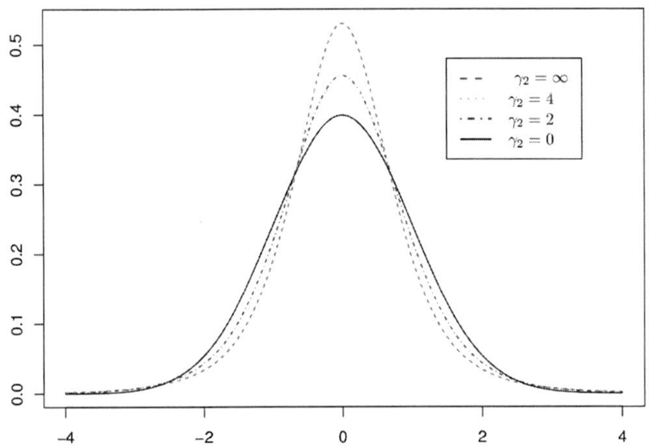

그림 6.3: 첨도의 값에 따른 분포의 모양 비교

인 분포 및 첨도가 0인 분포(정규분포)를 그려 본 것이다. 이 분포는 모두 왜도와 평균이 0이면서 첨도만 다른 분포들이다.

크기가 n인 확률표본 $X_1, X_2, \ldots, X_n$에서의 표본 왜도 $\hat{\gamma}_1$과 첨도 $\hat{\gamma}_2$는 각각

$$\hat{\gamma}_1 = \frac{\sum_{i=1}^n \frac{1}{n}(X_i - \bar{X})^3}{(\sum_{i=1}^n \frac{1}{n}(X_i - \bar{X})^2)^{3/2}} \tag{6.8}$$

및

$$\hat{\gamma}_2 = \frac{\sum_{i=1}^n \frac{1}{n}(X_i - \bar{X})^4}{(\sum_{i=1}^n \frac{1}{n}(X_i - \bar{X})^2)^2} - 3 \tag{6.9}$$

으로 계산한다. 위의 두 추정치는 모두 불편추정치가 아니므로 일부에서는 위 식에서 정의 대신 이들 값에 변형을 준 불편추정치를 사용하기도 한다. 왜도의 경우

$$\frac{n^2}{(n-1)(n-2)}\hat{\gamma}_1 \tag{6.10}$$

을 사용하며 첨도의 경우 좀더 복잡한 형태의 변형이 필요하다.

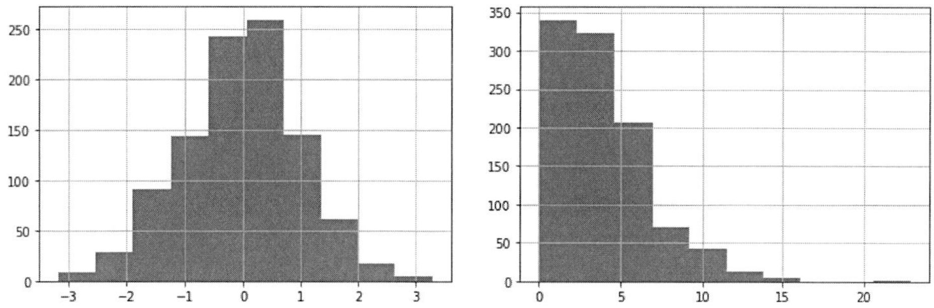

그림 6.4: 정규분포와 카이제곱분포의 표본자료의 분포

파이썬에서 왜도는 DataFrame이나 Series의 skew나 scipy.stats.skew와 로 얻을 수 있고 첨도는 DataFrame이나 Series의 kurtosis나 scipy.stats.kurtosis로 얻을 수 있다.

그림 6.4는 표준정규분포와 자유도 4인 카이제곱분포에서 1,000씩의 난수를 얻어서 히스토그램을 얻은 결과이다. 이 그림을 그리는 것은 제7장을 참고하기로 한다. 이 두 자료를 사용하여(아래에서 random.seed 명령을 주석처리하면 실행할 때 마다 다른 난수가 생성되므로 다른 모양의 분포, 다른 숫자가 얻어진다) 다음과 같이 왜도와 첨도를 얻는다.

보기 6.4 skewk1.py 대칭인 분포와 비대칭인 분포에서 난수를 발생하여 왜도와 첨도를 구해보자.

```
import numpy as np
import pandas as pd
from scipy.stats import skew
from scipy.stats import kurtosis
import matplotlib.pyplot as plt

np.random.seed(1000)
x = pd.Series(np.random.normal(0,1,1000))
x.hist()
plt.show()
sk1 = x.skew()
sk2 = skew(x)
kt1 = x.kurtosis()
kt2 = kurtosis(x)

print(sk1, sk2, kt1, kt2)

y = pd.Series(np.random.chisquare(4,1000))
y.hist()
plt.show()
sk3 = y.skew()
sk4 = skew(y)
```

```
kt3 = y.kurtosis()
kt4 = kurtosis(y)
print(sk3, sk4, kt3, kt4)
```

이 결과로 얻는 값은(소숫점 다섯자리에서 버림)

```
-0.0690 -0.0688 -0.0040 -0.0100
 1.4935  1.4912  3.65976 3.6354
```

이며 여기에서 보는 것처럼 pandas와 scipy.stats에서 왜도와 첨도가 같지 않은 값을 얻었다. 정규분포 자료의 왜도 계산에 실제 공식을 적용해보면

```
num1 = np.sum( (x - np.mean(x))**3 )/1000
denom1 = ( np.sum( (x - np.mean(x))**2 ) /1000 ) **1.5
skew1 = num1/denom1
skew2 = (1000**2)/(999*998) *skew1
```

의 결과는

```
-0.06889975214740704 -0.06910693473775081
```

으로 scipy는 식 (6.8)을 pandas의 경우 식 (6.10)을 사용하였음을 알 수 있다. ■

서로 다른 정의를 사용하여도 정규분포에서의 왜도와 첨도는 0에 가까운 숫자로 얻어지며 카이제곱분포의 경우 오른쪽으로 skew 되었으므로 양수인 값을 얻는다.

6.4. 빈도표와 교차표

범주형 자료에서 값들의 빈도를 계산하고 이를 표로 요약한 것을 도수분포표라고 한다. 두 개의변수에 대해서 각 변수가 가질 수 있는 값의 조합에 대해서 빈도수를 얻고 이를 표로 요약한 것은 교차표(cross table) 또는 분할표라고 한다.

먼저 일차원인 자료에 대한 도수분포표를 얻기 위해서는 pandas모듈의 Series의 value_counts 메소드를 사용할 수 있다. 사용법은

```
Series.value_counts(normalize=False, sort=False, ascending=False,
                    bins, dropna=True)
```

이며 반환값은 빈도값을 저장한 Series이다. 각 속성은 normalize는 상대빈도여부, sort는 빈도값에 따라 ascending의 설정에 의해 오름차순 또는 내림차순으로 정렬할지 설정한다. bins는 연속인 값의 구간에 대한 빈도수를 계산하고자 할 때 구간의 경계를 설정한다. dropna는 결측치를 포함할지 여부를 설정하며 기본값은 결측치를 포함하지 않는 것이다.

bmi.csv 자료를 읽어서 성별에 대한 빈도수를 얻어보자. freqtab1.py

```
df = pd.read_csv(r'D:\HTEX\Pythonbk\codesdata\bmi.csv')
```

먼저 기본값으로 성별에 대한 도수분포표를 얻어보면

```
ftab0 = df['gender'].value_counts()
F     158
M      19
```

이며 상대도수에 빈도수 오름차순으로 도수분포료를 얻으면

```
ftab1 = df['gender'].value_counts(normalize=True, sort=True,
                                  ascending=True)
M     0.107345
F     0.892655
```

이다. 연속인 자료인 키(height)를 5cm 구간으로 빈도수를 얻어보면

```
ftab2 = df['height'].value_counts(
         bins=[-np.Inf, 150, 155, 160, 165, 170, 175, np.Inf],
         sort=False)
 (-inf, 150.0]       2
(150.0, 155.0]     18
(155.0, 160.0]     57
(160.0, 165.0]     64
(165.0, 170.0]     26
(170.0, 175.0]      6
(175.0, inf]        4
```

이다. 이 경우 자료에서

pandas의 crosstab 메소드를 도수분포표를 만들기 위해 사용할 수 있으며 crosstab은 일차원을 포함하여 이차원 자료에도 사용할 수 있다. 사용법은

```
crosstab(index, columns, rownames=None, colnames=None, margins=False,
         margins\_name='All', dropna=True, normalize=False)
```

이며 index에는 행에 사용할 변수이름을, columns에는 열에 사용할 변수이름을 설정한다. 일차원인 도수분포표의 경우 index나 columns에 변수이름을 주소 나머지 한 쪽에 'count'를 설정하면 'count'로 설정된 위치에 빈도가 저장되는 도수분포표가 만들어진다. 즉,

```
ftab3 = pd.crosstab(index=df['gender'], columns='count')
col_0    count
gender
F          158
M           19
```

은 index에는 df['gender']가, columns에는 'count'로 설정되었으므로 행변수에 gender, 열변수는 빈도가 만들어지며

```
ftab4 = pd.crosstab(index='count', columns=df['gender'])
gender      F   M
row_0
count     158  19
```

는 index에는 'count'로, columns에는 df['gender']로 설정되었으므로 행변수에 빈도가, 열변수는 gender가 들어간 도수분포표가 만들어진다.

rownames와 colnames는 행변수와 열변수의 이름에 사용할 문자열을 설정한다. 따로 설정하지 않으면 변수이름이 사용된다. 설정하며 margins는 각 행별 열별의 합을 계산할지 설정하고 이 부분에 사용할 이름은 margins_name에 문자열로 설정한다. dropna와 normalize는 앞의 value_counts와 같은 용법을 갖는다. 다만 normalize엔 all, ‘index, columns 중의 하나를 설정하여 전체에서의 상대빈도, 열별 상대빈도 및 열별 상대빈도를 출력할 수 있다. 기본값은 False이다.

```
ctab1 = pd.crosstab(index=df['gender'], columns=df['religion'])
religion  Bu  C1  C2  No
gender
F         18  45  33  62
M          3   2   8   6
```

은 기본적인 교차표이다. margins를 설정하면

```
ctab2 = pd.crosstab(index=df['gender'], columns=df['religion'],
                    margins=True)
religion  Bu  C1  C2  No  All
gender
F         18  45  33  62  158
M          3   2   8   6   19
All       21  47  41  68  177
```

와 같이 합이 출력되며 이때 합의 이름은 margin_names의 기본값인 All이 사용되었다. 만일 상대빈도를 얻으려면

```
pd.crosstab(index=df['gender'], columns=df['religion'], margins=True,
            normalize='all')
religion        Bu        C1        C2        No       All
gender
F         0.101695  0.254237  0.186441  0.350282  0.892655
M         0.016949  0.011299  0.045198  0.033898  0.107345
All       0.118644  0.265537  0.231638  0.384181  1.000000
```

으로 전체에 대한 상대빈도를 얻을 수 있으며 이는

```
ctab3 = ctab2 / ctab2.loc['All','All']
```

으로도 얻을 수 있다. 만일 열별 상대빈도를 얻으려면

```
pd.crosstab(index=df['gender'], columns=df['religion'], margins=True,
            normalize='columns')
religion        Bu        C1        C2        No       All
gender
F         0.857143  0.957447  0.804878  0.911765  0.892655
M         0.142857  0.042553  0.195122  0.088235  0.107345
```

로 얻을 수 있다. 이 경우 데이터프레임의 loc 속성을 사용하여

```
ctab4 = ctab2 / ctab2.loc[ ,'All']
religion        Bu        C1        C2        No       All
gender
F         0.857143  0.957447  0.804878  0.911765  0.892655
M         0.142857  0.042553  0.195122  0.088235  0.107345
All       1.000000  1.000000  1.000000  1.000000  1.000000
```

로 유사한 결과를 얻을 수 있다.

6.4.1 도수분포표에서의 통계량 계산

앞에서 본 중심이나 흩어짐이 측도를 포함한 모든 통계량의 계산에서 원자료를 사용하는 것이 바람직하나 자료가 도수분포표로 얻어지고 원자료를 얻을 수 없는 경우에도 평균이나 분산 등을 계산하여야 할 때가 있다. 도수분포표에서 각 구간에 대한 대푯값을 x_i라고 하고 각 빈도를 가중치 w_i라고 하면 자료에 대한 평균은 식 (6.2)의 가중평균을 사용하여 얻을 수 있으며 분산은

$$s^2 = \frac{\sum_{i=1}^k w_i(x_i - \bar{x})^2}{\sum_{i=1}^k w_i - 1} = \frac{\sum_{i=1}^k w_i x_i^2 - n\bar{x}^2}{\sum_{i=1}^k w_i - 1} \tag{6.11}$$

로 얻는다.

보기 6.5 `freqtable1.py` 앞에서 얻은 키에 대한 도수분포표를 보면 표 6.1로 얻을 수 있으며 이 표에서 평균은 $28517.5/177 = 161.12$로 계산된다. 파이썬에서는 앞에서 만든 도수분포표

```
ftab2 = df['height'].value_counts(bins=[-np.Inf, 150, 155, 160, 165,
                                        170, 175, np.Inf],
                                  sort=False)
```

을 사용하여

```
x = np.linspace(147.5, 177.5, 7)
wmean = np.sum(x * ftab2)/np.sum(ftab2)
```

으로 위의 결과를 얻을 수 있다. 분산은

```
wvar = np.sum( (x-wmean)**2*ftab2 ) / (np.sum(ftab2)-1)
```

구간	빈도(w_i)	대푯값(x_i)	$x_i w_i$
$(-\infty, 150.0]$	2	147.5	295.0
$(150.0, 155.0]$	18	152.5	2745.0
$(155.0, 160.0]$	57	157.5	8977.5
$(160.0, 165.0]$	64	162.5	10400.0
$(165.0, 170.0]$	26	167.5	4355.0
$(170.0, 175.0]$	6	172.5	1035.0
$(175.0, \infty)$	4	177.5	710.0
합	177		28517.5

표 6.1: 가중 평균계산을 위한 표

으로 31.17을 얻는다. 참고로 원자료의 평균과 기댓값은 각각 162.10과 29.95이다. ■

도수분포표에서 평균이나 분산을 계산하는 경우 식 (6.2)나 식 (6.11)을 사용할 수 있는데 이 식은 대푯값 x_i가 빈도(가중치) w_i만큼 반복된 자료에 대한 평균과 분산을 계산한 것이다. 즉, 보기 6.5의 결과는 다음과 같이 계산할 수 있다.

보기 6.6 `freqstat1.py` 보기 6.5의 평균과 분산을 자료를 빈도수만큼 반복시켜 얻어보자.

```
import pandas as pd
import numpy as np
import scipy.stats as st

df = pd.read_csv(r'D:\HTEX\Pythonbk\codesdata\bmi.csv')
freq = df['height'].value_counts(bins=[-np.Inf, 150, 155, 160, 165,
                                       170, 175, np.Inf],
                                 sort=False)
x = np.linspace(147.5, 177.5, 7)

aux = [ [x[i]]*freq.values[i] for i in range(len(freq))] # 자료 증가
aux = np.array( np.concatenate(aux) )  # 1차원으로 평면화 ndarray

print(aux.size)
print(aux.mean())
print(aux.var(ddof=1))
print(st.skew(aux))
```

이 프로그램에서 aux를 계산하는데 첫 번째는 대푯값 x를 해당 빈도 `freq`만큼 반복하여 얻고 두 번째 계산은 aux가 리스트를 원소로 하는 리스트이므로 이를 평면화하여 1차원으로 만든 후 ndarray로 변환하였다. 이제 aux는 177개의 원소를 가진 1차원 ndarray이므로 필요한 통계량은 가중치없이 계산할 수 있으며 아래의 네 출력은 자료의 수 177,

평균 161.12, 분산 31.17, 왜도 0.46을 얻는다. ■

참고: 보기 6.6의 계산은 식 (6.2) 등의 식이 없는 경우에 유용하지만 원자료의 개수만큼 자료를 증가시키므로 필요한 메모리나 연산 시간의 증가가 뒤따르므로 식 (6.2) 등과 같은 공식이 없는 통계량의 계산에서만 사용하는 것이 좋다.

6.5. LaTeX 사용자를 위한 참고

pandas.DataFrame은 다양한 형태의 출력이 지원되는데 그 중 하나가 LaTeX의 tabular 환경의 표로 출력하는 것이다. 표 6.1을 만들기 위해서는 필요한 계산을 하여 표에 넣어도 되지만 파이썬에서 계산하여 결과를 LaTeX 형식으로 출력하면 된다. tolatex.py

```
import pandas as pd
import numpy as np

df = pd.read_csv(r'D:\HTEX\Pythonbk\codesdata\bmi.csv')

ftab2 = df['height'].value_counts(bins=[-np.Inf, 150, 155, 160, 165,
                                          170, 175, np.Inf],
                                   sort=False)
x = np.linspace(147.5, 177.5, 7)
ldf = pd.DataFrame({'빈도($w_i$)': ftab2,
                    '대푯값($x_i$)': x, '$x_iw_i$': ftab2 * x })
sums = ldf.apply(np.sum, axis=0)
sums.name = '합'
ldf.append(sums)
latexdf=ldf.to_latex()
print(latexdf)
```

에서 x를 대푯값을 저장한 변수로 만들고 이를 이용하여 구간, 대푯값(x_i), xi_wi 값을 저장한 데이터 프레임 ldf를 만든다. 각 열에 대한 합을 계산하이 위해 데이터 프레임의 apply 메소드를 사용하여 합 sums를 만들고(결과는 Series임) 이를 기존의 ldf에 append 한다. 데이터 프레임에 Series를 append할 때는 인덱스를 설정해주어야 하므로 sums.name에 '합'이라는 이름을 설정하였다. 최종적으로 만들어진 데이터프레임에 to_latex 메소드를 적용하여 결과를 인쇄하면 다음과 같은 결과를 얻는다.

```
\begin{tabular}{lrrr}
\toprule
{} &  빈도(\$w\_i\$) &  대푯값(\$x\_i\$) &  \$x\_iw\_i\$ \\
\midrule
(-inf, 150.0]  &         2.0 &        147.5 &     295.0 \\
(150.0, 155.0] &        18.0 &        152.5 &    2745.0 \\
(155.0, 160.0] &        57.0 &        157.5 &    8977.5 \\
(160.0, 165.0] &        64.0 &        162.5 &   10400.0 \\
(165.0, 170.0] &        26.0 &        167.5 &    4355.0 \\
(170.0, 175.0] &         6.0 &        172.5 &    1035.0 \\
```

```
(175.0, inf]   &        4.0 &        177.5 &      710.0 \\
합             &      177.0 &       1137.5 &    28517.5 \\
\bottomrule
\end{tabular}
```

만일 print를 사용하지 않고 바로 출력하면 특수문자 등이 보임(\자리엔 \\, 줄바꿈에는 \n 등)에 유의하자.

연습문제

6.1 신문, 잡지 등 언론매체에서 도수분포표나 그래프를 이용한 기술통계자료를 찾고, 배운 내용과 비교하여라.

6.2 부록 A.1절의 키몸무게 자료를 이용하여 `summary1.py`

(a) 키, 몸무게에 대한 평균, 분산, 중앙값, 최대, 최소, 제 1사분위수, 제 3사분위수, 사분위수범위를 구하여라.

(b) DataFrame의 groupy를 사용하면 특정변수의 값에 따라 자료를 그룹으로 나눌 수 있고 그룹별 자료에 대해서 평균 등의 계산이 가능하다. 예를 들어 성별에 따른 키의 평균은

```
DataFrame.groupby('성별').mean()
```

로 성별에 따른 평균을 계산할 수 있다. groupby의 문법이나 사용예 14.1.1절 및 보기 14.1을 참고하기로 한다. 키와 몸무게의 평균, 중앙값, 분산을 성별에 따라 얻어보아라.

6.3 아래의 도수분포표는 1900년에서 1988년까지 미국에서 발생한 회오리 바람(tornado)에 의해 사망한 사람의 수의 자료이다. 이 자료를 이용하여 사망자 수의 평

사망자 수	도수	상대도수
–24	10	0.127
25–49	21	0.266
50–74	20	0.253
75–99	13	0.164
100–149	7	0.089
150–199	2	0.025
200–249	4	0.051
250–400	2	0.025
합 계	79	1.000

표 6.2: 회오리바람 빈도수.

균과 분산을 구하여라. 각 구간의 대푯값은 구간의 시작과 끝의 평균으로 하며 첫 구간의 시작점은 0으로 간주한다. `freqstat2.py`

6.4 흡연이 세포내에서의 염색체 교대현상에 미치는 영향을 알아보기 위해서 흡연자의 염색체에 교대현상이 일어난 횟수를 세어 보았더니 다음과 같았다. `summary2.py`

9 7 24 30 14 7 16 20 23 23 25 23 37 29 6 5 23 24 22 10 21

(a) 평균, 중앙값, 최빈값, 분산, 표준편차를 계산해보아라.

(b) 평균과 중앙값의 크기를 비교하여 자료의 분포가 어느 쪽으로 skew되었는지 예측하여라. 이 예측에 의하면 왜도의 부호를 예측해보아라.

(c) 왜도를 계산하여 예측과 같은 결과가 나오는지 비교하여라.

6.5 통계학 시험성적이 다음과 같을 때 평균, 표준편차, 중앙값을 구해보아라. `summary3.py`

```
49, 63, 65, 73, 75, 75, 84, 86, 87
```

6.6 연습문제 6.5의 자료를 사용하여 왜도와 첨도를 구해보아라. 이들 값으로 판단할 때 어느쪽으로 skew되었는지, 분포는 정규분포에 비해 뾰족한지 뭉툭한지 말하여라. (`summary3.py` 계속)

6.7 분산의 간편식

$$s^2 = \frac{\sum(x_i - \bar{x})^2}{n-1} = \frac{\sum x_i^2 - n(\bar{x})^2}{n-1}$$

이 항상 성립함을 보여라.

6.8 다음 등식

$$\sum_{i=1}^{k} f_i(x_i - \bar{x})^2 = \sum_{i=1}^{k} f_i x_i^2 - n\bar{x}^2$$

이 성립하므로 식 (6.11)에서 주어진 도수분포표에서의 분산의 간편식이 성립함을 보여라.

6.9 어느 묘포장에서 키운 참나무 1-0묘의 표고(지면으로 부터 측정한 나무의 높이)는 정규분포를 한다고 한다. 모집단의 평균(μ)과 분산(σ^2)이 정확히 알려져 있지 않은 상황에서 다음과 같이 임의로 9본의 표본을 선발하여 측정하였다. 이 측정치를 사용하여 평균표고와 표고의 표준편차를 구하여라.

31, 29, 27, 25, 31, 30, 27, 35, 31

6.10 부록 A.1절의 키몸무게 자료를 이용하여 `summary4.py`

(a) 성별 빈도수를 얻어보아라.

(b) 성별과 종교의 교차표를 얻어보아라.

제 7 장

데이터 비쥬얼라이제이션

파이썬에서 데이터의 자료를 그림으로 표현하는 몇가지 방법에 대해서 알아보자. 여기서는 주로 matplotlib 모듈과 pandas 모듈의 데이터 프레임에서의 데이터 비쥬얼라이제션을 다루기로 한다.

7.1. 막대그래프

막대그래프는 주로 범주형자료에서 각 범주의 빈도를 높이로 하는 기둥을 만드는 그래프이며 파이썬에서는 bar 메소드를 사용하여 그릴 수 있으며

```
matplotlib.pyplot.bar(x, height)
```

로 x에는 가로축에 사용할 변수로 리스트, ndarray 등이 설정되며, height에는 세로축에 사용할 변수를 리스트, ndarray 등으로 설정한다. 이 때 height 값에는 빈도에 해당하는 값을 설정해야 하며 따라서 x와 height의 길이는 같아야 한다. 간단하게는

barchart1.py

```
import matplotlib.pyplot as plt
plt.bar(x=["A", "B", "C", "D"], height= [3, 8, 1, 10])
```

로 그림 7.1의 왼쪽과 같은 막대그래프를 얻을 수 있다. 원자료를 사용하여 막대그래프를 그리려면 원자료의 빈도수를 먼저 얻어야 한다. 예를 들어 같은 자료가 다음

```
x = ["A"]*3 + ["B"]*8 + ["C"] + ["D"]*10
```

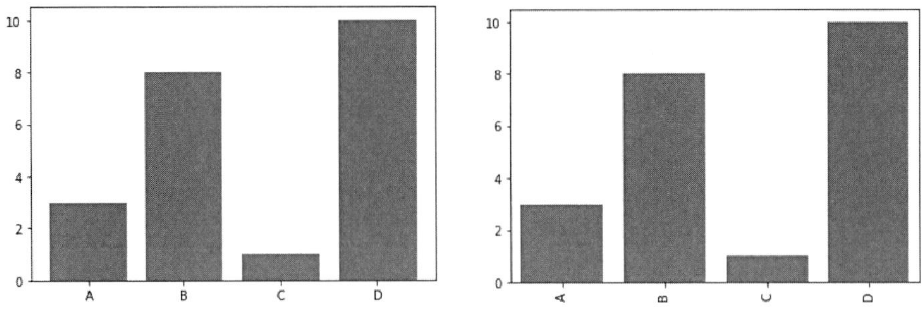

그림 7.1: 막대그래프

과 같이 원자료로 주어진 경우라면 이 자료를 pandas의 Series로 만든 후

```
x = pd.Series(x)
```

이 결과를 사용하여 도수분포표로 만든다.

```
freq = x.value_counts(sort=False)
```

도수분포표를 얻었다면 pandas의 plot 메소드에서 kind에 그림의 종류를 bar로 설정하거나 plot 클래스의 bar 메소드를 사용한다.

```
freq.plot(kind="bar",...) 또는 freq.plot.bar(...)
```

로 막대그래프를 그릴 수 있으며 ...에는 pandas의 plot에서 설정하는 속성을 추가 지정할 수 있다(7.8절 참고). 예를 들어

```
freq.plot(kind="bar")
```

이 명령의 결과는 그림 7.1의 오른쪽 그림이다.

참고로 Series로 도수분포표가 얻어진 경우 pypplot.bar 메소드를 사용하려면 다음과 같이 Series의 keys와 to_list 메소드를 사용하여 인덱스와 값(value)를 각각 추출하여 x와 height에 설정하면 된다.[1]

```
plt.bar(x = freq.keys(), height = freq.tolist())
```

7.2. 원그래프

원그래프 주로 범주형자료에서 각 범주별 빈도수를 원의 부채꼴 각도에 비례하게 그린 그림이다. 원그래프는 원의 특성상 순서가 있는 범주형 자료에는 적용하지 않는 편이다. 파이썬에서 원그래프는 pyplot의 pie 메소드를 사용하여 그릴 수 있다. 이 메소드는

[1] Series의 tolist와 to_list는 이름만 다르고 같은 메소드임.

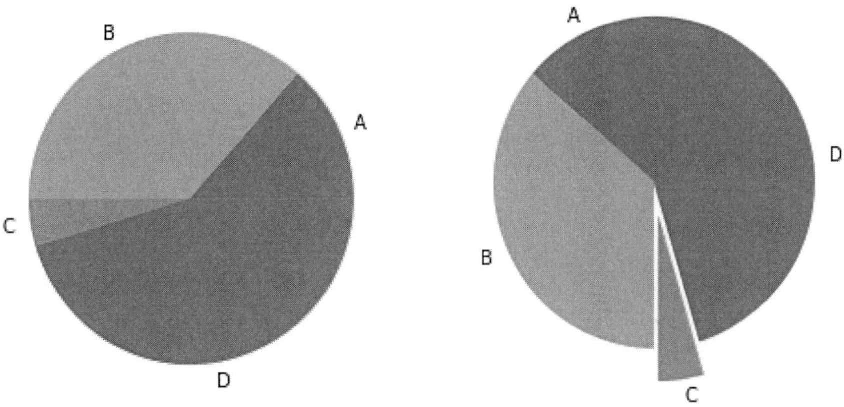

그림 7.2: 원그래프 – 1

```
pie(x, labels, startangle=0, explode, counterclock=True, radius=1,
    center=(0, 0), frame=False,...)
```

로 그릴 수 있으며 x에는 bar 빈도가, label에는 각 빈도에 해당하는 이름이 설정되어야 한다. explode는 원그래프에서 특정 슬라이스를 빼내고 싶을 때 빼낼 슬라이스의 빼낼 거리를 설정한다. 기본적으로 원그래프는 반지름(radius)가 1이고 중심이 (0,0)인 원이므로 적절한 값을 (대개 0.2–0.4정도) 설정하면 된다. startangle은 기본값이 0이고 counterclock은 기본값이 True이므로 각 슬라이스는 수평(각도 0)에서 시작하여 반시계 방향으로 그려진다. 시작 각도는 0부터 360 사이의 값을 설정할 수 있다. `pie1.py`

```
plt.pie(x = [3, 8, 1, 10], labels=["A", "B", "C", "D"])
plt.pie(x = [3, 8, 1, 10], labels=["A", "B", "C", "D"],
        startangle=90, explode=[0, 0, 0.2, 0])
```

의 결과는 그림 7.2와 같으며 이 그림의 오른쪽 원그래프는 시작각도가 90도이며 세 번째 슬라이스는 0.2만큼 이동하여 그려졌음을 알 수 있다.

도수분포표 형태의 자료가 아닌 원자료(raw data)로 원그래프를 그리려면 도수분포료를 먼저 만들어서 이 결과로 pandas로 원그래프를 그릴 수 있다. 같은 자료가

```
x = ["A"]*3 + ["B"]*8 + ["C"] + ["D"]*10
```

으로 원자료라면 이를 x = pd.Series(x)로 Series로 바꾼 후 plot에서 bar를 pie로 바꾸면 된다. 즉, kind에 그림의 종류를 pie로 설정하거나 plot 클래스의 bar 메소드를 사용한다.

```
freq.plot(kind="pie",...) 또는 freq.plot.pie(...)
```

로 원그래프를 그릴 수 있으며 ...에는 pandas의 plot에서 설정하는 속성을 추가 지정할 수 있다(7.8절 참고). 예를 들어

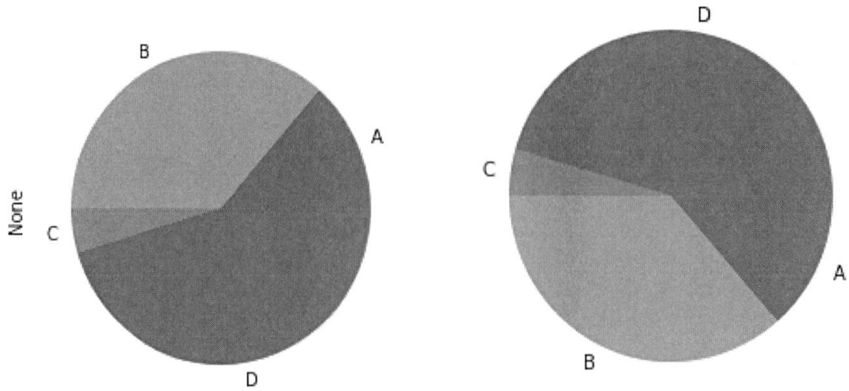

그림 7.3: 원그래프 – 2

```
freq = x.value_counts(sort=False)
freq.plot(kind="pie")
```

로 그림 7.3의 왼쪽 그림을 얻는다. 막대그래프와 마찬가지로 Series로 빈도수를 얻은 경우 이름과 빈도수를 각각 keys와 to_list 메소드로 따로 추출한 후 pie 메소드를 사용하면 된다. 즉,

```
plt.pie(x = freq.tolist(), labels = freq.keys(), counterclock=False)
```

의 결과는 그림 7.3의 오른쪽 그림이며 이 경우 시계 방향으로 각 슬라이스를 그리도록 설정된 것임에 유의하자.

7.3. 상자그림

상자그림(boxplot)은 최솟값, 제1사분위수(Q_1), 제2사분위수(Q_2), 제3사분위수(Q_3) 및 최댓값을 사용하여 그리는 그림으로 자료의 분포에 대한 정보를 그림으로 표현한다. 그림 7.4에서 보는 것처럼 제1, 3사분위수 사이를 상자로 표시하고 제2사분위수는 상자 내에 선을 그린다. 제3사분위수에서 최대, 제1사분위수에서 최솟값은 선으로 연결하며 이 선이 너무 길어지는 경우엔 선을 일정부분까지만 긋고 지나치게 크거나 작은 값은 점으로 표현한다. 일반적으로 사용하는 선의 최대길이는 사분위수범위 IQR($=Q_3 - Q_1$)의 1.5배이다.

그룹별 상자그림을 그려서 그룹에 따른 분포차이를 이해하는데 도움을 받는 그림이기도 하다. 파이썬에서의 상자그림은 pandas의 DataFrame 클래스의 boxplot 메소드를

```
DataFrame.boxplot(column=None, by=None, ax=None, rot=0, ...
```

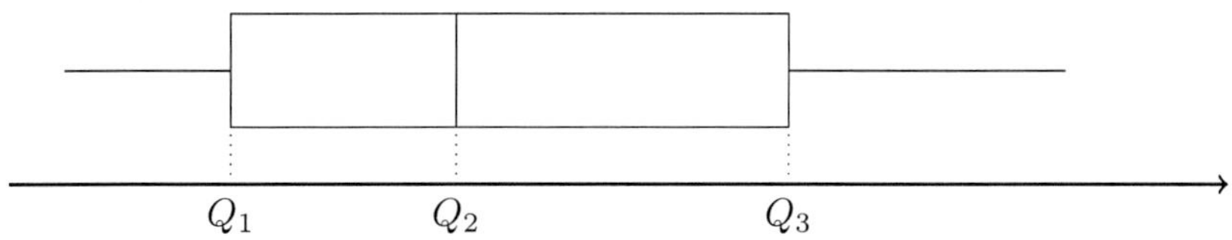

그림 7.4: 상자그림의 구성

로 사용하여 그릴 수 있다.

column 상자그림을 그릴 변수이름의 리스트를 사용하며 둘 이상의 변수가 지정되면 한 그림에서 각 변수에 대한 상자그림을 옆으로 나란히(side-by-side) 그려서 각 변수의 분포를 비교할 수 있다.

by 데이터프레임의 변수의 값에 따라 상자그림을 그리게 설정하는 것으로 주로 범주형 자료가 설정된다.

ax matplotlib의 axis가 열려져 있을 때 여기서 설정한 axis에 그림을 그리게 한다.

rot 눈금의 글자를 회전하는 각도를 설정한다. 그림의 회전이 아님에 유의하자.

다음의 보기를 생각해보자.

보기 7.1 boxplot1.py bmi.csv 파일에서 키와 몸무게를 읽어서 체질량지수 BMI를 계산한 다음 전체 BMI에 대해서와 성별에 따른 상자그림을 그려본다. 추가로 정규분포에서 난수를 발생하여 side-by-side 상자그림을 그린다.

```
import pandas as pd
import numpy as np
import matplotlib.pyplot as plt

df = pd.read_csv(r'D:\HTEX\Pythonbk\codesdata\bmi.csv')
df['bmi'] = df['weight']/(df['height']/100) ** 2
df.boxplot(column=['bmi'])
df.boxplot(column=['bmi'], by=['gender'])

x = np.random.normal(0, 1, [10,4])
rdf = pd.DataFrame(x, columns=['var1','var2', 'var3', 'var4'])

rdf.boxplot(column=['var1','var2', 'var3'])

rdf.boxplot(column=['var1','var2', 'var3'], rot=45)
```

이 코드의 결과는 그림 7.5이다 이 그림에서 첫 번째 상자그림은 한 변수 bmi에 대한 상자그림이며 두 번째 그림은 성별(gender)에 따른 상자그림으로 그룹을 표시해주는 변수가 별도로 존재하는 경우이다. 세 번째 그림은 네 개의 열을 가진 데이터 프레임에서

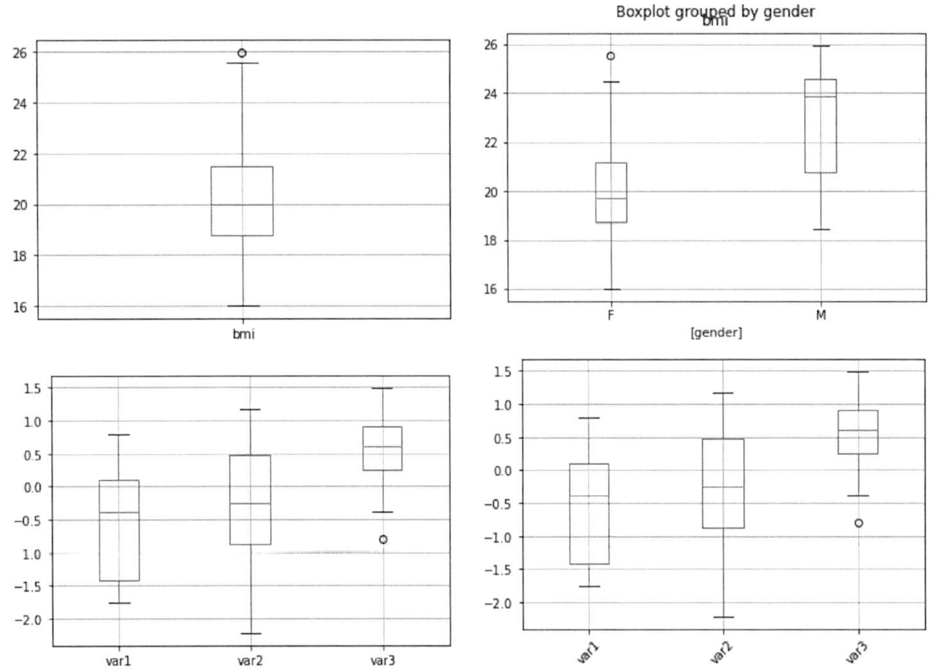

그림 7.5: 상자그림 그리기 - 1

처음 세 개 변수에 대한 상자그림으로 각각의 변수가 그룹을 구성하여 그룹별 상자그림을 그린다. 네 번째 상자그림은 그룹의 이름을 회전한 결과이다. 이 프로그램에서 사용한 np.random.normal은 정규분포에서 난수를 생성하는 방법 중 하나로 자세한 것은 8.3.2 절을 참고하기로 한다. ■

7.4. 줄기잎그림

줄기잎그림(stem-and-leaf plot)은 자룟값을 줄기(stem)와 잎(leaf)으로 분리하여 원자료의 값을 인쇄하는 그림이다. 줄기는 주로 자료의 첫 번째 자리수가 되며 잎은 두 번째 자리수를 사용한다.

파이썬에서 줄기잎그림은 stemgraphic 모듈에서 제공되며 파이썬이 기본 설치나 아나콘다 설치시 설치되지 않으므로 추가로 설치해야 한다. 다음과 같은 명령

```
% pip3 install -U stemgraphic
```

으로 설치가 가능하며 원고 작성중인 현재까지는 아나콘다에서는 지원되지 않으므로 아나콘다의 conda 명령은 사용할 수 없으며 Anaconda PowerShell Prompt를 열어서 위의 명령을 실행하면 설치된다.

stemgraphic 모듈에서 줄기잎그림을 그래픽으로 그리는 함수로 stem_graphic가,

텍스트로 그리는 함수로 stem_text가 제공된다.[2] 사용법은

```
stem_graphic(df, df2=None, leaf_color='k', title=None,...)
```

이며 df에는 자료가 포함된 데이터프레임 등의 이름을 설정하며 df2에는 back-to-back 줄기잎그림을 그리고자 할 때 줄기를 기준으로 왼쪽에 그릴 잎이 저장된 데이터 프레임 등의 이름을 설정한다.[3] leaf_color에는 잎의 색깔을 설정하며 title에는 그림의 제목을 설정한다.

stem_text 메소드는

```
stem_text(df, ...))
```

으로 사용하며 df에는 줄기잎그림을 그릴 자료가 저장된 데이터프레임 등의 이름을 설정한다. 이 두 함수는 추가로 설정할 수 있는 인수가 많으므로 그림 설정을 기본값에 바꿀 필요가 있는 경우 홈페이지 stemgraphic.org에서 확인하기로 한다.

보기 7.2 stem1.py 키와 몸무게가 저장된 자료 bmi.csv에서 체질량지수 BMI(body mass index)를 계산하고 이 BMI에 대해서 위의 두 함수를 사용하여 줄기잎그림을 그려 보자.

```
import pandas as pd
import stemgraphic

df = pd.read_csv(r'D:\HTEX\Pythonbk\codesdata\bmi.csv')
df['bmi'] = df['weight']/(df['height']/100) ** 2

stemgraphic.stem_graphic(df['bmi'])
stemgraphic.stem_text(df['bmi'])
```

의 결과로 그림 7.6을 얻는다. 왼쪽 그림은 그래픽으로 얻은 결과이며 오른쪽 그림은 텍스트로 얻은 결과이다.[4]

stem_graphic 함수는 두 그룹의 자료를 좌우로 줄기잎그림을 그릴 수도 있는데 각 그룹의 자료를 df와 df2에 지정해주면 된다. 다만 아직까지는(현재 stemgraphics 모듈의 버전이 0점대이므로 개선될 것으로 보임) 깔끔하게 그려주지 못하거나 불필요한 에러를 만들기도 한다.

```
mdf = df[df['gender'] =='M']['bmi']
fdf = df[df['gender'] =='F']['bmi']
plt.rc('font', size=8)
stemgraphic.stem_graphic(df=round(mdf), df2=round(fdf))
```

앞에서 사용한 bmi의 값을 남자일 때와 여자일 때로 나누어[5] back-to-back 줄기잎그림을 위의 명령으로 그린 결과는 그림 7.7이다. ■

[2] 더 많은 함수가 이 모듈에 포함되어 있으므로 자세한 것은 홈페이지를 참고하기로 한다.

[3] 현재 버전의 stemgraphic에서는 back-to-back 줄기잎 그림은 데이터의 성질에 따라 잘 그리지 못하는 경우가 있으며 추후 이런 버그는 수정될 것으로 생각된다.

[4] 현재 stem_graphic, stem_text 모두 알파 버전이라 그림이 겹쳐보이는 오류가 있음.

[5] 연습문제 7.1, 연습문제 7.3의 풀이에서 groupby를 사용하는 파이썬다운 코드가 있으니 참고.

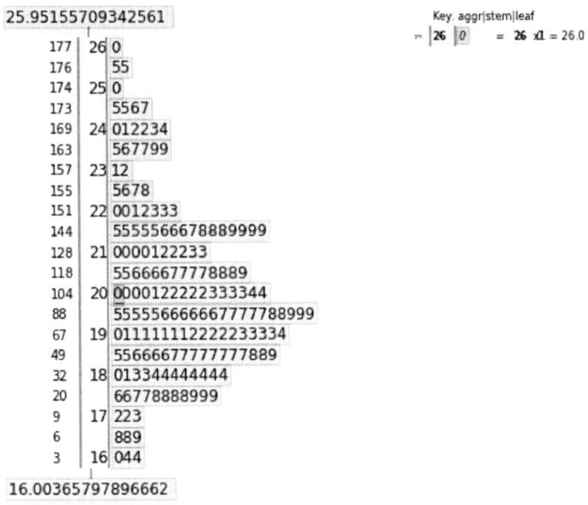

```
16.00365797896662
 ¦
 16 | 044
    | 889
 17 | 223
    | 66778888999
 18 | 013344444444
    | 55666677777777889
 19 | 011111112222233334
    | 5555566666677777788999
 20 | 0000122222333344
    | 55666677778889
 21 | 0000122233
    | 5555566678889999
 22 | 0012333
    | 5678
 23 | 12
    | 567799
 24 | 012234
    | 5567
 25 | 0
    | 55
 26 | 0
 ¦
25.95155709342561
Key:
26|0 => 26.0x1 = 26.0
```

그림 7.6: 줄기잎그림 그리기 – 1

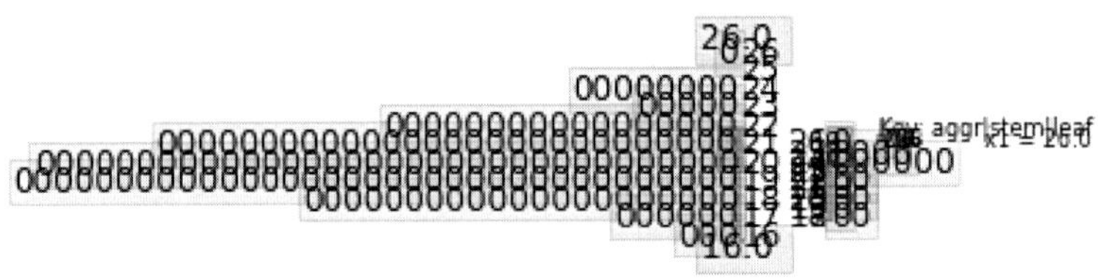

그림 7.7: 줄기잎그림 그리기 – 2

7.5. 히스토그램

히스토그램은 주로 연속인 자료에서 자료의 범위를 일정한 간격으로 구간를 나눈 후 각 구간에 해당하는 자료의 빈도수를 기둥의 높이로 하여 만든 사각형의 그림이다. 히스토그램은 연속인 자료에서 얻으므로 특별한 사정이 없으면 기둥 사이에 간격을 따로 주지 않는다. 참고로 막대그래프는 주로 범주형 자료에 적용되므로 일반적으로 기둥을 분리하여 그린다.

파이썬의 히스토그램은 `matplotlib.pyplot`의 `hist` 메소드를 사용하여 얻을 수 있다. 사용법은

```
hist(x, bins=None, range=None, density=False, weights=None,
    cumulative=False, bottom=None, histtype='bar', align='mid',
    orientation='vertical', color=None, edgecolor,...)
```

이며 x에는 원자료가 저장된 배열 등이 설정되며 bins에는 히스토그램에서의 기둥의 개수를 설정하거나 각 기둥의 시작점과 끝점을 배열 등으로 설정하여 기둥의 개수나 위치를 조정한다. range에는 히스토그램을 그릴 자료의 최솟값과 최댓값을 튜플로 설정한다. 기본값은 (x.min, x.max)이다. density에는 기둥의 높이를 절대빈도로 할지 상대빈도를 할지 설정하며 기본값은 False로 절대빈도를 사용한다. 이 값이 True일 때 만들어진 히스토그램은 확률히스토그램이라고도 한다. weights에는 x의 각 값에 대한 가중치를 설정하며, 주로 자료가 이미 도수분포표 형태로 저장된 경우에 각 범주에 대한 빈도를 사용하여 히스토그램을 그릴 때 사용된다. orientation에는 기둥을 세로로 그릴지 가로('horizontal')로 그릴지 설정한다. edgecolor는 각 기둥의 테두리에 사용할 색을 설정한다.

히스토그램에 대한 정보(구간별 빈도, 구간 경곗값, 기둥의 개수 등)를 얻기 위해서는 numpy의 histogram 메소드는 히스토그램을 그릴 때 필요한 각 기둥의 구간별 빈도수 및 각 구간의 시작점과 끝점의 값을 배열로 반환받을 수 있는 함수이다. 이 메소드는

```
histogram(a, bins=10, range=None, weights=None, density=None, ...)
```

로 사용하며 각 매개변수는 hist와 같은 방법으로 설정한다(단 a는 x와 같음). 이 함수의 반환값은 빈도수가 저장된 ndarray hist와 각 기둥의 경계가 저장된 ndarray bin_edges 이다.

보기 7.3 hist1.py 위의 두 프로그램을 사용하여 히스토그램을 만들어보자.

```
import numpy as np
import matplotlib.pyplot as plt

x = np.random.normal(size=1000)

fig, ((ax1, ax2), (ax3, ax4)) = plt.subplots(2, 2, figsize=(12,9))

ax1.hist(x)
ax2.hist(x, orientation='horizontal', density=True,
         edgecolor='red', linewidth=1.2)

freq = [10, 30, 20, 40]
ax3.hist(x=np.arange(1.5,5.5), weights=freq)

## numpy
freqs, edges = np.histogram(a=x)
centre = edges[0:10]
ax4.hist(x=centre,  bins=edges, weights=freqs,
         edgecolor='#FFFFFF', linewidth=1.2)

labels = [str(e) for e in freqs]
for i in range(0, len(centre)):
    ax4.text(centre[i], freqs[i]+2, labels[i], color='red')
```

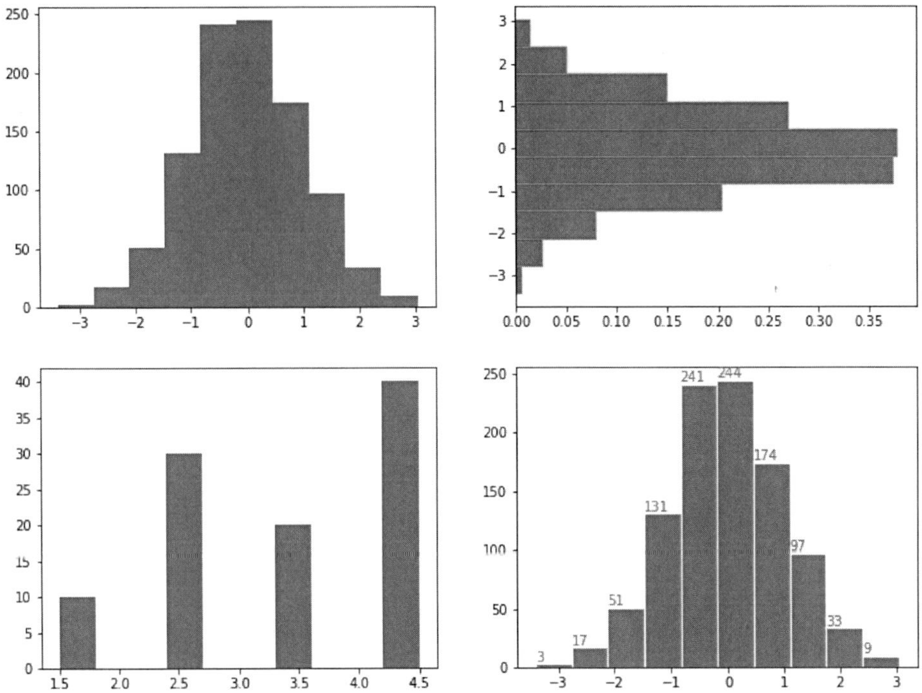

그림 7.8: 파이썬의 히스토그램

```
plt.show()
plt.close()
```

이 프로그램의 결과는 그림 7.8이다. 이 그림에는 전체 영역을 (2 × 2) 로 분할하여 각 영역에 히스토그램을 그려서 하나의 그림을 만들었으며 이를 위해 subplots를 사용하였다(7.7.1절 참고). 먼저 자료를 사용하기 위해 표준정규분포에서 1,000개의 난수를 얻고(정규분포 난수발생은 8.3.2절 참고) 이를 사용하여 히스토그램을 그렸다(첫 번째 그림 ax1). 두 번째 그림은 기둥을 가로로, 높이는 상대빈도로 그렸으며 기본 그림이 각 기둥의 구분이 잘 되지 않으므로 이를 해결하기 위해 테두리 선의 색과 굵기를 추가로 설정하였다. 세 번째 그림은 빈도가 주어졌을 때의 히스토그램을 weights 매개변수를 사용하여 그려본 것이다.

네 번째 그림은 numpy의 histogram 메소드를 사용하여 각 구간별 빈도수와 구간의 경계를 얻고 이 값을 사용하여 bins에 구간 경계값을 설정하여 히스토그램을 그렸다. 경곗값은 길이가 구간별 빈도수보다 1이 많으므로 하나를 제외하여 이를 centre라고 하였다.[6] 이 centre와 빈도수를 이용하여 각 기둥의 위에 빈도수를 추가로 인쇄하였다.

[6]좀더 정확한 그림을 그리려면 구간의 중심을 추가로 계산하는 것이 좋다. 여기서는 구간의 한 쪽 경곗값을 사용하였다.

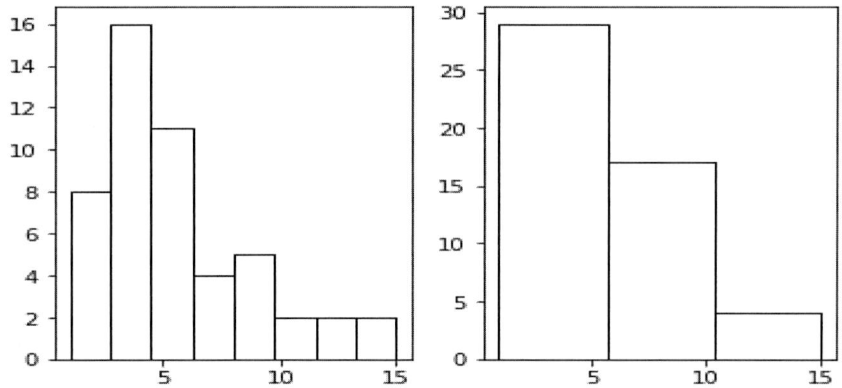

그림 7.9: 같은 자료에서 만든 두 개의 히스토그램

히스토그램의 기둥수/기둥간격 문제

히스토그램에서 기둥의 수가 달라지면 같은 자료에서도 서로 다른 자료에서 그린 히스토그램처럼 보일 정도로 히스토그램에서 기둥의 수 또는 간격의 크기 결정은 중요한 문제이다. 그림 7.9은 같은 자료로 기둥 간격의 크기를 달리한 히스토그램의 보기이다. 여기서 사용한 자료는

```
 8  2 10  1  1  6  6  3  4  4  3  4  5  3 14  5  3  4  7
 9  5  1 10  6  2  4  6  8  3  4 13  3  5  7  7  6  6  7
 3  8  4  4  5  1  1 12  2  9  3 15
```

이다.

이 그림에서 보는 것과 같이 히스토그램을 그릴 때 기둥의 수(또는 기둥의 폭)을 어떻게 설정하는지에 따라 히스토그램의 모양이 완전히 달라질 수가 있다. 따라서 히스토그램을 그릴 때에는 기둥의 수를 어떻게 정하는지가 중요한 문제가 된다. 하지만 이론적으로 모두가 동의하는 히스토그램의 기둥수를 결정하는 방식은 없으나 몇몇 연구자들의 제안으로 사용하는 식은 다음과 같은 것이 있다. 먼저 n을 자료의 수라고 할 때

$$2^k \geq n \tag{7.1}$$

을 만족하는 k 중 가장 작은 k를 기둥의 수로 하는 것이 하나의 방법이다. 참고로 그림 7.9를 만든 프로그램은 다음과 같다. `hist2.py`

```
import matplotlib.pyplot as plt

fig, (ax1, ax2) = plt.subplots(1,2)
xx = [ 8, 2, 10, 1, 1, 6, 6, 3,  4,  4, 3, 4, 5, 3,
       14, 5,  3, 4, 7, 9, 5, 1, 10,  6, 2, 4, 6, 8,
        3, 4, 13, 3, 5, 7, 7, 6,  6,  7, 3, 8, 4, 4,
```

```
       5,  1,  1, 12,  2,  9,  3, 15]

ax1.hist(xx, bins=8, color='w', edgecolor='k')
ax2.hist(xx, bins=3, color='w', edgecolor='k')
```

다른 방법으로

$$1 + 3.3\log(n) \quad n > 15 \text{ 일 때} \tag{7.2}$$

로 기둥의 수를 정하는 방법이 있다.

기둥의 폭을 정하는 방법으로는 Sturges(JASA, 1926)의 방법으로 알려진 방법으로 자료의 범위가 R일 때 기둥의 폭 w를

$$w = \frac{R}{\log_2 n + 1} \tag{7.3}$$

로 사용하는 방법이 있다. 이 방법은 자료에 이상점이 있을 때 너무 많은 기둥을 만드는 경향이 있다. 범위 R은 143면을 참고하자.

Friedman-Diaconis(1981) 방법은 히스토그램의 각 기둥의 폭을 w라고 할 때

$$w = 2\frac{IQR}{\sqrt[3]{n}} \tag{7.4}$$

의 값을 기둥의 폭으로 사용하는 방법이며 IQR은 사분위수범위이며 자세한 것은 143면을 참고하기로 한다.

Scott(1979)의 방법은 기둥의 폭 w를

$$w = 3.5\frac{\hat{\sigma}}{\sqrt[3]{n}} \tag{7.5}$$

로 사용하는 방법이다. 여기서 $\hat{\sigma}$는 표본표준편차로 식 (6.3)의 S와 같다.

7.6. 산점도

산점도는 `matplotlib.pyplot`의 `scatter`나 `plot` 메소드를 사용하거나 `DataFrame`의 `plot`을 사용하여 그릴 수 있다. 이 두 `plot` 메소드는 기본값이 점들을 선으로 연결하는 것이라서 산점도를 그리려면 '산점도'임을 설정하여야 한다. `pyplot`의 경우 `scatter` 메소드는 기본값이 산점이다. 이들은

```
pyplot.plot(x, y, fmt) 또는
pyplot.scatter(x, y, ...)
이나
DataFrame.plot(x, y, kind='scatter',...) 또는
DataFrame.plot.scatter(x, y,...)
```

으로 사용하며 `x`, `y`는 각각 가로축 및 세로축에 사용할 변수를 설정한다. `fmt`에는 점(또는 선)의 모양, 색깔을 설정하며 `...`에는 필요한 속성을 추가로 설정한다. 이 설정에 대한 자세한 것은 `pyplot`은 7.7절을, `DataFrame`은 7.8절을 참고하기로 한다.

표 7.1: `pyplot.plot`의 선의 모양

표시	모양	표시	모양
'-'	실선	'--'	파선
'-.'	일점쇄선	':'	점선

표 7.2: `pyplot.plot`의 점의 모양

표시	모양	표시	모양
'.'	point marker	','	pixel marker
'o'	circle marker	'v'	triangle_down marker
'^'	triangle_up marker	'<'	triangle_left marker
'>'	triangle_right marker	'1'	tri_down marker
'2'	tri_up marker	'3'	tri_left marker
'4'	tri_right marker	'8'	octagon marker
's'	square marker	'p'	pentagon marker
'P'	plus (filled) marker	'*'	star marker
'h'	hexagon1 marker	'H'	hexagon2 marker
'+'	plus marker	'x'	x marker
'X'	x (filled) marker	'D'	diamond marker
'd'	thin_diamond marker	'|'	vline marker
'_'	hline marker		

`fmt`의 설정은 색깔, 점과 선의 모양을 설정하는데 색은 `'b'`은 blue, `'g'`는 green, `'r'`은 red, `'c'`는 cyan, `'m'`은 magenta, `'y'`는 yellow, `'k'`는 black 및 `'w'`는 white를 의미한다.

선의 모양은 표 7.1과 같으며 점의 모양은 표 7.2와 같다.

`fmt`의 설정에서 표 7.1 중의 하나만 있으면 선을 연결하게 되고 표 7.2 중의 하나만 있으면 산점도가 된다. 둘다 있는 경우 점과 선을 연결한다. 다음의 예는 `bmi.csv` 파일에서 자료를 읽어서 `height`는 가로축에, `weight`는 세로축에 사용하여 산점도를 그린 예이다. `scatterplot1.py`

```
import matplotlib.pyplot as plt
import pandas as pd

df = pd.read_csv(r'D:\HTEX\Pythonbk\codesdata\bmi.csv')
plt.plot(df['height'], df['weight'], 'b+')
plt.show()
plt.scatter(df['height'], df['weight'])
```

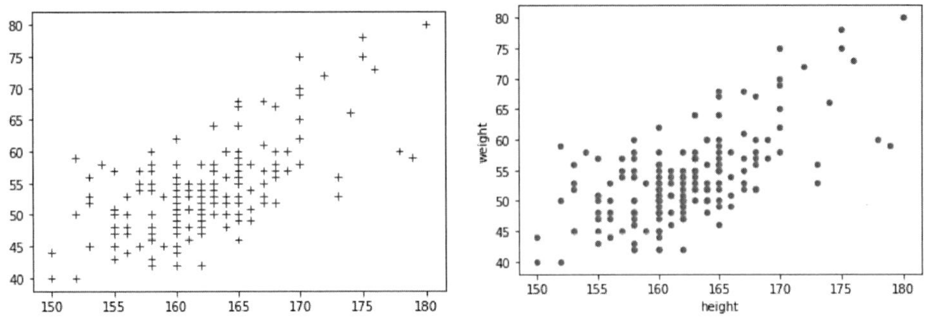

그림 7.10: 산점도 그리기

```
plt.show()


df.plot('height', 'weight', kind='scatter')
plt.show()
df.plot.scatter('height', 'weight')
plt.show()
```

이 명령의 결과 네 개의 산점도가 만들어지며 첫 산점도에서 b+로 설정하여 색은 blue, 점은 '+'로 설정한 것이다. fmt로 설정하지 않고 각각에 속성을 따로 설정할 수 있는데 이는 두 번째 산점도의 설정에서(이 경우 scatter를 사용) color와 marker에서 각각 설정할 수 있다. 각각 설정하는 방법은 7.7절을 참고하기로 한다. 처음 나온 plot 및 scatter 함수의 결과는 그림 7.10과 같다.[7]

세 번째 및 네 번째에 사용한 DataFrame의 plot 메소드는 그림 7.10의 오른쪽 그림과 같은 결과를 만들어 준다. plot 함수에서 종류를 scatter로 설정하거나 plot.scatter 메소드를 사용한 것은 같은 결과를 만들어준다. DataFrame의 plot의 자세한 설정은 7.8 절을 참고하기로 한다.

7.7. pyplot의 설정과 그림 추가

matplotlib.pyplot을 사용하여 그림을 그리고자 할 때 다양한 경우가 있는데 그중 몇 가지를 알아보기로 한다.

7.7.1 한 장치에 둘 이상의 그림

한 그래픽 장치에 둘 이상의 그림을 그릴때는 subplots 클래스를 사용한다.

```
matplotlib.pyplot.subplots(nrow, ncol, sharex=False, sharey=False)
```

[7] 기본 글자 크기나 선의 굵기에 의해 점의 모양이 정확하게 같지는 않음에 유의하자.

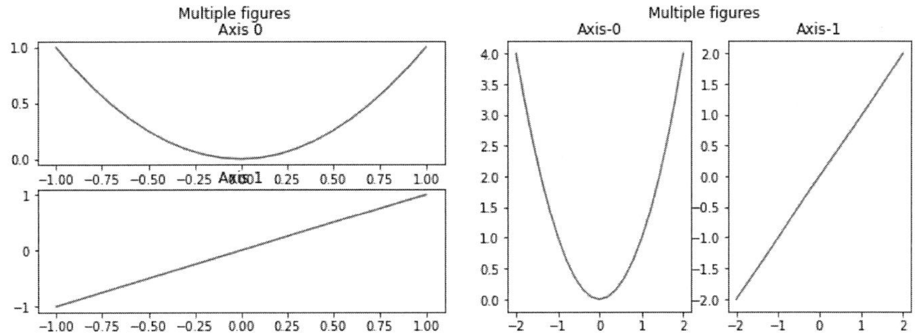

그림 7.11: 한 장치에 여러개의 그림 그리기-1

로 설정하며 nrow와 ncol은 한 그래픽 장치에서의 그림의 개수를 행의 수와 열의 수를 설정하고, sharex, sharey는 각각 여러개의 그림들이 가로축 및 세로축을 동일한 스케일을 사용할지 설정한다. subplots 전체 그림 객체와 여러개의 그림의 객체를 반환한다. 예를 들어

```
fig, axs = plt.subplots(2,2)
```

은 2행 2열의 그림을 그릴 예정임을 알 수 있으며 fig는 그림 전체(현재의 그래픽 장치)를, axs는 4개의 그림 객체를 $2times2$인 배열로 반환받게 되며 이후 전체 그림의 설정은 fig에, 각각의 그림은 axs에 하게 된다.

보기 7.4 subplots1.py x의 범위가 $(-1,1)$일 때 $y = x$, $y = x^2$의 그래프를 그려보자. 이 두 개의 그림을 $2times1$의 영역에 그리는 다음의 코드를 살펴보자.

```
import matplotlib.pyplot as plt
import numpy as np

x = ( np.array(range(21))-10 )/10

fig, axs = plt.subplots(2)

fig.suptitle("Multiple figures")
axs[0].plot(x, x**2)
axs[0].set_title("Axis 0")
axs[1].plot(x, x)
axs[1].set_title("Axis 1")
```

x는 -1에서 1까지 0.1씩 증가시키고 subplots(2)의 설정으로 nrow가 2로 설정되어 두 개의 열을 가진 그림이 그려진다. 이 때 각각의 그림 영역은 axs[0]와 axs[1]이 되므로 이들에 대해 그래프를 그렸다. 이 명령의 결과는 그림 7.11의 왼쪽 그래프이다.

같은 그림을 1×2로 그리고자 할 때는 subplots의 설정에 (1,2)로 하는 것은 당연히 예상된다. 이 때 주의할 점은 행의 개수가 1인 경우 각 그림 영역은 $(1, 2)$ 차원을 갖는게 아니고 벡터인 1차원을 갖는다.

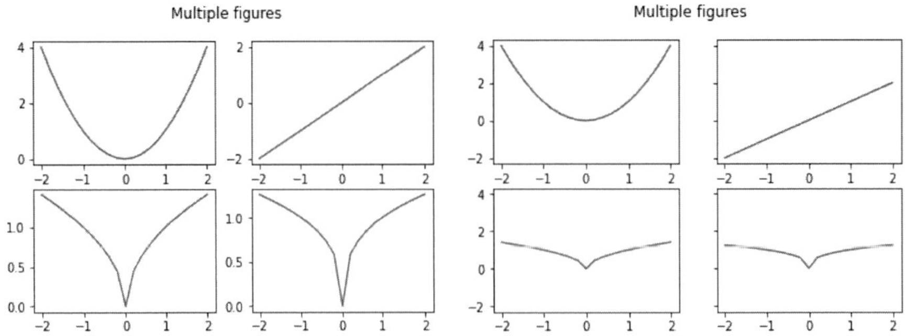

그림 7.12: 한 장치에 여러 개의 그림 그리기-2

```
fig, axs = plt.subplots(1,2)
fig.suptitle("Multiple figures")
axs[0].plot(x, x**2)
axs[1].plot(x, x)
for ii in range(2):
  axs[ii].set_title("Axis-"+str(ii))
```

위의 코드에서 보면 axs[0], axs[1]을 사용하였음에 주의하여야 한다. 첫 줄에서 사용한 subplots(1,2)를 보면 axs가 2차원처럼 보이므로 axs[0,0], axs[0,1]을 사용하기 쉬우나 이 경우 행의 개수가 1이라 1차원 튜플이다. 위에서 axs를 배열로 받았으므로 for 반복문을 사용하여 각각의 그림 영역에 접근할 수 있음도 알 수 있다.

$(2,2)$인 2차원 그림 영역에 앞의 두 그림에 $y = \sqrt{|x|}$, $y = \sqrt[3]{|x|}$을 추가하여 그려보자. 이 때 각 그림영역을 배열이 아닌 서로 다른 이름의 객체로 받을 수 있으며 영역이 2차원이므로 2차원 튜플로 반환받는다.

```
fig, ((ax00, ax01), (ax10, ax11)) = plt.subplots(2,2)
fig.suptitle("Multiple figures")
ax00.plot(x, x**2)
ax01.plot(x, x)
ax10.plot(x, np.abs(x)**(1/2))
ax11.plot(x, np.abs(x)**(1/3))
```

이 때는 그림의 영역이 ax00, $\cdots$, ax11으로 서로 다른 이름으로 받았으며 각각의 영역에 대해서 그림을 그렸다. 이 명령의 결과는 그림 7.12의 왼쪽 그림이다.

비교를 위한 그림을 여러 개 그릴 경우 x 축이나 y축을 동일하게 할 필요가 있다. 이런 경우 sharex, sharey를 True로 설정하며 현재 보기에서는 x값은 모두 같으므로 sharey의 설정만 바꾸었다. 아래의 코드는 각 그림영역을 배열로 반환 받으므로 각 그림 영역은 인덱스로 표현하게 된다.

```
fig, axs = plt.subplots(2,2, sharey=True)
fig.suptitle("Multiple figures")
axs[0,0].plot(x, x**2)
```

```
axs[0,1].plot(x, x)
axs[1,0].plot(x, np.abs(x)**(1/2))
axs[1,1].plot(x, np.abs(x)**(1/3))
```

7.7.2 그림 겹쳐 그리기–overlay

하나의 축(axis)에 그림을 그린 후 이 그림 위에 다른 그림을 겹쳐서 그리고자 하는 경우가 있다. 하지만 서로 다른 종류의 그림을 사용하는 경우 먼저 그린 그림이 사라지고 두 번째 그림만 얻어질 수 있다. 이 때 사용할 수 있는 것이 pyplot의 twinx와 twiny이다. 이 둘은 각각 x축, y축을 공유하면서 이전 그림에 추가할 수 있는 축(axis)를 만들어준다. 사용예는 보기 8.2, 보기 8.3 등을 참고하기로 한다.

7.7.3 범례

그림을 겹쳐서 그릴 때에는 각 그림에 대한 범례가 있으면 좋다. 범례를 만들기 위해서는 plot 함수 등에서 미리 label을 설정하고 legend 함수를 사용하면 된다. 8.3.2절, 8.3.4절에 사용예가 있으므로 확인하기로 한다.

7.8. pandas의 plot의 설정과 그림 조정

pandas의 plot은 DataFrame이나 Series의 메소드로 기본은 산점도를 그리는 것으로 가로축과 세로축에 사용할 변수의 이름을 설정한다. 사용법은

```
plot(x, y, kind, title, grid, legend, xticks, yticks. xlim, ylim,
    label, xlabel, ylabel, rot, ...)
```

이며

title 그림의 제목을 문자열로 설정한다.

grid 격자선을 넣을지True/False 설정한다. 기본값은 None이며 그리드가 그려지는 위치는 xticks와 yticks이다.

kind 그릴 그림의 종류를 설정한다. 사용할 수 있는 값은

- **line** 기본값으로 x와 y에 준 점들을 연결한다.
- **bar** 세로 기둥의 막대그래프를 그린다.
- **barh** 기둥이 가로인 막대그래프를 그린다.

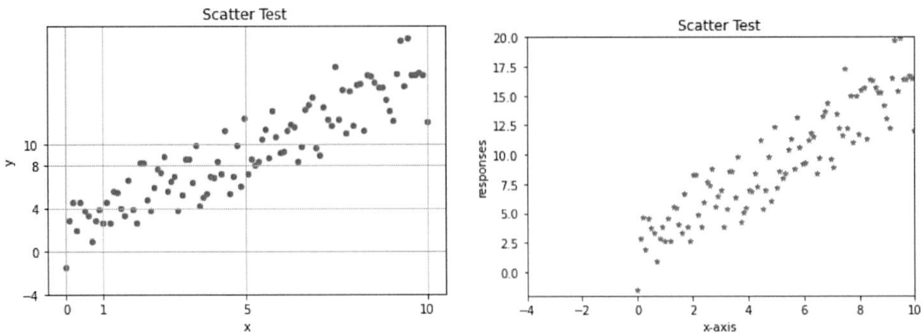

그림 7.13: 데이터 프레임 산점도의 설정 변경

`hist` 히스토그램을 그린다. 이 함수의 옵션에는 `density`와 `cumulative`가 있는데 각각 상대빈도(확률 히스토그램)를 사용할지와 누적빈도를 사용할지 설정한다. 둘 모두 기본값은 `False`라서 각 구간에 대한 절대빈도의 히스토그램을 얻게 된다. 사용예는 보기 8.4를 참고하기로 한다.

`box` 상자그림을 그린다.

`kde, density` 커널밀도함수(kernel density estimation)을 그린다.

`area` 에리어 그래프(area plot)를 그린다.

`pie` 원그래프를 그린다.

`scatter` 산점도를 그린다.

`hexbin` 헥스빈그래프(hexbin plot)를 그린다.

`xticks, yticks` 각각 가로축과 세로축에 사용할 눈금의 값을 `Series`나 리스트등으로 설정한다.

`xlim, ylim` 각각 가로축과 세로축의 범위를 최소와 최대의 값 2개를 저장한 리스트나 튜플로 설정한다.

`xlabel, ylabel` 각각 가로축과 세로축의 이름을 설정한다.

`label` 그림에 이름(라벨)을 설정하며 여기서 설정된 `label`의 값은 범례를 만들 때 기본값으로 사용된다(7.7.3절 참고).

`...` `matlablib`의 매개변수를 추가로 설정할 수 있다.

다음의 보기를 보자.

보기 7.5 `df.plot1.py` 산점도에서 제목, 축이름, 축의 범위 등을 설정해보자.

```
import pandas as pd
import numpy as np
```

```
np.random.seed(100)
x = np.linspace(0, 10, num=100)
y = 2 + 1.5*x + np.random.normal(loc=0, scale=2, size=100)
df = pd.DataFrame({'x': x, 'y':y}, columns=['x', 'y'])

df.plot(x='x',y='y', title='Scatter Test', kind='scatter',
        xticks=[0, 1, 5, 10], yticks=[-4, 0, 4, 8, 10], grid=True)

df.plot(x='x',y='y', title='Scatter Test', kind='scatter',
        xlabel='x-axis', ylabel='responses',
        xlim=(-4,10), ylim=[-2,20])

df.plot(x='x',y='y', title='Scatter Test', kind='scatter',
        xlabel='x-axis', ylabel='responses',
        xlim=(-4,10), ylim=[-2,20], color='r')
```

이 보기는 x를 1부터 10까지 100개의 등간격인 수열로 만들고 y는 $y = 2 + 1.5x + \epsilon$인 관계식으로 만들었다. 이 때 ϵ은 정규분포에서의 난수(평균 0, 표준편차 2)인 난수이다. 이와 같이 만들어진 x와 y의 산점도를 그려보면 그림 7.13과 같다. 이 그림의 왼쪽은 xticks, yticks를 설정하여 눈금이 특정한 위치에 만들어지게 하고 grid를 설정하여 격자를 그리도록 하였다.

오른쪽 그림은 xlabel, ylabel 및 xlim, ylim 등을 설정하여 가로축, 세로축의 이름 및 범위를 변경하였다. 또한 matplotlib의 plot 메소드의 속성인 color와 marker를 변경하게 점의 색과 모양을 변경하였다.

여기서 사용한 np.random.seed 메소드는 난수의 초기치를 설정하여 같은 프로그램이 실행될 때 동일한 결과를 얻기위한 설정이다. 이 줄을 빼고 프로그램을 실행하면 실행될 때마다 다른 y 값이 생성된다. ■

7.9. matplotlib의 한글 사용

matplotlib와 이를 내부적으로 사용하는 pandas 등의 그래픽에서 제목이나 자료의 값에 한글을 사용하는 경우 별도의 추가 설정이 없으면 한글이 제대로 출력되지 않는 현상이 발생한다. 이 현상은 matplotlib 및 이를 내부적으로 사용하는 모듈 등의 기본 폰트가 한글이 아니어서 발생하는 현상으로 기본 폰트를 한글이 포함된 폰트로 바꾸어서 해결할 수 있다. matplotlib 등의 기본 폰트를 바꾸는 것은 다음의 순서를 따른다.

1. 먼저 운영체계에서 폰트 파일의 위치를 찾는다. 윈도우의 경우 C:\Windows\Fonts에 있으며 이 위치는 파일탐색기에서 %WINDIR%/Fonts를 탐색창에 입력하여 확인할 수 있다. 그림 7.14에서 보는 것처럼 폰트의 이름과 폰트 이름에 해당하는 폰트 파일을 확인할 수 있는데 그림에서는 '굴림 보통' 폰트의 경우 폰트 파일의 이름은 GULIM.TTC임을 확인할 수 있다.

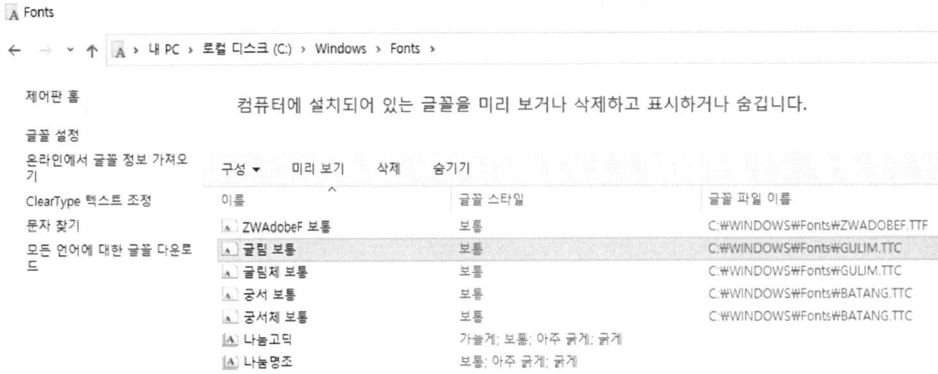

그림 7.14: 파일 탐색기의 폰트 확인

2. 폰트 이름과 이름에 해당하는 폰트 파일을 확인하였으면(윈도우의 경우 한글이 포함된 폰트는 폰트 이름이 대개 한글로 되어 있다) 파이썬에서 사용할 폰트를 설정한다. 이 설정에서 폰트의 이름 (굴림 보통, 궁서체 보통 등)을 설정하는 것이 아니라 폰트 파일의 이름 `GULIM.TTC`(굴림보통의 경우) 이나 `BATANG.TTC`(궁서 보통의 경우)에서 확장자 없이 `GULIM`과 `BATANG`을 `font.family`에 설정하면 된다. 이 설정은 `matplotlib.rcParams`의 `update` 메소드를 다음과 같이 사용한다.

```
matplotlib.rcParams['font.family'] = 'GULIM'
```

물론 `matplotlib`가 먼저 `import`되어 있어야 한다. 여기서 사용한 `rmParams`는 `matplotlib`의 여러가지 속성을 컨트롤할 때 사용하는 클래스로 폰트의 경우 이름이나 크기 등을 설정할 수 있다. 여러 가지 속성을 한 번에 바꾸려면

```
matplotlib.rcParams.update({'font.family' : 'BATANG', })
                             'font.size' : 18})
```

과 같이 `update` 메소드를 사용하는 것이 편하다. 이 때 업데이트할 항목은 딕셔너리로 설정한다.

보기 7.6 `hfont1.py` 보기 7.5의 산점도에서 제목 등을 한글로 바꾸어보자.

```
import matplotlib.pyplot
import numpy as np
import pandas as pd

d_fontname = matplotlib.rcParams['font.family']
d_fontsize = matplotlib.rcParams['font.size']
print(d_fontname, d_fontsize)

x = np.linspace(0, 10, num=100)
y = 2 + 1.5*x + np.random.normal(loc=0, scale=2, size=100)
df = pd.DataFrame({'x': x, 'y':y}, columns=['x', 'y'])
```

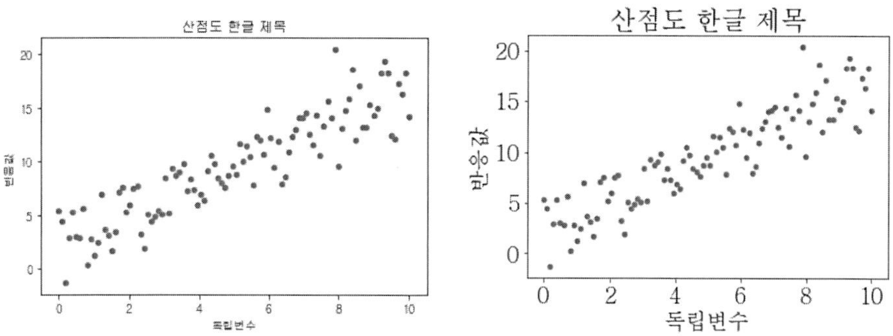

그림 7.15: matplotlib 그래픽에서 한글 구현

```
df.plot('x','y', title='산점도 한글 제목', kind='scatter',
        xlabel='독립변수', ylabel='반응값')

matplotlib.rcParams['font.family'] = 'GULIM'
df.plot(x='x',y='y', title='산점도 한글 제목', kind='scatter',
        xlabel='독립변수', ylabel='반응값')

matplotlib.rcParams.update({'font.family' : 'BATANG',
                            'font.size' : 20})
df.plot(x='x',y='y', title='산점도 한글 제목', kind='scatter',
        xlabel='독립변수', ylabel='반응값')

matplotlib.rcParams['font.family']= d_fontname
matplotlib.rcParams['font.size']= d_fontsize
```

이 프로그램의 결과로 얻어진 matplotlib의 기본 폰트의 이름은 ['sans-serif'], 기본 폰트의 크기는 10.0이며 이 값은 앞의 프로그램 등에서 설정이 바뀐 경우 바뀐 값이 출력될 수도 있다. 이런 이유로 이 프로그램의 마지막에 이 두 값을 초깃값으로 되돌렸다.

이 프로그램의 첫 번째 그림은 제목 등이 한글인데 반해 기본 폰트에 한글이 없으므로 제목 등의 출력에서 한글로 설정된 부분은 □□□ 등이 출력됨을 알 수 있고 두 번째와 세 번째의 경우 각각 폰트를 바꾸어서 그린 결과 한글이 정상적으로 출력됨을 확인할 수 있다(그림 7.15). ■

위의 rcParams를 사용하는 방법은 그림 전역에 대한 폰트 설정일 뿐 아니라 모든 폰트 파일이 적용되지 않는 문제가 있다. 폰트에 대한 설정을 개별 요소에 대해서 하면서 폰트 파일의 경로를 설정하여 한글을 사용하는 방법을 알아보자. 개별 요소에 대한 설정은 matplotlib.font_manager의 FontProperties에서 폰트의 특성을 설정하고 이를 pyplot의 각 요소의 설정시 폰트설정에 대한 매개변수 fontproperties에서 설정한다. FontProperties는

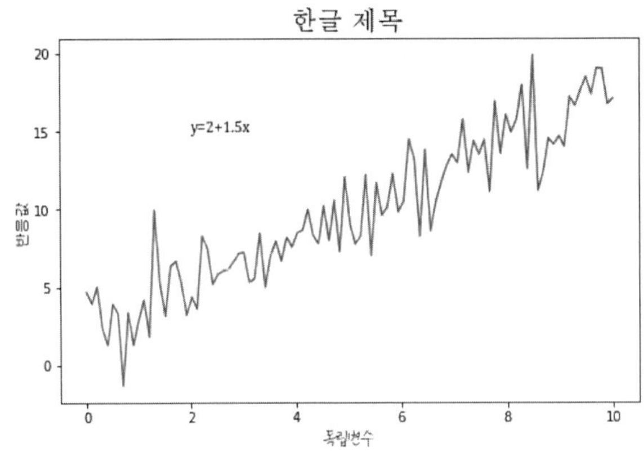

그림 7.16: 개별 요소에 대한 한글 폰트 구현

```
FontProperties(family=None, weight=None,  size=None, fname=None,...
```

로 사용하며 family에는 폰트이름(rcParams의 font.family와 같은 방법으로 설정), fname에는 폰트 파일의 이름을 설정한다. size에는 폰트의 크기를 설정하고(point size 및 'small', 'large' 등 문자가 가능), weight에는 굵기('bold'. 'light' 등이 가능하고 기본값은 'normal'이다)를 설정한다.

보기 7.7 `hfont2.py` 앞의 산점도를 FontProperties를 사용하여 만들어보자.

```
import matplotlib.pyplot as plt
import numpy as np
import matplotlib.font_manager as fm

path1 = r'C:/Windows/Fonts/BATANG.TTC'
fontprop1 = fm.FontProperties(fname=path1, size=20, weight='bold')
path2 = r'C:/Windows/Fonts/GULIM.TTC'
fontprop2 = fm.FontProperties(fname=path2, size=12)
path3 = r'C:/Users/SIM/APPDATA/LOCAL/MICROSOFT/Windows/Fonts/
                                                    나눔손글씨 강부장님체.TTF'
fontprop3 = fm.FontProperties(fname=path3, size=15)
path4 = r'C:/Windows/Fonts/CAMBRIA.TTC'
fontprop4 = fm.FontProperties(fname=path4, size=12, style='italic')

x = np.linspace(0, 10, num=100)
y = 2 + 1.5*x + np.random.normal(loc=0, scale=2, size=100)

plt.plot(x,y)
plt.title('한글 제목', fontproperties=fontprop1)
plt.ylabel('반응값', fontproperties=fontprop2)
plt.xlabel('독립변수', fontproperties=fontprop3)
plt.text(2,15, 'y=2+1.5x', fontproperties=fontprop4)
```

이 프로그램은 사용할 폰트의 경로를 찾아서 이를 FontProperties의 fname에 설정한 후 각 폰트의 특성을 title, xlabel, ylabel, text에 적용하여 그림을 그린 것이다. 여기서 사용한 path3의 강부장님체는 나눔손글씨체로 네이버에서 만들어 무료로 사용할 수 있게 한 손글씨체 중의 하나로 설치 위치가 기본 윈도우 폰트와 다름에 유의하자. 위 명령의 결과는 그림 7.16이다. ■

7.10. 워드 클라우드

텍스트 마이닝의 결과를 워드 클라우드(word cloud)로 시각화하는 방법을 생각해보자. 이를 위해서는 wordcloud 모듈이 필요하며 모듈의 설치는 아나콘다 사용자의 경우

```
% conda install -c conda-forge wordcloud
```

를 아나콘다 파워셸을 관리자 권한으로 실행한 후 입력하면 되고 파이썬이 독립적으로 설치된 경우

```
% pip3 install wordcloud
```

명령으로 설치가 가능하다.

워드 클라우드는 각 단어를 단어의 빈도수에 비례하여 크기를 다르게 하는 시각화이므로 기본적으로 필요한 것은 단어와 단어의 빈도수이다. 단어별 빈도수를 얻는 방법은 여러가지가 있으나 기본적으로 텍스트에서 빈도는 세기 편한 방법은 collections 모듈의 Counter 클래스이다. Counter 클래스는 배열 등을 입력받아 각 값의 빈도를 얻어준다. collections 모듈은 파이썬의 기본 모듈이라 따로 설치하지 않아도 되며 Counter는

```
Counter(lst)
```

로 사용하며 lst에는 리스트 등 자료가 포함된 배열의 이름이나 자료값과 자료값의 빈도를 딕셔너리 등의 형태로 입력한다.

서로 다른 Counter 객체를 합하여 통합빈도표를 Counter 객체로 만들 수 있다. 이 목적으로 + 연산자를 사용한다.

보기 7.8 Counter1.py 다음의 코드에서 freq1과 freq2는 별도의 Counter이며 이 둘을 + 연산자를 사용하여 합하면 모든 범주에 대해서 합한 빈도가 계산된다.

```
from collections import Counter

freq1 = Counter({'파이썬':5, '워드 클라우드':10, 'Counter':3,
                 '데이터과학':7, '통계학':20 })
freq2 = Counter({'파이썬':6, '워드 클라우드':3, '해석학':3,
                 'Java':7, '통계학':20 })

freq = freq1 + freq2
print(freq)
```

이 코드의 결과는

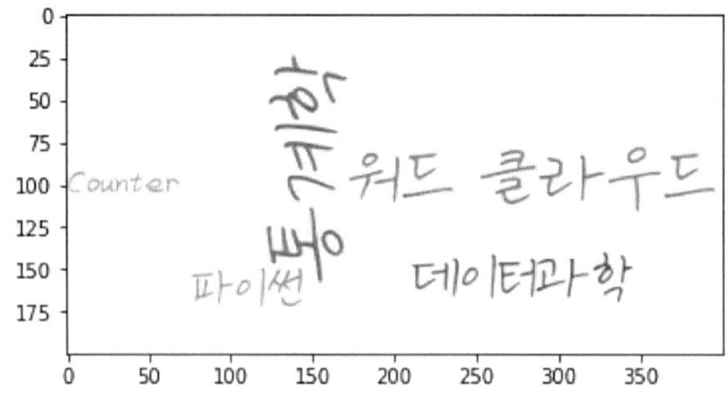

그림 7.17: 텍스트 마이닝 결과의 시각화-1

```
Counter({'통계학': 40, '워드 클라우드': 13, '파이썬': 11,
     '데이터과학': 7, 'Java': 7, 'Counter': 3, '해석학': 3})
```

이다.

워드 클라우드를 빈도에 의해서 그리려면 WordCloud 클래스의 인스턴스를 생성하고 생성된 인스턴스에서 generate_from_frequencies 메소드를 매개변수에 앞에서 얻은 Counter 인스턴스 등을 설정하면 그림이 만들어진다.

보기 7.9 `wordcount5.py` 가장 간단한 워드 클라우드를 만들어보자.

```
from wordcloud import WordCloud
from collections import Counter
import matplotlib.pyplot as plt

freq = Counter({'파이썬':5, '워드 클라우드':10, 'Counter':3,
                '데이터과학':7, '통계학':20 })

fontpath = r'C:/Users/SIM/APPDATA/LOCAL/MICROSOFT/Windows/Fonts/
                      나눔손글씨 강부장님체.TTF'
wc = WordCloud(font_path=fontpath, background_color="white",
               max_font_size=60)

cloud = wc.generate_from_frequencies(freq)
plt.imshow(cloud)
```

이 프로그램에서 freq는 각 단어별 빈도수를 딕셔너리 형태로 설정하여 Counter 인스턴스를 만든 것이다. fontpath는 그래픽에서 한글을 지원받기 위해 폰트의 위치를 설정하였다. WordCloud 클래스의 인스턴스는 매개변수 없이 만들 수도 있으나 위의 경우 한글 사용문제로 글자체를 인식하여 주었다. 이 인스트턴스에서 generate_from_frequencies 메소드를 사용하여 그래픽 객체 cloud를 만든 후 imshow로 그림을 화면에 보여주도록 하였다. matplotlib.pyplot의 imshow 메소드는 그래픽 인스턴스를 보여주는 메소드이다. 이 프로그램의 결과는 그림 7.17이다.

그림 7.18: 텍스트 마이닝 결과의 시각화

참고로 이 프로그램에서 freq는 반드시 Counter일 필요는 없으며 여기서는 Counter 객체를 만드는 보기의 하나로 Counter를 사용하였다(프로그램 코드 참고) ■

보기 7.10 `wordcount4-1.py` 보기 5.5에서 사용한 대한민국헌법을 이용하여 워드 클라우드를 만들어보자.

```
from wordcloud import WordCloud
from collections import Counter
import matplotlib.pyplot as plt

fontpath = r'C:/Users/SIM/APPDATA/LOCAL/MICROSOFT/Windows/
               Fonts/나눔손글씨 강부장님체.TTF'
wc = WordCloud(font_path=fontpath, background_color="white",
               max_font_size=120)

f = open("D:/htex/Pythonbk/codesdata/대한민국헌법.txt", "r",
         encoding='utf-8')
texts = f.read()
f.close()

texts = texts.split()  # 빈칸 기준 분리
wordfreq = Counter(texts)
cloud = wc.generate_from_frequencies(wordfreq)

# 생성된 WordCloud를 이미지 파일로 저장
cloud.to_file('D:/HTEX/Pythonbk/images/wordcount4-1.png')

# 파일을 화면에 바로 띄움
plt.figure(figsize=(10, 8))
plt.axis('off')
plt.imshow(cloud)
plt.show()
```

이 프로그램의 앞부분과 앞의 보기들에서 사용한 내용이다. 먼저 파일의 read는 파일의 내용을 전부 읽어서 하나의 텍스트로 받는다. 이 점은 앞의 보기에서 사용한 readline 이나 readlines와 다른 점이다. 이렇게 읽은 texts는 모두 소문자로 만들고 빈 칸 기준으로 단어를 분리한 후 Counter 클래스를 이용하여 단어별 빈도수를 얻었다. 이 결과로 워드 클라우드 그래프 객체를 얻었으며 to_file 메소드를 사용하면 이 결과를 바로 파일로 저장할 수 있다. 아래 부분의 axis는 그림에서 테두리와 눈금 등을 그리지 않게 'off'로 설정한 것이다. 이 프로그램의 결과는 그림 7.18이다.

참고: 이 보기의 경우 불필요한 단어(예를 들어 '있다', '의하여' 등)를 제거하거나 복수형과 단수형을 같은 단어로 분류하는 등 자연어 처리부분이 생략되었으며 이 부분에 대한 자세한 것은 텍스트 마이닝 분야의 문헌을 참고하기로 한다. ■

7.11. LaTeX 사용자와 matplotlib

LaTeX 사용자는 그림을 그릴 때 그림 내의 글자를 LaTeX 형식으로 하기를 원하는 경우가 많다. 이를 위한 방법은 아주 간단하게 다음 두 단계를 따르면 된다.

1. 먼저 rcParams의 text.usetex을 True로 설정한다. 기본값은 False이다.

2. 제목 등 LaTeX 출력이 필요한 곳에 LaTeX 명령을 입력한다. LaTeX은 \가 파이썬과 다른 특별한 의미를 가지므로 이를 \\로 해주거나 r안에 원래의 LaTeX 명령을 넣어주면 된다.

다음의 보기는 정규분포 그래프를 두 개 그리고 제목, 직선, 범례 등을 추가하되 필요한 곳에 LaTeX 명령을 사용하였다.

보기 7.11 mpllatex1.py 먼저 x는 -3과 5 사이의 100개의 등간격 값으로 하고 $y = f(x)$의 값은 표준정규분포와 모평균 μ가 2, 분산 σ^2은 1인 정규분포 확률밀도함수

$$f(x) = \frac{1}{\sqrt{2\pi}\sigma} \exp\left\{ -\frac{(x-\mu)^2}{2\sigma^2} \right\} \tag{7.6}$$

에서의 값을 각각 y0와 y1으로 한 후 이들의 함수를 그렸다. 이 함수를 그린 후 적절한 위치에 필요한 LaTeX 명령을 구현하였으며

```
import matplotlib.pyplot as plt
import numpy as np
import matplotlib

matplotlib.rcParams["text.usetex"] = True

x = np.linspace(-3,5,100)
y0 = 1/(2*np.pi)**2 * np.exp (-x**2/2)
y1 = 1/(2*np.pi)**2 * np.exp (-(x-2)**2/2)
plt.plot(x,y0, label='$N(\mu_1, \sigma^2)$')
```

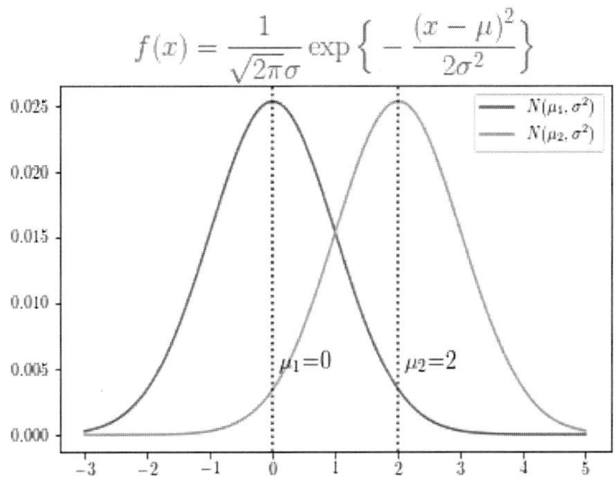

그림 7.19: matplotlib에서 LATEX 명령 사용하기

```
plt.plot(x,y1, label='$N(\mu_2, \sigma^2)$')
fx = r'$$f(x)=\frac{1}{\sqrt{2\pi}\sigma}
            \exp\Big\{-\frac{(x-\mu)^2}{2\sigma^2}\Big\} $$'
plt.title(fx, fontsize=18, color='r')
plt.axvline(x=0, color='b', linestyle=':')
plt.text(0.1,.005, r'\Large$\mu_1$=0')
plt.axvline(x=2, color='b', linestyle=':')
plt.text(2.1,.005, r'\Large$\mu_2$=2')
plt.legend()
```

이 결과는 그림 7.19이다. ■

연습문제

7.1 matplotlib 모듈과 부록 A.1절의 키몸무게 자료를 이용하여 `summary5.py`

(a) 남녀별 빈도에 대한 막대그림과 원그림을 그려보아라.

(b) 남녀별 키의 평균에 대한 막대그림을 그려보아라.

(c) 키와 몸무게에 대한 히스토그램을 그림 영역을 1×2로 2개를 만든 후 각각의 영역에 그려라. 이 때 히스토그램의 각 기둥의 테두리는 기둥의 색과 다르게 하여 각 기둥이 가독성을 가지도록 하여라.

(d) 키에 대한 남녀별 상자 그림을 그려보아라.

7.2 위의 연습문제를 matplotlib를 사용하지 않고 pandas만 사용하여 다시 시도해보아라. 단, (c)의 경우 그림 영역지정에서는 matplotlib를 사용한다. `summary7.py`

7.3 stemgraphic 모듈과 부록 A.1절의 키몸무게 자료를 이용하여 사용하여 `summary6.py`

(a) 키에 대한 줄기잎그림을 그려보아라.

(b) 성별에 따른 키에 대한 back-to-back 줄기잎 그림을 시도해 보아라.

7.4 표 6.2(보기 6.3)의 자료를 사용하여 상대도수 히스토그램을 그려라. 이 때 다음 사항에 유의하여라. `hist3.py`

- 각 구간의 넓이가 일정하지 않다는 점.
- 이에 따라 각 기둥을 구분할 필요가 있다는 점.
- 각 구간의 대푯값이 따로 있어서 이를 x 축의 눈금표시로 사용한다는 점.

7.5 흡연이 세포내에서의 염색체 교대현상에 미치는 영향을 알아보기 위해서 흡연자의 염색체에 교대현상이 일어난 횟수를 세어 보았더니 다음과 같았다. 이 자료들의 줄기잎그림과 상자그림을 그려보아라(보기 6.4 참고). `graphex1.py`

```
9 7 24 30 14 7 16 20 23 23 25 23 37 29 6 5 23 24 22 10 21
```

7.6 다음 그림은 구간 $(0, 2\pi)$에서 $y = \sin(x)$와 $y = \cos(x)$의 그림을 그린 것이다. 이 그림에 $y = 0$에서의 가로선과 범례가 있음에 유의하여 동일한 그림을 얻는 프로그램을 작성해보아라. 참고로 $y = y_0$에서의 수평선을 그리는 함수는 axhline 메소드이며 삼각함수의 값을 계산할 수 있는 함수는 numpy.sin, numpy.cos이다. `graphex2.py`

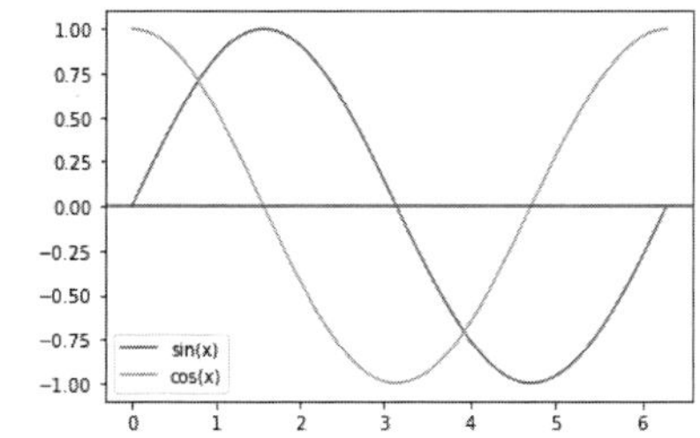

7.7 평균이 μ, 분산이 σ^2인 정규분포 $N(\mu, \sigma^2)$의 확률밀도함수는

$$f(x; \mu, \sigma^2) = \frac{1}{\sqrt{2\pi}\sigma} \exp\Big\{ -\frac{(x-\mu)^2}{2\sigma^2} \Big\}$$

이다.[8] $N(0,1), N(0,1), N(0,2^2), N(2,2^2)$의 분포를 구간 $(-5,7)$에서 한 그래프에 그려서 평균과 분산에 따른 분포를 비교해보아라. `graphex3.py`

7.8 보기 7.7의 네 그래프를 전체 그림 영역을 2×2로 나눈 후 각 영역에 하나씩 그려보아라. 이 때 분포의 시각적 비교를 위해 y 축의 범위를 동일하게 사용하도록 설정하는 것이 좋다는 점을 프로그램에 반영하여라. `graphex4.py`

7.9 보기 7.1과 유사하게 다음과 같이 난수를 만들어서 상자그림을 그려보았더니 변수 이름이 한글이라서 모두 출력이 되지 않았다.

```
x = np.random.normal(0, 1, [10,3])
rdf = pd.DataFrame(x, columns=['변수1','변수2', '변수3'])
rdf.boxplot(column=['변수1','변수2'])
```

한글이 정상적으로 출력되도록 적당한 한글 폰트를 적용하여 프로그램을 수정하여라. `hfont3.py`

7.10 다음의 자료를 사용하여

```
x = [10, 20, 40, 30]
xlab = ['그룹 1', '그룹 2', '그룹 3', '그룹 4']
```

x에 대한 원그래프를 그리되 제목은 '원그래프'로 추가하여라. `hfont4.py`

7.11 보기 7.10은 파일을 한 번에 다 읽어서 워드 클라우드를 작성하였다. 이는 파일이 클 경우 시스템에 불필요한 부하를 주게 된다. 보기 5.6을 참고하여 한 번에 한 줄씩 읽어 워드 클라우드를 작성하여 보아라. 각 단어의 빈도수 계산은 `Counter`를 사용한다. `worcount7-1.py`

[8]참고로 이 값은 8.3.2절의 내용을 사용하면 $f(x)$의 값을 위 식을 사용하여 계산하지 않아도 얻을 수 있다.

제 8 장

통계적 분포와 시뮬레이션

통계적 의사결정이나 기계학습 등 데이터를 분석하고 분석한 결과에 따라 결론을 얻어야 하는 경우는 통계적 분포이론에 따라서 결론을 도출하는 경우가 많다. 여기서는 자주 사용하는 기본적인 통계분포에 대해서 알아보기로 한다.

통계적 분포에서 확률과 분위수 계산은 `scipy.stat` 모듈에 많은 기능이 있으며 난수 발생은 파이썬의 기본 모듈 `random`과 `nump.random` 모듈에 일부 기능이 있다.

8.1. 유한 모집단에서 임의의 표본 얻기

크기 N인 모집단에서 n개의 표본을 임의로 얻기 위한 방법을 알아보자. 이를 위해서 먼저

1. 모집단의 각 원소에 1부터 N까지의 번호를 부여하고
2. 이 숫자들 중에서 임의로 n개를 선택한 후
3. 선택된 n개의 숫자에 해당하는 원소를

뽑으면 된다. 이를 위해서 사용할 수 있는 파이썬 기본 모듈은 `random`이며 이 모듈의 `sample` 메소드를 사용하면 된다. 이 메소드는

```
sample(population, n)
```

으로 사용하며 리스트 등의 객체인 `population`에서 `n`개를 중복없이(비복원; without replacement) 뽑는다. 다음의 보기를 살펴보자.

보기 8.1 `sample1.py` 먼저 파이썬의 기본 모듈인 random에서 sample을 import 한다.

```
from random import sample

pop = [i for i in range(20)]
print('popluation:', pop)
samp1 = sample(pop, 5)
print('sample1: ', samp1)
```

위의 경우 모집단 pop는 크기가 20이며 각 원소는 0부터 19까지의 정수이다. sample 함수에서 5개를 뽑으면

```
sample1:  [9, 19, 15, 16, 12]
```

으로 얻으므로 9번, 19번, 15번, 16번, 12번에 해당하는 원소를 뽑으면 된다.[1] 참고로 추출한 결과인 samp1을 다음

```
samp1.sort()
sample1:  [9, 12, 15, 16, 19]
```

과 같이 오름차순이나 내림차순으로 정렬하면 더 보기 좋을 수 있다. ■

numpy.random에서는 유사한 기능을 가진 choice 메소드를

```
random.choice(population, size=None, replace=True, p=None)
```

로 사용할 수 있으며 population은 1차원 배열이, size에는 뽑을 갯수, replace는 복원/비복원을 설정한다. 만일 population의 각 원소가 뽑힐 확률이 같지 않으면 각각의 확률을 p에 설정한다.

```
from numpy.random import choice
samp2 = choice(pop, size=5, replace=False)
```

의 결과로

```
[14 19  0  1 10]
```

등과 같이 5개를 임의로 얻는다.

유한한 갯수의 자료를 임의의 순서로 재배열(permuatation)하기 위해 위의 두 함수를 사용할 수 있는데 추출하는 갯수를 전체 갯수로 설정하면 된다.

```
>>> samp3 = sample(pop, len(pop))
[15, 11, 13, 18, 0, 8, 14, 9, 12, 5, 7, 19, 3, 10, 1, 4, 6, 17, 16, 2]
>>> samp4 = choice(pop, size=len(pop), replace=False)
[ 9  8 11 12  5  7 19  4 14  3 15 10  1  0 16 18  6 13 17  2]
```

[1] 임의로 뽑은 결과이므로 이 결과는 매번 다르게 나오게 된다.

과 같이 뽑을 자료의 수를 전체 자료의 수로 설정하면 전체 모집단의 원소를 임의로 배열하게 된다. 참고로 파이썬 기본 모듈 random에는 이를 위한 별도의 함수 shuffle이 제공된다. 이 함수는 반환값 없이 모집단을 임의로 배열한다.

```
from random import shuffle
shuffle(pop)
[7, 8, 9, 14, 16, 11, 19, 12, 5, 15, 2, 13, 1, 6, 0, 10, 3, 17, 18, 4]
```

난수의 초깃값 설정

앞에서 본 것처럼 임의의 값을 얻으려고 할 때는 난수발생의 알고리즘상 초깃값(자연수, 대개 큰 소수(prime number)를 사용하는 것이 이론적으로 바람직함)이 필요하며 이 값은 사용자가 설정하지 않으며 시스템 내부의 시간 등에서 얻어와 사용한다.

난수를 발생하더라도 재현하고자 하는 경우 등에는 이 초깃값을 사용자가 설정하면 같은 난수가 재현된다. 이를 위해서 numpy.random에는 seed라는 함수가 제공되며 파이썬 기본 모듈에도 같은 이름의 함수가 제공된다. 이 함수로 초깃값이 설정되면 이후에는 난수가 재현된다.

```
from random import seed
seed(7981)
samp6 = sample(pop, 5)
print('sample6: ', samp6)
```

의 결과는

```
[0, 1, 12, 5, 11]
```

이며 이 프로그램을 다시 실행하여도 같은 난수를 얻게 된다.

8.2. 이산형 분포

이산형 분포는 자료가 가질 수 있는 값이 이산형(discrete)인 경우를 말하며 10번의 시도 중 성공의 횟수나, 특정 시간동안 톨게이트를 지나간 차량의 대수 등과 같이 이산형 자룟값에 대한 통계적 분포를 말한다.

8.2.1 이항분포

이항분포(binomial distribution)는 각각의 시행(trial)에서 성공[2] 확률이 p인 경우 이 시행을 독립적으로 n번 반복하였을 때 이 n번의 시행에서 성공의 횟수 X에 대한 분포이다.

[2] 이 경우 성공(success)이라는 것은 관심있는 사건이 발생함을 의미하며 좋고 나쁨에 관계없다. 예를 들어 불량품의 갯수에 관심이 있는 경우는 불량품이 성공이고 양품이 실패이다.

이항분포는 $B(n,p)$로 표시한다. n번 시행에서 성공 횟수가 x번일 확률은

$$f(x) = \Pr[X = x] = \binom{n}{x} p^x (1-p)^{n-x}, \quad x = 0, 1, 2, \cdots, n \tag{8.1}$$

로 얻어진다. 예를 들어 공정한 동전을 5번 던질 때 2번의 앞면을 관찰할 확률은 $n = 5$, $p = 1/2$이므로

$$f(2) = \Pr[X = 2] = \binom{5}{2} (1/2)^2 (1-1/2)^3 = 0.3125$$

가 된다. X가 이항분포 $B(n,p)$를 따르면 기댓값과 분산은 각각 $E(X) = np$, $Var(X) = npq$이다. 여기서 $q = 1 - p$이다.

이항분포에 관련된 여러 기능은 `scipy.stats.binom` 클래스에 있으며 이 클래스에서

- `rvs(n, p, loc=0, size=1, random_state=None)` $B(n,p)$ 분포를 따르는 난수 `size`개 발생
- `pmf(x, n, p, loc=0)` $B(n,p)$ 분포에서 x 값에서의 확률 $\Pr[X = x]$계산
- `cdf(x, n, p, loc=0)` $B(n,p)$ 분포에서 x값까지의 누적확률 $\Pr[X \le x]$ 계산
- `ppf(q, n, p, loc=0)` $B(n,p)$ 분포에서 q 분위수 계산.
- `stats(n, p, loc=0, moments='mb')` $B(n,p)$ 분포에서 통계량 계산. m은 평균, v는 분산, s는 왜도, k는 첨도를 계산한다. 이들 값중 평균과 분산은 각각 `mean`, `var` 메소드를 별도로 계산할 수 있다.
- `median(n, p, loc=0)` 중앙값 계산
- `std(n, p, loc=0)` 표준편차 계산

등의 메소드를 사용할 수 있다. 이들 메소드의 이름은 이 장에서 소개하는 다른 분포와 같거나 비슷하다.

보기 8.2 `binom1.py` 다음의 코드를 살펴보자. 먼저 필요한 모듈들을 불러온 후 이항분포 $B(4, 0.5)$의 성질을 알아보기로 한다.

```
from scipy.stats import binom
import pandas as pd
import matplotlib.pyplot as plt

x = list(range(5))
pmf = binom.pmf(x, 4, 0.5 )
cdf = binom.cdf(x, 4, 0.5)
quantile = binom.ppf([0, 0.25, 0.5, 0.75, 1], 4, 0.5)
moments = binom.stats(4, 0.5, moments='mvsk')
```

```
median = binom.median(4, 0.5)
stdev = binom.std(4, 0.5)
```

x를 0부터 4까지의 값으로 한 후 이 x에서의 확률(pmf), x까지의 누적확률(cdf) 등을 계산하였다. 이들 값은 각각

```
pmf: array([0.0625, 0.25  , 0.375 , 0.25  , 0.0625])
cdf: array([0.0625, 0.3125, 0.6875, 0.9375, 1.    ])
quantile: array([-1.,  1.,  2.,  3.,  4.])
moments: (array(2.), array(1.), array(0.), array(-0.5))
median: 2.0
stdev: 1.0
```

으로 이론적인 값들과 같음을 확인할 수 있다. 참고로 0% 백분위수는 -1로 얻어졌는데 분위수 계산에 사용하는 알고리즘이 여러가지가 있는데 일부는 0% 백분위수를 최솟값으로 설정하며 일부는 외삽(extrapolation)을 사용하여 결과를 얻는다. 이 경우 외삽의 결과임을 알 수 있다.

다음은 난수를 발생하여 이론적인 분포와 비교를 해보자.

```
xx = binom.rvs(4,0.5, size=1000)
xx2 = pd.Series(xx)
freqx = xx2.value_counts(sort=False)
freqx.plot.bar()
plt.plot(x,pmf*1000, 'r-')
plt.show()
```

위의 코드에서 xx는 $B(4, 0.5)$에서 1,000개의 난수를 발생하여 저장한 것이며 이 난수들의 도수분포표를 얻기 위해 이를 `Series` 객체로 만들고 `Series` 객체에서 `value_counts` 메소드를 사용하여 도수분포표를 얻었다. 이때 빈도가 높은 순서로 도수분포표를 얻는 것을 막기 위해 `sort`는 `False`를 설정하였다. 이 도수분포표를 사용하여 막대그래프를 그린 후 이 막대그래프 위에 실선으로 이론적인 확률값인 `pmf`의 값을 겹쳐서 그렸다. 이때 막대그래프가 절대빈도이므로 이에 맞추기 위해 1,000을 곱하여 주었다. 이 명령의 결과는 그림 8.1의 왼쪽 그림이다.

누적확률은 다음의 프로그램으로 얻을 수 있다. 먼저 도수분포표에서 누적도수분포를 `cumsum` 메소드를 사용하여 얻는다. `cumsum` 메소드는 누적합(cumulative sum)을 계산 `Series` 클래스의 메소드이다.

```
ecdf = freqx.cumsum()
plt.bar(x, ecdf)
ax2 = plt.twinx()
ax2.plot(x, cdf*1000, 'r-')
```

이 누적 도수분포를 막대그래프를 그린 후(이 때는 `pyplot`을 사용하였음), 이 그래프 위에 이론적인 누적분포함수를 그리기 위해 `twinx`를 사용하여 x축을 공유하는 레이어를 만들어 누적분포함수를 그렸다. 이 명령의 결과는 그림 8.1의 오른쪽 그림이다. 참고로 위 명령의 경우 발생하는 난수의 갯수가 작아서 0–4 사이의 값의 일부가 발생하지 않는

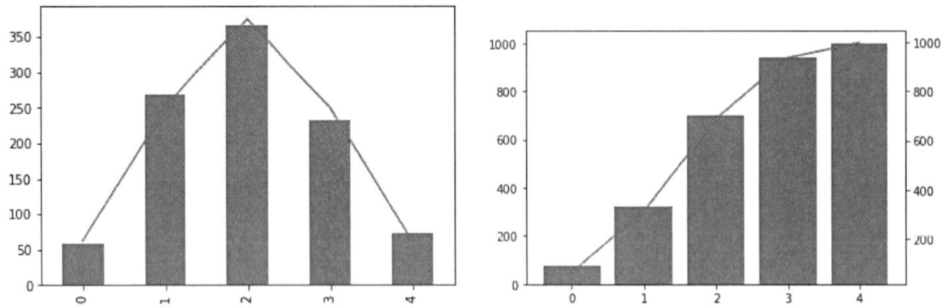

그림 8.1: 이항분포에서 난수로 얻은 빈도와 이론적인 빈도의 비교

경우 에러가 발생할 수 있다. 보기 8.3을 참고하여 차이를 비교해보기 바란다. ■

8.2.2 포아송분포

포아송 분포(Poisson distribution)는 단위 시간당 발생하는 특정 사건의 횟수에 대한 통계적 모형으로 많이 사용하는 분포이다. 단위 시간당 평균 발생횟수가 λ일 때 단위 시간당 사건의 발생횟수 X가 x일 확률은

$$f(x) = \Pr[X = x] = \frac{\lambda^x e^{-\lambda}}{x!}, \quad x = 0, 1, 2, \cdots \tag{8.2}$$

이며 $X \sim Poi(\lambda)$으로 표시한다. X가 포아송 분포를 따르면 기댓값과 분산이 λ으로 같은 값을 갖는다.

포아송 분포에 관련된 여러 기능은 `scipy.stats.poisson` 클래스에 있으며 이 클래스에서 8.2.1절과 같은 이름의 메소드들이 같은 목적으로 사용된다. 다만 모수가 λ 하나만 있으므로 이 값만 다르게 설정한다.

- `rvs(lambda, loc=0, size=1, random_state=None)` $Poi(\lambda)$ 분포를 따르는 난수 `size`개 발생
- `pmf(x, lambda, loc=0)` $Poi(\lambda)$ 분포에서 `x` 값에서의 확률 $\Pr[X = x]$계산
- `cdf(x, lambda, loc=0)` $Poi(\lambda)$ 분포에서 `x`값까지의 누적확률 $\Pr[X \le x]$ 계산
- `ppf(q, lambda, loc=0)`$Poi(\lambda)$ 분포에서 `q` 분위수 계산.
- `stats(lambda, loc=0, moments='mb')` $Poi(\lambda)$ 분포에서 통계량 계산. `m`은 평균, `v`는 분산, `s`는 왜도, `k`는 첨도를 계산한다. 이들 값중 평균과 분산은 각각 `mean`, `var` 메소드를 별도로 계산할 수 있다.
- `median(lambda, loc=0)` 중앙값 계산
- `std(lambda, loc=0)` 표준편차 계산

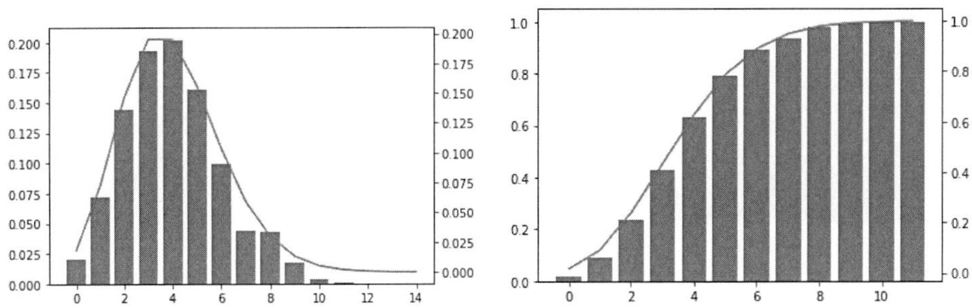

그림 8.2: 포아송 분포에서 난수로 얻은 빈도와 이론적인 빈도의 비교

보기 8.3 `poisson1.py` 평균이 4인 포아송분포에서 확률질량함수, 누적분포함수 등을 계산해보고 난수를 발생시켜 이론적인 분포와 비교해보자. 먼저

```
from scipy.stats import poisson
import pandas as pd
import matplotlib.pyplot as plt
```

로 필요한 모듈을 가져오고 포아송 분포의 가능한 값은 0부터 무한대까지이나 이를 모두 계산할 수는 없으므로 0부터 14까지의 값에 해서 계산해보자.

```
x = list(range(15))
pmf = poisson.pmf(x, 4)
cdf = poisson.cdf(x, 4)
quantile = poisson.ppf([0, 0.25, 0.5, 0.75, 1], 4, 0.5)
moments = poisson.stats(4, moments='mvsk')
median = poisson.median(4)
stdev = poisson.std(4)
```

x에서의 확률질량함수, 누적분포함수 등을 계산한 결과는 다음과 같다.

```
pmf
array([1.83156389e-02, 7.32625556e-02, 1.46525111e-01, 1.95366815e-01,
       1.95366815e-01, 1.56293452e-01, 1.04195635e-01, 5.95403626e-02,
       2.97701813e-02, 1.32311917e-02, 5.29247668e-03, 1.92453697e-03,
       6.41512324e-04, 1.97388408e-04, 5.63966879e-05])
cdf
array([0.01831564, 0.09157819, 0.23810331, 0.43347012, 0.62883694,
       0.78513039, 0.88932602, 0.94886638, 0.97863657, 0.99186776,
       0.99716023, 0.99908477, 0.99972628, 0.99992367, 0.99998007])

quantile: array([-0.5,  3.5,  4.5,  5.5,  inf])
moments: (array(4.), array(4.), array(0.5), array(0.25))
median: 4.0
stdev: 2.0
```

위의 값은 이론적인 값과 비교해 볼 수 있으며 특히 평균과 분산이 모두 4로 같음을 알 수 있다. 난수를 발생하여 이론적인 분포와 비교해보자.

```
xx = poisson.rvs(4, size=1000)
xx2 = pd.Series(xx)
freqx = xx2.value_counts(sort=False) /1000
plt.bar(freqx.index, freqx[freqx.index])
ax2 = plt.twinx()
ax2.plot(pmf, 'r-')

ecdf = freqx.cumsum()
plt.bar(freqx.index, ecdf[freqx.index])
ax2 = plt.twinx()
ax2.plot(freqx.index, cdf[freqx.index], 'r-')
```

포아송 분포의 경우 이론적으로 가질 수 있는 값이 음이 아닌 정수 모두이므로 보기 8.2 와는 달리 x의 범위를 range(15)로 잡을 때 실제 난수발생에서는 13이나 14등 큰 값이 관찰되지 않을 수도 있어서 plt.bar에서는 실제로 관찰된 x의 값만 사용하고 twinx 로 plot 메소드에서 전체 범위를 사용함으로써 확률질량함수는 0–14사이의 범위에서 그림이 얻어졌으며(그림 8.2의 왼쪽 그림), 누적분포함수의 경우 plot 메소드에서 실제 관찰된 값에 대해서만 누적분포를 그려 x축의 범위가 0–11까지 얻어졌다(그림 8.2의 오른쪽 그림). 1,000개의 난수에 의해서 만들어진 그림이므로 이 그림의 형태와 관찰된 값의 범위는 매번 조금씩 달라질 수 있다. ■

8.3. 연속형 분포

확률변수가 가질 수 있는 값이 연속형일 때의 분포를 연속형 분포라고 하며 데이터 분석에 자주 사용하는 몇 가지 분포에 대해서 알아보자.

8.3.1 균등분포

균등분포(uniform distribution)은 특정한 구간에서 확률밀도함수가 상수인 분포로 확률이 구간의 크기에 비례하는 분포로 일양분포라고도 한다. 구간 (a, b)에서의 균등분포의 확률밀도함수는

$$f(x) = \frac{1}{b-a}, \quad a < x < b \tag{8.3}$$

이며 $U(a, b)$로 표시하며 기댓값과 분산은 각각 $(a+b)/2$와 $(b-a)^2/12$ 이다. 균등분포는 이산형일 수도 있는데 모든 발생가능한 X의 값의 확률이 동일하면 이 역시 (이산형) 균등분포이나 대개 균등분포라고 하면 연속형을 의미하는 경우가 많다. 이산형 균등분포는 8.1절의 sample 함수등을 사용하면 모의실험이 가능하다. 연속형 균등분포에서의 난수는 다른 분포에서의 난수를 생성할 때 기초가 되기도 한다.

균등분포에 관련된 여러 기능은 scipy.stats.uniform 클래스에 있으며 이 클래스에서 8.2.1절과 같은 이름의 메소드들이 같은 목적으로 사용된다. 다만 연속형이므로 pmf 대신 pdf 함수가 사용된다. 아래의 설명에서 $U(a, b)$ 분포에서 매개변수 loc는 a

이고 매개변수 loc + scale이 b이다. 기본값이 각각 0와 1이므로 기본 분포는 $U(0,1)$이다.

- rvs(loc=0, scale=1, size=1, random_state=None): U(loc, loc + scale)에서 난수 size개 발생한다. 따라서 기본값을 사용하면 $U(0,1)$에서의 난수를 1개 반환한다.
- pdf(x, loc=0, scale=1): U(loc, loc+scale) 분포에서 x 값에서의 확률밀도함수 $f(x)$ (식 (8.3))을 계산한다.
- cdf(x, loc=0, scale=1): U(loc, loc+scale) 분포에서 x값까지의 누적확률 $\Pr[X \leq x]$ 계산한다.
- ppf(q, loc=0, scale=1):U(loc, loc+scale) 분포에서 q 분위수를 반환한다.
- stats(loc=0, , scale=1, moments='mb'): $Poi(\mu)$ 분포에서 통계량 계산. m은 평균, v는 분산, s는 왜도, k는 첨도를 계산한다. 이들 값중 평균과 분산은 각각 mean, var 메소드를 별도로 계산할 수 있다.
- median(loc=0, scale=1) 중앙값을 계산한다.
- std(loc=0, scale=1) 표준편차를 계산한다.

보기 8.4 uniform1.py 균등분포 $U(0,1)$에서의 확률밀도함수, 누적분포함수, 평균 등을 계산해보자. 이를 위해 필요한 모듈을 먼저 가져온다.

```
from scipy.stats import uniform
import numpy as np
import pandas as pd
import matplotlib.pyplot as plt
```

이제 주어진 값 x에서 필요한 값을 가져오기 위해 x를 설정하고 uniform 클래스의 필요한 함수를 호출한다.

```
x = np.linspace(0,1, num=5)
pdf = uniform.pdf(x, 0, 1)
cdf = uniform.cdf(x, 0, 1)
quantile = uniform.ppf([.005, .01, .025, .5, .95, .975, .99, .995])
moments = uniform.stats(0, 1,moments='mvsk')
median = uniform.median(0,1)
stdev = uniform.std(0,1)
```

의 결과로 다음을 얻으며

```
pdf: array([1., 1., 1., 1., 1.])
cdf: array([0.  , 0.25, 0.5 , 0.75, 1.  ])
quantile: array([.005, .01 , .025, .5, .95, .975, .99, .995])
moments: (array(0.5), array(0.08333333), array(0.), array(-1.2))
median: 0.5
stdev: 0.28867513459481287
```

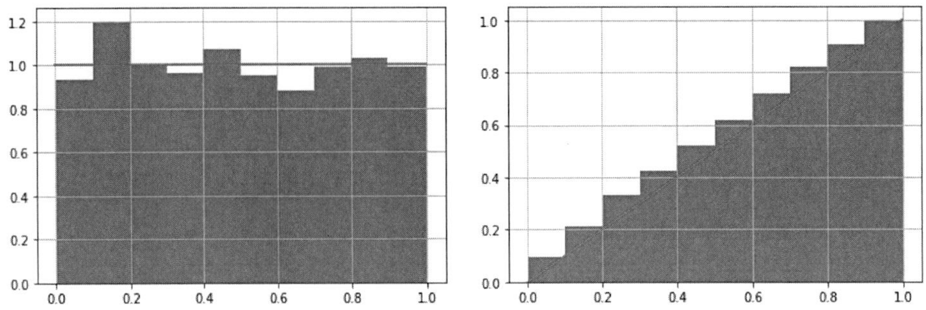

그림 8.3: 균등분포 $U(0,1)$의 난수와 이론값의 비교

평균은 1/2, 분산은 1/12임을 확인할 수 있다. 다른 값들도 비교해보아라. 이제 $U(0,1)$에서 1,000개의 난수를 발생하여 이 난수의 분포가 이론적인 분포와 얼마나 가까운지 확인해보자.

```
xx = uniform.rvs(0,1, size=1000)
xx2 = pd.Series(xx)
xx2.hist(density=True)
plt.plot(x,pdf, 'r-')

xx = uniform.rvs(0,1, size=1000)
xx2 = pd.Series(xx)
xx2.hist(density=True, cumulative=True)
plt.plot(x,cdf, 'r-')
```

먼저 1,000개의 난수를 발생하여 이에 대한 히스토그램을 그리고(이 때 상대도수를 사용하기 위해 `density`는 `true`로 설정) 이 위에 확률밀도 함수 `pdf`를 그렸다. `x`가 5개의 값밖에 없지만 균등분포의 확률밀도함수가 상수라서 문제가 되지 않는다. 첫 번째 블록의 결과는 그림 8.3의 왼쪽 그림이다.

오른쪽 그림은 누적확률도수분포(이를 위해 `hist` 함수의 설정에서 `cumulative`에 `True`를 설정) 위에 이론적인 누적확률분포를 겹쳐 그렸다. 이 경우에도 누적확률분포함수가 $F(x) = x$이기 때문에 `x`의 갯수가 5개 밖에 안되는 것이 문제되진 않는다. ■

8.3.2 정규분포

정규분포는 연속형인 자료 뿐만 아니라 이산형 자료에서도 자료의 수가 많을 근사분포로도 많이 사용하는 기본적인 분포이며 가우스분포라고도 한다. 기댓값이 μ, 분산이 σ^2인 정규분포의 확률밀도함수 $f(x)$는

$$f(x) = \frac{1}{\sqrt{2\pi}\sigma} \exp\Big\{ -\frac{(x-\mu)^2}{2\sigma^2} \Big\}, \quad -\infty < x < \infty \tag{8.4}$$

이다. 정규분포에서 μ는 분포의 좌우 이동에 관여하고 σ(σ^2이 아님에 유의)는 분포의 모양에 관계되는 모수라서 이들을 각각 location parameter와 scale parameter라고 부

르기도 한다.

정규 분포에 관련된 여러 기능은 `scipy.stats.norm` 클래스에 있으며 이 클래스에서 8.2.1절과 같은 이름의 메소드들이 같은 목적으로 사용된다. 다만

- 연속인 분포에서 확률분포를 표현하는 식 (8.4)을 확률밀도함수(probabily density function)이라고 하므로 `pmf`대신 `pdf`라는 메소드가 사용되고
- 모수는 평균 μ와 표준편차(분산이 아님에 주의) σ가 설정

되는 차이가 있다. 사용할 수 있는 메소드를 보면

- `rvs(mu=0, std=1, size=1, random_state=None)` $N(\mu, \sigma^2)$ 분포를 따르는 난수 `size`개 발생
- `pdf(x, mu=0, std=1)` $N(\mu, \sigma^2)$ 분포에서 `x` 값에서의 확률밀도함수 $f(x)$를 계산한다(식 (8.4).
- `cdf(x, mu=0, std=1)` $N(\mu, \sigma^2)$ 분포에서 `x`값까지의 누적확률 $F(x) = \Pr[X \leq x]$ 계산한다.
- `ppf(q, mu=0, std=1)` $N(\mu, \sigma^2)$ 분포에서 `q` 분위수 계산.
- `stats(mu=0, std=1, moments='mb')` $N(\mu, \sigma^2)$ 분포에서 통계량 계산. `m`은 평균, `v`는 분산, `s`는 왜도, `k`는 첨도를 계산한다. 이들 값중 평균과 분산은 각각 `mean`, `var` 메소드를 별도로 계산할 수 있다.
- `median(mu, loc=0)` 중앙값 계산
- `std(mu, loc=0)` 표준편차 계산

보기 8.5 `normal1.py` 다음의 예를 보자. 먼저 필요한 모듈을 가져온다.

```
from scipy.stats import norm
import numpy as np
import pandas as pd
import matplotlib.pyplot as plt
```

정규분포가 평균과 분산에 따라 어떻게 달라지는지 확인하기 위해 다음과 같이 확인하였다.

```
x = np.linspace(-5,5, num=100)
pdf1 = norm.pdf(x, 0, 1)
pdf2 = norm.pdf(x, 2, 1)
pdf3 = norm.pdf(x, 0, 2)

plt.plot(x, pdf1, 'k-', label='N(0,1)')
plt.plot(x, pdf2, 'r-', label='N(2,1)')
plt.plot(x, pdf3, 'b-', label='N(0,2^2)')
plt.legend()
```

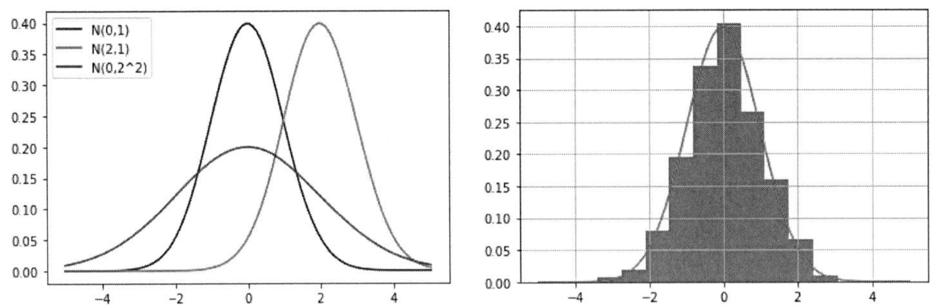

그림 8.4: 정규분포

먼저 가로축의 범위를 linspace로 −5에서 5까지 100개의 숫자를 등간격으로 얻고 이들 값에 대해 $N(0,1)$, $N(2,1)$, $N(0,2^2)$의 확률밀도함수의 값을 얻은 후 이를 그려 보았다. 이 결과는 그림 8.4의 왼쪽 그림으로 평균은 수평이동, 분산은 흩어짐에 영향을 주는 변수임을 확인할 수 있다. 정규분포 관련 값들은

```
quantile = norm.ppf([0.005, 0.01, 0.025, 0.5, .95, .975, .99, .995])
moments = norm.stats(4, 0.5, moments='mvsk')
median = norm.median(4, 0.5)
stdev = norm.std(4, 0.5)
```

로 확인 가능하며

```
quantile: array([-2.5758293, -2.32634787, -1.95996398,  0.        ,
                 1.64485363, 1.95996398,  2.32634787,  2.5758293])
moments: (array(0.), array(1.), array(0.), array(0.))
median: 0.0
stdev: 1.0
```

으로 평균, 왜도, 첨도가 모두 0임을 확인할 수 있으며 통계학에서 자주 보는 숫자 ±2.8, ±1.96 등도 quantile에서 확인할 수 있다. 정규분포에서 난수 1,000개를 만들어서 이의 분포가 이론적인 분포와 가까운지 그래픽으로 확인하기 위한 코드는 다음과 같다.

```
xx = norm.rvs(0,1, size=1000)
xx2 = pd.Series(xx)
xx2.hist(density=True)
plt.plot(x,pdf1, 'r-')
```

이 코드의 결과는 그림 8.4의 오른쪽 그림이다. ■

정규분포의 난수는 numpy.random의 normal 메소드를 사용하여 얻을 수도 있다.

8.3.3 카이제곱분포

$Z_1, Z_2, \ldots, Z_\nu$를 독립이고 표준정규분포를 따르는 확률변수라고 하면

$$X = Z_1^2 + Z_2^2 + \cdots + Z_\nu^2 \tag{8.5}$$

의 분포를 자유도가 ν인 카이제곱분포(chi square distribution)라고 한다. 카이제곱분포는 표준정규분포의 제곱합의 분포로 모수는 자유도(degrees of freedom) 하나를 가지며 이 모수는 더해 준 표준정규분포의 갯수가 된다. X가 자유도 ν인 카이제곱분포를 따르면 $X \sim \chi^2_\nu$로 표시한다.

만일 $X_1, X_2, \ldots, X_n \sim N(\mu, \sigma^2)$이고 모두 독립이면

$$\left(\frac{X_1-\mu}{\sigma}\right)^2 + \left(\frac{X_2-\mu}{\sigma}\right)^2 + \cdots \left(\frac{X_n-\mu}{\sigma}\right)^2 \tag{8.6}$$

$$= Z_1^2 + Z_2^2 + \cdots + Z_n^2 \tag{8.7}$$

$$= \frac{\sum_{i=1}^n (X_i-\mu)^2}{\sigma^2} \sim \chi^2_n \tag{8.8}$$

의 분포는 자유도 n인 카이제곱분포가 된다. 식 (8.8)에서 모평균 μ 대신에 이의 추정량인 표본평균 $\bar{X}$를 사용하면, 즉

$$\frac{\sum_{i=1}^n (X_i-\bar{X})^2}{\sigma^2} = \frac{(n-1)S^2}{\sigma^2} \tag{8.9}$$

은 자유도가 $(n-1)$인 카이제곱분포를 따르는 것이 알려져있다. 자유도가 ν인 카이제곱분포의 확률밀도함수는 다음

$$f(x;\nu) = \frac{1}{2^{\nu/2}\Gamma(\nu/2)} x^{\nu/2-1} e^{-x/2}, \quad x > 0 \tag{8.10}$$

과 같으며 카이제곱분포의 기댓값과 분산은 각각 ν, 2ν이다. 여기서 Γ는 감마함수(gamma function)으로

$$\Gamma(\alpha) = \int_0^\infty x^{\alpha-1} e^{-x} dx \tag{8.11}$$

이며 부분적분으로 $\Gamma(\alpha) = (\alpha-1)\Gamma(\alpha-1)$임을 보일 수 있고 이런 이유로 α가 자연수이면 $\Gamma(\alpha) = (\alpha-1)!$이 된다.

카이제곱분포에 관련된 여러 기능은 `scipy.stats.chi2` 클래스에 있으며 이 클래스에서 8.3.2절과 같은 이름의 메소드들이 같은 목적으로 사용된다. 다만 카이제곱분포에서 모수는 자유도 1개만 설정하는 차이가 있다. 메소드를 보면

- `rvs(df, loc=0, scale=1, size=1, random_state=None)` 자유도가 `df`인 카이제곱분포를 따르는 난수 `size`개 발생
- `pdf(x, df)` 자유도가 `df`인 카이제곱분포에서 `x` 값에서의 확률밀도함수 $f(x)$를 계산한다(식 (8.10).
- `cdf(x, df)` 자유도가 `df`인 카이제곱분포에서 `x`값까지의 누적확률 $F(x) = \Pr[X \leq x]$ 계산한다.
- `ppf(q, df)` 자유도가 `df`인 카이제곱분포에서 `q` 분위수 계산.
- `stats(df, moments='mb')` 자유도가 `df`인 카이제곱분포에서 통계량 계산. `m`은 평균, `v`는 분산, `s`는 왜도, `k`는 첨도를 계산한다. 이들 값중 평균과 분산은 각각 `mean`, `var` 메소드를 별도로 계산할 수 있다.

- `median(df, loc=0)` 중앙값 계산
- `std(df, loc=0)` 표준편차 계산

보기 8.6 `chi2nf.py` 카이제곱분포의 분포 모양을 확인해보자.

```
from scipy.stats import chi2
import numpy as np
import matplotlib.pyplot as plt

x = np.linspace(0,20, 100)

pdf1 = chi2.pdf(x, 1)
pdf2 = chi2.pdf(x, 5)
pdf3 = chi2.pdf(x, 10)
plt.plot(x, pdf1, label='chi2(1)')
plt.plot(x, pdf2, label='chi2(5)')
plt.plot(x, pdf3, label='chi2(10)')
plt.legend()
```

그림 8.6의 왼쪽 그림이 각 자유도에 대한 카이제곱분포의 확률밀도함수이며 카이제곱분포는 자유도가 커질수록 합해주는 제곱의 갯수가 많으므로 점점 오른쪽으로 고밀도인 부분이 움직여 가는 것을 확인할 수 있다. 자유도가 1일 때는 표준정규분포의 제곱이므로 0을 중심으로 좌우대칭인 정규분포에서 음수부분의 확률을 양수부분으로 보낸 것과 같은 모양이다(x-축의 값은 제곱이 됨). ■

8.3.4 t-분포

$Z \sim N(0,1)$이고 $\chi^2 \sim \chi^2_\nu$이며 Z와 χ^2이 독립이면

$$t_\nu = \frac{Z}{\sqrt{\chi^2/\nu}} \tag{8.12}$$

의 분포를 자유도 ν인 t-분포라고 한다. t-분포의 자유도는 분모에 들어간 카이제곱의 자유도에 의해 결정된다. 자유도가 ν인 t-분포의 확률밀도함수는 다음

$$f(x) = \frac{\Gamma((\nu+1)/2)}{\sqrt{\pi\nu}\Gamma(\nu/2)}(1 + x^2/\nu)^{-(\nu+1)/2}, \quad -\infty < x < \infty \tag{8.13}$$

과 같으며 t-분포의 기댓값은 0이며 분산은 $\nu > 2$일 때는 $\nu/(\nu-2)$ 이며 $1 < \nu \leq 2$일 때는 ∞이다. t-분포는 자유도가 크면 표준정규분포로 수렴한다. 그림 8.5은 표준정규분포와 자유도 3, 5, 9 일 때의 t-분포의 확률밀도함수를 비교한 것이다. 이 그림을 얻기 위한 코드는 보기 8.7을 참고한다. t-분포에 관련된 여러 기능은 `scipy.stats.t` 클래스에 있으며 이 클래스에서 8.3.2절과 같은 이름의 메소드들이 같은 목적으로 사용된다. 다만 t-분포에서 모수는 자유도 1개만 설정하는 차이가 있다. 메소드를 보면

- `rvs(df, loc=0, scale=1, size=1, random_state=None)` 자유도가 `df`인 t-분포를 따르는 난수 `size`개 발생

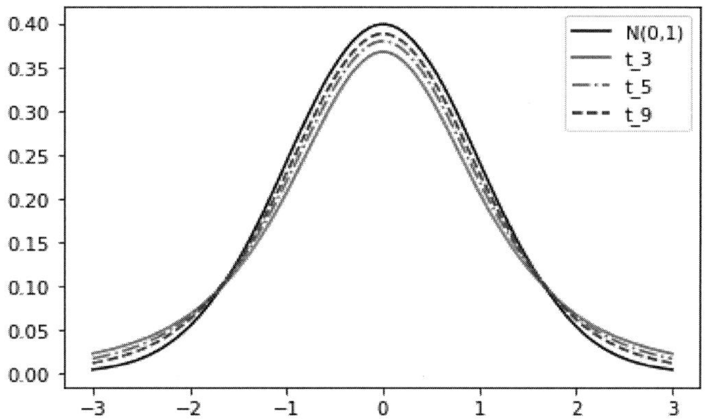

그림 8.5: 표준정규분포와 t-분포의 비교

- `pdf(x, df)` 자유도가 `df`인 t-분포에서 `x` 값에서의 확률밀도함수 $f(x)$를 계산한다 (식 (8.13).
- `cdf(x, df)` 자유도가 `df`인 t-분포에서 `x`값까지의 누적확률 $F(x) = \Pr[X \leq x]$ 계산한다.
- `ppf(q, df)` 자유도가 `df`인 t-분포에서 `q` 분위수 계산.
- `stats(df, moments='mb')` 자유도가 `df`인 t-분포에서 통계량 계산. `m`은 평균, `v`는 분산, `s`는 왜도, `k`는 첨도를 계산한다. 이들 값중 평균과 분산은 각각 `mean`, `var` 메소드를 별도로 계산할 수 있다.
- `median(df, loc=0)` 중앙값 계산
- `std(df, loc=0)` 표준편차 계산

다음의 보기를 살펴보자.

보기 8.7 `tdist1.py` 먼저 필요한 모듈들을 불러온다.

```
from scipy.stats import t
from scipy.stats import norm
import numpy as np
import pandas as pd
import matplotlib.pyplot as plt
```

t-분포의 확률밀도함수를 자유도 3, 5, 9일 때 그려보고 이를 표준정규분포의 확률밀도함수와 비교하기 위해 다음과 같이 작성하였다.

```
x = np.linspace(-3,3, num=100)
pdf0 = norm.pdf(x,0,1)
pdf1 = t.pdf(x, 3)
```

```
pdf2 = t.pdf(x, 5)
pdf3 = t.pdf(x, 9)

plt.plot(x, pdf0, 'k-', label='N(0,1)')
plt.plot(x, pdf1, 'r-', label='t_3')
plt.plot(x, pdf2, 'g-.', label='t_5')
plt.plot(x, pdf3, 'b--', label='t_9')
plt.legend()
```

위에서 x의 범위는 -3에서 3 사이로 설정하였으며 네 개의 확률밀도함수를 얻어서 이를 겹쳐서 그렸다. 결과는 앞에서 본 것과 같은 그림 8.5이다.

몇 가지 모수 및 관련 값들을 얻기 위해 다음과 같은 코드를 작성하였다.

```
quantilet9 = t.ppf([0.005, 0.01, 0.025, 0.5, .95, .975, .99, .995], 9)
quantilen = norm.ppf([0.005, 0.01, 0.025, 0.5, .95, .975, .99, .995])

moments = t.stats(9, moments='mvsk')
median = t.median(9)
stdev = t.std(9)
```

이 결과는

```
quantilet9:
array([-3.24983, -2.82143, -2.26215, 6.82457342e-17,
        1.83311,  2.26215,  2.82143, 3.24983554e+00])
quantilen:
array([-2.5758293 , -2.32634787, -1.95996398,  0.        ,
        1.64485363, 1.95996398,  2.32634787,  2.5758293 ])
moments: (array(0.), array(1.28571429), array(0.), array(1.2))
median: 6.824573415719474e-17
stdev: 1.1338934190276817
```

으로 각분위수를 비교해보면 자유도 9인 t-분포의 분위수는 표준정규분포의 분위수보다 조금 크며(절댓값 기준) 이는 t-분포가 표준정규분포보다 꼬리가 조금 두텁기 때문에 얻어지는 결과이다. 같은 이유로 분산/표준편차도 1보다 조금 크다. 기댓값, 중앙값, 왜도는 모두 0이며 첨도는 1.2이다. ■

8.3.5 F-분포

$\chi^2_{\nu_1}$과 $\chi^2_{\nu_2}$가 서로 독립이고 각각 자유도가 ν_1, ν_2인 카이제곱분포를 따르는 확률변수일 때 이 둘의 해당 자유도로 나눈 값의 비율

$$F_{\nu_1,\nu_2} = \frac{\chi^2_{\nu_1}/\nu_1}{\chi^2_{\nu_2}/\nu_2} \tag{8.14}$$

의 분포를 자유도가 (ν_1, ν_2)인 F-분포라고 하고 F_{ν_1,ν_2}로 표시한다. F-분포의 정의에 의해 F_{ν_1,ν_2}와 $1/F_{\nu_2,\nu_1}$은 같은 분포이다. F-분포의 확률밀도함수는

$$f(x;\nu_1,\nu_2) = \frac{\Gamma((\nu_1+\nu_2)/2)}{\Gamma(\nu_1/2)\Gamma(\nu_2/2)}\Big(\frac{\nu_1}{\nu_2}\Big)^{\nu_1/2} x^{\nu_1/2-1}\Big(1+\frac{\nu_1}{\nu_2}x\Big)^{-(\nu_1+\nu_2)/2}, \quad x>0 \tag{8.15}$$

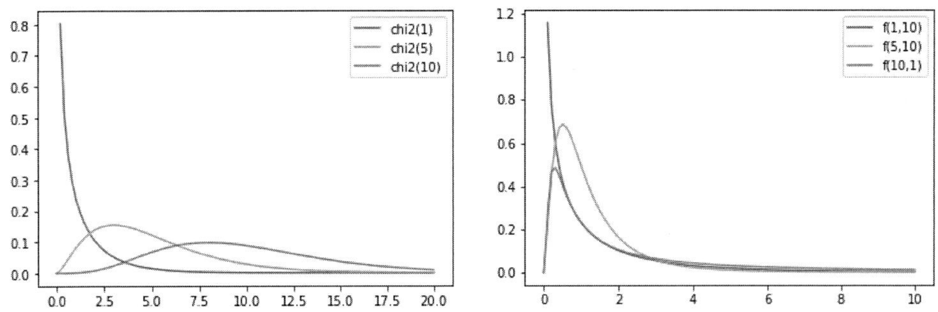

그림 8.6: 카이제곱분포와 F-분포

이며 F-분포의 기댓값은 $\nu_2/(\nu_2-2)$이며 분산은

$$\frac{2\nu_2^2(\nu_1+\nu_2-2)}{\nu_1(\nu_2-2)^2(\nu_2-4)}, \quad \nu_2>4$$

이다.

F-분포에 관련된 여러 기능은 `scipy.stats.f` 클래스에 있으며 이 클래스에서 8.3.4절과 같은 이름의 메소드들이 같은 목적으로 사용된다. 다만 F-분포에서 모수는 자유도 2개를 설정하는 차이가 있다. 메소드를 보면

- `rvs(dfn, dfd, loc=0, scale=1, size=1, random_state=None)` 분자, 분모의 자유도가 `dfn`, `dfn`인 F-분포를 따르는 난수 `size`개 발생
- `pdf(x, dfn, dfd)` 분자, 분모의 자유도가 `dfn`, `dfn`인 F-분포에서 `x` 값에서의 확률밀도함수 $f(x)$를 계산한다(식 (8.15).
- `cdf(x, dfn, dfd)` 분자, 분모의 자유도가 `dfn`, `dfn`인 F-분포에서 `x`값까지의 누적확률 $F(x)=\Pr[X\le x]$ 계산한다.
- `ppf(q, dfn, dfd)` 분자, 분모의 자유도가 `dfn`, `dfn`인 F-분포에서 `q` 분위수 계산.
- `stats(dfn, dfd, moments='mb')` 분자, 분모의 자유도가 `dfn`, `dfn`인 F-분포에서 통계량 계산. `m`은 평균, `v`는 분산, `s`는 왜도, `k`는 첨도를 계산한다. 이들 값중 평균과 분산은 각각 `mean`, `var` 메소드를 별도로 계산할 수 있다.
- `median(dfn, dfd, loc=0)` 중앙값 계산
- `std(dfn, dfd, loc=0)` 표준편차 계산

보기 8.8 `chi2nf.py` F-분포의 분포 모양을 확인해보자.

```
from scipy.stats import f
import numpy as np
```

```
import matplotlib.pyplot as plt

x2 = np.linspace(0,10, 100)
pdf1 = f.pdf(x2, 1, 10)
pdf2 = f.pdf(x2, 5, 10)
pdf3 = f.pdf(x2, 10, 1)

plt.plot(x2, pdf1, label='f(1,10)')
plt.plot(x2, pdf2, label='f(5,10)')
plt.plot(x2, pdf3, label='f(10,1)')
plt.legend()
```

그림 8.6의 오른쪽 그림이 각 자유도에 대한 F-분포의 확률밀도함수이며 F-분포는 분자 자유도가 1일 때를 제외하면 1근처에서 가장 높은 밀도를 갖는다. ■

8.3.6 지수분포

지수분포는 단위시간당 사건의 평균발생빈도가 λ인 포아송분포를 분포를 따르는 사건에서 사건의 두 사건의 발생 간격(interarriaval time)의 분포이다. 지수분포의 확률밀도함수는

$$f(x;\lambda) = \lambda e^{\lambda(x-\alpha)}, \quad x > \alpha \tag{8.16}$$

이며 기댓값과 분산은 각각 $1/\lambda + \alpha$, $1/\lambda^2$이다. 한 시간에 평균 6건의 사건이 발생하면 (포아송분포) 사건 발생 사이의 평균 시간은 1/6 시간이 되어야 할 것이므로 평균이 $1/\lambda$임을 유추할 수 있다.

지수분포에 관련된 여러 기능은 `scipy.stats.expon` 클래스에 있으며 이 클래스에서 앞에서 본 다른 분포들과 같은 이름의 메소드들이 같은 목적으로 사용된다. 아래의 설명에서 `loc`는 식 (8.16)의 α, `scale`은 $1/\lambda$이다.

- `rvs(loc=0, scale=1, size=1, random_state=None)` α, $1/\lambda$가 `loc`, `scale`인 지수분포를 따르는 난수 `size`개 발생

- `pdf(x, loc=0, scale=1)` α, $1/\lambda$가 `loc`, `scale`인 지수분포에서 `x` 값에서의 확률밀도함수 $f(x)$를 계산한다(식 (8.13).

- `cdf(x, loc=0, scale=1)` α, $1/\lambda$가 `loc`, `scale`인 지수분포에서 `x`값까지의 누적확률 $F(x) = \Pr[X \le x]$ 계산한다.

- `ppf(q, loc=0, scale=1)` α, $1/\lambda$가 `loc`, `scale`인 지수분포에서 `q` 분위수 계산.

- `stats(loc=0, scale=1, moments='mb')` α, $1/\lambda$가 `loc`, `scale`인 지수분포에서 통계량 계산. `m`은 평균, `v`는 분산, `s`는 왜도, `k`는 첨도를 계산한다. 이들 값중 평균과 분산은 각각 `mean`, `var` 메소드를 별도로 계산할 수 있다.

- `median(loc=0, scale=1)` 중앙값 계산

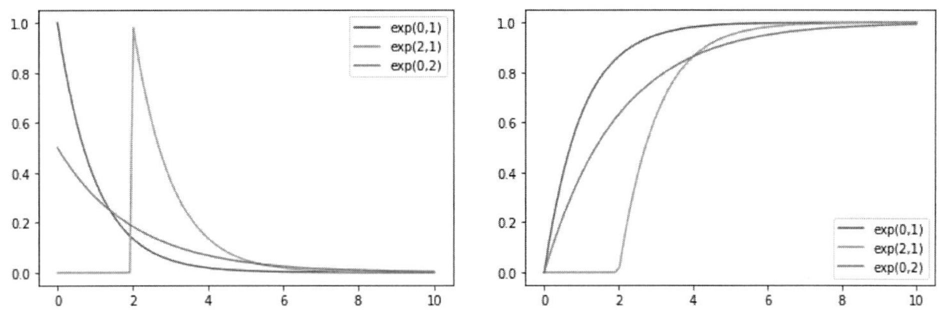

그림 8.7: 지수분포의 확률밀도함수와 누적확률분포

- `std(loc=0, scale=1)` 표준편차 계산

보기 8.9 `expon1.py` 몇 가지 α, λ 값에 따른 지수분포의 분포의 모양은 그림 8.7과 같다. 그림 8.7을 만들기 위한 프로그램은 아래과 같다.

```
from scipy.stats import expon
import numpy as np
import matplotlib.pyplot as plt

x = np.linspace(0,10, 100)

pdf1 = expon.pdf(x)
pdf2 = expon.pdf(x, 2, 1)
pdf3 = expon.pdf(x, 0, 2)

plt.plot(x, pdf1, label='exp(0,1)')
plt.plot(x, pdf2, label='exp(2,1)')
plt.plot(x, pdf3, label='exp(0,2)')
plt.legend()
plt.show()

cdf1 = expon.cdf(x, 0, 1)
cdf2 = expon.cdf(x, 2, 1)
cdf3 = expon.cdf(x, 0, 2)
plt.plot(x, cdf1, label='exp(0,1)')
plt.plot(x, cdf2, label='exp(2,1)')
plt.plot(x, cdf3, label='exp(0,2)')
plt.legend()
```

이 그림의 왼쪽은 확률밀도함수, 오른쪽은 누적확률분포이다. ■

8.4. 중심극한정리와 이항분포의 정규근사

중심극한정리(Central Limit Theorem; CLT)는 자료의 수가 많을 때 평균의 분포는 정규분포에 수렴한다는 것이며 구체적인 정리의 내용은 다음과 같다.

> **정리 8.1** [중심극한정리] $X_1, X_2, \ldots, X_n$이 기댓값이 μ, 분산이 $\sigma^2 < \infty$인 분포에서 독립적으로 얻은 확률변수라고 하면 n이 충분히 클 때
>
> $$\bar{X} = \frac{\sum_{i=1}^{n} X_i}{n} \overset{app}{\sim} N\left(\mu, \frac{\sigma^2}{n}\right) \tag{8.17}$$
>
> 이다.

이 정리는 자료를 같은 분포에서 독립적으로 얻었을 때(이를 확률표본 또는 random sample이라고 한다) 표본평균 $\bar{X}$의 분포는 정규분포에 근사한다는 것이다. 표준화를 하게 되면

$$\frac{\bar{X} - \mu}{\sigma/\sqrt{n}} \overset{app}{\sim} N(0, 1) \tag{8.18}$$

으로 표준정규분포에 근사하게 된다.

이항분포의 정규근사

이항분포는 각각의 시행에서 성공확률이 p이고 n번을 시행할 때 나온 성공 횟수의 분포이다. 따라서 i번째의 시행을 X_i라고 하고

$$X_i = \begin{cases} 1 & \text{성공일 때 확률 } p \\ 0 & \text{실패일 때 확률 } q = 1 - p \end{cases} \tag{8.19}$$

로 표현하면 확률변수 $X \sim B(n, p)$이면

$$X = \sum_{i=1}^{n} X_i \tag{8.20}$$

로 표현할 수 있으며 모수 p에 대한 추정치 $\hat{p}$는

$$\hat{p} = \frac{\text{성공 횟수}}{\text{총 시행횟수}} = \frac{X}{n} = \frac{\sum_{i=1}^{n} X_i}{n} = \bar{X} \tag{8.21}$$

즉, $\hat{p}$는 자료가 0 또는 1을 갖는 특수한 경우이긴 하지만 표본평균이며 분산이 유한하므로 중심극한정리가 적용될 수 있다. 따라서 X_i의 기댓값과 분산이 각각 p와 pq이므로

$$\hat{p} \sim N\left(p, \frac{pq}{n}\right) \text{ 또는 } X \sim N(np, npq) \tag{8.22}$$

임을 알 수 있다. 즉, X(이항분포)는 n이 충분히 클 때 근사적으로 기댓값 np, 분산 npq인 정규분포를 따르게 된다. 이를 이항분포의 정규근사(normal approximation to the binomial)이라고 하며 중심극한정리의 적용예 중의 하나이다. 그림 8.8을 만들기 위한 다음의 코드를 살펴보자. `normalapprox1.py`

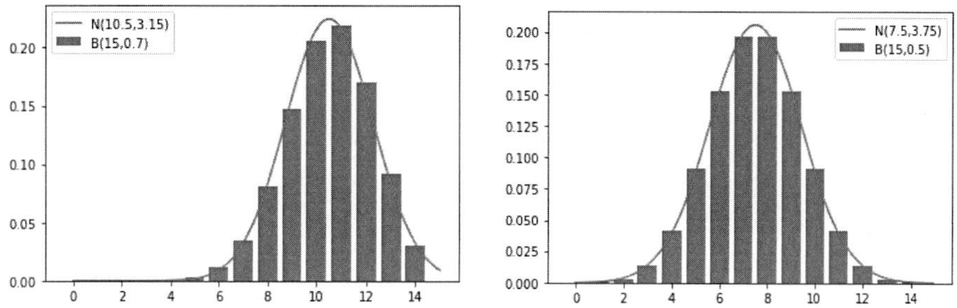

그림 8.8: 정규분포의 이항근사

```
from scipy.stats import binom
from scipy.stats import norm
import numpy as np
import matplotlib.pyplot as plt

nn = 15
p1 = 0.7; p2 = 0.5
mu1 = nn*p1; mu2 = nn*p2
sigma1 = (nn*p1*(1-p1)) ** .5;
sigma2 = (nn*p2*(1-p2)) ** .5;

x = list(range(nn))
x2 = np.linspace(0,nn, 100)
pmf1 = binom.pmf(x, nn, p1)
pdf1 = norm.pdf(x2, mu1, sigma1)
pmf2 = binom.pmf(x, nn, p2)
pdf2 = norm.pdf(x2, mu2, sigma2)

plt.bar(x, pmf1, label='B(15,0.7)')
plt.plot(x2, pdf1, 'r-', label='N(10.5,3.15)')
plt.legend()
plt.show()

plt.bar(x, pmf2, label='B(15,0.5)')
plt.plot(x2, pdf2, 'r-', label='N(7.5,3.75)')
plt.legend()
plt.show()
```

참고: 식 (8.19)의 X_i들 분포를 베이누이 분포 또는 베르누이 시행(Bernoulli trials)이라고 한다.

연습문제

8.1 로또(Lotto)는 1부터 45개의 숫자 중 6개를 선택하고, 당첨 발표일에 정해진 당첨 번호와 일치한 숫자의 갯수에 따라 상금을 받는다. 45개중 6개를 임의로 선택할 때 x개가 일치할 확률은 초기하분포로

$$Pr[X=x] = \frac{\begin{pmatrix} 6 \\ x \end{pmatrix}\begin{pmatrix} 39 \\ 6-x \end{pmatrix}}{\begin{pmatrix} 45 \\ 6 \end{pmatrix}}, \quad x = 0, 1, \ldots, 6 \tag{8.23}$$

이다. 이 식을 사용하면 예를 들어 6개의 번호 중 세개의 번호가 일치될 확률은 0.0224406이다.

(a) 6개의 당첨번호를 임의로 1,000,000번 선택하여 로토번호를 {1, 2, 10, 12, 34, 45}로 구매할 때 이 백만번 중 3개가 일치할 확률이 0.022와 비슷한지 모의실험을 통하여 확인하여라.

(b) 임의로 6개의 당첨번호를 난수를 이용하여 뽑은 후 이때 당첨번호와 3개가 일치할 확률이 위의 경우와 크게 다른지 모의실험을 통해 검증하여라.

(c) 1등 당첨확률을 위의 식을 통해 계산해보고 모의실험을 천만번 실행하여 1등 당첨이 몇 번 나오는지 확인해 보아라. 계산된 확률식과 비슷해 보이는가?

참고로 이 모의실험은 컴퓨터의 성능에 따라 실행시간이 걸릴 수 있다. `lotto1.py`

8.2 성공확률이 p인 베르누이 시행 $Bernoulli(p)$을 따르는 난수는 균등분포 $U(0,1)$의 난수 U에서

$$X = \begin{cases} 1 & \text{if } U < p \\ 0 & \text{otherwise} \end{cases} \tag{8.24}$$

로 얻을 수 있다. `Bernoulli1.py`

(a) 성공확률 p와 발생할 난수의 갯수를 매개변수로 받아서 베르누이 시행의 난수를 발생하는 프로그램을 작성하여라.

(b) 성공확률이 p이고 독립인 n개의 합의 분포가 이항분포 $B(n,p)$이다. 10개의 $Bernoulli(p)$의 합을 1,000번 계산하여라. 이 1,000개의 평균과 분산이 이항분포의 평균과 분산인 np와 $np(1-p)$에 가까운가?

(c) 1,000번 보다 훨씬 많은 횟수를 반복해 보아라. 평균과 분산이 실제 모집단의 값에 더 가깝게 느껴지는가? 이론적으로 더 실제값에 더 가까운 값을 얻을 확률이 높아지며 이런 이유로 데이터의 수는 많을수록 더 정확한 통계적 추론이 이루어진다. 이 모의실험에서 반복수가 클 때는 컴퓨터의 성능에 따라 시간이 다소 걸릴 수 있음에 유의한다.

8.3 평균이 λ인 포아송분포는 기댓값과 분산이 모두 λ이다.

(a) 평균이 10인 포아송분포에서 1,000개의 난수를 발생하여 평균과 분산을 계산하여 이 두 값이 10에 가까운 값이 되는지 확인하여라. `poison2.py`

(b) 1,000개의 난수를 발생하는 위의 과정을 1,000번 반복하여 이 1,000개의 평균을 구해보아라. 10에 얼마나 가까운가?

(c) 이 1,000개의 평균의 분포를 히스토그램으로 그려보아라. 이 히스토그램 위에 정규분포 $N(10, 10/\sqrt{1000})$의 pdf를 $10 \pm 3 \times 10/\sqrt{1000}$의 범위에 겹쳐 그려서 평균들의 분포가 중심극한정리에 따라 정규분포에 가까운지 시각적으로 판단하여 보아라.

8.4 독립인 ν개의 표준정규분포의 합의 분포가 자유도 ν인 카이제곱분포임을 이용하여

(a) 정규분포의 첨도(kurtosis)가 0임을 이용하여 $Z \sim N(0,1)$이면 $E(Z^4) = 3$임을 설명하여라.

(b) 이를 이용하여 자유도가 ν인 카이제곱분포의 기댓값과 분산은 각각 ν, 2ν임을 설명하여라.

8.5 $Z \sim N(0,1)$이면 카이제곱분포의 정의에 의해 $Z^2 = \chi^2_1$임을 설명하고 이에 의해 $z^2_\alpha = \chi^2_{1;2\alpha}$ 임을 α가 0.025일 때 $z^2_{0.025} = 1.96^2 = \chi^2_{1;0.05} = 3.84$ 임을 파이썬을 이용하여 확인하여라. α가 0.005, 0.01, 0.05, 0.1일 때도 이 관계가 성립함을 파이썬을 이용하여 확인하여라. `chisq1.py`

8.6 t_ν 분포와 $F_{1,\nu}$의 정의를 비교하여 t^2_ν과 $F_{1,\nu}$는 같은 분포임 설명하여라. 이에 따라 $t^2_{\nu;\alpha} = F_{1,\nu;2alpha}$임을 자유도가 10일 때 α 값 0.005, 0.01, 0.025, 0.05, 0.1일 때 파 이썬을 이용하여 확인하여라. `tdist2.py`

8.7 F 분포의 정의에 의해 F_{ν_1,ν_2}와 $1/F_{\nu_2,\nu_1}$은 같은 분포가 됨을 설명하고 이에 따라 $F_{\nu_1,\nu_2;\alpha} = 1/F_{\nu_2,\nu_1;\alpha}$임을 자유도 $(\nu_1 = 10, \nu_2 = 5)$일 때 α가 0.005, 0.01, 0.025, 0.05, 0.1일 때 파이썬을 이용하여 확인하여라. 다른 자유도를 사용하여도 같은 결과가 얻어지는가? `fdist1.py`

제 9 장

모평균에 대한 추론

모집단의 평균 μ에 대한 추정을 하기 위해 표본을 얻고 표본으로부터 표본평균 $\bar{X}$를 얻었다고 하자. 이때 모평균이 표본으로터 얻은 $\bar{X}$와 정확히 일치한다고 생각하기는 힘들 것이다. 하지만 모평균이 표본평균과 가까운 값이라고는 생각할 수 있다. 이장에서는 표본에서 얻은 표본평균에 기초하여 모평균에 대한 구간추정과 가설검정에 대해서 알아보자.

표본평균에 기초한 모평균의 추론은 표본의 크기 n이 충분히 크면 중심극한정리에 의해서 자료의 분포가 정규분포라야 하는 가정은 필요하지 않지만 n이 작으면 자료는 정규분포임을 가정한다. 따라서 원래 자료가 정규분포가 아닌 경우 n이 작으면 여기서 소개하는 추정이나 검정방법은 사용할 수 없다.

9.1. 표본평균의 분포와 몇 가지 성질

연구자나 조사자가 모평균 μ의 값을 알기 위해서 크기 n인 표본을 뽑는다고 생각해 보자. 좀더 구체적으로 7,000명의 학생의 몸무게의 평균 μ를 알기 위해서 $n = 100$인 표본을 얻어서 이들의 표본평균인 $\bar{X}$를 이용하여 모평균을 추정하는 상황을 가정하자. 이 경우

1. 대부분의 경우 100명의 체중을 얻는 조사는 1회만 한다.

2. 실제로는 7,000명 중에서 100명을 뽑는 방법의 수는

$$\binom{7,000}{100}$$

이다.

3. 위에서 얻은 경우의 수만큼 표본을 얻고 각 경우마다 표본의 평균을 얻을 수 있다. 따라서 이론적으로는 각각의 표본 평균에 대하여 평균을 얻을 수 있으므로 이들 표본평균의 평균, 분산 등을 계산할 수 있다.

4. 따라서 조사자가 1회 조사하여 얻은 표본평균은 수많은 가능한 표본평균의 값 중에서 하나를 얻은 것이다.

위 사항을 숙지할 필요가 있다.

9.2. 모평균에 대한 구간추정

자료의 모평균 μ를 대신하기 위해서 표본평균 $\bar{X}$를 사용하거나 자료의 모분산 σ^2을 대신하기 위해서 사용하는 표본분산 S^2을 얻는 것과 같이 모수의 값을 하나의 값으로 추정하는 것을 점추정(point estimation)이라고 한다.

한편 추정하고자 하는 모수가 어떤 구간내에 속할 것을 추정하는 것을 **구간추정**이라고 하고 이 때 추정된 구간을 **신뢰구간**(confidence interval)이라고 한다. 신뢰구간의 가장 왼쪽 값과 오른쪽 값을 신뢰하한(lower confidence limit)과 신뢰상한(upper confidence limit)이라고 부르기도 한다.

임의표본 $X_1, X_2, \ldots, X_n$이 평균이 μ이고 분산이 σ^2인 정규분포로부터 얻어진 경우에는 μ의 점추정의 하나로 사용하는 것이 $\bar{X}$이며 $\bar{X}$의 분포는 평균이 μ이고 분산이 σ^2/n이다. 따라서 이를 표준화하면

$$Z = \frac{\bar{X} - \mu}{\sigma/\sqrt{n}} \sim N(0, 1) \tag{9.1}$$

이 되고 따라서

$$\begin{aligned} 1 - \alpha &= \Pr\left[-z_{\alpha/2} < \frac{\bar{X} - \mu}{\sigma/\sqrt{n}} < z_{\alpha/2} \right] \\ &= \Pr\left[\bar{X} - z_{\alpha/2}\frac{\sigma}{\sqrt{n}} < \mu < \bar{X} + z_{\alpha/2}\frac{\sigma}{\sqrt{n}} \right] \end{aligned} \tag{9.2}$$

이다 따라서 μ에 대한 $100(1-\alpha)\%$ 신뢰구간은

$$\left(\bar{X} - z_{\alpha/2}\frac{\sigma}{\sqrt{n}}, \bar{X} + z_{\alpha/2}\frac{\sigma}{\sqrt{n}} \right) \tag{9.3}$$

이다. 여기서 $z_{\alpha/2}$는 $\Pr[Z > z_{\alpha/2}] = \alpha/2$가 되는 점이다.

보기 9.1 어느 지역의 학생 100명의 키를 조사하였더니 평균이 171cm이었다. 분산이 25cm^2이라고 가정하고 이 지역 학생의 평균 키에 대한 95% 신뢰구간을 구해 보자.
풀이: 부록의 표 A.2에서 $\alpha = 0.05$이므로 $z_{\alpha/2} = z_{0.025} = 1.96$이다. 따라서 95% 신뢰구간은

$$\mu = \bar{x} \pm z_{\alpha/2}\frac{\sigma}{\sqrt{n}} = 171 \pm 1.96\frac{5}{10} = (170.02, 171.98)$$

이다. ■

일반적으로 모집단의 표준편차인 σ는 알 수 없고 이런 경우에는 σ 대신 표본표준편차 S를 사용하며 이 경우는

$$T = \frac{\bar{X} - \mu}{S/\sqrt{n}} \sim t_{n-1} \tag{9.4}$$

이므로 사용하여야 할 분포는 자유도가 $(n-1)$인 t-분포가 된다. (식 (8.12) 참조.) 따라서

$$\begin{aligned} 1-\alpha &= \Pr\Big[-t_{n-1;\alpha/2} < \frac{\bar{X}-\mu}{S/\sqrt{n}} < t_{n-1;\alpha/2}\Big] \\ &= \Pr\Big[\bar{X} - t_{n-1;\alpha/2}\frac{S}{\sqrt{n}} < \mu < \bar{X} + t_{n-1;\alpha/2}\frac{S}{\sqrt{n}}\Big] \end{aligned} \tag{9.5}$$

이 되어 σ를 모를 때 μ에 대한 $100(1-\alpha)\%$ 신뢰구간이

$$\Big(\bar{X} - t_{n-1;\alpha/2}\frac{S}{\sqrt{n}}, \bar{X} + t_{n-1;\alpha/2}\frac{S}{\sqrt{n}}\Big) \tag{9.6}$$

이 된다. 여기서 $t_{n-1;\alpha/2}$는 $\Pr[T_{n-1} > t_{n-1;\alpha/2}] = \alpha/2$가 되는 점이며

$$S = \sqrt{\frac{\sum(X_i - \bar{X})^2}{n-1}} \tag{9.7}$$

로 계산한다. t 분포표는 부록의 표 A.3에서 찾아볼 수 있다.

보기 9.2 다음 자료는 10명의 정상인의 공복시 혈당치이다.(단위: mg/dl)

```
89, 91, 98, 78, 80, 85, 88, 87, 90, 92
```

정상인의 공복시 혈당치에 대한 99% 신뢰구간을 구하여라. 참고로 정상인의 경우 이른 아침 공복시 혈당치는 60–100mg/dl이다.
풀이: 이 자료의 평균과 표준편차가 각각 87.8과 5.808이고 표 A.3에서 $t_{9;0.005} = 3.25$이므로

$$\mu = 87.8 \pm 3.25\frac{5.808}{\sqrt{10}} = (81.83, 93.77)$$

이다. ■

보기 9.3 연습문제 6.4의 자료는 앞에서 설명한 신뢰구간을 얻는데 사용할 수 있는가? 그 이유를 설명하여라.
풀이: 자료가 이산형인 계수자료이므로 정규분포를 가정하기 힘들 뿐 아니라 자료의 크기가 얼마되지 않아 중심극한 정리도 적용하기 힘들기 때문에 이 자료는 위의 신뢰구간을 적용하기 힘들다. ■

분산이 알려진 경우의 신뢰구간은 `scipy.stats.norm`의 메소드 `interval`을 사용하여 얻을 수 있다. 사용법은

```
norm.interval(clevel, loc=0, scale=1)
```

이며 clevel는 신뢰도를 0과 1사이의 값으로 설정하고[1], loc와 scale에는 각각 표본평균과 평균의 표준오차를 설정한다. 원래 norm.interval은 평균 loc, 표준편차 scale인 정규분포에서 clevel만큼이 포함되는 양쪽 끝점을 얻는 함수이며 이런 이유로 자료를 직접 사용하지 못하고 표본평균과 평균의 표준오차를 계산하여 설정해 주어야 한다. norm.interval 메소드는 신뢰하한과 신뢰상한 두 값을 저장한 튜플을 반환한다.

분산이 알려지지 않은 경우 t-분포에 기초한 신뢰구간은 scipy.stats.t의 메소드 interval을

```
t.interval(clevel, df, loc=0, scale=1)
```

로 사용하며 clevel에는 신뢰도(0, 1), df에는 자유도, loc와 scale에는 각각 표본평균과 평균의 표준오차를 설정한다. t.interval 메소드는 신뢰하한과 신뢰상한 두 값을 저장한 튜플을 반환한다.

보기 9.4 `cimean1.py` 위의 두 보기의 결과는 다음의 파이썬 코드로 얻을 수 있다.

```
import scipy.stats as st
import numpy as np

st.norm.interval(.95, loc=171, scale=5/10)

xx = [89,  91,  98,  78,  80,  85,  88,  87,  90,  92]
st.t.interval(.99, df=len(xx)-1, loc=np.mean(xx), scale=st.sem(xx))
```

이 프로그램의 얻은 각각의 신뢰구간은

```
(170.02001800772996, 171.97998199227004)
(81.8311452142801, 93.7688547857199)
```

이다.

모평균에 대한 신뢰구간은 statmodels.stats.api 모듈의 DescrStatsW 클래스의 tconfint_mean 메소드로도 간단하게 얻을 수 있다. 이 메소드를 사용하려면 먼저 DescrStatsW 클래스의 인스턴스를

```
DescrStatsW(data, weights=None, ddof=0)
```

으로 생성하며 여기서 data는 1차원 또는 2차원 데이터가 저장된 배열 등이고 weights에는 각 데이터의 가중치, ddof는 분산, 표준편차 계산에서 자료의 수에서 빼줄 값을 설정한다(기본값 0). 이 클래스의 메소드로

```
tconfint_mean(alpha)
```

를 사용하면 모평균에 대한 유의수준 $100(1-\alpha)\%$ 신뢰구간의 신뢰하한과 상한을 각각 lower와 upper로 반환한다. 위의 자료를 사용하여 모평균의 99% 신뢰구간은

[1]이 함수내의 매개변수 이름은 alpha이나 제1종 오류 α와의 혼동을 피하기 위해 clevel로 사용하였음.

```
import statsmodels.stats.api as sms

sms.DescrStatsW(a).tconfint_mean(.01)
```

로 얻을 수 있으며 결과는 위의 `t.interval`을 사용한 것과 같다.

사실 정규분포나 t-분포를 사용한 신뢰구간은 간단하게 함수로 작성할 수 있다. 참고로 이해를 돕기 위해 분위수 등의 중복 계산을 그대로 두었으나 아래와 같은 중복 계산은 피하는 것이 좋다.

```
def norm_ci_mean(mean, stdev, nn, alpha):
   lbd = mean - st.norm.ppf(1-alpha/2)*stdev/nn**.5
   ubd = mean + st.norm.ppf(1-alpha/2)*stdev/nn**.5
   return([mean, lbd, ubd])

print( norm_ci_mean(171, 5, 100, .05) )

def t_ci_mean(x, alpha):
   ave = np.mean(x)
   df = len(x) - 1
   lbd = ave - st.t.ppf(1-alpha/2, df)*np.std(x, ddof=1)/(len(x)**.5)
   ubd = ave + st.t.ppf(1-alpha/2, df)*np.std(x, ddof=1)/(len(x)**.5)
   return([ave, lbd, ubd])

print( t_ci_mean(xx, 0.01) )
```

의 결과로

```
[171, 170.02001800772996, 171.97998199227004]
[87.8, 81.8311452142801, 93.7688547857199]
```

를 얻는다. ■

9.2.1 신뢰구간의 해석

보기 9.1에서 얻은 키에 대한 95% 신뢰구간에 대해서 생각해 보자. 이 보기의 결과에 따르면 모평균에 대한 신뢰구간은 (170.02, 171.98)이므로 키의 모평균 μ가 이 구간에 포함될 확률이 95%일까? 정답은 '아니다'이다. 특정지역 학생의 키의 모평균값은 모르는 값이긴 하지만 그 값은 어떤 수이고 따라서 그 값은 보기에서 얻은 신뢰구간 (170.02, 171.98)에 포함되든가 포함되지 않든가 둘 중의 하나이다. 굳이 모평균이 이 구간에 포함될 확률을 말하라면 0아니면 1이 된다.

그러면 95% 신뢰구간의 의미는 무엇인가? 이 의미는 다음과 같다. 이 보기에서 표본을 얻은 방법과 똑 같은 방법으로 100개씩의 자료를 얻어 많은 신뢰구간을 얻으면 그 때 얻은 많은 신뢰구간 중에서 모평균 μ를 포함하는 신뢰구간이 약 95%가 된다는 의미이다. 물론 무한히 많은 신뢰구간을 얻었을 경우 모평균이 신뢰구간에 포함되는 것은 95%이다.

그림 9.1은 모집단에서 표본을 5개 얻어 신뢰구간을 구하는 실험을 100번씩 할 수 있는 모의실험 프로그램을 수행한 결과이다. 이 결과에서 세로 직선은 표본크기 5인 자

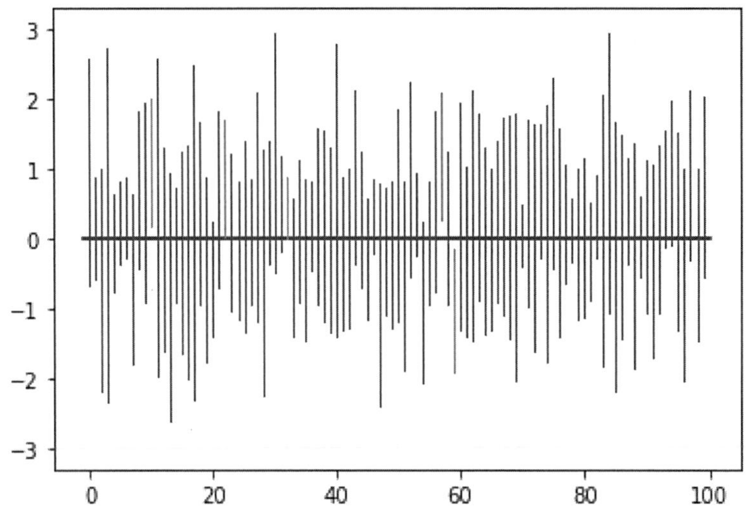

그림 9.1: 신뢰구간 모의실험 결과

료에서 계산한 신뢰구간이고 가로축은 모평균이다. 이 그림에서 보는 것과 같이 어떤 신뢰구간은 모평균을 포함하지 못하고 어떤 구간은 포함하고 있다. 실험자나 조사자가 관찰하는 신뢰구간은 이들 중 하나이므로 이 신뢰구간에는 모평균이 포함될 수도 그렇지 않을 수도 있으나 이러한 신뢰구간을 얻는 과정을 무수히 반복하면 원하는 신뢰도 만큼의 신뢰구간은 모평균은 포함한다.

보기 9.5 참고로 이 시뮬레이션은 다음의 코드로 얻었다. `cimean2.py`

```
import scipy.stats as st
import numpy as np
import matplotlib.pyplot as plt

plt.plot( [-1,100],[-3,3], visible=False)
plt.plot((-1,100), (0,0), 'k-')
for i in range(100):
  xx = st.norm.rvs(size=5)
  ave, lbd, ubd = t_ci_mean(xx, 0.05)
  print(lbd, ubd)
  if lbd*ubd > 0:
    plt.plot([i,i], [lbd, ubd],  'r-', linewidth=1)
  else:
    plt.plot([i,i], [lbd, ubd],  'b-', linewidth=1)
```

사용한 함수 _ci_mean은 보기 9.4의 함수이며 첫 번째 두 번째 plot 함수는 그림의 영역확보(실제 그림은 그리지 않음)와 모평균인 0을 검은 색의 가로선으로 표현한 것이며

신뢰구간이 모평균 0을 포함하면 파란색, 그렇지 않으면(신뢰하한과 상한이 같은 부호) 빨간색으로 신뢰구간을 그리도록 하였다. ■

9.3. 통계적 가설검정과 유의확률

통계적 가설검정은 두 가지 상반되는 가설 귀무가설 H_0과 대립가설 H_1을 세우고 자료에 근거하여 그 중 어느 가설이 옳을 것이라고 판단하는 과정을 말한다.

일반적으로 귀무가설(null hypothesis)은 모수에 대한 기존의 주장(생각, 입장, 현상)으로 H_0로 표시하고, 대립가설(alternative typothesis)은 모수에 대한 연구자의 새로운 주장(생각, 입장, 현상)으로 H_1으로 표시한다. 귀무가설을 영가설, 대립가설은 연구자가 주장하고자 하는 경우가 많아서 연구가설로 부르기도 한다.

기각역과 검정통계량 가설을 검정하기 위해 통계이론에 의해 자료에 기초하여 통계량을 계산하게 된다. 가설검정을 위해 계산한 통계량을 검정통계량(test statistic)이라고 하며 이 검정통계량이 특정한 범위에 속하면 귀무가설을 기각하게 되는데, 이 영역을 기각역(critical region 또는 rejection region)이라고 한다. 검정통계량이 기각역에 속하면 귀무가설을 기각한다.

통계적 가설검정에서 이론통계학적인 이유로 "대립가설을 받아 들인다' 또는 '대립가설을 기각한다' 등과 같이 대립가설에 대한 서술을 하지 않으며 귀무가설을 기준으로 서술한다. 즉

가설 검정 결과	표현
H_0가 옳다고 판단	귀무가설을 기각하지 못함(cannot reject H_0) 드물게 귀무가설 채택이라고 표현(accept H_0)
H_1이 옳다고 판단	귀무가설을 기각함(reject H_0).

H_0의 참 거짓과 이의 기각 여부에 따라 다음과 같은 표를 얻을 수 있다.

결론 \ 사실	H_0가 참	H_0가 거짓
H_0 기각	제1종 오류	옳은 결정
H_0 채택	옳은 결정	제2종 오류

이 표에서 보는 것처럼 귀무가설 H_0가 참임에도 불구하고 귀무가설을 기각하는 오류를 제1종 오류(type I error)라고 하며 귀무가설 H_0가 거짓임에도 불구하고 귀무가설을 기각하지 않는 오류를 제2종 오류(type II error)라고 한다. 각 오류가 발생할 확률을 제1종 오류 확률(type I error probability) 및 제2종 오류 확률(type II error probability)이라고 한다.

다른 조건이 모두 같다면 제1종 오류확률과 제2종 오류확률을 동시에 줄이는 방법은 표본의 크기를 늘이는 것이다. 표본을 관찰한 경우 두 오류를 모두 없앨 수 없으므로 허용할 수 있는 최대의 제1종 오류의 확률을 설정하게 되며 이 최대 허용치를 유의수준

(level of significance)이라 하고 α로 표시한다. 유의수준의 값은 0.05(5%)를 가장 많이 사용하며, 경우에 따라서는 0.01(1%), 0.1(10%) 등을 사용하기도 한다.

유의확률

유의확률(significance probability, p-value, P)은 자료에서 계산된 제1종 오류의 확률이다. 따라서 자료에서 계산한 제1종 오류확률이 제1종 오류확률의 최대 허용치인 유의수준보다 작으면 귀무가설을 기각할 수 있다.

따라서 유의확률 P가 유의수준 보다 작거나 검정통계량이 기각역에 속하면 귀무가설을 기각한다. 이 둘은 필요충분조건으로 유의확률 P가 유의수준 보다 작으면 검정통계량이 기각역에 속하고, 유의확률 P가 유의수준 보다 작지 않으면 검정통계량이 기각역에 속하지 않는다. 역도 성립한다.

9.4. 모평균 μ에 대한 가설검정

자료가 독립적으로 얻어지고 평균이 μ, 분산이 σ^2인 정규분포를 따를 때(이를 확률표본 $X_1, X_2, \ldots, X_n \sim N(\mu, \sigma^2)$ 으로 표현) 모평균 μ에 대한 가설검정은 t-분포에 기초한 이론이 적용되며 이런 이유로 일표본 t-검정(one sample t-test)이라고 한다.

일표본 검정은 모집단의 평균, 즉 모평균이 통계적으로 유의하게 μ_0보다 커졌는지, 작아졌는지, 달라졌는지를 통계적으로 검정하는 방법이다. 이 때 모평균 μ가 특정한 값 μ_0인지 검정하기 위한 귀무가설과 대립가설은

- 귀무가설: $H_0 : \mu = \mu_0$
- 대립가설: $H_1 : \mu > \mu_0$ 또는 $H_1 : \mu < \mu_0$ 또는 $H_1 : \mu \neq \mu_0$

이며 검정을 위해 사용하는 검정통계량은

$$t = \frac{\bar{x} - \mu_0}{S/\sqrt{n}} \tag{9.8}$$

을 사용하며 각각의 대립가설에 대한 기각역과 유의확률은 다음과 같다.

대립가설	$H_1 : \mu > \mu_0$	$H_1 : \mu < \mu_0$	$H_1 : \mu \neq \mu_0$
기각역	$t > t_{n-1;\alpha}$	$t < -t_{n-1;\alpha}$	$\lvert t\rvert > t_{n-1;\alpha/2}$
유의확률	$\Pr[T_{n-1} > t]$	$\Pr[T_{n-1} < t]$	$2\Pr[T_{n-1} > \lvert t\rvert]$

이 표에서 $t_{n-1;\alpha}$는 자유도 $(n-1)$인 t-분포의 제 $100(1-\alpha)$% 백분위수이며 T_{n-1}인 자유도 $(n-1)$인 t-분포를 확률변수이다.

파이썬의 일표본 t-검정

파이썬으로 일표본 t-검정을 하기 위해서 `scipy.stats`의 `ttest_1samp` 함수를

```
ttest_1samp(a, popmean, axis=0, nan_policy='propagate',
            alternative='two-sided')
```

로 사용할 수 있으며 a에는 자료가 포함된 배열 등의 이름을 설정하며 popmean에는 μ_0를, axis에는 a가 2차원 이상일 때 어떤 축을 따른 자료를 사용할지, nan_popicy에는 결측치를 처리하는 방식을 설정하며 사용가능한 값은 propagate, raise, omit 중의 하나이다. alternative에는 대립가설의 방향을 설정하며 two-sided, less, greater 중의 하나로 설정한다. 이 함수의 출력으로 statistic에는 식 (9.8)의 t 값을, pvalue에는 양측유의확률이 계산된다.

보기 9.6 `onettest1.py` 보기 9.2의 자료에서 평균혈당이 90보다 낮은지 검정해 보자. 이 경우 귀무가설과 대립가설은 각각 $H_0 : \mu = 90$, $H_1 : \mu < 90$이므로 아래의 ttest_1samp 함수에서 popmean과 alternative를 각각 90과 'less'로 설정한다.

```
import scipy.stats as st
import numpy as np

xx = [89,  91,  98,  78,  80,  85,  88,  87,  90,  92]
df = len(xx)-1

tval, pval = st.ttest_1samp(xx, popmean=90, alternative='less')
print(tval, pval)

tval1 = ( np.mean(xx) - 90 ) / (np.std(xx, ddof=1)/len(xx)**.5)
print(tval1)
pval1 = st.t.cdf(tval1, df)
print(pval1)

cval = -st.t.ppf(.95, df)
if tval < cval:
    print('Reject H0 as ', tval, ' < ',  cval)
else:
    print('Cannot reject H0 as ', tval, ' >= ', cval)

# 신뢰구간(99%)

lbd = np.mean(xx)-st.t.ppf(.995, df)*np.std(xx, ddof=1)/(len(xx)**.5)
ubd = np.mean(xx)+st.t.ppf(.995, df)*np.std(xx, ddof=1)/(len(xx)**.5)
print(lbd, ubd)
```

이 프로그램의 마지막 3줄은 99% 신뢰구간을 계산한 것으로 보기 9.2와 같은 결과를 얻는다.

9.5. 두 모집단 간의 차이에 대한 검정

새로 개발된 약이 신경성 편두통에 효과가 있는지 알아보기 위해 100명의 편두통환자에게 이 약을 처방한 후 효과가 있는지 알아보았다. 이 때 70명의 환자에게서 이 약의 효과가 있었다면 이 약은 과연 효과가 좋은 약일까? 반드시 그렇다고 하기가 힘든 것이 치료약을 먹었다는, 그것도 그 분야의 최고의 병원에서 최고의 의사가 처방한 약을 먹은 다는 심리적인 이유만으로 증상이 개선되는 경우가 많다는 사실은 잘 알려져 있다. 이는 특히 심인성인 질환에서 많이 나타나는데 이러한 효과를 위약효과(placebo effect)라고 한다. 따라서 이와 같은 위약효과를 제거한 약의 치료효과를 검정하기 위해서는 환자를 두 그룹으로 임의로 나눈 후 한 그룹에는 진짜약을 처방하고 다른 그룹에는 가짜약을 처방한 후 두 그룹을 비교하여 가짜약을 처방한 환자와 진짜약을 처방한 환자 사이에 치료효과의 차이가 있는지 검정하는 과정을 거치게 된다. 이런 경우 진짜약을 처방한 그룹을 처리군(treatment group)이라고 하고 비교하기 히기 위한 대상으로 가짜약을 처방한 그룹을 대조군(control group)이라고 한다. 이 때 처방을 받는 환자는 자신이 처방받은 약이 진짜약인지 가짜약인지 모르게 처방하며 이런 이유로 이런 검정을 맹검(盲檢; blind test)이라고 한다. 약을 처방하는 의사나 치료효과를 측정하는 의료 관계인조차도 자신이 처방하거나 의학적 검증을 하고자 하는 약이 진짜약인지 가짜약인지 모르게 하고 이 실험을 설계하고 분석하는 통계학자를 포함한 일부만 누가 진짜약을 처방 받는지 알게하는 경우가 많은데 이는 검정은 이중맹검(double blind test)이라고 한다.

경우에 따라서는 위에서 설명한 방법이 아니고 환자의 치료 전과 후의 지료효과를 바로 비교하는 경우가 있는데 이런 경우 한 환자에게서 측정된 치료전과 치료 후의 반응값이 독립이라고 하기 어렵기 때문에 이런 경우에 전과 후를 비교하기 위한 별도의 분석방법이 필요하다.

이 절에서는 이와 같은 두 가지 경우에 대해서 모평균의 차에 대한 추정과 검정에 대해서 알아보자.

9.5.1 독립인 두 표본: 분산이 같을 때

$X_1, X_2, \ldots, X_m$이 독립이며 평균이 μ_1이고 분산이 σ^2인 정규분포에서 얻어지고 $Y_1, Y_2, \ldots, Y_n$이 독립이며 평균이 μ_2이고 분산이 σ^2인 정규분포에서 X_i들과 독립적으로 얻어진 표본일 때 $H_0 : \mu_1 - \mu_2 = \delta_0$에 대한 가설검정에 대해서 알아보자. 위에서 가정한 것처럼 두 집단의 분산은 σ^2으로 같은 값으로 설정된 것에 유의하여야 한다. 즉, 두 집단의 분산이 다르다는 충분한 근거가 있을 때에는 이 절에서 소개하는 방법을 사용할 수 없으며, 9.5.2절에서 소개하는 방법을 이용하여야 한다. 두 집단의 분산이 같은지에 대한 검정은 10.2.1절을 참고하기로 한다.

위의 자료에 대한 가정이 옳으면 $\bar{X}$와 $\bar{Y}$는 각각 $N(\mu_1, \sigma^2/m)$과 $N(\mu_2, \sigma^2/n)$을 따르게 되고 $\bar{X}$와 $\bar{Y}$가 독립이므로 $\bar{X} - \bar{Y}$의 기댓값과 분산은 각각 $\mu_1 - \mu_2$와 $\sigma_1^2/m + \sigma_2^2/n$

이 된다. 따라서

$$\bar{X} - \bar{Y} \sim \Big(\mu_1 - \mu_2, \sigma^2(\frac{1}{m} + \frac{1}{n})\Big) \tag{9.9}$$

을 따르게 된다. 분산과 표준오차를 사용하여 $\bar{X} - \bar{Y}$를 표준화하면

$$Z = \frac{\bar{X} - \bar{Y} - \delta_0}{\sigma\sqrt{\dfrac{1}{m} + \dfrac{1}{n}}} \sim N(0,1) \tag{9.10}$$

이 되므로 가설의 검정과 신뢰구간을 얻을 수 있다.

실제 자료를 분석하는 과정에서는 공통분산인 σ^2을 모르기 때문에 이의 추정치를 S_p^2이라고 하면 검정통계량은

$$t = \frac{\bar{X} - \bar{Y} - \delta_0}{S_p\sqrt{\dfrac{1}{m} + \dfrac{1}{n}}} \tag{9.11}$$

이고 이 때 t는 귀무가설이 옳을 때 자유도가 $m + n - 2$인 t 분포를 따르게 된다. 단,

$$S_p^2 = \frac{(m-1)S_1^2 + (n-1)S_2^2}{m+n-2} = \frac{\sum(X_i - \bar{X})^2 + \sum(Y_i - \bar{Y})^2}{m+n-2} \tag{9.12}$$

으로 분산 σ^2의 추정치로 공통분산(pooled variance)라고 부른다.

귀무가설 $H_0 : \mu_1 - \mu_2 = \delta_0$에 대해서 유의수준이 α인 경우 기각역과 유의확률은 다음과 같다.

대립가설	$H_1 : \mu_1 - \mu_2 > \delta$	$H_1 : \mu_1 - \mu_2 < \delta$	$H_1 : \mu_1 - \mu_2 \neq \delta$
기각역	$t > t_{m+n-2;\alpha}$	$t < -t_{m+n-2;\alpha}$	$\lvert t\rvert > t_{m+n-2;\alpha/2}$
유의확률	$\Pr[T_{m+n-2} > t]$	$\Pr[T_{m+n-2} < t]$	$2\Pr[T_{m+n-2} > \lvert t\rvert]$

많은 경우에 $\delta_0 = 0$을 사용하는데 이 경우 두 모집단의 평균의 차이가 있는지 검정하는 것이 된다.

$\mu_1 - \mu_2$에 대한 $100(1-\alpha)\%$ 신뢰구간은

$$\mu_1 - \mu_2 = \bar{X} - \bar{Y} \pm t_{m+n-2;\alpha/2} S_p\sqrt{\frac{1}{m} + \frac{1}{n}} \tag{9.13}$$

로 얻어진다.

파이썬에서 독립 이표본 t-검정은 `scipy.stats`의 다음 함수 `ttest_ind`

```
ttest_ind(a, b, axis=0, equal_var=True, alternative='two-sided',
                    nan_policy='propagate', ...)
```

로 할 수 있으며 a와 b는 검정할 두 그룹의 자료가 포함된 array-like이며 등분산을 가정할 경우 `equal_Var`는 `True`가 설정되어야한다(기본값). 대립가설의 방향에 따라 양측검정은 `alternative`에 `'two-sideed'`를 설정하며 첫 번째 그룹의 평균이 두 번째 그룹의 평균보다 크다를 검정할 때는 `'greater'`, 반대인 경우 `'less`를 설정한다. `nan_policy`에는 결측치 처리 방법을 설정하며 `'propagate'`이면 한 값이라도 결측치면 전체가 결측치가 되며, `'raise'`를 설정하면 에러메세지를, `'omit'`를 설정하면 결측치는 제외한

계산을 하게된다. 이 함수의 출력은 `statistic`과 `pvalue`이며 각각 검정통계량과 유의확률을 반환한다.

보기 9.7 흡연자와 비흡연자의 혈중 페나세틴(phenacetin) 대사과정에 대해서 알아보기 위해 흡연자 10명과 비흡연자 11명을 자원자 중에서 선발하여 혈중 페나세틴을 측정하였다.

비흡연자(x)	0.005	0.600	1.325	1.505	1.520	2.000	2.255	2.575
	3.000	3.300	3.500					
흡연자(y)	0.005	0.005	0.255	0.505	0.525	1.000	1.250	1.505
	1.750	2.750						

흡연자와 비흡연자의 혈중 페나세틴 농도에 차이가 있는지 검정하고 차이에 대한 95% 신뢰구간을 구하여라. 두 그룹이 분산이 같다고 할 수 있는지는 보기 10.4를 참고하기로 한다.

풀이: 귀무가설 $H_0 : \mu_1 = \mu_2$와 대립가설 $H_1 : \mu_1 \neq \mu_2$에 대한 가설검정이다. $\bar{x} = 1.962$, $\bar{y} = 0.955$, $s_1^2 = 1.219$, $s_2^2 = 0.770$이므로

$$s_p = \sqrt{\frac{(11-1)\cdot 1.219 + (10-1)\cdot 0.770}{11+10-2}} = \sqrt{1.006} = 1.003$$

이다. 따라서 검정통계량

$$t_0 = \frac{1.962 - 0.955}{1.003\sqrt{\frac{1}{11} + \frac{1}{10}}} = 2.298$$

이며 $t_{19,0.025} = 2.093$이므로 귀무가설을 기각한다.

$\mu_x - \mu_y$의 95% 신뢰구간은

$$\mu_x - \mu_y = \bar{x} - \bar{y} \pm t_{m+n-2;\alpha/2} s_p \sqrt{\frac{1}{m} + \frac{1}{n}} = 1.962 - 0.955 \pm 2.093 \cdot 1.003\sqrt{1/10 + 1/11}$$

$= (0.08990, 1.9242)$로 이 구간에 0이 포함되지 않는다. 이 결과는 위의 가설검정의 결과와 일치한다. ■

보기 9.8 `twottest1.py` 위의 자료를 사용하여 파이썬에서 계산을 해보자.

```
import scipy.stats as st
import numpy as np

x = [0.005, 0.600, 1.325, 1.505, 1.520, 2.000, 2.255, 2.575,
     3.000, 3.300, 3.500]
y = [0.005, 0.005, 0.255, 0.505, 0.525, 1.000, 1.250, 1.505,
     1.750, 2.750]

m = len(x); n = len(y)
df = m + n - 2
```

```
mx = np.mean(x); my = np.mean(y)

tval, pval=st.ttest_ind(x, y, equal_var=True, alternative='two-sided')
print(tval, pval)

sp = np.sqrt( ((m-1)*np.var(x, ddof=1) + (n-1)*np.var(y, ddof=1) )/df)
print(sp)

tval1 = (mx - my) / ( sp*np.sqrt(1/m+1/n) )
print(tval1)
pval1 = (1-st.t.cdf(np.abs(tval1), df)) * 2
print(pval1)

cval = st.t.ppf(.975, df)
if np.abs(tval) > cval:
    print('Reject H0 as |', tval, '| > ',  cval)
else:
    print('Cannot reject H0 as |', tval, ' <= ',  cval)

lbd = mx - my - cval*sp*np.sqrt((1/m+1/n))
ubd = mx - my + cval*sp*np.sqrt((1/m+1/n))
print(lbd, ubd)
```

위 프로그램의 계산 결과 검정통계량의 값은 `ttest_ind` 함수를 사용했을 때와 직접 계산하였을 때 모두 각각 2.298과 0.033으로 얻어지며 따로 귀무가설을 기각한다. 신뢰구간의 출력도 앞의 보기의 계산과 일치함을 알 수 있다. ■

9.5.2 독립인 두 표본: 분산이 다를 때

제 10.2.1 절의 두 모집단의 분산비에 대한 검정 결과 두 모집단의 분산이 같다는 귀무가설을 기각할 경우 9.5.1절의 자료에 대한 가정이 맞지 않기 때문에 9.5.1 절에서 설명한 내용을 사용할 수 없다. 이 절에서는 두 집단의 분산이 같지 않을 때의 모평균 차에 대한 가설검정을 살펴 보기로 한다.

귀무가설이 $H_0 : \mu_1 - \mu_2 = \delta_0$인 경우 검정통계량은

$$T^* = \frac{\bar{X} - \bar{Y} - \delta_0}{\sqrt{\dfrac{S_1^2}{m} + \dfrac{S_2^2}{n}}} \tag{9.14}$$

이 되며 이 검정통계량은 귀무가설 하에서 t 분포를 따르나 자유도가 새터스웨이트(Satterthwaite)의 자유도를 따르는 t 분포이다. 새터스웨이트의 자유도 d는

$$d = \frac{\left(\frac{S_1^2}{m} + \frac{S_2^2}{n}\right)^2}{\dfrac{\left(\frac{S_1^2}{m}\right)^2}{m-1} + \dfrac{\left(\frac{S_2^2}{n}\right)^2}{n-1}} \tag{9.15}$$

따라서 이러한 분포를 바탕으로 $(\mu_1 - \mu_2)$에 대한 $100(1-\alpha)\%$ 신뢰구간은

$$\bar{X} - \bar{Y} \pm t_{d;\alpha/2}\sqrt{\frac{S_1^2}{m} + \frac{S_2^2}{n}} \tag{9.16}$$

가 되며 귀무가설 $H_0 : \mu_1 - \mu_2 = \delta$에 대한 각 대립가설별 기각역과 유의확률은 다음과 같다(유의수준 α).

대립가설	$H_1 : \mu_1 - \mu_2 > \delta$	$H_1 : \mu_1 - \mu_2 < \delta$	$H_1 : \mu_1 - \mu_2 \neq \delta$
기각역	$t > t_{d;\alpha}$	$t < -t_{d;\alpha}$	$\lvert t \rvert > t_{d;\alpha/2}$
유의확률	$\Pr[T_d > t^*]$	$\Pr[T_d < t^*]$	$2\Pr[T_d > \lvert t^* \rvert]$

보기 9.9 보기 9.7의 자료를 사용하여 분산이 다른 경우의 계산을 해보자.[2]

$$t^* = \frac{1.96227 - .955}{\sqrt{1.104132^2/11 + .87737^2/10}} = 2.324296$$

이며 자유도는

$$\frac{(1.104132^2/11 + .87737^2/10)^2}{((\frac{1.104132^2}{11})^2/10 + (\frac{.87737^2}{10})/9)} = 18.69473$$

가 얻어진다. 자유도 18.695인 t 분포에서 검정통계량의 값이 2.324인 이 경우 양측검정의 유의확률은 0.032이다. ■

두 그룹의 분산이 다를 때도 파이썬에서 `scipy.stats`의 `ttest_ind`를 사용하며 이 때는 `var_equal`에 `False`를 반드시 설정하여야 한다.

보기 9.10 `twotest2.py` 앞의 보기를 파이썬을 사용하여 해결해보자.

```
import scipy.stats as st
import numpy as np

x = [0.005, 0.600, 1.325, 1.505, 1.520, 2.000, 2.255, 2.575,
     3.000, 3.300, 3.500]
y = [0.005, 0.005, 0.255, 0.505, 0.525, 1.000, 1.250, 1.505,
     1.750, 2.750]

m = len(x); n = len(y)
mx = np.mean(x); my = np.mean(y)
v1 = np.var(x, ddof=1); v2 = np.var(y, ddof=1)

tval, pval = st.ttest_ind(x, y, equal_var=False,
                          alternative=’two-sided’)
print(tval, pval)
```

[2] 이 자료의 경우 10.2.2절의 Levene 검정의 결과 $F = 0.611$, $P = 0.444$로 두 그룹의 분산이 다르다고 하기 힘들다. 표본에서 계산된 두 그룹의 분산이 크게 차이가 나지 않으면 두 그룹의 분산이 같다고 가정한 경우의 검정통계량 (9.11)과 다르다고 한 경우의 검정통계량 (9.14)의 값이 큰 차이를 보이지 않는다. 또한 자유도도 거의 비슷하게 되므로 결과적으로 유의확률도 비슷해진다.

```
df = (v1/m + v2/n)**2 /( (v1/m)**2/(m-1) + (v2/n) **2/(n-1) )
print(df)

tval1 = (mx - my) / np.sqrt(v1/m+v2/n)
print(tval1)
pval1 = (1-st.t.cdf(np.abs(tval1), df)) * 2
print(pval1)

cval = st.t.ppf(.975, df)
if np.abs(tval) > cval:
    print('Reject H0 as |', tval, '| > ',  cval)
else:
    print('Cannot reject H0 as |', tval, ' <= ',  cval)

## 평균차의 95% 신뢰구간
lbd = mx - my - cval*np.sqrt(v1/m+v2/n)
ubd = mx - my + cval*np.sqrt(v1/m+v2/n)
print(lbd, ubd)
```

로 함수 ttest_ind를 사용할 때의 검정통계량과 실제 계산할 때의 검정통계량 및 유의확률이 각각 2.324, 0.032로 앞의 보기와 같음을 확인할 수 있으며 자유도도 18.69로 동일한 결과를 얻는다. 등분산을 가정하지 않을 경우 모평균 차에 대한 95% 신뢰구간은 (0.099, 1.915)로 이 구간에 0이 포함되지 않음을 알 수 있다.

두 그룹 평균차에 대한 신뢰구간은 statsmodels.stats.api의 Comparemeans 클래스를 사용하여 바로 얻을 수 있는데 CompareMeans는

```
CompareMeans(d1, d2)
```

로 생성하며 d1과 d2는 DescrStats 인스턴스이다. 이 CompareMeans의 메소드 중 tconfint_diff는[3]

```
tconfint_diff(alpha=0.05, usevar='pooled')
```

로 평균차에 대한 $100(1-\alpha)\%$ 신뢰구간을 얻을 수 있다. alpha에는 α를 usevar에는 등분산 가정일 때('pooled'), 등분산 가정이 아닐 때('unequal')을 설정한다. 위의 자료에 대해

```
cm = sms.CompareMeans(sms.DescrStatsW(x, ddof=1),
                      sms.DescrStatsW(y, ddof=1))
lbd, ubd = cm.tconfint_diff(usevar='unequal')
print (lbd, ubd)
```

[3]이 클래스의 ttest_ind(alternative='two-sided', usevar='pooled', value=0)는 앞에서 본 scipy.stats의 같은 이름의 메소드와 마찬가지로 t-검정을 얻을 수 있다. 단측검정의 경우 alternative에 'greater' 또는 'less' 대신 'larger' 또는 'smaller'를 사용함에 주의한다. 연습문제 9.7, 9.8, 9.12 등을 참고하기로 한다.

으로 직접 계산한 것과 동일한 신뢰구간을 얻을 수 있다. ■

9.5.3 두 그룹의 분산이 같은지는 어떻게 판단할 것인가?

앞의 두 절에서 다룬 t 검정의 경우 두 그룹의 분산이 같을 때와 다를 때 사용하는 검정통계량이 같지 않음을 보았다. 두 그룹의 모평균이 같은지 검정을 하는 상황에서 두 그룹의 분산이 같은지 미리 알고 있는 경우는 드물거나 없다고 할 수 있다. 따라서 두 그룹의 분산이 같은지에 대한 판단은 또 다른 가설검정, 즉, $H_0 : \sigma_1^2 = \sigma_2^2$ 대 $H_1 : \sigma_1^2 \neq \sigma_2^2$에 대한 가설검정을 하여 이 검정의 결과에 따라 식 (9.11) 또는 식 (9.14)의 검정통계량을 사용한 검정을 한다. SPSS 등 일부 패키지에서는 등분산성 검정으로 Levene 검정을 사용하며 이 검정으로 얻은 검정통계량인 F 값이 부록의 F 분포표에서의 $F_{1,m+n-2;\alpha}$보다 크거나 유의확률이 α보다 작으면 위의 귀무가설을 기각하고, 두 그룹의 분산이 다르다고 본다. 또 다른 방법으로 Fisher의 분산비 검정이 사용되기도 한다. 이 두 검정에 대한 자세한 내용은 심송용(2011) 등을 참고하기로 한다.

이를 요약하면 다음과 같다.

1. $H_0 : \sigma_1^2 = \sigma_2^2$ 대 $H_1 : \sigma_1^2 \neq \sigma_2^2$에 대한 가설검정을 한다.
2. 위의 등분산 가설검정에서 귀무가설을 기각하지 못하면 식 (9.11)에 의한 t 검정을,
3. 위의 등분산 가설검정에서 귀무가설을 기각하면 식 (9.14)에 의한 t 검정을

시행한다.

파이썬에서 등분산성 검정을 위해서 `scipy.stats`의 `levene` 함수를 사용할 수 있다.[4] 이 함수는 이름에서 보는 것처럼 Levene 등분산 검정을 시행한다. 사용법은

```
levene(sample1, sample2, ...)
```

이며 함수의 반환값은 검정통계량과 유의확률로 각각 `statistic`과 `pvalue`이다.

보기 9.11 `levene1.py` 앞의 보기에서 사용한 자료를 사용하여 두 그룹의 분산이 같은지 검정해보자.

```
import scipy.stats as st

x = [0.005, 0.600, 1.325, 1.505, 1.520, 2.000, 2.255, 2.575,
     3.000, 3.300, 3.500]
y = [0.005, 0.005, 0.255, 0.505, 0.525, 1.000, 1.250, 1.505,
     1.750, 2.750]

fval, pval= st.levene(x, y)
print(fval, pval)
```

[4] Levene 검정은 둘 이상의 그룹의 자료에 대한 등분산성을 검정하므로 자료가 여러 개인 경우 이들을 계속 나열한다. 같은 이유로 두 그룹 중 어느쪽 분산이 큰지 작은지에 대한 설정이 없다.

이 프로그램의 결과로 검정통계량 F_0는 0.545, 유의확률 P는 0.469를 얻는다(양측검정임). 따라서 귀무가설 $H_0 : \sigma_1^2 = \sigma_2^2$을 기각하지 못한다. 이 자료는 보기 9.9나 9.10보다 보기 9.7이나 9.8의 등분산 가정시의 분석을 사용하는 것이 타당하다. ■

9.5.4 대응표본에 대한 추론

대응표본 비교(paired samples comparison)는 X_i 값과 Y_i의 값이 쌍으로 관측된 경우의 두 표본에 대한 비교를 말하며 짝비교, 짝검정, 쌍체검정, 대응표본검정 등으로 불리기도 한다. 이런 경우에는 자료가 짝으로 이루어져 있기 때문에 자료를 표시할 때 $(X_1, Y_1), (X_2, Y_2), \ldots, (X_n, Y_n)$과 같이 순서쌍으로 표시하는 경우가 많으며 쌍체 비교인 경우 두 표본의 개수는 항상 같다.[5] 이는 앞의 독립인 두 표본이 X_i들과 Y_i들이 서로 독립적인 관측치라고 가정한 것과는 아주 큰 차이가 있다. 예를 들어 X_i와 Y_i를 i 번째 학생의 중간고사와 기말고사의 시험성적이라고 한다면 X_i와 Y_i는 같은 학생의 점수이므로 대부분의 경우 두 점수가 동시에 높거나 낮을 가능성이 클 것이다. 따라서 X_i와 Y_i의 독립성을 가정하기 힘들다.

X_i의 기댓값을 μ_1, Y_i의 기댓값을 μ_2라고 할 때 귀무가설 $H_0 : \mu_D = \mu_1 - \mu_2 = \delta_0$에 대한 가설검정은 각각의 자료쌍 (X_i, Y_i)에 대한 차이

$$D_i = X_i - Y_i \tag{9.17}$$

가 독립이고 기댓값이 μ_D, 분산이 σ_D^2인 정규분포를 따른다는 가정을 하거나 자료의 수가 충분히 많아 중심극한정리를 적용하여 근사적인 정규분포를 사용할 수 있는 것을 가정하는 경우가 많다.

식 (9.17)의 $D_1, D_2, \ldots, D_n$이 $N(\mu_D, \sigma_D^2)$에서의 확률표본일 때 $\bar{D}$를 D_i의 표본평균, S_D를 표본표준편차로 나타내면

$$T = \frac{\bar{D} - \delta_0}{S_D/\sqrt{n}} \tag{9.18}$$

가 귀무가설

$$H_0 : \mu_D = \mu_1 - \mu_2 = \delta_0$$

이 옳을 때 자유도가 $(n-1)$인 t 분포를 따르게 된다. 따라서 유의수준이 α인 경우 이 귀무가설에 대한 검정은 다음과 같다.

- $H_0 : \mu_1 - \mu_2 = \delta_0$ 이고 $H_1 : \mu_1 - \mu_2 > \delta_0$ 이면 $t > t_{n-1;\alpha}$ 이면 귀무가설을 기각하고
- $H_0 : \mu_1 - \mu_2 = \delta_0$ 이고 $H_1 : \mu_1 - \mu_2 < \delta_0$ 이면 $t < -t_{n-1;\alpha}$ 이면 귀무가설을 기각하고

[5] 실험이나 관찰 중에 생긴 결측치를 제외하고 이론적으로 완벽한 연구가 이루어졌을 때 두 표본의 개수가 같으며 실제로는 결측치 등으로 자료의 수가 달라질 수 있다. 짝비교에서 자료의 한 값이 결측이면 그 자료의 쌍을 사용할 수 없다.

- $H_0 : \mu_1 - \mu_2 = \delta_0$ 이고 $H_1 : \mu_1 - \mu_2 \neq \delta_0$ 이면 $|t| > t_{n-1;\alpha/2}$ 이면 귀무가설을 기각한다.

일반적으로 '두 그룹의 차이가 없다'는 귀무가설, 즉, $\delta_0 = 0$을 많이 사용한다.

$\mu_1 - \mu_2$에 대한 $100(1-\alpha)\%$ 신뢰구간은

$$\mu_1 - \mu_2 = \bar{D} \pm t_{n-1;\alpha/2} \frac{s_D}{\sqrt{n}} \tag{9.19}$$

로 얻어진다.

쌍체비교인 경우 차이 D_i를 얻고 나면 실제 계산과정은 모두 한 표본 검정문제와 동일함을 유의하자.

보기 9.12 말을 더듬는 사람에게 지속성 안면 마비치료와 같은 방법으로 신경계통의 치료를 하면 말을 더듬는 증상에 효과가 있다고 한다. 이 신경계통의 치료를 위하여 아드레날린을 저하시켜 주는 프로프래노롤(propranolol)과 같은 약제를 사용하여 그 효과를 검증하고자 한다. 이를 위해 말을 더듬는 환자 10 명를 대상으로 2주간 약을 투여하고 투여하기 전과 후의 말 더듬는 정도를 측정하였더니 다음과 같은 결과를 얻었다.

환자	1	2	3	4	5	6	7	8	9	10
치료전	5	1	0	4	4	5	3	3	2	4
치료후	4	0	0	2	1	3	3	1	2	1

1. 이 약의 효과가 있는지 검정하여 보아라. ($\alpha = 0.01$)

2. 모평균 차에 대한 95% 신뢰구간을 구해 보아라.

3. 만일 위의 자료가 20 명의 말 더듬는 환자를 임의로 추출하여 10명에게는 가짜약(placebo)를 투여하고 나머지 10명에게는 프로프래노롤을 투여한 결과라면 결론은? ($\alpha = 0.01$)

풀이: 차이를 계산해서 그 값의 평균과 표준편차를 얻으면 $\bar{D} = 1.4$이고 $s_D = 1.1738$이므로

$$t = \frac{1.4}{1.1738/\sqrt{10}} = 3.772$$

이고 $t_{9;0.01}$ 는 2.821 이므로 귀무가설 $H_0 : \mu_1 - \mu_2 = 0$를 기각한다. (대립가설 $H_1 : \mu_1 - \mu_2 > 0$) 실제 유의확률은 $\Pr[T_9 > 3.772] = 0.0022$ 이며 이 값은 유의수준 0.01보다 작므로 귀무가설을 기각한다. 여기서 T_9는 자유도가 9인 t 분포를 갖는 확률변수이다.

모평균 차이에 대한 95% 신뢰구간은 $t_{9,0.025} = 2.262$이므로

$$1.4 \pm 2.262 \frac{1.1738}{\sqrt{10}} = (0.5604, 2.2396)$$

이다.

만일 독립인 두 표본이면(즉, 잘못된 분석을 하면) $\bar{X} = 3.1$, $\bar{Y} = 1.7$이고 $s_1 = 1.6633$, $s_2 = 1.3375$이므로

$$s_p^2 = \frac{(10-1)1.6633^2 + (10-1)1.3375^2}{10+10-2} = 2.77737$$

이고 따라서

$$t = \frac{3.1 - 1.7}{1.5092\sqrt{\frac{1}{10} + \frac{1}{10}}} = 2.0742$$

이다. $t_{18;0.01} = 2.552$ 이므로 귀무가설을 기각할 수 없다. 실제 유의확률은 T_{18}이 자유도 18인 t 분포를 따르는 확률변수라고 할 때 $\Pr[T_{18} > 2.0742] = 0.0263$이며 이 값은 유의수준 0.01보다 크므로 귀무가설을 기각할 수 없다.

이 예에서 보는 것과 같이 값이 같은 자료라도 자료를 얻은 방법에 따라 분석할 방법이 다르고 이 방법의 차이를 제대로 적용하지 못하면 결과적으로 잘못된 결론에 이를 수 있음을 알 수 있다. ■

파이썬에서 대응표본은 scipy.stats의 ttest_rel을 사용할 수 있다. 이 함수는

```
ttest_rel(a, b, axis=0, nan_policy='propagate',
          alternative='two-sided')
```

로 사용할 수 있다. 매개변수 a, b, nan_policy 및 alternative는 ttest_ind의 설명을 참고하기로 한다. 이 함수의 반환값은 statistic과 pvalue이며 각각 검정통계량과 유의확률이 반환된다.

보기 9.13 `twottest3.py` 보기 9.12의 자료를 파이썬을 사용하여 분석해보자.

```
import scipy.stats as st
import numpy as np

before = np.array([ 5, 1, 0, 4, 4, 5, 3, 3, 2, 4])
after = np.array([ 4, 0, 0, 2, 1, 3, 3, 1, 2, 1])
diff = before - after

tval, pval = st.ttest_rel(before, after, alternative='greater')
print(tval, pval)

sem = np.sqrt(np.var(diff, ddof=1)/len(diff))
tval1 = np.mean(diff)/sem
print(tval1)
pval1 = 1-st.t.cdf(tval1, len(diff)-1)
print(pval1)

# One sample t with diff

tval2, pval2 = st.ttest_1samp(diff, popmean=0, alternative='greater')
print('차에 대한 일표본 t 검정: ', tval, pval)
```

```
# 평균차의 신뢰구간

lbd = np.mean(diff) - st.t.ppf(.975, len(diff)-1) * sem
ubd = np.mean(diff) + st.t.ppf(.975, len(diff)-1) * sem
print(lbd, ubd)

cidiff=st.t.interval(0.95, len(diff)-1, loc=np.mean(diff), scale=sem)
print(cidiff)
```

를 실행해보면 보기 9.12/와 같은 결과를 얻음을 알 수 있다. 위의 프로그램에서 전과 후의 자료의 차이를 쉽게 얻기 위해 원자료는 ndarray로 저장하고 이들의 차이를 원소대 원소로 계산한 값을 `diff`라 하였다.

원자료를 사용하여 `ttest_rel` 함수를 사용한 경우, 검정통계량의 식을 사용하여 검정통계량과 유의확률을 계산한 경우 및 두 값의 차이를 계산하여 이를 `ttest_1samp` 함수에 적용하여 일표본으로 사용한 경우 모두 같은 결과를 얻는다. 신뢰구간도 보기 9.12와 같은 결과를 얻으며 직접 계산한 신뢰구간 및 `t.interval` 메소드를 사용한 신뢰구간도 동일한 결과를 얻음을 알 수 있다. ■

9.6. 모비율에 대한 추론

선거에서 특정 후보에 대한 지지 여부나 품질검사에서 합격여부와 같이 관찰 가능한 값이 둘인 경우 지지율이나 합격율에 대한 추론이 필요하다.

관찰할 수 있는 값이 두 가지인 경우 이 두 값을 1(성공, 지지, 합격)과 0(실패, 지지 않음, 불합격)으로 표시하면 추후 수치적으로 다루기가 편리하다. 이와 같이 성공확률이 p인 확률변수를 베르누이 시행이라고 한다.

$X_1, X_2, \ldots, X_n$이 독립이고 성공확률이 p인 베르누이 시행의 확률변수라고 하고 X를 n개 중에서의 성공의 개수, 즉, $X = X_1 + X_2 + \cdots + X_n$이라고 하자. 즉

$$X_i = \begin{cases} 1 & \text{확률 } p \\ 0 & \text{확률 } 1-p \end{cases} \tag{9.20}$$

이므로 $X_1 + X_2 + \cdots + X_n$은 X_i들 중에서 1인 것들만 합한 것과 마찬가지이며 따라서 X의 분포는 이항분포 $B(n, p)$이며 성공확률 p에 대한 추정치 $\hat{p}$는 X/n이다. 실제 $\hat{p}$는 자료의 값이 1 또는 0이라는 특성을 갖는 자료의 평균이다. 즉,

$$\hat{p} = \frac{X}{n} = \frac{\sum X_i}{n} = \bar{X} \tag{9.21}$$

로 성공율의 추정치 $\hat{p}$는 값이 0 또는 1을 갖는 자료의 표본평균이기도 하기 때문에 n이 충분히 크면 중심극한정리를 적용할 수 있어서 정규분포로의 근사를 사용할 수 있다.

이 절에서 소개할 내용은 기본적으로 이항분포의 정규근사를 사용하기 때문에 자료가 수가 충분히 큰 경우에 적용할 수 있으며 일반적으로 이항분포의 정규근사를 사용하기

위해서는 np와 $n(1-p)$ 중의 작은 값이 5보다 같거나 클 정도로 n이 커야 한다. 즉, 이 절에서 소개하는 p에 대한 추론은

$$\min(np, n(1-p) \geq 5$$

인 경우에 적용될 수 있는 근사적인 추론이다.

9.6.1 모비율 p의 신뢰구간

위에서 본 것처럼 비율 문제에서 각각의 관측량 X_i는 베르누이 시행이므로 기대값은 p, 분산은 $p(1-p)$이다. 따라서 식 (9.21)의 $\hat{p}$는 n개의 베르누이 시행의 평균이므로 표본의 크기 n이 충분히 크면 중심극한정리 또는 이항분포의 정규근사에 의하여 근사적으로

$$\hat{p} = \frac{X}{n} = \frac{\sum_{i=1}^{n} X_i}{n} \sim N\Big(p, \frac{p(1-p)}{n}\Big) \tag{9.22}$$

인 정규분포이다.

따라서

$$\begin{aligned} 1-\alpha &= \Pr\left[-z_{\alpha/2} < \frac{\hat{p}-p}{\sqrt{\frac{p(1-p)}{n}}} < z_{\alpha/2}\right] \qquad (9.23) \\ &= \Pr\left[\hat{p} - z_{\alpha/2}\sqrt{\frac{p(1-p)}{n}} < p < \hat{p} + z_{\alpha/2}\sqrt{\frac{p(1-p)}{n}}\right] \qquad (9.24) \end{aligned}$$

인 사실에 근거하여 p에 대한 $100(1-\alpha)\%$ (근사적인) 신뢰구간은

$$\left(\hat{p} - z_{\alpha/2}\sqrt{\frac{\hat{p}(1-\hat{p})}{n}}, \hat{p} + z_{\alpha/2}\sqrt{\frac{\hat{p}(1-\hat{p})}{n}}\right) \tag{9.25}$$

가 된다.

9.6.2 모비율 p에 대한 가설검정

성공확률 p에 대한 가설검정도 근사적인 방법을 사용할 수 있는데, 특정한 값 p_0에 대해서 귀무가설 $H_0 : p = p_0$에 대해서 귀무가설이 옳다면 근사적으로

$$\hat{p} = \frac{X}{n} = \frac{\sum_{i=1}^{n} X_i}{n} \sim N\Big(p_0, \frac{p_0(1-p_0)}{n}\Big)$$

이므로

$$Z = \frac{\hat{p} - p_0}{\sqrt{\frac{p_0(1-p_0)}{n}}} \tag{9.26}$$

는 근사적으로 표준정규분포를 따르게 된다. 따라서 귀무가설이 $H_0 : p = p_0$인 경우 식 (9.26)의 Z에 대해

- 대립가설이 $H_1 : p > p_0$ 이면 $Z > z_\alpha$ 이면 귀무가설을 기각하고
- 대립가설이 $H_1 : p < p_0$ 이면 $Z < -z_\alpha$ 이면 귀무가설을 기각하고
- 대립가설이 $H_1 : p \neq p_0$ 이면 $|Z| > z_{\alpha/2}$ 이면 귀무가설을 기각하게 된다.

참고: 식 (9.26)의 검정통계량에서 귀무가설 $H_0 : p = p_0$가 참이면 $\hat{p}$의 분산이 $p_0(1-p_0)/n$이므로 이 식을 사용하기도 하고, 중심극한정리를 적용한 검정통계량

$$Z = \frac{\hat{p} - p_0}{\sqrt{\dfrac{\hat{p}(1-\hat{p})}{n}}}$$

를 사용하기도 한다.

보기 9.14 어느 종합병원에서 신생아의 성별을 조사한 바에 의하면 최근 1년간 태어난 셋째 아이의 경우 525명의 신생아 중 남자아이가 357명이었다. 알려진 남자아이 출생 성비인 55%보다 비율이 높다고 할 수 있는지 유의수준 5%로 검정하여라. 모비율에 대한 95% 신뢰구간도 구하여 보아라.

풀이: 자료의 수 $n = 525$, $\hat{p} = 357/525 = .68$이므로 귀무가설 $H_0 : p = 0.55$ 대 대립가설 $H_1 : p > 0.55$을 검정하기 위한 검정통계량의 값은

$$Z = \frac{0.68 - 0.55}{\sqrt{\dfrac{0.55(1-0.55)}{525}}} = 5.987$$

이고 이 값이 $z_{0.05} = 1.645$ 보다 크므로 귀무가설을 기각한다.

모비율에 대한 신뢰구간은 $z_{0.025} = 1.96$이므로

$$\left(0.68 - 1.96\sqrt{\frac{0.68(1-0.68)}{525}}, 0.68 + 1.96\sqrt{\frac{0.68(1-0.68)}{525}}\right) = (0.64, 0.72)$$

로 구해진다. ■

파이썬에서는 statsmodels.stats.proportion 클래스의 proportions_ztest 함수를 사용하면 일표본 비율에 대한 가설검정을 할 수 있다. 사용법은

```
proportions_ztest(count, nobs, value=None, alternative='two-sided'
                  prop_var=False)
```

이며 nobs 번의 관측치에서 count 회수의 성공을 관측할 때의 비율 검정을 할 수 있다. value에는 귀무가설 하의 비율값 p_0를 설정하고 prop_var에는 비율추정치의 분산 $p(1-p)/n$의 계산에서 사용할 p의 값을 설정하며 False가 설정되면 데이터에서 계산한 비율추정값(count/nobs)를 사용한다. 일반적으로 귀무가설 하의 비율값 p_0를 설정한다. alternative는 대립가설의 방향을 설정하며 'two-sided'(기본값), 'smaller' 또는

'larger'를 설정한다(less와 greater가 아님에 주의). 이 함수는 검정통계량과 유의확률을 각각 ztat과 p-value에 반환한다.

statsmodels.stats.proportion 클래스에는 비율에 대한 신뢰구간을 계산할 수 있는 메소드

```
proportion_confint(count, nobs, alpha=0.05, method='normal')
```

도 제공된다. alpha는 신뢰도 $100(1-\alpha)$에서 α를 설정한다. 비율에 대한 신뢰구간을 계산하는 좀더 복잡한 통계적 방법들을 사용할 때는 method에 'normal'이 아닌 해당 값을 설정하면된다. 가능한 값은 statsmodels 모듈의 홈페이지를 참고하기로 한다.

보기 9.15 proptest1.py 보기 9.14의 자료를 파이썬을 사용하여 검정해보자.

```
import statsmodels.stats.proportion as prop
import scipy.stats as st
import numpy as np

n=525; x=357
p0 = 0.55; phat=x/n

z0, pval = prop.proportions_ztest(x, n, value=p0, prop_var=p0,
                                  alternative='larger')
print('검정값: ', z0, pval)

cip1 = st.norm.interval(.95, loc=phat, scale=np.sqrt(phat*(1-phat)/n))
print(cip1)

cip2 = prop.proportion_confint(x, n, alpha=0.05, method='normal')
print(cip2)
```

의 결과는 보기 9.14와 같음을 알 수 있다. 정규분포를 사용한 추론이므로 신뢰구간을 계산하기 위해 scipy의 norm.interval 메소드도 사용하였으며 proportion_confint를 사용한 경우와 같은 결과를 얻는다. ■

9.7. 비율차에 대한 추론

두 그룹의 비율 p_1과 p_2의 차이에 대한 추론도 각 그룹의 자료가 0과 1로 얻어지며, 각각이 독립이며 베르누이 시행에 얻어진다는 가정에서 시작한다. 이 때 각 그룹의 비율의 추정치가 각 그룹의 평균이고 평균은 중심극한정리에 의해 정규분포에 근사할 수 있다는 성질을 이용하게 된다. 따라서 구간추정과 가설검정은 정규분포에 기초하게 되며 이러한 추론은 근사적인 추론이며 각 그룹에서의 자료의 수가 충분히 많을 때 사용할 수 있다.

$X_1, X_2, \ldots, X_m$과 $Y_1, Y_2, \ldots, Y_n$을 독립이고 0(실패)과 1(성공)로 관측된 두 그룹의 자료라고 하자. 첫 번째와 두 번째 그룹의 성공율에 대한 추정치는 각각 $\hat{p}_1 = \sum_{i=1}^{m} X_i/m$,

$\hat{p}_2 = \sum_{j=1}^{n} Y_i/n$이 된다. 또한 중심극한정리에 의해서 m과 n이 충분히 클 때 $\hat{p}_1 - \hat{p}_2$의 근사적인 분포는 정규분포가 된다. 즉,

$$\hat{p}_1 - \hat{p}_2 \sim N\Big(p_1 - p_2, \frac{p_1(1-p_1)}{m} + \frac{p_2(1-p_2)}{n}\Big) \tag{9.27}$$

이다. 따라서 $p_1 - p_2$에 대한 $100(1-\alpha)\%$ (근사적인) 신뢰구간은

$$\left(\hat{p}_1 - \hat{p}_2 - z_{\alpha/2}\sqrt{\frac{\hat{p}_1(1-\hat{p}_1)}{m} + \frac{\hat{p}_2(1-\hat{p}_2)}{n}}, \hat{p}_1 - \hat{p}_2 + z_{\alpha/2}\sqrt{\frac{\hat{p}_1(1-\hat{p}_1)}{m} + \frac{\hat{p}_2(1-\hat{p}_2)}{n}}\right) \tag{9.28}$$

가 된다.

성공확률 $p_1 - p_2$에 대한 가설검정도 중심극한정리를 이용한 근사적인 방법을 사용할 수 있는데 귀무가설 $H_0 : p_1 - p_2 = \delta_0$에 대해서 귀무가설이 옳다면

$$Z_0 = \frac{\hat{p}_1 - \hat{p}_2 - \delta_0}{\sqrt{\frac{\hat{p}_1(1-\hat{p}_1)}{m} + \frac{\hat{p}_2(1-\hat{p}_2)}{n}}} \tag{9.29}$$

는 근사적으로 표준정규분포를 따르게 된다. 따라서 귀무가설이 $H_0 : p_1 - p_2 = \delta_0$인 경우 식 (9.29)의 Z_0에 대해

- 대립가설이 $H_1 : p_1 - p_2 > \delta_0$ 이면 $Z_0 > z_\alpha$ 이면 귀무가설을 기각하고
- 대립가설이 $H_1 : p_1 - p_2 < \delta_0$ 이면 $Z_0 < -z_\alpha$ 이면 귀무가설을 기각하고
- 대립가설이 $H_1 : p_1 - p_2 \neq \delta_0$ 이면 $|Z| > z_{\alpha/2}$ 이면 귀무가설을 기각하게 된다.

보기 9.16 한 병원에서 같은 기간에 출생한 신생아 중에서 첫째 아이의 성별을 조사하였더니 1000명의 신생아 중 540명이 남아였고 셋째 아이인 경우에는 100명 중 70명이 남아였다고 한다. 이 병원에서 출생한 첫째 아이와 셋째 아이의 남아의 비율이 10% 포인트 이상 차이가 난다고 할 수 있겠는가? 유의수준 5%에서 검정하여 보고 비율차에 대한 95% 신뢰구간을 구하여 보자.

$m = 1000$, $p_1 = 0.54$, $n = 100$, $p_2 = 0.7$이므로 검정통계량

$$Z_0 = \frac{0.7 - 0.54 - 0.1}{\sqrt{\frac{0.54(1-0.54)}{1000} + \frac{0.7(1-0.7)}{100}}} = \frac{-0.16}{0.04846029} = 1.2381$$

이고 $z_{0.025} = 1.96$이라서 $|Z_0| < z_{\alpha/2}$이므로 귀무가설을 기각하지 못한다. 즉, 셋째 아이의 성비는 첫째 아이의 성비가 10% 포인트 이상 차이가 난다고 할 수 없다.

비율차에 대한 95% 신뢰구간은

$$\begin{aligned} & \hat{p}_1 - \hat{p}_2 \pm z_{\alpha/2}\sqrt{\frac{\hat{p}_1(1-\hat{p}_1)}{m} + \frac{\hat{p}_2(1-\hat{p}_2)}{n}} \\ = \ & 0.54 - 0.7 \pm 1.96\sqrt{\frac{0.54(1-0.54)}{1000} + \frac{0.7(1-0.7)}{100}} \\ = \ & -0.16 \pm 1.96 \cdot 0.04846029 = (-0.255, -0.065) \end{aligned}$$

이다. 이 신뢰구간에 −0.1이 포함되는 것과 앞의 양측검정에서 귀무가설을 기각하지 못한 결론이 일치한다. ■

참고: δ_0가 0인 경우, 즉 $H_0 : p_1 - p_2 = 0$에 대한 검정인 경우 귀무가설 H_0가 옳을 경우 $p_1 = p_2 = p$라 하면 식 (9.27)는 자료의 수가 충분히 많을 때 근사적으로

$$\hat{p}_1 - \hat{p}_2 \sim N\Big(0, p(1-p)\Big(\frac{1}{m} + \frac{1}{n}\Big)\Big) \tag{9.30}$$

이므로 이 검정을 위해서는 p에 대한 추정치로

$$\hat{p} = \frac{X+Y}{m+n} \tag{9.31}$$

을 사용하며 식 (9.29)의 검정통계량은

$$Z_0 = \frac{\hat{p}_1 - \hat{p}_2}{\sqrt{\hat{p}(1-\hat{p})\Big(\frac{1}{m} + \frac{1}{n}\Big)}} \tag{9.32}$$

을 사용한다. 대립가설에 따른 기각역은 δ_0가 0이 아닌 경우와 같다.

보기 9.17 보기 9.16의 자료에서 첫째와 셋째 아이의 출생성비가 다르다고 할 수 있겠는지 알아보자. 공통비율 p의 추정치는 $\hat{p} = (540 + 70)/1100 = 0.5545455$ 이므로 검정통계량은

$$\frac{0.7 - 0.54}{\sqrt{.5545(1 - .5545)(1/1000 + 1/100)}} = 3.069399$$

이며 유의수준 5%에서 $3.069 > 1.96$ 이므로 귀무가설을 기각한다. 즉, 첫째와 셋째 아이의 출생성비는 다르다고 할 수 있다. ■

파이썬에서 두 그룹의 비율에 대한 가설검정은 `statsmodels.stats.proportion`의 `test_proportions_2indep`로 할 수 있다. 이 메소드는

```
test_proportions_2indep(count1, nobs1, count2, nobs2, value=None,
                        method=None, compare='diff', alternative='two-sided',
                        correction=True, return_results=True)
```

로 사용하며 `nobs1`, `nobs2`와 `count1`, `count2`는 각각 첫번째 및 두번째 그룹의 전체 관측수 및 성공회수를 설정하며 `value`에는 귀무가설하의 두 그룹 비율의 차이 $p_1 - p_2$를 설정하며 주로 0을 사용하게 된다. `compare`에는 `'diff'`, `'ratio'` 또는 `'or'`을 설정할 수 있는데 각각 비율의 차이, 비율의 비, 및 비율의 오드비(odd ratio의 비)를 검정하게 된다. `method`는 `compare`의 값에 따라 달라지는데 `'diff'`일 때의 기본값 `None`을 설정하면 앞에서 설명한 계산을 한다. `alternative`는 대립가설의 방향을 설정하며 `two-sided'`, `'smaller'` 또는 `'larger'` 중의 하나를 설정한다. `correction`은 `method`가 `score`일 때 소표본 수정을 할지 논릿값으로 설정한다. 이 함수는 검정결과를 검정통계량은 `statistics`, 유의확률은 `pvalue`로 튜플형식으로 반환한다. `return_results`가 `true`이면 추가정보를 포함한 인스턴스로 반환한다.

비율차에 대한 신뢰구간은 같은 클래스의 confint_proportions_2indep 메소드를 사용할 수 있다.

```
confint_proportions_2indep(count1, nobs1, count2, nobs2, method=None,
                          compare='diff', alpha=0.05, correction=True)
```

보기 9.18 proptest2.py 보기 9.16과 보기 9.17을 파이썬을 사용하여 다시 계산해보자.

```
import statsmodels.stats.proportion as prop
import scipy.stats as st
import numpy as np

n1=100; x1=70; n2=1000; x2=540
p0 = (x1+x2)/(n1+n2); p1hat=x1/n1; p2hat = x2/n2

z0, pval = prop.test_proportions_2indep(x1, n1, x2, n2, value=0.1,
                  compare='diff', alternative='two-sided')
print('검정값/유의확률: ', z0, pval)

cidp1 = prop.confint_proportions_2indep(x1, n1, x2, n2, method=None,
                  compare='diff', alpha=0.05)
print(cidp1)

z1, pval1 = prop.test_proportions_2indep(x1, n1, x2, n2, value=0.,
                  compare='diff', alternative='two-sided')
print('검정값/유의확률: ', z1, pval1)

#### 직접계산
sedp0 = np.sqrt( p0*(1-p0)*(1/n1+1/n2) )
sedp1 = np.sqrt( p1hat*(1-p1hat)/n1 + p2hat*(1-p2hat)/n2 )

z2 = (p1hat - p2hat -0.1)/sedp1
pval2 = (1-st.norm.cdf(np.abs(z2)))*2
print(z2, pval2)

cidp2 = st.norm.interval(.95, loc=p1hat-p2hat, scale=sedp1)
print(cidp2)

z3 = (p1hat - p2hat)/sedp0
pval3 = (1-st.norm.cdf(np.abs(z3)))*2
print(z3, pval3)
```

위의 코드를 실행하면 첫번째 test_proportions_2indep 메소드에서 $H_0 : p_1 - p_2 = 0.1$을 검정한 결과 검정통계량은 $1.165 (P = 0.244)$를 얻고 두 번째 이 메소드에서는 $H_0 : p_1 - p_2 = 0$를 검정한 결과 검정통계량은 $3.2407 (P = 0.0013)$를 얻는다. 또한

`confint_proportions_2indep` 메소드를 사용한 $p_1 - p_2$에 대한 신뢰구간은 (0.0594, 0.2468)이다. 이 결과는 앞의 보기 9.16과 9.17의 결과와 약간의 차이가 있는 이유는 이 두 메소드가 고급 이론을 사용하여 연속성에 대한 보정을 하기 때문이다. 보정하지 않은 결과를 프로그램의 아래 부분에서 계산하였으며 이 계산은 앞의 두 보기와 일치함을 알 수 있다. ■

연습문제

9.1 정규분포인 모집단에서 10개를 임의추출하여 다음과 같은 컴퓨터 출력을 얻었다.

$\bar{x}$	s	S.E.	t	df	Sig. (2-tail)
0.50	0.7458	(가)	2.12	(나)	0.063

다음 물음에 답하여라.

(a) 귀무가설 $\mu_0 = 0$ 대립가설 $H_1 : \mu > 0$인 검정인 경우 $\alpha = 0.05$에서 귀무가설을 기각여부를 말하여라.

(b) (가)의 값은?

(c) (나)에 알맞은 값은?

(d) t는 어떻게 계산된 값인지 설명하여라.

(e) T가 (나)의 자유도를 따르는 확률변수이면 $\Pr[T \leq -2.12]$의 값은?

(f) a가 $\Pr[T > a] = 0.025$인 상수일 때 a와 t의 크기를 비교하여라.

(g) 모평균에 대한 95% 신뢰구간에 0이 포함되는가?

(h) '위에서 구한 95% 신뢰구간에 모평균이 포함될 확률이 95% 이다.'는 바른 표현인가?

9.2 연습문제 6.9의 자료를 이용하여 평균의 95% 신뢰구간을 계산하고 이 신뢰구간의 의미를 해석하여라. `cimean3.py`

9.3 25명의 학생에 대한 신장을 조사하였더니 평균이 172.3 표준편차가 5cm 였다. 학생의 키의 기댓값에 대한 95% 신뢰구간을 구하여라. `cimean4.py`

9.4 25명의 학생을 대상으로 휴대전화 요금을 조사하였더니 평균 30,000원 표준편차 5,000원 이었다면 `cimean5.py`

(a) 휴대전화 요금의 90% 신뢰구간을 구해 보아라.

(b) 월 평균요금이 35,000원이라고 할 수 있는지 유의수준 10%에서 검정해 보고 위의 신뢰구간에서 얻은 결과와 비교해 보아라.

9.5 10년전 고등학교 3학년 남학생의 평균신장은 169cm였다. 올해 고등학교 3학년 학생 49명을 조사하였더니 평균신장이 174cm 이고 표준편차가 9cm라면 10년전에 비하여 고등학교 3학년 남학생의 신장이 더 크다고 할 수 있겠는가? `tmean1.py`

9.6 자동차 회사에서 주장하는 연비가 10km/l인 자동차를 100대를 임의로 선택하여 한달간 주입한 연료의 양과 주행거리를 측정하여 연비를 계산하였더니 평균 연비는 9.5km/l, 표준편차는 2km/l가 얻어졌다. 자동차 회사에서 주장하는 연비가 실제보다 높다고 할 수 있겠는가? `tmean2.py`

9.7 A.1절의 자료를 이용하여 `twottest07.py`

(a) 남자와 여자의 키의 평균에 대한 차이가 있는지 검정하여라.

(b) 남자와 여자의 체중의 차이에 대한 95% 신뢰구간을 구하여라.

9.8 체질량지수(Body Mass Index;BMI)는 비만의 정도를 나타내는 척도로 사용되는데 몸무게(kg)를 키의 제곱(단위: m)으로 나눈 값이다. 즉, 키가 170cm, 몸무게 60kg인 사람의 BMI는 $60/1.7^2 = 20.76125(kg/m^2)$이다. A.1절의 자료를 이용하여 `twottest08.py`

(a) BMI를 계산하여 BMI에 대한 95%, 99% 신뢰구간을 구해 보아라.

(b) 남녀간 BMI의 차이가 있는지 알아보아라.

(c) 기혼자의 BMI의 평균이 미혼자의 BMI 평균보다 큰지 알아보아라. 결혼한 사람의 나이가 더 많음에 유의하여 이 결과를 음미하여 보아라.

9.9 다음은 한 마리의 쥐의 왼쪽과 오른쪽 귀를 임의로 선택하여 한 쪽 귀에는 에탄올(ethanol)을 다른 쪽 귀에는 캡사이신(capsaicin; 고추의 매운 맛을 내는 성분)을 처리한 후 10분 뒤에 양쪽의 귀의 혈류량을 비교한 자료이다. `twottest4.py`

처리 \ 쥐	1	2	3	4	5	6	7	8	9
에탄올	208	285	181	251	277	281	232	135	240
캡사이신	791	572	604	766	942	664	643	372	559

캡사이신이 에탄올보다 혈류량을 많이 증가시키는지 검정하여라. 또 평균차에 대한 95% 신뢰구간도 구해보아라.

9.10 다음은 신장결석이 있는 환자와 없는 환자의 요에서 calcium concentration을 조사한 결과이다.(단위: millimoles/litre) 신장결석이 있는 환자와 그렇지 않은 환자 사이에 calcium concentration의 차이가 있다고 할 수 있겠는가? `mean10.py`

없음	2.17 0.17 0.83 3.04 1.06 3.93 5.38 3.53 4.54 3.98 1.02 3.46 1.19 5.64 2.66 1.22 2.64 2.31 4.49
있음	6.96 13.00 5.54 6.19 7.31 14.34 4.74 2.50 1.27 4.18 3.10 3.01 6.81 8.28 2.33 7.18 5.67 12.68 8.94 3.16 3.30 6.99

9.11 (연습문제 9.10의 연속) Calcium concentration의 차이에 대한 신뢰구간을 구해보고 이 신뢰구간의 결과와 가설검정의 결과가 일치하는지 비교하여라. 가설검정의 결과와 비교할 신뢰구간의 신뢰도와 앞의 유의수준 사이의 관계를 말하여라. `mean11.py`

9.12 암로디핀(amlodipine) 성분은 심장에 혈액과 산소의 공급을 증가시키고 혈관의 긴장도를 낮춰 줌으로써 심장의 부담을 줄여주어 협심증 발작을 치료, 예방하는 역할을 하는 것으로 알려져 있으며 고혈압, 협심증 등의 치료제로 사용하고 있다.

어느 제약회사에서 제조비용이 기존의 방법보다 적게 들면서 치료효과에는 차이가 없을 것으로 믿어지는 새로운 암로디핀 성분의 약을 개발하여 이 약의 효과를 기존의 약과 비교하고자 한다. 이를 위해 확장기 혈압이 90mmHg 이상인 고혈압 환자를 두 그룹으로 나누어 한쪽 그룹은 기존의 약을 처방하고 다른 그룹은 새로 개발한 약을 처방하여 6주 후에 두 그룹의 확장기 혈압을 조사하였더니 다음과 같았다.

기존 약	89 78 82 94 81 82 70 93 79 86 87 81 80 89 79 78 84
신약	85 89 75 85 99 74 82 92 92 81 77 85 77 84 83 88 85 78 88 82 94 77 79 84 73 83

두 약의 치료효과가 다르다고 할 수 있겠는가? 확장기 혈압의 차이에 대한 95% 신뢰구간을 구해 보고 이 구간에 0이 포함되는지 확인하여 가설검정의 결과와 비교하여 보아라. `twottest6.py`

9.13 다음은 임의로 뽑은 20명의 사주를 '재운 있음', '재운 없음'으로 구분하고 이들의 소득을 조사한 자료이다. 사주의 재물운에 따른 소득의 차이가 있다고 할 수 있겠는가? `twottest9.py`

재운 있음	10.6 11.7 9.5 9.3 10.0 6.9 13.6 7.5 11.9 5.6
재운 없음	10.0 11.8 8.6 7.4 10.0 9.6 13.3 10.2 10.8 6.2

9.14 15그루의 상수리나무 묘목에 대해 임의로 선택한 8본에는 관수를 매주 3회(처리1) 하고, 7본에는 관수를 매주 2회(처리2) 한 결과 가을에 다음과 같은 묘고 생장량을 얻었다. `twottest10.py`

처리1(x)	25	30	15	19	23	18	28	20
처리2(y)	16	19	22	25	17	15	11	

두 처리에 의한 묘고 생장량이 정규분포를 따르고, 모분산 같다고 가정했을 때 처리에 따른 묘고 생장량에 차이가 있는가를 검정하여라. 필요한 계산을 직접해 보고 파이썬의 결과와 비교해보아라.

9.15 두 종류의 오리나무 잎벌레 방제약품이 살포 후 오리나무 엽조직에 미치는 영향을 알아보기 위해 임의로 선택한 10개의 잎에 대해 주맥을 중심으로 양쪽에 각각 약품1, 약품2를 처리한 후 3일이 지난 다음 나타난 반점수를 조사해 보았더니 다음과 같았다.

엽번호(i)	1	2	3	4	5	6	7	8	9	10
약품 1(x_i)	7	8	7	4	7	7	9	9	7	4
약품 2(y_i)	6	7	8	3	5	6	10	9	5	3

95% 신뢰수준에서의 두 처리의 차의 신뢰구간과 이 차이를 인정할 수 있는가에 대한 검정을 하여라. `twottest5.py`

9.16 자료의 수가 각각 m, n인 독립인 두 표본 문제에서 $S_1^2 = S_2^2$인 경우

(a) 식 (9.15)의 Satterswaite 자유도는 어떻게 되는가? 이 자유도와 $\sigma_1^2 = \sigma_2^2$을 가정하는 경우의 자유도와 비교하여라.

(b) 식 (9.14)의 검정통계량은 어떻게 바뀌는가? 식 (9.11)의 검정통계량과 비교하여라.

9.17 소비자에게 제품 사용법에 대해 간단히 설명한 경우(방법 A)와 자세히 설명한 경우(방법 B)를 적용하여 두 방법을 두 그룹의 소비자에게 사용하여 소비자의 만족도를 점수화하였다. 두 방법에 따른 소비자의 만족도에 차이가 있는지 검정하여라. `twottest11.py`

방법 A	15	20	11	23	16	21	18	16	27	24
방법 B	23	31	13	19	23	17	28	26	25	28

제 10 장

분산에 대한 추론

이 장에는 자료가 독립이며 정규분포일 때 모분산에 대한 신뢰구간과 가설검정에 대한 내용을 살펴보기로 한다. 또한 두 모집단의 분산이 다른지에 대한 추론으로 두 모집단의 분산비에 대한 추론을 다루도록 한다.

10.1. 하나의 분산에 대한 추론

$X_1, X_2, \ldots, X_n$이 모두 독립이고 평균이 μ, 분산이 σ^2인 정규분포에서의 표본이라고 하자. 모분산에 대한 점추정치 표본분산은 보통 S^2으로 나타나며

$$S^2 = \frac{\sum_{i=1}^{n}(X_i - \bar{X})^2}{n-1} \tag{10.1}$$

으로 구한다. 표준편차에 대한 점추정치는 $S = \sqrt{S^2}$를 사용한다. 이론적으로

$$\frac{(n-1)S^2}{\sigma^2} = \frac{\sum_{i=1}^{n}(X_i - \bar{X})^2}{\sigma^2} \tag{10.2}$$

이 자유도가 $(n-1)$인 카이제곱분포임을 보일 수 있으므로

$$1 - \alpha = \Pr\left[\chi^2_{n-1;1-\alpha/2} < \frac{(n-1)S^2}{\sigma^2} < \chi^2_{n-1;\alpha/2}\right]$$

이다. 따라서 위의 부등식을 σ^2에 대해서 풀어서 얻은

$$\left(\frac{(n-1)S^2}{\chi^2_{n-1,\alpha/2}}, \frac{(n-1)S^2}{\chi^2_{n-1,1-\alpha/2}}\right) \tag{10.3}$$

을 σ^2에 대한 $100(1-\alpha)\%$ 신뢰구간으로 얻는다.

σ^2에 대한 가설검정은 귀무가설 $H_0 : \sigma^2 = \sigma_0^2$에 대해 검정통계량을

$$\chi_0^2 = \frac{(n-1)S^2}{\sigma_0^2} = \frac{\sum_{i=1}^n (X_i - \bar{X})^2}{\sigma_0^2} \tag{10.4}$$

을 사용하며 이 검정통계량은 귀무가설이 참일 때 자유도가 $(n-1)$인 카이제곱분포를 따르므로

- 대립가설이 $H_1 : \sigma^2 > \sigma_0^2$ 이면 $\chi_0^2 > \chi_{n-1;\alpha}^2$ 일 때,
- 대립가설이 $H_1 : \sigma^2 < \sigma_0^2$ 이면 $\chi_0^2 < \chi_{n-1;1-\alpha}^2$ 일 때,
- 대립가설이 $H_1 : \sigma^2 \neq \sigma_0^2$ 이면 $\chi_0^2 > \chi_{n-1;\alpha/2}^2$ 또는 $\chi_0^2 < \chi_{n-1;1-\alpha/2}^2$ 일 때

각각 귀무가설을 기각한다. 표본에서 얻은 검정통계량이 χ_0^2이고 χ_{n-1}^2이 자유도 $(n-1)$인 카이제곱분포를 따르는 확률변수일 때 각 대립가설에 따른 유의확률은 다음과 같은 확률로 계산된다.

대립가설	유의확률
$H_1 : \sigma^2 > \sigma_0^2$	$\Pr[\chi_{n-1}^2 > \chi_0^2]$
$H_1 : \sigma^2 < \sigma_0^2$	$\Pr[\chi_{n-1}^2 < \chi_0^2]$
$H_1 : \sigma^2 \neq \sigma_0^2$	$2\min\{\Pr[\chi_{n-1}^2 > \chi_0^2], \Pr[\chi_{n-1}^2 < \chi_0^2]\}$

보기 10.1 50명의 고등학생들의 키의 표본분산은 5이었다. 분산의 95% 신뢰구간을 구하여 보아라. 분산이 7보다 작다고 할 수 있는지 유의수준 1% 에서 검정하여 보아라. 먼저 $\chi_{49;0.025}^2 = 70.22$, $\chi_{49;0.975}^2 = 31.55$ 이므로 95% 신뢰구간은

$$\left(\frac{49 \cdot 5}{70.22}, \frac{49 \cdot 5}{31.55}\right) = (3.49, 7.77)$$

이 된다. $H_0 : \sigma^2 = 7$ 대 $H_1 : \sigma^2 < 7$에 대한 가설검정을 위한 검정 통계량은

$$\chi_0^2 = \frac{49 \cdot 5}{7} = 35 > \chi_{49;0.99}^2 = 28.94$$

이므로 귀무가설을 기각하지 못한다. ■

보기 10.2 `variance1.py` 파이썬에서 일표본 분산에 대한 추론을 제공하는 모듈이나 클래스가 없어 보인다. 하지만 간단히 함수를 작성하여 이 계산을 할 수 있다.

```
def test_var_1samp(vv, nn, value, alternative='two-sided'):
    import scipy.stats as st

    df = nn - 1
    chi0 = (df*vv)/value

    if alternative == 'greater':
        pval = 1 - st.chi2.cdf(chi0, df)
```

```
    elif alternative == 'less':
        pval = st.chi2.cdf(chi0,df)
    else:
        pval = st.chi2.cdf(chi0,df)
        if pval < 0.5:
            pval = pval * 2
        else:
            pval = (1-pval)*2

    return(chi0, pval)

def ci_var_1samp(vv, nn, level=95):
    import scipy.stats as st

    df = nn - 1
    lbd = df*vv/st.chi2.ppf(1-(100-level)/100/2,df)
    ubd = df*vv/st.chi2.ppf((100-level)/100/2,df)
    return((lbd,ubd))

chi1 = test_var_1samp(5,50,7,'less')
print(chi1)

ci1 = ci_var_1samp(5, 50, 95)
print(ci1)
```

이 프로그램엣 두 개의 함수 test_var_1samp와 ci_var_1samp는 모두 표본분산값 vv와 자료의 수 nn을 매개변수로 하여 분산의 검정이나 신뢰구간을 반환한다. 검정은 추가로 귀무가설하에서의 분산값 σ_0^2(value)과 대립가설의 방향(alternative)을 필요로 하며, 신뢰구간은 신뢰도(level)를 추가 매개변수로 잡는다.

위의 코드는 표본에서 계산된 분산을 사용하는 것이므로 원자료를 사용하는 코드는 원자료에서 분산을 계산하여 위의 프로그램을 사용하여 두 함수의 첫부분일부와 매개변수를 조정하여 따로 원자료를 매개변수로 하는 함수를 작성할 수도 있다. ■

10.2. 두 분산의 비교

독립인 두 그룹의 자료를 사용하여 두 그룹의 분산 비교에 대해서 알아보자.

10.2.1 두 분산의 비에 대한 추론

앞에서 본 독립인 두 표본의 평균차에 대한 검정을 사용하기 위해서는 두 집단의 분산이 같아야한다는 조건이 필요하였다. 두 그룹의 분산이 같은지에 대한 검정은 F 분포를 사용하여 검정할 수 있으며 아울러 분산비에 대한 신뢰구간도 얻을 수 있다. 먼저 자료가 9.5.1절의 가정과 비슷하게

1. $X_1, X_2, \ldots, X_m$이 독립이고 평균이 μ_1이고 분산이 σ_1^2인 정규분포에서의 표본이고

2. $Y_1, Y_2, \ldots, Y_n$도 독립이며 평균이 μ_2이고 분산이 σ_2^2인 정규분포에서 표본이며

3. X_i들과 Y_i들도 독립적으로 얻어진 표본

이라고 하자. 각각의 집단에서 얻어진 표본분산을 S_1^2과 S_2^2라고 하면

$$\frac{S_1^2/\sigma_1^2}{S_2^2/\sigma_2^2} \tag{10.5}$$

이 자유도가 $(m-1, n-1)$인 F 분포를 따른다는 사실이 알려져 있다. 따라서 분산비 $\frac{\sigma_1^2}{\sigma_2^2}$에 대한 신뢰구간은

$$\begin{aligned} 1-\alpha &= \Pr\Big[F_{m-1,n-1;1-\alpha/2} \le \frac{S_1^2/\sigma_1^2}{S_2^2/\sigma_2^2} \le F_{m-1,n-1;\alpha/2}\Big] \\ &= \Pr\Big[\frac{1}{F_{m-1,n-1;\alpha/2}}\frac{S_1^2}{S_2^2} \le \frac{\sigma_1^2}{\sigma_2^2} \le \frac{1}{F_{m-1,n-1;1-\alpha/2}}\frac{S_1^2}{S_2^2}\Big] \end{aligned} \tag{10.6}$$

이 되어 분산비에 대한 $100(1-\alpha)\%$ 신뢰구간은

$$\Big(\frac{1}{F_{m-1,n-1;\alpha/2}}\frac{S_1^2}{S_2^2}, \frac{1}{F_{m-1,n-1;1-\alpha/2}}\frac{S_1^2}{S_2^2}\Big) \tag{10.7}$$

로 얻어진다. 제 8.3.5절의 F 분포의 정의에 의해서 $F_{n-1,m-1;1-\alpha} = 1/F_{m-1,n-1;\alpha}$이므로 위의 신뢰구간은

$$\Big(\frac{1}{F_{m-1,n-1;\alpha/2}}\frac{S_1^2}{S_2^2}, F_{n-1,m-1;\alpha/2}\frac{S_1^2}{S_2^2}\Big)$$

로 쓸 수도 있다. F 분포표는 부록의 표 A.6부터 표 A.11에서 찾아볼 수 있다.

두 집단의 분산이 같은지에 대한 가설검정은 분산의 비율이 1인지에 대한 가설검정과 같으므로 귀무가설

$$H_0 : \frac{\sigma_1^2}{\sigma_2^2} = 1 \tag{10.8}$$

에 대한 가설검정은 검정통계량으로

$$F_0 = \frac{S_1^2}{S_2^2} \tag{10.9}$$

을 사용하고 이 검정통계량은 귀무가설이 참일 때 자유도가 $(m-1, n-1)$인 F 분포를 따르므로

- 대립가설이 $H_1 : \sigma_1^2 > \sigma_2^2$이면 $F_0 > F_{m-1,n-1;\alpha}$ 일 때
- 대립가설이 $H_1 : \sigma_1^2 < \sigma_2^2$이면 $F_0 < 1/F_{n-1,m-1;\alpha}$ 일 때
- 대립가설이 $H_1 : \sigma_1^2 \ne \sigma_2^2$이면 $F_0 > F_{m-1,n-1;\alpha/2}$ 이거나 $F_0 < 1/F_{n-1,m-1;\alpha/2}$ 일 때

각각 귀무가설을 기각한다. 양측검정의 기각역에서 사용한 $1/F_{n-1,m-1;\alpha/2}$는 F 분포의 정의에 의해서 $F_{m-1,n-1;1-\alpha/2}$ 과 같은 값이므로 대립가설이 $H_1 : \sigma_1^2 \neq \sigma_2^2$이면 $F_0 > F_{m-1,n-1;\alpha/2}$ 이거나 $F_0 < F_{m-1,n-1;1-\alpha/2}$ 일 때 H_0를 기각한다고 하여도 같은 표현이다.

표본에서 얻은 검정통계량이 F_0이고 $F_{m-1,n-1}$이 자유도 $(m-1, n-1)$인 F-분포를 따르는 확률변수일 때 각 대립가설에 따른 유의확률은 다음과 같은 확률로 계산된다.

대립가설	유의확률
$H_1 : \sigma_1^2 > \sigma_2^2$	$\Pr[F_{m-1,n-1} > F_0]$
$H_1 : \sigma_1^2 < \sigma_2^2$	$\Pr[F_{m-1,n-1} < F_0]$
$H_1 : \sigma_1^2 \neq \sigma_2^2$	$2\min\{\Pr[F_{m-1,n-1} > F_0], \Pr[F_{m-1,n-1} < F_0]\}$

보기 10.3 남녀 고등학생 각 10명의 시험 점수의 분산을 조사하였더니 남학생의 분산은 15, 여학생의 분산은 10이었다. 남녀학생 사이의 분산이 같다고 할 수 있는지 유의수준 5%에서 검정하여라. 분산비에 대한 95% 신뢰구간도 구하여 보아라.

풀이: $F_0 = 15/10 = 1.5$이고 $F_{9,9;0.025} = 4.026$ 이고 $1/F_{9,9;0.025} = F_{9,9;0.975} = 0.248$ 이므로 귀무가설 $H_0 : \sigma_1^2 = \sigma_2^2$을 기각할 수 없고 따라서 남녀학생간의 분산이 같다는 결론을 얻는다. 분산비에 대한 95% 신뢰구간은

$$\left(\frac{1}{4.026}\frac{15}{10}, \frac{1}{0.248}\frac{15}{10}\right) = (0.37, 6.05)$$

가 된다. 이 신뢰구간에 1이 포함되므로 가설검정과 신뢰구간이 같은 결론에 도달함을 알 수 있다. ■

보기 10.4 보기 9.7의 자료에 대해서 두 그룹의 분산이 같다고 할 수 있는지 알아보자.

풀이: 분산이 같은지에 대한 검정의 검정통계량은

$$F_0 = \frac{s_1^2}{s_2^2} = \frac{1.219}{0.770} = 1.583$$

이고 $F_{10,9,0.025} = 3.9639$이고 $F_{10,9,0.975} = 1/F_{9,10,0.025} = 0.2646$이므로 귀무가설 $H_0 : \sigma_1^2 = \sigma_2^2$을 기각할 수 없다. (대립가설 $H_1 : \sigma_1^2 \neq \sigma_2^2$) ■

일표본 분산과 마찬가지로 Fisher의 분산비 추론은 파이썬의 모듈이나 클래스에서 직접 계산하는 모듈이 없다.

보기 10.5 `variance2.py` 위의 보기 10.3과 보기 10.4의 계산을 파이썬으로 해보자.

```
def test_var_2samp(var1, n1, var2, n2, alternative='two-sided'):
    import scipy.stats as st

    df1 = n1 - 1; df2 = n2 - 1
    F0 = var1/var2
```

```
    if alternative == 'greater':
        pval = 1 - st.f.cdf(F0, df1, df2)
    elif alternative == 'less':
        pval = st.f.cdf(F0,df2, df2)
    else:
        pval = st.f.cdf(F0,df1,df2)
        if pval < 0.5:
            pval = pval * 2
        else:
            pval = (1-pval)*2

    return(F0, pval)

def ci_var_2samp(var1, n1, var2, n2, level=95):
    import scipy.stats as st

    F0 = var1/var2
    df1 = n1 - 1; df2 = n2 - 1

    lbd = F0/st.f.ppf(1-(100-level)/100/2, df1, df2)
    ubd = F0/st.f.ppf((100-level)/100/2, df1, df2)
    return((lbd,ubd))

F1 = test_var_2samp(15,10, 10, 10)
print(F1)

ci1 = ci_var_2samp(15, 10, 10, 10, level=95)
print(ci1)

x = [0.005, 0.600, 1.325, 1.505, 1.520, 2.000, 2.255, 2.575,
     3.000, 3.300, 3.500]
y = [0.005, 0.005, 0.255, 0.505, 0.525, 1.000, 1.250, 1.505,
     1.750, 2.750]
import numpy as np
Fval = test_var_2samp(np.var(x, ddof=1), len(x),
                      np.var(y, ddof=1), len(y))
print(Fval)
```

이 프로그램에서 두 개의 함수 test_var_2samp와 ci_var_2samp는 두 그룹의 분산 var1, var2, 자료의 수 n1, n2가 매개변수로 있을 때 각각 분산비에 대한 가설검정과 분산비에 대한 신뢰구간을 계산하는 함수이다. 가설검정은 추가로 대립가설의 방향 alternative, 신뢰구간은 신뢰도 level을 필요로 한다. 이 프로그램을 보기 10.3과 보기 10.4의 값을 적용하면 앞의 계산과 동일한 결과를 얻는다.[1] ■

[1]보기 10.3과 보기 10.4의 계산에서는 중간 계산에서 반올림을 사용하여 위 프로그램과는 약간 차이가 나는 결과를 얻었음을 밝혀 둔다.

10.2.2 Levene의 등분산성 검정

SPSS에서는 분산비에 대한 검정은 독립인 두 표본검정을 시행할 경우 Levene's F test가 출력되는데 이 부분이 그 집단의 분산이 같은지 다른지에 대한 가설검정이다. 이 가설검정은 10.2.1절의 F 검정과는 다른 방법으로 검정통계량을 계산하는데 Levene 검정은 둘 이상의 그룹에서 등분산성을 검정하는 방법이다. Levene 검정은 둘 이상의 그룹에서의 등분산성 검정이 가능하나 여기서는 두 그룹에서의 등분산성을 검정하는 경우에 대해서만 알아보자.

두 그룹의 자료가 10.2.1절의 가정을 만족한다고 할 때

1. $Z_{1i} = |X_i - \bar{X}|$와 $Z_{2i} = |Y_i - \bar{Y}|$를 계산한다.

2. Z_{1i}와 Z_{2i}를 두 그룹의 자료로 두고 두 그룹의 분산이 같을 때 독립인 두 표본검정에서의 검정통계량 (9.11)를 계산한다. 이 때 계산된 값을 t라고 하자.

3. Levene의 검정통계량 F는 t^2으로 얻어진다.

4. 위의 검정통계량 F는 귀무가설 하에서 근사적으로 자유도 $(1, m+n-2)$인 F 분포를 따르므로 이 검정통계량이 $F_{1,m+n-2;\alpha}$보다 크면 귀무가설을 기각한다.

보기 10.6 보기 9.7의 자료를 이용한 보기 9.11의 Levene 검정의 F 값을 계산해보자. 먼저 각 그룹의 평균이 1.96227과 0.955이므로 Z_{1i}와 Z_{2i}들을 계산해 보면[2]

비흡연자(Z_{1i})	1.95727	1.36227	.63727	.45727	.44227	.03773
	.29273	.61273	1.03773	1.33773	1.53773	
흡연자(Z_{2i})	.95000	.95000	.70000	.45000	.43000	.04500
	.29500	.55000	.79500	1.79500		

이므로 각 그룹의 평균은 각각 0.8829755, 0.696이고 표준편차는 각각 0.601246, 0.481184이므로 $S_p^2 = ((11-1)\cdot 0.60124587^2 + (10-1)\cdot 0.48118373^2)/(11+10-2) = 0.29994$이다. 따라서 Levene의 F 검정통계량은

$$F = \frac{(0.8829755 - 0.696)^2}{0.2999372 \cdot (1/11 + 1/10)} = 0.6105377$$

를 얻을 수 있으며 이 값은 보기 9.11에서 얻은 Levene 검정통계량과 약간의 차이가 았음을 볼 수 있다.[3] $F_{1,19;0.05} = 4.381$이므로 귀무가설을 기각할 수 없다. 참고로 유의확률은 $\Pr[F_{1,19} > 0.6105377] = 0.4442134$이다. ■

일반적으로 Levene 검정은 셋 이상의 그룹에서 분산들이 모두 같은지 검정하는데 사용하며 이런 이유로 독립인 두 그룹에 대한 평균차 검정에서 출력되는 Levene 검정의 p

[2] 반올림에 의한 오차를 줄이기 위해서 다소 많은 자리수를 유지함.
[3] 이유는 보기 10.7에서 설명하기로 한다.

값은 양측검정에 대한 유의확률이다. 이 유의확률이 유의수준보다 작으면 귀무가설 H_0 : '두 그룹이 분산이 같다'를 기각하고 H_1 : '두 그룹의 분산이 다르다'를 채택한다.

파이썬에서의 Levene 검정은 scipy.stats의 levene 메소드를 사용한다.

```
levene(*args, center='median', proportiontocut=0.05)
```

*args에는 각 그룹의 자료를 설정하며 center에는 'median', 'mean' 또는 'trimmed' 중의 하나의 값을 설정하며 SPSS 등 통계 패키지의 Levene 검정에서 사용하는 center는 평균이며 위의 설명도 평균 기준으로 되어 있다. proportioncut은 center가 'trimmed' 일 때 잘라낼 자료의 비율을 설정한다. levene 메소등 출력은 검정통계량 statistic과 유의확률 pvalue이다.

보기 10.7 levene2.py 보기 10.6의 결과를 독립 2표본 t-검정을 사용하여 계산하여 levene 메소드의 결과와 비교해보자.

```
import numpy as np
import scipy.stats as st

x = np.array([0.005, 0.600, 1.325, 1.505, 1.520, 2.000, 2.255, 2.575,
     3.000, 3.300, 3.500])
y = np.array([0.005, 0.005, 0.255, 0.505, 0.525, 1.000, 1.250, 1.505,
     1.750, 2.750])

fval, pval = st.levene(x,y, center='mean')
print(fval, pval)

## 직접계산
mx = np.mean(x); my = np.mean(y)
z1 = np.abs(x-mx); z2 = np.abs(y-my)
tval, pval = st.ttest_ind(z1, z2, equal_var=True,
                          alternative='two-sided')
fval2 = tval ** 2
print(fval2, pval)

## center = median

mx = np.median(x); my = np.median(y)
z1 = np.abs(x-mx); z2 = np.abs(y-my)
tval, pval = st.ttest_ind(z1, z2, equal_var=True,
                          alternative='two-sided')
fval2 = tval ** 2
print(fval2, pval)
```

이 프로그램의 실행결과로 얻은 검정통계량은 levene 메소드와 ttest_ind 메소드의 검정통계량의 제곱은 같은 값 0.6105를 얻으며 유의확률은 모두 0.4442이다. 참고로 보기 9.11에서 얻은 검정통계량은 center의 값이 설정되지 않아 기본값인 'median'이 사용되어 'mean'이 설정된 이 경우와 값이 조금 다르다.

이 프로그램의 마지막 부분은 평균 대신 중앙값을 빼서 Z_{1i}와 Z_{2i}를 계산하여 독립 2표본 t 검정을 시행한 것으로 여기서 얻은 결과는 보기 9.11과 같음을 확인할 수 있다. ■

연습문제

10.1 $F_{4,9;0.975}$의 값을 표 A.6–표 A.11에서 찾아보고 $F_{9,4;0.025}$ 값을 말하여라. 이 두 값의 관계에 대해서 설명하여라. 표에서 찾은 이 값을 파이썬에서 확인하여라. `fdist2.py`

10.2 정규분포 $N(0, 10^2)$에서의 크기 15인 임의표본에서 표본분산이 144보다 클 확률은?

10.3 두 개의 독립인 정규분포를 갖는 모집단 $N(0, 1)$과 $N(0, 2)$에서 각각 크기가 10개와 7개의 임의표본을 구했을 때 $N(0, 1)$에서 얻은 분산을 분자로 한 두 표본분산의 비가 1/2보다 클 확률은?

10.4 연습문제 9.10의 요에서의 calcium concentration의 분산이 신장 결석이 있는 환자와 그렇지 않은 환자 사이에 차이가 있는지 Fisher의 F-검정으로 확인하여라. 분산비에 대한 95% 신뢰구간을 구하여 이 구간에 1이 포함되는지 확인하고 검정 결과와 일치하는지 말하여라. `variance3.py`

10.5 `variance4.py` 연습문제 9.12의 기존약과 신약으로 처방받은 두 그룹의 혈압의 분산이 같은지 검정하고(Fisher 검정) 분산의 비율에 대한 95% 신뢰구간을 구해 보아라.

10.6 `variance5.py` A.1절의 자료를 이용하여 체질량지수(BMI)를 계산하여라. 이 BMI에 대해서

(a) BMI의 분산을 구하고 모분산의 95%, 99% 신뢰구간을 구하여라. 어느 신뢰구간의 폭이 더 넓을지 예상하고 결과와 비교하여라.

(b) 남녀간 BMI의 분산이 다른지 Fisher의 F 검정을 해보아라.

(c) 남녀의 BMI의 분산의 비에 대한 95% 신뢰구간을 구하여 위의 검정결과와 비교하여라.

(d) 기혼자와 미혼자의 BMI의 분산이 같은지 유의수준 5%에서 검정하고 위의 신뢰구간의 결과와 비교하여라.

10.7 연습문제 9.13의 자료에서 '재운 있음'과 '재운 없음' 두 그룹의 소득의 분산이 다른지 Fisher의 F 검정을 사용하여 검정하고(유의수준 1%) 적절한 신뢰도의 신뢰구간을 얻어 검정 결과와 비교하여라.

10.8 동일한 원료를 사용하여 두 가지 방법으로 제작된 종이를 임의로 각각 10장과 9장을 선택하여 강도를 조사한 결과 다음과 같았다. `variance7.py`

방법 1	74.9	74.0	75.5	73.9	74.7	74.3	75.8	74.2	74.4	73.3
방법 2	75.3	76.5	74.4	74.9	75.0	76.9	75.3	75.0	75.2	

(a) 방법1과 방법2에서 얻어지는 종이강도의 분산의 차이가 있다고 말할 수 있는지 필요한 계산을 직접하여 Fisher의 F-검정을 사용하여 확인해 보아라.

(b) 필요한 계산은 직접하여 보고 파이썬의 결과와 비교해 보아라.

(c) Levene 검정을 하여 Fisher 검정의 결과와 차이가 나는지 확인해 보아라.

10.9 보기 10.2에서 사용한 `variance1.py` 를 사용하여

(a) 이 파일을 수정하여 이 파일이 직접 실행될 때만 함수 이외의 부분이 실행되도록 하여라. `variance11.py`

(b) 11개의 자료에서 얻은 표본분산이 12일 때 귀무가설 $H_0 : \sigma^2 = 10$ 대 대립가설 $H_1 : \sigma^2 > 10$을 검정하고 분산에 대한 95% 신뢰구간을 얻되 앞에서 만든 파일을 `import`하여 결과를 얻어 보아라. `variance12.py`

10.10 보기 10.5의 `variance2.py` 를 수정하여 클래스를 정의하되

(a) 클래스의 생성에서 두 그룹의 분산, 두 그룹의 표본 크기를 매개변수로 받는다.

(b) 기존 두 개의 메소드는 위의 네 매개변수 변수를 제외한 나머지를 매개변수로 한다.

(c) 필요한 모듈의 `import`는 적절한 위치로 바꾼다.

(d) 메소드의 정의 이외의 것은 이 파일에 포함하지 않는다.

를 원칙으로 클래스 `VarRation`를 만들어 보아라. `twovars.py`

10.11 연습문제 10.10의 클래스를 `imoprt`하여 $s_1^2 = 15$, $n_1 = 10$, $s_2^2 = 10$, $n_2 = 10$일 때 `variance13.py`

(a) $H_0 : \sigma_1^2/\sigma_2^2 = 1$ 대 $H_1 : \sigma_1^2/\sigma_2^2 \neq 1$을 검정하여라.

(b) $H_0 : \sigma_1^2/\sigma_2^2 = 1$ 대 $H_1 : \sigma_1^2/\sigma_2^2 > 1$을 검정하여라.

(c) 분산비 σ_1^2/σ_2^2의 95%, 99% 신뢰구간을 구하여 보아라.

제 11 장

공분산과 상관계수

두 변수 사이의 관계를 알아보기 위해 두 확률변수의 순서쌍 (X, Y)의 n개의 관측값을 $(x_1, y_1), (x_2, y_2), \ldots, (x_n, y_n)$을 순서쌍으로 관찰하였다고 하자. 이들의 관계를 직관을 이용하여 살펴 볼 수 있는 방법 중의 하나가 두 변수에 대한 산점도(scatterplot)이다. 산점도를 보아서 알수 있는 관계는 너무 직관에만 의존하게 되므로 이들의 관계를 수치로 표현할 필요가 있는데 두 변수 사이에 어느 정도 연관이 있는지에 측도로서 많이 사용하는 통계량이 상관계수이다. 상관계수는 두 변수의 선형인 상관 관계가 높을수록 큰 값이 되도록 고안되었으며 상관계수를 사용하여 두 변수 사이의 상관의 정도를 계량화 할 수 있다.

11.1. 공분산

n개의 관측값을 $(x_1, y_1), (x_2, y_2), \ldots, (x_n, y_n)$로 자료가 얻어졌을 때 표본 공분산(sample covariance)은

$$\mathrm{Cov}(x, y) = s_{sy} = \frac{\sum_{i=1}^{n}(x_i - \bar{x})(y_i - \bar{y})}{n-1} \tag{11.1}$$

로 계산되며 이 값은 두 변수 x와 y 사이의 연관의 측도로 사용될 수 있다. 식 (11.1)은

$$\mathrm{Cov}(x, y) = s_{sy} = \frac{\sum_{i=1}^{n} x_i y_i - n\bar{x}\bar{y}}{n-1} \tag{11.2}$$

와 수학적으로 같아서 계산식으로는 식 (11.2)가 많이 사용된다.

공분산은 두 변수의 자료의 산점도에서 평균을 원점으로 하여 산점도를 네 개의 사분면으로 분리해서 보면(그림 11.1)

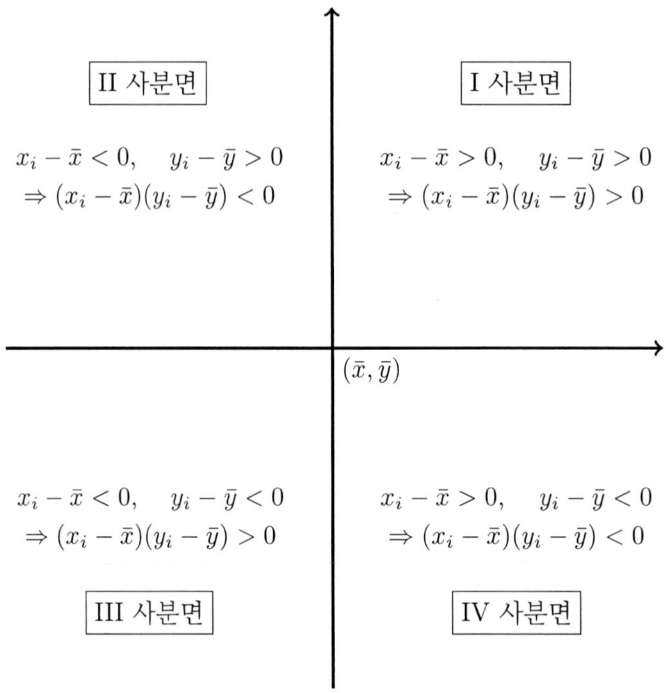

그림 11.1: 공분산의 부호와 점의 위치

- 제1사분면의 점 (x_i, y_i)는 $x_i - \bar{x} > 0$, $y_i - \bar{y} > 0$이므로 $(x_i - \bar{x})(y_i - \bar{y} > 0$ 이고
- 제2사분면의 점 (x_i, y_i)는 $x_i - \bar{x} < 0$, $y_i - \bar{y} > 0$이므로 $(x_i - \bar{x})(y_i - \bar{y} < 0$ 이고
- 제3사분면의 점 (x_i, y_i)는 $x_i - \bar{x} < 0$, $y_i - \bar{y} < 0$이므로 $(x_i - \bar{x})(y_i - \bar{y} > 0$ 이며
- 제4사분면의 점 (x_i, y_i)는 $x_i - \bar{x} > 0$, $y_i - \bar{y} < 0$이므로 $(x_i - \bar{x})(y_i - \bar{y} < 0$ 이므로

평균 $(\bar{x}, \bar{y})$을 원점으로 본 산점도에서

- 제1사분면과 제3사분면의 점들이 원점에서 멀고 점이 많으면 식 (11.1)은 양의 값으로 커지며
- 제2사분면과 제4사분면의 점들이 원점에서 멀고 많으면 식 (11.1)은 음의 값으로 크게 된다. (음의 값이면서 절댓값이 커짐)

또한 산점도의 점들이 모든 사분면에 고루 있으면 $(x_i - \bar{x})(y_i - \bar{y})$의 값이 양의 값과 음의 값이 서로 상쇄되어 0에 가까운 값을 얻게된다.

따라서 그림 11.2 (a)와 같이 1, 3사분면에 대부분의 점이 존재하는 경우에는 공분산의 값은 양수, 그림 11.2 (b)와 같이 2, 4사분면에 대부분의 점이 존재하는 경우에는 공분산의 값은 음수가 되며 그림 11.2 (c)와 같이 모든 사분면에 골고루 점이 존재하는 경우에는 공분산의 값은 0에 가까운 값이 된다. 그림 11.2 (a)의 경우 양의 상관(positive correlation), 그림 11.2 (b)의 경우 음의 상관(negative correlation)이 있다고 말한다.

(a) 공분산 > 0 (a) 공분산 < 0 (c) 공분산 $= 0$

그림 11.2: 산점도의 모양에 따른 공분산의 값

파이썬에서 공분산 계산은 numpy의 cov 메소드에서 계산할 수 있다. 사용법은

```
cov(m, y=None, rowvar=True, bias=False, ddof=None,...)
```

이며 m에는 공분산을 계산할 둘 이상의 변수가 포함된 numpy의 ndarray, pandas 모듈의 DataFrame 등을 설정하거나 1차원 배열을 설정한다. y는 m이 2차원이면 생략할 수 있으며 m과 y의 공분산을 계산한다. bias는 공산분 식 (11.1)의 분모에 n을 사용할지 $(n-1)$을 사용할지 설정하며 기본값은 False로 $(n-1)$을 사용한다. ddof는 분모에서 n에 얼마를 뺄지 설정하며 기본값은 0으로 식 (11.1)을 적용하려면 1을 설정하여야 한다. rowvar은 각 공분산을 계산할 각 변수가 m과 y의 행인지 열인지 설정하며, 기본값은 True라서 각 행을 하나의 변수로 한다. 출력은 분산공분산행렬(대각선은 분산, 비대각선은 공분산인 행렬)이다.

보기 11.1 cov1.py 여학생 10명의 키와 몸무게를 조사하였더니 다음과 같다(단위: cm, kg). 산점도를 그려서 공분산의 부호를 예측해보고 실제 공분산을 계산해 보자.

키	167	162	158	165	160	162	162	167	156	157
몸무게	68	49	50	56	52	52	50	61	44	55

먼저 산점도를 보면 그림 11.3과 같으며 이 그림에서 점의 수가 충분해 보이진 않지만 양의 상관이 보인다. 따라서 공분산은 양수로 예측할 수 있다. 공분산은 20.533으로 얻어지며 사용한 프로그램은 아래와 같다.

```
import pandas as pd
import numpy as np
import matplotlib.pyplot as plt

height = np.array([167, 162, 158, 165, 160, 162, 162, 167, 156, 157])
weight = np.array([68, 49, 50, 56, 52, 52, 50, 61, 44, 55])

plt.plot(height, weight, 'b.')
```

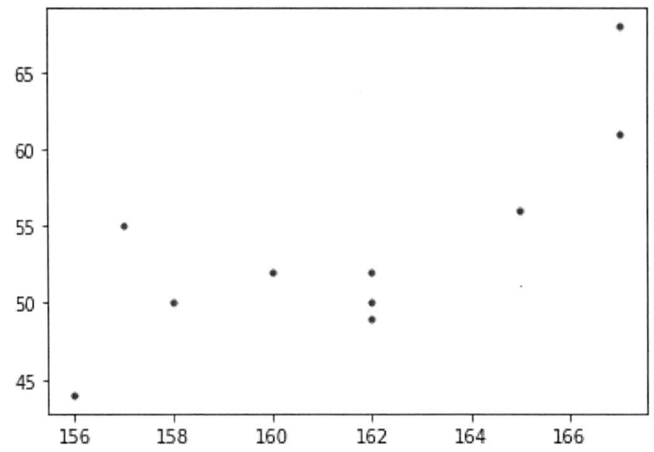

그림 11.3: 보기 11.1 자료의 산점도

```
cov1 = np.cov(height, weight, ddof=1)
print('cov1: ',cov1)

sxy = np.sum(height*weight)
mx = np.mean(height)
my = np.mean(weight)
n = len(weight)
cov2 = (sxy - n* mx * my) / (n-1)
print('cov2: ', cov2)

df = pd.DataFrame(data=np.column_stack([height,weight]))
cov3 = np.cov(df, ddof=1, rowvar=False)
print('cov3: ', cov3)
```

위 프로그램에서 첫 번째 사용한 cov 메소드는 키와 몸무게를 별도의 변수로 사용한 것이며 두 번째 공분산 계산은 식 (11.2)를 직접 사용하여 계산한 것이다. 세 번째 공분산 계산은 두 변수를 하나의 데이터 프레임에 포함하여 계산한 것이다. cov 메소드를 사용한 결과는

```
 [[15.37777778 20.53333333]
  [20.53333333 46.01111111]]
```

으로 분산공분산 행렬이며 이 행렬에서 키의 분산은 15.38, 몸무게의 분산은 46.01이며 이 둘의 공분산은 20.53임을 알 수 있다. ■

공분산의 성질 중 하나는 상수 a, b, c, d에 대해서

$$\text{Cov}(ax + b, cy + d) = ab\text{Cov}(x, y) \tag{11.3}$$

가 된다는 점이다. 이 성질은 두 변수의 연관정도를 수치화할 때 바람직하지 않은 성질

인다. 예를 들어 키와 몸무게의 상관정도를 수치화할 때 키와 몸무게를 cm, kg 단위로 측정할 때와 인치(inch), 파운드(lb) 단위로 측정할 때 같은 자료일 때에도 다른 값의 공분산이 얻어진다. 이런 이유로 공분산을 상관의 측도로 직접하지 않고 공분산을 변형한 값을 상관의 측도로 사용한다.

보기 11.2 `cov2.py` 보기 11.1의 자료에서 키와 몸무게를 인치와 파운드로 변환하여 공분산을 계산해보자. 1cm는 0.393701인치이며 1kg은 2.204623lbs이므로 보기 11.1의 자료는

키	65.75	63.78	62.20	64.96	62.99	63.78	63.78	65.75	61.42	61.81
몸무게	149.9	108.0	110.2	123.5	114.6	114.6	110.2	134.5	97.0	121.3

가 된다(단위 인치, 파운드, 소수점 2자리 및 1자리로 반올림). 이 자료로 공분산을 계산해보면 17.834가 공분산이며 이 값은 kg, cm 단위의 공분산에 위의 단위변환 수치를 곱한

$$0.393701 \times 2.204623 \times 20.5333333 = 17.822$$

를 얻게 된다. 위의 17.834와 약간의 차이가 보이는 것은 위의 변환자료에서 일어난 반올림 때문이며 반올림오차가 없게 계산하면 둘은 같은 값을 가진다. 위의 계산에서 사용한 파이썬 코드는 다음과 같다.

```
import numpy as np

ht2 = [65.75, 63.78, 62.20, 64.96, 62.99, 63.78, 63.78,
       65.75, 61.42, 61.81]
wt2 = [149.9, 108.0, 110.2, 123.5, 114.6, 114.6, 110.2,
       134.5,  97.0, 121.3]
cov1 = np.cov(ht2, wt2)
print(cov1)

height = np.array([167, 162, 158, 165, 160, 162, 162, 167, 156, 157])
weight = np.array([68, 49, 50, 56, 52, 52, 50, 61, 44, 55])

cov2 = np.cov(height, weight)
print(cov2)

cov3 = 0.393701 * 2.204623 * cov2[0,1]
print(cov3)
```

이 프로그램의 출력은

```
[[  2.38617333  17.83415556]
 [ 17.83415556 223.92844444]]
[[15.37777778 20.53333333]
 [20.53333333 46.01111111]]
17.82215881031227
```

과 같으며 처음 두 개의 2차원 리스트(행렬)은 각각 `ht2`와 `wt2`의 분산공분산행렬, `height`와 `weight`의 분산공분산행렬로 대각선의 값은 분산, 대각선 이외의 값은 해당 행과 열의

변수에 대한 공분산이다.[1] ■

11.2. 상관계수

모집단의 상관계수인 모상관계수 기댓값을 이용하여 정의하며 모상관계수의 값은 일반적으로 모르는 값이므로 이 값을 표본을 이용하여 추정할 수 한다. 보통 모상관계수 ρ의 추정량인 표본상관계수는 r로 표시한다. (X_1, Y_1), $(X_2, Y_2), \ldots, (X_n, Y_n)$로 관찰된 두 확률변수 X와 Y의 표본공분산은

$$\hat{\sigma}_{XY} = \frac{\sum_{i=1}^{n}(X_i - \bar{X})(Y_i - \bar{Y})}{n-1} = \frac{\sum_{i=1}^{n} X_i Y_i - n\bar{X}\bar{Y}}{n-1} \tag{11.4}$$

으로 얻으며 Pearson의 표본선형상관계수(linear correlation coefficient) r은

$$\begin{aligned} r &= \frac{\hat{\sigma}_{XY}}{\hat{\sigma}_X \hat{\sigma}_Y} \\ &= \frac{\sum(X_i - \bar{X})(Y_i - \bar{Y})}{\sqrt{\sum(X_i - \bar{X})^2}\sqrt{\sum(Y_i - \bar{Y})^2}} = \frac{\sum X_i Y_i - n\bar{X}\bar{Y}}{\sqrt{\sum X_i^2 - n\bar{X}^2}\sqrt{\sum Y_i^2 - n\bar{Y}^2}} \end{aligned} \tag{11.5}$$

으로 얻는다.[2] 이 r을 보통 (표본)상관계수 또는 피어슨(Pearson) 상관계수라고 부른다.

표본 상관계수 r은 다음과 같은 성질을 가진다.

1 $-1 \le r \le 1$이다. 즉 상관계수의 값은 ± 1 사이에 있다.

2 $|r| = 1$ 인 경우 X와 Y의 산점도의 모든 점이 한 직선 위에 있다. X와 Y의 산점도의 모든 점이 기울기가 0이나 ∞가 아닌[3] 직선 위에 있으면 상관계수의 값은 1 또는 -1이다.

3 상관계수 r의 값이 양의 값이면 $X(Y)$의 값이 커질 때 $Y(X)$의 값이 같이 커지는 관계(양의 상관)가 있으며 상관계수의 값이 음의 값이면 $X(Y)$의 값이 커질 때 $Y(X)$의 값이 같이 작아지는 관계(음의 상관)가 있다. 상관계수의 값에 따른 산점도는 그림 11.4를 참고하기로 한다.

4 만일 X와 Y가 선형인 관계에 있지 않으면서 어떤 관계가 있더라도 r은 0에 가까운 값을 가지는 경우가 있을 수 있다. 즉, 표본에서 상관계수가 0에 가까운 값을 얻었다고 두 변수 간의 관계가 없다고 하면 틀릴 수 있으며 반드시 산점도를 그려보고 직선이 아닌 다른 관계가 존재하는지 확인하여야 한다. 그림 11.5에서 본 모상관계수 0에 가까운 산점도의 모양이 표본상관계수의 값에 대해서도 적용된다. 보기 11.4도 참고하기로 하자.

---

[1] 따라서 `ht2`와 `wt2`분산은 각각 2.386, 223.928이고 `height`와 `weight`의 분산은 각각 15.378, 46.011이다.

[2] 여기서 $\sum$는 $\sum_{i=1}^{n}$을 의미한다.

[3] 이 경우 r의 분모가 0이라서 정의가 되지 않는다.

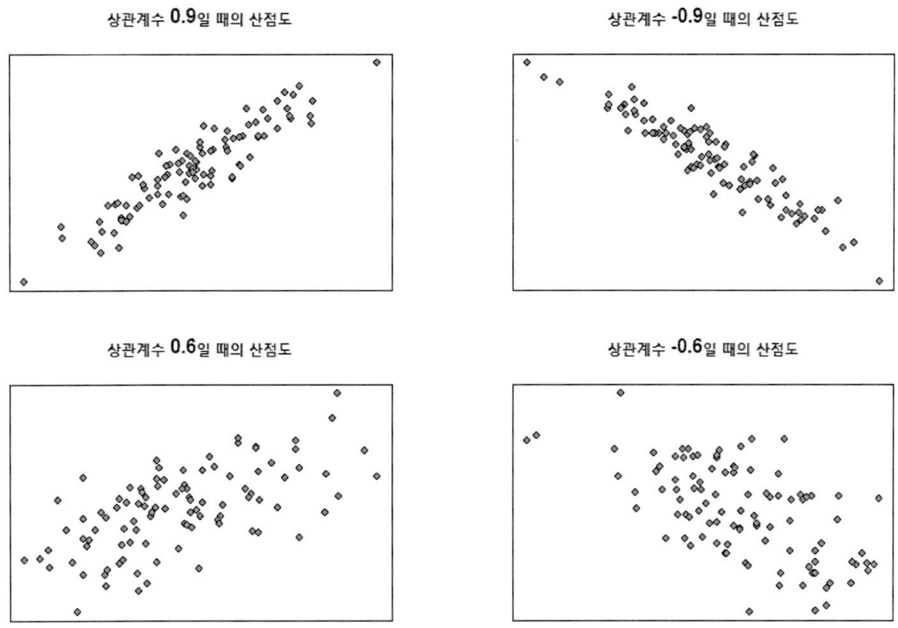

그림 11.4: 상관계수의 값에 따른 산점도

5 만일 X와 Y가 독립이면 이론적으로 모집단 상관계수 $\rho = 0$이며 표본에서 추정된 상관계수 r의 값은 0에서 가까운 값을 갖게 된다. 하지만 모집단의 상관계수가 0이라도 확률변수 X와 Y는 독립이 아닐 수 있으며, 이는 위에서 말한 것처럼 표본 상관계수가 0이거나 0에 아주 가깝더라도 산점도에서는 두 변수의 관계를 확인할 수 있는 이론적 근거가 된다.

6 X와 Y의 결합확률분포가 이변량 정규분포일 때 모집단 상관계수가 0이면 두 확률변수가 독립이고, 두 확률변수가 독립이면 모집단 상관계수는 0이다.

7 상관계수를 얻은 두 변수가 실험연구가 아닌 관찰 연구의 결과인 경우 두 변수 사이의 인과관계(causation)를 말하기 힘들다는 점에 유의하여야 한다. 즉, 키와 몸무게의 상관계수가 높다고 하여 키가 커서 몸무게가 많이 나간다든지 혹은 몸무게가 많이 나가서 키가 크다고 할 수 없고 다만 두 변수 사이의 연관(association)이 높다고만 말할 수 있다.

8 X_1과 X_2의 상관계수가 ρ이면 이 둘의 선형변환 $Y_1 = aX_1 + b$와 $Y_2 = cX_2 + d$의 상관계수는 ρ 또는 $-\rho$이다. a와 c의 부호가 같으면(둘 다 양수 또는 음수) Y_1과 Y_2의 상관계수는 ρ, a와 c의 부호가 다르면 Y_1과 Y_2의 상관계수는 $-\rho$가 된다. 연습문제 11.5, 연습문제 11.8 참조.

Pearson 상관계수는 두 확률변수의 선형관계만 잘 측정할 수 있으므로 확률변수 X가 증가할 때 Y가 증가 또는 감소하는 것이 100% 예측 가능하더라도 그 형태가 직선형태가

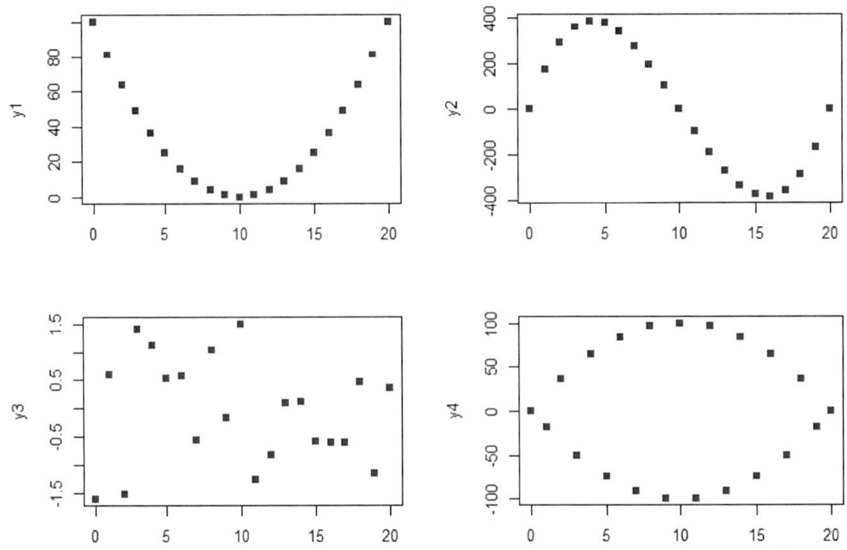

그림 11.5: 상관계수가 0인 경우의 산점도

아닌 경우, 예를 들어 기하급수적이거나, 로그함수 형태일 때는 상관계수의 값이 1이 되지 않는다.

만일 두 확률변수의 관계가 X가 증가할 때 Y의 변화 형태가 직선관계가 아니더라도 증가 또는 감소관계인지만 측정하는 것이 중요한 의미를 가질 때는 상관을 측정하는 다른 형태의 측도가 필요하게 된다. 이 경우 측도로는 Spearman의 순위상관계수 등을 사용할 수 있다. Spearman의 순위상관계수는 원자료의 값대신 자료의 순위들의 상관계수를 Pearson 상관계수와 같은 방법으로 계산한 것이다.

11.2.1 상관계수에 대한 가설검정과 신뢰구간

상관계수에 대한 가설검정과 신뢰구간은 상관계수의 근사 분포에 기초하여 얻어진다. 이 근사분포는 모집단의 상관계수가 ρ일 때

$$\nu = \frac{1}{2}\log\frac{1+r}{1-r} \sim N\Big(\frac{1}{2}\log\frac{1+\rho}{1-\rho}, \frac{1}{n-3}\Big) \tag{11.6}$$

인데(이 변환은 Fisher 변환이라고 불림.) 따라서 귀무가설 $H_0 : \rho = \rho_0$에 대하여

$$\mu_\nu = \frac{1}{2}\log\frac{1+\rho_0}{1-\rho_0}, \qquad \sigma_\nu = \frac{1}{\sqrt{n-3}}$$

이라 하면 검정통계량으로

$$Z = \frac{\nu - \mu_\nu}{\sigma_\nu} \tag{11.7}$$

를 사용하고 대립가설이

- $H_1 : \rho > \rho_0$인 경우는 $Z > z_\alpha$일 때

- $H_1 : \rho < \rho_0$인 경우는 $Z < -z_\alpha$일 때
- $H_1 : \rho \neq \rho_0$인 경우는 $|Z| > z_{\alpha/2}$일 때

각각 귀무가설을 기각한다.

상관계수에 대한 신뢰구간은 먼저 식 (11.6)에 준 근사분포를 이용하여 ν에 대한 신뢰구간을 먼저 구한 다음 Fisher transformation의 역 변환, 즉

$$r = \frac{e^{2\nu} - 1}{e^{2\nu} + 1} \tag{11.8}$$

을 이용할 수 있는데 이는 다음 과정을 거친다.

1 표본 상관계수 r을 구하여

$$\nu_L = \frac{1}{2}\log\frac{1+r}{1-r} - z_{\alpha/2}\sqrt{\frac{1}{n-3}} \tag{11.9}$$

과

$$\nu_U = \frac{1}{2}\log\frac{1+r}{1-r} + z_{\alpha/2}\sqrt{\frac{1}{n-3}} \tag{11.10}$$

를 얻는다.

2 이를 근거로

$$r_L = \frac{e^{2\nu_L} - 1}{e^{2\nu_L} + 1} \text{ 과 } r_U = \frac{e^{2\nu_U} - 1}{e^{2\nu_U} + 1} \tag{11.11}$$

를 얻는다.

3 r_L과 r_U가 상관계수에 대한 $100(1-\alpha)\%$ 신뢰하한과 신뢰상한이 된다.

보기 11.3 아버지의 IQ와 아들의 IQ에 대한 상관을 알아보기 위해 50부자를 선택하여 부모와 자식 간의 IQ의 상관관계를 조사하였더니 0.2였다.

1 부자간의 IQ가 양의 상관관계가 있다고 할 수 있는지 검정하여라.($\alpha = 0.05$)

2 부자간 IQ의 상관계수에 대한 95% 신뢰구간을 구하여라.

풀이

1 $H_0 : \rho = 0$와 $H_1 : \rho > 0$인 가설검정에서 $n = 50$, $r = 0.2$이므로[4]

$$\frac{1}{2}\log\frac{1+r}{1-r} = \frac{1}{2}\log\frac{1+0.2}{1-0.2} = 0.2027326$$

이므로

$$Z = \frac{\frac{1}{2}\log\frac{1+r}{1-r} - \frac{1}{2}\log\frac{1+0}{1-0}}{\sqrt{\frac{1}{n-3}}} = \frac{0.2027326 - 0}{0.145865} = 1.3898$$

이다. 따라서 $Z = 1.3898 < z_\alpha = z_{0.05} = 1.645$ 이므로 귀무가설을 기각할 수 없다.

[4]반올림오차를 줄이기 위해 중간 계산과정에서 다소 많은 자리수의 수를 사용하였음.

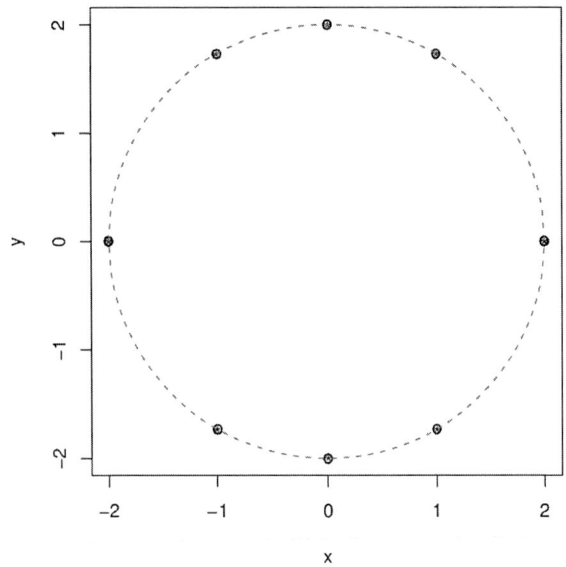

그림 11.6: 산점도와 원의 그림.

2 먼저 $\nu = \frac{1}{2}\log\frac{1+r}{1-r}$에 대한 신뢰하한과 신뢰상한이

$$\nu_L = \frac{1}{2}\log\frac{1+r}{1-r} - z_{\alpha/2}\sqrt{\frac{1}{n-3}} = \frac{1}{2}\log\frac{1.2}{0.8} - 1.96\sqrt{\frac{1}{47}} = -0.08316283$$

과

$$\nu_U = \frac{1}{2}\log\frac{1+r}{1-r} + z_{\alpha/2}\sqrt{\frac{1}{n-3}} = \frac{1}{2}\log\frac{1.2}{0.8} + 1.96\sqrt{\frac{1}{47}} = 0.4886279$$

이므로 상관계수 r에 대한 신뢰하한과 신뢰상한은 각각

$$r_L = \frac{e^{2\nu_L}-1}{e^{2\nu_L}+1} = \frac{e^{2(-0.08316283)}-1}{e^{2(-0.08316283)}+1} = -0.08297164$$

과

$$r_U = \frac{e^{2\nu_U}-1}{e^{2\nu_U}+1} = \frac{e^{2(0.4886279)}-1}{e^{2(0.4886279)}+1} = 0.4531268$$

이다. 따라서 ρ에 대한 95% 신뢰구간은 $(-0.08297164, 0.4531268)$ 이다. ■

보기 11.4 다음 자료에서 X와 Y의 상관계수를 계산하여라. 두 변수간에 아무 관계도 없다고 할 수 있겠는가?

x	−2	−1	0	1	2	−2	−1	0	1	2
y	0	1.73	2	1.73	0	0	−1.73	−2	−1.73	0

$\sum x_i y_i = \sum x_i = \sum y_i = 0$이므로 상관계수의 값은 0이다. x와 y 의 산점도는 $x^2 + y^2 = 4$를 만족하는 원 위의 점이다. 따라서 상관계수는 0이지만 두 변수의 관계는 존재한다.

그림 11.6는 위의 자료의 산점도와 원 $x^2 + y^2 = 4$ 의 자취를 겹쳐그린 그림이다. ■

11.2.2 t 분포를 적용한 상관계수 검정

짝으로 이루어진 자료가 X가 주어졌을 때 Y의 분포가 정규분포라고 할 수 있는 경우에 사용할 수 있는 상관계수에 대한 검정 방법을 알아보기로 하자.

이 방법은 단순회귀분석에서 기울기가 0인지 검정하는 과정에서 얻을 수 있는 t 검정을 변환한 검정통계량을 사용하는데[5] 검정통계량으로

$$t = \frac{r\sqrt{n-2}}{\sqrt{1-r^2}} \tag{11.12}$$

를 사용하며 이 검정통계량이 귀무가설 $H_0 : \rho = 0$이 옳을 때 자유도가 $(n-2)$인 t 분포를 따른다는 사실을 이용한다.

식 (11.12)의 검정통계량 t를 사용하는 경우

- 대립가설이 $H_1 : \rho > 0$인 경우, $t > t_{n-2;\alpha}$이면 귀무가설 $H_0 : \rho = 0$를 기각하고
- 대립가설이 $H_1 : \rho < 0$인 경우, $t < -t_{n-2;\alpha}$이면 귀무가설 $H_0 : \rho = 0$를 기각하고
- 대립가설이 $H_1 : \rho \neq 0$인 경우, $|t| > t_{n-2;\alpha/2}$이면 귀무가설 $H_0 : \rho = 0$를 기각한다.

t 분포를 사용한 검정은 Fisher 변환에 의한 검정과 달리 자료의 수가 작아도 X가 주어졌을 때 Y의 분포가 정규분포라는 가정이 옳으면 적용할 수 있는 장점이 있는 반면 상관계수가 특정한 값 ρ_0인지에 대한 검정, 즉 귀무가설이 $H_0 : \rho = \rho_0(\rho_0 \neq 0)$인 경우에는 적용할 수 없다.

보기 11.5 보기 11.3의 자료를 식 (11.12)의 검정통계량을 이용하여 검정통계량을 계산하면

$$t = \frac{0.2\sqrt{50-2}}{\sqrt{1-0.2^2}} = 1.4142$$

이므로 귀무가설 $H_0 : \rho = 0$ 대 대립가설 $H_1 : \rho > 0$의 검정에서 유의확률은 0.0819로 얻어진다. ■

파이썬을 이용한 상관분석

파이썬의 상관계수 계산은 numpy의 corrcoef 메소드를

```
corrcoef(x, y=None, rowvar=True)
```

로 사용하여 할 수 있다. x, y는 상관계수를 계산할 두 변수를 설정하며 x가 2차원 배열이면 y는 생략될 수 있다. rowvar은 각각의 행별로 상관계수를 얻을지 설정하며 기본값은

[5]따라서 단순회귀분석에서의 자료에 대한 가정이 적용될 수 있는 자료만 이 검정을 사용할 수 있다.

True이므로 데이터 프레임 등을 x에 설정할 경우 이 값은 False가 되어야 한다. 이 메소드의 반환값은 상관계수 행렬이다.

보기 11.6 corr1.py 보기 11.2와 보기 11.4의 자료를 사용하여 상관계수를 계산해보자.

```
import numpy as np
import pandas as pd

height = np.array([167, 162, 158, 165, 160, 162, 162, 167, 156, 157])
weight = np.array([68, 49, 50, 56, 52, 52, 50, 61, 44, 55])

corr1 = np.corrcoef(height, weight)
print(corr1)

ht2 = [65.75, 63.78, 62.20, 64.96, 62.99, 63.78, 63.78,
       65.75, 61.42, 61.81]
wt2 = [149.9, 108.0, 110.2, 123.5, 114.6, 114.6, 110.2,
       134.5,  97.0, 121.3]
corr2 = np.corrcoef(ht2, wt2)
print(corr2)

df = pd.DataFrame(np.column_stack((height, weight, ht2, wt2)))

corr3 = np.corrcoef(df, rowvar=False)
print(np.around(corr3, 4))

xx = [-2, -1, 0, 1, 2, -2, -1, 0, 1, 2]
yy = [0, 1.73, 2, 1.73, 0, 0, -1.73, -2, -1.73, 0]

print( np.corrcoef(xx, yy) )
```

에서 corr1, corr2은 키와 몸무게의 상관계수를 계산한 것이며 같은 표본에서 단위만 다르다. 단위가 다른 이 두 경우 모두 상관계수의 값은 0.772로 같은 값을 얻는다.[6]

만일 데이터 프레임이 자료인 경우 corr3의 계산에서 보는 것처럼 rowvar은 False로 설정하여야 하며 이 경우 얻은 출력은

```
[[1.     0.7719 1.     0.7716]
 [0.7719 1.     0.7718 1.    ]
 [1.     0.7718 1.     0.7715]
 [0.7716 1.     0.7715 1.    ]]
```

로 키(cm)와 키(inch), 몸무게(kg)와 몸무게(lb)의 상관계수는 1임을 알 수 있다. 즉, 원자료와 원자료의 선형변환된 변수의 상관계수는 1임을 수치로 확인하였다. corr4는 보기 11.4와 같이 0을 얻는다. ■

[6]단위 변환시의 반올림으로 인해 약간의 차이가 보이나 이는 반올림으로 인한 오차이며 이론적으로 이 두 계산은 같은 값을 얻어야 한다.

상관계수의 계산에 추가하여 상관계수에 대한 가설검정은 scipy.stats의 pearsonr 메소드를

```
pearsonr(x, y)
```

로 사용할 수 있다. pearsonr은 상관계수 계산과 귀무가설 $H_0 : \rho = 0$에 대한 가설검정의 상관계수의 값과 유의확률을 r과 p-value로 반환받으며 이 유의확률은 양측검정의 유의확률이다.

pandas의 DataFrame 클래스의 메소드로 corr은 데이터 프레임 자료의 상관계수를 계산한다.

```
corr(method='pearson')
```

으로 사용한다. 사용예는 연습문제 11.3을 참고하기로 한다.

보기 11.4나 보기 11.5와 같이 원자료는 없고 상관계수의 값만 있는 경우에 파이썬에서 가설검정을 하는 함수는 잘 알려진 모듈내에는 없으므로 따로 계산하여야 한다. 또한 pearsonr 메소드는 식 (11.12)를 사용한 검정으로 Fisher 변환의 검정통계량이나 신뢰구간도 계산되지 않는다. 참고로 Fisher 변환에 의한 신뢰구간은 R의 경우 cor.test 함수에서 제공된다.

보기 11.7 corr2.py 보기 11.3과 보기 11.5의 계산을 파이썬을 사용하여 해보자. 이 계산은 추후 사용할 수 있도록 Fisher 변환과 식 (11.12)를 사용하는 것은 주어진 상관계수의 값 등을 매개변수로 하는 함수로 작성하고 이 함수를 호출하여 계산하기로 한다.

```
import numpy as np
import scipy.stats as st

r = 0.2; n = 50; r0=0; clevel=95

def fisherr(r=0.2, n=50, r0=0, clevel=95):
   z0 = ( 1/2*np.log((1+r)/(1-r)) - 1/2*1/2*np.log((1+r0)/(1-r0))
         )/ (1/(n-3)**0.5)
   pval1 = 1-st.norm.cdf(z0)

   z_val = st.norm.ppf(1-(1-clevel/100)/2)
   lower = 1/2*np.log((1+r)/(1-r)) -z_val*np.sqrt(1/(n-3))
   upper = 1/2*np.log((1+r)/(1-r)) +z_val*np.sqrt(1/(n-3))

   lbd = (np.exp(2*lower)-1)/(np.exp(2*lower)+1)
   ubd = (np.exp(2*upper)-1)/(np.exp(2*upper)+1)

   return((z0, pval1, (lbd, ubd)))

def regr(r=0.2, n=50, alternative='greater'):
    t0 = r*np.sqrt(n-2) / np.sqrt(1-r**2)
```

```
    if alternative == 'greater':
        pval = 1- st.t.cdf(t0, n-2)
    elif alternative == 'less':
        pval = st.t.cdf(t0, n-2)
    else:
        pval = 2*st.t.cdf(-np.abs(t0), n-2)
    return(t0, pval)

print(fisherr())
print(regr())
print(regr(alternative='less'))
print(regr(alternative='two-sides'))

height = np.array([167, 162, 158, 165, 160, 162, 162, 167, 156, 157])
weight = np.array([68, 49, 50, 56, 52, 52, 50, 61, 44, 55])

r = np.corrcoef(height, weight)[0,1]

print(fisherr(r=r, n=len(height), r0=0.7, clevel=95))
print(regr(r=r,n=len(height), alternative='greater'))

rval, pval = st.pearsonr(height, weight)
print(rval, pval)
```

이 코드에서 두 함수 `fisherr`과 `regr`은 각각 Fisher 변환과 식 (11.12)를 사용할 때 필요한 계산을 하는 함수이다. Fisher 변환의 가설검정에서 유의확률은 대립가설이 $H_1 : \rho > 0$일 때만 계산하는데 대립가설의 방향이 다를 경우에도 검정이 가능하도록 수정하는 것은 연습문제로 남기기로 한다.

$n = 50$이고 상관계수가 0.2일 때의 계산결과는 앞의 보기와 일치함을 알 수 있다. 프로그램의 아래부분에서는 보기 11.2에서 사용한 자료를 이용하여

마지막 부분에서 `pearsonr` 메소드를 사용한 계산 결과는 상관계수 0.7719, 유의확률은 0.00889를 얻는데 유의확률이 `regr` 함수에서 계산한 값과(두 배임) 차이가 나는 이유는 `regr` 함수는 단측검정으로 호출하였고 `pearsonr` 메소드는 양측검정의 유의확률을 계산하였기 때문이다. 상관계수를 계산한 다음 위의 두 함수를 사용하여 계산하였으며 이 계산결과는 R의 `cor.test` 함수를 사용하여 검증하였다.

참고로 R의 `cor.test` 함수는 다음과 같이 사용할 수 있다.

```
> height = c(167, 162, 158, 165, 160, 162, 162, 167, 156, 157)
> weight = c(68, 49, 50, 56, 52, 52, 50, 61, 44, 55)
> cor.test(height, weight, altertive='greater')
```

R의 `cor.test` 함수는 검정통계량은 식 (11.12)를 사용하고 신뢰구간은 Fisher 변환의 신뢰구간 식 (11.11)을 사용한다. ■

11.2.3 Spearman 상관계수

흔히 상관계수라고 하면 Pearson의 상관계수를 말하는데 자료의 순위에 기초한 또 다른 상관계수로 Spearman의 순위상관계수가 있다. 이 상관계수는 X_i의 X들 만의 순위(X들 중에서 가장 작은 값의 순위를 1로 하고 둘이상의 값이 같으면 해당순위의 평균을 각 값에 대한 순위로 한다.)를 R_i라 하고 Y_i의 Y들 만의 순위를 S_i라 할 때 R과 S의 상관계수이다. 즉, Spearman의 순위상관계수는

$$r_s = \frac{\sum_{i=1}^{n}(R_i - \bar{R})(S_i - \bar{S})}{\sqrt{\sum_{i=1}^{n}(R_i - \bar{R})^2}\sqrt{\sum_{i=1}^{n}(S_i - \bar{S})^2}} \tag{11.13}$$

로 계산한다. 여기서 $\bar{R}$과 $\bar{S}$는 각각 R_i와 S_i의 평균이다. 그런데 n개의 순위의 합 $\sum R_i$와 평균편차제곱합 $\sum(R_i - \bar{R})$은 각각 $n(n+1)/2$와 $n(n^2-1)/12$로 항상 일정한 값을 가지므로 이 식은

$$r_s = 1 - \frac{6\sum_{i=1}^{n}(R_i - S_i)^2}{n(n^2-1)} \tag{11.14}$$

으로 표현할 수 있다. Pearson 상관계수가 두 변수사이의 직선관계에 대한 측도라면 Spearman 상관계수는 두 변수사이의 단조증가/감소에 대한 측도이다. 파이썬에서 Spearman 상관계수는 `pandas`의 `DataFrame` 클래스의 `corr` 메소드에 `'spearman'`을 설정함으로써 얻을 수 있다. 연습문제 11.3에 계산한 보기가 있으므로 참고하기로 한다.

11.3. Cronbach의 신뢰도

수치화하기 어려운 어떤 특성을 측정하기 위해서는 하나의 문항으로 그 특성이 측정되기 어려운 경우가 많다. 특히 측정하고자 하는 특성이 명확하게 정의하기 어려운 경우는 더욱 그렇다. 예를 들어 특정 모집단이 어느정도 행복한지 알아보고자 피조사자에게 "얼마나 행복하십니까?"라고 물었을 때 질문을 받은 사람의 입장에서는 느닷없는 질문 같이 느껴질 수 있을 뿐 아니라 이를 5점 척도 또는 7점 척도, 100점 만점 등의 수치화 하여 답하기는 더욱 어려울 것을 예상할 수 있다. 이러한 '행복도'와 같이 하나로 정의되기 어려운 특성을 측정하기 위해서는 여러 가지 문항을 설계하여 이들 문항의 합의 값으로 행복도를 측정하고자 하는 방법을 쓰는 경우가 있다. 예를 들면

1 경제적 여유의 정도. (여유 있을수록 높은 값)

2 최근 고민거리가 있는지. (없을수록 높은 값)

3 가족과의 관계에서의 원만함. (원만할 수록 높은 값)

4 직장에서의 인간관계의 원만함. (원만할 수록 높은 값)

5 등등...

등과 같이 구체적이고 계량화하기 쉬운 여러 가지 질문을 한 후 이 질문에 대한 답의 합으로 '행복도'를 사용하고자 할 수 있다. 즉 행복도를 X라 하고 구체적인 p개의 질문에 대한 대답을 $X_1, X_2, \ldots, X_p$이라고 하면

$$X = X_1 + X_2 + \cdots + X_p \tag{11.15}$$

을 행복도로 사용할 수 있다. 때로는 너무 광범위하고 수치화하기 쉽지 않더라도 행복한 정도를 직접 물어서 행복도 X_0 값을 얻어서 식 (11.15)로 얻은 값과 비교하기도 한다.

이렇게 p개의 변수 $X_1, X_2, \ldots, X_p$ 의 합으로 X를 얻은 경우

- X와 X_i는 상당히 높은 상관을 가져야 할 것이다. 그렇지 않다면 '행복도'를 측정하는데 X_i는 별로 좋은 변수가 아니다.

- X_i들과 직접 조사한 X_0와도 마찬가지 이유로 높은 상관을 유지하여야 할 것이다.

이와 같이 하나의 조사, 측정 또는 검사에서 사용한 여러 개의 변수 X_i들이 전체인 X나 X_0에 어느 정도 기여하는지, 또는 X_i들이 동질적인 문항으로 구성되었는지(이럴 경우 문항의 내적일관성(internal consistency)이라고도 부른다.)를 상관계수를 기초로 하여 판단하는 방법 중의 하나가 Cronbach(1951)가 고안한 신뢰도 계수이다.[7] 이 계수는 α로 많이 나타내며 이 값이 클수록 '신뢰도가 높다.', '문항의 내적 일치성이 높다'라고 말한다.

보통 α 값은 0.7보다 큰 값인 것을 필요로 하나 때로는 0.6 이상이면 충분한 것으로 판단하기도 한다. 이 값이 얼마보다 큰 값이라야 신뢰도 있다고 할 것인지에 대한 통계학적 가설검정 방법은 알려지 있지 않으며[8] 따라서 Cronbach α 값의 크기에 대한 절대적이거나 객관적인 기준은 없다.

$X = X_1 + X_2 + \cdots + X_p$로 p개의 문항에 대하여 Cronbach α 계수를 얻는 식은

$$\alpha = \frac{p}{p-1}\Big(1 - \frac{\sum_{i=1}^{p} \text{var}(X_i)}{\text{var}(X)}\Big) \tag{11.16}$$

이다.

11.3.1 문항제거시의 신뢰도계수

Cronbach α 계수는 p개의 문항의 합으로 전체 척도 또는 지수를 만들 때 적용하므로, 개별 문항 X_i가 전체 척도에 적절한 기여를 하는지 판단할 필요가 있다. 예를 들어 $X_1 + X_2 + \cdots + X_p$의 Cronbach α 값보다 X_1을 제외한 $X_2 + X_3 + \cdots + X_p$의 Cronbach

[7] Cronbach 신뢰도는 통계학에서 다루는 공산품의 잔여 수명 등을 다루는 신뢰도와는 완전히 다른 것이다. 이들은 영어로도 둘다 reliablility이다.

[8] 따라서 많은 통계학자들은 '신뢰도'라고 하면 신뢰구간의 신뢰도 또는 수명을 다루는 학문분야인 '신뢰성 분석'을 먼저 떠올린다.

α 값이 더 크다면 X_1을 제외한 경우의 척도를 사용하는 것이 더 좋은 방법일 수도 있다. 이와 같이 한 문항을 제거하였을 때의 신뢰도를 문항제거 시의 신뢰도라고 한다.

예를 들어 p개의 변수 중 k번째 관측변수 X_k 를 제거하였을 때의 α_k 값은

$$\alpha_k = \frac{p-1}{p-2}\Big(1 - \frac{\sum_{i\neq k}^{p} \mathrm{var}(X_i)}{\mathrm{var}(\sum_{i\neq k}^{p} X_i)}\Big) \tag{11.17}$$

이다. $k = 1, 2, \ldots, p$.

또한 전체를 합한 척도와 개별 문항과의 상관계수를 살펴서 이 상관계수가 낮은 경우의 문항은 삭제를 검토한다.

일반적으로 제거하였을 때의 α 값이 전체 척도의 α 값보다 커지는 문항은 전체척도와 개별문항의 상관계수도 낮아진다. 따라서 특정 문항을 제거하였을 때의 α 값을 크게 해주는 문항과 합과 개별 문항의 상관이 낮은 문항을 우선적으로 제거여부를 검토하는데, 제거여부에 대한 절대적인 기준은 없다.

11.3.2 표준화 신뢰도계수

개별문항의 합으로 하나의 척도를 구성할 때 p개의 개별문항이 전체 척도에 대해서 $1/p$씩의 기여를 하는 것이 이상적이다. 만일 어떤 문항은 변동이 커서 분산값이 크고 일부 문항은 그 반대이거나 애초부터 일부 문항은 5점 척도, 일부 문항은 7점척도로 측정하여 합하여서 새로운 변수를 만드는(Likert 척도, 합산등급척도) 것이 조금 문제가 있는 경우 등의 경우에는 전체 척도가 분산이 큰 소수의 문항에 의해 좌우되거나 큰 값을 가질 수 있는 문항의 영향력이 지나치게 커지므로 합산등급척도를 사용하는 것이 바람직하지 않을 수 있다. 이런 경우 각 문항의 표준화 점수를 합하는 것을 고려해 볼 수 있다.

표준화 Cronbach α(standardized Cronbach α)는 Spearman-Brown 계수라고도 하는데 Cronbach α와 표준화 α 점수 값의 차이로 측정에 사용한 각 변수의 분산이 같은지 비교하여 각 문항이 전체 척도의 기여도가 같은지 판단하는데 활용한다. 표준화 점수의 계산에는 식 (4.2)가 사용된다.

표준화 Cronbach α의 계산은 원자료를 표준화하여 생성된 새로운 변수에[9] 대해서 Cronbach α 값을 구하여 얻을 수도 있고 다음의 식

$$\alpha = \frac{p\bar{r}}{1 + (p-1)\bar{r}} \tag{11.18}$$

으로도 얻을 수 있다. 여기서 $\bar{r}$은 p개의 변수들에서 만들 수 있는 모든 Pearson 상관계수의 평균이다($p(p-1)/2$ 개).

11.3.3 파이썬을 이용한 Cronbach α 계산

파이썬에서 Cronbach α의 계산은 `pingouin` 모듈을 사용하는 것이 필요하다. 이 모듈은 파이썬이나 아나콘다의 기본 모듈이 아니므로 추가로 설치하여야 하며 파이썬이 독립적으로 설치된 경우

[9] 표준화된 변수는 항상 평균이 0, 분산이 1이다.

```
% pip3 install pingouin
```

로, 아나콘다로 설치한 경우 경우 pip3보다는 아나콘다 파워셸에서

```
% conda install -c conda-forge pingouin
```

를 명령하여 설치하는 것이 좋다. pingouin 모듈의 cronbach_alpha 메소드는

```
cronbach_alpha(data, ci=.95)
```

로 사용하며 data에는 pandas의 DataFrame 인스턴스를, ci에는 신뢰구간의 신뢰도를 설정한다.

보기 11.8 `cronbach3.py` A.2절의 crime.txt에는 다음은 2000년의 인구 100,000명당 범죄발생건수를 미국의 50개의 주와 D.C.로 정리한 자료이다. 각각의 변수는 V1: 주이름(state), V2:단순폭행(violent), V3: 재산범죄(property), V4: 살인(murder) V5:강간(rape), V6: 강도(robbery), V7: 가중(특수) 폭행(aggravated assault), V8: 주거침입(burglary), V9: 절도(larceny theft), V10: 차량절도(vehicle theft)이다. 이들 범죄 종류별 발생건수에 대해서 신뢰도를 구해보자.

```
import pandas as pd
import pingouin

df1 = pd.read_csv(r'd:/htex/Pythonbk/codesdata/crime.txt', header=0)
alpha = pingouin.cronbach_alpha(df1.drop(columns=['V1']))
```

의 결과는

```
(0.7993986601566907, array([0.705, 0.873]))
```

로 Cronbach α는 0.7994, α의 95% 신뢰구간은 ([0.705, 0.873)임을 알 수 있다. ■

cronbach_alpha 메소드는 항목 제거시의 신뢰도를 따로 계산해주지 않기 때문에 강 항목 제거시의 신뢰도는 이 각 변수를 제거한 데이터 프레임으로 이 메소드를 연속적으로 호출하여도 된다.

보기 11.9 `cronbach1.py` 항목제거시의 α, 표준화변수의 α 등을 계산하기 위해 다음과 같이 함수를 작성하여 필요시 적절한 함수를 호출하는 것도 하나의 방법이다.

```
import pandas as pd
import numpy as np

#---------- Cronbach alpha for DataFrame ------------
def c_alpha(df):
   p = df.shape[1]
   s = df.sum(axis=1)
   vars = np.var(s, ddof=1)
   varx = df.var()
   alpha = p/(p-1)*(1- np.sum(varx)/vars)
```

```
    return(alpha)

#--------- Cronbach alpha remove item ---------------
def rm_alpha(df):
    p = df.shape[1]
    a_rm = []
    colnames = df.columns
    for i in range(p):
        dfrm = df.drop(columns=colnames[i])
        s = dfrm.sum(axis=1)
        vars = np.var(s, ddof=1)
        varx = dfrm.var()
        alpha = (p-1)/(p-2)*(1- np.sum(varx)/vars)
        a_rm.append(alpha)
    return(a_rm)

#----------------- 표준화 버전 alpha -----------------
def z_alpha(df):
  from sklearn.preprocessing import StandardScaler

  # Standardization 평균 0 / 분산 1
  scaler = StandardScaler()
  zdf = scaler.fit_transform(df)
  return( c_alpha(pd.DataFrame(zdf)) )

#------------- 표준화 버전 직접 계산 -----------
def z_alpha2(df):
    corx = df.corr()
    p = corx.shape[0]
    sum_cor = (corx.sum().sum() - p)/2 # 모든 상관계수의
    m_cor = sum_cor/(p*(p-1)/2)
    z_alpha = (p*m_cor) /(1+(p-1)*m_cor)
    return(z_alpha)

#----------------- 표준화 버전 remove item alpha -----------------
def z_rm_alpha(df):
  from sklearn.preprocessing import StandardScaler

  # Standardization 평균 0 / 분산 1
  scaler = StandardScaler()
  zdf = scaler.fit_transform(df)
  return( rm_alpha(pd.DataFrame(zdf)) )

############## calls

if __name__ == '__main__':

  df = pd.DataFrame({'x1': [1, 2, 2, 3, 2, 2, 3, 3, 2, 3],
                     'x2': [1, 1, 1, 2, 3, 3, 2, 3, 3, 3],
                     'x3': [1, 1, 2, 1, 2, 3, 3, 3, 2, 3]})
```

```
print('Cronbach alpha: ', c_alpha(df))
print('Cronbach alpha remove item: ', rm_alpha(df))
print('standardized Cronbach alpha: ', z_alpha(df))
print('standardized Cronbach alpha: ', z_alpha2(df))
print('standardized Cronbach alpha remove item: ', z_rm_alpha(df))
```

이 프로그램에는 5개의 메소드가 있는데 모두 pandas 데이터 프레임을 전달받으며 c_alpha는 원자료의 α를, rm_alpha는 원자료의 각 항목제거시의 α를, z_alpha는 표준화된 자료의 α를, z_alpha2는 표준화된 자료의 α를 식 (11.18)에 의해 계산, z_rm_alpha는 표준화된 자료의 항목제거시 α를 반환한다.

z_alpha와 z_rm_alpha는 원자료를 입력받아 표준화된 값을 계산하기 위해 머신 러닝에서 많이 사용하는 모듈인 sklearn(scikit-learn)을 사용하여 표준화변수를 얻어 이를 zdf라고 한 후 zdf를 사용하여 c_alpha와 rm_alpha를 호출하여 α를 계산하였다.

5개의 함수 아래 부분에는 가상의 자료를 사용하여 계산을 해본 if 블록이 있는데 이 if 블록은 이 파일이 다른 프로그램에 의해 import될 때는 실행되지 않게 하기 위해 __name__이 __main__일 때만 실행되도록 하였다(4.9절 참고).

가상의 자료 df를 사용하여 얻는 결과는 Cronbach α는 0.748이며 각 변수를 제거할 때의 신뢰도는 $0.661, 0.659, 0.674$로 세 변수 모두 내적일관성을 가지고 있다고 볼 수 있다. 표준화 계수는 데이터 프레임에서 직접 계산한 것과 식 (11.18)을 사용한 결과 모두 0.760으로 원자료일 때보다 약간 올라가며 표준화 항목제거시의 계수는 $0.662, 0.673, 0.670$을 얻는다. ■

보기 11.8의 자료에 대한 신뢰도를 보기 11.9의 프로그램을 호출하여 계산해보자.

보기 11.10 cronbach2.py 이 경우 보기 11.9에서 만든 프로그램의 각 함수를 호출하기 위해 cronbach1.py를 import하고 읽은 자료를 전달하면 된다.

```
import pandas as pd
import cronbach1 as cr

df1 = pd.read_csv(r'd:/htex/Pythonbk/codesdata/crime.txt', header=0)

print(cr.c_alpha(df1.drop(columns='V1')))
print(cr.rm_alpha(df1.drop(columns='V1')))
print(cr.z_alpha(df1.drop(columns='V1')))
print(cr.z_rm_alpha(df1.drop(columns='V1')))
```

결과는 원자료의 신뢰도는 0.7994 각 변수를 제거하였을 때의 신뢰도는 0.7652, 0.7690, 0.8109, 0.8107, 0.7943, 0.7800, 0.7623, 0.7132, 0.7720으로 V4, V5는 제거할 때 신뢰도가 더 높아진다. 하지만 이 자료의 경우 각 변수의 값의 크기가 상당히 차이가 나므로 표준화 신뢰도를 사용하는 것을 고려해야 하며 표준화 신뢰도는 0.9254이며 원자료보다 많이 높아짐을 알 수 있다. 표준화 문항제거 신뢰도는 0.9069, 0.9094, 0.9169, 0.9393, 0.9145, 0.9107, 0.9202, 0.9180, 0.9119로 V5는 제거시 신뢰도가 더 높아진다. 실제 V5는

성범죄로 다른 8개의 범죄와 특성이 다를 수 있다는 것이 수치로 나타난다. ■

11.4. Kuder-Richardson 신뢰도

변수 X_i가 가질 수 있는 값이 둘 뿐일 때 사용할 수 있는 신뢰도 계수로 Kuder-Richardson의 신뢰도 계수가 있다. 이 계수는

$$\kappa = \frac{p}{p-1}\left(1 - \frac{\sum_{i=1}^{p} p_i(1-p_i)}{\sigma_X^2}\right) \tag{11.19}$$

으로 정의된다. 때로 Kuder-Richardson의 신뢰도 계수는 KR-20이라고도 한다. 여기서 p_i는 X_i가 '성공'일 확률이며 σ_X^2은 $X = X_1 + X_2 + \cdots + X_p$의 분산이다.

자료가 가질 수 있는 값이 둘뿐일 경우 $p_i(1-p_i)$는 X_i의 분산이므로 식 (11.19)은 식 (11.16)의 Cronbach α와 같음을 알 수 있다. Kuder-Richardson의 KR-20은 1937년에, Cronbach α는 1951년에 발표되었고 Cronbach α만으로도 이항인 변수의 신뢰도를 얻을 수 있으므로 문항이 이항인 경우에는 Cronbach α라고도 하고 KR-20이라고도 부를 수 있다.

이와 같은 이유로 많은 통계 패키지에서 따로 KR-20을 계산하기 위한 메뉴가 없으며 문항이 이항인 경우 Crobach α를 계산하고 이를 KR-20이라고 불러도 된다.

연습문제

11.1 보기 11.7의 함수 `fisherr`은 대립가설의 방향에 따른 유의확률 계산이 불가능하고 대립가설이 $H_1 : \rho > 0$일 때의 유의확률만 계산한다. 이 함수를 수정하여 대립가설이 $H_1 : \rho < 0$이거나 $H_1 : \rho \neq 0$일 때도 유의확률을 계산할 수 있도록 작성하여라. 수정한 프로그램을 사용하여 보기 11.3의 값으로 대립가설이 $H_1 : \rho < 0$이거나 $H_1 : \rho \neq 0$일 때의 유의확률을 얻어 보아라. `corr3.py`

11.2 자료 $(x_1, y_1), (x_2, y_2), \ldots, (x_n, y_n)$의 상관계수에 대한 다음 설명에 대해서 참과 거짓을 말하여라.

(a) $n = 2$이면 상관계수는 ± 1이다.

(b) Pearson 상관계수가 1이면 자료의 모든 산점이 직선 위에 있다.

(c) 산점도의 모든 점이 $y = ax$ 위에 있으면 Pearson 상관계수는 a이다.

(d) 산점도의 모든 점이 $y = x + 2$ 위의 점일때 Pearson 상관계수와 $y = 3x$ 위의 점일 때의 Pearson 상관계수는 같은 값이다.

(e) 모든 산점이 $y = x^3 + 2$ 위의 점일때 Spearman 상관계수와 $y = 3x$ 위의 점일 때의 Spearman 상관계수는 같은 값이다.

(f) Pearson 상관계수와 Spearman 상관계수가 모두 0일 때 x_i와 y_i에 대해서 $y_i = f(x_i)$가 되는 함수 f는 존재하지 않는다.

11.3 A.1절의 자료를 이용하여 키, 몸무게, 나이 사이의 `corr4.py`

(a) Pearson 상관계수를 얻어 보아라.

(b) 이 세 변수사이의 Spearman의 상관계수를 직접 얻어 보아라.

(c) 이 세 변수의 순위(rank)를 계산하여 이 순위에 대해서 Pearson 상관계수를 얻어 Spearman 상관계수와 비교하여라.

(d) 키와 몸무게 사이의 상관계수가 0.5보다 크다고 할 수 있는지 검정하여라.

(e) Fisher 변환에 의한 키와 몸무게 사이의 상관계수에 대한 95% 신뢰구간을 구하여라.

11.4 다음은 어떤 상수리 나무 임분에서 임의로 추출한 12본에 대하여 수고(樹高; 단위 m; x)와 흉고직경(cm, y)를 측정한 자료이다.

i	1	2	3	4	5	6	7	8	9	10	11	12	합
x_i	11	16	14	14	12	17	16	13	15	13	11	18	170
y_i	18	36	32	28	20	30	24	20	24	20	22	34	308

이 임분에서 수고와 흉고직경간의 Pearson의 표본상관계수 r을 계산하고 모집단의 상관계수 ρ가 0이라고 할 수 있겠는가? 유의수준 5%에서 검정하여라.

11.5 보기 11.1과 보기 11.2의 자료에서 상관계수를 계산해보아라. 이 상관계수를 비교할 때 어떤 결과를 얻는가? `corr6.py`

11.6 A.3.1절의 소아암 환아의 간호 요구 사항 자료를 이용하여 `corr5.py`

(a) 각 변수 원자룟값에 대해 Cronbach α와 문항제거시의 Cronbach α를 계산하여 보아라.

(b) 문항제거시의 Cronbach α 값으로 판단할 때 어떤 문항이 제거 가능한지 말하여라.

(c) 표준화변수의 Cronbach α와 문항제거시의 Cronbach α를 계산하여 보아라.

(d) 문항제거시의 표준화 Cronbach α 값으로 판단할 때 어떤 문항이 제거 가능한지 말하여라.

11.7 p개의 변수 $X_1, X_2, \ldots, X_p$가 모두 독립이면 Cronbach α의 값은 얼마인가?

11.8 상수 $a(\neq 0), b, c(\neq 0), d$에 대해서 $Y_1 = aX_1 + b$, $Y_2 = cX_2 + d$이면

$$\text{Corr}(Y_1, Y_2) = \frac{a \cdot c}{|a| \cdot |c|}\text{Corr}(X_1, X_2)$$

임을 보여라.

제 12 장

분포의 적합도 검정

많은 통계적 추론에서 자료가 특정한 분포를 따르는 것을 가정한다. 대개의 경우 정규분포임을 가정하며 때로 정규분포가 아닌 다른 분포를 가정하는 경우가 있다. 여기서는 자료가 특정한 분포를 갖는다는 대한 가정이 적절한 것인지 검토하는 방법에 대해서 알아보기로 하자.

12.1. 다항분포

이항분포는 관찰 가능한 사건이 둘일 때 사용하는 모형인 것은 앞의 8.2.1절에서 보았다. 다항분포(multinomial distribution)는 이항분포의 확장으로 관찰가능한 값이 둘보다 많을 때 사용하는 모형이다. 예를 들어 소나무의 어떤 유전자의 종류는 AA, Aa 또는 aa이며 각각이 관찰될 확률이 이론상 0.25, 0.5, 0.25일 경우 100그루의 소나무를 관찰할 경우 표 12.1과 같은 표를 얻을 수 있다.

표 12.1: 소나무 유전자의 빈도수 조사

유전자	AA	Aa	aa	합
도수	26	49	25	100

또 다른 예로 거리를 지나는 중형 승용차(택시제외) 100대의 색상을 살펴보았더니 표 12.2와 같은 표를 얻을 수 있다. 이러한 자료는 모집단에서 관찰가능한 값의 종류가

표 12.2: 자동차 색깔에 대한 조사.

자주색 계열	파란색 계열	베이지색 계열	검정색 계열	흰색 계열
5	7	23	15	50

각각 세 개(유전자) 또는 다섯 개(자동차 색상)이며 모집단에서 각각의 유전자나 색상의 비율이 $p_i(i = 1, 2, 3$ 또는 $i = 1, 2, \ldots, 5.)$이며 한 번의 관찰에서 i번째 속성에 해당하는 값을 관찰할 확률은 p_i이다. 이러한 관찰을 100번을 독립적으로 반복하면 위의 유전자나 자동차색상과 같은 표를 얻을 수 있다.

위와 같이 k개의 관찰가능한 값 X_i의 관측치가 x_i일 확률을 일반화한 통계분포를 다항분포(multinomial distribution)라고 한다. 관찰 가능한 k개의 값을 $1, 2, \ldots, k$ 라고 표시하면 다항분포는 각각의 시행은 1에서 k 중의 하나가 관찰되며 1에서 k가 관찰될 확률이 p_1에서 p_k이다. 이러한 독립인 시행을 n번 시행할 때 1부터 k까지의 관찰된 값을 x_1에서 x_k라고 하면

$$\Pr[X_1 = x_1, X_2 = x_2, \ldots, X_k = x_k] = \frac{n!}{x_1!x_2!\cdots x_k!} p_1^{x_1} p_2^{x_2} \cdots p_k^{x_k} \tag{12.1}$$

로 표현되며 이를 다항분포라고 한다. 여기서 $\sum_{i=1}^{k} x_i = n$ 이며 $\sum_{i=1}^{k} p_i = 1$ 이 항상 성립한다. 여기서 $k = 2$이면 확률밀도함수가 이항분포와 같음을 확인할 수 있다. 다항분포는 다음과 같은 성질을 가진다.

1. $\mathrm{E}[X_i] = np_i$
2. $\mathrm{var}(X_i) = np_i(1 - p_i)$
3. $\mathrm{Cov}(X_i, X_j) = -np_ip_j \ (i \neq j)$.

12.2. 피어슨 적합도 검정

자료가 다항분포에서 얻어지는 경우 각 관찰 가능한 k개의 범주에 대한 확률이 특정한 확률인지 검정하는 방법으로 이 때 귀무가설 H_0는 각 범주에 속할 확률에 대한 설정이 된다. 이 경우 자료가 특정한 분포와 잘 적합하는지 검정할 수 있으므로 적합도검정(goodness of fit test)이라고 한다. 적합도 검정은 각 범주에 해당하는 확률 p_i에 대한 검정으로 i 번째 범주의 확률이 특정한 값 p_{i0} 인지 검정한다.$(i = 1, 2, \ldots, k)$ 즉, 귀무가설은

$$H_0 : p_1 = p_{10}, p_2 = p_{20}, \ldots, p_k = p_{k0} \tag{12.2}$$

이며 대립가설은 위의 귀무가설이 아니라는 것이다. 각 범주에서의 도수에 대한 관찰치를 O_i라고 하면 귀무가설이 옳을 경우 각 범주의 기댓값은 $E_i = np_{i0}$ 가 되며 검정통계량

으로는

$$\chi^2 = \sum_{i=1}^{k} \frac{(O_i - E_i)^2}{E_i} \tag{12.3}$$

을 사용하며 귀무가설 H_0가 참이고 E_i들이 충분히 크면 위의 χ^2은 자유도가 $(k-1)$ 인 카이제곱분포를 따른다. 따라서 $\chi^2 > \chi^2_{(k-1);\alpha}$인 경우 귀무가설을 기각한다.

보기 12.1 표 12.1의 자료에서 유전자의 비율이 각각 0.25, 0.5, 0.25인지 검정하여 보면

범주(i)	1	2	3	합
O_i	26	49	25	100
E_i	25	50	25	100
$\frac{(O_i - E_i)^2}{E_i}$	0.04	0.02	0	0.06

으로 $\chi^2 = 0.06$이기 때문에 $\chi^2_{2;0.05} = 5.99$ 보다 작아서 유의수준 5%에서 귀무가설을 기각하지 못한다.

보기 12.2 표 12.2에서 주어진 자동차 색깔에서 자동차의 색깔의 선호도가 같다고 할 수 있는지 알아보자. 다섯 개의 범주에서의 비율이 모두 같은지 알아보려면 귀무가설이

$$H_0 : p_1 = p_2 = p_3 = p_4 = p_5$$

이 되고 다음 표에 의해서

범주(i)	1	2	3	4	5	합
O_i	5	7	23	15	50	100
E_i	20	20	20	20	20	100
$\frac{(O_i - E_i)^2}{E_i}$	11.25	8.45	0.45	1.25	45.00	66.40

$\chi^2 = 66.40 > \chi^2_{4;0.05} = 9.49$ 이라서 유의수준 5%에서 귀무가설을 기각하게 된다. 즉 차량 색깔에 대한 선호도에는 차이가 있다고 할 수 있다.

보기 12.3 다음의 자료가 표준정규분포로부터의 관측치라고 할 수 있는지 검정해보자 (오름차순으로 순서화 한 자료로 원래는 크기순으로 관찰된 자료가 아님).

```
-1.94 -1.54 -1.26 -1.11 -0.99 -0.96 -0.90 -0.77 -0.72 -0.66
-0.62 -0.60 -0.57 -0.46 -0.42 -0.39 -0.29 -0.24 -0.18 -0.18
-0.12 -0.03  0.03  0.08  0.14  0.17  0.19  0.20  0.36  0.36
 0.41  0.50  0.54  0.61  0.63  0.65  0.76  0.79  0.85  0.88
 0.98  1.02  1.11  1.16  1.42  1.56  1.78  1.79  1.80  2.33
```

표준정규분포를 다섯 개의 구간으로 등확률이 되게 나누면 $-z_{0.2}$, $-z_{0.4}$, $z_{0.4}$, $z_{0.2}$ 개로 나눌 수 있으며 이들 값은 각각 −0.842, −0.253, 0.253 및 0.842이다. 따라서 위의 자료를

1. $-\infty$에서 −0.842 사이의 개수,
2. −0.842에서 −0.253 사이의 개수,
3. −0.253에서 0.253 사이의 개수,
4. 0.253에서 0.842 사이의 개수,
5. 0.842에서 ∞ 사이의 개수를 구해보면

각각 7개, 10개, 11개, 10개, 및 12개이며 기댓값 E_i는 모두 $50 \times 1/5 = 10$ 이므로 검정통계량의 값은

$$\frac{(7-10)^2}{10} + \frac{(10-10)^2}{10} + \frac{(11-10)^2}{10} + \frac{(10-10)^2}{10} + \frac{(12-10)^2}{10} = 1.4$$

이며 $\chi^2_{4;0.05} = 9.4878$이므로 자료가 정규분포에서 얻어진 것이라는 귀무가설을 기각할 수 없다.[1] ■

파이썬에서 적합도 검정

파이썬에서의 적합도 검정은 `scipy.stats`의 `chisquare` 메소드를 사용할 수 있다. 사용법은

```
chisquare(f_obs, f_exp, ddof)
```

이며 f_obs에는 각 범주의 관찰빈도(O_i), f_exp에는 각 범주의 기대빈도를 저장한 배열을 설정한다. ddof는 검정통계량의 자유도 계산에서 사용할 수정값을 설정하며 범주의 개수가 k이면 $k - 1 -$ ddof를 자유도로 사용하게 된다(기본값 0).

보기 12.4 `goodfit1.py` 보기 12.1의 자료를 파이썬을 통해서 검정해보자.

```
import numpy as np
import scipy.stats as st

obs = np.array([26, 49, 25])
pp = np.array([0.25, 0.5, .25])
exp = sum(obs) * pp

chi0, pval = st.chisquare(obs, exp)
print(chi0, pval)
```

[1]이 경우 범주의 수와 범주의 크기를 정하는 규칙이 없으므로 범주 수나 크기를 다르게 사용할 경우 검정결과가 달라질 수 있다.

로 검정통계량은 0.06, 유의확률은 0.970을 얻는다. ■

보기 12.5 goodfit2.py 보기 12.3를 파이썬을 통해서 얻어보자. 아래의 코드에서 데이터의 일부분은 생략하였다.

```
import numpy as np
import scipy.stats as st

xx = np.array([
 -1.94, -1.54, -1.26, ..., 6,  1.78,  1.79,  1.80,  2.33])

qq = [0.2, 0.4, 0.6, 0.8]
cuts = np.r_[-np.inf, st.norm.ppf(qq), np.inf]

obsd, bins = np.histogram(xx, bins=cuts)
print(obsd, bins)

expd = len(xx) * 1/5 * np.ones(5)

chi0, pval = st.chisquare(obsd, expd)
print(chi0, pval)
```

먼저 정규분포의 20%, 40%, 60%, 80% 백분위수를 norm.ppf를 얻고 $-\infty$와 ∞를 추가로 사용하여 전체 구간을 5개로 나누는 경계점을 얻어 이를 cuts에 저장하였다. 이 cuts의 각 구간에 포함되는 자료의 수를 얻기 위해 numpy의 histogram 메소드를 사용하여(7.5절 참고) 이를 obsd라고 하였다(O_i).

기대도수는 np.ones를 사용하여 간단하게 구하여 이를 expd라고 하고 chisquare 메소드를 호출하여 검정통계량과 유의확률을 얻었다. 이들 값은 각각 1.4와 0.8442로 귀무가설을 기각할 수 없다.

이 프로그램에서 사용한 numpy의 r_은 R의 c 함수처럼 여러 개의 자료를 하나의 배열로 만들어준다. ■

12.3. 분할표의 분석

분할표 또는 교차표(cross tables)는 두 변수가 명목자료이거나 순서자료인 경우에 두 변수의 각각의 값에 대해서 그에 해당하는 자료의 수를 표로 정리한 것을 말한다. 원래 자료는 연속형이나 연속인 값을 범주화한 경우도 분할표로 용약되기도 한다. 한 변수가 가질 수 있는 서로 다른 값이 r개이고 다른 변수가 가질 수 있는 서로 다른 값이 c개이면 이 두 변수가 가질 수 있는 모든 조합에 대해서 빈도수를 얻어서 r개의 행과 c개의 열을 가진 표의 각 칸에 그 빈도를 얻은 경우 이를 $r \times c$ 분할표라고 한다.

여기서는 자료가 $r \times c$ 분할표로 요약될 수 있을 때 두 변수의 독립성의 검정이나 동일성 검정을 포함하여 이와 관련된 검정문제에 대해서 알아보기로 하자.

12.3.1 독립성에 대한 분석

원래부터 이산형이거나 아니면 연속형인 값을 범주화한 두 변수 X와 Y의 독립성을 추론하는 방법에 대해서 알아보자. 편의상 X가 가질 수 있는 값은 $1, 2, \ldots, r$, Y가 가질 수 있는 값은 $1, 2, \ldots, c$라고 하자. (X, Y)의 순서쌍이 가질 수 있는 모든 가능한 조합에 대해 해당되는 도수를 분할표(cross table)로 요약하였다고 가정하자. 원자료에서는 분할표로 얻어지는 경우가 거의 없으며 일차 가공을 거쳐야 분할표가 얻어지는 경우가 많다.

X, Y가 관찰연구에서 얻어지고 두 변수의 연관성 또는 독립성을 검토하고자 할 때 독립성검정(chi-square test for independence)이라고 하며 자료가 실험연구에서 얻어진 경우 동일성검정이라고 구분하여 표현하기도 하는데 사용하는 검정통계량이나 검정방법이 같기 때문에 이 둘을 구분하지 않기도 한다.

r개의 행과 c개의 열을 가진 분할표에서 i번째 행, j번째 열에 해당하는 도수의 관측치를 O_{ij}라고($i = 1, 2, \ldots, r$; $j = 1, 2, \ldots, c$) 하면 이때 만들어지는 분할표를 $r \times c$ 분할표 또는 교차표라고 한다. $r \times c$ 분할표의 일반적인 모양은

Column(Y) / Row(X)	C_1	C_2	$\cdots$	C_c	합
R_1	O_{11}	O_{12}	$\cdots$	O_{1c}	$O_{1.}$
R_2	O_{21}	O_{22}	$\cdots$	O_{2c}	$O_{2.}$
$\vdots$	$\vdots$	$\vdots$	$\vdots$	$\vdots$	$\vdots$
R_r	O_{r1}	O_{r2}	$\cdots$	O_{rc}	$O_{r.}$
합	$O_{.1}$	$O_{.2}$	$\cdots$	$O_{.c}$	$O_{..}$

로 얻어진다. 여기서 $O_{i.}$과 $O_{.j}$는 각각 i번째 행과 j번째 열의 합이며 $O_{..}$은 전체 자료의 합이다. 이와 같은 표에서

만일 $O_{i.}$과 $O_{.j}$가 고정되었다고 가정하면 어떤 관측치가 분할표의 i번째 행, j번째 열에 해당하는 칸에 속할 확률은 i번째 행에 속할 확률 $O_{i.}/O_{..}$과 j번째 열에 속할 확률은 $O_{.j}/O_{..}$가 된다. 따라서 두 변수가 독립이면 모든 행과 열에 대해서

i번째 행, j번째 열에 해당하는 칸의 기대 도수(expected frequency) E_{ij}는

$$E_{ij} = O_{..}\frac{O_{i.}}{O_{..}}\frac{O_{.j}}{O_{..}} = \frac{O_{i.}O_{.j}}{O_{..}}$$

가 되며 두 변수가 독립이라면 O_{ij}와 E_{ij}의 차가 별로 없을 것을 예상할 수 있다.

행변수 X와 열변수 Y에 대한 귀무가설과 대립가설

$$H_0 : X\text{와 } Y\text{는 독립이다. vs. } H_1 : X\text{와 } Y\text{는 독립이 아니다} \tag{12.4}$$

를 검정하기 위한 검정통계량으로

$$\chi^2 = \sum_{i=1}^{r}\sum_{j=1}^{c}\frac{(O_{ij} - E_{ij})^2}{E_{ij}} \tag{12.5}$$

을 사용하며 분할표의 모든 칸에서 자료의 수가 충분히 크면 식 (12.4)의 귀무가설이 참일 때 이 검정통계량은 근사적으로 자유도가 $(r-1)(c-1)$인 카이제곱분포를 따른다. 이 경우 자료가 '충분히' 크다는 기준으로 모든 칸에 대해서 $E_{ij} > 5$를 기준으로 삼는 경우가 많다.

따라서 식 (12.5)의 검정통계량이 카이제곱분포표의 $\chi^2_{(r-1)(c-1);\alpha}$보다 크면 유의수준 α에서 두 변수가 독립이라는 귀무가설을 기각한다. χ^2 분포표는 부록의 표 A.4부터 표 A.5에서 찾아볼 수 있다.

보기 12.6 다음은 스키장 의무실에서 치료를 필요로 하는 머리부상자의 머리부상 정도와 헬멧 사용여부를 조사한 것이다.

헬멧 \ 부상정도	경상(2주 이하)	중상(4주 이하)	중상(5주 이상)	합
착용	10	17	7	34
미착용	23	12	5	40
합	33	29	12	74

이 표에서 헬멧사용 여부와 부상정도가 독립인지 알아보자. 먼저 각 칸에서의 기댓값을 계산해 보면

헬멧 \ 부상정도	경상(2주 이하)	중상(4주 이하)	중상(5주 이상)	합
헬멧 착용	15.162(1.7575)	13.324(1.014)	5.5135(0.4008)	34
헬멧 미착용	17.838(1.4939)	15.676(0.8619)	6.4865(0.3407)	40
합	33	29	12	74

이 되어 $\chi^2 = 5.8687$이다. 이 표의 괄호 안의 값은 각 칸에 대한 카이제곱값 $(O_{ij} - E_{ij})^2/E_{ij}$이다. 이때 자유도가 2인 카이제곱 분포에 기초하여 컴퓨터로 계산한 p 값은 0.0532이기 때문에 5% 유의수준에서는 귀무가설을 기각할 수 없으나 10%에서는 귀무가설을 기각할 수 있다. 따라서 헬멧 착용여부와 부상정도에는 강하지지는 않지만 약간의 연관성이 있어 보인다.

참고로 스키 등의 운동에서 보호장구를 착용한 사람은 안전성에 대한 신뢰감 때문에 좀더 과격하게 즐기거나[2] 반대로 과격하게 운동하는 것을 즐기는 사람일수록 보호장구를 착용하는 경향이 있을 수 있기 때문에 더러 위와 같이 장구를 착용한 사람에게서 부상정도가 심하게 나타나는 조사결과를 얻을 수 있다. 이러한 이유 때문에 위의 조사결과로 '보호장구를 착용하는 것이 안전에 도움이 되지 않는다 또는 부상정도를 높인다'라고 할 수 없다. 위의 자료는 **관찰연구** 결과이며 보호장구를 착용한 것과 그렇지 않은 경우의 부상정도에 대해 '보호장구를 착용하는 것이 안전에 도움이 되지 않는다 또는 부상정도를 높인다'라는 가설을 검정하기 위해서는 실험연구, 즉 똑같이 과격한 운동을

[2]이를 잘못된 안전감(false sense of security)이라고 한다.

즐기는 표본을 두 그룹으로 나누어서 과격한 운동을 하게 한 후 부상정도를 비교하는 방법을 사용해야 한다. 그러나 이와 같은 실험연구는 윤리적 문제가 있을 수 있으므로 같은 조사를 스키를 타는 모든 사람이 아닌 스키를 과격하게 즐기는 집단에서 하면 될 것이다. ■

12.3.2 동일성 검정

보기 12.6의 자료는 관찰연구의 자료이다. 만일 이와 비슷한 자료를 스키를 좋아하는 100명의 스키동호회 회원을 대상으로 50명은 헬멧을 사용하게 하고 50명은 헬멧을 사용하지 않도록 하여 스키부상정도나 스키시의 불편함을 상, 중, 하로 나누어 조사하였다고 하자. 이 경우 헬멧의 사용여부를 실험자가 결정하였으며 따라서 관찰연구가 아닌 실험연구가 된다. 따라서 자료를 얻는 방법이 보기 12.6과 같지 않다. 이와 같이 분할표의 행이나 열의 수준이 실험자에 의해서 결정되는 경우에는 자료의 수집과정을 명확히 하기 위해서 12.3.1절에서와 같은 형태의 자료가 얻어지더라도 이를 독립성검정이라고 하지 않고 동일성 검정(chi-square test for homogeneity) 으로 구분해서 부르기도 한다. 편의상 행변수를 X라 하고 X의 수준을 연구자가 결정하였고 Y를 열변수라고 하면 이 경우 가설도 식 (12.4)과 다르게 표현할 수 있다. 즉,

$$H_0 : X\text{가 변해도 } Y\text{는 변함없다. vs. } H_1 : X\text{에 따라 } Y\text{값이 달라진다.} \tag{12.6}$$

로 귀무가설과 대립가설이 표현될 수 있다. 식 (12.6)의 가설은 넓게 보면 식 (12.4)의 부분집합임을 알 수 있다.

다행히(?) 식 (12.6)의 가설을 검정하는 경우에도 사용하는 검정통계량이 식 (12.5)과 같으며 따라서 검정하는 방법도 12.3.1절과 같다. 이런 이유로 때로는 분할표의 검정인 경우 많은 저자들이 굳이 독립성 검정인지 동일성 검정인지를 구분하지 않는 경우도 많다.

보기 12.7 다음은 200명의 환자를 100명씩 임의로 두 그룹으로 나누어 한 그룹에는 진짜약을 처방하고 다른 그룹에는 위약을 처방한 후 환자의 반응을 조사한 자료이다. 약이 효과가 있다고 할 수 있겠는가?

처방 \ 효과	아주 높음	조금 높음	없음	합
진짜약	45	25	30	100
위약	30	30	40	100
합	75	55	70	200

이 약의 효과에 대해서 검정해 보자. χ^2 검정통계량의 값이 4.8831로 얻어지고 $\chi^2_{2;0.05} = 5.99$이므로 진짜약과 위약의 효과가 같다는 귀무가설을 기각할 수 없다.(유의수준 5%) 이 경우 유의확률의 값은 0.087 이다. ■

파이썬의 교차표 분석

분할표에 대한 카이제곱 검정은 scipy.stats의 chi2_contingency 메소드를 사용하여 할 수 있다. 이 메소드는

```
chi2_contingency(observed, correction=True,...)
```

로 사용하며 observed에 관찰된 교차표를 설정한다. correction은 연속성 수정을 사용할지 설정한다. 이 함수의 반환값은 chi2, p, dof 및 expected로 각각 검정통계량, 유의확률, 자유도 및 각 칸의 기대도수 배열이다.

보기 12.8 `crosstab1.py` 보기 12.6과 12.7의 자료를 파이썬을 사용하여 분석해보자.

```
import scipy.stats as st

xx = [ [10, 17, 7], [23, 12, 5] ]
chi2v, pval, df, expd = st.chi2_contingency(xx, correction=False)
print(chi2v, pval, df, expd)

yy = [ [45, 25, 30], [30, 30, 40] ]
chi2v, pval, df, expd = st.chi2_contingency(yy, correction=False)
print(chi2v, pval, df, expd)
```

로 첫 번째와 두 번째의 chi2_contingency 메소드의 호출결과 앞 보기들과 같은 검정통계량과 기대도수가 계산되었으며 유의확률은 각각 0.0532, 0.0870을 얻는다. ■

12.4. 2 × 2 분할표와 비율차 검정

만일 반응값이 성공/실패, Yes/No, 참/거짓과 같은 이항이고 그룹이 둘이라면 이 때 만들어지는 교차표는 다음과 같이

그룹 \ 반응값	Yes	No	합
그룹 1	O_{11}	O_{12}	$O_{1.}$
그룹 2	O_{21}	O_{22}	$O_{2.}$
합	$O_{.1}$	$O_{.2}$	$O_{..}$

2×2 교차표가 되며 각 그룹의 반응값이 동일한지 검정하거나 그룹에 상관없이 반응값이 얻어진다는 가설을 검정하기 위해서는 카이제곱 검정을 사용할 수 있는 것을 보았다.

같은 목적으로 사용할 수 있는 다른 방법으로 9.7절에서 본 것과 같이 각 그룹의 성공, Yes, 참의 바율을 각각 p_1, p_2라고 할 때 $H_0 : p_1 = p_2$를 검정하는 방법을 사용할 수도 있다. 즉 각 그룹의 Yes에 대한 비율을 각각 p_1, p_2라고 하면 $\hat{p}_1 = O_{11}/O_{1.}, \hat{p}_2 = O_{21}/O_{2.}$이

되며 이 때 사용하는 검정통계량은 두 그룹의 비율의 차이가 0임을 검정하는 경우이므로 식 (9.32)의 검정통계량

$$Z_0 = \frac{\hat{p}_1 - \hat{p}_2}{\sqrt{\hat{p}(1-\hat{p})\left(\frac{1}{m} + \frac{1}{n}\right)}} \tag{12.7}$$

을 사용할 것이다.

실제로 식 (12.5)카이제곱 검정통계량에서 $r = c = 2$인 검정통계량과

$$\chi^2 = \sum_{i=1}^{2}\sum_{j=1}^{2} \frac{(O_{ij} - E_{ij})^2}{E_{ij}} \tag{12.8}$$

식 (9.32)의 검정통계량 Z는 $Z^2 = \chi^2$인 관계에 있으며, 두 검정은 실질적으로 동일한 검정이다. 카이제곱검정을 사용할 경우 비율에 대한 단측검정을 바로 얻을 수는 없으나 카이제곱 값과 O_{ij}의 값에 의해서 $Z = \sqrt{\chi^2}$인지 $Z = -\sqrt{\chi^2}$인지 판단할 수 있다.

보기 12.9 다음은 정당 A와 정당 B의 당원들을 대상으로 정부의 정책에 대한 찬반을 조사한 것이다.

정당 \ 찬반	찬성	반대	합
A	200	250	450
B	240	230	470
합	440	480	920

다음 물음에 답하여라.

1. 카이제곱을 이용하여 두 정당간의 정책 지지도가 같은지 검정하여라.
2. 정책에 대한 각 정당 A와 정당 B의 지지율을 각각 p_1, p_2라고 할 때 귀무가설 $H_0 : p_1 = p_2$ 대 대립가설 $H_1 : p_1 \neq p_2$을 정규근사를 이용하여 검정하여라.
3. 위의 두 결과가 같아야 할 이유가 있는지 논하고, 같다면 이 둘의 관계를 설명하여라.

풀이:

1. 먼저 카이제곱검정통계량의 값은 $\chi^2 = 4.037$이며 이 때 유의확률은 $P = 0.0445$이므로 유의수준 $\alpha = 0.05$에서 귀무가설 정당에 따른 정책지지율이 다르다고 할 수 있다.
2. 정당 A와 정당 B의 지지율을 각각 p_1, p_2라고 하고 공통비율을 p라고 하면 $\hat{p}_1 = 200/450 = 0.4444444$, $\hat{p}_2 = 240/470 = 0.5106383$ 및 p의 추정치 $\hat{p} = (200 + 240)/920 = 0.4782609$이다.[3] 따라서 검정통계량은

$$Z = \frac{0.4444444 - 0.5106383}{\sqrt{0.4782609(1 - 0.4782609)\left(\frac{1}{450} + \frac{1}{470}\right)}} = -2.009186$$

[3] 반올림오차를 최소로 하기 위해 다소 많은 유효숫자를 사용하였음.

이고 유의확률은 $\Pr[Z < -2.00092] + \Pr[Z > 2.00092] = 0.0445$로 얻어진다.

3. $Z^2 = \chi^2$인 관계를 확인할 수 있으며 두 검정이 실질적으로 동일한 검정이다. ■

보기 12.10 보기 9.17의 자료를 사용하여 카이제곱검정을 하여 보기 9.17의 결과와 같은 결론을 얻는지 비교하여 보자. 먼저 보기 9.17의 자료를 표로 만들면 다음과 같으며 (괄호안의 값은 기대 도수)

성별 \ 순서	첫째	셋째	합
남아	540(554.5455)	70(55.45455)	610
여아	460(445.4545)	30(44.5455)	490
합	1000	100	1100

따라서 카이제곱 검정통계량은

$$\begin{aligned}\chi_0^2 &= \frac{(540-554.5455)^2}{554.5455} + \frac{(70-55.45455)^2}{55.45455} + \frac{(460-445.4545)^2}{445.4545} + \frac{(30-44.5455)^2}{44.5455} \\ &= 9.421239\end{aligned}$$

로 앞에서 본 검정통계량 $z_0^2 = 3.0694^2 = 9.421 = \chi_0^2$와 일치하는 결과를 보인다. ■

12.5. McNemar 검정

McNemar 검정은 사전과 사후의 비교를 하기 위한 경우와 같이 짝으로 이루어진 자료 중에서(짝비교) 반응값이 예와 아니오나 양성과 음성, 찬성과 반대와 같이 이항으로 얻어지는 경우에 사용할 수 있는 검정방법이다. 즉, McNemar 검정은 설명변수와 반응변수 모두 가질 수 있는 값이 이항(binomial)인 짝비교(쌍체비교)에 적용되는 검정방법이다. 예를 들면 선거 1주일 전과 2주일전에 이루어진 두 비교조사에서 두 후보에 대한 지지율이 달라졌는지, 치료 전후에 어떤 증상이 사라졌는지 여부와 같이 전후의 차이가 나는지 검정할 때 사용한다. 이 경우 결과를 2×2의 분할표로 나타낼 수 있으며, 두 개의 종속적인 관찰표본 사이에 차이가 있는지의 여부를 검정하는 문제가 된다.

처리 전의 반응값 1이 나올 비율을 p_b(before), 처리 후의 반응값이 1이 나올 비율을 p_a(after)라고 하고 O_{ij}를 처리 전의 반응값이 i이고 처리 후의 반응값이 j인 관측치의 수라고 하면 다음과 같은 표를 얻을 수 있다$(i, j = 1, 2)$. 이 문제의 설정에서 처리 전과 후의 비율의 차이가 없다는 귀무가설은

$$H_0 : p_b = p_a \text{ 또는 } H_0 : p_b - p_a = 0$$

이다. 이 가설을 검정하기 위한 검정통계량은

$$Z_0 = \frac{O_{12} - O_{21}}{\sqrt{O_{12} + O_{21}}} \qquad (12.9)$$

표 12.3: McNemar 검정을 사용하는 전-후 교차표

		후(after)	
		1	2
전	1	O_{11}	O_{12}
(before)	2	O_{21}	O_{22}
합		$O_{.1}$	$O_{.2}$

나 Z_0의 제곱인

$$\chi_0^2 = \frac{(O_{12} - O_{21})^2}{O_{12} + O_{21}} \tag{12.10}$$

를 사용하며 자료의 수가 충분히 크면 이들 검정통계량의 귀무가설 하에서의 분포는 Z_0는 표준정규분포에 χ_0^2은 자유도가 1인 카이제곱분포에 근사할 수 있다.

따라서 대립가설이 $H_1 : p_b \neq p_a$인 경우 기각역은 $|Z_0| > z_{\alpha/2}$ 또는 $\chi_0^2 > \chi_{1,\alpha}^2$이 된다.

보기 12.11 다음은 선거 일주일 전과 한 달 전의 1,800명에 대한 두 정당의 지지도 변화를 표로 정리한 것이다. 지지도의 변화가 있다고 할 수 있는가?

		일주일전	
		민주당	공화당
한달전	민주당	500	450
	공화당	400	450
합		900	900

$$\chi_0^2 = \frac{(450 - 400)^2}{450 + 400} = 2.941176$$

이고 p 값은 0.08635이다. ■

McNemar 검정은 카이제곱분포에 근사하기 위해서 연속성 수정을 포함하여

$$\chi_0^2 = \frac{(|O_{12} - O_{21}| + c)^2}{O_{12} + O_{21}} \tag{12.11}$$

를 사용하는 것이 제안되어 있으며 여기서 수정항인 c는 $-1/2$(Yates(1934)) 또는 -1을 사용하는 것이 알려져있다(Fleiss(1981), Edwards(1948)). 많은 컴퓨터 패키지의 출력은 수정항을 사용한 검정의 결과가 출력되므로 위의 계산식의 결과와는 약간의 차이가 있을 수 있으며 SPSS나 다음에 소개할 파이썬의 `mcnemar` 메소드에서는 $c = -1$을 사용한다.

파이썬에서의 McNemar 검정

파이썬에서의 McNemar 검정은 `statsmodels.stats.contingency_tables`의 `mcnemar` 메소드를 사용하여 얻을 수 있다. 사용법은

```
mcnemar(table, exact=True, correction=True)
```

이며 table에는 표 12.3와 같은 2차원 배열을 설정하고 exact는 이항분포를 이용한 유의확률을 계산할지 여부를 설정하며 correction은 식 (12.11)의 수정항을 사용할지 설정한다. 수정항을 사용하면 c의 값은 -1을 사용한다. 이 메소드는 pvalue와 statistic을 묶어서(bunch) 반환한다.

보기 12.12 `mcnemar1.py` 보기 12.11의 자료를 사용하여 파이썬에서 분석하여 보면

```
import statsmodels.stats.contingency_tables as st

tab = [ [500, 450], [400, 450]]

res1 = st.mcnemar(table=tab, exact=False)
print(res1.statistic, res1.pvalue)
res2 = st.mcnemar(table=tab, exact=False, correction=False)
print(res2)
```

로 res1은 수정항을 적용하지 않아 보기 12.11와 동일한 결과를 얻으며 res2는 수정항을 적용한 결과로 SPSS 등의 통계패키지와 같은 결과를 얻는다. ■

12.6. Q-Q 산점도와 정규성 검토

많은 통계적 추론에서 자료의 독립성과 정규성(자료가 정규분포를 따른다는 의미이다.)을 가정한다. 따라서 자료의 정규성을 가정하는 통계학적인 분석 방법을 적용하고자 하는 경우에는 자료가 정규분포를 따르는지 먼저 검토하여야 한다. 이 절에서는 자료의 정규성을 검토하는 하나의 방법으로 Q-Q 산점도를 소개하기로 한다.

Q-Q 산점도를 소개하기 전에 먼저 quantile에 대해서 알아보자. $0 < p < 1$인 p에 대해서 p번째 quantile(p-th quantile)이란 자료를 오름차순으로 정리하였을 때 p분위의 위치에 해당하는 자료를 말한다. 이를 수치로 표현하면 분포함수가 F인 확률변수의 p번째 quantile ξ_p는 $F(\xi_p) = p$를 만족하는 값이며 이는

$$\xi_p = F^{-1}(p) \tag{12.12}$$

로 표현할 수 있다. 그림 12.1은 quantile의 의미를 설명하고 있다.

Quantile은 때로 백분위수로 표시된 percentile로 나타내기도 하는데, $100p\%$ percentile은 p번째 quantile의 다른 표현이다. 만일 표준정규분포라면 2.5% percentile(0.025번째 quantile)은 -1.96, 5% percentile(0.05번째 quantile)은 약 -1.645이며, 95% percentile(0.095번째 quantile)은 1.645, 97.5% percentile(0.975번째 quantile)은 1.96이 된다.

크기가 n인 표본에서의 quantile은 자료를 순서대로 배열하였을 때(오름차순) i번째 자료를 $\frac{i}{n+1}$번째 quantile($100\frac{i}{n+1}\%$ percentile)로 얻는다.

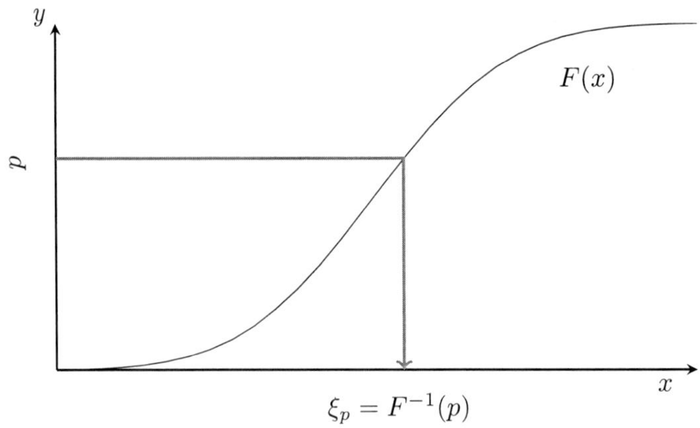

그림 12.1: Quantile에 대한 해석

Q-Q 산점도(Q-Q plot)는 quantile-quantile plot의 약자로 표본에서의 quantile과 비교하고자 하는 분포에서의 이론적인 quantile을 산점도로 그린 것이다. 다음의 보기를 보자.

보기 12.13 만일 자료가 10, 20, 30, 40, 50인 5개의 관측치로 구성되었다면 10은 1/6번째, 20은 2/6번째 등의 quantile로 계산된다. 표준정규분포의 quantile은 정규분포표로부터 얻으면 다음의 표와 같다.

$p = i/(n+1)$	0.16667	0.33333	0.5	0.66667	0.83333
자료의 quantile	10	20	30	40	50
표준정규분포 quantile	−0.96742	−0.43073	0	0.43073	0.96742

위의 표에서 자료의 quantile과 표준정규분포의 quantile로 산점도를 얻은 다음 그림

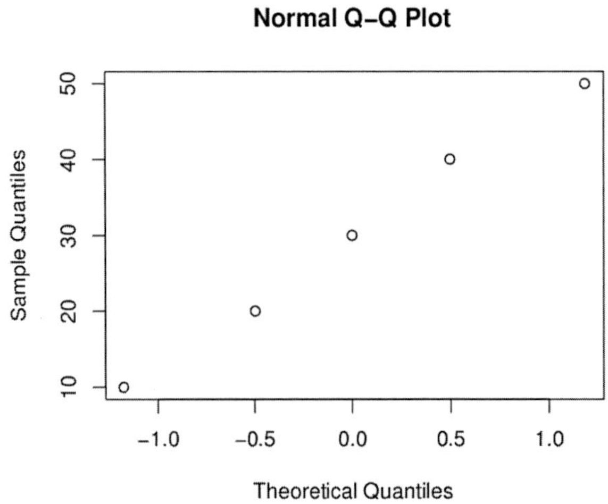

이 정규분포 Q-Q plot이다. ■

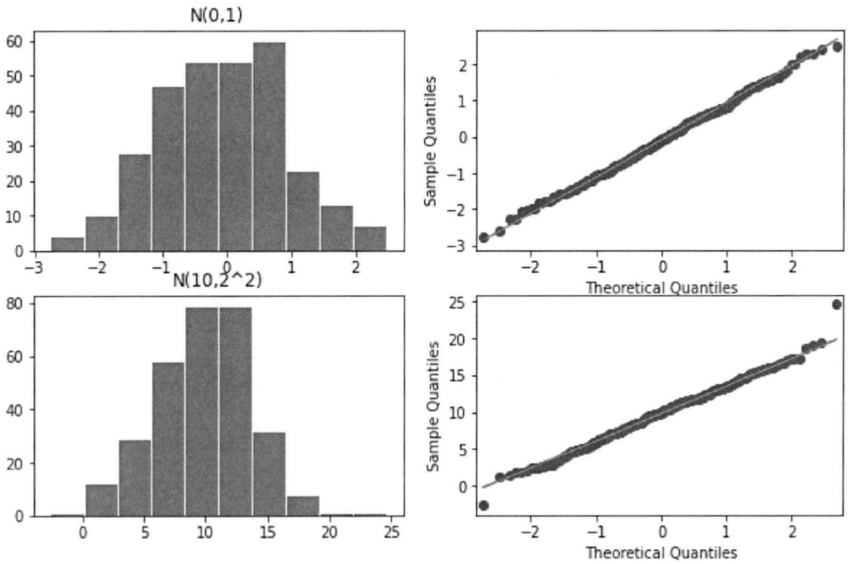

그림 12.2: 표준정규분포(위)와 평균 10, 분산 4인 정규분포의 히스토그램과 Q-Q 산점도

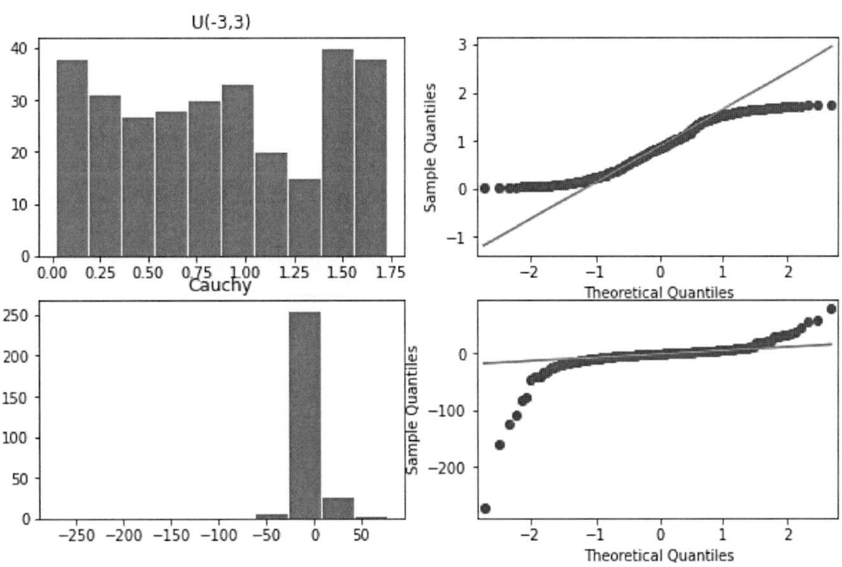

그림 12.3: 정규분포보다 덜 퍼진 경우(위)와 더 많이 퍼진 경우(아래)의 히스토그램과 Q-Q 산점도

Q-Q 산점도를 보고 판단하는 것은 통계학적인 유의성 검정이 아닌 직관적인 판단이다. 자료가 정규분포에서부터 얻어진 것이라고 판단하고자 할 경우 Q-Q 산점도가 전체적으로 직선형태라야 한다. Q-Q 산점도에 대한 판정기준은 대체로 다음과 같다.

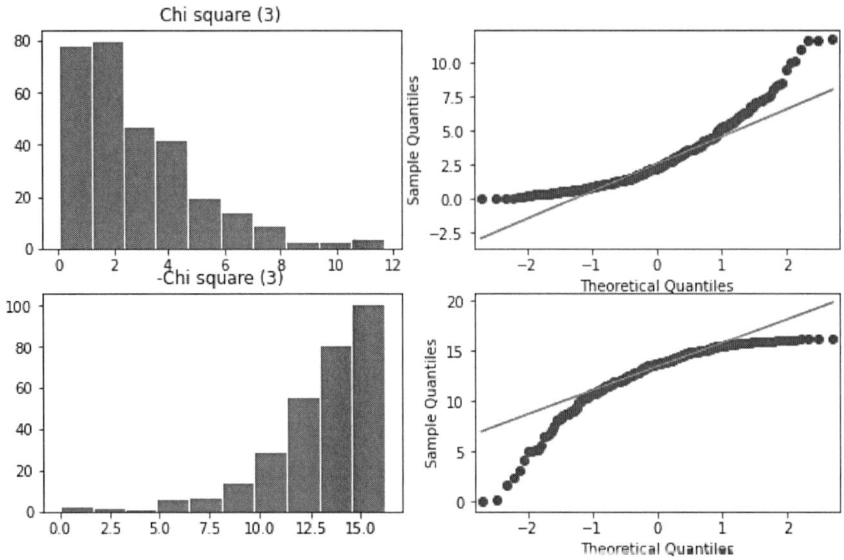

그림 12.4: 오른쪽으로 치우친 자료(위)와 왼쪽으로 치우친 자료(아래)의 히스토그램과 Q-Q 산점도

1. Q-Q 산점도가 직선에 가까우면 정규분포에 가까운 것으로 판단한다. 그림 12.2은 $N(0,1)$과(위의 그림) $N(10,2^2)$을(아래의 그림) 따르는 난수 각각 300개를 이용하여 Q-Q 산점도를 얻은 것이다. 왼쪽의 히스토그램은 각 300개 씩의 자료로 얻은 히스토그램이며 오른쪽이 Q-Q 산점도이다. 이 그림에서는 두 Q-Q 산점도가 대체로 직선에 가까운 것을 알 수 있다.

2. 대칭이면서 정규분포보다 덜 퍼져있으면 Q-Q 산점도는 S자 모양으로 그려진다. 그림 12.3의 위 쪽 그림은 -3에서 3사이에서의 일양분포의 난수 300에서 얻은 Q-Q 산점도이다.

3. 대칭이면서 정규분포보다 많이 퍼져 있으면 Q-Q 산점도는 S자를 반대로 한 모양이다. 그림 12.3의 아래쪽 그림은 Cauchy 분포에서의 난수 300개로 얻은 Q-Q 산점도이다. Cauchy 분포의 표준 형태는 0을 기준으로 대칭인 분포이나 흩어짐의 정도가 매우 커서 분산이 ∞이고 기댓값이 계산되지 않는 분포이다.[4] 이 분포의 확률밀도 함수는

$$f(x) = \frac{1}{\pi(1+x^2)}, \qquad -\infty < x < \infty \tag{12.13}$$

이다.

4. 오른쪽으로 치우쳐진(skewed to the right)인 경우 Q-Q 산점도는 아래로 볼록한 모양이다. 그림 12.4의 위쪽 그림은 자유도가 3인 χ^2 분포로부터 얻은 300개의

[4]만일 Z_1과 Z_2가 표준정규분포이고 독립이면 $X = Z_1/Z_2$의 분포가 Cauchy 분포이다.

난수를 얻어서 3을 빼서 [5] 만들어진 Q-Q 산점도이다.

5. 왼쪽으로 치우쳐진(skewed to the left) 경우 Q-Q 산점도는 위로 볼록한 모양으로 얻어진다. 그림 12.4의 아래쪽 그림은 자유도 3인 χ^2 분포에서 난수를 300개를 얻은 후 이 난수에 -1을 곱한 후 3을 더해준 자료를[6] 사용하여 Q-Q 산점도를 얻은 것이다.

위에서 본 것처럼 Q-Q 산점도의 모양으로도 자료가 정규분포에 비해서 더 많이(적게) 퍼진 분포에서 얻은 것인지, 또는 어느쪽으로 치우친 자료인지도 대략 판단할 수 있다.

참고: 많은 경우 통계학적 자료분석에서 자료의 정규성 검토를 위해서 Q-Q 산점도를 사용하지만 정규분포가 아닌 다른 분포(예 t 분포)인지 검토하는 목적이나 두 표본의 분포가 같은 분포인지 검토하는 목적으로 사용할 수도 있다. 이 경우 그림 12.2–그림 12.4의 x 축에는 이론적인 quantile이 아닌 다른 표본의 quantile이 그려진다.

참고: 사용하는 프로그램에 따라 x축과 y축을 바꾸어서 산점도를 그리는 경우가 있다. 여기서 사용한 난수와 그림은 R 언어 2.3.1 버전으로 생성된 것이다.

파이썬에서의 Q-Q 산점도

파이썬에서 Q-Q 산점도를 그리는 방법은 몇가지 방법이 있다. 먼저 `scipy.stats`의 `probplot` 메소드를 사용하는 방법은

```
probplot(x, sparams=(), dist='norm', fit=True, plot=None)
```

이며 `x`에는 Q-Q 산점도를 사용할 자료가 저장된 배열의 이름을, `sparams`은 Q-Q 산점도에 사용할 분포의 모수를, `dist`는 비교할 분포의 이름을 설정한다. 분포이름은 `scipy.stats.distributions`의 인스턴스에 있는 이름들이 사용가능하며 기본값은 `'norm'`으로 정규분포에 대한 Q-Q 산점도를 그린다. `fit`에는 기준직선을 그릴지 설정하고[7] `plot`에는 산점도를 그릴 그래픽장치의 이름을 설정한다. `probplot`은 보기 12.13의 p의 계산에서 $1/(n+1)$이 아닌 i/n이 사용된다.

Q-Q 산점도는 `statsmodel.api`의 `qqplot` 메소드를 다음

```
qqplot(data, dist, distargs=(), a=0, line=None, ax=None, ...)
```

과같이 사용할 수 있으며 `data`에는 Q-Q 산점도를 그릴 자료가 저장된 배열 등의 이름을, `dist`에는 비교할 분포의 이름을 `scipy.stats.distribution`의 분포 중의 하나를

[5] 카이제곱 분포의 기댓값은 그 자유도이므로 이 경우 기댓값을 뺀 것임.

[6] 바로 위의 경우를 y 축을 기준으로 대칭 이동한 분포에서 얻은 난수이다.

[7] 이 기준 직선은 이론적인 분위수와 표본분위수(자료)의 회귀직선이므로 경우에 따라서는 적절한 기준(reference)가 아닐 수 있음에 유의한다.

설정하며[8] distargs에는 dist에 설정된 분포에서 필요한 모수를 설정한다. a에는 보기 12.13의 p의 계산식의 보정을 설정하는데 설정된 값은 $p = (i-a)/(n-2a+1)$을 사용한다. line에는 기준선을 설정하는 방법을 설정하며 'q'를 설정하면 분위수 대 분위수의 기준선이 만들어진다. ax에는 ax에는 matplotlib.pyplot의 axis를 지정한다. 반환값은 Q-Q 산점도이며 중간 계산값은 따로 반환하지 않는다.

보기 12.14 `qqplot1.py` 보기 12.13의 Q-Q 산점도를 그려보자.

```
import scipy.stats as st
import statsmodels.api as sm
import matplotlib.pyplot as plt
import numpy as np

fig, (ax1, ax2, ax3) = plt.subplots(1,3, figsize=(12, 5))
xx = [10, 20, 30, 40, 50]

res = st.probplot(xx, plot=ax1)
print(res)

sm.qqplot(np.array(xx), dist=st.norm, line='q', ax=ax2)

n = len(xx)
p = np.arange(1,n+1)/(n+1)
q = st.norm.ppf(p)
ax3.plot(q, xx, 'bo')
```

이 프로그램의 결과는 그림 12.5이며 가장 왼쪽 그림은 probplots를 사용하고 기준선으로 회귀직선을 사용한 결과이다. 중간 그림은 qqplot 메소드를 사용하고 기준선에 'q'를 설정한 결과이다. 세 번째 그림은 필요한 계산을 파이썬을 이용하여 직접한 후에 이들 값으로 산점도를 그린 결과이다. 첫 번째 그림은 $p = 1/n$을 사용하였으므로 나머지 두 그림과 달리 x-축의 범위가 조금 더 넓음을 알 수 있다. probplot의 호출결과 이론적 분위수는

```
array([-1.129, -0.486, 0.,  0.486, 1.129])
```

가 얻어지고 원래 자룟값 array([10, 20, 30, 40, 50]))과 직선 관련값 (18.164, 30.0, 0.998) 을 따로 얻을 수 있다. ■

보기 12.15 보기 12.3의 자료를 사용하여 정규분포에 대한 Q-Q 산점도를 그려보면 보기 12.17의 그림 12.6과 같다. ■

[8]distribution에 정규분포이면 norm, t-분포이면 t, 카이제곱분포는 chi2 등이 사용된다.

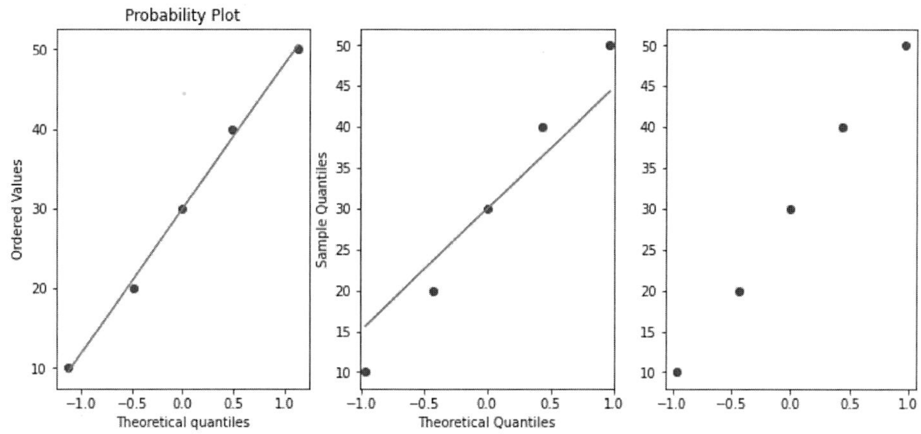

그림 12.5: 자료를 사용한 Q-Q 산점도 결과

12.7. Kolmogorov-Smirnov 검정

임의표본 $X_1, X_2, \ldots, X_n$이 특정한 분포함수 F를 따르는지 검정하기 위해서 F의 추정치 $\hat{F}$를

$$\hat{F}(x) = \frac{\#(X_i \leq x)}{n}$$

를 계산하고[9] F와 $\hat{F}$의 가장 큰 차이 값

$$\sqrt{n}D_n = \sqrt{n} \sup_{-\infty < x < \infty} |F(x) - \hat{F}(x)|$$

를 귀무가설

$$H_0 : X_i \overset{iid}{\sim} F, \qquad i = 1, 2, \ldots, n$$

과 대립가설 H_1 : not H_0를 검정하기 위한 검정통계량으로 사용하는 방법을 Kolmogorov-Smirnov 검정이라고 하며 줄여서 K-S 검정이라고 부르기도 한다.

이 검정통계량의 분포함수는

$$H(x) = \Pr[\sqrt{n}D_n \leq x] = 1 - 2\sum_{j=1}^{\infty}(-1)^j \exp\{-2j^2x^2\}$$

임이 알려져 있으므로 이를 사용하여 검정할 수 있다.

파이썬에서의 Kolmogorov-Smirnov 검정

파이썬에서 Kolmogorov-Smirnov 검정은 `scipy.stats`의 `kstest`로 할 수 있다.

[9] 여기서 '#(조건)'은 조건을 만족하는 개수라는 의미이다.

```
kstest(rvs, cdf, args=(), alternative='two-sided', mode='auto')
```

여기서 rvs에는 자료가 포함된 배열 등의 이름을 설정하고 cdf에는검정할 분포의 이름을 문자열로 설정한다. 분포 이름은 scipy.stats의 분포들에서 난수 발생 기능이 있는 분포이면 가능하다. args에는 cdf에 설정한 분포의 매개변수를 설정하며 mode에는 'exact', 'approx', 'asymp' 또는 'auto'를 설정하며 'exact'는 근사분포가 아닌 exact distribution을 사용하며, 'approx'는 alternative가 양측검정일 때 단측검정확률의 2배를 사용하여 유의확률을 계산하며, 'asymp'는 근사분포를 사용한다. 'auto'는 앞의 세 개를 프로그램 내에서 자동으로 선택하게 한다.

이 함수는 검정통계량(statistic)과 유의확률(pvalue)을 반환한다.

보기 12.16 kstest1.py 보기 12.3의 자료를 사용하여 SPSS에서 Kolmogorov-Smirnov 검정을 하는 방법을 알아보자. 여기서 자료가 정규분포를 따르는지 검정하기로 하자. 따라서 귀무가설은 '보기 12.3의 자료가 정규분포를 따른다'이며 대립가설은 '그렇지 않다'이다. 이 검정을 위해 다음과 같은 코드를 사용할 수 있다. 아래에서 자료는 일부만 보였다.

```
import numpy as np
import scipy.stats as st

xx = np.array([
 -1.94, -1.54, -1.26, ..., 1.79,  1.80,  2.33])

res1 = st.kstest(xx, 'norm', mode='asym')
res2 = st.kstest(xx, 'norm', args=(np.mean(xx),np.std(xx, ddof=1)),
                  mode='asym')
```

위의 프로그램에서 kstest를 두 번 실행하였는데 한 번은 args를 설정하지 않고 한 번은 args에 각각 원자료의 표본평균과 표본표준편차를 설정하였다. 각각의 결과는

```
KstestResult(statistic=0.0810870, pvalue=0.9837)
KstestResult(statistic=0.0442060, pvalue=1.0)
```

으로 약간의 차이가 나는데 args를 설정하지 않은 경우 정규분포에서 필요한 모수 평균과 표준편차를 0과 1을 사용하였기 때문이다. Kolmogorove-Smirnov 검정에서 정규분포인지만 검정하는 경우 모수를 따로 설정하지 않을 때 모수를 표본에서 계산한 값으로 사용하는 경우도 있고(예: SPSS) 모수의 기본값을 사용하는 경우도도 있다(예: R-언어). kstest는 각 분포 메소드의 기본값을 사용하므로 정규분포의 경우 따로 설정하지 않으면 평균은 0, 표준편차 1을 사용하게 된다. ■

12.8. Shapiro-Wilk 검정

확률표본 $X_1, X_2, \ldots, X_n$이 정규분포에서의 확률변수인지 검정하는 다른 방법으로 Shapiro-Wilk 방법(Shapiro and Wilk(1965))이 있다. 이 방법은 귀무가설 H_0는 '자료가 정규분

포를 따른다'이며 대립가설 H_1은 '자료가 정규분포를 따르지 않는다'를 검정하기 위한 검정통계량으로

$$W = \frac{(\sum_{i=1}^{n} a_i X_{(i)})^2}{\sum_{i=1}^{n}(X_i - \bar{X})^2} \tag{12.14}$$

를 사용하며 W가 아주 작은 값이면 귀무가설을 기각한다. 여기서

- $X_{(i)}$는 X_i들의 i번째 순서통계량, $X_1, X_2, \ldots, X_n$을 오름차순으로 정리할 때 i번째 값이며
- a_i는 벡터 $\boldsymbol{a}$의 원소로서

  $$\boldsymbol{a}^T = (a_1, a_2, \ldots, a_n) = \frac{\boldsymbol{m}^T \boldsymbol{V}^{-1}}{(\boldsymbol{m}^T \boldsymbol{V}^{-1} \boldsymbol{V}^{-1} \boldsymbol{m}^T)^{1/2}}$$

  이다. 단 $\boldsymbol{m} = (m_1, m_2, \ldots, m_n)^T$는 m_i가 표준정규분포로부터 얻은 i번째 순서통계량의 기댓값일 때 m_i를 원소로 하는 기댓값 벡터이며, $\boldsymbol{V}$는 이 i번째 순서통계량들의 분산공분산 행렬

이다.

표준정규분포에서의 순서통계량에 대한 기댓값($\boldsymbol{m}$), 분산과 공분산($\boldsymbol{V}$) 등의 값은 Pearson and Hartley (1972, Table 16)에서 확인할 수 있다.

파이썬에서의 Shapiro-Wilk 검정

파이썬에서 Shapiro-Wilk 검정은 `scipy.stats`의 `shapiro` 메소드를

```
shapiro(x)
```

로 사용할 수 있으며 `x`에는 자료가 저장된 배열 등의 이름을 설정한다. 반환값은 `statistic`, `p-value`로 각각 검정통계량과 유의확률을 반환한다.

보기 12.17 보기 12.3의 자료가 정규분포에서의 관찰값으로 볼 수 있는지 Shapiro-Wilk 검정을 해보자. 자료는 보기 12.16와 같으므로 검정하는 부분의 코드만 살펴보면 다음과 같다. `shapiro1.py`

```
res = st.shapiro(xx)
```

검정결과는(`st`는 `scipy.stats`를 import한 것임)

```
ShapiroResult(statistic=0.993358, pvalue=0.99346)
```

로 보기 12.16와 같이 귀무가설을 기각하지 못한다. 즉, 자료는 정규분포에서 관찰된 값으로 볼 수 있다. 이 자료에 대한 Q-Q 산점도는

```
import statsmodels.api as sm
sm.qqplot(xx, dist=st.norm, line='q')
```

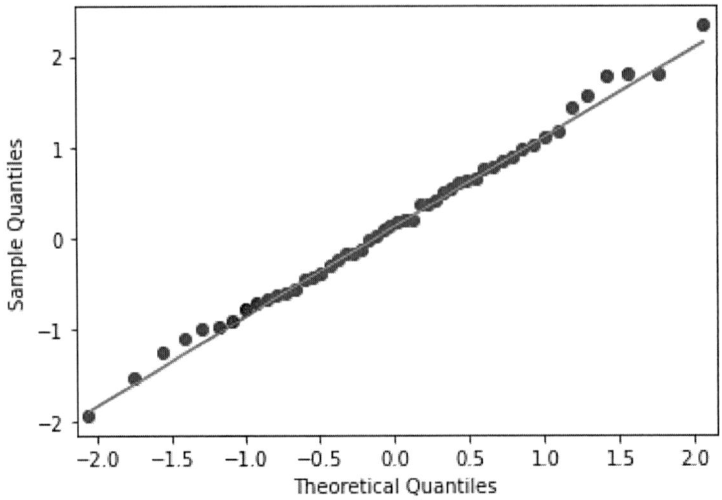

그림 12.6: 파이썬에서의 정규성 검토와 Q-Q 산점도

로 얻을 수 있으며 결과는 그림 12.6와 같이 대부분의 점이 기준선 근처에 있음을 확인할 수 있다. ■

연습문제

12.1 어느 병원에서 간호사들이 입는 옷의 디자인을 변경하려고 두 가지 디자인 A와 B를 만들어서 입원환자와 외래환자를 대상으로 어느 디자인이 더 좋은지 조사하여 다음 결과를 얻었다.

환자 \ 디자인	A를 선호	B를 선호
입원환자	50	45
외래환자	150	160

환자가 입원 또는 외래인지에 따라서 선호하는 디자인이 다르다고 할 수 있겠는가? 이 문제를 입원환자와 외래환자 간에 디자인 A(또는 B)를 선호하는 비율이 같은지 검정하는 9.7절의 Z_0를 이용한 검정을 이용하여 수행하여 보아라. 두 결과를 비교해 보고 관계를 알아보아라. `crosstab2.py`

12.2 국회의원 선거를 앞두고 선거 4주 전과 1주 전에 지지정당을 물어 보았더니 다음과 같았다.

		일주일전		
		여당	야당	합
4주전	여당	79	84	163
	야당	91	66	157
	합	170	150	320

선거 4주 전과 1주 전의 지지정당이 달라졌다고 볼 수 있겠는가? `mcnemar2.py`

12.3 추간판탈출증의 경우 MRI나 CT 소견과 환자가 느끼는 고통의 사이에는 상당한 괴리가 있는 경우가 많다. 환자가 고통을 느끼며 추간판의 탈출이 다소 심하더라도 마비 등의 소견이 보이지 않는 경우 물리 치료를 먼저 시도하는 것이 일반적이다. 한편 급성인 경우 염증만 가라 앉으면 특별한 치료 없이도 경과가 좋아지기도 한다. 다음 가상의 자료는 추간판 탈출증 환자 100명을 임의로 두 그룹으로 나누어 한 그룹은 물리치료를 하고(그룹 A) 다른 그룹은 아무 치료를 않고 안정만 취하게 하였다.(그룹 B) 4주 후 각 그룹에 속한 환자들을 설문조사하여 다음과 같은 결과를 얻었다. 물리치료를 하는 경우와 그렇지 않은 경우의 차이가 있는지 알아보자. `crosstab3.py`

그룹 \ 환자의 반응	아주 좋아짐	조금 좋아짐	변함 없음	합
A	30	15	5	50
B	20	20	10	50
합	50	35	15	100

12.4 우라나라 사람의 ABO 식 혈액형 분류에 따른 비율은 A형: 34.2%, B형: 27.1%, O형: 27.4%, AB형: 11.3% 이라고 한다. 어느 조사에서[10] 연봉 1억 이상인 고소득자를 조사하였더니 혈액형의 비율이 A형 32명, B형 24명, O형 28명, AB형 14명, 무응답 2명이었다. 이 조사에 따르면 고속득자의 혈액형의 분포가 우리나라 전체의 혈액형 분포와 차이가 있다고 할 수 있는가? (무응답은 제외하고 분석) `goodfit2.py`

12.5 행과 열이 독립이면 식 (12.5)의 χ^2의 값은 얼마인가?

12.6 (심슨의 역설; Simpson's paradox) 어느 대학의 지원자의 성별로 합격율을 분석하였더니 아래의 표와 같이 남자 지원자의 합격율이 높게 나왔다.

	남자	여자
지원자수	1,000	100
합격자수	700	68
합격율	70%	68%

이 표와 고등학생의 남녀별 성적차이가 전혀 없거나 여학생의 점수가 높다는 자료를 근거로 이 대학의 입시 사정 때 남학생을 더 선호한다고 주장하였다. 이 주장에 대해서 어떻게 생각할 것인지 생각해 보자.

다음은 통계학을 잘 아는 이 대학 입시관리 담당자의 반론이다.

지원자의 성별 합격율을 계열별로 분석하였더니

	이공계열		어문계열	
	남자	여자	남자	여자
지원자수	990	5	10	95
합격자수	694	4	6	64
합격율	70.010%	80.000%	60.000%	67.368%

로 밝혀졌고 따라서 오히려 남학생이 역차별되지 않나 의심을 두고 있다고 입시 담당자는 밝혔다. 이와 유사한 상황이 실제 University of California-Berkeley의 대학원 입학사정에서 발생하였고 소송으로 이어졌다. 이때 각 학과별로 합격률을 분석한 결과 어떤 학과도 여자 지원자를 뚜렷하게 차별하지 않았고, 오히려 다수의

[10] 월간중앙 2005년 8월호.

학과에서 여학생의 합격률이 높은 것으로 나타났다. 분석한 결과 여자가 지원한 학과의 경우 대부분 경쟁률이 높은 학과이었다고 한다.

이와 같은 경우를 Simpson's paradox라고 한다. 이런 상황은 항상 나타날 수 있으며 이산형인 경우 뿐만 아니라 연속형 자료에서도 가능한 일이다. 다음의 그림은 Schutz가 Wikipedia에 제공하여 공개한 그림으로 연속인 경우의 심슨의 역설이다.

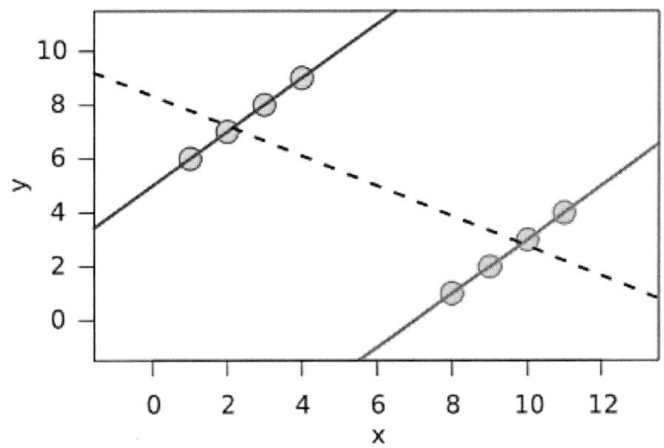

이 그림에서 개별 그룹으로 보면 x가 증가하면 y가 증가하지만(두 개의 실선) 전체적으로는 x가 증가할 때 y가 감소함을 볼 수 있다(파선).

심슨의 역설은 최초로 발견한 사람은 Yule(1903)로 Yule-Simpson paradox라고도 한다.

12.7 `goodfit4.py` 다음의 자료가 정규분포에서의 관측치라고 할 수 있는지 판정하여 보아라.

20	11	13	14	5	7	6	15	1
0	11	9	21	9	13	7	6	11

12.8 `goodfit5.py` 다음의 자료가 정규분포에서의 관측치라고 할 수 있는지 판정하여 보아라.

6	2	3	5	7	2	1	6	2
6	5	0	6	5	3	2	8	2

12.9 `goodfit6.py` 연습문제 6.9의 자료가 정규분포를 따르는지 확인해보아라.

제 13 장

선형 회귀분석

회귀분석이란 반응변수(종속변수) y의 값을 독립변수(설명변수) x로 설명하고자 할 때 사용하는 통계적 방법으로 x의 값이 변함에 따라서 y의 값도 같이 변하는 관계식을 얻고자 할 때 사용한다. 이 때 독립적으로 변하는 변수 x를 독립변수 또는 설명변수라고 하고 x의 변화에 따라 변하는 y를 종속변수 또는 반응변수라고 부른다.

종속변수 y에 대한 설명변수가 하나 뿐일 때는 단순선형회귀(simple linear regression)이라고 하고 설명변수가 둘 이상이 있는 경우에는 중회귀분석 또는 다중회귀분석(multiple linear regression)이라고 부른다.

이 장에서는 비교적 간단한 단순회귀분석을 알아보고 이를 기초로 설명변수가 둘 이상일 경우에 대한 확장을 하도록 한다.

13.1. 단순선형회귀

회귀분석이란 반응변수(종속변수) y의 값을 독립변수(설명변수) x로 설명하고자 할 때 사용하는 통계적 방법으로 x의 값이 변함에 따라서 y의 값도 같이 변하는 관계식을 얻고자 할 때 사용한다. 이 때 독립적으로 변하는 변수 x를 독립변수 또는 설명변수라고 하고 x의 변화에 따라 변하는 y를 종속변수 또는 반응변수라고 부른다. y를 설명하기 위한 독립변수는 여러개가 있을 수 있으며 독립변수가 한 개일 때는 단순회귀분석, 독립변수가 둘이상일 때는 (다)중회귀분석이라고 구분하여 부르기도 한다. 또한 y가 취할 수 있는 값이 0 또는 1인 경우에는 이항 로지스틱 회귀분석을 사용한다.

이 절에서는 먼저 단순회귀에 대해서 알아보자. 얻어진 자료의 쌍이 (x_1, y_1), (x_2, y_2),

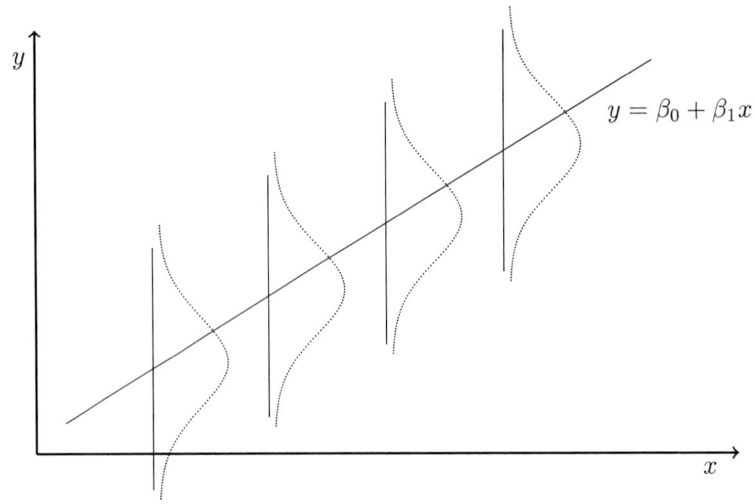

그림 13.1: 단순회귀모형

$\ldots, (x_n, y_n)$이라고 표시할 때 우리가 찾고자 하는 관계식은 통계적 모형으로

$$y_i = \beta_0 + \beta_1 x_i + \epsilon_i \tag{13.1}$$

로 나타낸다. 이 때 ϵ_i들은 독립이고 $N(0, \sigma^2)$인 분포에서 얻어진 확률변수라고 가정하자. 따라서 y_i들도 독립이며 y_i는 기댓값이 $\beta_0 + \beta_1 x_i$, 분산이 σ^2인 정규분포를 따르게 된다. 따라서

1. y는 확률변수로서 x 값에 따라서 중심(기댓값)이 이동하는 성질을 갖는다. 따라서 회귀직선은 y 값이 아닌 y의 기댓값에 대한 직선관계식이다.

2. x 값이 바뀌더라도 y의 흩어짐의 정도, 즉 분산은 변하지 않는다.

3. 반응변수가 정규분포가 아닌 경우에는 여기서 소개하는 추정이나 검정을 사용할 수 없다.

이러한 회귀모형을 그림으로 표현하면 그림 13.1이다. y들의 예측값(predicted 또는 fitted values)을 $\hat{y}$로 표시하면 추정값과 참값의 차이의 제곱합을 최소로 하는 β_0와 β_1을 찾을 수 있는데 이를 b_0와 b_1로 나타내면 이는

$$\min \sum (y_i - \hat{y}_i)^2 = \min (y_i - (b_0 + b_1 x_i))^2 \tag{13.2}$$

을 최소로 하는 값이다. 이 방법은 그림 13.2에서 직선과 점사이의 거리 e_i의 제곱의 합을 최소로 하는 값이 된다. 따라서 b_0와 b_1은 그림에서 보는 것과 같이 산점도의 점들을 '최적'으로 지나는 직선의 y축의 절편과 기울기로 얻어진다. 이 방법은 제곱의 합을 최소로 하는 방법을 사용하므로 최소제곱법(least squares method)라고 한다.

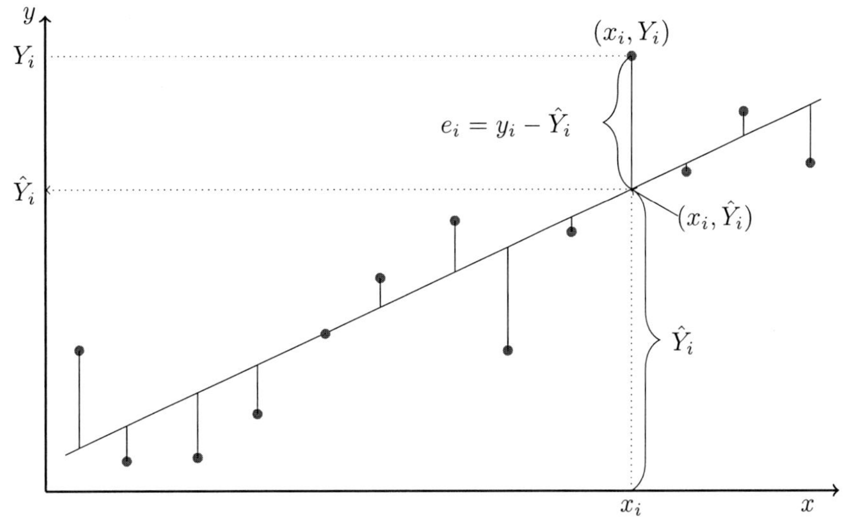

그림 13.2: 회귀분석과 최소제곱추정치

13.1.1 최소제곱추정량

식 (13.2)를 최소로 하는 b_0와 b_1은 이 식을 b_0와 b_1에 대해서 편미분한 후 b_0와 b_1에 대한 연립방정식을 풀면 얻어지는데 그 결과는

$$b_1 = \frac{\sum(x_i - \bar{x})(y_i - \bar{y})}{\sum(x_i - \bar{x})^2} = \frac{S_{xy}}{S_{xx}} \tag{13.3}$$

이고

$$b_0 = \bar{y} - b_1\bar{x} \tag{13.4}$$

로 얻어진다. 이와 같이 최소제곱법(least squares method)으로 얻어진 회귀계수의 추정치를 최소제곱추정치(least squares estimators; LSE)라고 한다.

b_0와 b_1이 구해지면 독립변수가 특정한 값 x일 때 y의 예측값은

$$\hat{y} = b_0 + b_1 x \tag{13.5}$$

로 얻으며 관측값 y와 예측값 $\hat{y}$의 차이

$$e_i = y_i - \hat{y}_i \tag{13.6}$$

를 잔차(residual)라고 한다.

13.1.2 상관계수와 분산분석표

위에서 사용한 것과 같이 앞으로는 편의상

$$S_{xy} = \sum(x_i - \bar{x})(y_i - \bar{y}), \quad S_{xx} = \sum(x_i - \bar{x})^2, \quad S_{yy} = \sum(y_i - \bar{y})^2 \tag{13.7}$$

표 13.1: 단순회귀의 분산 분석표

요인	제곱합	자유도	평균제곱합	F
회귀	$\sum(\hat{y}_i - \bar{y})^2$	1	MSR = SSR/1	MSR/MSE
오차	$\sum(y_i - \hat{y}_i)^2$	$n-2$	MSE = SSE/$(n-2)$	
합	$\sum(y_i - \bar{y})^2$	$n-1$		

으로 나타내기로 한다.

이렇게 얻어진 기울기 β_1에 대한 최소제곱추정치 b_1은 상관계수와 밀접한 관계가 있는데 그 관계는 다음과 같다.

$$b_1 = \frac{S_{xy}}{S_{xx}} = \frac{S_{xy}}{\sqrt{S_{yy}}\sqrt{S_{xx}}} \frac{S_{yy}}{\sqrt{S_{xx}}} = r\frac{\sqrt{S_{yy}}}{\sqrt{S_{xx}}} \tag{13.8}$$

여기서 상관계수 r은

$$r = \frac{S_{xy}}{\sqrt{S_{yy}}\sqrt{S_{xx}}}$$

로 얻어질 수 있음에 유의하도록 하자. 또한 상관계수의 부호와 기울기 b_1의 부호가 일치할 뿐 아니라 상관계수가 0이면 기울기도 0임을 알 수 있다.

최소제곱법을 사용하는 경우 y들의 총변동은 다음과 같이 분해를 한다. 즉,

$$\underset{\text{SST}}{\sum(y_i - \bar{y})^2} = \underset{\text{SSE}}{\sum(y_i - \hat{y}_i)^2} + \underset{\text{SSR}}{\sum(\hat{y}_i - \bar{y})^2}$$

으로 y들의 총변동을 분해할 수 있는데 각각을 총제곱합(Sum of Squares Total;SST), 오차제곱합(Sum of Squares Error; SSE) 및 회귀제곱합(Sum of Squares Regression; SSR)로 부른다. 이러한 회귀모형이 우리의 자료를 잘 설명해 주는지 알아보기 위해서 표 13.1 과 같은 분산분석표(Analysis of Variance table; ANOVA table)를 만든다. 이 분산분석표에서 F 값이 귀무가설

$$H_0 : \beta_1 = 0 \tag{13.9}$$

이 참일 때 자유도가 $(1, n-2)$인 F 분포를 따르므로 $F > F_{1,n-2;\alpha}$ 이면 귀무가설 $H_0 : \beta_1 = 0$를 기각하고 대립가설 $H_1 : \beta_1 \neq 0$를 채택하게 된다. 이 F 통계량은 회귀모형 $y = \beta_0 + \beta_1 x + \epsilon$으로 y를 설명할 수 있는지에 대한 검정통계량이다.[1]

또 ϵ_i의 분산 σ^2에 대한 추정치는 MSE이다.

또 SSR/SST의 값은 전체 변동 중에서 회귀식으로 설명되는 변동의 비율이며 이 값은 단순회귀인 경우 상관계수의 제곱값과 같다. 이는

$$\text{SSR} = \sum(\hat{y}_i - \bar{y})^2 = \sum(b_0 + b_1 x_i - \bar{y})^2 = \sum((\bar{y} - b_1\bar{x}) + b_1 x_i - \bar{y})^2 = b_1^2 S_{xx}$$

[1]따라서 만일 다중회귀이면 β_0를 제외한 나머지 계수 $\beta_1, \beta_2, \ldots, \beta_p$가 동시에 0인지 아닌지에 대한 가설 검정에서 사용하는 검정통계량이 된다.

이므로

$$\frac{\mathrm{SSR}}{\mathrm{SST}} = \frac{b_1^2 S_{xx}}{S_{yy}} = \frac{(S_{xy}/S_{xx})^2 S_{xx}}{S_{yy}} = \frac{S_{xy}^2}{S_{xx} Syy} = r^2 \tag{13.10}$$

인 관계에 있다는 뜻이다. 이런 의미에서 SSR/SST를 R^2으로 표시하고 이를 결정계수(coefficient of determination)이라고 부른다. 이 결정계수는 자료 y들의 총변동에서 회귀에 의한 변동의 비율이며 다변량 회귀분석의 변수선택에서도 사용된다.

보기 13.1 IQ와 어휘력의 관계를 알아보기 위해서 10명의 학생을 임의로 선택하여 IQ검사와 어휘력 검사(vocabulary test;VT)를 하였더니 결과가 다음과 같았다.

IQ (y)	100	123	132	98	105	110	117	95	127	135
VT (x)	89	93	97	80	83	88	90	70	93	97

1. 어휘력을 독립변수로 IQ를 종속변수로 한 단순회귀모형 $y = \beta_0 + \beta_1 x + \epsilon$ 의 회귀계수를 추정하여라.
2. 분산분석표를 작성하고 귀무가설 $H_0 : \beta_1$ 대 대립가설 $H_1 : \beta_1 \neq 0$을 검정하여라.
3. 결정계수를 구하여 상관계수와 비교하여라.
4. S_{xx}와 S_{yy}의 값을 구하여라. 이 값에 근거하여 b_1과 r의 관계를 말하여라.

풀이: 위의 자료에 의한 기본 계산은 다음표와 같으므로

자료	IQ(y)	VT(x)	y^2	x^2	xy
1	100	89	10000	7921	8900
2	123	93	15129	8649	11439
3	132	97	17424	9409	12804
4	98	80	9604	6400	7840
5	105	83	11025	6889	8715
6	110	88	12100	7744	9680
7	117	90	13689	8100	10530
8	95	70	9025	4900	6650
9	127	93	16129	8649	11811
10	135	97	18225	9409	13095
합	1142	880	132350	78070	101464

1. $\bar{x} = 88, \bar{y} = 114.2$, $S_{yy} = \mathrm{SST} = \sum y^2 - n\bar{y}^2 = 1933.6$, $S_{xy} = \sum xy - n\bar{x}\bar{y} = 968$, $S_{xx} = \sum x^2 - n\bar{x}^2 = 78070 - 10(88)^2 = 630$이다. 따라서 $b_1 = S_{xy}/S_{xx} = 968/630 = 1.536508$ 이고 $b_0 = \bar{y} - b_1\bar{x} = 114.2 - 1.536508 \cdot 88 = -21.01270$이다.

2. 따라서 분산분석표는

요인	제곱합	자유도	평균제곱합	F
회귀	1487.34	1	1487.340	26.6632
오차	446.26	8	55.7825	
합	1933.60	9		

이며 $F_0 = 26.6632 > F_{1,8;0.05} = 5.31765$이므로 귀무가설을 기각한다.

3. 상관계수는

$$r = \frac{S_{xy}}{\sqrt{S_{xx}}\sqrt{S_{yy}}} = \frac{968}{\sqrt{630}\sqrt{1933.6}} = 0.877$$

이고 결정계수 R^2은 $\text{SSR} = b_1^2 S_{xx} = 1.5365^2 \cdot 630 = 1487.34$ 로 계산되므로 $R^2 = \text{SSR}/\text{SST} = 1487.34/1933.6 = 0.7692077$이므로 $\sqrt{0.7692077} = 0.877$ 를 확인 할 수 있다.

4. b_1과 r의 관계인 $b_1 = r\frac{\sqrt{S_{yy}}}{\sqrt{S_{xx}}} = 0.877\frac{\sqrt{1933.6}}{\sqrt{630}} = 1.5364$ 임을 확인할 수 있다. ■

파이썬에서 회귀분석

파이썬의 회귀분석은 `statsmodels.formula.api`의 `ols`나 `statsmodels.api`의 `OLS`를 사용하여 할 수 있다. (파이썬은 대소문자 구분됨에 주의) `ols`는

```
ols(formula, data, ...)
```

로 `OLS`는

```
OLS(endog, exog, ...)
```

로 사용하여 모형 객체를 생성한다. `ols`의 `formula`에는 `y x` 형식으로 종속변수를 앞에(y), 독립변수(x)를 뒤에 설정한다. `data`에는 `formula`에 포함된 변수가 들어가 있는 데이터 프레임 등의 이름을 지정한다. `OLS`는 `endog`에는 종속변수를, `exog`에는 설명변수를 생성한다. 이 둘은 모형적합을 위해서 `fit` 메소드를 호출하여 분석 결과 `OLSResults` 객체를(`OLS` 사용시) 또는 `RegressionResults` 객체(`ols` 사용시)생성하여 그 결과로 필요한 출력을 얻을 수 있다.

보기 13.2 `regress1.py` 보기 13.1의 자료를 파이썬에 적용하여 분석하여 보자. 먼저 `ols`를 사용해보면 다음과 같은 코드를 작성할 수 있다.

```
import numpy as np
import pandas as pd
import statsmodels.api as sm
from statsmodels.formula.api import ols
```

```
iq = np.array([100 ,123 ,132,  98 ,105 ,110 ,117 , 95, 127 ,135])
vt =np.array([89 , 93 , 97,  80 , 83 , 88 , 90 , 70, 93 , 97])

#----------- statsmodels ols -----------------

df = pd.DataFrame({'iq': iq, 'vt': vt})
lm1 = ols('iq~vt', data=df).fit()
print(lm1.summary())
aovtable = sm.stats.anova_lm(lm1)
print(aovtable)
print('F-값: ', lm1.fvalue)

resid1 = lm1.resid
print('잔차: ',resid1)
SSE = sum(resid1 **2)
print('SSE:', SSE)
yhat11 = lm1.fittedvalues
print('예측값: ', yhat11)
yhat12 = lm1.predict(pd.DataFrame({'vt': [85,95]}))
print('예측값 2: ', yhat12)

SSR = sum((yhat11-np.mean(iq))**2)
```

두 변수를 사용하여 df라는 데이터프레임을 만든 후 ols의 fit를 사용하여 모형을 적합한다. 이 때 '종속변수 ~ 독립변수' 형식의 모형을 지정하였다. 이때 얻은 결과를 lm1이라고 한 후 summary 메소드를 사용하면 다음과 같은 결과를 얻는다.

```
                            OLS Regression Results
==============================================================================
Dep. Variable:                     iq   R-squared:                       0.769
Model:                            OLS   Adj. R-squared:                  0.740
Method:                 Least Squares   F-statistic:                     26.66
Date:                Mon, 29 Nov 2021   Prob (F-statistic):           0.000860
Time:                        11:54:25   Log-Likelihood:                -33.181
No. Observations:                  10   AIC:                             70.36
Df Residuals:                       8   BIC:                             70.97
Df Model:                           1
Covariance Type:            nonrobust
==============================================================================
                 coef    std err          t      P>|t|      [0.025      0.975]
------------------------------------------------------------------------------
Intercept    -21.0127     26.292     -0.799      0.447     -81.642      39.616
vt             1.5365      0.298      5.164      0.001       0.850       2.223
==============================================================================
Omnibus:                        4.717   Durbin-Watson:                   1.061
Prob(Omnibus):                  0.095   Jarque-Bera (JB):                1.686
Skew:                          -0.970   Prob(JB):                        0.430
Kurtosis:                       3.529   Cond. No.                         984.
==============================================================================
```

이 출력에 의하면 결정계수(R-square)는 0.769이며[2] 참고로 Adj. R-squared는 수

[2] 결정계수는 lm1.rsquared로 값을 얻을 수 있다.

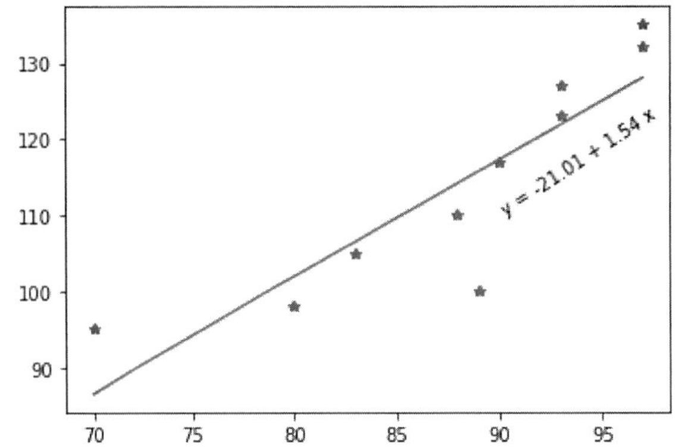

그림 13.3: 자료의 산점도와 회귀직선

정된 결정계수라고 부르는 값으로 설명변수의 개수에 따라 결정계수를 보정한 값으로 주로 설명변수가 여러 개 있을 때 참고하는 값이다. 분산분석표의 F-값은 126.7, 유의확률은 0.000(`1.16e-13`)이므로 귀무가설 $H_0 : \beta_1 = 0$는 기각된다(양측검정). 검정통계량 F_0의 값은 `fvalue` 속성으로 별도로 계산할 수 있다.

회귀계수의 추정치(`coef`)는 $b_0 = -21.0127$(`Intercept`), $b_1 = 1.5365$(`vt`)이므로(이 회귀 계수 값들은 `lm1.params`로 리스트 형식으로 추출할 수 있다.) 추정된 회귀식은

$$\hat{y} = -21.0127 + 1.5365x$$

이다. 이 회귀식을 산점도에 그려보면(그림을 그린 명령은 보기 13.3에서 다룸) 그림 13.3과 같다.

분산분석표는 `statsmodels.api`의 `stats.anova_lm` 메소드를 사용하여 얻을 수 있으며 결과는

```
            df       sum_sq      mean_sq          F   PR(>F)
vt         1.0  1487.339683  1487.339683  26.663176  0.00086
Residual   8.0   446.260317    55.782540        NaN      NaN
```

과 같다. 이 출력에서 전체제곱합 SST는 따로 출력되지 않지만 자유도와 제곱합에 대해서 위의 두 값을 합하면 되며 `NaN`은 값을 계산하지 않는다는 뜻이다.

잔차 e_i의 값은 `resid` 속성으로 얻을 수 있으며 이 값은

```
-15.736508 1.117460   3.971429 ...   5.117460   6.971429
```

임을 확인할 수 있으며 잔차의 제곱합이 SSE이므로 잔차를 제곱하여 출력해보면 위분산분석표의 SSE와 같이 446.26임을 확인할 수 있다.

분석한 자료의 독립변수의 값에서의 예측값 $\hat{y}_i$는`fittedvalues` 속성이나 `predict` 메소드를 매개변수 없이 사용하여 얻을 수 있으며 예측값은

```
115.736508    121.882540    128.028571 ...   121.882540    128.028571
```

를 얻는다. 원래 독립변수의 값이 아닌 값에서의 예측값은 predict 메소드에 원하는 값을 설정하면 되는데 모형설정에서 데이터프레임의 변수에 대해서 y x 형태의 포뮬라를 사용하기 때문에 predict에서 독립변수는 데이터 프레임으로 주어야 하고 이때 사용한 독립변수의 이름은 모형에서 설정한 이름을 사용하여야 한다. 이 경우 모형식이 'iq vt' 이므로 변수의 이름이 vt가 있는 데이터프레임을 설정한다. 예를 들어 vt의 값이 85, 95 일 때의 예측값은

```
lm1.predict(pd.DataFrame({'vt': [85,95]}))
```

으로 설정하며 예측값은 109.590476, 124.955556로 얻는다.

SSR은 $\sum(\hat{y}_i - \bar{y})^2$이므로 잔차를 사용하여 바로 계산하면 위의 분산분석표의 값과 같음을 확인할 수 있다. ■

보기 13.3 regress2.py statsmodels.apt의 OLS를 사용하여 결과를 얻어보자. OLS의 경우 ols와 달리 β_0가 모형에 포함되지 않는 것이 기본이므로 상수항을 추가하기 위해 add_constant(vt)로 설명변수에 상수항을 추가하였다.

```
import numpy as np
import statsmodels.api as sm
import matplotlib.pyplot as plt

iq = np.array([100 ,123 ,132,  98 ,105 ,110 ,117 , 95, 127 ,135])
vt =np.array([89 , 93 , 97,  80 , 83 , 88 , 90 , 70, 93 , 97])

vt1 = sm.add_constant(vt)
lm2 = sm.OLS(iq, vt1).fit()
print(lm2.summary())
resid2 = lm2.resid
yhat21 = lm2.predict()
lm2.fittedvalues
lm2.fvalue
x = np.array([70, 97])
x1 = sm.add_constant(x)
yhat22 = lm2.predict(x1)
plt.plot(vt, iq, '*') $x$최대 최소와 $y$의 최대최소를 이용하여
plt.plot(x, yhat22, 'r-')
#또는
#plt.axline((x[0],yhat22[0]),(x[1], yhat22[1]), color='r')
angle = np.arctan(1.5365) *180/np.pi
angle = angle * \
        (np.max(x)-np.min(x))/(np.max(yhat22)-np.min(yhat22)*6/8)
angle = angle*8/6
plt.text(90, 110, 'y = -21.01 + 1.54 x',
          rotation=angle)
```

OLS는 종속변수와 독립변수를 각각 설정하므로 OLS(iq, vt1).fit()로 OLSResults 인스턴스를 생성한다. 결과의 요약은 summary 메소드로, 잔차는 resid, 분석자료의 독

립변수의 값에서의 예측값은 fittedvalues나 predict()로 얻는 것은 ols와 동일하다. 결과는 보기 13.2와 같으므로 출력은 보기 13.2를 참고하기로 한다.

자료에서의 값이 아닌 독립변수의 특정한 값에서의 예측값은 ols와 달리 독립변수의 값을 저장한 리스트 등으로 직접 입력한다. 다만 이 때도 OLS 설정과 같이 β_0에 해당하는 값은 추가하여 주어야 한다. 예를 들어 독립변수의 값이 69.9, 97.1일 때의 예측값은

```
x = np.array([69.9, 97.1]); x1 = sm.add_constant(x)
lm2.predict(x1)
```

로 얻는다.

OLS로 얻어진 OLSResults 객체에는 분산분석표를 만들어주는 메소드가 존재하지 않아서 분산분석표는 따로 출력하지 못한다.

위 프로그램의 아래 부분은 그림 13.3을 그리기 위한 코드이다. 앞의 두 plot 메소드는 각각 산점도와 회귀직선을 그리기 위한 코드이다. 회귀직선을 얻기 위해서 독립변수의 가장 큰 값과 가장 작은 값을 얻고 이 값에서의 예측값을 계산하여 얻은 두 점을 연결하는 선을 그렸다.

> 참고: 원자료의 독립변수가 오름차순이나 내림차순으로 정렬되지 않은 상태에서 독립변수와 예측값의 선을 그리면 이상한 결과가 나오니 주의하기 바란다. 반대로 독립변수를 크기순으로 배열한 후 예측값을 그리면 지금처럼 독립변수의 최대 최소를 사용하지 않고 회귀직선을 그릴 수 있다.
>
> 두 점을 지나는 직선은 위의 코드에서 주석처리된 부분 axline 메소드를 사용하여 그릴 수도 있다.

코드의 아래부분은 회귀식을 그림 13.3의 회귀식을 문자로 넣기 위한 것으로 이 그림에서 보는 것처럼 문자열을 회전하기 위해 회전각을 계산하였다. 회전각은 기울기의 탄젠트 함수의 역함수이기 때문에 기울기값으로 역함수를 호출하고 이를 각도로 바꾸면 된다. 여기서 문제는 그림에서 x-축과 y-축의 스케일이 같지 않아 이를 위해 x의 범위와 y의 범위를 사용하여 보정하고(두 번째 angle), 최종적으로 그림 자체의 크기가 가로세로의 비율이 1:1이 아니므로 이를 보정하였다(plot의 기본값은 8:6). ■

머신러닝에서 많이 사용하는 scikit-learn 모듈의 linear_model의 LinearRegression을 사용하여 회귀분석을 할 수 있다. scikit-learn 모듈의 파이썬 코드내의 이름은 sklearn이다. 이 클래스는

```
LinearRegression(*, fit_intercept=True, ...)
```

로 사용하며 fit_intercept는 β_0를 0으로 강제 설정할 때 False로 설정할 수 있다. LinearRegression 클래스는 다음과 같은 메소드를 사용할 수 있다.

fit(X, y[, sample_weight]) 설명변수 X와 종속변수 y로 모형을 적합한다. 여기서 설명변수(인공지능에서는 보통 특성변수라고 함)를 대문자로 표시한 것은 X가 행렬이나 데이터프레임과 같이 반드시 2차원이라야 하기 때문이다.

get_params([deep]) LinearRegression에서 사용된 각 매개변수의 설정값을 반환받는다.

predict(X) X에서의 예측값 $\hat{y}$를 얻는다. 보기 13.2이나 13.3의 predict 메소드와 달리 매개변수 X는 생략될 수 없다.

score(X, y) 결정계수 R^2을 반환한다.

보기 13.4 regress3.py 보기 13.2의 분석을 LinearRegression으로 수행해보면 다음과 같다.

```
import numpy as np
from sklearn.linear_model import LinearRegression

iq = np.array([100 ,123 ,132,  98 ,105 ,110 ,117 , 95, 127 ,135])
vt =np.array([89 , 93 , 97,  80 , 83 , 88 , 90 , 70, 93 , 97])

vt2 = vt.reshape(-1,1) # 또는
vt2d = vt[:, np.newaxis]

reg1 = LinearRegression().fit(vt2d, iq)
pred = reg1.predict(vt2)
R2 = reg1.score(vt2, iq)
b1 = reg1.coef_
b0 = reg1.intercept_
print(pred, R2, b1, b0)
```

이 프로그램의 첫 부분에서 설명변수에 해당하는 자료는 reshape 또는 newaxis를 사용하였는데 이 부분은 아래의 참고에서 별도로 설명한다. 위의 프로그램에서 보는 것처럼 score는 결정계수를 coef_는 회귀계수 중 기울기에 해당하는 값을, intercept_는 회귀계수 중 절편을 출력한다. 예측값은 predict 메소드를 사용한다. 결정계수를 얻기 위해 설명변수와 종속변수를 다시 설정하는 것과 predict에도 반드시 설명변수가 설정되어야 함에 주의하자.[3] ■

참고: scikit-learn의 자료의 구조 scikit-learn 등 머신러닝 관련분야에서 종속변수와 설명변수를 각각 특성변수(feature variable)와 목표변수(target variable)라고도 하는데 scikit-learn에서는 사용하는 자료는 numpy의 ndarray 형식이 권장되고, 특성변수(또는 독립변수)는 2차원 배열이어야 한다. 이를 머신러닝 분야에서는 2차원 텐서(2-dimensional tensor; 2D 텐서)라고 부르는 경우가 많으며 특성변수가 2차원임을 요구하는데 반해 단순회귀분석에서는 설명변수가 한 개이므로 이를 2차원 텐서로 바꾸어주어야 한다. 특성변수의 차원은 [n_samples, n_features]로 구성되며 행의 개수

[3] 머신러닝에서는 자료의 일부분으로 모형을 다시 적합하는 과정을 거치는 경우가 많아 프로그램의 구성이 이와 같은 방법으로 되어 있다.

n_samples는 자료의 개수 n이며 n_features는 독립변수의 개수이다. 단순회귀에서는 독립(특성)변수가 1개이므로 이 값이 1인 경우이며, 설명변수가 여러 개인 중회귀분석에서는 독립변수의 개수가 된다.

numpy의 ndarray 차원변경은 reshape 속성이나 reshape 메소드를 사용하여 ndarray.reshape(2,3)이나 numpy.reshape(ndarray, (2,3))와 같이 차원을 바꿀 수 있다(3.2절 참고). reshape(-1, 2) 또는 reshape(3, -1)처럼 reshape의 차원의 수에 -1을 설정하는 경우를 가끔 본다. 이 때 '-1'의 의미는 차원이 변경된 배열에서 '-1' 위치의 차원은 "원래 배열의 길이와 남은 차원으로 부터 추정"된다는 뜻이다.

보기 13.4의 코드에서 np.newaxis가 사용된 것을 볼 수 있는데 이는 원자료에서 차원을 하나 늘인다는 뜻으로 콤마 다음에 있으므로 열을 하나 만들게 된다.

numpy와 scipy.stats의 회귀분석

scipy.stats의 linregress 메소드, numpy의 polyfit 메소드도 회귀분석에 사용할 수 있는 메소드이다. linregress 메소드는

```
linregress(x, y=None)
```

로 사용하며 단순회귀에만 적용된다. x는 독립변수, y는 설명변수가 설정되고 x의 차원이 $2 \times n$ 또는 $n \times 2$ 인 경우 y는 생략될 수 있으며 이 때는 x[0,:] 또는 x[:,0]가 독립변수, x[1,:] 또는 x[:,1]이 종속변수로 하는 회귀분석을 한다. 이 메소드는 LinregressResult라는 객체가 반환되며 이 객체에 slope, intercept, rvalue, pvalue, stderr 및 intercept_stderr 속성에 기울기 b_1, y 절편 b_0, 상관계수, $H_0 : \beta_1 = 0$의 검정에 대한 유의확률, b_1 및 b_0에 대한 표준오차가 출력된다. 표준오차에 대한 설명은 13.1.3절에서 다루기로 한다.

numpy의 polyfit 메소드는 다항회귀분석

$$y = \beta_0 + \beta_1 x + \beta_2 x^2 + \cdots + \beta_p x^p + \epsilon \tag{13.11}$$

의 모형을 적합하기 위한 메소드인데 $p = 1$이면 단순회귀분석이 된다. 사용법은

```
polyfit(x, y, deg, full=False, cov=False, ...)
```

으로 x, y에는 각각 독립변수와 종속변수를 설정하며 deg에는 식 (13.11의 차수 p를 설정한다. full에는 분석에 대한 모든 정보를 출력할지 설정하며 기본값 False이면 회귀계수만 출력한다

보기 13.5 regress4.py 보기 13.2의 자료를 사용하여 위의 두 방법을 적용해보자.

```
import numpy as np
import scipy.stats as st
```

```
iq = np.array([100 ,123 ,132,  98 ,105 ,110 ,117 , 95, 127 ,135])
vt =np.array([89 , 93 , 97,  80 , 83 , 88 , 90 , 70, 93 , 97])

#-------------scipy.stats---------------
res1 = st.linregress(vt,iq)
x = np.column_stack((vt,iq))
res2 = st.linregress(x)
print(res2.slope)

#----------- numpy --------------------
res3 = np.polyfit(vt, iq, deg=1)
res4 = np.polyfit(vt, iq, deg=1, full=True)
print(res4)
```

위의 코드에서 보는 것처럼 `linregress`는 한 개의 변수 또는 두 개의 변수를 설정할 수 있다. `polyfit`의 경우 `full`이 설정되지 않으면 계수만 얻는다. 출력은 앞의 보기에서 얻은 값과 같으며 실제 값은 프로그램을 실행하여 확인하기로 한다. ■

13.1.3 계수의 추정치에 대한 추론

추정한 회귀계수 b_0의 분포는 ϵ의 분포가 기댓값이 0이고 분산이 σ^2인 정규분포 $N(0,\sigma^2)$이고 ϵ들이 모두 독립일 때[4]

$$b_0 \sim N\Big(\beta_0, \sigma^2\big[\frac{1}{n}+\frac{\bar{x}^2}{S_{xx}}\big]\Big) \tag{13.12}$$

이며 σ^2 대신에 MSE를 사용하여 표준화를 하면

$$t=\frac{b_0-\beta_0}{\sqrt{\text{MSE}\big[\frac{1}{n}+\frac{\bar{x}^2}{S_{xx}}\big]}} \sim t_{n-2} \tag{13.13}$$

이다. 따라서 β_0에 대한 $100(1-\alpha)\%$ 신뢰구간은

$$\beta_0 = b_0 \pm t_{n-2;\alpha/2}\sqrt{\text{MSE}\Big(\frac{1}{n}+\frac{\bar{x}^2}{S_{xx}}\Big)} \tag{13.14}$$

이고 $H_0: \beta_0=\beta_0^0$에 대한 가설검정은

$$t=\frac{b_0-\beta_0^0}{\sqrt{\text{MSE}\big[\frac{1}{n}+\frac{\bar{x}^2}{S_{xx}}\big]}} \tag{13.15}$$

인 검정통계량을 사용하며

- $H_1: \beta_0 > \beta_0^0$ 인 경우에는 $t > t_{n-2;\alpha}$ 이면 귀무가설을 기각하고
- $H_1: \beta_0 < \beta_0^0$ 인 경우에는 $t < -t_{n-2;\alpha}$ 이면 귀무가설을 기각하고

[4]이 가정이 맞지 않으면 아래의 추론은 의미가 없다.

- $H_1: \beta_0 \neq \beta_0^0$ 인 경우에는 $|t| > t_{n-2;\alpha/2}$ 이면 귀무가설을 기각한다.

β_1의 추정치인 b_1의 분포는 ϵ의 분포가 분산이 $N(0,\sigma^2)$이고 독립일 때[5]

$$b_1 \sim N\Big(\beta_1, \frac{\sigma^2}{S_{xx}}\Big) \tag{13.16}$$

이고 σ^2 대신에 추정치 MSE를 사용하여 표준화한 경우

$$t = \frac{b_1 - \beta_1}{\sqrt{\text{MSE}/S_{xx}}} \sim t_{n-2} \tag{13.17}$$

이다. 따라서 β_1에 대한 $100(1-\alpha)\%$ 신뢰구간은

$$\beta_1 = b_1 \pm t_{n-2;\alpha/2}\sqrt{\frac{\text{MSE}}{S_{xx}}} \tag{13.18}$$

이며 $H_0: \beta_1 = \beta_1^0$에 대한 가설검정은

$$t = \frac{b_1 - \beta_1^0}{\sqrt{\dfrac{\text{MSE}}{S_{xx}}}} \tag{13.19}$$

인 검정통계량을 사용하며

- $H_1: \beta_1 > \beta_1^0$ 인 경우에는 $t > t_{n-2;\alpha}$ 이면 귀무가설을 기각하고
- $H_1: \beta_1 < \beta_1^0$ 인 경우에는 $t < -t_{n-2;\alpha}$ 이면 귀무가설을 기각하고
- $H_1: \beta_1 \neq \beta_1^0$ 인 경우에는 $|t| > t_{n-2;\alpha/2}$ 이면 귀무가설을 기각한다.

참고: 단순 회귀인 경우 식 (13.19)에서 $\beta_1^0 = 0$으로 하여 계산한 t의 제곱값은 앞의 분산분산표에서 본 F 값과 같다.

13.1.4 y의 추정치와 예측치에 대한 추론

x의 값이 주어졌을 때 y의 기댓값에 대한 추정치 및 x가 주어졌을 때 y의 예측값으로 모두 $\hat{y}$를 사용하는데

1. x가 주어졌을 때 y의 기댓값 $\mu_{y|x}$에 대한 추론은 $\hat{y} = b_0 + b_1 x$의 기댓값과 분산이

$$\text{E}[\hat{y}] = \beta_0 + \beta_1 x \tag{13.20}$$

및

$$\text{var}(\hat{y}) = \sigma^2\Big[\frac{1}{n} + \frac{(x-\bar{x})^2}{S_{xx}}\Big] \tag{13.21}$$

이다. 따라서

$$\hat{y} \sim N\Big(\beta_0 + \beta_1 x, \sigma^2\Big[\frac{1}{n} + \frac{(x-\bar{x})^2}{S_{xx}}\Big]\Big) \tag{13.22}$$

[5]이 가정이 맞지 않으면 아래의 추론은 의미가 없다.

이므로 $\mu_{y|x}$에 대한 $100(1-\alpha)\%$ 신뢰구간은

$$\hat{y} \pm t_{n-2;\alpha/2}\sqrt{\text{MSE}}\sqrt{\frac{1}{n}+\frac{(x-\bar{x})^2}{S_{xx}}} \tag{13.23}$$

이 되고 주어진 x에 대한 y의 기댓값 $\mu_{y|x}$의 값이 $\mu^0_{y|x}$인가에 대한 가설검정은

$$t = \frac{\hat{y}-\mu^0_{y|x}}{\sqrt{\text{MSE}}\sqrt{\frac{1}{n}+\frac{(x-\bar{x})^2}{S_{xx}}}} \tag{13.24}$$

를 사용하며 귀무가설 $H_0 : \mu_{y|x} = \mu^0_{y|x}$에 대한 대립가설이

- $H_1 : \mu_{y|x} > \mu^0_{y|x}$ 이면 $t > t_{n-2;\alpha}$ 이면 H_0를 기각하고
- $H_1 : \mu_{y|x} < \mu^0_{y|x}$ 이면 $t < -t_{n-2;\alpha}$ 이면 H_0를 기각하고
- $H_1 : \mu_{y|x} \neq \mu^0_{y|x}$ 이면 $|t| > t_{n-2;\alpha/2}$ 이면 H_0를 기각한다.

2. x가 주어졌을 때 y의 예측값(predicted value) y_I에 대한 추론은 $y_I = b_0 + b_1x + \hat{\epsilon}$의 기댓값과 분산이

$$\text{E}[y_I] = \beta_0 + \beta_1 x \tag{13.25}$$

및

$$\text{var}(y_I) = \sigma^2\Big[1+\frac{1}{n}+\frac{(x-\bar{x})^2}{S_{xx}}\Big] \tag{13.26}$$

이다. 따라서

$$y_I \sim N\Big(\beta_0+\beta_1x, \sigma^2\Big[1+\frac{1}{n}+\frac{(x-\bar{x})^2}{S_{xx}}\Big]\Big) \tag{13.27}$$

이므로 y_I에 대한 $100(1-\alpha)\%$ 예측구간(prediction interval)은[6]

$$\hat{y} \pm t_{n-2;\alpha/2}\sqrt{\text{MSE}}\sqrt{1+\frac{1}{n}+\frac{(x-\bar{x})^2}{S_{xx}}} \tag{13.28}$$

가 되고 주어진 x에 대한 y의 예측값 y_I의 값이 y^0_I인가에 대한 가설검정은

$$t = \frac{y_I - y^0_I}{\sqrt{\text{MSE}}\sqrt{1+\frac{1}{n}+\frac{(x-\bar{x})^2}{S_{xx}}}} \tag{13.29}$$

를 사용하며 귀무가설 $H_0 : y_I = y^0_I$에 대한 대립가설이

- $H_1 : y_I > y^0_I$ 이면 $t > t_{n-2;\alpha}$ 이면 H_0를 기각하고
- $H_1 : y_I < y^0_I$ 이면 $t < -t_{n-2;\alpha}$ 이면 H_0를 기각하고
- $H_1 : y_I \neq y^0_I$ 이면 $|t| > t_{n-2;\alpha/2}$ 이면 H_0를 기각한다.

[6]이 경우에는 확률변수인 y에 대한 예측을 하는 것이므로 이를 신뢰구간이라고 하지 않는다. 신뢰구간은 모르지만 상수인 값에 대한 구간이며 예측구간은 상수가 아닌 값에 대한 구간이다.

보기 13.6 보기 13.1의 자료와 분석 결과를 사용하여

1. β_1이 0인지 가설검정을 위한 t값을 구하여라. 이 t^2의 분산분석표의 F 값과 같은지 보아라.

2. β_0와 β_1의 95% 신뢰구간을 구하여 보아라.

3. VT 점수가 90점일 때 $\mu_{y|x}$의 95% 신뢰구간과 y_I의 95% 예측구간을 구해 보아라.

풀이:

1. SSE = SST − SSR = 1933.6 − 1487.34 = 446.26에서 MSE = SSE/(n − 2) = 446.26/8 = 55.7825이므로 $H_0 : \beta_1 = 0$에 대한 가설 검정을 위한 t 값은

$$t = \frac{b_1 - 0}{\sqrt{\text{MSE}/S_{xx}}} = \frac{1.5365}{55.7825/630} = 5.163615$$

이다. F 값은 MSR = SSR/1 = SSR 이므로

$$\frac{\text{MSR}}{\text{MSE}} = \frac{1487.34}{55.7825} = 26.6632 = t^2$$

임을 알 수 있다.

2. $t_{9;0.025} = 2.306$이므로 β_0의 95% 신뢰구간은 식 (13.14)에 의해서

$$\beta_0 = -21.0123 \pm 2.306\sqrt{55.7825\Big(\frac{1}{10} + \frac{88^2}{630}\Big)} = (-23.9856, 28.598)$$

이며 β_1의 95% 신뢰구간은 식 (13.18)에 의해서

$$\beta_1 = b_1 \pm t_{n-2;\alpha/2}\sqrt{\frac{\text{MSE}}{S_{xx}}} = 1.5365 \pm 2.306\sqrt{\frac{55.7825}{630}} = (1.2389, 1.8341)$$

이다.

3. $x = 90$일 때 기댓값에 점추정은 $-21.0127 + 1.5365 \cdot 90 = 117.2723$ 이므로 $x = 90$일 때 y의 기댓값에 대한 신뢰구간은 식 (13.23)에 따라

$$117.2723 \pm 2.306\sqrt{55.7825}\sqrt{\frac{1}{10} + \frac{(90-88)^2}{630}} = (111.6557, 122.8889)$$

로 얻어지며 $x = 90$일 때 y의 값에 대한 예측구간은 식 (13.28)에 의해

$$117.2723 \pm 2.306\sqrt{55.7825}\sqrt{1 + \frac{1}{10} + \frac{(90-88)^2}{630}} = (99.1566, 135.3880)$$

이 된다. ■

파이썬에서의 회귀분석에 대한 추론

회귀분석의 추론에 관련된 상당한 부분이 이미 보기 13.2의 출력에 나와 있다. 이들은

- 귀무가설 $H_0 : \beta_1 = 0$에 대한 가설검정은 보기 13.2의 출력에서 얻은 F 값 26.66과 유의확률 0.00086 으로 얻을 수 있으며 t 검정의 결과도 같은 출력에서 `t`의 값 5.164 및 유의확률(`P>|t|`) 0.001 로 확인할 수 있다.
- 이때 $5.164^2 = 26.66$이 성립함을 확인할 수 있다.
- 같은 출력에서 귀무가설 $H_0 : \beta_0 = 0$의 검정통계량은 -0.799이고 유의확률은 0.447임을 확인할 수 있다(양측검정).
- 이 출력에서 `std err`로 표시된 것은 표준오차(standard error; SE)라고 하며 추정량의 표준편차의 추정치로 식 (13.19) 및 식 (13.15)의 분모에 해당하는 값을 계산한 것이다.
- 이 출력에서 `[0.025 0.975]`는 각 계수에 대한 95% 신뢰구간의 신뢰하한과 신뢰상한을 얻은 것으로 β_0와 β_1에 대해 각각 $(-81.642, 39.616)$ 및 $(0.850, 2.223)$으로 얻어진다.

회귀계수 β_0와 β_1에 대한 신뢰구간은 `OLS`와 `ols`의(보기 13.2, 보기 13.3 참고) `fit`의 결과에서 `conf_int` 메소드를 사용하여 얻을 수 있다. 사용법은

```
conf_int(alpha=0.05, ...)
```

이며 `alpha`에는 신뢰도 $100(1-\alpha)$에서 α의 값을 설정한다. 기본값은 0.05로 95% 신뢰구간이 계산된다.

보기 13.7 `regress5.py` 보기 13.2, 보기 13.3에서 사용한 `OLS`와 `ols`를 이용하여 신뢰구간을 얻어보자.

```
import numpy as np
import pandas as pd
import statsmodels.api as sm
from statsmodels.formula.api import ols

iq = np.array([100 ,123 ,132,  98 ,105 ,110 ,117 , 95, 127 ,135])
vt =np.array([89 , 93 , 97,  80 , 83 , 88 , 90 , 70, 93 , 97])

df = pd.DataFrame({'iq': iq, 'vt': vt})
lm1 = ols('iq~vt', data=df).fit()
lm1.conf_int()
vt1 = sm.add_constant(vt)
lm2 = sm.OLS(iq, vt1).fit()
lm2.conf_int()
```

으로 얻으며 이 경우 `lm1`과 `lm2`의 신뢰구간은 모두

```
array([[-81.64178679,  39.61638996],
       [  0.85032653,   2.22268935]])
```

으로 얻는다. ■

$\mu_{y|x}$와 y_I에 대한 신뢰하한과 신뢰상한 등은 statsmodels.stats.outliers_influence의 summary_table 메소드를 사용하여 얻을 수 있다. 사용법은

```
summary_table(res, alpha=0.05)
```

이며 res에는 OLS로 적합(fit)하여 얻은 결과를 지정하고 alpha에는 신뢰도 $100(1-\alpha)$의 α를 지정한다. 기본값은 0.05이므로 95% 신뢰(예측)구간을 계산한다.

출력은 계산결과의 형식, 계산 결과가 저장된 ndarray와 각 계산결과의 설명이 포함된 있는 튜플이다. 따라서 계산결과는 2번째 원소로 얻을 수 있다. 두 번째 원소인 ndarray의 각 열은 순서대로 자료번호, 관측치, 예측값, 표준오차($\mu_{y|x}$), 평균에 대한 신뢰하한, 신뢰상한, 예측값에 대한 신뢰하한 신뢰상한, 잔차, 표준오차(y_I) 등이다. 여기서 표준오차는 식 (13.24)와 식 (13.29)의 분모의 값이다. 따라서 신뢰상한 및 하한값은 4, 5번 인덱스 및 6, 7번 인덱스가 된다.

보기 13.8 `regress6.py` 보기 13.2의 자료를 사용하여 예측구간과 신뢰구간을 구해보자.

```
import statsmodels.stats.outliers_influence as stoi
import numpy as np
import statsmodels.api as sm
import matplotlib.pyplot as plt

iq = np.array([100 ,123 ,132,  98 ,105 ,110 ,117 , 95, 127 ,135])
vt =np.array([89 , 93 , 97,  80 , 83 , 88 , 90 , 70, 93 , 97])

vt1 = sm.add_constant(vt)
lm2 = sm.OLS(iq, vt1).fit()
res = stoi.summary_table(lm2, 0.05)

data1 = np.append(vt.reshape(-1,1), res[1], axis=1) # x값 추가
data1 = data1[np.argsort(data1[:,0])]
with np.printoptions(precision=3, suppress=True):
     print(np.round(data1,2))
plt.plot(data1[:,0], data1[:,2], '*')  # 관측치
plt.plot(data1[:,0], data1[:,3], 'r-') #  예측치
plt.plot(data1[:,0], data1[:,5], 'g--') # 평균 신뢰하한
plt.plot(data1[:,0], data1[:,6], 'g--') # 평균 신뢰상한
plt.plot(data1[:,0], data1[:,7], 'b-.')  # 개별값 예측하한
plt.plot(data1[:,0], data1[:,8], 'b-.')  # 개별값 예측상한
```

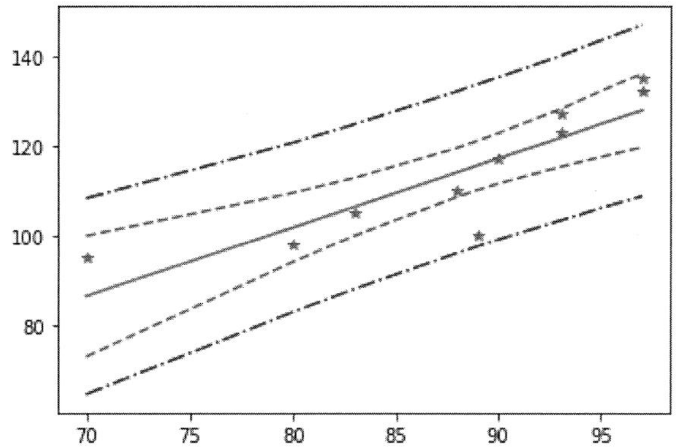

그림 13.4: 자료의 산점도와 회귀직선 및 신뢰 및 예측 구간

위의 프로그램에서는 summary_table을 사용하여 계산결과를 얻은 후 두 번째 항목인 계산값을 얻고 이 계산값에 원자료의 설명변수인 vt를 append 하였다. 이 결과를 사용하여 첫 번째 열인 설명변수의 값을 기준으로 전체 배열을 오름차순 정렬을 하여 이를 data1이라고 하였다. 오름차순(내림차순도 가능)으로 정렬한 이유는 회귀직선과 예측구간 등을 실선으로 연결하기 위함이다. 이 정렬을 하지 않고 선을 그리려면 보기 13.3과 같이 axline 등의 함수를 사용하여야 한다. 이 값을 출력해보면

```
---------------------------------------------------------------------------
   vt  i  y    yhat  se    lci_m  uci_m  lci_I  uci_I   resid ser  sres Ck'D
---------------------------------------------------------------------------
[[ 70  8  95  86.54 5.85  73.04 100.04  64.66 108.43   8.46 4.64  1.82 2.65]
 [ 80  4  98 101.91 3.35  94.18 109.64  83.03 120.79  -3.91 6.67 -0.59 0.04]
 [ 83  5 105 106.52 2.79 100.08 112.95  88.13 124.9   -1.52 6.93 -0.22 0.  ]
 [ 88  6 110 114.2  2.36 108.75 119.65  96.14 132.26  -4.2  7.09 -0.59 0.02]
 [ 89  1 100 115.74 2.38 110.25 121.23  97.66 133.81 -15.74 7.08 -2.22 0.28]
 [ 90  7 117 117.27 2.44 111.66 122.89  99.16 135.39  -0.27 7.06 -0.04 0.  ]
 [ 93  2 123 121.88 2.79 115.45 128.32 103.5  140.27   1.12 6.93  0.16 0.  ]
 [ 93  9 127 121.88 2.79 115.45 128.32 103.5  140.27   5.12 6.93  0.74 0.04]
 [ 97  3 132 128.03 3.57 119.79 136.26 108.94 147.12   3.97 6.56  0.61 0.05]
 [ 97 10 135 128.03 3.57 119.79 136.26 108.94 147.12   6.97 6.56  1.06 0.17]]
---------------------------------------------------------------------------
```

로 설명변수의 값의 크기에 의해서 전체가 정렬된 결과를 얻는다.[7] 이 배열에서 6-9번째 열이 원하는 신뢰(예측)하한과 상한이 저장된 열이다. 설명변수의 값이 90일 때의 평균의 신뢰구간은 (111.66 122.89)이고 예측구간은 (99.16 135.39)로 보기 13.7과 같은 결과를 얻음을 확인할 수 있다.

첫 번째 열 설명변수와 종속변수, 예측값 및 신뢰(예측) 상하한으로 산점도 및 선을 그리면 그림 13.4와 같다. ■

기존 데이터에 주어진 값이 아닌 '새로운' 값에서의 예측값, 예측구간, 신뢰구간등은 ols

[7]이 출력의 마지막 세 열은 이 책의 범위를 넘어가는 내용으로 표준화 잔차, Student 잔차, Cook's D 등인데 이들에 대해서는 회귀분석에 관련된 문헌을 참고하기로 한다.

객체의 get_prediction 메소드로 생성된 객체에서 summary_frame 메소드를 사용하여 얻을 수 있다. 먼저 get_prediction 메소드는

```
get_prediction(exog=None,...)
```

로 exog에 예측값을 계산할 값을 설정하면 PredictionResults 객체반환받는다. 이 객체에 summary_frame 메소드를

```
PredictionResults.summary_frame(alpha=0.05)
```

로 신뢰도 $100(1-\alpha)$인 신뢰구간, 예측구간, 표준오차 등을 summary_table 메소드와 동일한 결과를 '새로운' 값에 대해서 데이터 프레임 형태로 반환받을 수 있다.

보기 13.9 `regress12.py` 보기 13.7에서 사용한 자료로 VT가 80, 85, 90일 때 IQ의 예측값, 예측구간, IQ의 평균에 대한 99% 신뢰구간을 얻어보자. 다음의 프로그램 (앞부분은 `regress5.py` 와 거의 같으므로 생략)

```
import numpy as np
        ⋮
lm1 = ols('iq~vt', data=df).fit()
vt2p = pd.DataFrame('vt':[80, 85, 90])

predvt = lm1.get_prediction(vt2p)
predvtresult = predvt.summary_frame(alpha=0.01)
print(predvtresult['mean'].values)
print(predvtresult[['obs_ci_lower','obs_ci_upper']].values)
print(predvtresult[['mean_ci_lower','mean_ci_upper']].values)
```

로 VT가 80, 85, 90일 때 예측값, 99% 예측구간과 평균에 대한 신뢰구간은 다음과 같이 얻어진다.

VT	예측값	예측구간		신뢰구간	
		하한	상한	하한	상한
80	101.9	74.4	129.4	90.7	113.2
85	109.6	83.1	136.0	101.1	118.1
90	117.3	90.9	143.6	109.1	125.4

로 얻는다. ■

OLS.fit(), ols.fit()의 출력은 모두 OLSTesults 형식의 객체로 출력이 얻어지고 이 객체에서 구체적인 정보는 다음과 같이 따로 추출할 수 있다.

nobs 자료의 수를 반환한다.

params 회귀계수 b_0, b_1을 반환한다.

fvalue, f_pvalue 분산분석표의 F-검정의 검정통계량의 값과 유의확률을 반환한다.

`tvalues, pvalues` 회귀계수가 0인지의 t-검정에서 각각 검정통계량의 값과 유의확률을 반환한다(양측검정).

`bse` b_0와 b_1의 표준오차를 반환한다.

`resid, fittedvalues` 각각 잔차와 예측치를 반환한다.

`rsquared, rsquared_adj` 각각 결정계수 및 수정된 결정계수를 반환한다.

`ssr` 오차제곱합 SSE를 반환한다.

`mse_model` 평균회귀제곱합 MSR을 반환한다.

`mse_resid` 평균오차제곱합 MSE를 반환한다.

`uncentered_tss` 종속변수 y_i의 제곱합($\sum y_i^2$)을 반환한다.

보기 13.10 `regress9.py` 위의 각 속성들을 앞의 보기들에서 사용한 자료를 사용한 ols와 OLS에서 위에서 설명한 값들을 추출해보자.

```
import numpy as np
import pandas as pd
import statsmodels.api as sm
from statsmodels.formula.api import ols

iq = np.array([100 ,123 ,132,  98 ,105 ,110 ,117 , 95, 127 ,135])
vt =np.array([89 , 93 , 97,  80 , 83 , 88 , 90 , 70, 93 , 97])
vt1 = sm.add_constant(vt)
df = pd.DataFrame({'iq': iq, 'vt': vt})

lm1 = sm.OLS(iq, vt1).fit()
lm2 = ols('iq ~ vt', data=df).fit()

print('n:', lm1.nobs, lm2.nobs)
print('b0, b1: ', lm1.params, lm2.params)
print('F-stat:', lm1.fvalue, lm2.fvalue)
print('P of F-stat:', lm1.f_pvalue, lm2.f_pvalue)
print('t-values: ', lm1.tvalues, lm2.tvalues)
print('P of t-values:', lm1.pvalues, lm2.pvalues)
print('SE b0, b1: \n', lm1.bse, lm2.bse)
print('SSE: ', lm1.ssr, lm2.ssr)
print('MSReg: ', lm1.mse_model, lm2.mse_model)
print('MSE: ', lm1.mse_resid, lm2.mse_resid)
print('SST uncorrected: ', lm1.uncentered_tss, lm2.uncentered_tss,
      sum(iq**2))
```

이 프로그램의 결과로 얻은 값들은 앞에서 분산분석표, summary 등의 결과로 본 값들이므로 출력은 직접 실행한 결과를 참고하기로 하되 마지막 줄의 전체제곱합(미수정)의

값은 종속변수를 직접 제곱하여 합한 것과 같은 결과를 얻었다. ■

보기 13.11 `regress10.py` 이와 같이 중간값을 추출하면 필요한 파이썬(을 포함하여 대부분의 통계패키지)에서 직접 계산해주지 않는 $H_0 : \beta_1 = \beta_{10}$에 대한 검정통계량도 쉽게 계산할 수 있다. 보기 13.2의 자료에서 귀무가설 $H_0 : \beta_1 = 1$대 $H_1 : \beta_1 > 1$과 같이 β_{10}가 0이 아닌 검정을 쉽게 할 수 있다. 이 가설을 검정하기 위한 검정통계량t_0와 유의확률 P는 각각

$$t_0 = \frac{b_1 - 1}{SE(b_1)}, \quad P = \Pr[T_{n-2} > t_0]$$

이므로

```
import numpy as np
import pandas as pd
import statsmodels.api as sm
from statsmodels.formula.api import ols
import scipy.stats as st

iq = np.array([100 ,123 ,132,  98 ,105 ,110 ,117 , 95, 127 ,135])
vt =np.array([89 , 93 , 97,  80 , 83 , 88 , 90 , 70, 93 , 97])
vt1 = sm.add_constant(vt)
df = pd.DataFrame({'iq': iq, 'vt': vt})

lm1 = sm.OLS(iq, vt1).fit()
lm2 = ols('iq ~ vt', data=df).fit()

b0, b1 = lm1.params
se0, se1 = lm2.bse
t0 = (b1 - 1)/se1
t0p = 1-st.t.cdf(t0, lm1.nobs-2)
print(t0, t0p)
```

으로 검정통계량은 $t_0 = 1.803$로 유의확률 $P = 0.0545$를 얻을 수 있다. 신뢰구간의 경우 `summary` 또는 `conf_inf`로 구해지지만 β_0의 95% 신뢰구간을 필요한 값들을 추출하여 구해보면

```
lbd = b0 - st.t.ppf(0.975, lm2.nobs-2)*se0
ubd = b0 + st.t.ppf(0.975, lm2.nobs-2)*se0
print(lbd, ubd)
```

으로 $(-81.642, 39.616)$로 `summary` 또는 `conf_inf`와 같은 결과를 얻을 수 있다. ■

연습문제

13.1 회귀모형에서 기울기에 해당하는 계수들이 0인지 가설검정을 하는 것이 어떤 의미를 갖는가?

13.2 단순회귀분석의 모형 $y_i = \beta_0 + \beta_1 x_i + \epsilon_i$에서

(a) Pearson 상관계수가 0이면 결정계수 R^2과 β_1에 대한 최소제곱 추정치 b_1이 0임을 보여라.

(b) 상관계수가 0이라도 두 변수사이에 선형이 아닌 다른 관계에 있음에 유의하여 $H_0 : \beta_1$을 기각하지 못하였을 때 y와 x사이에 아무 관계가 없다고 할 수 있는지 답하여라.

13.3 다음은 단순회귀분석 결과로 얻은 분산분석표와 추론의 결과이다. 사용한 모형은 $y_i = \beta_0 + \beta_1 x_i + \epsilon_i$이다. $\epsilon_i \overset{iid}{\sim} N(0, \sigma^2)$ 이다.

요인	자유도	제곱합	평균제곱합	F	sig.
회귀	(가)	2202.88	2202.88	78.05	< .0001
오차	18	508.06	(나)		
전체	19	2710.94			

추정변수	자유도	추정값	표준오차	t	sig.(two-tail)
절편	1	(다)	2.46794	1.70	0.1073
기울기	1	1.82006	0.20602	(라)	< .0001

다음 물음에 답하여라.

(a) (가)–(라)의 빈칸을 채워라.

(b) 관찰된 자료 (y, x)의 Pearson 상관계수를 구하여라.

(c) σ^2의 추정치로 사용할 수 있는 값은?

(d) 귀무가설 $H_0 : \beta_1 = 2$ 을 검정하여라. (양측검정, 유의수준 5%)

13.4 어떤 회귀분석의 결과 다음과 같은 분산분석표를 얻었다.

요인	자유도	제곱합	평균제곱합	F	유의확률
회귀	1	1289	1289	(가)	0.000
오차	(나)	690	30		
전체	24	1979			

(a) 가정한 회귀모형을 써보아라.

(b) 이 분석을 하기 위해서 몇 개의 자료를 얻었는가?

(c) (가)의 F 값을 계산하고 이 F 값으로 검정하려고 하는 귀무가설과 대립가설을 말하여라.

(d) 위의 가설 검정에 대한 결론을 F-분포표에서 얻은 값과 비교하여 얻어보아라.

(e) (나)의 값을 얻어 이 값으로 F 분포의 유의확률이 맞는지 확인하여라.

(f) 결정계수 R^2와 종속변수와 독립변수의 상관계수의 값은?

(g) 이 회귀분석에서 사용한 종속변수의 분산의 추정치는?

13.5 `regress11.py` 다음 자료는 금융계열 회사의 중간 관리직 직원의 연봉과 나이를 조사한 자료이다. 이 자료를 이용하여 연령(x)과 연봉(y, 단위: 백만원)의 관계를 회귀분석으로 설명하려고 한다.

나이(x)	41	40	50	52	43	45	42	50
연봉(y)	65	60	73	80	67	75	70	85

(a) 연봉과 나이의 산점도를 그려 직선관계가 가능할지 판단하여라.

(b) 단순회귀모형을 적합하여 회귀계수를 구하고 회귀계수의 99% 신뢰구간을 구하여라.

(c) 추정된 회귀식을 (a)의 산점도 위에 그려라.

(d) 분산분석표를 구하여라.

(e) 나이 47세 중간 관리직에 있는 사람들의 평균 연봉을 추정하여 보고 그에 대한 95% 신뢰구간을 구하여라.

(f) 어떤 사람이 나이 47세 중간 관리직에 있다고 한다. 연봉을 추정하여 보고 그에 대한 95% 예측구간을 구하여라.

13.6 A.3절의 자료는 세계 158개국의 1인당 GDP를 구매력지수(Purchasing Power Parity; PPP)로 환산한 자료와 행복지수를 조사한 것이다. 이 자료는 Kaggle 등을 통해서 얻을 수 있다. 이 자료에서 소득(구매력지수)을 독립변수로 행복지수를 종속변수로 하는 단순회귀분석을 할 때 `regress7.py`

(a) 산점도를 얻어보아라.

(b) 회귀식을 구하고 이 직선을 산점도 위에 그려라.

(c) 두 변수의 상관계수를 구하고 상관계수의 제곱이 결정계수 R^2와 같은지 확인하여라.

(d) 분산분석표를 구하여라.

(e) 잔차를 제곱하여 합한 값이 분산분석표의 SSE와 같은 값인지 확인하여라.

(f) 단순회귀분석에서 기울기의 추정값은 $b_1 = S_{xy}/S_{xx}$이고 상관계수는 $r = \frac{S_{xy}}{\sqrt{S_{xx}}\sqrt{S_{yy}}}$이므로 $b_1 = r\frac{\sqrt{S_{yy}}}{\sqrt{S_{xx}}}$인 관계가 성립한다. 위에서 계산한 상관계수와 회귀계수 사이에 이 관계가 성립하는지 확인하여라.

(g) GDP가 0.7, 1, 1.3일 때 행복지수의 예측값은 얼마인가?

(h) β_0와 β_1의 99% 신뢰구간을 구하여라.

(i) $H_0 : \beta_1 = 2$ 대 $H_1 : \beta_1 > 2$를 검정하여라.

13.7 연습문제 13.6의 자료를 사용하여 GDP 값에 따른 행복지수의 예측값을 계산하고 원자료의 산점도에 회귀직선을 그려라. `regress8.py`

(a) 이 산점도에 각 GDP 값에 따른 행복지수의 95% 예측구간 및 행복지수의 평균에 대한 95% 신뢰구간을 얻어 산점도 위에 그려보아라.

(b) 산점도를 새로 만들고 이 산점도 위에 위의 예측구간 및 신뢰구간을 신뢰도 95%를 사용하여 그려보아라.

(c) 두 그래프를 비교해보고 신뢰도가 높아지면 예측구간이나 신뢰구간의 폭이 어떻게 달라지는지 설명하여라.

제 14 장

분산분석과 g개의 그룹비교

제 9.5절에서 두 표본 사이에 모평균의 차이가 있는지 검정하는 방법에 대하여 알아보았다. 이 장에서는 이를 확장하는 방법에 대해서 알아보자. 즉, 세 개 이상의 표본에 대하여 그 모평균이 차이가 있는지 검정하고자 한다면 어떤 방법을 사용할 수 있을까하는 문제를 생각해 보자. 예를 들면 네 가지 서로 다른 두통약이 약효의 차이가 있을까 하는 검정이나, 세 가지 서로 다른 보청기가 환자의 사용편이성이 서로 다른가 하는 문제 또는 일사량에 따라 나무의 성장률이 차이가 나는가 하는 문제등이 이 절에서 다룰 수 있는 문제들이다. 이와 같이 셋 이상의 그룹에서 모평균의 차이에 대한 추론을 다루는 통계적 방법을 일원배치 분산분석(Oneway Analysis of Variance; Oneway ANOVA)이라고 한다.

14.1. 모형과 분산분석

Y_{ij}를 i 번째 $(i = 1, 2, \ldots, g)$ 그룹(또는 처리)의 j 번째 $(j = 1, 2, \ldots, n_i)$ 관측치라고 할 때 이 자료를 표로 만들어 보면

처리 1	처리 2	$\cdots$	처리 g
Y_{11}	Y_{21}	$\cdots$	Y_{g1}
Y_{12}	Y_{22}	$\cdots$	Y_{g2}
$\vdots$	$\vdots$	$\vdots$	$\vdots$
Y_{1n_1}	Y_{2n_2}	$\cdots$	Y_{gn_g}

와 같다. 따라서 전체 자료의 개수를 N이라고 하면 $N = n_1 + n_2 + \cdots + n_g$이다. μ_i를 i 번째 표본의 모평균이라 하고 μ를 전체 평균이라 하여 $\alpha_i = \mu_i - \mu$로 나타내자. 그러면 이와 같이 자료 Y_{ij}에 대한 통계학적인 모형은

$$Y_{ij} = \mu + \alpha_i + \epsilon_{ij} \tag{14.1}$$

으로 설정하는데 μ는 Y_{ij}의 전체 평균이며 α_i는 i 번째 표본의 모평균의 전체 모평균에 대한 차이이며(따라서 $\sum_{i=1}^{g} \alpha_i = 0$ 이다.) ϵ_{ij}는 독립이며 정규분포 $N(0, \sigma^2)$을 따른다. 따라서 $Y_{ij} \sim N(\mu + \alpha_i, \sigma^2)$ 이다. 즉, Y_{ij}에

1. 모두 독립
2. 정규분포
3. 분산이 모두 같음[1]

을 가정한다.

여기서 사용할 귀무가설은 "처리간의 차이가 없다." 이며 대립가설은 귀무가설이 아니다", 즉, "모든 평균이 같지는 않다."이다.[2] 이를 식으로 표현하면

$$H_0 : \alpha_1 = \alpha_2 = \cdots = \alpha_g = 0, \quad H_1 : H_0\text{가 아님} \tag{14.2}$$

이 되며 이는

$$H_0 : \mu_1 = \mu_2 = \cdots = \mu_g, \quad H_1 : H_0\text{가 아님} \tag{14.3}$$

와 같은 표현이다. 여기서 대립가설 '$H_1 : H_0$가 아님'은 H_0에 대한 부정, 즉, '적어도 하나의 α_i가 0이 아니다'이거나(α_i들에 의한 귀무가설 (14.2)) '적어도 하나의 μ_i가 다른 μ_j와 다르다'(μ_i들에 의한 귀무가설 (14.3))는 뜻이지 모든 α_i 또는 μ_i들이 서로 다르다는 뜻이 아님에 다시 한 번 강조한다.

이러한 가설검정을 위해 필요한 제곱합의 분해를 생각해 보자. 자료가 다음의 표와 같이 얻어졌을 때 필요한 평균들을 먼저 계산한다.

	처리 1	처리 2	$\cdots$	처리 g	
자료	Y_{11}	Y_{21}	$\cdots$	Y_{g1}	
	Y_{12}	Y_{22}	$\cdots$	Y_{g2}	
	$\vdots$	$\vdots$	$\vdots$	$\vdots$	
	Y_{1n_1}	Y_{2n_2}	$\cdots$	Y_{gn_g}	
평균	$\bar{Y}_{1.}$	$\bar{Y}_{2.}$	$\cdots$	$\bar{Y}_{g.}$	$\bar{Y}_{..}$

[1] 9.5절의 독립인 두 표본에 대한 평균차이에 대한 추론에서도 등분산성을 가정하였는데 등분산성이 성립할 때 독립인 두 표본에 대한 평균검정과 여기서 소개할 분산분석은 같은 결과를 얻는다.

[2] 모든 평균이 같지 않다 또는 모든 평균이 다르다고 하면 틀린 표현이다.

즉, 위의 표에서와 같이 $\bar{Y}_{..}$은 모든 자료의 평균이라 하고 $\bar{Y}_{i.}$은 i 번째 처리의 평균이다. 따라서,

$$\bar{Y}_{..} = \frac{\sum_{i=1}^{g}\sum_{j=1}^{n_i} Y_{ij}}{\sum_{i=1}^{g} n_i}, \qquad \bar{Y}_{i.} = \frac{\sum_{j=1}^{n_i} Y_{ij}}{n_i}, \tag{14.4}$$

로 얻어지며 전체 자료의 평균차에 대한 제곱합 $\sum_{i=1}^{g}\sum_{j=1}^{n_i}(Y_{ij} - \bar{Y}_{..})^2$ 는

$$\begin{array}{ccccc} \sum_{i=1}^{g}\sum_{j=1}^{n_i}(Y_{ij} - \bar{Y}_{..})^2 & = & \sum_{i=1}^{g}\sum_{j=1}^{n_i}(Y_{ij} - \bar{Y}_{i.})^2 & + & \sum_{i=1}^{g}\sum_{j=1}^{n_i}(\bar{Y}_{i.} - \bar{Y}_{..})^2 \\ \text{SST} & = & \text{SSE} & + & \text{SSTrt} \end{array} \tag{14.5}$$

으로 두 개의 제곱합의 합으로 나누어서 쓸 수 있는데 이를 각각 전체제곱합, 오차제곱합 및 처리제곱합이라고 하고 각각 SST (sum of squares total), SSE (sum of square error) 및 SSTrt (sum of squares treatment)로 줄여 쓰기도 한다.

만일 각 처리간의 평균의 차이가 크다면 SSTrt의 값이 크게 되는데 이 값은 제곱의 합이므로 처리의 개수 g가 클 때도 큰 값을 갖게 된다. 따라서 이를 보정할 필요가 있는데 이 보정은 SSTrt를 $(g-1)$로 나누어 주어서 해결할 수 있다. 이 값을 보통 MSTrt (mean square treatment)라고 나타내고 평균 처리제곱합이라고 한다.

MSTrt의 값은 Y_{ij}의 관찰단위만 바뀌어도 달라지므로 단위에 종속되지 않는 검정통계량을 생각하면 적절한 제곱합으로 나누어야 할 것이다.

또한 공통분산 σ^2에 대한 추정치로는 SSE$/(N-g)$를 사용하며 이를 평균오차제곱합 (Mean Square Error; MSE)이라고 한다.

따라서 식 (14.2) 또는 (14.3)의 귀무가설과 대립가설에 대한 가설검정의 검정통계량은

$$F = \frac{\text{MSTrt}}{\text{MSE}} = \frac{\text{SSTrt}/(g-1)}{\text{SSE}/(N-g)} = \frac{\sum_{i=1}^{g}\sum_{j=1}^{n_i}(\bar{Y}_{i.} - \bar{Y}_{..})^2/(g-1)}{\sum_{i=1}^{g}\sum_{j=1}^{n_i}(Y_{ij} - \bar{Y}_{i.})^2/(N-g)} \tag{14.6}$$

을 사용하며 이 값은 귀무가설 H_0가 참일 때 자유도가 $(g-1, N-g)$인 F 분포를 따르게 된다.

식 (14.6)의 검정통계량의 귀무가설하에서의 분포가 F 분포이므로 식 (14.6)의 검정통계량 F 값이 F 분포표의 $F_{g-1,N-g;\alpha}$ 보다 크면 유의수준 α에서 귀무가설을 기각하고 모든 처리의 "평균이 같지는 않다" 또는 "적어도 한 표본에서의 모평균은 나머지와 다르다."라고 말할 수 있다. F 분포표는 부록의 표 A.6부터 표 A.11에서 찾아볼 수 있다. 컴퓨터 패키지를 사용하는 경우 유의확률이 계산되므로 유의확률이 유의수준보다 작으면 귀무가설을 기각한다.

표 14.1: 분산분석표

source	제곱합	자유도	평균제곱합	F
처리	SSTrt	$g-1$	MSTrt = SSTrt/$(g-1)$	MSTrt/MSE
오차	SSE	$N-g$	MSE = SSE/$(N-g)$	
합	SST	$N-1$		

SST, SSTrt및 SSE에 대한 계산은 다음과 같은 간편식을 많이 사용한다.

$$\text{SST} = \sum_{i=1}^{g}\sum_{j=1}^{n_i}(Y_{ij}-\bar{Y}_{..})^2 = \sum_{i=1}^{g}\sum_{j=1}^{n_i}Y_{ij}^2 - N\bar{Y}_{..}^2 \tag{14.7}$$

$$\text{SSTrt} = \sum_{i=1}^{g}\sum_{j=1}^{n_i}(\bar{Y}_{i.}-\bar{Y}_{..})^2 = \sum_{i=1}^{g}n_i\bar{Y}_{i.}^2 - N\bar{Y}_{..}^2 \tag{14.8}$$

$$\text{SSE} = \text{SST} - \text{SSTrt} \tag{14.9}$$

이러한 과정에 의한 계산은 대부분 분산분석표로 만들어 요약하는데 표 14.1에 분산분석표의 일반적인 형태이다.

일원배치 분산분석에서는 처리제곱합과 오차제곱합을 각각 급간분산(그룹간 분산; Between group sum of squares; SSB)과 급내분산(그룹내 분산; within group sum of squares; SSW)으로 부르는 경우가 있는데 이는 처리제곱합은 서로 다른 그룹간의 평균의 편차의 제곱합을 계산하고 오차제곱합은 각 그룹내의 자료의 평균에 대한 편차제곱합을 계산한 것에서 연유한 표현이다. 급간분석과 급내분산이란 명칭은 주로 일부 사회학분야에서 주로 사용하나 처리가 두 개 이상이면 이 표현을 확장하기가 어렵기 때문에 이 표현의 사용은 권장하지는 않는다.

14.1.1 참고: 그룹별 기초통계량

여러개의 그룹에 대해서 분석을 하는 일원배치분산분석의 경우 평균이나 분산 등의 계산을 각 그룹별로 할 필요가 있다. 이 계산은 `DataFrame`의 `groupby`를 사용하여 할 수 있다. 사용법은

```
DataFrame.groupby(by=None, axis=0, sort=True, ...)
```

이며 `by`에 설정한 변수의 값에 따라 그룹핑을 한다. 이때 `axis`는 행별(기본값 0)인지를 설정하고 `sort`는 `by`에 설정된 변수의 값을 오른차순으로 정렬할지 설정한다(기본값 `True`로 정렬됨).

보기 14.1 `groupby1.py` 다음 보기는 데이터 프레임에서 특정변수의 값에 따라 평균, 분산, 자료수를 계산해 본 것이다.

```
gmm = df.groupby(by='group').mean()
print(gmm.reset_index())
```

```
gvv = df.groupby(by='group').var(ddof=1)
print(gvv.reset_index())
gcc = df.groupby(by='group').count()
print(gcc.reset_index())
```

의 결과는

평균(gmm)

group	values
0	2.0
1	7.5
2	4.5

분산(gvv)

group	values
0	1.000000
1	1.666667
2	0.500000

자료수(gcc)

group	values
0	3
1	4
2	2

와 같다. 출력에서 사용한 `reset_index` 메소드가 있을 경우와 없을 경우의 차이를 확인해보아라. `reset_index`는 3.7절을 참고하기로 한다. ■

14.2. 모평균에 관한 추론

처리 i의 모평균 μ_i에 대한 추정량은 i 번째 그룹의 표본평균인 $\bar{Y}_{i.}$으로 얻으며 Y_{ij}들의 분산 σ^2의 추정량은 오차제곱합을 자유도로 나눈 오차평균제곱합

$$\hat{\sigma}^2 = \frac{\sum_{i=1}^{g}\sum_{j=1}^{n_i}(Y_{ij}-\bar{Y}_{i.})^2}{N-g} = \text{MSE}$$

를 사용한다. Y_{ij}들이 정규분포이고 독립이므로 $\bar{Y}_{i.}$와 $\bar{Y}_{i.}-\bar{Y}_{j.}$가 정규분포임을 이용하면

$$\frac{\bar{Y}_{i.}-\mu_i}{\sigma/\sqrt{n_i}} \sim N(0,1) \quad \text{및} \quad \frac{(\bar{Y}_{i.}-\bar{Y}_{j.})-(\mu_i-\mu_j)}{\sigma\sqrt{\dfrac{1}{n_i}+\dfrac{1}{n_j}}} \sim N(0,1)$$

이며 σ^2의 추정치로 MSE로 사용하면

$$\frac{\bar{Y}_{i.}-\mu_i}{\sqrt{\text{MSE}}/\sqrt{n_i}} \sim t_{N-g} \quad \text{및} \quad \frac{(\bar{Y}_{i.}-\bar{Y}_{j.})-(\mu_i-\mu_j)}{\sqrt{\text{MSE}}\sqrt{\dfrac{1}{n_i}+\dfrac{1}{n_j}}} \sim t_{N-g}$$

임을 보일 수 있다.

따라서 i 번째 그룹의 모평균 μ_i의 $100(1-\alpha)\%$ 신뢰구간은

$$\bar{Y}_{i.} \pm t_{N-g;\alpha/2}\sqrt{\frac{\text{MSE}}{n_i}} \tag{14.10}$$

으로 얻어지며 i 번째 처리와 j 번째 처리의 모평균차에 대한 신뢰구간은

$$\bar{Y}_{i.}-\bar{Y}_{j.} \pm t_{N-g;\alpha/2}\sqrt{\text{MSE}}\sqrt{\frac{1}{n_i}+\frac{1}{n_j}} \tag{14.11}$$

이다. 여기서 MSE는 분산분석표에서 얻은 값으로 σ^2의 추정치로 사용된 것이다.

i 번째 그룹의 모평균 μ_i에 대한 귀무가설 $H_0 : \mu_i = \mu_{i0}$에 대한 가설검정은 검정통계량으로

$$T = \frac{\bar{Y}_{i.} - \mu_{i0}}{\sqrt{\frac{\text{MSE}}{n_i}}} \tag{14.12}$$

를 사용하며

- 대립가설이 $H_1 : \mu_i > \mu_{i0}$인 경우 $T > t_{N-g;\alpha}$이면 귀무가설을 기각하고
- 대립가설이 $H_1 : \mu_i < \mu_{i0}$인 경우 $T < -t_{N-g;\alpha}$이면 귀무가설을 기각하고
- 대립가설이 $H_1 : \mu_i \neq \mu_{i0}$인 경우 $|T| > t_{N-g;\alpha/2}$이면 귀무가설을 기각한다.

두 그룹간의 모평균 차에 대한 귀무가설 $H_0 : \mu_i - \mu_j = \delta$에 대한 가설검정에서는[3]

$$T = \frac{\bar{Y}_{i.} - \bar{Y}_{j.} - \delta}{\sqrt{\text{MSE}}\sqrt{\frac{1}{n_i} + \frac{1}{n_j}}} \tag{14.13}$$

를 검정통계량으로 사용하며

- 대립가설이 $H_1 : \mu_i - \mu_j > \delta$인 경우 $T > t_{N-g;\alpha}$이면 귀무가설을 기각하고
- 대립가설이 $H_1 : \mu_i - \mu_j < \delta$인 경우 $T < -t_{N-g;\alpha}$이면 귀무가설을 기각하고
- 대립가설이 $H_1 : \mu_i - \mu_j \neq \delta$인 경우 $|T| > t_{N-g;\alpha/2}$이면 귀무가설을 기각한다.

만일 $g = 2$이면 위의 모평균차에 대한 신뢰구간이나 검정은 9.5.1절에서 소개한 공통분산을 사용한 두 모집단의 비교와 같은 결과를 얻는다.

보기 14.2 사료의 차이에 따른 체중의 증가가 있는지 조사하기 위하여 동물 실험을 하였다. 사료 A는 평소 사용하던 사료이고 나머지 셋은 최근에 새로 개발된 사료라고 한다. 그 실험 결과는 아래 표에 정리하였다.

사료	A	B	C	D
	60	62	68	56
	59	67	67	60
	59	63	71	59
	58	64	70	57
합 ($\sum_j y_{ij}$)	236	256	276	232
제곱합 ($\sum_j y_{ij}^2$)	13926	16398	19054	13466

사료의 종류에 따른 체중의 차이가 있는지 검정하여라. 또 사료 D를 사용하였을 때의 모평균을 μ_D라고 할 때 μ_D의 95% 신뢰구간을 구하여라. 사료 A와 B를 사용할 때의 체중차에 대한 99% 신뢰구간을 구해보아라.

풀이: 먼저 분산분석표를 구해 보면

[3] 대개의 경우 δ는 0인 경우에 대한 추론이 사용된다.

요인	제곱합	자유도	평균제곱	F	유의확률
모형	308	3	102.67	34.22	0.0001
오차	36	12	3.00		
전체	344	15			

이다. 따라서 분산분석표의 F 값은 34.22이고 $F_{3,12;0.05} = 3.49 < 34.22$이므로 유의수준 5%에서 귀무가설을 기각한다. 즉, 사료에 따른 체중의 증가정도가 차이가 (최소한 하나 이상의 사료에서) 있다고 말할 수 있다. 이 때 유의확률 p 값은 0.0001이므로 이 값보다 큰 모든 유의수준에서 같은 결론을 내릴 수 있다. 따라서 μ_D의 95% 신뢰구간은 MSE = 3 이므로

$$58 \pm t_{12;0.025}\sqrt{\frac{3}{4}} = 58 \pm 2.1788\sqrt{\frac{3}{4}} = (56.1131, 59.8869)$$

이다.

사료 A의 평균은 59이고 사료 B의 평균은 64이며 $t_{12;0.005} = 3.05454$이므로

$$\begin{aligned}\mu_A - \mu_B = \bar{y}_{1.} - \bar{y}_{2.} \pm t_{N-g;\alpha/2}\sqrt{\text{MSE}}\sqrt{\frac{1}{n_1}+\frac{1}{n_2}} &= 59 - 64 \pm 3.05454\sqrt{3}\sqrt{\frac{1}{4}+\frac{1}{4}}\\ &= (-8.741, -1.259)\end{aligned}$$

이다. ■

보기 14.3 보기 9.7의 자료를 이용하여 두 그룹의 차에 대한 분산분석을 시행해 보고 이 결과와 독립인 두 표본의 모평균 차에 대한 검정의 결과를 비교하여라.

풀이: $\sum\sum y_{ij}^2 = 70.59498$, $\bar{y}_{1.} = 1.962273$, $\bar{y}_{2.} = 0.955$, $\bar{y}_{..} = 1.482619$ 이므로 식 (14.7), 식 (14.8) 및 식 (14.9)을 사용하면 $\text{SST} = 70.59498 - 21 \cdot 1.482619^2 = 24.43363$, $\text{SSTrt} = 11 \cdot 1.962273^2 + 10 \cdot 0.955^2 - 21 \cdot 1.482619^2 = 5.314578$ 및 $\text{SSE} = 24.43363 - 5.314578 = 19.119$이다. 이를 사용하여 분산분석표를 얻어보면

요인	제곱합	자유도	평균제곱	F	유의확률
모형	5.315	1	5.315	5.281	0.033
오차	19.119	19	1.006		
전체	24.434	20			

이며 유의확률이 0.05보다 작으므로 유의수준 5%에서 두 그룹의 평균은 다르다고 할 수 있다. 여기서 오차평균제곱합 MSE는 1.006으로 보기 9.7에서의 공통분산 s_p^2과 같은 값임을 확인할 수 있으며, 검정통계량 F 값 5.281은 보기 9.7에서 얻은 검정통계량의 값 2.298의 제곱임을 알 수 있다. 또한 유의확률도 F에 의한 유의확률과 독립인 두 표본 검정에서 양측검정의 유의확률과 같다.

분산의 추정치와 사용할 자유도가 19로 같으므로 평균차에 대한 신뢰구간도 보기 9.7 에서와 같은 결과를 얻는다. ■

실제 이론적으로 두 그룹의 비교는 분산분석표를 이용한 것과 독립인 두 표본 검정과 같다는 것을 증명할 수 있다. 다만 단측검정일 때는 분산분석의 대립가설이 항상 양측검정의

형태를 가지므로 t 검정을 사용하는 것이 나을 수 있다. 실제 분산분석 모형에서 자료에 대한 가정을 살펴보면 두 모형에서의 가정–정규분포, 독립성 및 등분산–이 같음을 알 수 있다.

파이썬에서의 분산분석

파이썬에서의 일원배치 분산분석은 scipy.stats의 f_anova를

```
f_oneway(*args, axis=0)
```

로 사용하여 얻을 수 있다. 여기서 *args에는 분석할 자료가 포함된 배열 등의 그룹별 변수 이름이 사용되고 axis에는 이 자료가 행별인지 열별인지 설정한다. 기본값은 0으로 각 변수가 각 그룹별 자료인 경우이다. f_oneway는 출력이 분산분석표의 F-값(statistic)과 유의확률(pvalue)가 전부로 분산분석표 등의 출력은 얻지 못한다.

분산분석표 등의 출력은 회귀분석에서 사용한 310면의 ols 클래스를 사용하여 얻을 수 있다. 이론적으로 회귀분석과 분산분석은 동일한 수학적 모형을 사용하여 분석하기 하므로 ols로 회귀분석 및 분산분석을 함께 사용할 수 있다. ols를 분산분석에서 사용할 때 주의할 점은 그룹 표시가 숫자로 된 경우 독립변수에 이 값이 숫자가 아닌 '범주'로 해석할 것을 지정하여야 하는데 이를 위해 C 함수를 사용한다. 즉 모형의 설정에서 ’y x’ 대신 ’y C(x)’로 x가 범주형으로 해석되어야 한다는 것을 알려준다.

보기 14.4 anova1.py 보기 14.2와 9.8의 자료를 파이썬을 이용용하여 분석해보자. 먼저 보기 14.2의 자료를 분석하기 위해

```
import statsmodels.api as sm
from statsmodels.formula.api import ols
import scipy.stats as st
import pandas as pd

dfl = pd.DataFrame({'feed':['A', 'B','C','D']*4,
          'crop': [60, 62, 68, 56, 59, 67, 67, 60,
                   59, 63, 71, 59, 58, 64, 70, 57]})
dfw = pd.DataFrame({'A':[60,59,59,58], 'B':[62,67,63,64],
                   'C':[68,67,71,70], 'D':[56,60,59,57]})

#--------------- scipy.stats ---------------------------
F, p = st.f_oneway(dfw['A'], dfw['B'], dfw['C'], dfw['D'])

#--------------- statsmodels ols -----------------------
lm1 = ols('crop~C(feed)', data=dfl)
res1=lm1.fit()
aov_table1 = sm.stats.anova_lm(res1, type=3)
print(aov_table1)

dfl.boxplot('crop', by='feed', figsize=(12, 8))
```

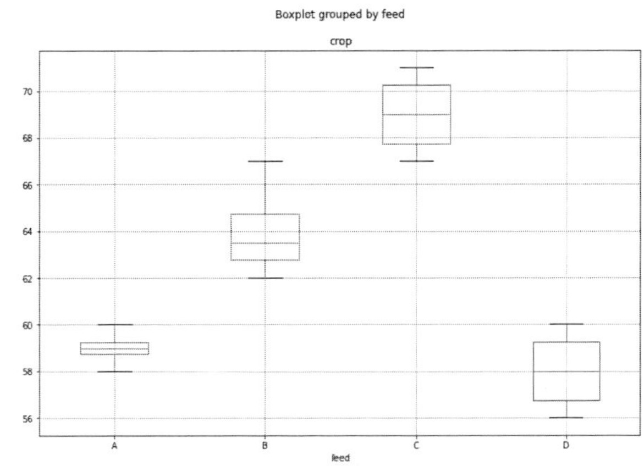

그림 14.1: 그룹별 비교를 위한 시각화

를 사용할 수 있다. 분산분석용 자료는 위의 코드에서 보는 것처럼 롱포맷(`dfl`)과 와이드포맷(`dfw`)으로 정리할 수 있는데 일반적으로는 롱포맷으로 정리하는 것이 여러가지로 유리하다. 대부분의 통계분석용 프로그램은 자료가 롱포맷으로 정리된 것을 가정하고 프로그램을 설정하도록 되어 있다. 다만 `f_oneway`를 사용하는 경우 각 그룹의 자료를 각각 설정하게 되어 있으므로 와이드 포맷이 조금 더 편할 수 있다. `f_oneway`를 사용한 결과 검정통계량 F_0은 34.22, 유의확률 $P = 3.675 \times 10^{-6}$으로 얻어지며 `ols`의 분산분석표의 출력은 다음과 같다.

```
            df  sum_sq    mean_sq          F    PR(>F)
C(feed)    3.0   308.0 102.666667  34.222222  0.000004
Residual  12.0    36.0   3.000000        NaN       NaN
```

`summary` 메소드를 사용하면 회귀분석에서와 같은 형식의 출력을 추가로 얻는다. 마지막 줄의 `boxplot` 메소드를 사용한 시각화의 결과는 그림 14.1과 같다.

보기 9.8의 자료는 두 그룹비교인데 이를 일원배치 분산분석으로 해보면

```
x = np.array([0.005, 0.600, 1.325, 1.505, 1.520, 2.000, 2.255, 2.575,
              3.000, 3.300, 3.500] )
y = np.array([0.005, 0.005, 0.255, 0.505, 0.525, 1.000, 1.250, 1.505,
              1.750, 2.750])

F2, p2 = st.f_oneway(x, y)
print(F2, p2)

group = np.append(np.zeros(len(x)), np.ones(len(y)))
df2 = pd.DataFrame({'x': group, 'dep': np.append(x,y)})
res2 = ols('dep~C(group)', data=df2).fit()
aov_table2 = sm.stats.anova_lm(res2, type=3)
print(aov_table2)
```

로 할 수 있으며 이 때 얻어지는 F-검정통계량은 5.281, 유의확률은 0.033으로 앞의 보기 9.8의 t-검정과 같은 결과를 얻는다. 다만 F-값은 앞에서 얻은 $t = 0.298$의 제곱이다. 분산분석표는

```
             df     sum_sq   mean_sq         F    PR(>F)
C(group)    1.0   5.314563  5.314563  5.281465  0.033078
Residual   19.0  19.119068  1.006267       NaN       NaN
```

과 같다. 참고로 앞의 네 그룹 자료는 그룹 표시 변수의 값이 문자라서 `ols`의 설정에서 `C`를 생략해도 되나 두 그룹비교에서는 그룹표시변수의 값이 숫자이므로 `C`가 사용되어야 한다.[4] ■

14.3. 다중비교(사후검정)

일원배치법에서 얻은 분산분석표에서 F 검정의 결과 귀무가설을 기각한 경우에 얻을 수 있는 결론은 '모든 그룹의 평균값이 같지는 않다'이다. 즉, 최소한 하나 이상의 그룹의 평균이 다르다는 결론을 얻게 되는데 이 결론만으로는 부족한 점이 있다. 평균이 모두 같지 않다는 것은 알지만 어떤 그룹과 어떤 그룹의 평균이 다른지에 대해서는 추론하기 힘들기 때문이다. 이러한 추론이 있어야 그룹간의 차이에 대해서 구체적으로 의미있는 결과를 얻게 되는데 이러한 추론을 다중비교(multiple comparisons) 또는 사후분석(post hoc analysis)이라고 부른다. 이러한 다중비교는 여러 통계학자들이 제안한 방법들이 있는데 많이 사용하는 방법은 LSD(Least Squares Distance), Scheffé, Bonferroni, Duncan의 방법 등이 있다.

다중비교는 표본에서 추정된 i 번째 처리군의 모평균의 추정치 $\bar{Y}_i$들을 순서대로 배열한 후 다음의 기준에 의해 모평균의 차이를 검정한다. 아래에서 소개하는 이론은 각 처리군의 표본의 크기가 모두 같을 때 적용되며 각 그룹의 표본의 크기를 n이라고 하였다.

1. LSD는 Fisher가 생각한 방법으로 최소유의차검정이라고 한다. 이 방법은

$$\text{LSD} = t_{g(n-1);\alpha/2}\sqrt{\frac{2\text{MSE}}{n}} \tag{14.14}$$

를 계산하여 $|\bar{Y}_{i.} - \bar{Y}_{j.}| > \text{LSD}$인 두 그룹에 대해서는 모평균이 같지않다고 하고 그렇지 않은 두 그룹의 모평균은 같다고 판단하는 방법이다. 만일 그룹 사이에 자료의 수가 모두 같지 않으면

$$\text{LSD} = t_{N-g;\alpha/2}\sqrt{\text{MSE}\Big(\frac{1}{n_i} + \frac{1}{n_j}\Big)} \tag{14.15}$$

을 사용하며 t 분포의 자유도는 오차제곱합의 자유도인 $N - g$를 사용한다.

---

[4]이 경우는 예외적으로 그룹 수가 2개인데다 그룹표시가 0, 1로 되어 있어 `C`가 없어도 같은 결과를 얻기는 한다. 자세한 것은 고급 회귀분석 이론의 가변수 설정 등을 참고하기로 한다.

2. Fisher의 LSD는 여러 개의 그룹을 비교함에 있어서 유의수준을 전체 유의수준을 그대로 사용하는 문제가 있는데 이를 수정한 것이 Bonferroni 방법이다. 앞의 LSD 대신

$$\text{Bon} = t_{g(n-1);\alpha/2k}\sqrt{\frac{2\text{MSE}}{n}} \tag{14.16}$$

을 계산하고 $|\bar{Y}_{i.} - \bar{Y}_{j.}| > \text{Bon}$인 두 그룹에 대해서는 모평균이 같지않다고 하고 그렇지 않은 두 그룹의 모평균은 같다고 판단한다. 여기서 $k = g(g-1)/2$로 전체 비교 g개의 그룹비교에서 전체 비교의 방법의 수이다.

3. Duncan의 방법은 g개의 처리를 비교함에 있어서 g개의 처리, $(g-1)$개의 처리군비교, $(g-2)$개의 처리군, $\cdots$, 두 개의 처리군 비교를 하는 방법이다. 각각의 처리군 비교에 있어서 가장 큰 표본평균을 갖는 처리군의 값과 가장 작은 표본평균값을 갖는 처리군의 평균차를 검정하는데 이 때 사용하는 유의수준의 값을 몇 개의 처리군을 비교하는지에 따라 다르게 선택한다. k개 처리군을 비교할 때 사용하는 유의수준은 전체 유의수준이 α일 때 $\alpha_k = 1-(1-\alpha)^k$를 사용하여 d_{α_k}를 계산한 후

$$|\bar{Y}_M - \bar{Y}_m| > d_{\alpha_k}$$

인 경우 k개의 처리군의 평균이 모두 같지는 않은 것으로 판단한다. 이 때 $\bar{Y}_M$과 $\bar{Y}_m$은 k개의 평균 중 가장 큰 값과 가장 작은 값이다.$(k = 1, 2, \ldots, g)$ d_{α_k}의 값은 별도의 표가 필요하다.

4. Tukey의방법은 Honest Significant Difference(HSD)라고도 부르는데

$$\text{HSD} = q_{g,g(n-1);\alpha/2}\sqrt{\frac{\text{MSE}}{n}} \tag{14.17}$$

를 계산하여 $|\bar{Y}_i - \bar{Y}_j| > \text{HSD}$인 두 처리군에 대해서는 모평균이 같지 않다고 하고 그렇지 않은 처리군은 같다고 판단하는 방법이다. $q_{\alpha,g,g(n-1)}$의 값은 표로 제공되는 경우가 많으며 Pearson and Hartley(1966)의 표 29 등을 참고하기로 한다.

만일 모든 그룹에서의 관측치의 수가 같지 않으면 위의 HSD 대신에

$$\text{HSD} = \frac{q_{g,N-g;\alpha/2}}{\sqrt{2}}\sqrt{\left(\frac{1}{n_i} + \frac{1}{n_j}\right)\text{MSE}} \tag{14.18}$$

를 사용하여 $|\bar{Y}_i - \bar{Y}_j| > \text{HSD}$인 두 처리군에 대해서는 모평균이 같지 않다고 한다. 그러나 자료의 수가 같지 않은 경에는 근사적인 검정이 된다(Box, Hunter and Hunter(1978)). 식 (14.18)에서 n_i들이 모두 같으면 식 (14.17)을 얻는다.

5. 다중비교의 경우 하나의 대조군과 여러 개의 처리군을 비교하는 경우가 있다. 예를 들어 위약(placebo)와 세 개의 처리약을 비교하는 경우 등이다. 이와 같이 여러 개의 그룹을 비교하는 경우들 중 하나의 대조군과 여러 개의 처리 그룹을 비교하는

경우에는 Dunnett의 방법 등을 사용한다. 이 경우 대조군과 처리들 사이의 다중비교만 필요하므로 g개의 그룹이 있으면 $(g-1)$개의 비교만 만들어진다. Dunnett의 검정은

$$\mathrm{D} = t_{g,N-g;\alpha/2}\sqrt{\Big(\frac{1}{n_c}+\frac{1}{n_j}\Big)\mathrm{MSE}} \tag{14.19}$$

를 계산하여 $|\bar{Y}_c - \bar{Y}_j| > \mathrm{D}$인 두 처리군에 대해서는 모평균이 같지 않다고 한다. 여기서 $\bar{Y}_c$는 대조군의 평균이며 $t_{g,N-g;\alpha/2}$ 분포값은 Dunnett(1964)에서 얻을 수 있다.

이외의 서로 다른 통계학적인 기준에 대한 자세한 것은 이 교재의 범위를 벗어나므로 자세한 이론적인 내용은 Box, Hunter and Hunter(1978)나 Milliken and Johnson(1984) 등의 분산분석에 대한 문헌을 참고하기로 한다.

보기 14.5 보기 14.2의 자료를 사용하여 유의수준 5%로 LSD에 의한 다중비교를 하여 보자.

먼저 MSE = 3 이고 $t_{N-g,\alpha/2} = t_{12,0.025=2.1788}$이므로

$$\mathrm{LSD} = t_{N-g;\alpha/2}\sqrt{\mathrm{MSE}\Big(\frac{1}{n_i}+\frac{1}{n_j}\Big)} = 2.1788\sqrt{3(1/4+1/4)} = 2.668$$

임을 알 수 있다. 따라서 두 그룹의 평균차이가 2.668 이상이면 서로 다른 그룹으로 판별하게 된다. 각 사료별 평균 몸무게 증가는 평균의 오름차순으로 정리할 때 각각 58, 59, 64, 69이므로 이 결과를 그림으로 제시하면

```
 D   A   B   C
58  59  64  69
------  --  --
```

와 같은 결과를 얻는다.

Bonferroni 방법을 사용하면 네 개의 그룹에서 비교의 개수는 $4 \cdot 3/2 = 6$이므로 유의수준 $\alpha = 0.05$이면 $t_{12;0.05/12} = 3.152681$이므로

$$\mathrm{Bon} = t_{N-g;\alpha/12}\sqrt{\mathrm{MSE}\Big(\frac{1}{n_i}+\frac{1}{n_j}\Big)} = 3.1526818\sqrt{3(1/4+1/4)} = 2.668 = 3.8612$$

이므로 위의 LSD와 같은 결론을 얻는다. ■

파이썬에서의 다중비교

파이썬에서 다중비교는 `statsmodels.stats.multicomp`의 `MultiComparison`을

```
MultiComparison(data, groups,...)
```

로 사용하여 얻을 수 있으며 data에는 반응변수가 저장된 배열의 이름을, groups에는 그룹을 표시하는 변수의 이름을 설정한다. 이 클래스는 allpairtest 메소드와 tukeyhsd 메소드를 제공하는데 각각

```
allpairtest(testfunc[, alpha, method, pvalidx])
```

와

```
tukeyhsd([alpha])
```

로 사용하여 다중비교의 결과를 얻을 수 있다. tukeyhsd는 각 그룹간 차이에 대해서 신뢰구간 구해주며 이 결과를 사용하여 그림을 그릴 수 있다.

```
plot_simultaneous(comparison_name=None, ax=None, figsize=(10, 6),
                  xlabel=None, ylabel=None)
```

comparison_name에는 tukeyhsd의 결과가 저장된 객체의 이름을, ax에는 내부적으로 사용하는 matplotlib.pyplot의 axis 이름을, xlabel, ylabel에는 각각 x-축, y-축의 이름을 설정한다.

보기 14.6 anova2.py 보기 14.2의 자료를 사용하여 다중비교를 해보자.

```
import statsmodels.stats.multicomp as mc
import scipy.stats as st
import pandas as pd

dfl = pd.DataFrame({'feed':['A', 'B', 'C', 'D']*4,
          'crop': [60, 62, 68, 56, 59, 67, 67, 60,
                   59, 63, 71, 59, 58, 64, 70, 57]})

comp = mc.MultiComparison(dfl['crop'], dfl['feed'])

hsd = comp.tukeyhsd()
print('Tukey HSD:\n', hsd.summary())

bonf, a1, b1 = comp.allpairtest(st.ttest_ind, method= "bonf")
print('Bonferroni:\n', bonf)

sidak, a2, b2 = comp.allpairtest(st.ttest_ind, method= "sidak")
print('Sidak:\n', sidak)

scheffe, a3, b3 = comp.allpairtest(st.ttest_ind, method= "sh")
print('Scheffe:\n', scheffe)

#---------- HSD 그림 ------------------------------
fig, ax1 = plt.subplots(1,1)
hsd.plot_simultaneous(ax=ax1)
mm = np.mean(dfl['crop'])
```

```
ax1.axvline(x=mm, color='r', label='gross mean at: {}'.format(mm))
ax1.legend()
```

이 프로그램으로 얻은 결과 Tukey HSD는

```
 Multiple Comparison of Means - Tukey HSD, FWER=0.05
=====================================================
group1 group2 meandiff p-adj   lower    upper  reject
-----------------------------------------------------
     A      B      5.0 0.0072   1.3634  8.6366   True
     A      C     10.0  0.001   6.3634 13.6366   True
     A      D     -1.0 0.8325  -4.6366  2.6366  False
     B      C      5.0 0.0072   1.3634  8.6366   True
     B      D     -6.0 0.0018  -9.6366 -2.3634   True
     C      D    -11.0  0.001 -14.6366 -7.3634   True
-----------------------------------------------------
```

이 프로그램으로 얻은 결과 Bonferroni는

```
=============================================
group1 group2   stat   pval  pval_corr reject
---------------------------------------------
     A      B -4.3301 0.0049    0.0296   True
     A      C   -10.0 0.0001    0.0003   True
     A      D     1.0 0.3559       1.0  False
     B      C -3.5355 0.0123    0.0737  False
     B      D  4.2426 0.0054    0.0325   True
     C      D  8.5206 0.0001    0.0009   True
---------------------------------------------
```

이 프로그램으로 얻은 결과 Sidak은

```
=============================================
group1 group2   stat   pval  pval_corr reject
---------------------------------------------
     A      B -4.3301 0.0049    0.0292   True
     A      C   -10.0 0.0001    0.0003   True
     A      D     1.0 0.3559    0.9286  False
     B      C -3.5355 0.0123    0.0715  False
     B      D  4.2426 0.0054    0.0321   True
     C      D  8.5206 0.0001    0.0009   True
---------------------------------------------
```

이 프로그램으로 얻은 결과 Scheffé는

```
=============================================
group1 group2   stat   pval  pval_corr reject
---------------------------------------------
     A      B -4.3301 0.0049    0.0163   True
     A      C   -10.0 0.0001    0.0003   True
     A      D     1.0 0.3559    0.3559  False
     B      C -3.5355 0.0123    0.0246   True
     B      D  4.2426 0.0054    0.0163   True
     C      D  8.5206 0.0001    0.0007   True
---------------------------------------------
```

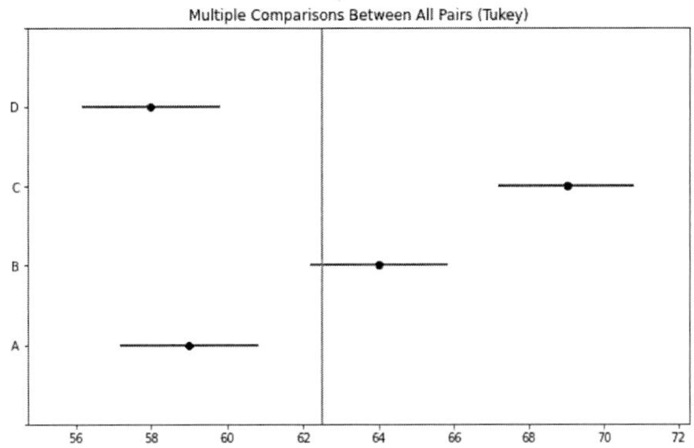

그림 14.2: Tukey HSD를 시각화한 결과

으로 Bonferroni와 Scheffé가 같은 결과를 Tukey와 Sidak이 동일한 결론을 얻었다. 위의 출력에서 `pval`은 독립이표본 등분산 검정에서의 유의확률이므로 다중비교를 위해서는 각 방법에 의한 수정 유의확률 `pval_corr`을 확인하여야 한다. Tukey HSD의 경우 차이에 대한 신뢰구간을 계산해주며 이 결과를 그림으로 표현할 수 있다. 그림 14.2는 Tukey HSD를 시각화한 것으로 그룹 A와 D는 그림상으로 겹치므로 차이가 나지 않는 그룹이며 B, C는 모두 차이가 나는 그룹이다. ■

다중비교에서 각 그룹별 자료의 수가 현격하게 차이가 나는 경우는 적절한 해석이 어려운 경우가 많아 일부 문헌에서는 다중비교는 각 그룹의 관측치의 수가 동일한 경우에만 적용되는 것으로 소개하기도 한다. 그 이유는 다음의 보기와 같다.

보기 14.7 다음의 자료는 실제 자료를 분석한 결과이다. 전체 자료의 수가 574개로 책에 싣기에는 너무 많아서 원자료는 생략하고 분석결과의 일부만 살펴보도록 하자. 자료는 다섯 개의 그룹에서 얻었으며 그룹별 기술통계량은 다음 표와 같다.

그룹(i)	1	2	3	4	5	전체
자료수(n_i)	303	16	125	25	105	574
평균($\bar{y}_{i.}$)	3.3574	3.5563	3.5064	3.2800	3.5410	3.4256
표준편차	.56732	.81402	.71174	.71356	.65672	.63556

이 자료의 분산분석표는

요인	제곱합	자유도	평균제곱	F	유의확률
처리	4.425	4	1.106	2.772	.027
오차	227.029	569	.399		
합계	231.454	573			

이다. $t_{569,0.025} = 1.96414$, MSE $= .399$이므로 유의수준 5% 에서의 LSD는 그룹별로 계산해보면

	1	2	3	4
2	0.3183			
3	0.1319	0.3294		
4	0.2582	0.3972	0.2718	
5	0.1405	0.3330	0.1642	0.2761

이 된다. 따라서

- 그룹 1과 그룹 2의 평균차이는 $|3.3574 - 3.5563| = 0.1989$이며 이 값은 LSD인 0.3183 보다 작으므로 이 둘은 차이가 없는 그룹들이며
- 그룹 1과 그룹 3의 차이는 $|3.3574 - 3.5064| = 0.1490$으로 두 그룹의 LSD 0.1319 보다 크므로 평균이 서로 다른 그룹이다.

하지만 실제 그룹 1, 2, 3의 평균은 각각 3.3574, 3.5563, 3.5064으로 그룹 1과 2의 차이가 그룹 1과 3의 차이보다 더 커서 이를 (통계이론을 배제한 상태에서)이해하기가 쉽지 않다. ■

14.4. 대비(contrast)

보기 14.2의 사료에 따른 비만도 자료에서 사료 A는 기존의 사료이고 나머지 셋은 새로운 종류의 사료라고 하였다. 그러면 사료 A와 나머지 사료와 차이가 있을지 검정할 필요가 생길 것이다. 즉, A를 제외한 나머지 사료의 평균을 $(\mu_B + \mu_C + \mu_D)/3$ 으로 표시하면 귀무가설

$$H_0 : \mu_A = \frac{\mu_B + \mu_C + \mu_D}{3} \tag{14.20}$$

을 검정할 필요가 생긴다.

보기 14.8 네 가지 진통제 A, B, C, D 중 A와 B는 국산이며 C와 D는 수입품이라고 한다. 국산과 수입품 사이에 진통효과 평균의 차이가 있는지 검정하려면

$$H_0 : \mu_A + \mu_B - \mu_C - \mu_D = 0$$

를 검정하면 되고 이 때 식 (14.21)의 상수 c_i는 $c_1 = c_2 = 1$, $c_3 = c_4 = -1$이며 이들의 합은 0임을 알 수 있다. ■

대비의 검정에서 사용하는 상수는 합이 0이라는 조건밖에 없으므로 $H_0 : \mu_A + \mu_B - \mu_C - \mu_D = 0$ 대신에

$$H_0 : \frac{\mu_A + \mu_B}{2} - \frac{\mu_C + \mu_D}{2} = 0$$

를 사용하고 $c_1 = c_2 = 1/2$, $c_3 = c_4 = -1/2$이라고 하거나 식 (14.20)의 귀무가설은

$$H_0 : 3\mu_A - \mu_B - \mu_C - \mu_D = 0$$

을 사용할 수 있으며 이렇게 다른 상수값 c_i를 사용하여도 대비검정의 결과는 변하지 않는다.

이 과정을 g개의 그룹의 평균에 대한 추론으로 일반화하면 $c_1 + c_2 + \cdots + c_g = 0$인 c_i들에 대해서 대비(contrast)는

$$C = c_1\mu_1 + c_2\mu_2 + \cdots + c_g\mu_g \tag{14.21}$$

으로 정의하며 이는 식 (14.20)을 일반화 한 모양이다.

대비에 대한 가설검정은 귀무가설 $H_0 : C = 0$에 대한 검정이 된다. 즉, 대비의 검정은 귀무가설

$$H_0 : c_1\mu_1 + c_2\mu_2 + \cdots + c_g\mu_g = 0 \tag{14.22}$$

에 대한 검정이다. 이 검정은 t 검정 또는 F 검정으로 얻어지는데 F 검정의 경우 F 분포의 분자의 자유도가 1로 얻어지기 때문에 t 검정의 결과로 얻어지는 검정통계량의 제곱값을 검정통계량을 얻게된다. 여기서는 양측검정의 결과를 바로 얻을 수 있는 t 검정을 살펴보자.

i 번째 그룹의 모평균에 대한 추정치는 $\bar{Y}_{i.}$로 얻어지므로 식 (14.21)의 대비에 대한 추정치는

$$\hat{C} = c_1\bar{Y}_{1.} + c_2\bar{Y}_{2.} + \cdots + c_g\bar{Y}_{g.} \tag{14.23}$$

로 얻어지고 $\hat{C}$의 기댓값은 식 (14.21)와 같으며 분산은

$$\text{var}(\hat{C}) = c_1^2\frac{\sigma^2}{n_1} + c_2^2\frac{\sigma^2}{n_2} + \cdots + c_g^2\frac{\sigma^2}{n_g} \tag{14.24}$$

로 얻어진다. σ^2은 일원배치의 모형식 (14.1)에서 가정한 Y_{ij}들의 공통분산이며 이 값은 대부분의 경우 모르는 값이기 때문에 σ^2의 추정치인 분산분석표의 평균제곱합(MSE)을 대신 사용한다. 식 (14.24)에서 σ^2 대신에 MSE를 사용한 값을 $\widehat{\text{var}}(\hat{C})$로 표시하며 이론적으로

$$T = \frac{\hat{C}}{\sqrt{\widehat{\text{var}}\hat{C}}} = \frac{c_1\bar{Y}_{1.} + c_2\bar{Y}_{2.} + \cdots + c_g\bar{Y}_{g.}}{\sqrt{\text{MSE}\left(\frac{c_1^2}{n_1} + \frac{c_2^2}{n_2} + \cdots + \frac{c_g^2}{n_g}\right)}} \tag{14.25}$$

는 자유도가 $(N-g)$인 t 분포를 따른다. 따라서 대비에 대한 $100(1-\alpha)\%$ 신뢰구간은

$$\hat{C} \pm t_{N-g;\alpha/2}\sqrt{\widehat{\text{var}}(\hat{C})} \tag{14.26}$$

이 되며 귀무가설이 식 (14.21)에서와 같이 $H_0 : C = 0$일 때 검정 통계량은 식 (14.25)의 T를 사용하여

- 대립가설이 $H_1 : C > 0$이면 $T > t_{N-g;\alpha}$ 일 때
- 대립가설이 $H_1 : C < 0$이면 $T < -t_{N-g;\alpha}$ 일 때
- 대립가설이 $H_1 : C \neq 0$이면 $|T| > t_{N-g;\alpha/2}$ 일 때

각각 귀무가설을 기각한다.

보기 14.9 보기 14.2의 자료에서 사료 A는 기존의 사료이고 나머지 B, C, D의 세 가지 사료는 유전공학의 여러 이론을 접목하여 만든 신제품이라고 가정해 보자. 보기 14.2의 이용하여 사료 A와 나머지 사료 B, C, D의 평균의 차이가 있는지 알아보자. 즉, 귀무가설은 사료 A의 수확량과 나머지 사료의 수확량의 차이가 없다이며 대립가설은 차이가 있다를 두 가설로 하여 가설검정을 실행해보자.
풀이: 먼저 $c_1 = 3, c_2 = c_3 = c_4 = -1$, $n_1 = n_2 = n_3 = n_4 = 4$이고 $\bar{y}_{1.} = 59$, $\bar{y}_{2.} = 64$, $\bar{y}_{3.} = 69$, $\bar{y}_{4.} = 58$이므로 대비의 추정치 $\hat{C}$는

$$\hat{C} = \sum c_i \bar{y}_{i.} = 3 \cdot 59 - 64 - 69 - 58 = -14$$

이고 추정한 대비의 분산의 추정치는 보기 14.2에서 MSE = 3이므로

$$\begin{aligned} t &= \frac{\hat{C}}{\sqrt{\widehat{\text{var}}\hat{C}}} = \frac{c_1\bar{y}_{1.} + c_2\bar{y}_{2.} + \cdots + c_g\bar{y}_{g.}}{\sqrt{\text{MSE}\left(\frac{c_1^2}{n_1} + \frac{c_2^2}{n_2} + \cdots + \frac{c_g^2}{n_g}\right)}} = \frac{-14}{\sqrt{3(3^2/4 + 1/4 + 1/4 + 1/4)}} \\ &= \frac{-14}{3} = -4.6667 \end{aligned}$$

이며 $-4.6667 < -t_{12,0.025} = -2.1788$이다. 따라서 귀무가설 $H_0 : C = 0$ 대 대립가설 $H_1 : C \neq 0$의 검정은 귀무가설을 기각하는 결론을 얻게 된다.

대비에 대한 95% 신뢰구간은

$$-14 \pm 2.1788 \cdot 3 = (-20.5364, -7.4636)$$

이며 이 구간에는 0이 포함되지 않는다. ■

파이썬에서 대비 검정

현재 파이썬에서 대비 검정은 자주 사용하는 모듈에서는 제공되지 않는다. 하지만 앞에서 소개한 이론이 파이썬에서 구현하기 어렵지 않으므로 직접 프로그램을 해보기로 한다.

보기 14.10 `anova3.py` 파이썬에서 1차원 선형대비를 구현하기 위해 자료와 대비의 값을 매개변수로 받아 계산하는 함수를 작성해보자.

```
import scipy.stats as st
import pandas as pd
import numpy as np

def contrast(dfl, ctrt, indep):  # assumes long format data
  mm = dfl.groupby([indep]).mean()  # group mean
  vv = dfl.groupby([indep]).var(ddof=1) # group std
  nn = dfl.groupby([indep]).count()  # group nobs
  N = np.sum(nn)        # total nobs
```

```
    dfE = N-len(mm)         # 자유도
    SSE = np.sum((nn-1)*vv)
    MSE = SSE/dfE
    statist = np.sum(mm*ctrt) / np.sqrt(MSE*np.sum(ctrt**2/nn))
    pvalue = (1-st.t.cdf(np.abs(statist), dfE))*2 # for two-sided test
    return([statist[0], pvalue[0]])
```

이 함수에서 자료가 포함된 롱포맷의 데이터 프레임과 대비값을 전달받는다. 이때 함수 내에서 그룹별 평균, 분산 등이 데이터 프레임으로 얻어지므로 계산을 편하게 하기 위해 대비의 값도 2차원으로 전달 받는 것으로 하였다.[5] `DataFrame`의 메소드 중에서 `groupby`는 주어진 변수의 각각의 값에 따라 필요한 계산을 해준다. 이 경우 입력받은 데이터프레임에서 `feed` 변수의 값에 따라 평균, 분산, 각 그룹의 자료 개수를 얻어 mm, vv, nn이라 하였다(이들은 모두 `DataFrame`임). SSE와 MSE를 계산한 다음 식 (14.25)를 계산하고 이를 `statist`에 저장하였다. 이 계산과장에서 `mm*ctrt`의 계산이 mm은 데이터프레임(2차원)이므로 `ctrt`가 1차원이면 안되므로 반드시 2차원이 되도록 하여야 한다. 양측검정 유의확률을 계산한 후 `pvalue`라 하였다. `statist`는 `DataFrame`, `pvalue`는 ndarray이므로 값만 따로 반환하였다.

실제 호출은 이전 보기에서 사용한 `dfl`과 대비 $(3, -1, -1, -1)$을 사용하여 호출하되 앞에서 말한대로 대비는 `reshape`을 사용하여 2차원으로 변경 후 호출하였다.

```
dfl = pd.DataFrame({'feed':['A', 'B', 'C', 'D']*4,
          'crop': [60, 62, 68, 56, 59, 67, 67, 60,
                   59, 63, 71, 59, 58, 64, 70, 57]})
ctrt = np.array([3,-1,-1,-1]).reshape(-1,1)
# groupby에 의해 생성된 값이 열벡터로 내부계산에서 차원 일치를 위해 열로
t1, p1 = contrast(dfl, ctrt, 'feed')
```

실행결과는

```
t1: -4.666666666666667     p1: 0.0005446049826671739
```

을 얻는다. 이 결과는 보기 14.9의 계산결과와 일치한다. 대비의 단측검정 및 신뢰구간 계산은 연습문제 14.6과 연습문제 14.7을 참고하기로 한다. ■

[5]사용자 편의를 생각하면 아무 형식이나 받아서 프로그램 내에서 변경하는 것이 좋으나 그렇게 할 경우 함수 내에서 `if` 문 등이 사용되어야 한다. 이 프로그램의 목적은 대비를 설명하는데 있으므로 이 부분을 함수 내에 포함하지 않기로 한다.

연습문제

14.1 연습문제 9.10의 신장 결석여부와 calcium concentration 자료를 이용하여 분산분석표를 작성하여 보아라. 이 분산분석표의 F 값과 연습문제 9.10에서 두 그룹의 분산이 같다고 가정할 때의 t 값은 어떤 관계에 있는지 살펴보고 두 검정통계량에 따른 유의확률도 비교하여 보아라. `anova10.py`

14.2 새로운 교수법에 대한 교육효과를 검정하기 하기 위해서 세 가지 방법을 사용하여 임의로 선택한 학생들에게 한달간 강의를 한 후 세 그룹의 학생의 성적을 조사하였더니 다음과 같았다.

교수법	1	2	3
점수	90	88	93
	97	92	97
	98	90	97
	95	93	94

물음에 답하여라. `anova11.py`

(a) 세 교수법에 따른 성적 차이가 있다고 할 수 있겠는가?

(b) 교수법에 따른 성적이 차이가 있다면 어느 방법에 의한 차이인지 밝혀라.

(c) 두 번째 교수법은 시청각 자료를 사용하지 않은 방법이었다고 한다. 나머지 방법과 성적차이가 있는지 검정하여라.

14.3 다음은 각 처리군의 차이를 알아보기 위해 일원배치법을 컴퓨터 패키지를 이용하여 분석한 결과이다. 이 결과를 보고 다음에 답하여라. `anova6.py`

요인	제곱합	자유도	평균제곱	F	$\Pr > F$
모형	1.9788	3	0.6596	( )	0.0001
오차	0.1692	8	0.02115		
전체	( )	( )			

(a) 이 분산분석표의 빈칸을 채워라.

(b) 파이썬에서 분산분석표의 유의확률 0.0001을 얻어보아라.

(c) 위 분산분석표는 몇 개의 처리군을 비교한 것인가?

(d) 이 분산분석표로 검정할 귀무가설과 대립가설을 설명하고 그 검정결과를 말하여라.

(e) 만일 각 처리의 반복수가 같다면 각 그룹에서 몇 번의 반복 측정이 있는가?

(f) 종속변수 Y_{ij}의 공통분산 σ^2의 추정치로 사용할 수 있는 값은?

(g) 첫 번째 그룹의 표본평균값이 2.5이며 자료의 수가 3이라면 첫 번째 그룹의 모평균 μ_1의 95% 신뢰구간은?

(h) 두 번째 그룹의 표본평균이 2.7이고, 이 그룹의 자료수 $n_2 = 4$라면 $\mu_1 - \mu_2$의 95% 신뢰구간은?

(i) 첫 번째 그룹과 두 번째 그룹의 평균이 유의수준 5%에서 같다고 할 수 있는지 말하여라. 위의 신뢰구간과 이 가설검정의 결과는 일치하는가?

14.4 다음은 고급 기능을 가진 컴퓨터 마우스를 동작시키는 방법을 새롭게 설계하여 기존의 마우스와 비교한 것이다. 새로운 세 가지 방법은 3×3, matrix 및 cross 방식이며 기존의 방식은 noAd라고 하였다. 이 네 가지 방법의 마우스를 사용하여 마우스 포인터를 이동하는데 사용된 시간을 조사하였다. (단위:초) `anova12.py`

noAd	13.891 10.172 13.891 12.078 15.203 10.922 18.156 8.094 12.032 16.782 9.125 14.265
3by3	9.297 8.859 9.843 4.703 11.703 9.078 8.625 7.437 6.125 10.625 6.125 7.657
mtrx	8.610 9.422 8.000 5.485 9.531 7.563 7.234 5.844 7.891 8.906 5.266 5.688
xoss	16.141 7.219 9.438 11.719 18.953 11.406 13.797 10.625 12.032 11.484 9.688 8.39

(a) 분산분석표를 작성하여 네 가지 방법에 따른 시간의 평균이 차이가 있다고 할 수 있는지 말하여라.

(b) 시간에 대한 각 그룹별 평균과 분산을 계산하고 각 그룹별 상자그림을 나란히 그려 자료를 시각화하여라.

(c) Tukey 다중비교를 이용하여 차이나는 그룹과 차이없는 그룹을 판별하여라.

(d) 위의 Tukey 다중비교를 시각화하여라.

(e) 기존의 방법에 비해 새 방법들이 좋다고 할 수 있겠는가?

(f) 3×3와 matrix 방법이 나머지 두 가지 방법에 비해 더 좋은 방법이라고 할 수 있겠는가?

14.5 다음은 임의로 뽑은 30 명의 사주를 '재운 있음', '보통', '재운 없음'으로 구분하고 이들의 소득을 조사한 자료이다. `anova14.py`

재운 있음	10.6 11.7 9.5 9.3 10.0 6.9 13.6 7.5 11.9 5.6
보통	8.6 11.0 7.4 9.2 11.8 10.3 11.0 7.8 11.4 14.6
재운 없음	10.0 11.8 8.6 7.4 10.0 9.6 13.3 10.2 10.8 6.2

(a) 분산분석표를 작성하여 사주의 재물운에 따른 소득의 차이가 있다고 할 수 있겠는지 말하여라.

(b) 그룹별 상자그림을 나란히 한 그림에 그려서 분포를 비교해보아라.

14.6 보기 14.10에서 사용한 함수 `contrast`는 양측검정만 가능하다. 이 함수를 수정하여 단측검정도 가능한 `contrast2`를 만들어 보아라. 보기 14.10의 대비 검정에서 대립가설이 $H_0 : C = 0$과 $H_1 : C < 0$일 때의 유의확률은 각각 얼마인가? `anova4.py`

14.7 연습문제 14.6에서 수정한 함수 `contrast2`에서 α를 추가로 입력받아(기본값 0.05) 대비에 대한 $100(1-\alpha)\%$ 신뢰구간을 계산하는 함수를 만들어 보아라. 이 함수를 사용하여 보기 14.10의 대비에 대한 95%, 99% 신뢰구간을 얻어 보아라. `anova5.py`

14.8 다음은 세 종류의 약을 투여한 후 약효를 측정한 자료이다. `anova15.py`

A	13, 10, 14, 9, 12, 11, 7
B	18, 10, 16, 12, 19, 14, 13, 12
C(위약)	8, 9, 4, 6, 13, 8, 12, 10, 2

이 자료를 이용하여

(a) 약효의 차이가 있는지 분산분석표를 작성하여 검정하여라.

(b) 상자그림을 그룹별로 나란히 그려서 시각화하여라.

(c) Tukey 검정을 하여 어느 그룹과 어느 그룹이 차이가 나는지 확인하여라. 각 그룹별 평균과 분산은 얼마인가?

(d) Tukye 검정의 결과를 시각화하여라.

(e) Bonferroni 검정을 하여 Tukey 검정과 같은 결론을 얻는지 비교하여라.

(f) 대조약 C와 나머지 두 약의 약효가 같은지 대비를 사용하여 검정하여라

(g) 위 대비의 신뢰구간을 구하여 가설검정의 결과와 비교하여라.

(h) 약 A와 B만의 자료가 있다고 가정하고 독립인 두 표본 검정을 얻어 보아라. 이 방법의 문제는 무엇인가?

14.9 MRSA(Methicillin Resistance Staphyllococcus Aureus (메치실린이라는 항생제에도 내성이 있는 Staphyllococcus Aureus 라는 균) 에 감염이 되면 보통의 항생제로는 치료가 되지 않고 반코마이신(Vancomycin)이나 Teicoplanin, Linezolid라는 항균제를 사용하고 있으나 이들에도 내성이 생기는 경우에는 치료 방법이 없는 실정이다. 또한 반코마이신 등은 신장쪽에 부작용이 생길 수 있다.

나폴레옹 군대의 야전의들은 구더기의 상처치유력을 기록하고 있으며 1차 대전과 미국의 남북전쟁에서도 구더기가 부상한 병사들의 상처치료에 이용되었다. 구더기는 괴사하거나 손상된 조직만 먹어 치우지 건강한 조직은 파먹지 않는다고

한다. MRSA에 감염된 상처를 가진 환자를 대상으로 네 가지 치료방법을 이용하여 치료효과의 차이를 검정하기 위해서 다음과 같은 자료를 얻었다(가상 자료). `anova13.py`

	구더기	Vancomycin	Teicolanin	Linezolid
치료점수	99	105	91	91
	113	105	95	80
	99	128	120	79
	89	123	55	130
	84	62	101	103
	82	103	100	87

(a) 네 방법에 따른 차이가 있는지 `statsmodels`의 `ols`를 사용하여 분산분석표를 작성하여 검정하여라. 데이터를 작성할 때 처리 그룹의 이름에 한글인 '구더기'는 영문으로 바꾸지 않고 직접 사용한다.

(b) 네 방법의 자료를 방법에 따른 상자그림을 나란히 그려 시각화하여라. 이 때 한글인 '구더기'가 상자그림에 나오도록 하여라.

(c) `ols` 결과에서 검정통계량 F_0와 유의확률만 별도로 얻어보아라.

(d) `ols` 결과에서 회귀분석에서 사용한 `params`를 사용하면 계수가 출력된다. 이 값을 확인하여라.

(e) 각 그룹별 평균을 구해보고 앞에서 얻은 `params`와 비교하여 `params`에서 얻은 계수가 무엇을 의미하는지 설명하여라.

14.10 다음의 분산분석표 네 개의 처리 그룹을 비교하기 위해 각 처리 그룹에서 6개씩의 자료를 얻어 분석한 결과이다. 표의 빈칸을 모두 채워라.

	자유도	제곱합	평균제곱	F	유의확률
처리	( )	455.3333	( )	( )	0.752099
오차	( )	( )	( )		
전체	( )	7979.3333			

제 15 장

웹크롤링

웹 크롤링은 웹사이트의 정보를 얻어서 이를 처리하고 필요한 정보를 얻는 과정을 말한다. 특정 사이트에서 필요한 정보를 얻으려면 해당 사이트에서 제공하는 Application Programming Interface(API)를 사용해야 하고 이 경우는 해당 API의 인터페이스에 대한 정보는 사이트 관리자 등에서 얻어야 하므로 여기서는 웹사이트의 HTML에서 정보를 가져오는 일반적인 과정을 알아보기로 한다.

15.1. HTML

HTML은 HyperText Markup Language의 줄임말이며 웹사이트의 구성은 기본적으로 HTML로 되어 있으므로 웹 사이트 정보를 얻어오려면 HTML을 이해하여야 한다. 여기서는 HTML에 대한 기본적인 것은 살펴보기로 한다. HTML은 대소문자를 구별하지 않는다. 즉 `<B>`와 `<b>`는 둘 다 사용가능하다(브라우저에서 글자를 굵게 보임).

HTML의 구성은 태크(tag)라고 하는 키워드로 이루어지며 태그의 이름은 `<태그>`로 구성되며 태그의 이름이 무엇이냐에 따라 정해진 작업이 실행된다. 원칙적으로 태그는 시작과 끝을 모두 알려야 하므로 시작 태그와 끝을 표시하는 태그가 쌍으로 구성되며, 시작은 `<태그>`로 끝은 `</태그>`로 표시한다. 모든 태그는 `<>`안에 표현된다.

HTML의 구성은 크게 `<HEAD>`와 `<BODY>`의 두 부분으로 이루어지며 이들은 모두 `<HTML>`안에 포함된다.

`<HEAD>` HTML 파일에서 `<META>`, `<TITLE>`, `<SCRIPT>`나 태그의 속성을 정의하는 스타일 시트(Cascading Style Sheet; CSS) 등을 정의하는 부분으로 브라우저의 내용을

<!doctype html>
<HTML>
<HEAD> <META>, <TITLE>, <STYLE>, <SCRIPT> 태그 등 </HEAD>
<BODY> <IMG>, <TABLE>, <DIV>, <A> 태그 등 </BODY>
</HTML>

그림 15.1: HTML 파일의 구성

직접 만들지는 않으나 웹페이지의 여러 속성을 정의하는 부분이다.

<BODY> 그림, 텍스트 등 브라우저의 내용을 만드는 부분이다.

<HTML> 위 둘을 포함하는 전체가 <HTML> 태그 내에 들어간다. 즉

이를 요약하면 그림 15.1과 같다.

15.1.1 헤드 부분

HTML 헤드 부분은 <HEAD> 태그로 시작하며 끝은 </HEAD>로 표시한다. <HEAD>와 </HEAD> 사이에 들어 갈 수 있는 태그로는

<title> 페이지의 제목을 설정하며 브라우저의 제목창에 설정한 문자열이 만들어진다.

<meta> HTML 파일의 정보로 인코딩(charset) 등을 설정한다.

<script> JavaScript 등 HTML 내에서 실행될 스크립트가 있는 경우 이 태그 내에 포함한다.

<style> CSS를 정의할 때는 이 태그 내에서 정의한다. 등이 있다.

15.1.2 바디 부분

HTML 바디 부분은 브라우저에 보일 내용을 만들어주는 태크로 종류가 많으므로 이 장의 웹 크롤링에서 직접 다루는 일부 태그만 살펴보자. 바디 부분은 <BODY>, </BODY> 태그 사이에 설정한다. <BODY> 태그는 <BODY> 설정 뒤에 나온다.

<H1>, <H2>, <H3>, <H4>, <H5>, <H6> 본문 내에서 굵고 큰 글자로 제목 내지는 절의 이름을 만든다. 숫자가 작을수록 큰 글자이다.

**<P>,
** 각각 문단을 만들거나 줄을 바꾼다. HTML 문서의 내용은 HTML 파일내에서의 줄바꾸기나 문단은 적용되지 않으므로[1] 특정한 문단이나 줄바꾸기는 따로 설정하여야 한다.

<IMG> 브라우저에 그림을 보이고자 할 때 사용하는 태그로 파일의 위치는 SRC에 설정한다.

<A> 링크를 만들 때 사용하는 태그로
`<A HREF=uri> 클릭 </A>`
형태로 사용하여 브라우저에 보이는 문자열 클릭을 클릭하면 브라우저 페이지가 HREF에 준 uri로 이동한다.

<TABLE> HTML 내에 표를 만들기 위한 태그이다.

<TR> 표를 만들 때 행을 표시한다. (Table Row)

<TH>, <TD> 표의 한 칸을 지정하며 <TH>는 표의 헤드로 기본값이 굵게 설정된다. 각각 Table Head, Table Description을 의미한다.

대부분의 HTML 태그는 각 태그에서 설정할 수 있는 추가 속성이 있으며 일부 속성은 해당 태그의 필수 속성이기도 하다. 예를 들어 <IMG> 태그는 그림을 보여주는데 그러려면 그림 파일은 반드시 지정되어야 하며 <A> 태그는 링크를 만들며 이때는 연결될 인터넷 주소(URI)가 필요한다. 이들 속성은 각각 SRC 및 HREF이다. 다수의 속성은 옵션이며 따로 설정하지 않으면 기본값이 적용된다. 예를 들어 <P> 태그의 경우 좌우 정렬기준은 ALIGN 속성에서 설정할 수 있으며 이 경우 기본값은 왼쪽 정렬이므로 따로 설정하지 않으면 왼쪽으로 정렬한다. 만일 가운데 또는 오른쪽으로 정렬하고 싶으면 ALIGN 속성에 각각 center나 right로 설정한다. 다음의 HTML 파일은 `htmltest2.html`

```
<!doctype html>
<HTML language="ko">
<BODY>
<IMG SRC="../images/www_anaconda.png" BORDER=2>
<IMG SRC="../images/selenium_logo_large.png" WIDTH=160px>
<OL>
  <LI> <A HREF='https://www.w3schools.com/'>
          World Wide Web School</A> </LI>
  <LI> <A HREF=https://www.anaconda.com/ TARGET="_BLANK">
          Anaconda homepage </A> </LI>
</OL>
</BODY>
</HTML>
```

그림 15.2와 같은 결과를 보여주는데 여기서 사용한 각종 속성을 보면 먼저 <HTML> 태그의 LANGUAGE 속성 <IMG> 태그의 SRC와 BORDER(그림 파일에 태두리 만들기), WIDTH(실제

[1] 사용자의 브라우저 창크기나 글자크기에 따라 의도한대로 보여지지 않을 수 있음.

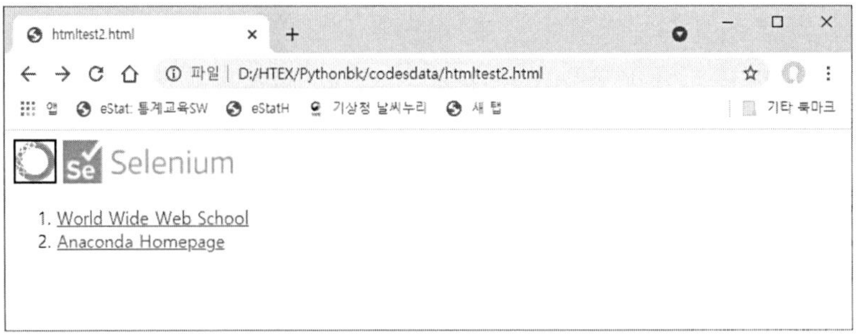

그림 15.2: <HTML> 태그의 결과: CLASS와 ID

그림의 크기와 상관없이 브라우저에 보일 그림의 폭)가 있으며 <A> 태그에는 HREF 및 TARGET 속성(링크에 준 주소를 열 창을 설정하며 _BLANK는 새 창(대부분의 브라우저에 새 탭)이 열림)이 있다.

참고로 이 파일에서 사용한 <OL> 태그는 번호 붙인 리스트를 만드는 태그이며 각 항목은 <LI> 태그를 사용한다. <OL>과 비슷하게 리스트를 만들어주는 태그로 <UL>, <DL> 등이 있다.

15.1.3 클래스와 ID

html 태그에서 동일하거나 유사한 속성을 반복해서 사용하는 경우엔 이를 한 번에 정의할 수도 있다. 태크를 설정할 때 특정한 속성을 적용하기 위해 클래스(CLASS)나 ID로 속성을 정의하여 특정한 클래스나 ID로 태그를 그룹화하여 속성을 따로 정의할 수 있다. 클래스나 ID에 따른 CSS 정의는 HTML 내에서 할 때는 <STYLE> 태그 안에 할 수 있다. CSS의 정의는 별도의 파일로 하고 이 파일을 읽어 오는 방식 등 몇 가지 다른 방법이 있다.

CSS에서 클래스를 정의할 때는 마침표(.)를 사용하여

```
.yellowbg {
   background-color: yellow;
}
```

와 같이 설정하고 태크에서는

```
<P CLASS=yellowbg>
```

등과 같이 CLASS 속성을 지정한다. 특정한 태그에서의 클래스를 지정하려면

```
H1.yellowbg {
   color: green;
   background-color: yellow;
}
```

와 같이 정의하고 이 경우 태그가 `<H1>`일 때의 CLASS가 yellowbg일 때만 배경색이 노란색으로, 글자색은 green이 적용된다.

CSS에서 ID를 정의할 때는 마침표 대신 #를 사용한다.

```
.cyanbg {
   background-color: cyan;
}
```

와 같이 설정하고 태크에서서는

```
<P ID=cyanbg>
```

등과 같이 CLASS 속성을 지정한다. 특정한 태그에서의 클래스를 지정하려면

```
H1#cyanbg {
   background-color: cyan;
}
```

와 같이 태그 이름 다음에 #을 사용한다.

위의 내용을 요약하여 HTML 파일을 다음과 같이 만들어 보면 htmltest1.html

```
<!DOCTYPE html>
<HTML language="ko">
<HEAD>
  <META charset="utf-8">
  <STYLE>
  .yellowbg {
    background-color: yellow;
  }
  H1.yellowbg {
    color: green;
    background-color: yellow;
  }
  #cyanbg {
    font-weight: bolder;
    background-color: cyan;
  }
  H1#cyanbg {
    background-color: cyan;
  }
  </STYLE>
</HEAD>
<BODY>
<H1> HTML H1 태그 </H1>
<H1 CLASS=yellowbg> HTML H1 태그 CLASS=yellowbg</H1>
<P ALIGN=center>
하나의 문단이 시작 ID나 클래스 없음. 가운데 정렬
하나의 문단이 시작 ID나 클래스 없음. 가운데 정렬
하나의 문단이 시작 ID나 클래스 없음. 가운데 정렬
하나의 문단이 시작 ID나 클래스 없음. 가운데 정렬
<P CLASS=yellowbg>
```

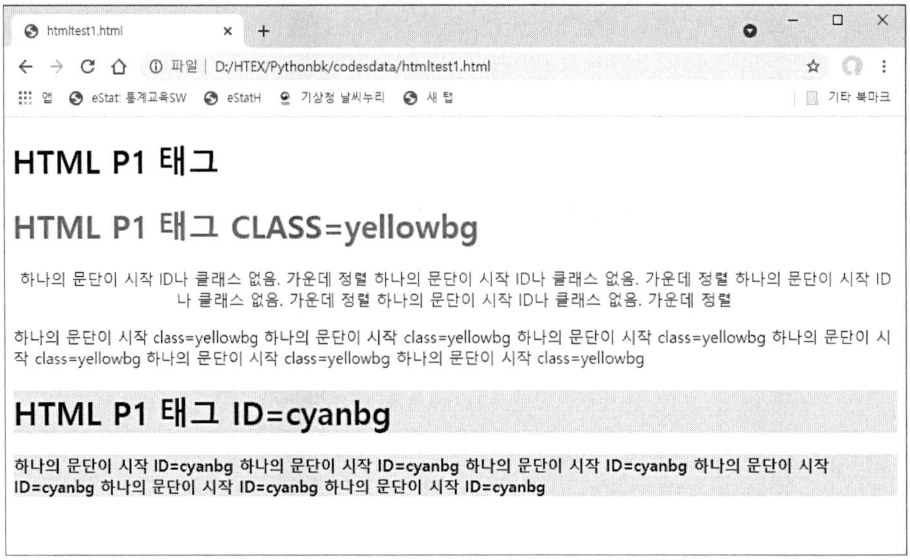

그림 15.3: HTML 태그의 결과: class와 id

```
하나의 문단이 시작 class=yellowbg 하나의 문단이 시작 class=yellowbg
하나의 문단이 시작 class=yellowbg 하나의 문단이 시작 class=yellowbg
하나의 문단이 시작 class=yellowbg 하나의 문단이 시작 class=yellowbg
<H1 ID=cyanbg> HTML H1 태그 ID=cyanbg </H1>
<P ID=cyanbg>
하나의 문단이 시작 ID=cyanbg 하나의 문단이 시작 ID=cyanbg
하나의 문단이 시작 ID=cyanbg 하나의 문단이 시작 ID=cyanbg
하나의 문단이 시작 ID=cyanbg 하나의 문단이 시작 ID=cyanbg
</BODY>
</HTML>
```

참고로 CSS로 설정된 스타일은 브라우저에 따라 약간씩 달라 보이기도 한다. 위의 HTML 코드에서 사용한 `font-weight`는 CSS의 속성 중 하나로 글자체의 굵기를 정하며 `normal`(기본값), `bold`, `bolder` 및 `lighter` 중의 하나로 설정한다.

15.2. 웹 사이트 정보 읽기

웹 페이지의 기본 언어는 HTML이며 웹페이지에서 HTML로 주어진 자료를 처리하려면 HTML의 구조를 처리할 수 있는 모듈이 필요하다.

15.2.1 웹 크롤링 모듈

파이썬으로 웹 사이트의 특정 페이지의 정보를 읽어 오려면 특정한 모듈이 필요하다. 자주 사용하는 모듈 중 하나는 `selenium`이며 이 모듈의 `webdriver`를 사용하여 웹 페이

지의 HTML을 처리한다. selenium의 설치는 다른 모듈과 마찬가지로 파이썬이 독립적으로 설치된 경우

```
$ pip3 install selenium
```

명령으로, 아나콘다에서 설치된 경우에는 아나콘다 파워셀 프롬프트에서(관리자 모드 추천)

```
$ conda install selenium
```

명령으로 한다.

15.2.2 파이썬에서 웹 브라우저 설정과 열기

selenium 모듈이 설치되었으면 webdriver를 임포트하여 필요한 HTML 파일을 웹 서버에서 받을 수 있다. 모듈은

```
>>> from selenium import webdriver
```

과 같이 import하면 된다. 이 webdriver는 웹 서버에서 HTML을 가져오는 역할을 하는데 webdriver가 직접 가져오는 것이 아니고 크롬, 에지 등의 웹브라우저를 구동하여 가져온다. 따라서 컴퓨에서 크롬이든 에지든 webdriver가 지원하는 브라우저가 설치되어 있어야 하며 인터넷 익스플로러는 지원하지 않는다.

selenium의 webdriver는 현재 네 개의 웹브라우저 Chrome, Edge, Firefox 및 Safari를 지원하고 있으며 이들 웹 브라우저를 파이썬에서 열어서 이 정보를 얻어오려면 이 웹 브라우저를 실행하고 데이터를 내부적으로 처리할 수 있는 별도의 프로그램이 필요하기 때문에 이들을 설치하여야한다. 이들 프로그램은 각 브라우저별로 브라우저 제작자 사이트에서 받을 수 있다. 각각의 브라우저별 파이썬 webdriver용 프로그램 사이트는 다음과 같다.

- 구글 Chrome:
  `https://sites.google.com/a/chromium.org/chromedriver/downloads`
  `https://sites.google.com/chromium.org/driver/` (95이후 버전)
- 마이크로 소프트 Edge:
  `https://developer.microsoft.com/en-us/microsoft-edge/tools/webdriver/`
- Firefox:
  `https://github.com/mozilla/geckodriver/releases`
- Safari:
  `https://webkit.org/blog/6900/webdriver-support-in-safari-10/`

그림 15.4: 크롬 드라이버 사이트

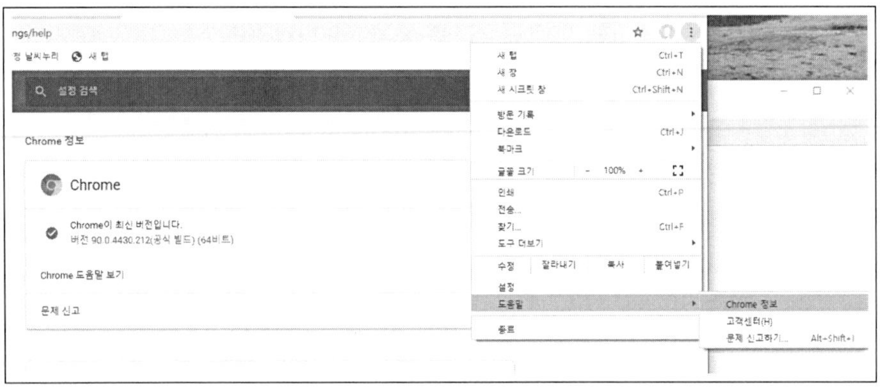

그림 15.5: 크롬 드라이버 사이트

이들 사이트에서 사용하는 브라우저에 맞는 프로그램을 내려 받아 적당한 위치에 이 프로그램을 복사하면 된다. 여기서는 구글 크롬 기준으로 간단하게 알아보면 먼저 위의 구글 사이트에 접속하면 그림 15.4와 같은 페이지가 보인다. 이 페이지에서 사용하는 크롬의 버전과 맞는 드라이버의 링크를 클릭한다. 크롬의 버전확인은 크롬 브라우저의 오른쪽 위 세 점 아이콘 ⋮ 을 클릭하여 만들어진 메뉴에서 도움말 → Chrome 정보 순으로 메뉴를 선택하면 그림 15.5와 같이 브라우저에 버전 정보가 보인다. 이 버전 정보와 맞는 드라이버를 그림 15.4의 버전 중에서 선택하면 버전에 맞는 운영체계를 선택할 수 있다. 윈도우 기준으로는 32bit-용 `zip` 파일이 제공되는데 이 `zip` 파일에는 실행 파일 `chromedriver.exe` 한 개만 들어있다(크롬 버전 91.0.4472.19가 최신 버전일 때의 기준). 이 파일을 컴퓨터의 적절한 위치에 복사해주면 `webriver`를 사용할 수 있는 준비는 완료되었다. 만일 내려 받은 크롬 드라이버와 크롬 브라우저의 버전이 일치하지 않으면

```
SessionNotCreatedException: Session not created: this version of
Chromedriver only supports Chrome version 88
Current browser version is 96.0.4664.110 with binary path
c:\Program Files (x86)\google\chrome\application\chrome.exe
```

과 같은 에러 메세지가 발생한다. 대개 웹브라우저는 자동으로 업데이트 되므로 web

driver를 내려 받은지 한참 되었다면 이 메세지를 만날 수 있는데 이 때는 위의 사이트에서 chromedriver.exe를 웹브라우저의 버전에 맞는 걸로 새로 내려 받으면 된다. 크롬의 경우 버전의 확인은 브라우저의 오른쪽 귀퉁이의 점 세 개 아이콘 ⋮ → 도움말 → Chrome 정보에서 확인할 수 있다.

이 실행 파일이 d:\python\webdrivers\chromedriver.exe에(저장 위치는 사용자가 편한 곳에) 저장되었다면 webdriver의 클래스 Chrome에 이 파일의 위치를 지정하여 Chrome 클래스의 인스턴스를 생성하고 이 인스턴스에서 필요한 메소드나 속성을 사용하여 웹 크롤링에서 필요한 작업을 수행한다. 크롬 브라우저를 실행하기 위해서는

```
webdriver.Chrome(webdriver_path, options)
```

와 같이 인스턴스를 생성한다. 여기서 webdriver_path에는 앞에서 저장한 실행 파일 chromedriver.exe의 경로(파일명 포함)를 설정하고 options에는 필요한 옵션을 설정한다. 옵션의 설정을 위해서서는 옵션 인스턴스를 webdriver의 ChromeOptions 메소드를

```
options = webdriver.ChromeOptions()
```

와 같이 생성한 후 이 객체 options에 다음과 같이 add_argument 메소드로 옵션을 하나씩 추가한다.

```
webdriver.ChromeOptions().add_argument(option)
```

add_argument의 매개변수 option에 설정할 수 있는 옵션은

'headless' 크롬 브라우저가 실행되지만 크롬 창은 띄우지 않는다. 이 옵션이 없으면 webdriver.Chrome이 실행될 때 크롬 브라우저 창이 뜬다.

'--window-size=wd,ht' 실행되는 브라우저 크기를 폭 wd, 높이 ht로 지정한다. 이 때 wd와 ht 사이에 빈 칸을 주기 않아야 한다.

'--start-maximized' 브라우저가 최대화된 상태로 실행된다.

'--start-fullscreen' 브라우저가 풀 스크린 모드(f11)로 실행된다. 풀 스크린 모드는 최대화 모드와 비슷하나 최대화 모드에서 보이는 각종 메뉴 등도 보이지 않는다.

'--blink-settings=imagesEnabled=false' 브라우저에서 이미지는 로딩하지 않는다.

'--mute-audio' 브라우저에 음소거 옵션을 적용합니다.

'incognito' 시크릿 모드의 브라우저가 실행됩니다.

등이 있다.

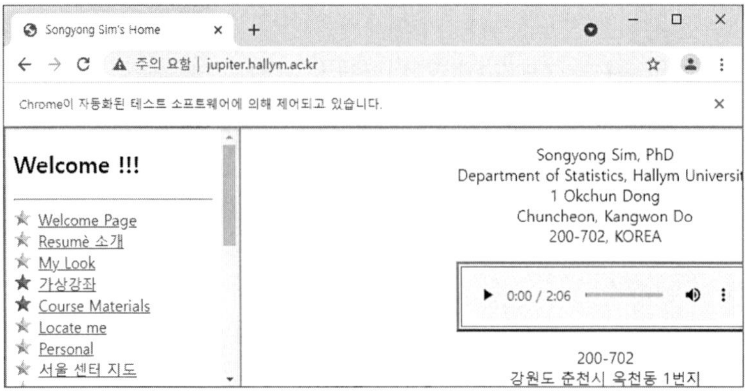

그림 15.6: 파이썬에서 크롬 브라우저 열기

참고로 webdriver의 다른 브라우저를 사용하기 위한 클래스로 webdriver.Edge, webdriver.Firefox 등 다른 브라우저를 사용할 때는 해당 클래스를 사용한다. 자세한 것은 selenium 홈 페이지를 참고하기로 한다.

이제 특정한 웹 페이지를 열고자 하는 경우 webdriver.Chrome의 get 메소드에 가져올 페이지의 URI를

```
webdriver.Chrome().get(uri)
```

와 같이 매개변수 uri에 설정하면 해당 URI의 크롬 브라우저가 열리게 된다. 지정된 URI의 HTML 소스는 page_source 속성

```
webdriver.Chrome().page_source
```

으로 가져올 수 있다.

보기 15.1 webcrawl1.py 다음의 프로그램은 파이썬 프로그램 내에서 크롬 브라우저를 열기 위한 것이다.

```
from selenium import webdriver

options = webdriver.ChromeOptions()
#options.add_argument('incognito')
options.add_argument('--window-size=800,400')
options.add_argument('--mute-audio')

driver = webdriver.Chrome('D:/python/webdrivers/chromedriver.exe',
                          options=options)

uri = 'http://jupiter.hallym.ac.kr'

driver.get(uri)
```

```
htmlsrc = driver.page_source
print(htmlsrc)
```

이 프로그램에서 uri에 설정된 인터넷 주소를 열되 브라우저 옵션으로 창의 크기는 800 × 400으로 오디오는 나오지 않게 설정하였다. 결과로 열린 크롬브라우저는 그림 15.6이며 보이는 것과 같이 800 × 400이며 이 그림에서 보이는 오디오는 ▶ 버튼을 클릭하면 플레이는 되나 소리는 나지 않는다. htmlsrc는 uri에 지정된 HTML 파일의 내용으로

```
<html><head>
  <title> Songyong Sim's Home </title>
  <style>
   body {margin:0;
       border:none;
   }
   .menu {
      float:left;
      width:250px;
      height:100vh;
    }
    .mainContent {
      float:left;
      width:100vw;
      height:100vh;
      overflow:scroll;
      position:absolute;
    }
  </style>
</head>
<body>
 <div style="position:fixed; width:1000px;  height:95%">
  <iframe class="menu" name="menu" src="menu.html"
          scrolling="auto"></iframe>
  <iframe class="mainContent" name="right" src="main.html"
          scrolling="auto"></iframe>
  <!--div class="menu" name="menu" style="src:menu.html;"
          scrolling=auto ></div>
  <div class="mainContent" name="right" style="src:main.html;"
          scrolling=auto></div-->
 </div>
</body></html>
```

을 얻는다. ■

15.2.3 웹페이지 분석

이제 webdriver를 사용하여 특정 사이트를 열었으므로 이 사이트의 HTML을 분석하는 방법에 대해서 알아보자. 웹 페이지의 HTML을 분석하기 위해서는 webdriver에서

연 페이지를 저장한 후 이를 HTML을 인식하는 파이썬 모듈을 사용하여 분석하게 된다. HTML 모듈을 인식하는 파이썬 모듈로 대표적인 것이 beautifulsoup4 모듈이며 파이썬이 독립적으로 설치된 경우

```
$ pip3 install beautifulsoup4
```

로 아나콘다인 경우 아나콘다 파워셀에서

```
$ conda install beautifulsoup4
```

로 설치할 수 있다. beautifulsoup4 모듈은 파이썬 내에서 bs4에 설치되고 사용할 클래스의 이름은 BeatifulSoup이므로 파이썬에서는

```
>>> from bs4 import BeautifulSoup
```

로 import한다. BeautifulSoup은

```
BeautifulSoup(html, parser)
```

로 사용하며 html에는 HTML이 포함된 문자열 또는 파일을 설정하고 parser에는 이 html을 해석할 HTML parser를 설정한다. 사용할 수 있는 HTML parser의 종류로는

- 'html.parser': 파이썬의 내장 parser,
- 'lxml-xml' 또는 'xml': LXML의 xml parser,
- 'html5lib': HTML5 library parser

등이 있다. 파이썬 내장 'html.parser' 외에는 추가로 모듈을(pip3 또는 conda 사용) 설치하여야 하나 아나콘다 설치의 경우 'lxml'은 아나콘다 설치시 자동 설치된다.

BeautifulSoup으로 파싱(parsing)한 객체에서 사용할 수 있는 속성과 메소드는(이하 soup은 BeautifulSoup 객체임)

soup.tag HTML 태그 중 처음 나온 tag의 모든 내용을 반환받는다(태그 포함). 이 때 tag는 소문자를 사용한다.

soup.find_all(tag) tag 태그가 들어간 모든 내용을 얻는다.

soup.select(tag) tag가 들어간 모든 내용을 얻는다. find_all은 HTML 태그만 가능하지만 select는 CSS의 ID(#로 지정), CLASS(.(마침표)로 지정) 등 CSS의 설정에 따른 검색이 가능하다.

보기 15.2 webcrawl2.py webcrawl2.html 다음은 작은 HTML 파일의 크롬 브라우저에서 보이는 화면과 HTML 소스를 함께 본 그림이다(F12 버튼으로 소스 확인).

이 소스에서 다음과 같이

```
from bs4 import BeautifulSoup

htmlsrc = '<H1> Chapter 1 </H1> \n'
htmlsrc = htmlsrc +'<b class="bold"> 굵게 </b>\n'
htmlsrc = htmlsrc + '<H1> 제 2 장  </H1>\n'
htmlsrc = htmlsrc +'<b class=bold id="bolder"> 더 굵게 </b>\n'
soup = BeautifulSoup(htmlsrc, 'html.parser')
```

HTML 소스를 파싱하여 soup에 저장하자.

```
tag1 = soup.b
print(tag1.name)
print(tag1['class'])
print(tag1)
```

으로 처음 나오는 <b> 태그를 찾고 이 태그의 이름, class 및 전체 내용을 인쇄하면

```
b
['bold']
<b class="bold"> 굵게 </b>
```

을 얻는다. 여기에서 보는 것처럼 name 속성은 태그의 이름을, CSS의 class 이름은 인덱싱으로 얻을 수 있다. <h1> 태그를 전부 얻으려면 find_all 메소드를

```
tag2 = soup.find_all('h1')
print(tag2)
```

과 같이 사용하여

```
[<h1> chapter 1 </h1>, <h1> 제 2 장  </h1>]
```

두 개를 모두 얻을 수 있다. select 메소드를 태그를 매개변수로 적용하면

```
tag3 = soup.select('b')
print(tag3)
```

으로

```
[<b class="bold"> 굵게 </b>, <b class="bold" id="bolder"> 더 굵게 </b>]
```

와 같이 <b> 태그가 들어간 전체를 얻을 수 있다. find_all과 select는 매개변수에 HTML 태그를 사용한 경우 같은 결과를 얻는다. 다음과 같이 #를 사용하여 id가 특정한 값인 태그만 따로 가져 올 수 있다.

```
tag4 = soup.select('#bolder')
print(tag4)
```

의 결과는 HTML 태그들 중 id가 bolder인 태그만 가져오므로 결과는

```
[<b class="bold" id="bolder"> 더 굵게 </b>]
```

이다. CSS의 class가 특정한 값을 가지는 HTML 태그들은 마침표(.)를 사용하여

```
tag5 = soup.select('.bold')
print(tag5)
```

다음의 결과

```
[<b class="bold"> 굵게 </b>, <b class="bold" id="bolder"> 더 굵게 </b>]
```

을 얻는다. ■

이제 HTML에서 좀더 구체적으로 정보를 가져오는 방법을 알아보자. 먼저

.text **속성** : 선택한 태그의 텍스트(시작 태그와 끝내는 태그 사이의 값)를 반환받는다. 예를 들어

보기 15.3 webcrawl5.py 다음의 HTML에서 <B> 태그의 내용만 추출해보자.

```
from selenium import webdriver
from bs4 import BeautifulSoup

options = webdriver.ChromeOptions()
options.add_argument("headless")
driver = webdriver.Chrome('d:/python/webdrivers/chromedriver.exe',
                          options=options)

htmlsrc1 = '<B>굵게</B>'
soup1 = BeautifulSoup(htmlsrc1, 'html.parser')
lst1 = soup1.select('b')
print(lst1[0].text)
```

으로 <B> 태그 안의 값 '굵게'를 얻는다. 이 코드에서 주의할 점은 select의 결과가 리스트이므로 값이 한 개라도 인덱싱이 필요하다는 것이다. ■

> **부호** : select 메소드에서 tag1 > tag2를 사용하면 tag1 안에 tag2가 있는 경우의 HTML을 추출한다.

다음의 보기에서 >와 text를 어떻게 사용하는지 살펴보자.

보기 15.4 `webcrawl3.py` `fruitseuc.html` 다음 리스트(orninary list)로 번호를 붙여 리스트 항목을 만든 HTML과 이 HTML을 크롬에서 본 결과이다.

```
<META charset="euc-kr">
<HTML>
<TITLE> 과일 </TITLE>
<BODY>
<OL>
<LI> 사과 </LI>
<LI> 바나나 </LI>
<LI> 망고 </LI>
<LI> 단감 </LI>
<LI> 배 </LI>
<LI> 대추 </LI>
</OL>
</BODY>
</HTML>
```

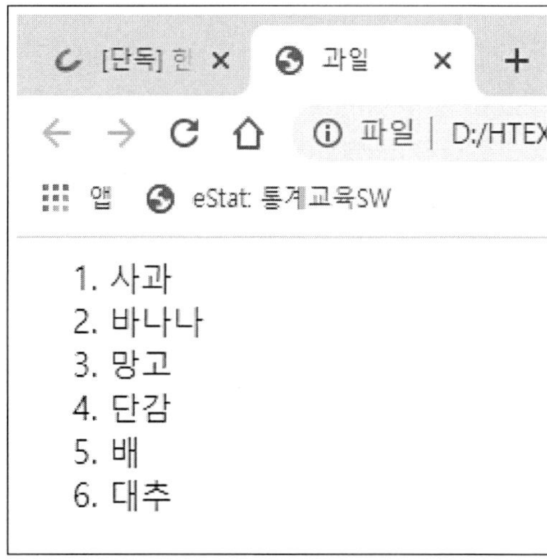

이 HTML에는 한 개의 <OL> 태그에 여러 개의 <LI> 태그로 리스트가 만들어져 있는데 이 페이지에서 네 번째 리스트의 값을 가져와 보자. 이를 위해 다음과 같이 코드를 작성할 수 있으며

```
from selenium import webdriver
from bs4 import BeautifulSoup

uri ="file:///D:/htex/Pythonbk/codesdata/fruits_euc.html"
#uri ="http://jupiter.hallym.ac.kr/ftpdata/data/HTML4Crawling/
                                                fruits_euc.html"
options = webdriver.ChromeOptions()
options.add_argument("headless")
driver = webdriver.Chrome('d:/python/webdrivers/chromedriver.exe',
                           options=options)
driver.get(uri)

htmlsrc = driver.page_source
soup = BeautifulSoup(htmlsrc, 'html.parser')
lst = soup.select('ol>li')
print(lst)
list_value = lst[3].text
print('첫번째 list 태그의 네 번째 li의 값: ', list_value)
```

이 코드에서 브라우저 옵션으로 'headless'를 설정하여 브라우저가 화면에 뜨지 않게 하였으며 soup 변수에 기본 파셔인 'html.parser'를 설정하고 lst 변수에 <OL>내의 <LI> 태그를 저장하면 lst는

```
[<li> 사과 </li>, <li> 바나나 </li>, <li> 망고 </li>,
 <li> 단감 </li>, <li> 배 </li>, <li> 대추 </li>]
```

가 되며 이 `lst`의 네 번째 값의 텍스트는 `lst[3].text`로 얻을 수 있다. 네 번째 값의 출력은 '단감'이 된다. ■

보기 15.5 `webcrawl4.py` `songs.html` 이 번에는 HTML의 안의 값을 사용하여 계산을 해보자. 다음의 HTML 코드는 표를 만드는데

```
<META charset='utf-8'>
<HTML>
<BODY>
<TABLE BORDER=1>
<TR> <TH> 곡정보                        </TH> <TH> 앨범
     </TH>   <TH>좋아요 </TH> </TR>
<TR> <TD> 라일락-아이유              </TD><TD> IU 5th Album 'LILAC' </TD>
     <TD>  132,283 </TD> </TR>
<TR> <TD> 롤린 (Rollin')-브레이브걸스 </TD><TD>Rollin'           </TD>
    <TD>  209,079 </TD> </TR>
<TR> <TD> Celebrity-아이유          </TD><TD> IU 5th Album 'LILAC' </TD>
    <TD>  263,412 </TD> </TR>
<TR> <TD>On The Ground-로제 (ROSÉ)   </TD><TD> R                  </TD>
    <TD>  103,942 </TD> </TR>
<TR> <TD>LOVE DAY (2021) (바른연애 길잡이 X 양요섭, 정은지)      </TD>
    <TD> LOVE DAY (2021)  </TD>  <TD>  69,075 </TD> </TR>
<TR> <TD>내 손을 잡아-아이유 (ROSÉ)     </TD>
     <TD>최고의 사랑 OST Part.4 </TD> <TD>  123,215 </TD> </TR>
<TR> <TD>Dynamite-방탄소년단 </TD>
     <TD>Dynamite (DayTime Version) </TD> <TD>  391,866 </TD> </TR>
</TABLE>
</BODY>
</HTML>
```

이 HTML 문서를 크롬 브라우저에서 열면 다음과 같다.

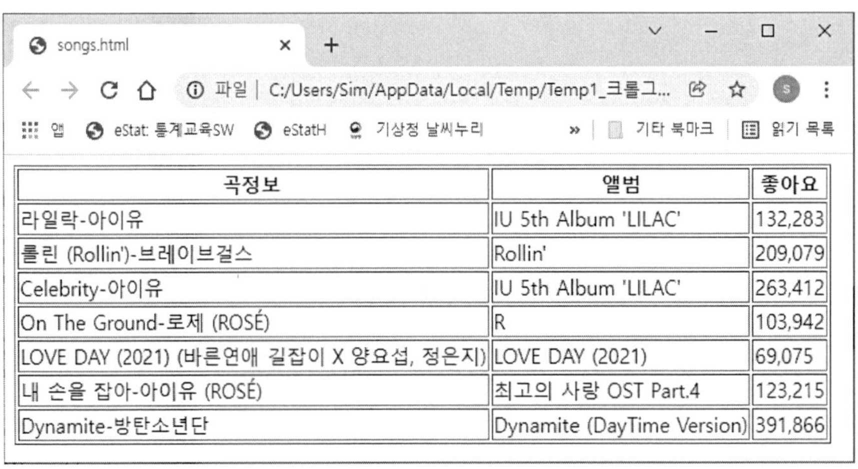

곡정보	앨범	좋아요
라일락-아이유	IU 5th Album 'LILAC'	132,283
롤린 (Rollin')-브레이브걸스	Rollin'	209,079
Celebrity-아이유	IU 5th Album 'LILAC'	263,412
On The Ground-로제 (ROSÉ)	R	103,942
LOVE DAY (2021) (바른연애 길잡이 X 양요섭, 정은지)	LOVE DAY (2021)	69,075
내 손을 잡아-아이유 (ROSÉ)	최고의 사랑 OST Part.4	123,215
Dynamite-방탄소년단	Dynamite (DayTime Version)	391,866

이 표에서 좋아요의 전체 합을 계산해보자. 그림과 HTML 소스에서 보는 것처럼 각 노래별 '좋아요'는 표의 두 번째 행부터 8번 행까지의 3번째 열에 저장되어 있다. 이들 값을 가져오기 위해 다음과 같은 코드를 사용할 수 있다.

```
from selenium import webdriver
from bs4 import BeautifulSoup

uri ="file:///D:/htex/Pythonbk/codesdata/songs.html"
options = webdriver.ChromeOptions()
options.add_argument("headless")
driver = webdriver.Chrome('d:/python/webdrivers/chromedriver.exe',
                           options=options)
driver.get(uri)

htmlsrc = driver.page_source
soup = BeautifulSoup(htmlsrc, 'html.parser')
html = soup.select('tr > td')
likes = html[2: len(html): 3]

sum = 0
for i in range(0, len(likes)):
    sum = sum + int( likes[i].text.replace(',','') )

print('전체 투표수: ', f'{sum:,}' )
```

이 코드에서 `select('tr > td')`로 <TR> 다음의 <TD> 태그를 모두 읽고 이들 값들에서 매 세 번째의 값이 좋아요 이므로 인덱싱을 `[2: len(html): 3]`로 사용하여 값을 읽었다. 원래의 텍스트에 천자리수에 콤마(,)가 있으므로 이를 빈 칸으로 바꾼 후 숫자로 변환하고 `for` 반복문을 사용하여 이 숫자를 모두 합하였다. 결과는

```
전체 투표수:  1,292,872
```

이다. ■

15.3. URI로 웹 파일 바로 읽기

지금까지 `selenium` 모듈을 사용하여 웹브라우저를 통해 인터넷에 접속하였다. 5.3.3절에서 소개한 `urlopen`을 사용하면 인터넷에 접속할 수 있으므로 웹 브라우저의 기능을 사용하지 않는다면 `selenium` 대신 `urlopen`을 바로 사용할 수 있다. 다만 읽어온 HTML을 처리하기 위해서는 여전히 HTML parser는 필요하며 따라서 `BeatifulSoup`은 계속 사용한다.

보기 15.6 `webcrawl11.py` 보기 5.8에서 읽은 `crime.html`을 사용하여 범죄자료만 가져와 보자. 위의 자료는 인터넷에 올라와 있으므로 인터넷에서 바로 읽을 수도 있다. 다만 인터넷 자료가 HTML 형식이기 때문에 파일을 읽은 후 몇가지 추가작업이 필요

하다. 여기서는 웹 크롤링의 맛보기를 위해 코드들 소개하며 현 단계에서는 생략해도 된다.

```
1 from urllib.request import urlopen
2 from bs4 import BeautifulSoup
3 import pandas as pd

4 link = "http://jupiter.hallym.ac.kr/ftpdata/data/crime.html"
5 urif = urlopen(link)
6 myfile = urif.read()
7 urif.close()
8 myfile = myfile.decode('euc-kr') # 또는 ansi

9 soup = BeautifulSoup(myfile, "html.parser")
10 xx = soup.xmp.text # 데이터는 <XMP> 태그에
11 xx = xx.split('\n') # 줄바꿈ㅇ; \n으로 데이터에
12 xx.pop(0), xx.pop() # 첫줄과 마지막 줄의 빈칸 제거(<XMP> 태그 뒤에 Enter)
13 colnames = xx.pop(0) # 남은 첫줄은 변수이름
14 colnames = colnames.split()
15 df = pd.DataFrame([row.split() for row in xx])
16 df.columns = colnames # 변수이름
17 for i in range(1,len(colnames)): # 자료가 모두 str
18     df[colnames[i]] = df[colnames[i]].astype(float)

19 print(df.corr())
```

자료는 코드의 link에 저장된 URI에서 확인할 수 있으며 이 파일의 HTML을 확인하면 구 HTML 태그인 <XMP> 태그내에 데이터가 있음을 알 수 있다.[2] 웹 크롤링을 위한 HTML 파일 읽기는 7번 줄에서 끝난다. 이제 데이터만 가져와야 하는데 xx가 처음 정의된 8번 줄에서 데이터 부분만 가져온 것이다. 이후의 작업은 앞뒤의 빈칸을 지우고, 변수이름 설정하고, 문자열로 읽은 2-10번열은 숫자로 변환하는 작업 등을 한다. 최종적으로 얻은 데이터 프레임에서 상관계수를 계산해보았다(출력 생략). ■

[2] <XMP> 태그는 입력된 모양 그대로 출력하는 태그인데 옛날 표준 태그로 HTML5에서는 <PRE>를 사용하는 것을 권하고 있다.

연습문제

15.1 Naver의 홈페이지 https://naver.com를 이미지는 제외하고 브라우저에 띄워 보아라. 이미지를 사용하지 않으면 크롬 브라우저의 경우 다음과 같이 이미지 자리에 기본 이미지가 사용된다. `webcrawl9.py`

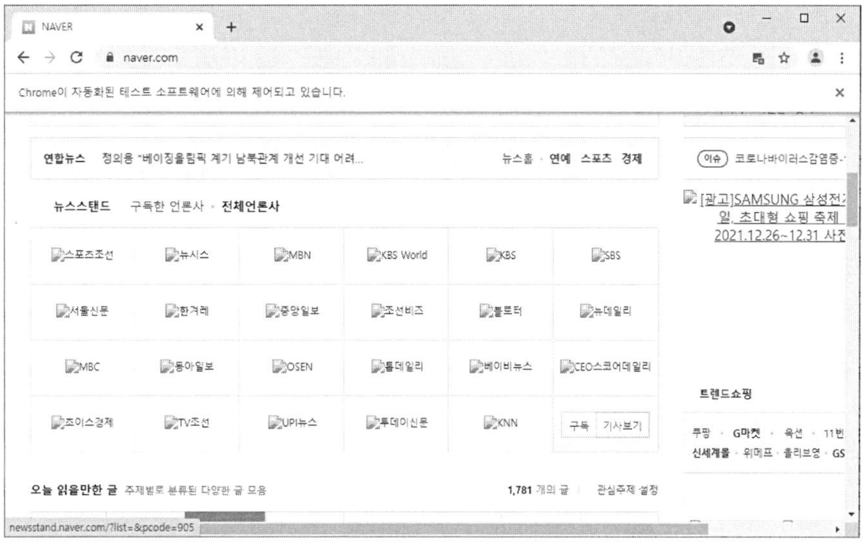

15.2 보기 15.4에서 사용한 fruits_euc.html에서 <LI> 태그는 몇 번 나오는지 확인하여라. `webcrawl6.py`

15.3 보기 15.4에서 사용한 fruits_euc.html의 인코딩이 어떤 것인지 확인하여라. 인코딩은 <META> 태그의 CHARSET 속성에 정의된다. `webcrawl8.py`

15.4 보기 15.5에서 사용한 songs.html에서 만들어진 표의 행과 열의 수를 계산하여라. 참고로 열의 수는 <TH> 태그의 출현 회수와 같다. `webcrawl7.py`

15.5 `webcrawl3.html` `webcrawl10.py` 다음의 HTML에서

```
<HTML LANG="ko">
<TITLE> 제목이 여기에 </TITLE>
<STYLE>
  DIV {
   text-align:center;
  }

 #text {
   background-color:black;
   color:yellow;
   font-weight:bolder;
   width:500px;
```

```
 }
</STYLE>
<BODY bgcolor=#00FF00/>
<DIV ID=text>
한국어 테스트
</DIV>
<DIV style='color:#FFFFFF;background-color:black;width:300px;'>
<PRE>
번호  반응값 설명변수
1       58     115
2       59     117
3       60     120
4       61     123
5       62     126
6       63     129
7       64     132
8       65     135
9       66     139
10      67     142
11      68     146
12      69     150
13      70     154
14      71     159
15      72     164
</PRE>
</DIV>
</HTML>
```

(a) 이 HTML을 웹브라우저에 띄워 보아라.

(b) 이 HTML의 제목 줄에 사용한 문자열과 사용언어가 무엇인지 얻어보아라.

(c) ID가 `text`인 모든 태그를 얻어보아라.

(d) <PRE> 태그 안의 내용을 데이터 프레임으로 저장하여 세 변수의 상관계수를 계산하여라.

연습문제 풀이

2.1 `temp1.py`

```
F = input('화씨온도: ')
C = (float(F)-32)*5/9
print(C)
```

2.2 `mpg1.py`

```
eu = float(input('유럽연비: '))
kor = 1/eu *100
print("우리나라 연비: ", kor)
```

2.3 `mpg1.py`

```
us = float(input('미국연비: '))
kor =  1.609344 / 3.785412  * us
print("우리나라 연비: ", kor)
```

2.4 `angle1.py`

```
import numpy as np

deg = input('degree: ')
deg = float(deg)
rad = np.pi/180 * deg
print(rad)
```

2.5 `datetime2.py`

```
import datetime as dt

now = dt.datetime.now()
cur = now.strftime("%Y-%m-%d (%a) %H:%M:%S")
print('현재시각은 ', cur )
```

2.6 숫자와 문자를 더하는 것은 ③ 에러. 하나는 문자 하나는 정수라서 다음과 같은 에러가 만들어짐.

```
Traceback (most recent call last):
  File "<stdin>", line 1, in <module>
TypeError: can only concatenate str (not "int") to str
```

2.7
```
>>> a+str(b)
'1234'
```

2.8
```
>>> a = '12'
>>> b = 34
>>> int(a) + b
```

2.9 ② ch#5: 특수문자 # 사용불가. ③ 2022gdp: 숫자로 시작되는 변수이름 사용불가. ④ 변수 1: 변수 이름 안에 빈칸 사용 불가.

2.10 `infop1.py` 둘 다 nan이다. 무한대는 lim 개념이라 $\infty - \infty$가 $n \to \infty$일 때 $\lim n - \lim n^2$일수도 있고 $\lim n^2 - \lim$ 또는 $\lim n - \lim n$일 수도 있어서 값을 정할 수 없다.

2.11 `nanop1.py` 둘 다 nan이다. 숫자가 아닌 값에 연산을 하면 숫자 아닌 값 nan을 얻는다.

2.12 `nanop2.py` 둘 다 nan이다. 수학적 lim 개념을 사용하면 nan $+ n$의 값은 모든 n에 대해서 nan이므로 $n \to \infty$일 때의 lim 값도 nan이다.

3.1 np.array(a1)은 array([1, 2, 3])로 1차원 배열이고 np.array([a1])은 2차원 배열 array([[1, 2, 3]])라서 x2를 만드는데 필요한 다른 값과 차원이 달라 에러가 발생.

3.2 (a) x+1은 에러, x + [1]은 [1, 2, 3, 1]을 얻는다. 리스트의 + 연산은 리스트를 합하는 것이므로 리스트와 숫자의 + 연산은 불가능하다.

(b) numpy.array(x) + 1로 얻을 수 있다.

3.3 %w가 요일의 숫자로 얻어지므로 아래와 같이 kdays를 만들고 인덱싱을 할 수 있다. `datetime3.py`

```
import datetime as dt

now = dt.datetime.now()
cur = now.strftime('%Y-%m-%d')

kdays = ('일', '월', '화', '수', '목', '금,','토')
today = int(now.strftime("%w"))
print('오늘은 ', cur, '(', kdays[today], ') 입니다.' )
```

3.4 a의 값이 바뀌면서 call-by-reference에 의해 mtx의 값도 바뀌어서 10이 된다.

3.5 Shallow copy 대신 deep copy를 사용한다. `copy2.py`

```
import copy

a = [1,2,3]
b = [3,4,5]
mtx = [copy.deepcopy(a),copy.copy(b)]
```

3.6 `series2.py`

```
import pandas as pd

model=['Mazda RX4', 'Hornet 4 Drive ',...,  'Volvo 142E']
mpg = [ 21.0, 21.4, 14.3, ... 15.8, 15.0, 21.4]
cyl = [ 6, 6, 8, 8, 8, 8, 8, 4, 4, 8, 8, 4, 4, 8, 8, 4]
disp=[ 160.0, 258.0, 360.0, 440.0,...  301.0, 121.0]

mpg2 = pd.Series(data=mpg, index=model)
print(mpg2)
print(mpg2['Porsche 914-2'])
print(mpg2.values)
```

3.7 `series3.py` 위의 소스에서

```
model=['Mazda RX4', 'Hornet 4 Drive ',...,  'Volvo 142E']
mpg = [ 21.0, 21.4, 14.3, ... 15.8, 15.0, 21.4]
cyl = [ 6, 6, 8, 8, 8, 8, 8, 4, 4, 8, 8, 4, 4, 8, 8, 4]
disp=[ 160.0, 258.0, 360.0, 440.0,...  301.0, 121.0]
```

만 들어가 있는 파일을 seriesdata1.py라고 할 때

```
import pandas as pd
import seriesdata1 as mtcars

mpg2 = pd.Series(data=mtcars.mpg, index=mtcars.model)
print(mpg2)
print(mpg2['Porsche 914-2'])
```

로 결과를 얻을 수 있다.

3.8 `DataFrame2.py` 위의 답안과 마찬가지로 변수 선언만 있는 파일을 seriesdata1.py 라고 할 때

```
import pandas as pd
import seriesdata1 as mtcars

mtc = pd.DataFrame({'mpg':mtcars.mpg, 'cyl':mtcars.cyl,
```

```
                     'disp':mtcars.disp}, index=mtcars.model)
print(mtc.loc['Porsche 914-2'])
print(mtc.mpg['Porsche 914-2'])
```

로 결과를 얻을 수 있다.

3.9 `linalg1.py`

```
import numpy as np
from numpy.linalg import solve, inv

A = np.array([[1,6,9], [8,2,4],[7,5,3]])
B = np.array([[1,2,3], [4,5,6], [7,8,9]])
b = np.array([40,24,26])

print(A@B, B@A)

x1 = inv(A)@ b
print(x1)

x2 = solve(A,b)
print(x2)

Ainv=inv(A); Binv = inv(B)
print(Ainv, Binv)
```

(a) $\boldsymbol{AB}$와 $\boldsymbol{BA}$는 각각

$$\boldsymbol{AB} = \begin{bmatrix} 88 & 104 & 120 \\ 44 & 58 & 72 \\ 48 & 63 & 78 \end{bmatrix}, \quad \boldsymbol{BA} = \begin{bmatrix} 38 & 25 & 26 \\ 86 & 64 & 74 \\ 86 & 64 & 74 \end{bmatrix}$$

로 둘은 다르다.

(b) 해는 `[1. 2. 3.]` 이다.

(c) 해는 위와 같이 `solve`로 풀어도 동일하다.

(d) 다음과 같이 파이썬 계산 결과를 얻는다.

$$\boldsymbol{A}^{-1} = \begin{bmatrix} -0.057 & 0.111 & 0.025 \\ 0.016 & -0.246 & 0.279 \\ 0.107 & 0.152 & -0.189 \end{bmatrix}$$

이고

$$\boldsymbol{B}^{-1} = \begin{bmatrix} 3.152 \times 10^{15} & -6.305 \times 10^{15} & 3.1525 \times 10^{15} \\ -6.305 \times 10^{15} & 1.261 \times 10^{16} & -6.305 \times 10^{15} \\ 3.152 \times 10^{15} & -6.305 \times 10^{15} & 3.153 \times 10^{15} \end{bmatrix}$$

고 계산된다. 주의할 점은 $\boldsymbol{B}^{-1}$은 존재하지 않으나 inv 메소드가 역행렬이 존재하지 않을 때는 0이나 무한대를 원소로 갖는 값을 준다는 점이다.

3.10 `lwform1.py`

```
import pandas as pd

wdf = pd.DataFrame([ [1, 90, 97, 98, 95], [2, 88, 92, 90, 93],
                     [3, 93, 97, 97, 94] ],
                   columns=['trt', 'obs1', 'obs2', 'obs3','obs4'])

ldf = pd.melt(wdf, id_vars=['trt'],
              value_vars=['obs1', 'obs2', 'obs3','obs4'],
              value_name='obs')
```

로 데이터 프레임 ldf를 얻으며 결과는 다음과 같다.

```
    trt variable  obs
0     1     obs1   90
1     2     obs1   88
2     3     obs1   93
             ⋮
9     1     obs4   95
10    2     obs4   93
11    3     obs4   94
```

3.11 `lwform1.py` (계속) `ldf2 = ldf.drop(columns=['variable'])`로

```
    trt  obs
0     1   90
1     2   88
2     3   93
      ⋮
11    3   94
```

을 얻는다.

3.12 `lwform1.py` (계속) `ldf3 = ldf2.sort_values(by='trt')` 로

```
    trt  obs
0     1   90
3     1   97
      ⋮
11    3   94
```

을 얻는다.

3.13 `lwform2.py` 아래의 프로그램에서 wdf1은 원하는 결과가 아니며 ldf에 변수 rep를 추가한 후 만든 wdf2가 원하는 결과이다.

```
import pandas as pd

ldf = pd.DataFrame([[1, 90], [1, 97], [1, 98], [1, 95],
                    [2, 88], [2, 92], [2, 90], [2, 93],
                    [3, 93], [3, 97], [3, 97], [3, 94]],
                   columns=['trt', 'obs'])

wdf1 = ldf.pivot(columns='trt', values='obs')

# 각 반복을 표시해주는 변수를 추가한 후 pivot 호출
ldf['rep'] = ['r1', 'r2', 'r3', 'r4']*3
wdf2 = ldf.pivot(index='rep', columns='trt', values='obs')
```

로 wdf2를

```
trt   1   2   3
rep
r1   90  88  93
r2   97  92  97
r3   98  90  97
r4   95  93  94
```

로 얻는다.

4.1 `wage1.py`

```
hours = float(input('근무시간: '))

while(hours >= 0):
    if (hours <= 40):
        wage = hours*9000
    else:
        wage = 40*9000 + (hours-40)*13500
    print('근무시간: ', hours, ' 임금: ', wage)
    hours = float(input('근무시간: '))
```

4.2 `wage2.py`

```
hours = float(input('근무시간: '))

while(hours >= 0):
    if (hours <= 40):
        wage = hours*9000
    elif (hours <= 52):
        wage = 40*9000 + (hours-40)*13500
    else:
        print('근무시간을 다시 확인하기 바랍니다')
        wage= 'NA'
    print('근무시간: ', hours, ' 임금: ', wage)
    hours = float(input('근무시간: '))
```

4.3 `list3.py`

```
score = [['김철수', 90, 80, 70], ['이하나', 95, 87, 55],
         ['박한기', 80, 80, 80], ['최동수', 96, 80, 90],
         ['조형남', 70, 60, 55], ['김수정', 90, 70, 77]]

mysum = [0 for i in range(6)]
mymean = ['평균']+ [0 for i in range(3)]

for i in range(6):
    for j in range(1,4):
       mysum[i] = mysum[i]+score[i][j]
       mymean[j] = mymean[j] + score[i][j]/6

print('Sum:\n', mysum)
print('Mean:\n', mymean)
```

4.4 `list2.py` 데이터 부분은 위와 같아 생략.

```
nstudent = len(score)
ncourse = len(score[0]) - 1
mysum = [0 for i in range(nstudent)]
mymean = ['평균']+ [0 for i in range(ncourse)]

for i in range(nstudent):
    for j in range(1,len(score[0])):
       mysum[i] = mysum[i]+score[i][j]
       mymean[j] = mymean[j] + score[i][j]/nstudent

print('Sum:\n', mysum)
print('Mean:\n', mymean)
```

4.5 `list4.py` (a), (b)

```
import pandas as pd
import numpy as np

score = [['김철수', 90, 80, 70], ['이하나', 95, 87, 55],
         ['박한기', 80, 80, 80], ['최동수', 96, 80, 90],
         ['조형남', 70, 60, 55], ['김수정', 90, 70, 77]]

df = pd.DataFrame(score)
thedf=df.loc[:,[1,2,3]]

mysum = thedf.apply(np.sum, axis = 1)
mymean = thedf.apply(np.mean, axis = 0)

print('Sum:\n', mysum)
print('Mean:\n', mymean)
```

```
print(thedf.sum(axis=1))
print(thedf.mean())
```

4.6 `angle2.py`

```
import numpy as np

def angleconvert(angle, dir='d2r'):
  angle = float(angle)
  if dir == 'r2d':
     c_angle = 180/np.pi*angle
  else:
     c_angle = np.pi/180 * angle
  return (c_angle)

if __name__ == '__main__':
  for d in  [0,45,90]: print(angleconvert(d,'d2r'))

  for r in [0, np.pi/2, np.pi]: print(angleconvert(r,'r2d'))
```

4.7 `stats1.py`

```
def sum2p(data, p):
   res = 0
   for x in data:
      res = res + x ** p
   return res

def iseven(n):
   if n % 2 == 0: return True
   else: return False

x1 = range(2,21,2)
x1 = list(x1)
x1.sort()
x2 = list(range(3, 100, 3))
x2.sort()

n1 = len(x1)
n2 = len(x2)
ave1 = sum2p(x1, 1) / n1
ave2 = sum2p(x2, 1) / n2
print('평균: ', ave1, ave2)

if iseven(n1):
  median1 = ( x1[int(n1/2-1)] + x1[int(n1/2)] ) /2
else:
  median1 = x1[int((n1-1)/2)]
```

```
if iseven(n2):
  median2 = ( x2[int(n2/2-1)] + x2[int(n2/2)] ) /2
else:
  median2 = x2[int((n2-1)/2)]
print('중앙값: ', median1, median2 )


var1 = (sum2p(x1,2) - n1*ave1 **2 ) / (n1-1)
var2 = (sum2p(x2,2) - n2*ave2 **2 ) / (n2-1)
print('분산: ', var1, var2)
```

4.8 stats2.py

```
def sum2p(data, p):
   res = 0
   for x in data:
      res = res + x ** p
   return res, len(data)

def iseven(n):
   if n % 2 == 0: return True
   else: return False

def mymed(data):
   data.sort()
   n = len(data)
   if iseven(n):
     median = ( data[int(n/2-1)] + data[int(n/2)] ) /2
   else:
     median = data[int((n-1)/2)]
   return median


x1 = list(range(2,21,2))
x2 = list(range(3, 100, 3))

sum1, n1 = sum2p(x1,1)
sum2, n2 = sum2p(x2,1)
ave1 = sum1/n1
ave2 = sum2/n2
print('평균: ', ave1, ave2)
print('중앙값: ', mymed(x1), mymed(x2))

var1 = (sum2p(x1,2)[0] - n1*ave1 **2 ) / (n1-1)
var2 = (sum2p(x2,2)[0] - n2*ave2 **2 ) / (n2-1)
print('분산: ', var1, var2)
```

4.9 `MyStats.py`

```
class MyStats:

  def __init__(self, xx):
      self.xx = xx.sort()
      self.xx = xx
      self.n = len(xx)

  def sum2p(self, p):
     res = 0
     for x in self.xx:
        res = res + x ** p
     return res

  def iseven(self):
     if self.n % 2 == 0: return True
     else: return False

  def mymed(self):
     n = self.n
     if self.iseven():
       median = ( self.xx[int(n/2-1)] + self.xx[int(n/2)] ) /2
     else:
       median = self.xx[int((n-1)/2)]
     return median

if __name__ == '__main__':
   x1 = list(range(2,21,2))
   x1 = list(range(3, 100, 3))
   x1 = [1,3,4,2,2,4,5,6,10,11,32,22,9,8,7,20,30,25,15]
   a = MyStats(x1)
   n = a.n
   ave = a.sum2p(1)/n
   var = (a.sum2p(2)-n*ave**2)/(n-1)
   med = a.mymed()
   even = a.iseven()
   print(n, ave, var, med, even)
```

4.10 `MySummary.py`

```
class MyStats:

  def __init__(self, xx):
      self.xx = xx.sort()
      self.xx = xx
      self.n = len(xx)

  def sum2p(self, p):
     res = 0
```

```
      for x in self.xx:
         res = res + x ** p
      return res

   def iseven(self):
      if self.n % 2 == 0: return True
      else: return False

   def mymed(self):
      n = self.n
      if self.iseven():
        median = ( self.xx[int(n/2-1)] + self.xx[int(n/2)] ) /2
      else:
        median = self.xx[int((n-1)/2)]
      return median

class MySummary(MyStats):
    def __init__(self, data):
      super().__init__(data)
      self.min = data[0]
      self.max = data[self.n-1]

    def ave(self):
      mm = super().sum2p(1)/self.n
      return mm

    def var(self):
      vv = super().sum2p(2) - self.n*self.ave()**2
      return vv/(self.n-1)

    def mymed(self):
      md = super().mymed()
      return md

if __name__ == '__main__':
   x1 = list(range(2,21,2))
   x1 = list(range(3, 100, 3))
   x1 = [1,3,4,2,2,4,5,6,10,11,32,22,9,8,7,20,30,25,15]

   b = MySummary(x1)

   min = b.min
   max = b.max
   mm = b.ave()
   vv = b.var()
   md = b.mymed()

   print(b.n, mm, vv, md, b.iseven(), min, max)
```

4.11 `caller1.py`

```
import MySummary as ms

x1 = list(range(2,21,2))
x1 = list(range(3, 100, 3))
x1 = [1,3,4,2,2,4,5,6,10,11,32,22,9,8,7,20,30,25,15]

b = ms.MySummary(x1)

min = b.min
max = b.max
mm = b.ave()
vv = b.var()
md = b.mymed()

print(b.n, mm, vv, md, b.iseven(), min, max)
```

5.1 `formattest2.py`

(a) `print('결과는 {0:5.3f} 입니다.'.format(a))`

(b) `print('결과는 {0:,.0f} 입니다.'.format(b))`

(c) `print('결과는 {0:,.3f} 입니다.'.format(c))`

(d) `for i in range(7,13): print('%03d' %(i))`

5.1 `formattest3.py` `while True`로 무한 루프를 구성하고 값이 0이면 `break`한다.

```
import numpy as np

while True:
  num = input('숫자 입력: ')
  try:
    num = int(num)
    if num == 0:
      print('Goodbye!!')
      break
    else:
      ndigits = np.floor(np.log10(np.abs(num))) + 1
      print('자리수:', int(ndigits))
  except ValueError:
    print('숫자(정수)가 아닙니다. 에러코드:', ValueError)
```

또 밑이 10인 로그를 사용하면 10의 몇 승인지 알 수 있으므로 이를 이용하여 자릿수를 계산하였다.

5.3 `fileio10.py`

```
f = open("D:/htex/Pythonbk/codesdata/iris.txt", "r")
```

```
texts = f.readlines()
f.close()
print(len(texts))
```

으로 151줄을 확인할 수 있다.

5.4 `dfio11.py`

```
import pandas
df = pandas.read_csv("D:/htex/Pythonbk/codesdata/iris.txt",
                     sep='\s+', header=0)
print(df)
```

5.5 `dfio12.py`

```
import pandas
df = pandas.read_excel("D:/htex/Pythonbk/codesdata/iris.xlsx",
                       header=0)
print(df)
```

5.6 `fileio11.py`

```
fr = open("D:/htex/Pythonbk/codesdata/iris.txt", "r")
fw = open("D:/htex/Pythonbk/codesdata/iriswrite.txt", "w")

for line in fr:
    fw.writelines(line)
fr.close()
fw.close()
```

5.7 `dfio13.py`

```
import pandas
df = pandas.read_csv("D:/htex/Pythonbk/codesdata/iris.txt",
                     sep='\s+', header=0)
print(df)
df.to_csv("D:/htex/Pythonbk/codesdata/iriswirte.CSV",
          sep=' ', index=False, header=True)
```

5.8 `dfio14.py`

```
import pandas
df = pandas.read_csv("D:/htex/Pythonbk/codesdata/iris.txt",
                     sep='\s+', header=0)
print(df)
df.to_excel("D:/htex/Pythonbk/codesdata/iriswirte.xlsx",
            index=False, header=True, sheet_name='Iris')
```

5.9 regexp2.py

```
f = open("D:/htex/Pythonbk/codesdata/iris.txt", "r")
texts = f.read()
f.close()
print(texts)

import re
texts2 = re.sub('\\n','', texts)
print(texts2)
```

5.10 wordcount6.py

```
f = open("D:/htex/Pythonbk/codesdata/iris.txt", "r")

num = 0
for line in f:
    num = num + line.lower().count("setosa")
```

5.11 readfile1.py

```
f = open("D:/BTS_Dynamite_lyrics.txt", "r")
lyrics = f.readlines()
f.close()
print('이 파일의 라인 수:', len(lyrics))
print(lyrics)
```

5.12 wordcount1.py

```
f = open("D:/BTS_Dynamite_lyrics.txt", "r")
lyrics = f.readlines()
f.close()

allwords = ""
for line in lyrics:
    allwords = allwords + line.strip()

counter = allwords.upper().count("DYNAMITE")
print (counter)
```

6.2 summary1.py

```
import pandas as pd

df = pd.read_csv(r'D:\HTEX\Pythonbk\codesdata\bmi.csv')
desc1 = df[['height','weight']].describe()
print(desc1)
```

```
IQR = desc1.loc['75%'] - desc1.loc['25%']
print('IQR:', IQR)

print(df[['height','weight']].median())

print(df.groupby(by='gender').mean()[['height','weight']])
print(df.groupby(by='gender').median()[['height','weight']])
print(df.groupby(by='gender').var(ddof=1)[['height','weight']])
```

으로 필요한 값을 얻을 수 있다.

(a)
```
           height      weight
count  177.000000  177.000000
mean   162.096045   53.468927
std      5.472746    7.174798
min    150.000000   40.000000
25%    158.000000   49.000000
50%    162.000000   52.000000
75%    165.000000   57.000000
max    180.000000   80.000000
```
이고 IQR은 키와 몸무게에 대해 각각 7과 8이다.

(b) 성별에 따른 키와 몸무게의 평균, 중앙값, 분산은

	평균		중앙값		분산	
	height	weight	height	weight	height	weight
F	160.981	51.873	161	52	18.923204	27.053939
M	171.368	66.737	170	67	26.134503	59.204678

이다.

6.3 다음의 표를 사용하면

구간	f_i	x_i	$\sum x_i f_i$	$\sum x_i^2 f_i$
0 – 24	10	12.0	120.0	1440.0
25 – 49	21	37.0	777.0	28749.0
50 – 74	20	62.0	1240.0	76880.0
75 – 99	13	87.0	1131.0	98397.0
100 –149	7	124.5	871.5	108501.8
150 –199	2	174.5	349.0	60900.5
200 –249	4	224.5	898.0	201601.0
250 –400	2	325.0	650.0	211250.0
합	79	1046.5	6036.5	787719.3

$\bar{x} = \sum x_i f_i / \sum f_i = 6036.5/79 = 76.4114$이며 $s^2 = (\sum x_i^2 f_i - n(\bar{x})^2)/(\sum f_i - 1) = (787719.3 - 79(76.4114)^2)/78 = 4185.408$ 이다. 이를 얻기 위한 파이썬 코드는 `freqstats2.py`

```
import numpy as np

x = np.array([12, 37, 62, 87, 124.5, 174.5, 224.5, 325])
freq = np.array([10, 21, 20, 13, 7, 2, 4, 2])
wmean = np.sum(x * freq)/np.sum(freq)
print(wmean)

wvar = np.sum( (x-wmean)**2*freq ) / (np.sum(freq)-1)
print(wvar)

print(np.average(x, weights=freq))
```

으로 이를 사용하면 동일한 결과를 얻는다.

6.4 `summary2.py`

```
import numpy as np
import scipy.stats as st

x =  np.array([9, 7, 24, 30, 14, 7, 16, 20, 23, 23, 25,
               23, 37, 29, 6, 5, 23, 24, 22, 10, 21])

print(np.mean(x))
print(np.median(x))
print(st.mode(x))
print(np.var(x, ddof=1))
print(np.std(x, ddof=1))
print(st.skew(x))
```

으로

(a) 평균은 18.95, 중앙값 22, 최빈값 23(빈도수 4), 분산 78.848, 표준편차 8.880 으로 얻는다.

(b) 평균(18.95)보다 중앙값(22)이 조금 크기 때문에 왜도의 값은 음수로 예측되며

(c) 실제 왜도의 값은 −0.0828이다.

6.5 평균, 표준편차, 중앙값은 각각 73.0, 12.42, 75.0이다. `summary3.py`

6.6 (`summary3.py` 계속) 6.5의 프로그램에서 왜도와 첨도는 각각 −0.626, −0.473으로 얻는다. 왜도가 음수이므로 왼쪽으로 skew되고 정규분포보다는 뭉툭한 분포를 가질 것으로 보인다.

6.7 분자의 제곱을 전개하여

$$\sum_{i=1}^{n}(x_i-\bar{x})^2 = \sum(x_i^2-2\bar{x}x_i+\bar{x}^2)=\sum x_i^2-2\bar{x}\sum x_i+n\bar{x}^2$$

를 얻고 $\sum x_i = n\bar{x}$를 위 식에 대입하면 $\sum x_i^2 - n\bar{x}^2$를 얻는다.

6.8 연습문제 6.7과 같이 분자를 전개하면

$$\sum_{i=1}^{k} f_i(x_i - \bar{x})^2 = \sum (x_i^2 f_i - 2\bar{x} x_i f_i + \bar{x}^2 \sum f_i) = \sum x_i^2 f_i - 2\bar{x} \sum x_i f_i + \bar{x}^2 \sum f_i$$

를 얻고 $n = \sum f_i$, $\sum x_i f_i = n\bar{x}$를 위 식에 대입하면 $\sum x_i^2 f_i - n\bar{x}^2$를 얻는다.

6.9 연습문제 9.2 참고.

6.10 `summary4.py` 다음의 코드를 사용하면

```
import pandas as pd

df = pd.read_csv(r'D:\HTEX\Pythonbk\codesdata\bmi.csv')

ftab = df['gender'].value_counts()
ctab = pd.crosstab(index=df['gender'], columns=df['religion'],
                   margins=True)
print(ftab)
print(ctab)
```

(a) 성별 빈도는 F가 158명 M이 19명이다.

(b) 교차표는 아래와 같다.

```
religion  Bu  C1  C2  No  All
gender
F         18  45  33  62  158
M          3   2   8   6   19
All       21  47  41  68  177
```

7.1 `summary5.py`

```
import pandas as pd
import matplotlib.pyplot as plt

df = pd.read_csv(r'D:\HTEX\Pythonbk\codesdata\bmi.csv')

ftab = df['gender'].value_counts()
plt.bar(x=ftab.index, height=ftab.values)
plt.show()
plt.pie(ftab, labels=ftab.index)
plt.show()

mm = df.groupby('gender')['height'].mean()
plt.bar(x=mm.index, height=mm.values)
plt.show()

fig, (ax1, ax2) = plt.subplots(1,2)
ax1.hist(df['height'], edgecolor='white')
```

```
ax2.hist(df['weight'], edgecolor='white' )
plt.show()

grouped = df.groupby('gender')['height']
glist = grouped.aggregate(lambda x: list(x))
plt.boxplot(glist)
plt.show()
```

7.2 `summmary7.py`

```
import pandas as pd
import matplotlib.pyplot as plt

df = pd.read_csv(r'D:\HTEX\Pythonbk\codesdata\bmi.csv')

ftab = df['gender'].value_counts()
fdf = pd.DataFrame({'gender':ftab.index, 'freq':ftab.values})
fdf.plot.bar(x='gender', y='freq')
fdf.plot.pie(y='freq', label='gender')

mm = df.groupby('gender')['height'].mean()
mdf = mm.to_frame().reset_index()
mdf.plot.bar(x='gender', y='height')

fig, (ax1, ax2) = plt.subplots(1,2)
gdf = df.groupby('gender')
gdf.get_group('M').hist('height', edgecolor='white', ax=ax1)
gdf.get_group('F').hist('height', edgecolor='white', ax=ax2)

df.boxplot(column='height', by='gender')
```

7.3 `summary6.py` 다음의 코드에서 back-to-back 부분은 `stemgraph` 내부 에러이다. 이 코드에서 `glist['F']`, `glist['M']`을 `glist['F']`, `glist['F']`로 바꾸면 에러가 발생하지 않는다.

```
import pandas as pd
import stemgraphic

df = pd.read_csv(r'D:\HTEX\Pythonbk\codesdata\bmi.csv')

stemgraphic.stem_graphic(df['height'])

#---- 아래는 아직은 내부 에러
grouped = df.groupby('gender')['height']
glist = grouped.aggregate(lambda x: list(x))
stemgraphic.stem_graphic(glist['F'], glist['M'])

mht = df[df['gender']=='M']['height']
```

```
fht = df[df['gender']=='F']['height']
stemgraphic.stem_graphic(df=mht, df2=fht)
```

7.4 `hist3.py`

```
import numpy as np
import matplotlib.pyplot as plt

x = np.array([12, 37, 62, 87, 124.5, 174.5, 224.5, 325])
freq = np.array([10, 21, 20, 13, 7, 2, 4, 2])
rfreq = freq/np.sum(freq)
binwd = [25, 25, 25, 25, 50, 50, 50, 150]
xlab =[str(tick) for tick in x]

plt.bar(x, rfreq, width=binwd, edgecolor='w', tick_label=xlab)
```

7.5 `graphex1.py`

```
import numpy as np
import matplotlib.pyplot as plt
import stemgraphic

x =  np.array([9, 7, 24, 30, 14, 7, 16, 20, 23, 23, 25,
               23, 37, 29, 6, 5, 23, 24, 22, 10, 21])

plt.boxplot(x)
stemgraphic.stem_graphic(x, scale = 10)
```

7.6 `graphex2.py`

```
import numpy as np
import matplotlib.pyplot as plt

x = np.linspace(0, 2*np.pi, 100)
y1 = np.sin(x)
y2 = np.cos(x)

plt.plot(x, y1, label='sin(x)')
plt.plot(x, y2, label='cos(x)')
plt.axhline(y=0)
plt.legend()
```

7.7 `graphex3.py`

```
import numpy as np
import matplotlib.pyplot as plt
```

```
def normpdf(x, m, s):
    y = 1/(np.sqrt(2*np.pi)*s) * np.exp(-(x-m)**2/(2*s**2))
    return y

x = np.linspace(-5, 7, 100)
y1 = normpdf(x, 0, 1)
y2 = normpdf(x, 2, 1)
y3 = normpdf(x, 0, 2)
y4 = normpdf(x, 2, 2)

plt.plot(x, y1, label='N(0,1)')
plt.plot(x, y2, label='N(2,1)')
plt.plot(x, y3, label='N(0,2^2)')
plt.plot(x, y4, label='N(2,2^2)')
plt.axhline(y=0)
plt.legend()
```

7.8 `graphex4.py`

```
import numpy as np
import matplotlib.pyplot as plt

def normpdf(x, m, s):
    y = 1/(np.sqrt(2*np.pi)*s) * np.exp(-(x-m)**2/(2*s**2))
    return y

x = np.linspace(-5, 7, 100)
y1 = normpdf(x, 0, 1)
y2 = normpdf(x, 2, 1)
y3 = normpdf(x, 0, 2)
y4 = normpdf(x, 2, 2)

fig, ax = plt.subplots(2,2, sharey=True)

ax[0,0].plot(x, y1, label='N(0,1)')
ax[0,1].plot(x, y2, label='N(2,1)')
ax[1,0].plot(x, y3, label='N(0,2^2)')
ax[1,1].plot(x, y4, label='N(2,2^2)')
```

7.9 `hfont3.py`

```
import pandas as pd
import numpy as np
import matplotlib

x = np.random.normal(0, 1, [10,3])
rdf = pd.DataFrame(x, columns=['변수1','변수2', '변수3'])
```

```
matplotlib.rcParams['font.family'] = 'GULIM'
rdf.boxplot(column=['변수1','변수2'])
```

7.10 `hfont4.py`

```
import matplotlib.pyplot as plt
import matplotlib.font_manager as fm
import matplotlib

matplotlib.rcParams['font.family'] = 'BATANG'
x = [10, 20, 40, 30]
xlab = ['그룹 1', '그룹 2', '그룹 3', '그룹 4']

plt.pie(x=x, labels=xlab)

path = r'C:/Users/SIM/APPDATA/LOCAL/MICROSOFT/Windows/
         Fonts/나눔손글씨 강부장님체.TTF'
fp = fm.FontProperties(fname=path, size=20)

plt.title('원그래프', fontproperties=fp)
```

7.11 `worcount7-1.py`

```
from wordcloud import WordCloud
from collections import Counter
import matplotlib.pyplot as plt

fontpath = r'C:/Users/SIM/APPDATA/LOCAL/MICROSOFT/Windows/
               Fonts/나눔손글씨 강부장님체.TTF'
wc = WordCloud(font_path=fontpath, background_color="white",
               max_font_size=120)
f = open("D:/htex/Pythonbk/codesdata/대한민국헌법.txt",
         "r", encoding='utf-8')

wordfreq = Counter()
for texts in f:
    texts = texts.split()
    wordfreq = wordfreq + Counter(texts)
f.close()

cloud = wc.generate_from_frequencies(wordfreq)

# 생성된 WordCloud를 이미지 파일로 저장
#cloud.to_file('D:/HTEX/Pythonbk/images/wordcount4-2.png')

plt.figure(figsize=(10, 8))
plt.axis('off')
plt.imshow(cloud)
```

8.1 `lotto1.py`

```
import random

def lottop(selected, nrepeat, nmatch):
 count = 0
 for i in range(0, nrepeat):
   play = set( random.sample(range(1,46), 6) )
   match = [value for value in selected if value in play]
   if len(match) == nmatch:
      count += 1
 return(count, count/nrepeat)
#-------------------------------------------------------
selected1 = {1, 2, 10, 12, 34, 45}
n1, p1 = lottop(selected1, 1000000, 3)
print(n1, p1)

selected2 = set( random.sample(range(1,46), 6) )
print('randomly chosen set: ', selected2)
n1, p1 = lottop(selected2, 1000000, 3)
print(n1, p1)

n1, p1 = lottop(selected1, 10000000, 6)
print(n1, p1)
```

8.2 `Bernoulli1.py`

```
import numpy as np
n=10
p=0.3
def bern(n,p):
  x = np.random.uniform(0,1,n)
  return list(map(int, (x < p)))

xx = []
for i in range(1000):
    xx = xx + [sum(bern(10,0.3))]
xx = np.array(xx)
print(xx.mean())
print(xx.var(ddof=1))
```

8.3 `poisson2.py`

(a) 다음을 계속 실행해보면 평균과 분산 모두 10에 가까운 값을 얻는다.

```
import numpy as np
import matplotlib.pyplot as plt
import scipy.stats as st

```

```
lam = 10
x = np.random.poisson(lam, size=1000)
print(np.mean(x))
print(np.var(x, ddof=1))
```

(b) 1,000번 반복하여 평균 1,000개의 평균 계산

```
mx = list()
for i in range(1000):
    x = np.random.poisson(lam, size=1000)
    mx = np.append(mx, np.mean(x))
print(np.mean(mx))
```

(c) 1,000개 평균의 히스토그램과 정규분포 그림

```
se = np.sqrt(lam/1000)
x2 = np.linspace(lam-3*se, lam+3*se, 100)
pdf = st.norm.pdf(x2, loc=10, scale=se)

plt.hist(mx, density=True, edgecolor='white' )
plt.plot(x2, pdf, 'r-')
```

8.4 (a) 정규분포의 첨도는 0이므로 $Z \sim N(0,1)$이면 첨도의 정의를 사용하면 $0 = \dfrac{E(Z-E(Z))^4}{(\sigma^2)^2} - 3 = E(Z^4)$이므로 $\mathrm{E}(Z^4) = 3$이다.

(b) Z_i 들이 독립인 표준정규분포 확률변수이면 $\mathrm{E}(Z_i) = 0$이고 $1 = \mathrm{var}(Z_i) = \mathrm{E}(Z_i^2) - \mathrm{E}(Z_i)^2 = \mathrm{E}(Z_i^2)$이므로 $\mathrm{E}(\chi^2_\nu) = \mathrm{E}(Z_1^2 + Z_2^2 + \cdots + Z_\nu^2) = 1 + 1 + \cdots + 1 = \nu$이다. 또 $\mathrm{var}(Z_i^2) = \mathrm{E}(Z_i^4) - \mathrm{E}(Z_i^2)^2 = 3 - 1 = 2$ 이므로 $\mathrm{var}(Z) = \mathrm{var}(Z_1^2 + Z_2^2 + \cdots + Z_\nu^2) = \mathrm{var}(Z_1^2) + \mathrm{var}(Z_2^2) + \cdots + \mathrm{var}(Z_\nu^2) = 2 + 2 + \cdots + 2 = 2\nu$이다.

8.5 `chisq1.py`

```
import scipy.stats as st
import numpy as np

print(st.norm.ppf(1-0.025)**2)
print(st.chi2.ppf(1-0.05,1))

alpha = np.array([0.005, 0.01, 0.05, 0.1])
print(st.norm.ppf(1-alpha)**2)
print(st.chi2.ppf(1-alpha*2,1))
```

8.6 `tdist2.py`

```
import scipy.stats as st
import numpy as np
```

```
alpha = np.array([0.005, 0.01, 0.025, 0.05, 0.1])
print(st.t.ppf(1-alpha, 10)**2)
print(st.f.ppf(1-alpha*2,1, 10))
```

8.7 `fdist1.py`

```
import scipy.stats as st
import numpy as np

alpha = np.array([0.005, 0.01, 0.025, 0.05, 0.1])
print(st.f.ppf(1-alpha, 5,10))
print(1/st.f.ppf(alpha, 10,5))
```

9.1 (a)유의확률이 주어진 확률의 반이므로 귀무가설을 기각한다.
(b) $s/\sqrt{n} = .7458/\sqrt{10} = 0.2358$
(c)9 (d) $t = \bar{x}/SE = 0.5/0.2358 = 2.12$
(e)$0.063/2 = 0.0315$
(f) $a > t$
(g) 포함됨. (계산할 필요없이 양측검정인 경우 귀무가설을 기각하지 못하므로)
(h) 틀린 표현임.

9.2 표본평균은 $\sum x_i/n = 266/9 = 29.56$이고 표본 분산 s^2 및 표준편차 s는 $s^2 = \sum(x_i - \bar{x})^2/(n-1) = 8.78$이고 $s = \sqrt{8.78} = 2.96$이다. 또한 신뢰수준이 $100(1-\alpha) = 95\%$ 이므로 t-분포표에서 자유도 $(n-1) = 8$, $\alpha/2 = 0.025$인 t 값을 찾아보면 $t_{8;0.025} = 2.306$이다. 따라서 우리가 구하는 신뢰구간은 $(\bar{x} - t_{n-1;\alpha/2}s/\sqrt{n}, \bar{x} + t_{n-1;\alpha/2}s/\sqrt{n}) = (29.56-(2.306)(2.96)/3, 29.56+(2.306)(2.96)/3) = (27.28, 31.84)$이다. 즉, 신뢰구간은 27.28cm – 31.84cm이며, 신뢰수준 95%라는 것은 이와 같은 방법으로 100개의 신뢰구간을 구하였을때 95개 정도가 모평균을 포함할 것으로 기대할 수 있다는 것이다. 파이썬을 사용하면 `cimean3.py`

```
import numpy as np, scipy.stats as st
a = [31, 29, 27, 25, 31, 30, 27, 35, 31]

lbd, ubd = st.t.interval(0.95, len(a)-1, loc=np.mean(a),
                         scale=st.sem(a))
print(lbd, ubd)
```

로 같은 결과를 얻는다(반올림 오차 제외).

9.3 $172.3 \pm t_{24;0.025} \cdot 5/\sqrt{25} = 172.3 \pm 2.064 \cdot 5/\sqrt{25} = (170.24, 174.35)$ 파이썬을 사용하면 `cimean4.py`

```
import scipy.stats as st
```

```
lbd, ubd = st.t.interval(0.95, 25-1, loc=172.3, scale=5/25**.5)
print(lbd, ubd)
```

으로 같은 결과를 얻는다(반올림 오차 제외).

9.4 $n = 25$, $\bar{x} = 30000$, $s = 5000$이고 $t_{24;0.05} = 1.71, t_{24,0.025} = 2.06$이므로 90% 신뢰구간은

$$30000 \pm 1.71 \cdot 5000/\sqrt{25} = (30000 \pm 1710) = (28290, 31710)$$

이고 $H_0 : \mu = 35000$ 대 $H_1 : \mu \neq 35000$을 검정하기 위한 검정통계량은 $t_0 = (30000 - 35000)/(5000/\sqrt{25}) = -5$이고 $|t_0| > 2.06$이므로 귀무가설을 기각한다. 90% 신뢰구간 안에 35000이 포함되지 않는 것과 $H_1 : \mu \neq 35000$을 받아들이는 동일한 결론을 얻는다. 파이썬을 사용하면 `cimean5.py`

```
import scipy.stats as st, numpy as np

lbd, ubd =st.t.interval(0.90, 25-1, loc=30000,scale=5000/25**.5)
print(lbd, ubd)

t0 = (30000-35000)/(5000/25**.5)
p0 = 2*(1-st.t.cdf(np.abs(t0), df=25-1)) # 양측검정
print(t0, p0)
```

로 동일한 결과를 얻는다. 파이썬을 사용할 때 얻은 유의확률은 0.000041569이다.

9.5 $H_0 : \mu = 169$, $H_1 : \mu > 169$인 가설검정의 검정통계량 $t = \frac{174-169}{9/\sqrt{49}} = 3.889 > t_{48;0.05} = 1.677$이므로 귀무가설을 기각한다. 즉, 키가 커졌다고 판단한다. 파이썬을 사용하면 `tmean1.py`

```
import scipy.stats as st

t0 = (174-169)/(9/49**.5)
p0 = 1-st.t.cdf(t0, df=49-1)
print(t0, p0)
```

로 유의확률 0.0001546을 얻어 귀무가설을 기각하는 동일한 결론을 얻는다.

9.6 $H_0 : \mu = 10$, $H_1 : \mu < 10$인 가설검정의 검정통계량 $t = \frac{9.5-10}{2/\sqrt{100}} = -2.5 < -t_{99;0.05} = -1.66$이므로 귀무가설을 기각한다. 즉, 연비가 10 미만이라고 판단한다. 파이썬을 사용하면 `tmean2.py`

```
import scipy.stats as st

t0 = (9.5-10)/(2/100**.5)
p0 = st.t.cdf(t0, df=100-1)
print(t0, p0)
```

로 유의확률 0.0070312을 얻어 귀무가설을 기각하는 동일한 결론을 얻는다.

9.7 `twottest7.py`

(a)
```
import pandas as pd
import statsmodels.stats.api as sms
import scipy.stats as st

df = pd.read_csv(r'D:\HTEX\Pythonbk\codesdata\bmi.csv')
gdf = df.groupby('gender')

mht = gdf.get_group('M')['height']
fht = gdf.get_group('F')['height']

Fval, pvalF = st.levene(mht, fht, center='mean')
print(Fval, pvalF)
```

의 결과 Levene 검정의 $F_0 = 0.729$, $P = 0.394$이므로 등분산성이 성립한다. 따라서

```
cm = sms.CompareMeans(sms.DescrStatsW(mht, ddof=1),
                      sms.DescrStatsW(fht, ddof=1))
tval, pval, degf = cm.ttest_ind(usevar='pooled')
print(tval, pval, degf)
```

으로 $t_0 = 9.647$, $P = 0.000$을 얻어 $H_0 : \mu_M = \mu_F$ 대 대립가설 $H_1 : \mu_M \neq \mu_F$을 검정한 결과 키의 평균은 차이가 있다는 결론을 얻는다.

(b) 같은 방법으로

```
mwt = gdf.get_group('M')['weight']
fwt = gdf.get_group('F')['weight']

Fval, pvalF = st.levene(mwt, fwt, center='mean')
print(Fval, pvalF)
```

로 Levene 검정의 $F_0 = 7.354$, $P = 0.007$로 두 그룹의 분산은 다르며 따라서

```
lbd, ubd = cm.tconfint_diff(usevar='unequal')
print (lbd, ubd)
```

로 몸무게 차이에 대한 95% 신뢰구간은 $(7.846, 12.929)$를 얻는다.

9.8 `twottest8.py`

(a)
```
import pandas as pd
import statsmodels.stats.api as sms
import scipy.stats as st

df = pd.read_csv(r'D:\HTEX\Pythonbk\codesdata\bmi.csv')
df['bmi'] = df['weight']/(df['height']/100)**2
```

```
lbd95, ubd95 = st.t.interval(0.95, df.shape[0]-1,
            loc=df.mean()['bmi'], scale=df.sem()['bmi'])
print(lbd95, ubd95)
lbd99, ubd99 = st.t.interval(0.99, df.shape[0]-1,
            loc=df.mean()['bmi'], scale=df.sem()['bmi'])
print(lbd99, ubd99)
```

로 95% CI는 $(19.997, 20.6105)$이며 99% CI는 $(19.8990, 20.7085)$이다.

(b) Levene의 등분산성에 대한 검정결과 유의확률이 0.01이므로 유의수준 5% 에서 분산이 다르다고 판단하고 이때의 t 검정의 검정통계량은 4.627, 유의확률은 0.000(양측)이므로 귀무가설을 기각하고 남녀간의 BMI의 평균이 다르다고 판단한다.

```
gdf_gen = df.groupby('gender')

mbmi = gdf_gen.get_group('M')['bmi']
fbmi = gdf_gen.get_group('F')['bmi']

Fval, pvalF = st.levene(mbmi, fbmi, center='mean')
print('F, P:' ,Fval, pvalF)

cm = sms.CompareMeans(sms.DescrStatsW(mbmi, ddof=1),
                      sms.DescrStatsW(fbmi, ddof=1))
tval, pval, degf = cm.ttest_ind(usevar='unequal')
print('t, p, df:', tval, pval, degf)
```

(c) Levene 등분산성 검정에서 분산이 같다는 귀무가설을 유의수준 5% 에서 기각하므로($F_0 = F, P : 6.371,\ P = 0.012$) 분산이 다를 때의 검정을 해보면 $t_0 = 2.499$, $P = 0.00758$이므로 귀무가설을 기각하고 기혼자의 BMI 평균이 더 크다고 할 수 있다.

```
gdf_marr = df.groupby('marriage')

ybmi = gdf_marr.get_group('Y')['bmi']
nbmi = gdf_marr.get_group('N')['bmi']

Fval, pvalF = st.levene(ybmi, nbmi, center='mean')
print('F, P:' ,Fval, pvalF)

cm = sms.CompareMeans(sms.DescrStatsW(ybmi, ddof=1),
                      sms.DescrStatsW(nbmi, ddof=1))
tval, pval, degf = cm.ttest_ind(alternative='larger',
                      usevar='unequal')
print('t, p, df:', tval, pval, degf)
```

9.9 귀무가설 $H_0 : \mu_E - \mu_C = 0$ 대 대립가설 $H_1 : \mu_E - \mu_C < 0$의 검정이므로 관찰된 검정통계량 $t = -9.061$에 대한 유의확률은 0.000이므로 귀무가설을 기각한다. 즉,

capsaicine을 적용한 경우 혈류량을 증가한다는 근거가 충분하다고 할 수 있다. 파이썬 코드는 `twottest4.py`

```
import scipy.stats as st

eth = [208, 285, 181, 251, 277, 281, 232, 135, 240]
cap = [791, 572, 604, 766, 942, 664, 643, 372, 559]

tval, pval = st.ttest_rel(cap, eth, alternative='greater')
print(tval, pval)
```

으로 위 값을 얻을 수 있다.

9.10 `mean10.py`

```
import scipy.stats as st

no=[2.17, 0.17, 0.83, 3.04, 1.06, 3.93, 5.38, 3.53, 4.54,
    3.98, 1.02, 3.46, 1.19, 5.64, 2.66, 1.22, 2.64, 2.31, 4.49]
yes=[6.96, 13.00, 5.54, 6.19, 7.31, 14.34, 4.74, 2.50,  1.27,
    4.18,  3.10, 3.01, 6.81, 8.28,  2.33, 7.18, 5.67, 12.68,
    8.94,  3.16, 3.30, 6.99]

Fval, pvalF = st.levene(yes,no, center='mean')
print(Fval, pvalF)
```

등분성에 대한 Levene 검정 결과 $F_0 = 6.5345$이고 $P = 0.0145$으로 유의수준 5%에서 귀무가설을 기각한다. 즉, 두 그룹의 분산이 같지 않다. 따라서 등분산이 성립하지 않을 때의 t-검정 결과

```
tval, pvalt = st.ttest_ind(yes,no,equal_var=False,
                          alternative='two-sided')
print(tval, pvalt)
```

$t_0 = 4.0714$, $P = 0.0003$이므로 두 그룹의 평균은 같지 않다. 즉, 신장결석의 유무에 따른 요의 calcium concentration이 다르다고 할 수 있다.

9.11 `mean11.py` 95% 신뢰구간은 $(-5.174, -1.718)$ 이므로 신뢰구간에 0이 포함되지 않으며 이는 유의수준 5% 인 가설검정에서 두 그룹의 평균이 같다고 할 수 없다는 결론과 일치하는 결론이다. 파이썬에서 이를 계산해보면

```
import scipy.stats as st
import numpy as np, statsmodels.stats.api as sms

no=np.array([2.17, 0.17, 0.83, 3.04, 1.06, 3.93, 5.38, 3.53,
       4.54, 3.98, 1.02, 3.46, 1.19, 5.64, 2.66, 1.22, 2.64,
       2.31, 4.49])
yes=np.array([6.96, 13.00, 5.54, 6.19, 7.31, 14.34, 4.74, 2.50,
              1.27,  4.18, 3.10, 3.01, 6.81,  8.28, 2.33, 7.18,
```

```
                 5.67, 12.68, 8.94, 3.16, 3.30,  6.99])

Fval, pvalF = st.levene(yes,no, center='mean')
print(Fval, pvalF)

cm = sms.CompareMeans(sms.DescrStatsW(no), sms.DescrStatsW(yes))
print (cm.tconfint_diff(usevar='unequal'))
```

9.12 `twotetst6.py` 먼저 두 그룹의 등분산성을 다음

```
import statsmodels.stats.api as sms
import scipy.stats as st

ctrl=[89, 78, 82, 94, 81, 82, 70, 93, 79, 86, 87, 81, 80,
      89, 79, 78, 84]
trt=[85, 89, 75, 85, 99, 74, 82, 92, 92, 81, 77, 85, 77,
     84, 83, 88, 85, 78, 88, 82, 94, 77, 79, 84, 73, 83]

Fval, pvalF = st.levene(ctrl, trt, center='mean')
print(Fval, pvalF)
```

으로 검정하면 $F_0 = 0.0245$, $P = 0.8764$이므로 두 그룹의 분산이 같다는 귀무가설을 기각할 수 없다. 따라서

```
cm = sms.CompareMeans(sms.DescrStatsW(ctrl, ddof=1),
                      sms.DescrStatsW(trt, ddof=1))
lbd, ubd = cm.tconfint_diff(usevar='pooled')
print (lbd, ubd)

tval, pval, df = cm.ttest_ind(usevar='pooled')
print(tval, pval, df)
```

로 $t_0 = -0.224$, 유의확률은 $P = 0.8233$이므로 두 그룹의 평균이 같다는 귀무가설도 기각하지 못한다(양측검정). 95% 신뢰구간은 $(-4.4073, 3.5249)$로 이 구간에 0이 포함되어 가설검정의 결과와 일치한다.

9.13 `twottest9.py` Levene 검정으로 $F_0 = 0.548$, $P = 0.469$로 등분산성을 가정한 t 검정의 결과 $t_0 = -0.128$, $P = 0.899$로 사주에 따른 소득의 차이는 없다.

```
import scipy.stats as st

yes = [10.6, 11.7, 9.5, 9.3, 10.0, 6.9, 13.6, 7.5, 11.9, 5.6]
no = [10.0, 11.8, 8.6, 7.4, 10.0, 9.6, 13.3, 10.2, 10.8, 6.2]

F, pF = st.levene(yes, no)
print(F, pF)

if pF > 0.05:
    t, p = st.ttest_ind(yes, no, equal_var=True)
```

```
else:
    t, p = st.ttest_ind(yes, no, equal_var=False)
print(t,p)
```

9.14 귀무가설 $H_0 : \mu_1 - \mu_2 = 0$와 대립가설 $H_1 : \mu_1 - \mu_2 \neq 0$을 검정한다. 검정통계량 계산에 필요한 통계량값은 처리 1 : $\bar{x} = 22.25, \sum(x_i - \bar{x})^2 = 187.5, n_1 = 8, s_1 = 26.79$ 처리 2 : $\bar{y} = 17.86, \sum(y_i - \bar{y}) = 128.9, n_2 = 7, s = 21.48$ 이며 분산에 대한 합동추정량 s_p^2은

$$s_p^2 = \frac{(n_1 - 1)s_1^2 + (n_2 - 1)s_2^2}{n_1 + n_2 - 2} = \frac{(8-1)(26.79) + (7-1)(21.48)}{8+7-2} = 24.34$$

이므로 $s_p = 4.93$이다. 따라서 검정통계량

$$t_0 = \frac{\bar{x} - \bar{y}}{s_p\sqrt{1/n_1 + 1/n_2}} = \frac{22.5 - 0 - 17.86}{4.93\sqrt{1/8 + 1/7}} = 1.721$$

로 얻어진다. 유의수준 5% 에서 $t_{13;0.025} = 2.106$이므로 $|t_0| < t_{n_1+n_2-2;\alpha/2}$이고 따라서 귀무가설을 기각할 수 없다. 즉, 주어진 자료를 근거로 볼 때 주 3회 관수와 주2 회 관수가 묘고생장량에 주는 영향은 유의수준 5% 에서 유의한 차이가 있다고 볼 수 없다. 이를 파이썬으로 확인해보면 `twottest10.py`

```
import scipy.stats as st

x = [25, 30, 15, 19, 23, 18, 28, 20]
y =[ 16, 19, 22, 25, 17, 15, 11]
t, p = st.ttest_ind(x, y, equal_var=True)
print(t,p)
```

로 동일한 결과를 얻는다($P = 0.109$)

9.15 짝으로 이루어진 관측치이므로 원래 자료에서 차이를 계산하면

엽번호(i)	1	2	3	4	5	6	7	8	9	10
$D_i = x_i - y_i$	1	1	−1	1	2	1	−1	0	2	1

D의 평균과 표준편차를 구하면 $\bar{D} = (1 + 1 + (-1) + ... + 1)/10 = 0.7$이고 $s_D = \sqrt{\sum(D_i - \bar{D})^2/(10-1)} = 1.06$ 이다. 따라서 D 가 정규모집단으로부터의 임의표본의 관측치라는 가정하에 두 처리간의 모평균 차에 관한 95%신뢰구간은 $\bar{D} \pm t_{9;0.025} \cdot s_D/\sqrt{n} = 0.7 \pm 2.262 \times 1.06/\sqrt{10} = 0.7 \pm 0.76 = (-0.06, 1.46)$이다. 이 신뢰구간에 0이 포함되므로 같은 유의수준에서 양측검정에서 귀무가설은 기각할 수 없음을 알지만 검정통계량을 계산해 보면 $t_0 = \frac{0.7-0}{1.06/\sqrt{10}} = 2.09$이고 이며, 5% 유의수준에서의 기각치는 $t_{9;0.025} = 2.262$ 이므로 $t_0 < 2.262$ 이므로 귀무가설을 기각할 수 없다. 즉, 주어진 자료로부터 두 약품이 오리나무 엽조직에 입히는 피해 정도가 차이가 있다는 확증이 없다. 파이썬을 사용하면 `twottest5.py`

```
import scipy.stats as st, numpy as np

drug1 = np.array([7, 8, 7, 4, 7, 7,  9, 9, 7, 4])
drug2 = np.array([6, 7, 8, 3, 5, 6, 10, 9, 5, 3])

diff = drug1-drug2
lbd, ubd = st.t.interval(0.95, len(diff)-1, loc=np.mean(diff),
                         scale=st.sem(diff))
print(lbd, ubd)

tval, pval = st.ttest_rel(drug1, drug2, alternative='two-sided')
print(tval, pval
```

으로 동일한 결과를 얻으며 유의확률은 0.06622로 얻어진다.

9.16 $S_1^2 = S_2^2$이면

(a) Satterswaite 자유도는 $m+n-2$로 $\sigma_1^2 = \sigma_2^2$인 경우의 자유도와 같음.

(b) 식 (9.11)과 식 (9.14)의 두 검정통계량은 같은 식이 됨.

9.17 `twottest11.py` Levene 검정의 결과 $F_0 = 0.0929$, $P = 0.764$로 등분산성을 가정하고 t 검정을 해보면 $t_0 = -1.806$, $P = 0.088$이므로 두 방법은 차이가 없다 (유의수준 0.05). 프로그램은 `twottest10.py` 와 거의 동일하므로 생략.

10.1 `fdist2.py` $F_{4,9;0.025} = 4.72$이므로 $F_{9,4;0.975} = 1/4.72 = 0.21$이어야 한다. 파이썬으로 확인해보면 $F_{4,9;0.025} = 4.718078$, $F_{9,4;0.975} = 0.21195$ 로 $F_{4,9;0.025} = 1/F_{9,4;0.975}$임을 알 수 있다.

10.2 $n = 15$, $\sigma = 10$이며 $\dfrac{(n-1)S^2}{\sigma^2} \sim \chi^2_{n-1}$이므로

$$\Pr[S^2 > 144] = \Pr\left[\frac{(n-1)S^2}{\sigma^2} > \frac{(n-1)144}{\sigma^2}\right] = \Pr[\chi^2 14 > 20.16]$$

이며 이 값은 파이썬에서

```
1-scipy.stats.chi2.cdf(20.16,14)
```

으로 0.125를 얻는다.

10.3 $\sigma_1^2 = 1$, $\sigma_2^2 = 2$, $m = 10$, $n = 7$이고 $\dfrac{S_1^2/\sigma_1^2}{S_1^2/\sigma_1^2} \sim F_{m-1,n-1}$ 이므로

$$\Pr[S_1^2/S_2^2 > 1/2] = \Pr\left[\frac{S_1^2/\sigma_1^2}{S_2^2/\sigma_2^2} > 0.5\frac{\sigma_2^2}{\sigma_1^2}\right] = \Pr[F_{m-1,n-1} > 1]$$

이므로

```
1-st.f.cdf(1,9,6)
```

로 0.52이다.

10.4 `variance3.py` 보기 10.5의 함수 `test_var_2samp`와 `ci_var_2samp`를 사용하여

```
import numpy as np

no=[2.17, 0.17, 0.83, 3.04, 1.06, 3.93, 5.38, 3.53, 4.54,
    3.98, 1.02, 3.46, 1.19, 5.64, 2.66, 1.22, 2.64, 2.31, 4.49]
yes=[6.96, 13.00, 5.54, 6.19, 7.31, 14.34, 4.74, 2.50,  1.27,
    4.18,  3.10, 3.01, 6.81, 8.28,  2.33, 7.18, 5.67, 12.68,
    8.94,  3.16, 3.30, 6.99]

v1 = np.var(no, ddof=1)
v2 = np.var(yes, ddof=1)

F, p = test_var_2samp(v1, len(no), v2, len(yes))
print(F, p)

lbd, ubd = ci_var_2samp(v1, len(no), v2, len(yes))
print(lbd, ubd)
```

로 $F_0 = 0.205$, $P = 0.001$로 두 그룹의 분산은 같지 않으며(유의수준 5%) 분산비의 95% 신뢰구간은 (0.0834, 0.5223)으로 이 구간에 1이 포함되지 않는다.

10.5 `variance4.py` 보기 10.5의 함수 `test_var_2samp`와 `ci_var_2samp`를 사용하여

```
import numpy as np

ctrl=[89, 78, 82, 94, 81, 82, 70, 93, 79, 86, 87, 81, 80,
      89, 79, 78, 84]
trt=[85, 89, 75, 85, 99, 74, 82, 92, 92, 81, 77, 85, 77,
     84, 83, 88, 85, 78, 88, 82, 94, 77, 79, 84, 73, 83]

v1 = np.var(ctrl, ddof=1)
v2 = np.var(trt, ddof=1)

F, p = test_var_2samp(v1, len(ctrl), v2, len(trt))
print(F, p)

lbd, ubd = ci_var_2samp(v1, len(ctrl), v2, len(trt))
print(lbd, ubd)
```

로 $F_0 = 0.8878$, $P = 0.8220$이므로 귀무가설을 기각하지 못하므로 두 그룹의 분산은 다르다고 할 수 없다. 분산비의 95% 신뢰구간은 (0.3724, 2.3206)으로 1을 포함하므로 가설검정의 결과와 일치한다.

10.6 `variance5.py` 보기 10.2의 함수 `test_var_1samp`, `ci_var_1samp`와 보기 10.5의 함수 `test_var_2samp`와 `ci_var_2samp`를 사용하여

(a)
```
import numpy as np, pandas as pd

df = pd.read_csv(r'D:\HTEX\Pythonbk\codesdata\bmi.csv')
df['bmi'] = df['weight']/(df['height']/100)**2

vbmi = np.var(df['bmi'], ddof=1)
lbd, ubd = ci_var_1samp(vbmi, df.shape[0])
print(vbmi, lbd, ubd)
vbmi = np.var(df['bmi'], ddof=1)
lbd, ubd = ci_var_1samp(vbmi, df.shape[0], level=99)
print(vbmi, lbd, ubd)
```

분산은 4.2768이고 95% 신뢰구간은 (3.507, 5.332), 99% 신뢰구간은 (3.300, 5.727)을 얻는다. 99% 신뢰구간의 폭이 더 넓다. 신뢰도가 높아지면 구간의 폭은 넓어진다.

(b)
```
mbmi = df.groupby('gender').get_group('M')['bmi']
fbmi = df.groupby('gender').get_group('F')['bmi']
F, p = test_var_2samp(np.var(mbmi, ddof=1), len(mbmi),
                      np.var(fbmi, ddof=1), len(fbmi))
print(F,p)
```

로 $F_0 = 1.883$, $P = 0.041$로 두 그룹의 분산은 같지 않다(유의수준 5%).

(c)
```
lbd, ubd = ci_var_2samp(np.var(mbmi, ddof=1), len(mbmi),
                        np.var(fbmi, ddof=1), len(fbmi))
print(lbd, ubd)
```

로 얻은 95% 신뢰구간 (1.024, 4.218)에 1이 포함되지 않으므로 두 결과는 일치한다.

(d)
```
ybmi = df.groupby('marriage').get_group('Y')['bmi']
nbmi = df.groupby('marriage').get_group('N')['bmi']
F, p = test_var_2samp(np.var(ybmi, ddof=1), len(ybmi),
                      np.var(nbmi, ddof=1), len(nbmi))
print(F,p)

lbd, ubd = ci_var_2samp(np.var(ybmi, ddof=1), len(ybmi),
                        np.var(nbmi, ddof=1), len(nbmi))
print(lbd, ubd)
```

로 검정통계량과 유의확률은 각각 $F_0 = 1.647$, $P = 0.0335$로 두 그룹의 분산은 같지 않다(유의수준 5%). 95% 신뢰구간은 (1.039, 2.779)로 1을 포함하지 않으므로 두 결과는 일치한다.

10.7 `variance6.py` 보기 10.5의 함수 `test_var_2samp`와 `ci_var_2samp`를 사용하여

```
import numpy as np

yes = [10.6, 11.7, 9.5, 9.3, 10.0, 6.9, 13.6, 7.5, 11.9, 5.6]
no = [10.0, 11.8, 8.6, 7.4, 10.0, 9.6, 13.3, 10.2, 10.8, 6.2]
```

```
F, p = test_var_2samp(np.var(yes, ddof=1), len(yes),
                      np.var(no, ddof=1), len(no))
print(F,p)

lbd, ubd = ci_var_2samp(np.var(yes, ddof=1), len(yes),
                        np.var(no, ddof=1), len(no), level=99)
print(lbd, ubd)
```

검정통계량 $F_0 = 1.449$, $P = 0.589$로 유의수준 1%에서 귀무가설을 기각하지 못한다. 즉, 두 그룹의 분산은 같다. 유의수준 1% 검정과 비교하려면 99% 신뢰구간을 얻어보면 (0.222, 9.480)으로 1을 포함하여 두 결과는 일치한다.

10.8 귀무가설과 대립가설은 각각 $H_0 : \sigma_1^2 = \sigma_2^2$과 $H_1 : \sigma_1^2 \neq \sigma_2^2$이다.

(a) 각 모집단 분산의 추정치 s_1^2과 s_2^2을 구하면 각각 $s_1^2 = \sum(x_i - \bar{x})^2/(n_1 - 1) = 5.08/9 = 0.561$ 과 $s_2^2 = \sum(y_i - \bar{y})^2/(n_2 - 1) = 5.09/8 = 0.637$이다. 따라서 검정통계량은 $F_0 = s_2^2/s_1^2 = 0.637/0.564 = 1.13$이며 기각치는 유의수준 $\alpha = 0.05$에서 $F_{n_2-1.n_1-1;\alpha/2} = F_{8,9;0.025} = 4.10$이다. $F_0 < 4.10$이므로 5%의 유의수준에서 종이강도의 분산간에 차이가 있다고 말할 수 없다.

(b) `variance7.py`

```
import numpy as np, scipy.stats as st

one = [74.9, 74.0, 75.5, 73.9, 74.7, 74.3, 75.8, 74.2, 74.4,
       73.3]
two = [75.3, 76.5, 74.4, 74.9, 75.0, 76.9, 75.3, 75.0, 75.2]

F, p = test_var_2samp(np.var(two, ddof=1), len(two),
                      np.var(one, ddof=1), len(one))
print(F,p)

lbd, ubd = ci_var_2samp(np.var(two, ddof=1), len(two),
                        np.var(one, ddof=1), len(one),
                        level=99)
print(lbd, ubd)
```

로 $F_0 = 1.127$, $P = 0.855$를 얻어 귀무가설을 기각하지 못하며 95% 신뢰구간은 (0.275, 4.910)로 구간에 1이 포함되어 검정결과와 일치한다.

(c) Levene 검정은

```
F, p = st.levene(one, two)
```

로 $F_0 = 0.0224$, $P = 0.883$으로 Fisher 검정과 결론이 동일하다.

10.9 (a) `variance11.py` 보기 10.2의 `variance1.py` 에서 함수 부분은 그대로 두고 아랫 부분을

```
if __name__ == '__main__':
   chi1 = test_var_1samp(5,50,7,'less')
   print(chi1)

   ci1 = ci_var_1samp(5, 50, 95)
   print(ci1)
```

로 if 안으로 넣는다.

(b) `variance12.py` 앞의 파일을

```
import variance11 as v11

chi2, p = v11.test_var_1samp(12,11,10,'greater')
print(chi2, p)

lbd, ubd = v11.ci_var_1samp(12,11, 95)
print(lbd, ubd)
```

으로 import한 후 해당 함수를 호출하면 검정통계량과 유의확률은 각각 $\chi_0^2 = 12.0$, $P = 0.285$로 귀무가설을 기각하지 못하며 분산의 95% 신뢰구간은 (5.858, 36.958)이다.

10.10 `twovars.py` variance2.py의 import를 가장 위로 올리고 __init__에서 4개를 매개변수를 받아 다음과 같이 클래스를 작성한다.

```
import scipy.stats as st

class VarRatio:
   def __init__(self, var1, n1, var2, n2):
      self.var1=var1; self.n1=n1
      self.var2=var2; self.n2=n2
      self.F0 = var1/var2
      self.df1 = n1 - 1; self.df2 = n2 - 1

   def test_var_2samp(self, alternative='two-sided'):
      if alternative == 'greater':
         pval = 1 - st.f.cdf(self.F0, self.df1, self.df2)
      elif alternative == 'less':
         pval = st.f.cdf(self.F0,self.df2, self.df2)
      else:
         pval = st.f.cdf(self.F0,self.df1,self.df2)
         if pval < 0.5:
             pval = pval * 2
         else:
             pval = (1-pval)*2
      return(self.F0, pval)

   def ci_var_2samp(self, level=95):
      lbd = self.F0/st.f.ppf(1-(100-level)/100/2, self.df1,
```

```
                                self.df2)
        ubd = self.F0/st.f.ppf((100-level)/100/2, self.df1,
                                self.df2)
        return((lbd,ubd))
```

10.11 `variance13.py` 앞에서 작성된 클래스를 import하여 다음과 같이 호출한다.

```
import twovars

tvs1 = twovars.VarRatio(15, 10, 10, 10)

F1, p1 = tvs1.test_var_2samp()
print('Two-sided test: ', F1, p1)
F2, p2 = tvs1.test_var_2samp(alternative='greater')
print('One-sided(>) test: ', F2, p2)

lbd1, ubd1 = tvs1.ci_var_2samp()
print('95% CI:', lbd1, ubd1)
print('99% CI:', tvs1.ci_var_2samp(level=99))
```

출력은

```
Two-sided test:  1.5 0.5554454421055852
One-sided(>) test:  1.5 0.2777227210527926
95% CI: 0.3725787820416824 6.038991237424466
99% CI: (0.22931959131733462, 9.811634440279587)
```

으로 얻는다.

11.1 `corr3.py` fisherr을 수정한 fisherr2 함수를

```
import numpy as np
import scipy.stats as st

r = 0.2; n = 50; r0=0; clevel=95

def fisherr2(r=0.2, n=50, r0=0, clevel=95,
             alternative='two-sided'):
   z0 = ( 1/2*np.log((1+r)/(1-r)) - 1/2*1/2*np.log((1+r0)/(1-r0))
        )/ (1/(n-3)**0.5)
   if alternative == 'greater':
      pval1 = 1-st.norm.cdf(z0)
   elif alternative == 'less':
      pval1 = st.norm.cdf(z0)
   else:
      pval1 = 2*st.norm.cdf(-np.abs(z0))

   z_val = st.norm.ppf(1-(1-clevel/100)/2)
   lower = 1/2*np.log((1+r)/(1-r)) -z_val*np.sqrt(1/(n-3))
   upper = 1/2*np.log((1+r)/(1-r)) +z_val*np.sqrt(1/(n-3))
```

```
    lbd = (np.exp(2*lower)-1)/(np.exp(2*lower)+1)
    ubd = (np.exp(2*upper)-1)/(np.exp(2*upper)+1)

    return((z0, pval1, (lbd, ubd)))
```

로 작성한 결과 대립가설이 양측, 크다, 작다일 때의 유의확률은 0.165, 0.918, 0.082로 얻어진다.

11.2 (a)참, (b)참, (c)거짓, (d)참, (e)참, (f)거짓

11.3 `corr4.py`

(a)

```
import pandas as pd

df = pd.read_csv(r'D:\HTEX\Pythonbk\codesdata\bmi.csv')
                                [['height', 'weight', 'year']]
pear = df.corr()
print(pear)
```

로

```
          height    weight      year
height  1.000000  0.647398 -0.087437
weight  0.647398  1.000000 -0.298173
year   -0.087437 -0.298173  1.000000
```

을 얻는다.

(b) Spearman 상관계순는

```
spear =  df.corr(method='spearman')
print(spear)
```

의 결과로

```
          height    weight      year
height  1.000000  0.568162 -0.003834
weight  0.568162  1.000000 -0.124065
year   -0.003834 -0.124065  1.000000
```

를 얻는다.

(c) `DataFrame`의 `rank` 메소드가 순위를 계산해주므로

```
rdf = df.rank()
spear2 = rdf.corr()
print(spear2)
```

로 순위들의 Pearson 상관계수를 계산하며, 이 결과는 위의 Spearman 상관계수와 같다.

(d) 연습문제 11.1에서 작성된 `fisherr2` 함수를 사용하여

```
z, p, ci = fisherr2(r=pear.iloc[0][1], n=df.shape[0],
                    r0=0.5, alternative='greater')
print(z, p, ci)
```

의 결과로 얻은 검정통계량과 유의확률이 각각 $z_0 = 6.5447$, $P = 0.0000$ 이므로 귀무가설을 기각한다. 상관계수는 0.5보다 크다.

(e) 위의 출력에 의해 상관계수의 95% 신뢰구간은 (0.553, 0.726)이다.

11.4 $\sum(x_i - \bar{x})(y_i - \bar{y}) = \sum x_i y_i - (\sum x_i)(\sum y_i)/n = \{(11)(18) + (16)(36) + \cdots + (18)(34)\} - (170)(308)/12 = 4,482 - 4,363.3 = 118.7$, $\sum(x_i - \bar{x})^2 = \sum x_i^2 - (\sum x_i)^2/n = \{11^2 + 16^2 + \cdots + 18^2\} - (170)^2/12 = 2,466 - 2,408.3 = 57.7$이고 같은 방법으로 $\sum(y_i - \bar{y})^2 = \sum y_i^2 - (\sum y_i)^2/n = 8,320 - 7,905.3 = 414.7$ 이다. 따라서

$$r = \frac{\sum(x_i - \bar{x})(y_i - \bar{y})}{\sqrt{\sum(x_i - \bar{x})^2}\sqrt{(y_i - \bar{y})^2}} = \frac{118.7}{\sqrt{57.7}\sqrt{414.7}} = 0.767$$

이다.

귀무가설과 대립가설은 $H_0 : \rho = 0$와 $H_1 : \rho \neq 0$이므로 t 분포를 사용하는 검정통계량 t_0를 이용하면

$$t_0 = \frac{r}{\sqrt{\frac{1-r^2}{n-2}}} = \frac{0.767}{\sqrt{\frac{1-0.767^2}{12-2}}} = 3.78$$

이고 이에 대한 기각치는 자유도 $(n-2) = 10$, 유의수준 $\alpha = 0.05$로부터 $t_{n-2;\alpha/2} = t_{10;0.025} = 2.228$이 구해진다. 따라서 $t_0 > 2.288$이므로 5%유의수준에서 귀무가설을 기각한다.

11.5 보기 11.1의 자료에 대한 상관계수와 보기 11.2의 자료에 대한 상관계수는 같다.
corr6.py

```
import numpy as np

ht1=[167, 162, 158, 165, 160, 162, 162, 167, 156, 157]
wt1=[ 68,  49,  50,  56,  52,  52,  50,  61,  44,  55]

ht2=[65.75,63.78,62.20,64.96,62.99,63.78,63.78,65.75,61.42,61.81]
wt2=[149.9,108.0,110.2,123.5,114.6,114.6,110.2,134.5, 97.0,121.3]

print(np.corrcoef(ht1, wt1))
print(np.corrcoef(ht2, wt2))
```

0.77193602와 0.77193602를 상관계수로 얻는다(자룟값 계산의 반올림 오차에 의해 약간 다른 값이 나옴)

11.6 corr5.py 보기 11.9에서 작성한 cronbach1.py 를 import하여 계산하면

(a)
```
import pandas as pd, numpy as np
import cronbach1 as ca

df = pd.read_csv(r'D:\HTEX\Pythonbk\codesdata\hospice.txt',
```

```
                    sep='\s+', header=None)
nvar = df.shape[1]

alpha=ca.c_alpha(df)
print('Cronach a: ', alpha)

ralpha=ca.rm_alpha(df)
print('Remove item a: ', np.round(ralpha,3))
```

로 $\alpha = 0.9364$를 얻으며 각 문항제거시의 α는 문항 순서대로 이다.

```
[0.935 0.934 0.934 0.934 0.932 0.934 0.933 0.939 0.933 0.937 0.932
 0.936 0.931 0.937 0.931 0.933 0.933 0.931 0.931 0.936 0.932 0.932]
```

(b) 위의 문항 제거시의 α 중 0.9364보다 큰 경우는

```
items = np.arange(nvar)[ralpha > alpha] + 1
print(items)
[ 8 10 14]
```

로 8, 10, 14번 변수이며 이중 8번 문항제거시 α가 가장큰 0.939가 된다.

(c) 표준화 α는

```
zalpha = ca.z_alpha(df)
print('Standardized Cronach a: ', zalpha)
```

로 0.94188로 원변수보다 큰 값이며 각 문항제거시의 표준화 α는

```
[0.941 0.94  0.94  0.939 0.938 0.939 0.939 0.944 0.939 0.942 0.938
 0.941 0.937 0.942 0.936 0.939 0.939 0.937 0.937 0.941 0.938 0.938]
```

이다.

(d) 위의 출력에서 0.94188보다 큰 값을 갖는 경우는

```
zitems = np.arange(nvar)[zralpha > zalpha] + 1
print(zitems)
[ 8 10]
```

로 8, 10번 문항이며 이 중 8번 문항 제거시 가장 높은 0.944가 된다.

11.7 X_i들이 독립이면 합의 분산 $\text{var}(\sum X_i)$와 분산의 합 $\sum \text{var}(X_i)$가 같으므로 Cronbach α는 0이다.

11.8 $\text{sd}(Y_1) = |a|\text{sd}(X_1)$, $\text{sd}(Y_2) = |c|\text{sd}(X_2)$이며 식 (11.3)에 의해

$$\text{Corr}(Y_1, Y_2) = \frac{\text{Cov}(Y_1, Y_2)}{\text{sd}(Y_1)\text{sd}(Y_2)} = \frac{ac\text{Cov}(X_1, X_2)}{|a|\text{sd}(X_1)|c|\text{sd}(X_2)} = \frac{a \cdot c}{|a| \cdot |c|}\text{Corr}(X_1, X_2)$$

이다.

12.1 `crosstab2.py` 귀무가설과 대립가설은 H_0 : '입원 또는 외래환자에 따라 선호하는 디자인은 같다' 와 H_1 : '입원 또는 외래환자에 따라 선호하는 디자인은 다르다' 이다. 먼저 χ^2 검정을

```
import scipy.stats as st
import statsmodels.stats.proportion as stp

ctab = [[50, 45], [150, 160]]
chi2v, pval, df, expd = st.chi2_contingency(ctab,
                                            correction=False)
print(chi2v, pval, df, expd)
```

으로 해보면 $\chi_0^2 = 0.524$, $P = 0.4691$로 귀무가설을 기각하지 못하며 입원환자와 외래환자의 디자인 A를 선호하는 비율차검정을

```
res1 = stp.test_proportions_2indep(50, 95, 150, 310)
print(res1)
```

$z_0 = 0.7199$, $P = 0.4716$으로 동일한 결론을 얻으며 디자인 A를 선호하는 비율차 검정을

```
res2 = stp.test_proportions_2indep(45, 95, 160, 310)
print(res2.statistic, res2.pvalue)
```

으로 하면 $z_0 = -0.7199$로 동일한 결과를 얻는다.

12.2 `mcnemar2.py` 귀무가설은 "H_0 : 선거 4주전과 1주전의 지지정당은 같다"이며 대립가설은 "H_1 : 선거 4주전과 1주전의 지지정당은 다르다."이다. 다음의 프로그램

```
import statsmodels.stats.contingency_tables as st

tab = [[79, 84], [91, 66]]

res1 = st.mcnemar(table=tab, exact=False)
print(res1.statistic, res1.pvalue)
```

의 결과로 $\chi_0^2 = 0.28$, $P = 0.5967$를 얻으므로 귀무가설 '두 시기의 지지율 차이가 없다'를 기각할 수 없다.

12.3 `crosstab3.py` 귀무가설과 대립가설은 각각 H_0 : '물리치료를 하는 경우와 그렇지 않은 경우의 차이가 없다'와 H_1 : '물리치료를 하는 경우와 그렇지 않은 경우의 차이가 있다'이며

```
import scipy.stats as st

ctab = [[30, 15, 5], [20,20,10]]
chi2v, pval, df, expd = st.chi2_contingency(ctab,
                                            correction=False)
print(chi2v, pval, df, expd)
```

으로 χ^2 검정통계량의 값이 4.381, 유의확률값 0.112이 얻어지므로 유의수준 $\alpha = 0.05$에서 검정하였을 때 귀무가설(H_0)을 기각하지 못한다. 그러므로 물리치료를 하는 경우와 그렇지 않은 경우의 차이가 없다고 할 수 있다.

12.4 `goodfit3.py`

```
import numpy as np
import scipy.stats as st

obs = np.array([32, 2, 28, 14])
pp = np.array([0.342, 0.271, 0.274, 0.113])
expd = sum(obs) * pp

chi0, pval = st.chisquare(obs, expd)
print(chi0, pval)
```

으로 $\chi_0^2 = 24.06$, $P = 0.000$을 얻으므로 혈액형의 비율과 같지 않다.

12.5 교차표에서 행과 열이 독립이면 $E_{ij} = O_{ij}$라서 검정통계량은 0이 된다.

12.7 `goodfit4.py`

```
import  scipy.stats as st
import numpy as np
import matplotlib.pyplot as plt

xx = [20, 11, 13, 14, 5, 7, 6, 15, 1, 0, 11, 9, 21, 9, 13,
      7, 6, 11]

st.probplot(xx,plot=plt)
ksres = st.kstest(xx,'norm', args=(np.mean(xx),
                                   np.std(xx,ddof=1)), mode='asym')
print(ksres)
shres = st.shapiro(xx)
print(shres)
```

로 Q-Q 산점도가 다음과 같고

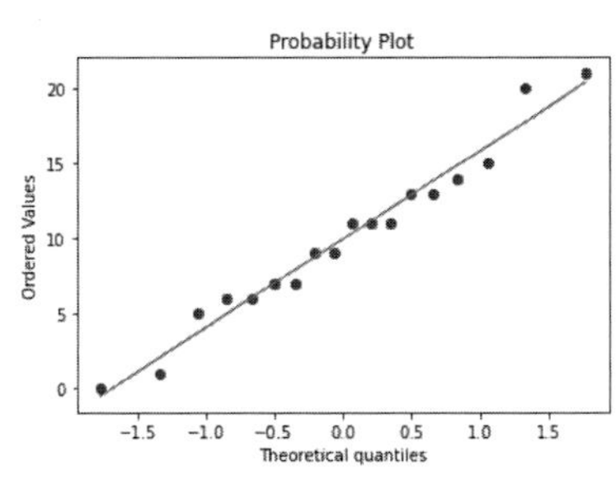

Kolmogorov-Smirnov 검정의 결과 검정통계량은 0.0924, $P = 1.0$이며 Shapiro 검정의 결과 검정통계량과 유의확률은 각각 0.9707, 0.8098로 귀무가설을 기각하지

못하여 이 자료는 정규분포를 따른다고 볼 수 있다. 참고로 자료는 R에서 정규분포 $N(10, 5^2)$에서 생성된 난수이다.

12.8 `goodfit5.py` 연습문제 12.7의 풀이에서 사용한 것과 같은 프로그램에서 데이터만

```
xx = [6, 2, 3, 5, 7, 2, 1, 6, 2, 6, 5, 0, 6, 5, 3, 2, 8, 2]
```

로 바꾸면 Q-Q 산점도가 다음과 같고

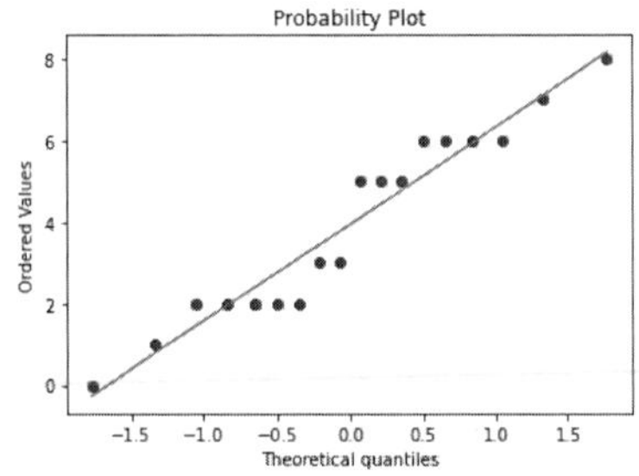

Kolmogorov-Smirnov 검정의 결과 검정통계량은 0.1886, $P = 0.4925$이며 Shapiro 검정의 결과 검정통계량과 유의확률은 각각 0.9287, pvalue=0.1842로 로 귀무가설을 기각하지 못하여 이 자료는 정규분포를 따른다고 볼 수 있다. 참고로 자료는 R에서 자유도 5인 카이제곱분포에서 생성된 난수이다.

12.9 `goodfit6.py` 연습문제 12.7의 풀이에서 사용한 것과 같은 프로그램에서 데이터만

```
xx = [31, 29, 27, 25, 31, 30, 27, 35, 31]
```

로 바꾸면 Q-Q 산점도가 다음과 같고

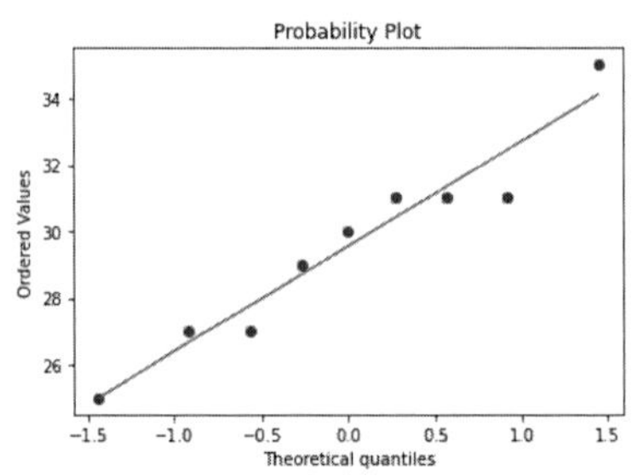

Kolmogorov-Smirnov 검정의 결과 검정통계량은 0.2018, $P = 0.848$이며 Shapiro 검정의 결과 검정통계량과 유의확률은 각각 0.9498, 0.687로 로 귀무가설을 기각하지 못하여 이 자료는 정규분포를 따른다고 볼 수 있다.

13.1 $y = \beta_0 + \beta_1 x$ 에서 $\beta_1 = 0$이며 독립변수 x의 값이 바뀌어도 종속변수 y의 값이 변하지 않으므로 모형의 의미가 없다.

13.2 (a) 상관계수와 결정계수의 관계 $r^2 = R^2$에 의해 r이 0이면 결정계수도 0이다. 또 $r = b_1\sqrt{S_{xx}}/\sqrt{S_{yy}}$인 관계에 의해 r이나 b_1 중의 하나가 0이면 나머지도 0이 된다.

(b) b_1이 0이더라도 종속변수와 독립변수 사이에 직선이 아닌 관계가 존재할 수 있다.

13.3 (a) (가)1, (나)28.22538, (다)4.1378, (라) 8.83

(b) $\sqrt{2202.88/2710.94} = 0.9014$

(c) 28.22538

(d) 검정통계량 $t_0 = (1.82006 - 2)/0.20602 = -0.8734103$이므로 귀무가설 H_0 : $\beta_1 = 2$를 기각하지 못한다. (참고로 `st.t.ppf(0.975, 18)`로 $t_{18,0.025} = 2.10$을, `2*st.t.cdf(-.87341, 18)`로 유의확률 $P = 0.394$를 얻을 수 있다.

13.4 (a) $y_i = \beta_0 + \beta_1 x_i + \epsilon_i, \quad i = 1, 2, \ldots, n, \quad \epsilon_i \overset{iid}{\sim} N(0, \sigma^2)$

(b) 자료수 n은 25이다.

(c) $F_0 = 1289/30 = 42.967$이며 $H_0 : \beta_1 = 0$ 대 $H_1 : \beta_1 \neq$를 검정하는 통계량이다.

(d) $F_0 = 42.967 > F_{1,23;0.05} = 4.279$(`st.f.ppf(0.95, 1,23)`) 또는 유의확률이 0.000이므로 귀무가설을 기각한다.

(e) (나)의 자유도는 23이고, 유의확률은 0.000은 $\Pr[F_{1,23} > 42.96667]$이므로 `1-st.f.cdf(42.9666667, 1,23)`로 0.000을 확인할 수 있다.

(f) $R^2 = 1289/1979 = 0.6513$이며 상관계수는 $\sqrt{R^2} = 0.807$이므로 상관계수 $r = \pm 0.807$이다. 주어진 값으로는 상관계수의 부호는 알 수 없다.

(g) 종속변수 y의 분산은 (a)의 모형에서 σ^2이며 이는 MSE로 추정한다. 따라서 $\hat{\sigma}^2 = 30$이다.

13.5 `regress11.py`

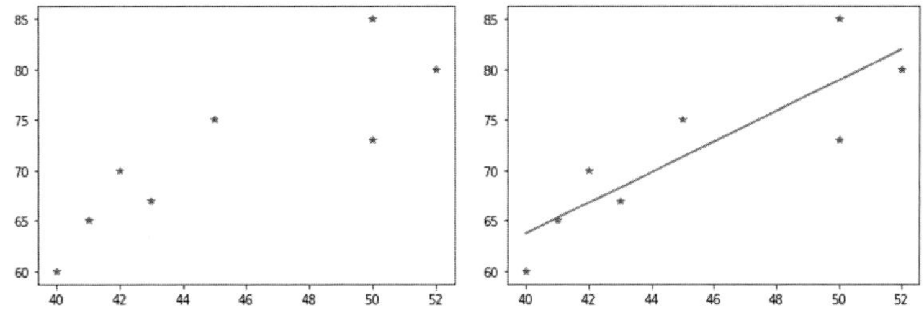

(a) 다음의 코드를 사용하여

```
import matplotlib.pyplot as plt
import pandas as pd
import statsmodels.api as sma
from statsmodels.formula.api import ols

age = [41, 40, 50, 52, 43, 45, 42, 50]
y =   [65, 60, 73, 80, 67, 75, 70, 85]
df = pd.DataFrame({'age':age, 'y':y})
df = df.sort_values('age') # 나중에 선그리기 편하기 위해

plt.plot(age, y, '*')
plt.show()
```

위의 왼쪽 그림을 얻는다. 직선회귀를 하는데 큰 문제는 없어 보인다.

(b) 다음의 코드를 사용하여

```
print(lm1.params)
print(lm1.conf_int(alpha=0.01, cols=None))
```

$b_0 = 3.0469$, $b_1 = 1.5169$를 얻으며 99% 신뢰구간은 $\beta_0 = (-57.1, 63.2)$, $\beta_1 = (0.197, 2.836)$을 얻는다.

(c) 다음의 코드를 사용하여

```
plt.plot(age, y, '*')
plt.plot(df['age'], lm1.fittedvalues, 'r-')
plt.show()
```

로 위의 오른쪽 그림을 얻는다.

(d) 다음의 코드를 사용하여

```
aovtab = sma.stats.anova_lm(lm1)
print(aovtab)
```

로

```
           df   sum_sq  mean_sq        F    PR(>F)
age       1.0   349.45   349.45    18.16  0.005309
Residual  6.0   115.43    19.24      NaN       NaN
```

을 얻는다.

(e) 다음의 코드를 사용하여

```
age47 = pd.DataFrame({'age':[47]})
print(lm1.predict(age47))

pred47 = lm1.get_prediction(age47)
pred47result = pred47.summary_frame(alpha=0.05)
print(pred47result[['mean_ci_lower','mean_ci_upper']].values)
```

로 추정값 74.34와 신뢰구간 (70.29, 78.39)를 얻는다.

(f) 다음의 코드를 사용하여

```
print(pred47result[['obs_ci_lower','obs_ci_upper']].values)
```

로 (62.87, 85.81)을 얻는다. 예측값은 위와 같은 74.34이다.

13.6 `regress7.py`

(a) 다음으로 산점도를 얻는다. 결과 이미지는 아래 (b) 참조.

```
import pandas as pd
import matplotlib.pyplot as plt
import statsmodels.api as sm
from statsmodels.formula.api import ols
import scipy.stats as st

df = pd.read_csv(r'D:\HTEX\Pythonbk\codesdata\
                       WorldHappinessData2015s.csv')
df.sort_values(by='GDP')

plt.plot(df['GDP'], df['happiness'], '*')
```

(b) 다음의 코드로

```
lm1 = ols('happiness ~ GDP', data=df).fit()

print(lm1.params)
pred1 = lm1.fittedvalues
plt.plot(df['GDP'], pred1)
```

회귀식은 happiness $= 3.4988 + 2.2182 \times$ GDP 이며 (a)의 산점도 위에 그린 회귀직선은 다음과 같다.

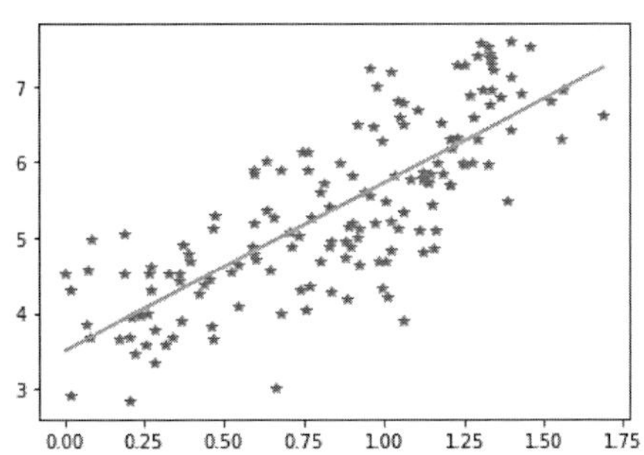

(c) 상관계수는 $r = 0.781$이고 결정계수는 $R^2 = 0.6099$이므로 $r^2 = R^2$이 성립한다.

```
corr = df.corr().iloc[0,1]
R2 = lm1.rsquared
print('상관계수 r:', corr, 'R^2: ', R2, 'r^2', corr**2)
```

으로 확인 가능하다.

(d) 분산분석표와 분산분석표의 F_0 값은

```
aovtable = sm.stats.anova_lm(lm1)
print(aovtable)
print('F-값: ', lm1.fvalue)
```

로 얻으며 결과는 다음과 같다.

```
              df     sum_sq   mean_sq         F         PR(>F)
GDP          1.0   125.5400  125.5340   243.905   1.050538e-33
Residual   156.0    80.2946    0.5147
```

(e) 잔차의 값이 0.990, 1.173, 1.088, ..., −1.123로 (자료를 GDP 오름차순으로 정렬된 후의 값이므로 0.990은 Swiss, −1.123은 Togo일 때의 잔차임) 이들 값의 제곱하여 합하면 80.2946으로 위 분산분석표의 SSE와 같다.

```
resid1 = lm1.resid
print('SSE by 잔차: ',sum(resid1**2))
```

으로 확인할 수 있다.

(f) $S_{xx} = 25.513$, $S_{yy} = 205.835$이고 $r = 0.781$, $b_1 = 2.2182$이므로 $0.781 \times \sqrt{205.835}/\sqrt{25.513} = 2.218$로 $b_1 = r\dfrac{\sqrt{S_{yy}}}{\sqrt{S_{xx}}}$가 성립된다.

```
n = df.shape[0]  # 자료의 개수
ave = df.mean()  # 평균계산

Sxx = sum(df['GDP']**2) - n*ave[1]**2
Syy = sum(df['happiness']**2) - n*ave[0]**2
b1_cor = corr*(Syy**.5)/(Sxx**.5)
b1_ols = lm1.params[1]
print('두개의 b1 계산 비교: ', b1_cor, b1_ols)
```

(g) $x = (0.7, 1, 1.3)$일 때 회귀식 $y = 3.4988 + 2.218x$에 대입하면 $(5.05, 5.72, 6.38)$을 얻는다.

```
pred2 = lm1.predict(pd.DataFrame({'GDP': [0.7, 1, 1.3]}))
print('예측값 2: ', pred2)
```

(h) `OLSResults` 객체에 `conf_int` 메소드의 `alpha` 값을 0.01을 사용하여 β_0와 β_1의 99% 신뢰구간은 각각 $(3.152, 3.846)$ 과 $(1.848, 2.589)$를 얻는다.

```
print(lm1.conf_int(alpha=0.01))
```

(i) `summary`의 출력에서 표준오차(`std err`)의 값이 0.142이므로 검정통계량은 $t_0 = \dfrac{2.2182 - 2}{.142} = 1.5362$이고 유의확률은 $\Pr[T_{156} > 1.5362] = 0.063$ 이므로 귀무가설을 기각하지 못한다(유의수준 5%).

```
t0 = (lm1.params[1]-2)/lm1.bse[1]
print(t0)
pval = 1-st.t.cdf(t0, lm1.nobs-2)
print(pval)
```

13.7 `regress8.py`

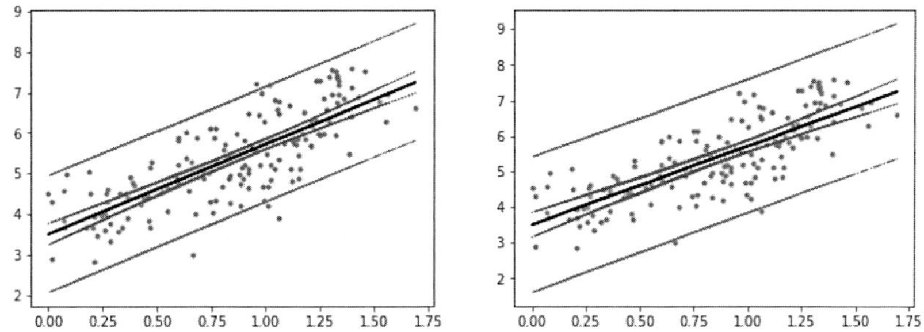

```
import matplotlib.pyplot as plt
import pandas as pd
import statsmodels.api as sm
from statsmodels.stats.outliers_influence import summary_table

df = pd.read_csv(r'D:\HTEX\Pythonbk\codesdata\
                            WorldHappinessData2015s.csv')
df.sort_values(by='GDP')

y = df['happiness']
x = df['GDP']
X = sm.add_constant(x)

re = sm.OLS(y, X).fit()
dt, data, names = summary_table(re, alpha=0.05)

pred = data[:, 2]
predict_mean_ci_low, predict_mean_ci_upp = data[:, 4:6].T
predict_ci_low, predict_ci_upp = data[:, 6:8].T

#---------------------------------------------------------
fig, (ax1, ax2) = plt.subplots(1,2, figsize=(12, 4))
ax1.plot(x, y, '.')
ax1.plot(x, pred, 'k-', lw=2)
ax1.plot(x, predict_ci_low, 'g-.', lw=1)
ax1.plot(x, predict_ci_upp, 'g-.', lw=1)
ax1.plot(x, predict_mean_ci_low, 'b:', lw=1)
ax1.plot(x, predict_mean_ci_upp, 'b:', lw=1)

#--------------- 99%
dt, data, names = summary_table(re, alpha=0.01)
pred = data[:, 2]
predict_mean_ci_low, predict_mean_ci_upp = data[:, 4:6].T
predict_ci_low, predict_ci_upp = data[:, 6:8].T

ax2.plot(x, y, '.')
ax2.plot(x, pred, 'k-', lw=2)
ax2.plot(x, predict_ci_low, 'g-.', lw=1)
```

```
ax2.plot(x, predict_ci_upp, 'g-.', lw=1)
ax2.plot(x, predict_mean_ci_low, 'b:', lw=1)
ax2.plot(x, predict_mean_ci_upp, 'b:', lw=1)

plt.show()
```

(c) 신뢰도가 높아지면 신뢰구간과 예측구간의 폭이 넓어진다.

14.1 `anova10.py` 일원배치 분산분석의 결과 $F_0 = 15.0152$, $P = 0.000397$이며 등분산 독립 2표본 t-검정의 결과 $t_0 = 3.8749$, $P = 0.000397$로 유의확률은 같고 $F_0 = t_0^2$인 관계가 성립된다.

```
import scipy.stats as st

no=[2.17, 0.17, 0.83, 3.04, 1.06, 3.93, 5.38, 3.53, 4.54,
    3.98, 1.02, 3.46, 1.19, 5.64, 2.66, 1.22, 2.64, 2.31, 4.49]
yes=[6.96, 13.00, 5.54, 6.19, 7.31, 14.34, 4.74, 2.50,  1.27,
    4.18,  3.10, 3.01, 6.81, 8.28,  2.33, 7.18, 5.67, 12.68,
    8.94,  3.16, 3.30, 6.99]

Fval, pvalF = st.f_oneway(yes, no)
print(Fval, pvalF)
tval, pvalt = st.ttest_ind(yes,no,equal_var=True,
                           alternative='two-sided')
print(tval, pvalt)
print(Fval-tval**2)
```

14.2 `anova11.py` 다음의 코드에서

```
import pandas as pd
import numpy as np
import scipy.stats as st
import statsmodels.stats.multicomp as mc

wdf = pd.DataFrame([ [1, 90, 97, 98, 95], [2, 88, 92, 90, 93],
                     [3, 93, 97, 97, 94] ],
                columns=['trt', 'obs1', 'obs2', 'obs3','obs4'])

F1, p1 = st.f_oneway(wdf['obs1'], wdf['obs2'],
                     wdf['obs3'], wdf['obs4'])
print(F1, p1)

ldf = pd.DataFrame({'trt':['1', '2', '3']*4,
      'score': [90, 88, 93, 97, 92, 97, 98, 90, 97, 95, 93, 94]})

comp = mc.MultiComparison(ldf['score'], ldf['trt'])

hsd = comp.tukeyhsd()
print('Tukey HSD:\n', hsd.summary())
```

```
def contrast(dfl, ctrt, indep):  # assumes long format data
  mm = dfl.groupby([indep]).mean()  # group mean
  vv = dfl.groupby([indep]).var(ddof=1) # group std
  nn = dfl.groupby([indep]).count()  # group nobs
  N = np.sum(nn)         # total nobs
  dfE = N-len(mm)        # 자유도
  SSE = np.sum((nn-1)*vv)
  MSE = SSE/dfE
  statist = np.sum(mm*ctrt) / np.sqrt(MSE*np.sum(ctrt**2/nn))
  pvalue = (1-st.t.cdf(np.abs(statist), dfE))*2 # for two-sided
  return([statist[0], pvalue[0]])

ctrt = np.array([1,-2,1]).reshape(-1,1)
# groupby에 의해 생성된 열벡터가 내부계산에서 차원 일치를 위해 열로
t1, p1 = contrast(ldf, ctrt, 'trt')
```

(a) 위의 프로그램에 의한 결과 $F_0 = 1.8205$, $P = 0.2214$로 유의수준 $\alpha = 0.05$에서 검정하였을 때 귀무가설(H_0)을 기각할 수 없다. 따라서 교수법에 따른 성적차이는 없는 것으로 보여진다고 할 수 있다.

(b) 분산분석의 결과 차이가 없는 것으로 결론이 났기 때문에 이의 분석은 필요없지만 Tukey 검정을 실행해보면

```
Tukey HSD:
 Multiple Comparison of Means - Tukey HSD, FWER=0.05
====================================================
group1 group2 meandiff p-adj   lower  upper  reject
----------------------------------------------------
     1      2    -4.25 0.1192 -9.5715 1.0715  False
     1      3     0.25    0.9 -5.0715 5.5715  False
     2      3      4.5 0.0976 -0.8215 9.8215  False
----------------------------------------------------
```

(c) 대비 검정의 결과 $t_0 = 2.6482$, $P = 0.02655$로 두 번째와 나머지의 차이는 존재한다.

14.3 `anova6.py`

(a) $F_0 = 0.6596/0.02115 = 31.1868$, $\mathrm{SST} = 1.9788 + 0.1692 = 2.148$, 전체 자유도는 $3 + 8 = 11$이다.

(b) 유의확률은 $\Pr[F_{3,8} > 31.1868]$이므로 `1-st.f.cdf(31.18676, 3,8)`로 0.0001을 얻는다.

(c) 처리군의 자유도가 3이므로 네 개의 처리를 비교한 것이다.

(d) 네 그룹의 평균을 $\mu_1, \mu_2, \mu_3, \mu_4$라고 할 때 귀무가설은 $H_0 : \mu_1 = \mu_2 = \mu_3 = \mu_4$이고 대립가설은 적어도 하나의 μ_i는 나머지와 다르다이다. 유의확률이 0.0001로 작으므로 귀무가설을 기각한다.

(e) 전체 자료는 12이므로 각 처리당 3개의 반복이 있다.

(f) σ^2의 추정치는 MSE이므로 0.02115이다.

(g) $2.5 \pm t_{8;\alpha/2}\sqrt{0.02115/4}$이 신뢰구간이므로($\alpha = 0.05$)

```
2.5 - st.t.ppf(0.975, 8)*np.sqrt(0.02115/3)
2.5 + st.t.ppf(0.975, 8)*np.sqrt(0.02115/3)
```

로 (2.306, 2.694)를 얻는다.

(h) 신뢰구간은 $\bar{y}_{1.} - \bar{y}_{2.} \pm t_{8;\alpha/2}\sqrt{\text{MSE}}\sqrt{1/n_1 + 1/n_2}$ 이므로

```
2.5-2.7 - st.t.ppf(0.975, 8)*np.sqrt(0.02115*(1/3+1/4))
2.5-2.7 + st.t.ppf(0.975, 8)*np.sqrt(0.02115*(1/3+1/4))
```

으로 $(-0.456, 0.056)$을 얻는다.

(i) 검정통계량이 $t_0 = \dfrac{\bar{y}_{1.} - \bar{y}_{2.}}{\sqrt{\text{MSE}}\sqrt{1/n_1 + 1/n_2}}$ 이고 유의확률이 $\Pr[t_8 > |t_0|]$이므로

```
t0 = (2.5-2.7)/np.sqrt(0.02115*(1/3+1/4))
p = 2*(1-st.t.cdf(np.abs(t0),8))
```

로 $t_0 = -1.801$, $P = 0.109$로 두 그룹의 평균은 차이가 없다는 결론을 얻으며 이는 평균차에 대한 신뢰구간에 0이 포함된 것과 같은 결론이다.

14.4 `anova12.py`

(a)

```
import pandas as pd, numpy as np
from statsmodels.formula.api import ols
import statsmodels.api as sm
import scipy.stats as st, matplotlib.pyplot as plt
import statsmodels.stats.multicomp as mc

df = pd.DataFrame(
   {'noAd':[13.891, 10.172, 13.891, 12.078, 15.203, 10.922,
            18.156,  8.094, 12.032, 16.782,  9.125, 14.265],
    '3by3':[ 9.297,  8.859,  9.843,  4.703, 11.703,  9.078,
             8.625,  7.437,  6.125, 10.625,  6.125,  7.657],
    'mtrx':[ 8.610,  9.422,  8.000,  5.485,  9.531,  7.563,
             7.234 ,  5.844,  7.891,  8.906,  5.266,  5.688],
    'xoss':[16.141,  7.219,  9.438, 11.719, 18.953, 11.406,
            13.797, 10.625, 12.032, 11.484,  9.688,   8.39]})
dfT = df.T # long format
col = ['time'+ str(i) for i in range(12)]
dfT['trt'] = dfT.index
dfT.columns = col + ['trt']
dfl = pd.wide_to_long(dfT, stubnames='time',i='trt',j='obs')
dfl = dfl.reset_index()
print(dfl)

res1 = ols('time~trt', data=dfl).fit()
```

```
aov_table1 = sm.stats.anova_lm(res1, type=3)
print(aov_table1)
```

로 분산분석표

```
              df    sum_sq  mean_sq          F    PR(>F)
trt          3.0  246.578    82.193  12.396231  0.000005
Residual    44.0  291.740     6.630        NaN       NaN
```

을 얻으며 $P = 0.000005$이므로 차이가 있다.

(b) 다음에 의해 3by3, mtrx, noAd, xoss의 평균은 8.34, 7.45, 12.88, 11.74 이며 분산은 4.08, 2.41, 9.27, 10.76을 얻는다.

```
print(dfl.groupby('trt')['time'].mean())
print(dfl.groupby('trt')['time'].var(ddof=1))
df.boxplot(column=['noAd', '3by3','mtrx', 'xoss'])
```

상자그림은 아래의 왼쪽 그림과 같다.

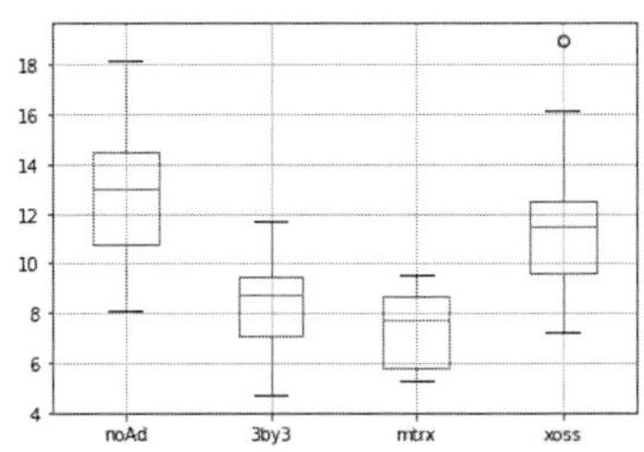

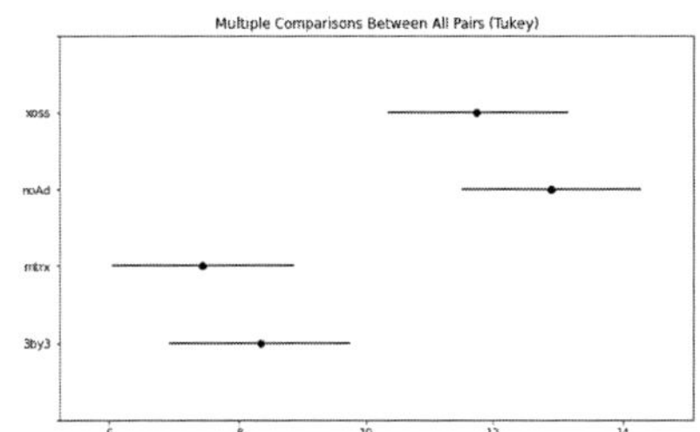

(c)

```
comp = mc.MultiComparison(dfl['time'],dfl['trt'])
hsd = comp.tukeyhsd(0.05)
print(hsd.summary())
```

로 얻은 아래의 결과에 의해 3by3–mtrx, noAd–xoss를 제외한 나머지는 차이가 있는 그룹이다.

```
==================================================
group1 group2 meandiff p-adj   lower  upper  reject
--------------------------------------------------
  3by3   mtrx  -0.8864 0.8136 -3.6934 1.9206  False
  3by3   noAd   4.5445  0.001  1.7375 7.3515   True
  3by3   xoss   3.4012 0.0119  0.5943 6.2082   True
  mtrx   noAd   5.4309  0.001  2.6239 8.2379   True
  mtrx   xoss   4.2877  0.001  1.4807 7.0946   True
  noAd   xoss  -1.1433 0.6784 -3.9502 1.6637  False
--------------------------------------------------
```

(d) 다음의 코드로 (b)의 오른쪽 그림을 얻는다.

```
fig, ax = plt.subplots(1,1)
hsd.plot_simultaneous(ax=ax)
```

(e) 보기 14.10에서 사용한 `contrast` 함수를 사용하여

```
ctrt = np.array([-1,-1,3,-1]).reshape(-1,1)
t1, p1 = contrast(dfl[['time', 'trt']], ctrt, 'trt')
print(t1, p1)
```

로 $t_0 = 4.318$, $P = 0.0001$로 차이가 있다.

(f) 아래 코드에서 $t_0 = -0.173$, $P = 0.864$를 얻으므로 차이가 없다.

```
ctrt = np.array([1,-1,-1,1]).reshape(-1,1)
t2, p2 = contrast(dfl[['time', 'trt']], ctrt, 'trt')
print(t2, p2)
```

14.5 `anova14.py`

(a)

```
import pandas as pd
from statsmodels.formula.api import ols
import statsmodels.api as sm

high=[10.6, 11.7, 9.5, 9.3, 10.0, 6.9, 13.6, 7.5, 11.9, 5.6]
mid=[8.6, 11.0, 7.4, 9.2, 11.8, 10.3, 11.0, 7.8, 11.4, 14.6]
low=[10.0, 11.8, 8.6, 7.4, 10.0, 9.6, 13.3, 10.2, 10.8, 6.2]
dfw = pd.DataFrame({'high': high, 'mid':mid, 'low':low})

group=['high']*len(high)+['mid']*len(mid)+['low']*len(low)
dfl = pd.DataFrame({'group': group, 'y': high+mid+low})

res1 = ols('y~group', data=dfl).fit()
aov_table1 = sm.stats.anova_lm(res1, type=3)
print(aov_table1)
```

으로 $F_0 = 0.23$, $P = 0.7896$이므로 재물운에 따른 소득의 차이가 없다는 귀무가설을 기각할 수 없다.

(b) 다음

```
dfw.boxplot(column=['high', 'mid','low'])
```

의 결과로 아래의 상자그림을 얻을 수 있다.

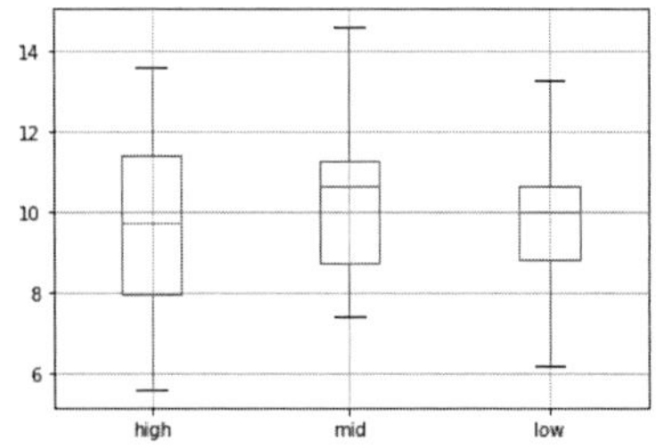

14.6 `anova4.py` 밑줄 부분이 수정된 부분임.

```
 def contrast2(dfl, ctrt, indep, alternative='two-sided'):
# assumes long format data
  mm = dfl.groupby([indep]).mean()  # group mean
  vv = dfl.groupby([indep]).var(ddof=1) # group std
  nn = dfl.groupby([indep]).count()  # group nobs
  N = np.sum(nn)       # total nobs
```

```
  dfE = N-len(mm)       # 자유도
  SSE = np.sum((nn-1)*vv)
  MSE = SSE/dfE
  se = np.sqrt(MSE*np.sum(ctrt**2/nn))
  statist = np.sum(mm*ctrt) / se
  if alternative == 'greater':
    pvalue = 1-st.t.cdf(np.abs(statist), dfE)
  elif alternative == 'less':
    pvalue = st.t.cdf(np.abs(statist), dfE)
  else:
    pvalue = (1-st.t.cdf(np.abs(statist), dfE))*2
  return([statist[0], pvalue[0]])
```

이를

```
t3, p3 = contrast2(dfl, ctrt, 'feed', 'greater')
```

으로 호출하면 $t_0 = -4.6667$로 동일하나 $P = 0.00027$을 얻는다.

14.7 `anova5.py` 연습문제 14.8에서 추가 수정된 부분만 밑줄

```
def contrast2(dfl, ctrt, indep, alternative='two-sided',
              alpha=0.05):
  mm = dfl.groupby([indep]).mean()  # group mean
  vv = dfl.groupby([indep]).var(ddof=1) # group std
  nn = dfl.groupby([indep]).count()  # group nobs
  N = np.sum(nn)        # total nobs
  dfE = N-len(mm)       # 자유도
  SSE = np.sum((nn-1)*vv)
  MSE = SSE/dfE

  se = np.sqrt(MSE*np.sum(ctrt**2/nn))
  cntrt = np.sum(mm*ctrt)
  lci = cntrt - st.t.ppf(1-alpha/2, dfE)*se
  uci = cntrt + st.t.ppf(1-alpha/2, dfE)*se

  statist = cntrt / se
  if alternative == 'greater':
    pvalue = 1-st.t.cdf(np.abs(statist), dfE)
  elif alternative == 'less':
    pvalue = st.t.cdf(np.abs(statist), dfE)
  else:
    pvalue = (1-st.t.cdf(np.abs(statist), dfE))*2
  return([statist[0], pvalue[0], (lci[0], uci[0])])
```

로 수정하고 이 함수를

```
t, p, ci1 = contrast2(dfl, ctrt, 'feed')
print(ci1)
t, p, ci2 = contrast2(dfl, ctrt, 'feed', alpha=0.01)
print(ci2)
```

로 호출하여 95%, 99% 신뢰구간은 각각 $(-20.54, -7.46)$, $(-23.16, -4.84)$를 얻는다.

14.8 `anova15.py`

(a) 귀무가설과 대립가설이 각각 H_0 : '세 그룹의 분산이 같다'이고 H_1 : '세 그룹의 분산이 같지 않다'이다.

```
import pandas as pd, numpy as np
from statsmodels.formula.api import ols
import statsmodels.api as sm
import matplotlib.pyplot as plt
import statsmodels.stats.multicomp as mc
import scipy.stats as st

drugA = [13,  10,  14,  9, 12, 11,  7]
drugB = [18, 10, 16, 12, 19, 14, 13, 12]
drugC = [8,  9,  4,  6, 13,  8, 12, 10, 2]

trt = ['drugA']*len(drugA) + ['drugB']*len(drugB) +
      ['drugC']*len(drugC)
dfl = pd.DataFrame({'trt': trt,
                    'response': drugA+drugB+drugC})

res1 = ols('response~trt', data=dfl).fit()
aov_table1 = sm.stats.anova_lm(res1, type=3)
print(aov_table1)
```

으로 $F_0 = 8.4199$, $P = 0.0021$이므로 H_0를 기각한다.

(b)
```
plt.boxplot([drugA, drugB, drugC])
```

로 아래의 왼쪽 그림을 얻는다.

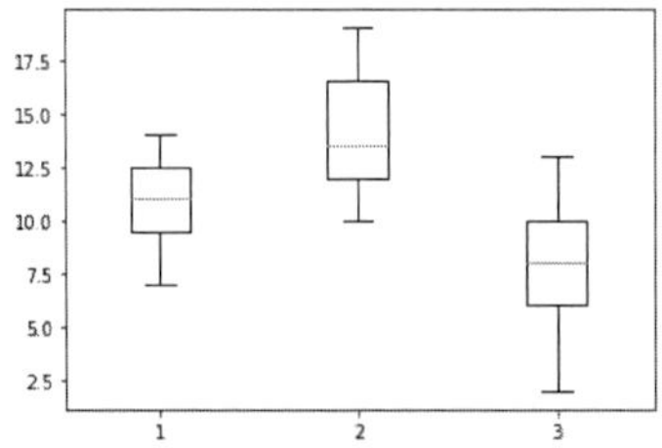

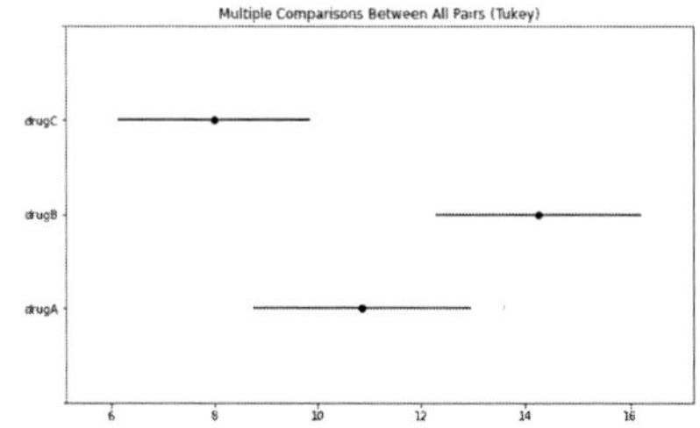

(c)
```
comp = mc.MultiComparison(dfl['response'],dfl['trt'])
hsd = comp.tukeyhsd(0.05)
print(hsd.summary())
print(dfl.groupby('trt').mean())
print(dfl.groupby('trt').var(ddof=1))
```

로 얻은 아래의 결과

```
 Multiple Comparison of Means - Tukey HSD, FWER=0.05
====================================================
group1 group2 meandiff p-adj   lower    upper  reject
```

```
----------------------------------------------------
 drugA  drugB   3.3929 0.1158  -0.6953   7.481  False
 drugA  drugC  -2.8571 0.1911  -6.8379  1.1236  False
 drugB  drugC    -6.25 0.0014 -10.0883 -2.4117   True
----------------------------------------------------
```

에서 A, B 및 A, C는 차이가 없으며 B, C만 차이가 있다. 각 그룹별 평균은 A, B, C 순서대로 10.86, 14.25, 8.00이며 분산은 각각 5.81, 9.93, 12.75이다.

(d)
```
fig, ax = plt.subplots(1,1)
hsd.plot_simultaneous(ax=ax)
```

로 위의 (b) 오른쪽 그림을 얻는다.

(e)
```
bonf, a, b = comp.allpairtest(st.ttest_ind, method='bonf')
print(bonf)
```

로

```
=============================================
group1 group2   stat   pval  pval_corr reject
---------------------------------------------
 drugA  drugB -2.3138 0.0377     0.113  False
 drugA  drugC  1.8133 0.0913    0.2738  False
 drugB  drugC   3.804 0.0017    0.0052   True
---------------------------------------------
```

로 유의확률의 값은 차이가 나지만 결론은 Tukey와 같은 결론을 얻는다.

(f) 보기 14.10에서 사용한 `contrast` 함수를 사용하면

```
ctrt = np.array([1, 1, -2]).reshape(-1,1)
res1 = contrast2(dfl, ctrt, 'trt')
print(res1)
```

로 $t_0 = 3.4423$, $P = 0.0024$로 차이가 있다고 판단한다.(연습문제 14.6 및 14.6 참고)

(g) 연습문제 14.6 및 14.7에서 수정하여 얻은 `contrast2` 함수는 신뢰구간을 계산하므로

```
ctrt = np.array([1, 1, -2]).reshape(-1,1)
res1 = contrast2(dfl, ctrt, 'trt')
print(res1)
```

로 95% 신뢰구간은 (3.6052, 14.6091)을 얻는다. 이 구간에 0이 포함되지 않으므로 가설검정과 동일한 결론을 얻는다.

(h)
```
t0, p = st.ttest_ind(drugA, drugB)
```

으로 $t_0 = -2.3138$, $P = 0.0377$을 얻는다. 따라서 독립 2표본 t-검정의 결과는 A, B는 차이가 있다. 이 방법은 분산의 추정에서 전체 자료를 사용하지 않고 두 그룹의 자료만 사용하여 공통분산을 계산한다는 점이다.

14.9 `anova13.py`

(a)

```
import pandas as pd
from statsmodels.formula.api import ols
import statsmodels.api as sm

df=pd.DataFrame({'구더기': [99, 113, 99, 89, 84, 82],
                 'Vancomycin': [105, 105, 128, 123, 62, 103],
                 'Teicolanin': [91, 95, 120, 55, 101, 100],
                 'Linezolid': [91, 80, 79, 130, 103, 87]})

col = ['response'+ str(i) for i in range(6)]
dfT = df.T
dfT['trt'] = dfT.index
dfT.columns = col + ['trt']
dfl=pd.wide_to_long(dfT,stubnames='response',i='trt',j='obs')
dfl = dfl.reset_index()
dfl = dfl.drop(columns=['obs'])
print(dfl)

lm1 = ols('response~C(trt)', data=dfl)
res1=lm1.fit()
aov_table1 = sm.stats.anova_lm(res1, type=3)
print(aov_table1)
```

으로 분산분석표를 얻으면

```
            df      sum_sq     mean_sq        F    PR(>F)
C(trt)     3.0  455.333333  151.777778  0.40345  0.752099
Residual  20.0 7524.000000  376.200000      NaN       NaN
```

으로 $F_0 = 0.40345$, $P = 0.752$로 귀무가설을 기각한다.

(b) 굴림 폰트를 Gulim으로 지정하여 한글이 사용 가능하도록 설정한다.

```
import matplotlib.pyplot
matplotlib.rcParams.update({'font.family' : 'Gulim'})
dfl.boxplot('response', by='trt', figsize=(5, 3))
```

로 상자그림

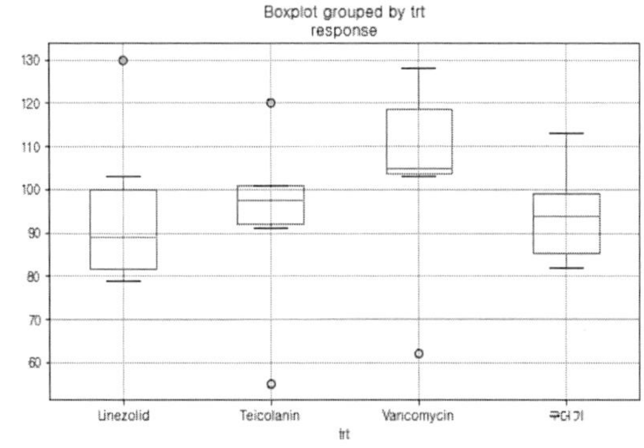

를 얻는다.

(c)
```
print(res1.fvalue)
print(res1.f_pvalue)
```

로 위 분산분석표의 F_0와 P를 얻는다.

(d)
```
coef = res1.params
print(coef)
```

로 95(Intercept), −1.333(Teicolanin), 9.333(Vancomycin) 및 −0.667(구더기)를 얻는다.

(e) 각 그룹의 평균은 95(Linezolid), 93.667(Teicolanin), 104.333(Vancomycin), 94.333(구더기)이며 이들 값에서 95(linezolid)를 뺀 값이 위의 params의 값이다.

```
mm = dfl.groupby('trt').mean()
print(mm)
print(mm- mm.loc['Linezolid'])
```

14.10 완성된 분산분석표는 다음과 같다.

	자유도	제곱합	평균제곱	F	유의확률
처리	3	455.3333	151.7778	0.40345	0.752099
오차	20	7524.0000	376.2000		
전체	23	7979.3333			

15.1 `webcrawl9.py`

```
from selenium import webdriver

options = webdriver.ChromeOptions()
options.add_argument('--blink-settings=imagesEnabled=false')
driver=webdriver.Chrome('D:/python/webdrivers/chromedriver.exe',
                         options=options)
uri = 'https://naver.com'
driver.get(uri)
```

으로 문제에서 주어진 브라우저를 띄울 수 있다. 그림의 내용은 달라질 수 있다.

15.2 `webcrawl6.py`

```
from selenium import webdriver
from bs4 import BeautifulSoup

uri ="file:///D:/htex/Pythonbk/codesdata/fruits_euc.html"
options = webdriver.ChromeOptions()
options.add_argument("headless")
driver=webdriver.Chrome('d:/python/webdrivers/chromedriver.exe',
```

```
                            options=options)
driver.get(uri)

htmlsrc = driver.page_source
soup = BeautifulSoup(htmlsrc, 'html.parser')
lst = soup.select('li')
print('<LI> 태그의 수: ', len(lst))
```

로 6개임을 확인할 수 있다.

15.3 `webcrawl8.py`

```
from selenium import webdriver
from bs4 import BeautifulSoup

uri ="file:///D:/htex/Pythonbk/codesdata/fruits_euc.html"
options = webdriver.ChromeOptions()
options.add_argument("headless")
driver=webdriver.Chrome('d:/python/webdrivers/chromedriver.exe',
                            options=options)
driver.get(uri)

htmlsrc = driver.page_source
soup = BeautifulSoup(htmlsrc, 'html.parser')
lst = soup.select('meta')
print(lst[0]['charset'])
```

으로 euc-kr을 확인할 수 있다.

15.4 `webcrawl7.py`

```
from selenium import webdriver
from bs4 import BeautifulSoup

uri ="file:///D:/htex/Pythonbk/codesdata/songs.html"
options = webdriver.ChromeOptions()
options.add_argument("headless")
driver=webdriver.Chrome('d:/python/webdrivers/chromedriver.exe',
                            options=options)
driver.get(uri)

htmlsrc = driver.page_source
# soup = BeautifulSoup(htmlsrc, 'lxml')
soup = BeautifulSoup(htmlsrc, 'html.parser')
html1 = soup.select('tr')
html2 = soup.select('th')

print('행의 수: ', len(html1))
print('열의 수: ', len(html2))
```

로 행의 수 8, 열의 수 3을 확인할 수 있다.

15.5 `webcrawl10.py`

(a)
```
from selenium import webdriver
from bs4 import BeautifulSoup
import pandas as pd

uri ="file:///D:/htex/Pythonbk/codesdata/webcrawl3.html"
driver = webdriver.Chrome(
              'd:/python/webdrivers/chromedriver.exe')
driver.get(uri)
```

으로 다음과 같이 브라우저에 내용을 확인할 수 있다.

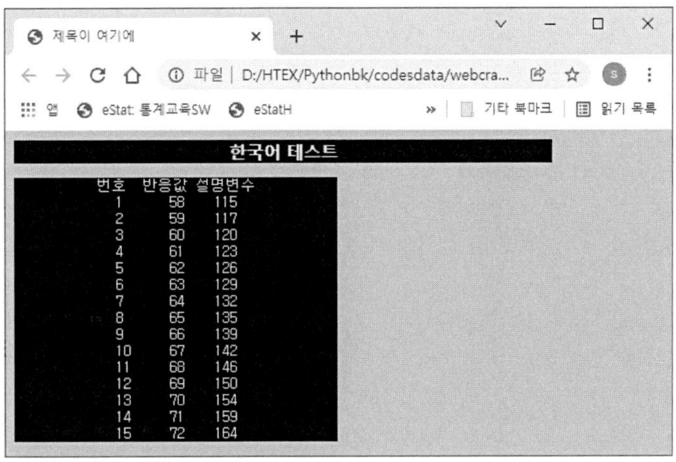

(b)
```
htmlsrc = driver.page_source
soup = BeautifulSoup(htmlsrc, 'html.parser')

lst1 = soup.select('html') # 언어
print(lst1[0]['lang'])

lst2 = soup.select('title')  # 제목 내용
print(lst2[0].text)
```

의 결과로 제목은 '제목이 여기에', 언어는 ko임을 확인한다.

(c) 아래의 코드로 div 태그에서 딴 한 번 있음을 확인한다.

```
lst3 = soup.select('#text')
for tag in lst3:
     print(tag.name)
```

(d)
```
data = soup.select('pre')[0].text
data = data.split()
vname = data[0:3]  # 처음 세 개는 변수이름
data = data[3:]
id = tuple(map(int,data[0:len(data):3]))
x = tuple(map(int,data[1:len(data):3]))
y = tuple(map(int, data[2:len(data):3]))
```

```
df = pd.DataFrame({'id': id, 'response':x, 'indep': y})
print(df.corr())
```

으로 데이터를 수치로 읽어 오며 상관계수는 다음과 같다.

```
                id  response     indep
id        1.000000  1.000000  0.995495
response  1.000000  1.000000  0.995495
indep     0.995495  0.995495  1.000000
```

참고문헌

[1] 심송용 (2012) *통계적 자료분석-SPSS를 중심으로*, 교우사, 서울.

[2] 심송용, 이윤동, 김성수 (2020) *파이썬과 R*, KNOU Press, 서울.

[3] 강경아, 심송용, 김신정 (2005) Development of a Tool to Measure the Need for Child Hospice Care in Families of Children with Cancer, *Child health nursing research*, 11, No.1, pp.72–82.

[4] Anaconda Software Distribution. (2022). *Anaconda Documentation* Anaconda Inc. https://docs.anaconda.com/

[5] Dunnett, C. W.(1964) Comparing Individual Means in the Analysis of Variance, Biometrikcs, 5, 99.

[6] Fisher, R. A.(1936) The Use of Multiple Measurements in Taxonomic Problems, *Annals of Eugenics*, 7, 179–188.

[7] Freidman, D. and Diaconis, P.(1981) On the histograms as a density estimator: L_2 theory, *Zeitsschrift für Wahrscheinlichkeitstheorie und verwandte Gebiete*, 57 453–476.

[8] Guttman, L.(1945) A Bias for Analyzing Test-Retest Reliability, *Psychometrics*, 10, No 4, pp. 255–282.

[9] Milliken, G.A. and Johnson, D.E. (1984) *Analysis of Messy Data, Vol 1: Designed Experiments*, Van Nostrand Reinhold, New York, NY.

[10] Pearson, E.S. and Hartley, H.O.(1966) *Biometrika Tables for Statistics*, vol 1, 3rd ed., Cambridge University Press.

[11] R Core Team (2021) *R: A language and environment for statistical computing. R Foundation for Statistical Computing*, Vienna, Austria. URL https://www.R-project.org/.

[12] Shapiro, S. S. and Wilk, M. B. (1965) An analysis of variance test for normality (complete samples), *Biometrika*, 52, 591–611.

[13] Scott, D.W.(1979) On optimal and data-based histograms, *Biometrika*, 66, 605–610.

[14] Sturges, H. A. (1926) The Choice of a Class Interval, *Journal of the American Statistical Association*, 21(153), pp. 65-–66.

[15] Van Rossum, G., & Drake, F. L. (2009). *Python 3 Reference Manual.* Scotts Valley, CA: CreateSpace.

[16] Yates, F(1934) Contingency table involving small numbers and the χ^2 test, *Supplement to the Journal of the Royal Statistical Society* 1(2) 217–235.

[17] G. U. Yule (1903) "Notes on the Theory of Association of Attributes in Statistics", *Biometrika*, 2, 121-134.

부록 A

부록

A.1. 키와 몸무게 자료

다음 자료는 키(cm), 몸무게(kg), 출생년도, 종교(No:없음, C1:기독교, C2: 가톨릭, Bu: 불교), 성별(M:남자, F:여자), 결혼여부(Y:기혼, N:미혼)에 대한 조사 결과이다.

```
167 68 1974 No F N    161 48 1972 No F Y    158 55 1975 C1 F N
162 49 1974 C2 F N    160 44 1974 C1 F N    158 48 1975 C1 F N
158 50 1978 C2 F N    165 56 1977 Bu F N    162 50 1973 C1 F N
165 56 1977 No F N    165 57 1976 No F N    163 57 1979 C1 F N
160 52 1959 No F N    165 55 1975 No F N    165 50 1976 No F N
162 52 1972 No F Y    163 57 1970 Bu F N    169 60 1975 No F N
162 50 1970 No F N    166 58 1981 No F N    155 50 1978 No F N
167 61 1967 C2 F Y    168 58 1982 No F N    155 48 1974 No F N
156 44 1969 C1 F Y    170 75 1958 C2 M Y    160 42 1972 Bu F N
157 55 1979 No F N    170 58 1962 C2 M Y    156 48 1976 C2 F N
158 54 1974 No F N    153 45 1969 C2 F Y    176 73 1954 Bu M Y
155 47 1980 C2 F N    152 59 1958 No F Y    163 58 1973 Bu F N
160 53 1978 C2 F N    164 60 1966 C1 F Y    161 53 1965 C1 F Y
153 45 1976 C2 F N    158 48 1981 Bu F N    157 57 1968 C2 F N
162 47 1979 No F N    160 58 1978 Bu F N    165 49 1971 No F N
163 54 1973 No F N    165 64 1971 No F N    160 62 1972 No M N
165 52 1975 No F N    164 52 1980 C2 F N    170 69 1963 C2 M Y
162 42 1973 C1 F N    166 49 1971 C2 F Y    156 50 1958 C2 F Y
162 51 1966 C2 F N    163 55 1966 C2 F Y    162 58 1979 No F N
172 72 1974 No M N    158 57 1965 C1 F N    167 57 1979 No F N
158 54 1975 No F N    160 52 1965 C2 F Y    161 51 1975 C1 F N
```

```
153 56 1976 C1 F N    165 68 1967 C2 M Y    161 55 1974 No F N
156 47 1971 Bu F N    165 55 1979 No F N    150 40 1960 C2 F N
168 52 1972 Bu M N    160 50 1970 No F N    164 53 1966 Bu F Y
168 67 1977 No F N    158 43 1977 C1 F N    162 54 1972 C2 F N
158 60 1958 C2 F Y    163 52 1975 No F N    155 57 1957 No F Y
160 50 1974 C1 F N    158 42 1980 C1 F N    179 59 1974 C1 M N
162 54 1974 C1 F Y    164 52 1977 C1 F N    152 50 1953 C1 F Y
162 47 1972 C1 F N    154 58 1982 Bu F N    160 45 1975 Bu F N
164 50 1976 C1 F N    168 60 1981 No F N    173 53 1976 C1 F N
173 56 1977 C2 F N    164 56 1956 C2 F N    174 66 1960 No M Y
161 46 1968 C1 F N    180 80 1960 C2 M Y    178 60 1965 No M Y
165 59 1975 No F N    160 50 1973 Bu F N    158 50 1968 C1 F Y
160 47 1974 C1 F Y    175 78 1956 Bu M Y    155 51 1976 No F N
164 60 1974 C1 F N    170 65 1962 C2 M Y    164 50 1982 No F N
167 52 1975 No F N    175 75 1966 No M N    163 52 1979 No F Y
162 50 1972 C2 F Y    160 53 1971 C1 F N    160 56 1979 C2 F N
164 52 1978 C2 F N    169 57 1949 C2 M Y    160 49 1974 No F N
161 51 1976 Bu F N    165 53 1956 No F Y    166 54 1980 No F N
170 70 1971 No M N    150 44 1968 C1 F N    157 45 1974 C1 F N
168 52 1976 No F N    165 67 1960 C2 M Y    160 51 1975 C2 F N
163 53 1976 C1 F N    165 58 1970 No F N    162 55 1977 No F N
158 46 1972 Bu F N    158 58 1972 C1 F N    158 47 1976 C2 F N
160 48 1970 No F N    165 60 1973 No F N    155 43 1973 No F N
158 48 1973 C1 F N    160 56 1974 No F N    153 53 1975 No F N
163 57 1970 No F Y    168 52 1972 C2 F N    160 55 1975 No F Y
160 49 1972 C1 F Y    168 56 1970 C1 F Y    160 52 1976 Bu F N
158 42 1970 No F N    159 45 1970 C2 F N    160 48 1977 No F N
158 46 1963 No F Y    160 48 1978 No F N    163 55 1978 No F N
168 57 1971 Bu F N    155 45 1971 No F Y    161 54 1972 C2 F N
155 51 1976 C1 F N    164 50 1982 C1 F N    163 50 1974 No F N
160 50 1964 C2 F Y    162 49 1974 Bu F N    166 51 1973 No F N
163 64 1955 C2 F Y    160 51 1975 No F N    167 53 1972 C1 F N
157 54 1974 C1 F N    155 47 1967 C1 F Y    160 54 1971 Bu F N
160 48 1973 C1 F N    160 42 1966 C1 F Y    152 40 1973 C1 F N
165 46 1978 C1 F N    162 53 1972 C1 F N    153 52 1959 C2 F N
167 55 1978 C1 F N    160 45 1972 No F N    156 53 1968 No F N
162 50 1974 Bu F N    164 48 1974 No F N    170 62 1972 C1 M N
159 53 1978 C1 F N    162 48 1977 C2 F N    165 55 1976 C2 F N
```

http://jupiter.hallym.ac.kr/ftpdata/data/bmi.html

A.2. 인구 100, 000명당 주별 범죄자료

다음은 2000년의 인구 100, 000 명 당 범죄발생건수를 미국의 50개의 주와 D.C.로 정리한 자료이다. 각각의 변인은 V1: 주이름(state), V2:단순폭행(violent), V3: 재산범죄(property), V4: 살인(murder) V5:강간(rape), V6: 강도(robbery), V7: 심한 폭행(aggravated assault), V8: 주거침입(burglary), V9: 절도(larceny theft), V10: 차량절도(vehicle theft)이다.

V1	V2	V3	V4	V5	V6	V7	V8	V9	V10
AK	566.9	3682.5	4.3	70.3	78.2	405.1	621.9	2685.8	374.8
AL	486.2	4059.7	7.4	33.3	128.2	317.2	906.9	2864.8	288.0
AR	445.3	3670.0	6.3	31.7	74.8	332.4	802.1	2608.7	259.3
AZ	531.7	5297.8	7.0	30.7	146.3	347.7	1011.6	3444.1	842.1
CA	621.6	3118.2	6.1	28.9	177.9	408.7	656.3	1924.5	537.4
CO	334.0	3648.6	3.1	41.2	70.5	219.1	630.8	2623.5	394.3
CT	324.7	2908.0	2.9	19.9	112.5	189.4	512.0	2011.4	384.6
DE	684.4	3793.6	3.2	54.1	177.9	449.2	665.6	2725.9	402.1
FL	812.0	4882.7	5.6	44.2	199.0	563.2	1081.8	3242.9	558.0
GA	504.7	4246.4	8.0	24.0	161.9	310.9	836.6	2937.0	472.8
HI	243.8	4955.1	2.9	28.6	92.7	119.7	880.3	3570.2	504.6
IA	266.4	2967.3	1.6	23.1	36.6	205.1	558.4	2225.2	183.6
ID	252.5	2933.7	1.2	29.7	17.2	204.3	566.5	2206.0	161.2
IL	656.8	3629.4	7.2	32.9	207.4	409.3	659.6	2517.8	452.1
IN	349.1	3402.8	5.8	28.9	103.3	211.1	676.1	2379.9	346.8
KS	389.4	4019.4	6.3	38.0	76.2	269.0	799.1	2978.6	241.6
KY	294.5	2665.2	4.8	27.0	80.6	182.2	626.2	1809.6	229.5
LA	681.1	4741.7	12.5	33.5	168.5	466.6	1035.8	3229.9	475.9
MA	476.1	2550.0	2.0	26.7	91.6	355.9	482.0	1660.5	407.6
MD	786.6	4029.5	8.1	29.1	256.0	493.3	744.4	2745.7	539.5
ME	109.6	2510.2	1.2	25.1	19.4	63.9	531.4	1875.1	103.7
MI	555.0	3554.9	6.7	50.6	138.0	359.7	702.2	2291.9	560.7
MN	280.8	3207.6	3.1	45.5	75.5	156.7	530.9	2403.7	273.0
MO	490.0	4037.7	6.2	24.1	135.8	323.9	745.0	2851.3	441.4
MS	360.9	3643.5	9.0	33.3	128.2	317.2	906.9	2864.8	288.0
MT	240.6	3292.7	1.8	33.4	27.6	177.9	437.4	2638.6	216.8
NC	497.6	4421.8	7.0	27.1	156.5	307.0	1216.1	2891.8	313.9
ND	81.4	2206.6	0.6	26.3	8.7	45.8	325.9	1727.2	153.5
NE	327.6	3767.9	3.7	25.5	67.0	231.4	592.0	2870.3	305.6
NH	175.4	2257.8	1.8	42.2	36.7	94.7	404.0	1680.0	173.8
NJ	383.8	2776.6	3.4	16.1	161.1	203.2	522.0	1848.8	405.9
NM	757.9	4761.0	7.4	50.7	137.4	562.4	1173.1	3184.4	403.6
NV	524.2	3744.4	6.5	43.0	227.3	247.3	877.1	2208.2	659.2
NY	553.9	2545.7	5.0	18.6	213.6	316.7	463.4	1796.4	285.8
OH	334.1	3707.7	3.7	37.6	137.5	155.3	780.7	2583.2	343.7
OK	497.8	4060.8	5.3	41.2	75.8	375.5	917.5	2785.4	357.8
OR	350.7	4494.7	2.0	37.6	84.4	226.7	748.8	3338.7	407.2
PA	420.0	2575.3	4.9	26.4	147.8	240.9	440.4	1839.2	295.8
RI	297.7	3178.7	4.3	39.3	88.0	166.2	631.5	2102.2	445.0
SC	804.9	4416.5	5.8	37.7	146.6	614.8	969.3	3068.1	379.0
SD	166.8	2153.0	0.9	40.4	17.4	108.1	383.7	1663.7	105.7
TN	707.2	4183.0	7.2	38.4	166.4	495.2	990.4	2708.8	483.9
TX	545.1	4410.4	5.9	37.7	145.1	356.3	906.3	3057.4	446.8
UT	255.7	4220.3	1.9	38.6	55.6	159.5	642.5	3288.5	289.3
VA	281.7	2746.4	5.7	22.8	88.9	164.3	429.9	2064.8	251.6
VT	113.5	2873.4	1.5	23.0	19.2	69.8	575.0	2165.5	132.9
WA	369.7	4736.0	3.3	46.4	98.6	221.3	907.3	3234.6	594.1
DC	1507.9	5768.6	41.8	43.9	621.3	801.0	829.5	3785.4	1153.7
WI	236.8	2972.3	3.2	21.7	84.6	127.3	469.5	2229.9	272.9

```
WV   316.5  2286.3  2.5 18.3  41.4  254.2  546.9  1556.1  183.3
WY   266.5  3031.5  2.4 32.4  14.2  217.5  420.8  2494.6  116.1
```

http://jupiter.hallym.ac.kr/ftpdata/data/crime.html

A.3. 세계 행복지수 2015

다음은 각 나라의 이름, 행복지수, 구매력지수(Purchasing Power Parity; PPP)로 환산한 1인당 GDP이다.

```
country,            happiness,     GDP  country,                    happiness,     GDP
Switzerland,            7.587, 1.39651  Azerbaijan,                     5.212, 1.02389
Iceland,                7.561, 1.30232  Pakistan,                       5.194, 0.59543
Denmark,                7.527, 1.32548  Jordan,                         5.192, 0.90198
Norway,                 7.522, 1.459    Montenegro,                     5.192, 0.97438
Canada,                 7.427, 1.32629  China,                          5.140, 0.89012
Finland,                7.406, 1.29025  Zambia,                         5.129, 0.47038
Netherlands,            7.378, 1.32944  Romania,                        5.124, 1.04345
Sweden,                 7.364, 1.33171  Serbia,                         5.123, 0.92053
New Zealand,            7.286, 1.25018  Portugal,                       5.102, 1.15991
Australia,              7.284, 1.33358  Latvia,                         5.098, 1.11312
Israel,                 7.278, 1.22857  Philippines,                    5.073, 0.70532
Costa Rica,             7.226, 0.95578  Somaliland region,              5.057, 0.18847
Austria,                7.200, 1.33723  Morocco,                        5.013, 0.73479
Mexico,                 7.187, 1.02054  Macedonia,                      5.007, 0.91851
United States,          7.119, 1.39451  Mozambique,                     4.971, 0.08308
Brazil,                 6.983, 0.98124  Albania,                        4.959, 0.87867
Luxembourg,             6.946, 1.56391  Bosnia and Herzegovina,         4.949, 0.83223
Ireland,                6.940, 1.33596  Lesotho,                        4.898, 0.37545
Belgium,                6.937, 1.30782  Dominican Republic,             4.885, 0.89537
United Arab Emirates,   6.901, 1.42727  Laos,                           4.876, 0.59066
United Kingdom,         6.867, 1.26637  Mongolia,                       4.874, 0.82819
Oman,                   6.853, 1.36011  Swaziland,                      4.867, 0.71206
Venezuela,              6.810, 1.04424  Greece,                         4.857, 1.15406
Singapore,              6.798, 1.52186  Lebanon,                        4.839, 1.02564
Panama,                 6.786, 1.06353  Hungary,                        4.800, 1.12094
Germany,                6.750, 1.32792  Honduras,                       4.788, 0.59532
Chile,                  6.670, 1.10715  Tajikistan,                     4.786, 0.39047
Qatar,                  6.611, 1.69042  Tunisia,                        4.739, 0.88113
France,                 6.575, 1.27778  Palestinian Territories,        4.715, 0.59867
Argentina,              6.574, 1.05351  Bangladesh,                     4.694, 0.39753
Czech Republic,         6.505, 1.17898  Iran,                           4.686, 1.0088
Uruguay,                6.485, 1.06166  Ukraine,                        4.681, 0.79907
Colombia,               6.477, 0.91861  Iraq,                           4.677, 0.98549
Thailand,               6.455, 0.9669   South Africa,                   4.642, 0.92049
Saudi Arabia,           6.411, 1.39541  Ghana,                          4.633, 0.54558
Spain,                  6.329, 1.23011  Zimbabwe,                       4.610, 0.271
Malta,                  6.302, 1.2074   Liberia,                        4.571, 0.0712
Taiwan,                 6.298, 1.29098  India,                          4.565, 0.64499
Kuwait,                 6.295, 1.55422  Sudan,                          4.550, 0.52107
Suriname,               6.269, 0.99534  Haiti,                          4.518, 0.26673
Trinidad and Tobago,    6.168, 1.21183  Congo (Kinshasa),               4.517, 0
El Salvador,            6.130, 0.76454  Nepal,                          4.514, 0.35997
```

```
Guatemala,          6.123, 0.74553
Uzbekistan,         6.003, 0.63244
Slovakia,           5.995, 1.16891
Japan,              5.987, 1.27074
South Korea,        5.984, 1.24461
Ecuador,            5.975, 0.86402
Bahrain,            5.960, 1.32376
Italy,              5.948, 1.25114
Bolivia,            5.890, 0.68133
Moldova,            5.889, 0.59448
Paraguay,           5.878, 0.75985
Kazakhstan,         5.855, 1.12254
Slovenia,           5.848, 1.18498
Lithuania,          5.833, 1.14723
Nicaragua,          5.828, 0.59325
Peru,               5.824, 0.90019
Belarus,            5.813, 1.03192
Poland,             5.791, 1.12555
Malaysia,           5.770, 1.12486
Croatia,            5.759, 1.08254
Libya,              5.754, 1.13145
Russia,             5.716, 1.13764
Jamaica,            5.709, 0.81038
North Cyprus,       5.695, 1.20806
Cyprus,             5.689, 1.20813
Algeria,            5.605, 0.93929
Kosovo,             5.589, 0.80148
Turkmenistan,       5.548, 0.95847
Mauritius,          5.477, 1.00761
Hong Kong,          5.474, 1.38604
Estonia,            5.429, 1.15174
Indonesia,          5.399, 0.82827
Vietnam,            5.360, 0.63216
Turkey,             5.332, 1.06098
Kyrgyzstan,         5.286, 0.47428
Nigeria,            5.268, 0.65435
Bhutan,             5.253, 0.77042
Ethiopia,                 4.512, 0.19073
Sierra Leone,             4.507, 0.33024
Mauritania,               4.436, 0.45407
Kenya,                    4.419, 0.36471
Djibouti,                 4.369, 0.44025
Armenia,                  4.350, 0.76821
Botswana,                 4.332, 0.99355
Myanmar,                  4.307, 0.27108
Georgia,                  4.297, 0.7419
Malawi,                   4.292, 0.01604
Sri Lanka,                4.271, 0.83524
Cameroon,                 4.252, 0.4225
Bulgaria,                 4.218, 1.01216
Egypt,                    4.194, 0.8818
Yemen,                    4.077, 0.54649
Angola,                   4.033, 0.75778
Mali,                     3.995, 0.26074
Congo (Brazzaville),      3.989, 0.67866
Comoros,                  3.956, 0.23906
Uganda,                   3.931, 0.21102
Senegal,                  3.904, 0.36498
Gabon,                    3.896, 1.06024
Niger,                    3.845, 0.0694
Cambodia,                 3.819, 0.46038
Tanzania,                 3.781, 0.2852
Madagascar,               3.681, 0.20824
Central African Republic,3.678, 0.0785
Chad,                     3.667, 0.34193
Guinea,                   3.656, 0.17417
Ivory Coast,              3.655, 0.46534
Burkina Faso,             3.587, 0.25812
Afghanistan,              3.575, 0.31982
Rwanda,                   3.465, 0.22208
Benin,                    3.340, 0.28665
Syria,                    3.006, 0.6632
Burundi,                  2.905, 0.0153
Togo,                     2.839, 0.20868
```

http://jupiter.hallym.ac.kr/ftpdata/data/WorldHappinessData2015s.csv

A.3.1 호스피스 데이터

다음의 자료는 소아암 보호자를 대상으로 호스피스에 대한 요구사항을 5점 척도로 조사한 설문문항이다. 요구사항을 몇 가지 요인으로 분류하여 보아라. (강경아 등(2005)) 각 변수의 설명은 표 A.1에 정리하였다.

```
3 4 4 4 3 4 3 1 3 4 4 3 3 3 3 4 4 4 3 4 4 4 4  4 4 4 4 4 4 4 4 4 3 4 3 4 4 4 3 4 3 3 3 3 3
3 4 4 4 4 4 4 4 4 4 4 4 4 4 4 4 4 4 4 4 4 4 4  4 3 4 3 3 3 3 3 3 2 3 3 3 3 3 3 3 3 3 3 3 3
4 3 3 3 3 3 3 2 3 3 3 3 3 3 3 3 3 3 3 3 3 3 3  4 4 4 4 3 4 3 3 4 4 4 3 4 3 3 4 3 3 3 3 3 4
3 3 4 4 3 4 3 3 3 3 3 4 3 3 3 3 3 3 3 3 3 3 3  4 4 4 4 4 4 4 3 4 4 4 3 4 3 4 4 3 4 4 3 4 4
3 4 3 4 4 4 3 4 4 3 3 4 4 3 4 4 3 4 4 4 4 4 4  3 3 3 3 3 3 3 3 3 3 3 3 3 3 3 3 3 3 3 3 3 3
4 4 3 3 3 3 3 3 3 2 3 3 3 3 3 3 3 3 3 3 3 3 3  3 4 3 4 3 4 3 3 4 4 3 3 3 3 3 3 3 3 3 4 3 3
4 4 4 4 4 4 4 3 4 3 3 3 3 3 3 3 3 3 3 3 3 3 3  4 4 4 4 4 4 4 4 4 4 4 4 4 4 4 4 4 4 4 4 4 4
3 3 3 3 3 3 3 3 3 3 3 3 3 3 3 3 3 3 3 3 3 3 3  4 4 4 4 4 4 4 4 4 4 4 3 4 4 4 4 4 4 4 3 3 3
4 4 4 4 4 4 4 2 4 4 4 4 4 4 4 4 4 4 4 3 4 4 4  3 4 3 3 3 3 3 3 3 3 3 3 3 3 3 3 3 3 3 3 3 3
3 4 3 4 3 4 3 3 3 3 2 3 3 2 3 3 1 3 2 3 2 3 3  4 4 3 4 3 4 3 3 4 4 3 3 3 3 3 3 3 3 3 3 3 3
```

표 A.1: 암 환아 가족의 아동 호스피스 요구 측정도구의 문항

문항	문항의 내용
1	통증을 조절해주는 것
2	아동이 속마음을 맘껏 이야기 할 수 있도록 해주는 것
3	영양부족을 조절해주는 것
4	아동이 불안해 할 때 정서적으로 지지해주는 것
5	피부손상을 조절해주는 것
6	아동의 우울을 감소시켜 주는 것
7	변비/설사를 조절해주는 것
8	가족이 겪는 어려움을 들어주는 것
9	호흡곤란을 조절해주는 것
10	아동의 증상이 악화되어 가족과 대화 할 기회가 없어지기 전에 아동과 가족이 대화할 기회를 주는 것
11	배뇨장애를 조절해주는 것
12	죽음을 더 이상 피할 수 없는 상황이 올 때 가족이 받아들일 수 있도록 도와주는 것
13	탈수를 조절해주는 것
14	적극적인 치료는 포기하고 아동을 편하게 하는 치료를 선택하여 가족이 주위의 비난을 받게 될 때 격려해 주는 것
15	부종을 조절해 주는 것
16	열이 날 때 조절해 주는 것
17	아동이나 가족이 종교적 도움을 원할 때 성직자(목사, 신부, 스님)와 만나게 해 주는 것
18	기침을 조절해 주는 것
19	가려움증을 조절해 주는 것
20	아동이 죽음에 대해서 알고 싶어할 때 대답해 주는 것
21	구강문제를 조절해 주는 것
22	빈혈을 조절해 주는 것

```
3 4 3 3 3 4 4 4 4 3 3 3 3 3 3 3 3 3 3 3 3 3 3  4 3 3 3 3 3 3 3 3 3 3 3 3 2 3 3 3 3 3 3 3 3
4 4 4 4 4 4 4 3 4 4 4 4 4 4 4 4 4 4 4 4 4 4 4  4 3 4 4 3 4 4 4 4 4 4 4 4 4 4 4 4 4 4 4 4 4
4 4 4 4 4 4 3 4 4 4 4 4 4 3 3 4 4 4 4 2 4 4 4  3 3 3 3 4 4 4 4 3 4 3 4 3 2 3 4 3 4 4 2 3 4
4 4 4 4 3 4 3 3 4 4 4 4 4 4 3 3 3 4 3 3 3 3 3  3 3 3 3 4 3 3 3 4 3 2 3 4 2 3 3 3 3 3 3 4 4
3 3 3 3 3 3 3 3 3 3 3 3 3 2 3 3 3 3 3 2 3 3 3  4 4 4 4 4 4 4 3 4 3 4 3 4 3 4 3 3 4 4 4 4 4
4 4 4 4 4 4 4 3 4 4 4 4 4 3 4 4 4 4 4 4 4 4 4  4 4 4 4 4 4 4 2 4 4 4 1 4 1 4 4 4 4 4 4 4 4
4 4 4 4 4 4 4 4 4 4 4 4 4 4 4 4 4 4 4 4 4 4 4  3 4 3 4 3 4 3 3 3 4 3 4 3 3 3 3 3 3 3 3 3 3
3 3 3 3 3 3 3 3 3 3 3 3 3 3 3 3 3 3 3 3 3 3 3  3 4 4 3 3 3 3 3 3 3 3 3 3 3 3 3 2 3 3 3 3 3
4 3 2 3 3 3 3 3 4 2 3 2 3 2 3 4 3 3 3 2 3 3 3  4 4 4 4 4 4 4 4 4 4 4 4 4 4 4 4 4 4 4 4 4 4
4 3 3 3 3 3 3 3 3 3 3 3 3 3 3 3 3 3 3 3 3 3 3  4 4 4 4 4 4 4 3 4 4 4 4 4 3 4 4 4 4 4 4 4 4
3 3 4 4 3 3 3 3 3 3 3 3 3 3 3 3 3 3 3 2 3 3 3  3 3 3 3 3 3 4 4 4 3 3 4 3 3 3 3 2 3 3 3 3 3
4 4 3 4 3 4 3 4 4 4 4 4 3 3 3 3 3 3 3 2 3 3 3  4 3 3 4 3 3 3 3 3 4 4 4 4 3 3 4 4 3 4 2 3 3
4 4 4 4 4 4 4 4 4 3 4 4 3 4 4 4 3 4 4 4 4 4 4  4 4 4 4 4 4 4 4 4 4 4 4 4 4 4 4 4 4 4 4 4 4
```

```
3 3 4 3 3 4 3 2 3 3 3 3 3 3 4 3 3 4 3 3 3 3  3 4 4 4 3 4 3 3 4 4 4 3 3 3 4 3 3 4 4 3 4 4
4 4 3 3 3 3 3 1 4 3 4 3 4 1 3 3 3 3 3 3 3 3  4 3 4 3 3 4 3 3 3 4 3 3 3 4 3 3 3 3 3 1 2 3
3 3 3 4 3 4 3 4 3 3 3 3 3 3 3 3 3 3 3 3 3 3  4 4 4 4 3 4 4 3 4 4 4 4 4 3 3 3 4 3 3 4 3 3
3 3 3 3 2 3 3 4 4 3 4 4 3 2 3 3 3 3 2 3 2 3  4 4 4 4 4 4 4 4 4 4 4 4 4 4 4 4 4 4 4 4 4 4
3 3 4 3 3 3 4 3 3 4 2 3 2 3 4 4 3 3 3 2 3 4  4 3 3 3 4 3 3 3 4 3 3 3 3 2 3 3 3 3 3 1 3 3
4 4 4 4 4 4 4 4 4 4 4 4 4 4 4 4 4 4 4 4 4 4  3 4 4 4 3 3 3 4 4 4 4 3 3 3 3 3 3 3 3 3 3 3
4 4 4 4 4 4 4 3 4 4 4 3 4 3 4 4 4 4 4 3 4 4  4 4 3 3 3 3 3 3 4 4 3 4 3 3 3 4 3 3 3 3 3 3
4 4 4 4 4 4 4 3 4 3 4 3 4 4 4 4 3 4 4 3 4 4  3 3 3 4 4 4 4 3 3 4 3 2 4 3 3 3 3 3 3 4 4 3
4 2 3 4 3 4 1 3 3 3 1 2 3 3 3 3 3 3 3 3 3 3  3 4 4 4 4 4 3 3 4 4 3 3 3 3 3 3 4 3 3 3 3 3
4 4 3 4 4 4 4 3 4 4 4 3 4 3 4 3 3 3 3 3 3 3  4 4 4 4 4 4 4 3 4 4 4 4 4 4 4 4 4 4 4 4 4 4
4 4 4 4 4 4 4 3 4 3 4 3 4 4 4 4 4 4 4 4 4 4  3 3 3 4 3 3 3 3 3 3 4 4 4 4 3 3 3 3 3 4 3 3
3 3 4 3 3 3 4 2 3 2 3 2 3 2 3 3 2 3 3 2 3 3  4 3 4 4 4 3 4 4 4 4 4 4 4 3 4 4 4 4 4 3 4 4
4 4 4 4 4 4 4 4 4 4 4 4 4 4 4 3 4 3 3 4 3 3  3 4 4 3 3 4 3 3 4 4 3 3 4 3 3 3 4 4 4 3 4 4
4 4 4 4 4 4 4 3 4 3 4 3 4 4 4 4 4 4 4 4 4 4  3 3 3 3 3 3 3 2 3 3 3 3 3 3 3 3 3 3 3 3 3 3
3 3 3 4 3 4 3 3 3 4 3 2 3 3 3 3 3 3 3 3 3 3  4 4 4 4 4 4 4 4 4 4 4 4 4 2 4 4 4 4 4 4 4 4
3 3 3 4 3 3 3 3 4 4 3 4 3 4 3 2 4 2 2 4 2 2  4 4 4 4 3 3 3 3 3 4 3 3 3 1 3 3 3 3 3 3 3 3
3 3 3 4 3 3 3 3 3 3 3 2 3 3 3 3 3 3 3 3 3 3  3 3 4 3 3 2 4 2 3 3 3 3 3 2 3 3 3 3 3 3 4 4
4 4 4 4 3 4 3 3 4 2 3 2 3 4 3 3 3 3 3 3 3 3  4 4 4 4 3 3 3 3 4 4 4 3 4 4 4 4 2 3 4 4 3 4
3 2 3 3 3 2 3 3 3 2 3 2 3 3 3 4 2 4 3 2 3 3  3 4 4 4 3 4 3 2 3 3 3 3 3 3 3 3 3 3 3 3 3 3
3 3 4 3 4 3 4 2 4 3 4 3 4 3 4 3 4 3 3 4 3 3  3 3 4 3 3 3 4 3 3 4 3 4 3 4 4 3 2 3 3 3 3 3
4 3 4 4 4 4 4 3 4 3 4 1 3 3 3 3 3 3 3 1 3 3  4 4 3 4 4 4 4 4 4 3 3 4 4 3 3 3 3 3 4 2 3 3
4 4 4 4 4 4 4 4 4 2 4 4 4 4 4 4 4 4 4 4 4 4  4 3 4 3 3 3 4 4 3 3 3 3 3 3 3 3 3 3 3 3 3 3
3 3 3 3 3 3 3 3 3 3 3 2 3 3 3 3 3 3 3 3 3 3  4 4 4 4 4 4 4 3 4 4 4 4 4 3 4 4 4 4 4 4 4 4
4 3 4 4 3 4 4 2 3 3 4 2 3 3 3 3 2 3 3 2 3 3  3 3 3 3 3 3 3 3 3 3 3 2 3 2 3 3 2 3 3 3 3 3
4 3 4 4 3 4 4 4 4 3 4 4 4 3 4 4 4 4 4 4 4 4  4 4 4 4 4 4 4 4 4 4 4 4 4 3 4 4 4 4 4 3 4 4
4 3 4 4 4 4 3 3 4 3 4 2 4 4 4 3 4 3 3 4 3 3  4 3 4 3 3 3 4 3 3 3 3 4 3 1 3 4 3 3 3 3 4 4
3 3 3 3 3 3 3 3 2 3 3 2 3 3 3 3 3 3 3 3 3 3  4 4 3 4 4 4 4 4 4 4 4 4 4 4 4 4 4 4 4 4 4 4
4 4 4 4 4 4 4 3 4 2 4 4 4 4 4 4 4 4 4 4 4 4  4 4 4 4 4 4 4 4 4 4 4 4 4 4 4 3 4 4 3 4 4 4
3 3 3 3 3 3 2 4 3 3 2 2 2 3 2 3 3 3 3 2 3 3  4 4 3 3 3 3 3 4 3 4 3 3 3 3 3 4 4 4 3 3 3 3
```

http://jupiter.hallym.ac.kr/ftpdata/data/hospice.txt

A.4. 통계 분포표

표 A.2: 표준정규분포 확률 $\Pr[Z > z_\alpha]$

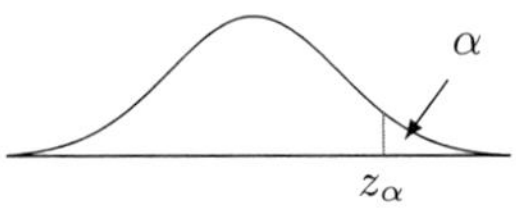

z_α	.00	.01	.02	.03	.04	.05	.06	.07	.08	.09
0.0	.5000	.4960	.4920	.4880	.4840	.4801	.4761	.4721	.4681	.4641
0.1	.4602	.4562	.4522	.4483	.4443	.4404	.4364	.4325	.4286	.4247
0.2	.4207	.4168	.4129	.4090	.4052	.4013	.3974	.3936	.3897	.3859
0.3	.3821	.3783	.3745	.3707	.3669	.3632	.3594	.3557	.3520	.3483
0.4	.3446	.3409	.3372	.3336	.3300	.3264	.3228	.3192	.3156	.3121
0.5	.3085	.3050	.3015	.2981	.2946	.2912	.2877	.2843	.2810	.2776
0.6	.2743	.2709	.2676	.2643	.2611	.2578	.2546	.2514	.2483	.2451
0.7	.2420	.2389	.2358	.2327	.2296	.2266	.2236	.2206	.2177	.2148
0.8	.2119	.2090	.2061	.2033	.2005	.1977	.1949	.1922	.1894	.1867
0.9	.1841	.1814	.1788	.1762	.1736	.1711	.1685	.1660	.1635	.1611
1.0	.1587	.1562	.1539	.1515	.1492	.1469	.1446	.1423	.1401	.1379
1.1	.1357	.1335	.1314	.1292	.1271	.1251	.1230	.1210	.1190	.1170
1.2	.1151	.1131	.1112	.1093	.1075	.1056	.1038	.1020	.1003	.0985
1.3	.0968	.0951	.0934	.0918	.0901	.0885	.0869	.0853	.0838	.0823
1.4	.0808	.0793	.0778	.0764	.0749	.0735	.0721	.0708	.0694	.0681
1.5	.0668	.0655	.0643	.0630	.0618	.0606	.0594	.0582	.0571	.0559
1.6	.0548	.0537	.0526	.0516	.0505	.0495	.0485	.0475	.0465	.0455
1.7	.0446	.0436	.0427	.0418	.0409	.0401	.0392	.0384	.0375	.0367
1.8	.0359	.0351	.0344	.0336	.0329	.0322	.0314	.0307	.0301	.0294
1.9	.0287	.0281	.0274	.0268	.0262	.0256	.0250	.0244	.0239	.0233
2.0	.0228	.0222	.0217	.0212	.0207	.0202	.0197	.0192	.0188	.0183
2.1	.0179	.0174	.0170	.0166	.0162	.0158	.0154	.0150	.0146	.0143
2.2	.0139	.0136	.0132	.0129	.0125	.0122	.0119	.0116	.0113	.0110
2.3	.0107	.0104	.0102	.0099	.0096	.0094	.0091	.0089	.0087	.0084
2.4	.0082	.0080	.0078	.0075	.0073	.0071	.0069	.0068	.0066	.0064
2.5	.0062	.0060	.0059	.0057	.0055	.0054	.0052	.0051	.0049	.0048
2.6	.0047	.0045	.0044	.0043	.0041	.0040	.0039	.0038	.0037	.0036
2.7	.0035	.0034	.0033	.0032	.0031	.0030	.0029	.0028	.0027	.0026
2.8	.0026	.0025	.0024	.0023	.0023	.0022	.0021	.0021	.0020	.0019
2.9	.0019	.0018	.0018	.0017	.0016	.0016	.0015	.0015	.0014	.0014
3.0	.0013	.0013	.0013	.0012	.0012	.0011	.0011	.0011	.0010	.0010

표 A.3: t 분포표; $\Pr[T > t_\alpha]$

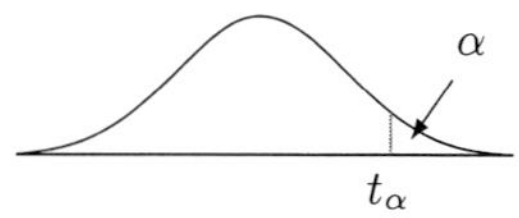

df	0.2	0.1	0.05	0.025	0.01	0.005	0.001	0.0005
1	1.3764	3.0777	6.3138	12.7062	31.8205	63.6567	318.3088	636.6192
2	1.0607	1.8856	2.9200	4.3027	6.9646	9.9248	22.3271	31.5991
3	0.9785	1.6377	2.3534	3.1824	4.5407	5.8409	10.2145	12.9240
4	0.9410	1.5332	2.1318	2.7764	3.7470	4.6041	7.1732	8.6103
5	0.9195	1.4759	2.0150	2.5706	3.3649	4.0322	5.8934	6.8688
6	0.9057	1.4398	1.9432	2.4469	3.1427	3.7074	5.2076	5.9588
7	0.8960	1.4149	1.8946	2.3646	2.9980	3.4995	4.7853	5.4079
8	0.8889	1.3968	1.8595	2.3060	2.8965	3.3554	4.5008	5.0413
9	0.8834	1.3830	1.8331	2.2622	2.8214	3.2498	4.2968	4.7809
10	0.8791	1.3722	1.8125	2.2281	2.7638	3.1693	4.1437	4.5869
11	0.8755	1.3634	1.7959	2.2010	2.7181	3.1058	4.0247	4.4370
12	0.8726	1.3562	1.7823	2.1788	2.6810	3.0545	3.9296	4.3178
13	0.8702	1.3502	1.7709	2.1604	2.6503	3.0123	3.8520	4.2208
14	0.8681	1.3450	1.7613	2.1448	2.6245	2.9768	3.7874	4.1405
15	0.8662	1.3406	1.7531	2.1314	2.6025	2.9467	3.7328	4.0728
16	0.8647	1.3368	1.7459	2.1199	2.5835	2.9208	3.6862	4.0150
17	0.8633	1.3334	1.7396	2.1098	2.5669	2.8982	3.6458	3.9651
18	0.8620	1.3304	1.7341	2.1009	2.5524	2.8784	3.6105	3.9216
19	0.8610	1.3277	1.7291	2.0930	2.5395	2.8609	3.5794	3.8834
20	0.8600	1.3253	1.7247	2.0860	2.5280	2.8453	3.5518	3.8495
21	0.8591	1.3232	1.7207	2.0796	2.5176	2.8314	3.5272	3.8193
22	0.8583	1.3212	1.7171	2.0739	2.5083	2.8188	3.5050	3.7921
23	0.8575	1.3195	1.7139	2.0687	2.4999	2.8073	3.4850	3.7676
24	0.8569	1.3178	1.7109	2.0639	2.4922	2.7969	3.4668	3.7454
25	0.8562	1.3163	1.7081	2.0595	2.4851	2.7874	3.4502	3.7251
26	0.8557	1.3150	1.7056	2.0555	2.4786	2.7787	3.4350	3.7066
27	0.8551	1.3137	1.7033	2.0518	2.4727	2.7707	3.4210	3.6896
28	0.8546	1.3125	1.7011	2.0484	2.4671	2.7633	3.4082	3.6739
29	0.8542	1.3114	1.6991	2.0452	2.4620	2.7564	3.3962	3.6594
30	0.8538	1.3104	1.6973	2.0423	2.4573	2.7500	3.3852	3.6460
40	0.8507	1.3031	1.6839	2.0211	2.4233	2.7045	3.3069	3.5510
50	0.8489	1.2987	1.6759	2.0086	2.4033	2.6778	3.2614	3.4960
100	0.8452	1.2901	1.6602	1.9840	2.3642	2.6259	3.1737	3.3905
∞	0.8416	1.2816	1.6449	1.9600	2.3263	2.5758	3.0902	3.2905

표 A.4: χ^2 분포표; $\Pr[X > \chi^2_\alpha]$

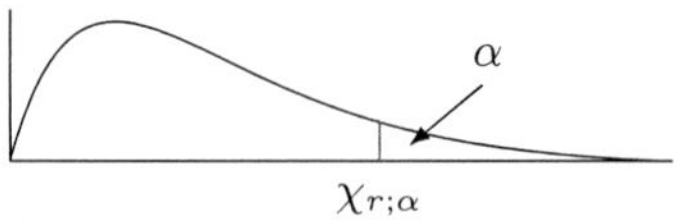

	α							
df	0.9995	0.999	0.995	0.99	0.975	0.95	0.900	0.800
1	0.000	0.000	0.000	0.000	0.001	0.004	0.016	0.064
2	0.001	0.002	0.010	0.020	0.051	0.103	0.211	0.446
3	0.015	0.024	0.072	0.115	0.216	0.352	0.584	1.005
4	0.064	0.091	0.207	0.297	0.484	0.711	1.064	1.649
5	0.158	0.210	0.412	0.554	0.831	1.145	1.610	2.343
6	0.299	0.381	0.676	0.872	1.237	1.635	2.204	3.070
7	0.485	0.598	0.989	1.239	1.690	2.167	2.833	3.822
8	0.710	0.857	1.344	1.646	2.180	2.733	3.490	4.594
9	0.972	1.152	1.735	2.088	2.700	3.325	4.168	5.380
10	1.265	1.479	2.156	2.558	3.247	3.940	4.865	6.179
11	1.587	1.834	2.603	3.053	3.816	4.575	5.578	6.989
12	1.934	2.214	3.074	3.571	4.404	5.226	6.304	7.807
13	2.305	2.617	3.565	4.107	5.009	5.892	7.042	8.634
14	2.697	3.041	4.075	4.660	5.629	6.571	7.790	9.467
15	3.108	3.483	4.601	5.229	6.262	7.261	8.547	10.307
16	3.536	3.942	5.142	5.812	6.908	7.962	9.312	11.152
17	3.980	4.416	5.697	6.408	7.564	8.672	10.085	12.002
18	4.439	4.905	6.265	7.015	8.231	9.390	10.865	12.857
19	4.912	5.407	6.844	7.633	8.907	10.117	11.651	13.716
20	5.398	5.921	7.434	8.260	9.591	10.851	12.443	14.578
21	5.896	6.447	8.034	8.897	10.283	11.591	13.240	15.445
22	6.404	6.983	8.643	9.542	10.982	12.338	14.041	16.314
23	6.924	7.529	9.260	10.196	11.689	13.091	14.848	17.187
24	7.453	8.085	9.886	10.856	12.401	13.848	15.659	18.062
25	7.991	8.649	10.520	11.524	13.120	14.611	16.473	18.940
26	8.538	9.222	11.160	12.198	13.844	15.379	17.292	19.820
27	9.093	9.803	11.808	12.879	14.573	16.151	18.114	20.703
28	9.656	10.391	12.461	13.565	15.308	16.928	18.939	21.588
29	10.227	10.986	13.121	14.256	16.047	17.708	19.768	22.475
30	10.804	11.588	13.787	14.953	16.791	18.493	20.599	23.364
40	16.906	17.916	20.707	22.164	24.433	26.509	29.051	32.345
50	23.461	24.674	27.991	29.707	32.357	34.764	37.689	41.449
60	30.340	31.738	35.534	37.485	40.482	43.188	46.459	50.641
70	37.467	39.036	43.275	45.442	48.758	51.739	55.329	59.898
80	44.791	46.520	51.172	53.540	57.153	60.391	64.278	69.207
100	59.896	61.918	67.328	70.065	74.222	77.929	82.358	87.945

표 A.5: χ^2 분포표; $\Pr[X > \chi^2_\alpha]$

	α							
df	0.200	0.100	0.050	0.025	0.010	0.005	0.001	0.0005
1	1.642	2.706	3.841	5.024	6.635	7.879	10.828	12.116
2	3.219	4.605	5.991	7.378	9.210	10.597	13.816	15.202
3	4.642	6.251	7.815	9.348	11.345	12.838	16.266	17.730
4	5.989	7.779	9.488	11.143	13.277	14.860	18.467	19.997
5	7.289	9.236	11.070	12.833	15.086	16.750	20.515	22.105
6	8.558	10.645	12.592	14.449	16.812	18.548	22.458	24.103
7	9.803	12.017	14.067	16.013	18.475	20.278	24.322	26.018
8	11.030	13.362	15.507	17.535	20.090	21.955	26.124	27.868
9	12.242	14.684	16.919	19.023	21.666	23.589	27.877	29.666
10	13.442	15.987	18.307	20.483	23.209	25.188	29.588	31.420
11	14.631	17.275	19.675	21.920	24.725	26.757	31.264	33.137
12	15.812	18.549	21.026	23.337	26.217	28.300	32.909	34.821
13	16.985	19.812	22.362	24.736	27.688	29.819	34.528	36.478
14	18.151	21.064	23.685	26.119	29.141	31.319	36.123	38.109
15	19.311	22.307	24.996	27.488	30.578	32.801	37.697	39.719
16	20.465	23.542	26.296	28.845	32.000	34.267	39.252	41.308
17	21.615	24.769	27.587	30.191	33.409	35.718	40.790	42.879
18	22.760	25.989	28.869	31.526	34.805	37.156	42.312	44.434
19	23.900	27.204	30.144	32.852	36.191	38.582	43.820	45.973
20	25.038	28.412	31.410	34.170	37.566	39.997	45.315	47.498
21	26.171	29.615	32.671	35.479	38.932	41.401	46.797	49.011
22	27.301	30.813	33.924	36.781	40.289	42.796	48.268	50.511
23	28.429	32.007	35.172	38.076	41.638	44.181	49.728	52.000
24	29.553	33.196	36.415	39.364	42.980	45.559	51.179	53.479
25	30.675	34.382	37.652	40.646	44.314	46.928	52.620	54.947
26	31.795	35.563	38.885	41.923	45.642	48.290	54.052	56.407
27	32.912	36.741	40.113	43.195	46.963	49.645	55.476	57.858
28	34.027	37.916	41.337	44.461	48.278	50.993	56.892	59.300
29	35.139	39.087	42.557	45.722	49.588	52.336	58.301	60.735
30	36.250	40.256	43.773	46.979	50.892	53.672	59.703	62.162
40	47.269	51.805	55.758	59.342	63.691	66.766	73.402	76.095
50	58.164	63.167	67.505	71.420	76.154	79.490	86.661	89.561
60	68.972	74.397	79.082	83.298	88.379	91.952	99.607	102.695
70	79.715	85.527	90.531	95.023	100.425	104.215	112.317	115.578
80	90.405	96.578	101.879	106.629	112.329	116.321	124.839	128.261
100	111.667	118.498	124.342	129.561	135.807	140.169	149.449	153.167

표 A.6: F 분포표; $F_{r_1,r_2;0.1}$ 값: $\Pr[F > F_{r_1,r_2;0.1}] = 0.1$

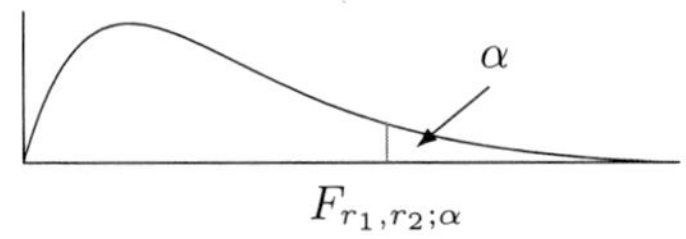

r_2	분자 자유도(r_1) 1	2	3	4	5	6	7	8	9	10
1	39.86	49.50	53.59	55.83	57.24	58.20	58.91	59.44	59.86	60.19
2	8.53	9.00	9.16	9.24	9.29	9.33	9.35	9.37	9.38	9.39
3	5.54	5.46	5.39	5.34	5.31	5.28	5.27	5.25	5.24	5.23
4	4.54	4.32	4.19	4.11	4.05	4.01	3.98	3.95	3.94	3.92
5	4.06	3.78	3.62	3.52	3.45	3.40	3.37	3.34	3.32	3.30
6	3.78	3.46	3.29	3.18	3.11	3.05	3.01	2.98	2.96	2.94
7	3.59	3.26	3.07	2.96	2.88	2.83	2.78	2.75	2.72	2.70
8	3.46	3.11	2.92	2.81	2.73	2.67	2.62	2.59	2.56	2.54
9	3.36	3.01	2.81	2.69	2.61	2.55	2.51	2.47	2.44	2.42
10	3.29	2.92	2.73	2.61	2.52	2.46	2.41	2.38	2.35	2.32
11	3.23	2.86	2.66	2.54	2.45	2.39	2.34	2.30	2.27	2.25
12	3.18	2.81	2.61	2.48	2.39	2.33	2.28	2.24	2.21	2.19
13	3.14	2.76	2.56	2.43	2.35	2.28	2.23	2.20	2.16	2.14
14	3.10	2.73	2.52	2.39	2.31	2.24	2.19	2.15	2.12	2.10
15	3.07	2.70	2.49	2.36	2.27	2.21	2.16	2.12	2.09	2.06
16	3.05	2.67	2.46	2.33	2.24	2.18	2.13	2.09	2.06	2.03
17	3.03	2.64	2.44	2.31	2.22	2.15	2.10	2.06	2.03	2.00
18	3.01	2.62	2.42	2.29	2.20	2.13	2.08	2.04	2.00	1.98
19	2.99	2.61	2.40	2.27	2.18	2.11	2.06	2.02	1.98	1.96
20	2.97	2.59	2.38	2.25	2.16	2.09	2.04	2.00	1.96	1.94
21	2.96	2.57	2.36	2.23	2.14	2.08	2.02	1.98	1.95	1.92
22	2.95	2.56	2.35	2.22	2.13	2.06	2.01	1.97	1.93	1.90
23	2.94	2.55	2.34	2.21	2.11	2.05	1.99	1.95	1.92	1.89
24	2.93	2.54	2.33	2.19	2.10	2.04	1.98	1.94	1.91	1.88
25	2.92	2.53	2.32	2.18	2.09	2.02	1.97	1.93	1.89	1.87
26	2.91	2.52	2.31	2.17	2.08	2.01	1.96	1.92	1.88	1.86
27	2.90	2.51	2.30	2.17	2.07	2.00	1.95	1.91	1.87	1.85
28	2.89	2.50	2.29	2.16	2.06	2.00	1.94	1.90	1.87	1.84
29	2.89	2.50	2.28	2.15	2.06	1.99	1.93	1.89	1.86	1.83
30	2.88	2.49	2.28	2.14	2.05	1.98	1.93	1.88	1.85	1.82
40	2.84	2.44	2.23	2.09	2.00	1.93	1.87	1.83	1.79	1.76
50	2.81	2.41	2.20	2.06	1.97	1.90	1.84	1.80	1.76	1.73
60	2.79	2.39	2.18	2.04	1.95	1.87	1.82	1.77	1.74	1.71
70	2.78	2.38	2.16	2.03	1.93	1.86	1.80	1.76	1.72	1.69
80	2.77	2.37	2.15	2.02	1.92	1.85	1.79	1.75	1.71	1.68
90	2.76	2.36	2.15	2.01	1.91	1.84	1.78	1.74	1.70	1.67
100	2.76	2.36	2.14	2.00	1.91	1.83	1.78	1.73	1.69	1.66
120	2.75	2.35	2.13	1.99	1.90	1.82	1.77	1.72	1.68	1.65

표 A.7: F 분포표; $F_{r_1,r_2;0.1}$ 값: $\Pr[F > F_{r_1,r_2;0.1}] = 0.1$

r_2	분자 자유도(r_1)										
	11	12	13	14	15	20	25	30	40	80	120
1	60.47	60.71	60.90	61.07	61.22	61.74	62.05	62.26	62.53	62.93	63.06
2	9.40	9.41	9.41	9.42	9.42	9.44	9.45	9.46	9.47	9.48	9.48
3	5.22	5.22	5.21	5.20	5.20	5.18	5.17	5.17	5.16	5.15	5.14
4	3.91	3.90	3.89	3.88	3.87	3.84	3.83	3.82	3.80	3.78	3.78
5	3.28	3.27	3.26	3.25	3.24	3.21	3.19	3.17	3.16	3.13	3.12
6	2.92	2.90	2.89	2.88	2.87	2.84	2.81	2.80	2.78	2.75	2.74
7	2.68	2.67	2.65	2.64	2.63	2.59	2.57	2.56	2.54	2.50	2.49
8	2.52	2.50	2.49	2.48	2.46	2.42	2.40	2.38	2.36	2.33	2.32
9	2.40	2.38	2.36	2.35	2.34	2.30	2.27	2.25	2.23	2.20	2.18
10	2.30	2.28	2.27	2.26	2.24	2.20	2.17	2.16	2.13	2.09	2.08
11	2.23	2.21	2.19	2.18	2.17	2.12	2.10	2.08	2.05	2.01	2.00
12	2.17	2.15	2.13	2.12	2.10	2.06	2.03	2.01	1.99	1.95	1.93
13	2.12	2.10	2.08	2.07	2.05	2.01	1.98	1.96	1.93	1.89	1.88
14	2.07	2.05	2.04	2.02	2.01	1.96	1.93	1.91	1.89	1.84	1.83
15	2.04	2.02	2.00	1.99	1.97	1.92	1.89	1.87	1.85	1.80	1.79
16	2.01	1.99	1.97	1.95	1.94	1.89	1.86	1.84	1.81	1.77	1.75
17	1.98	1.96	1.94	1.93	1.91	1.86	1.83	1.81	1.78	1.74	1.72
18	1.95	1.93	1.92	1.90	1.89	1.84	1.80	1.78	1.75	1.71	1.69
19	1.93	1.91	1.89	1.88	1.86	1.81	1.78	1.76	1.73	1.68	1.67
20	1.91	1.89	1.87	1.86	1.84	1.79	1.76	1.74	1.71	1.66	1.64
21	1.90	1.87	1.86	1.84	1.83	1.78	1.74	1.72	1.69	1.64	1.62
22	1.88	1.86	1.84	1.83	1.81	1.76	1.73	1.70	1.67	1.62	1.60
23	1.87	1.84	1.83	1.81	1.80	1.74	1.71	1.69	1.66	1.61	1.59
24	1.85	1.83	1.81	1.80	1.78	1.73	1.70	1.67	1.64	1.59	1.57
25	1.84	1.82	1.80	1.79	1.77	1.72	1.68	1.66	1.63	1.58	1.56
26	1.83	1.81	1.79	1.77	1.76	1.71	1.67	1.65	1.61	1.56	1.54
27	1.82	1.80	1.78	1.76	1.75	1.70	1.66	1.64	1.60	1.55	1.53
28	1.81	1.79	1.77	1.75	1.74	1.69	1.65	1.63	1.59	1.54	1.52
29	1.80	1.78	1.76	1.75	1.73	1.68	1.64	1.62	1.58	1.53	1.51
30	1.79	1.77	1.75	1.74	1.72	1.67	1.63	1.61	1.57	1.52	1.50
40	1.74	1.71	1.70	1.68	1.66	1.61	1.57	1.54	1.51	1.45	1.42
50	1.70	1.68	1.66	1.64	1.63	1.57	1.53	1.50	1.46	1.40	1.38
60	1.68	1.66	1.64	1.62	1.60	1.54	1.50	1.48	1.44	1.37	1.35
70	1.66	1.64	1.62	1.60	1.59	1.53	1.49	1.46	1.42	1.35	1.32
80	1.65	1.63	1.61	1.59	1.57	1.51	1.47	1.44	1.40	1.33	1.31
90	1.64	1.62	1.60	1.58	1.56	1.50	1.46	1.43	1.39	1.32	1.29
100	1.64	1.61	1.59	1.57	1.56	1.49	1.45	1.42	1.38	1.31	1.28
120	1.63	1.60	1.58	1.56	1.55	1.48	1.44	1.41	1.37	1.29	1.26

표 A.8: F 분포표; $F_{r_1,r_2;0.05}$ 값: $\Pr[F > F_{r_1,r_2;0.05}] = 0.05$

	분자 자유도(r_1)									
r_2	1	2	3	4	5	6	7	8	9	10
1	161.5	199.5	215.7	224.6	230.2	233.0	236.8	238.9	240.5	241.98
2	18.51	19.00	19.16	19.25	19.30	19.33	19.35	19.37	19.38	19.40
3	10.13	9.55	9.28	9.12	9.01	8.94	8.89	8.85	8.81	8.79
4	7.71	6.94	6.59	6.39	6.26	6.16	6.09	6.04	6.00	5.96
5	6.61	5.79	5.41	5.19	5.05	4.95	4.88	4.82	4.77	4.74
6	5.99	5.14	4.76	4.53	4.39	4.28	4.21	4.15	4.10	4.06
7	5.59	4.74	4.35	4.12	3.97	3.87	3.79	3.73	3.68	3.64
8	5.32	4.46	4.07	3.84	3.69	3.58	3.50	3.44	3.39	3.35
9	5.12	4.26	3.86	3.63	3.48	3.37	3.29	3.23	3.18	3.14
10	4.96	4.10	3.71	3.48	3.33	3.22	3.14	3.07	3.02	2.98
11	4.84	3.98	3.59	3.36	3.20	3.09	3.01	2.95	2.90	2.85
12	4.75	3.89	3.49	3.26	3.11	3.00	2.91	2.85	2.80	2.75
13	4.67	3.81	3.41	3.18	3.03	2.92	2.83	2.77	2.71	2.67
14	4.60	3.74	3.34	3.11	2.96	2.85	2.76	2.70	2.65	2.60
15	4.54	3.68	3.29	3.06	2.90	2.79	2.71	2.64	2.59	2.54
16	4.49	3.63	3.24	3.01	2.85	2.74	2.66	2.59	2.54	2.49
17	4.45	3.59	3.20	2.96	2.81	2.70	2.61	2.55	2.49	2.45
18	4.41	3.55	3.16	2.93	2.77	2.66	2.58	2.51	2.46	2.41
19	4.38	3.52	3.13	2.90	2.74	2.63	2.54	2.48	2.42	2.38
20	4.35	3.49	3.10	2.87	2.71	2.60	2.51	2.45	2.39	2.35
21	4.32	3.47	3.07	2.84	2.68	2.57	2.49	2.42	2.37	2.32
22	4.30	3.44	3.05	2.82	2.66	2.55	2.46	2.40	2.34	2.30
23	4.28	3.42	3.03	2.80	2.64	2.53	2.44	2.37	2.32	2.27
24	4.26	3.40	3.01	2.78	2.62	2.51	2.42	2.36	2.30	2.25
25	4.24	3.39	2.99	2.76	2.60	2.49	2.40	2.34	2.28	2.24
26	4.23	3.37	2.98	2.74	2.59	2.47	2.39	2.32	2.27	2.22
27	4.21	3.35	2.96	2.73	2.57	2.46	2.37	2.31	2.25	2.20
28	4.20	3.34	2.95	2.71	2.56	2.45	2.36	2.29	2.24	2.19
29	4.18	3.33	2.93	2.70	2.55	2.43	2.35	2.28	2.22	2.18
30	4.17	3.32	2.92	2.69	2.53	2.42	2.33	2.27	2.21	2.16
40	4.08	3.23	2.84	2.61	2.45	2.34	2.25	2.18	2.12	2.08
50	4.03	3.18	2.79	2.56	2.40	2.29	2.20	2.13	2.07	2.03
60	4.00	3.15	2.76	2.53	2.37	2.25	2.17	2.10	2.04	1.99
70	3.98	3.13	2.74	2.50	2.35	2.23	2.14	2.07	2.02	1.97
80	3.96	3.11	2.72	2.49	2.33	2.21	2.13	2.06	2.00	1.95
90	3.95	3.10	2.71	2.47	2.32	2.20	2.11	2.04	1.99	1.94
100	3.94	3.09	2.70	2.46	2.31	2.19	2.10	2.03	1.97	1.93
120	3.92	3.07	2.68	2.45	2.29	2.18	2.09	2.02	1.96	1.91

표 A.9: F 분포표; $F_{r_1,r_2;0.05}$ 값: $\Pr[F > F_{r_1,r_2;0.05}] = 0.05$

	분자 자유도(r_1)										
r_2	11	12	13	14	15	20	25	30	40	80	120
1	243.0	243.9	244.7	245.4	246.0	248.0	249.3	250.1	251.1	252.7	253.3
2	19.40	19.41	19.42	19.42	19.43	19.45	19.46	19.46	19.47	19.48	19.49
3	8.76	8.74	8.73	8.71	8.70	8.66	8.63	8.62	8.59	8.56	8.55
4	5.94	5.91	5.89	5.87	5.86	5.80	5.77	5.75	5.72	5.67	5.66
5	4.70	4.68	4.66	4.64	4.62	4.56	4.52	4.50	4.46	4.41	4.40
6	4.03	4.00	3.98	3.96	3.94	3.87	3.83	3.81	3.77	3.72	3.70
7	3.60	3.57	3.55	3.53	3.51	3.44	3.40	3.38	3.34	3.29	3.27
8	3.31	3.28	3.26	3.24	3.22	3.15	3.11	3.08	3.04	2.99	2.97
9	3.10	3.07	3.05	3.03	3.01	2.94	2.89	2.86	2.83	2.77	2.75
10	2.94	2.91	2.89	2.86	2.85	2.77	2.73	2.70	2.66	2.60	2.58
11	2.82	2.79	2.76	2.74	2.72	2.65	2.60	2.57	2.53	2.47	2.45
12	2.72	2.69	2.66	2.64	2.62	2.54	2.50	2.47	2.43	2.36	2.34
13	2.63	2.60	2.58	2.55	2.53	2.46	2.41	2.38	2.34	2.27	2.25
14	2.57	2.53	2.51	2.48	2.46	2.39	2.34	2.31	2.27	2.20	2.18
15	2.51	2.48	2.45	2.42	2.40	2.33	2.28	2.25	2.20	2.14	2.11
16	2.46	2.42	2.40	2.37	2.35	2.28	2.23	2.19	2.15	2.08	2.06
17	2.41	2.38	2.35	2.33	2.31	2.23	2.18	2.15	2.10	2.03	2.01
18	2.37	2.34	2.31	2.29	2.27	2.19	2.14	2.11	2.06	1.99	1.97
19	2.34	2.31	2.28	2.26	2.23	2.16	2.11	2.07	2.03	1.96	1.93
20	2.31	2.28	2.25	2.22	2.20	2.12	2.07	2.04	1.99	1.92	1.90
21	2.28	2.25	2.22	2.20	2.18	2.10	2.05	2.01	1.96	1.89	1.87
22	2.26	2.23	2.20	2.17	2.15	2.07	2.02	1.98	1.94	1.86	1.84
23	2.24	2.20	2.18	2.15	2.13	2.05	2.00	1.96	1.91	1.84	1.81
24	2.22	2.18	2.15	2.13	2.11	2.03	1.97	1.94	1.89	1.82	1.79
25	2.20	2.16	2.14	2.11	2.09	2.01	1.96	1.92	1.87	1.80	1.77
26	2.18	2.15	2.12	2.09	2.07	1.99	1.94	1.90	1.85	1.78	1.75
27	2.17	2.13	2.10	2.08	2.06	1.97	1.92	1.88	1.84	1.76	1.73
28	2.15	2.12	2.09	2.06	2.04	1.96	1.91	1.87	1.82	1.74	1.71
29	2.14	2.10	2.08	2.05	2.03	1.94	1.89	1.85	1.81	1.73	1.70
30	2.13	2.09	2.06	2.04	2.01	1.93	1.88	1.84	1.79	1.71	1.68
40	2.04	2.00	1.97	1.95	1.92	1.84	1.78	1.74	1.69	1.61	1.58
50	1.99	1.95	1.92	1.89	1.87	1.78	1.73	1.69	1.63	1.54	1.51
60	1.95	1.92	1.89	1.86	1.84	1.75	1.69	1.65	1.59	1.50	1.47
70	1.93	1.89	1.86	1.84	1.81	1.72	1.66	1.62	1.57	1.47	1.44
80	1.91	1.88	1.84	1.82	1.79	1.70	1.64	1.60	1.54	1.45	1.41
90	1.90	1.86	1.83	1.80	1.78	1.69	1.63	1.59	1.53	1.43	1.39
100	1.89	1.85	1.82	1.79	1.77	1.68	1.62	1.57	1.52	1.41	1.38
120	1.87	1.83	1.80	1.78	1.75	1.66	1.60	1.55	1.50	1.39	1.35

표 A.10: F 분포표; $F_{r_1,r_2;0.025}$ 값: $\Pr[F > F_{r_1,r_2;0.025}] = 0.025$

	분자 자유도(r_1)									
r_2	1	2	3	4	5	6	7	8	9	10
1	647.79	799.50	864.16	899.58	921.85	937.11	948.22	956.66	963.28	968.63
2	38.51	39.00	39.17	39.25	39.30	39.33	39.36	39.37	39.39	39.40
3	17.44	16.04	15.44	15.10	14.88	14.73	14.62	14.54	14.47	14.42
4	12.22	10.65	9.98	9.60	9.36	9.20	9.07	8.98	8.90	8.84
5	10.01	8.43	7.76	7.39	7.15	6.98	6.85	6.76	6.68	6.62
6	8.81	7.26	6.60	6.23	5.99	5.82	5.70	5.60	5.52	5.46
7	8.07	6.54	5.89	5.52	5.29	5.12	4.99	4.90	4.82	4.76
8	7.57	6.06	5.42	5.05	4.82	4.65	4.53	4.43	4.36	4.30
9	7.21	5.71	5.08	4.72	4.48	4.32	4.20	4.10	4.03	3.96
10	6.94	5.46	4.83	4.47	4.24	4.07	3.95	3.85	3.78	3.72
11	6.72	5.26	4.63	4.28	4.04	3.88	3.76	3.66	3.59	3.53
12	6.55	5.10	4.47	4.12	3.89	3.73	3.61	3.51	3.44	3.37
13	6.41	4.97	4.35	4.00	3.77	3.60	3.48	3.39	3.31	3.25
14	6.30	4.86	4.24	3.89	3.66	3.50	3.38	3.29	3.21	3.15
15	6.20	4.77	4.15	3.80	3.58	3.41	3.29	3.20	3.12	3.06
16	6.12	4.69	4.08	3.73	3.50	3.34	3.22	3.12	3.05	2.99
17	6.04	4.62	4.01	3.66	3.44	3.28	3.16	3.06	2.98	2.92
18	5.98	4.56	3.95	3.61	3.38	3.22	3.10	3.01	2.93	2.87
19	5.92	4.51	3.90	3.56	3.33	3.17	3.05	2.96	2.88	2.82
20	5.87	4.46	3.86	3.51	3.29	3.13	3.01	2.91	2.84	2.77
21	5.83	4.42	3.82	3.48	3.25	3.09	2.97	2.87	2.80	2.73
22	5.79	4.38	3.78	3.44	3.22	3.05	2.93	2.84	2.76	2.70
23	5.75	4.35	3.75	3.41	3.18	3.02	2.90	2.81	2.73	2.67
24	5.72	4.32	3.72	3.38	3.15	2.99	2.87	2.78	2.70	2.64
25	5.69	4.29	3.69	3.35	3.13	2.97	2.85	2.75	2.68	2.61
26	5.66	4.27	3.67	3.33	3.10	2.94	2.82	2.73	2.65	2.59
27	5.63	4.24	3.65	3.31	3.08	2.92	2.80	2.71	2.63	2.57
28	5.61	4.22	3.63	3.29	3.06	2.90	2.78	2.69	2.61	2.55
29	5.59	4.20	3.61	3.27	3.04	2.88	2.76	2.67	2.59	2.53
30	5.57	4.18	3.59	3.25	3.03	2.87	2.75	2.65	2.57	2.51
40	5.42	4.05	3.46	3.13	2.90	2.74	2.62	2.53	2.45	2.39
50	5.34	3.97	3.39	3.05	2.83	2.67	2.55	2.46	2.38	2.32
60	5.29	3.93	3.34	3.01	2.79	2.63	2.51	2.41	2.33	2.27
70	5.25	3.89	3.31	2.97	2.75	2.59	2.47	2.38	2.30	2.24
80	5.22	3.86	3.28	2.95	2.73	2.57	2.45	2.35	2.28	2.21
90	5.20	3.84	3.26	2.93	2.71	2.55	2.43	2.34	2.26	2.19
100	5.18	3.83	3.25	2.92	2.70	2.54	2.42	2.32	2.24	2.18
120	5.15	3.80	3.23	2.89	2.67	2.52	2.39	2.30	2.22	2.16

표 A.11: F 분포표; $F_{r_1,r_2;0.025}$ 값: $\Pr[F > F_{r_1,r_2;0.025}] = 0.025$

	분자 자유도(r_1)										
	11	12	13	14	15	20	25	30	40	80	120
1	973.0	976.7	979.8	982.5	984.9	993.1	998.1	1001.4	1005.6	1011.9	1014.0
2	39.41	39.41	39.42	39.43	39.43	39.45	39.46	39.46	39.47	39.49	39.49
3	14.37	14.34	14.30	14.28	14.25	14.17	14.12	14.08	14.04	13.97	13.95
4	8.79	8.75	8.71	8.68	8.66	8.56	8.50	8.46	8.41	8.33	8.31
5	6.57	6.52	6.49	6.46	6.43	6.33	6.27	6.23	6.18	6.10	6.07
6	5.41	5.37	5.33	5.30	5.27	5.17	5.11	5.07	5.01	4.93	4.90
7	4.71	4.67	4.63	4.60	4.57	4.47	4.40	4.36	4.31	4.23	4.20
8	4.24	4.20	4.16	4.13	4.10	4.00	3.94	3.89	3.84	3.76	3.73
9	3.91	3.87	3.83	3.80	3.77	3.67	3.60	3.56	3.51	3.42	3.39
10	3.66	3.62	3.58	3.55	3.52	3.42	3.35	3.31	3.26	3.17	3.14
11	3.47	3.43	3.39	3.36	3.33	3.23	3.16	3.12	3.06	2.97	2.94
12	3.32	3.28	3.24	3.21	3.18	3.07	3.01	2.96	2.91	2.82	2.79
13	3.20	3.15	3.12	3.08	3.05	2.95	2.88	2.84	2.78	2.69	2.66
14	3.09	3.05	3.01	2.98	2.95	2.84	2.78	2.73	2.67	2.58	2.55
15	3.01	2.96	2.92	2.89	2.86	2.76	2.69	2.64	2.59	2.49	2.46
16	2.93	2.89	2.85	2.82	2.79	2.68	2.61	2.57	2.51	2.42	2.38
17	2.87	2.82	2.79	2.75	2.72	2.62	2.55	2.50	2.44	2.35	2.32
18	2.81	2.77	2.73	2.70	2.67	2.56	2.49	2.44	2.38	2.29	2.26
19	2.76	2.72	2.68	2.65	2.62	2.51	2.44	2.39	2.33	2.24	2.20
20	2.72	2.68	2.64	2.60	2.57	2.46	2.40	2.35	2.29	2.19	2.16
21	2.68	2.64	2.60	2.56	2.53	2.42	2.36	2.31	2.25	2.15	2.11
22	2.65	2.60	2.56	2.53	2.50	2.39	2.32	2.27	2.21	2.11	2.08
23	2.62	2.57	2.53	2.50	2.47	2.36	2.29	2.24	2.18	2.08	2.04
24	2.59	2.54	2.50	2.47	2.44	2.33	2.26	2.21	2.15	2.05	2.01
25	2.56	2.51	2.48	2.44	2.41	2.30	2.23	2.18	2.12	2.02	1.98
26	2.54	2.49	2.45	2.42	2.39	2.28	2.21	2.16	2.09	1.99	1.95
27	2.51	2.47	2.43	2.39	2.36	2.25	2.18	2.13	2.07	1.97	1.93
28	2.49	2.45	2.41	2.37	2.34	2.23	2.16	2.11	2.05	1.94	1.91
29	2.48	2.43	2.39	2.36	2.32	2.21	2.14	2.09	2.03	1.92	1.89
30	2.46	2.41	2.37	2.34	2.31	2.20	2.12	2.07	2.01	1.90	1.87
40	2.33	2.29	2.25	2.21	2.18	2.07	1.99	1.94	1.88	1.76	1.72
50	2.26	2.22	2.18	2.14	2.11	1.99	1.92	1.87	1.80	1.68	1.64
60	2.22	2.17	2.13	2.09	2.06	1.94	1.87	1.82	1.74	1.63	1.58
70	2.18	2.14	2.10	2.06	2.03	1.91	1.83	1.78	1.71	1.59	1.54
80	2.16	2.11	2.07	2.03	2.00	1.88	1.81	1.75	1.68	1.55	1.51
90	2.14	2.09	2.05	2.02	1.98	1.86	1.79	1.73	1.66	1.53	1.48
100	2.12	2.08	2.04	2.00	1.97	1.85	1.77	1.71	1.64	1.51	1.46
120	2.10	2.05	2.01	1.98	1.94	1.82	1.75	1.69	1.61	1.48	1.43

찾아보기

저자소개

심송용 PhD
서울대학교 계산통계학과 학사
서울대학교 계산통계학과 통계학전공 석사
University of Wisconsin-Madison PhD(통계학)
한림대학교 데이터사이언스학부 교수

최효근 MD, PhD
서울대학교 의과대학 학사
서울대학교 의과대학 석사
서울대학교 의과대학 박사
한림대학교 의과대학 이비인후과 교수

파이썬으로 시작하는 **데이터과학**

초판발행 2022년 6월 20일

지은이 심송용 · 최효근
펴낸이 오판근
펴낸곳 (주)교우
주 소 서울시 동대문구 약령시로 8 교우빌딩 2층 (주)교우
전 화 02-925-2861 / **팩 스** 070-7966-8610, **편집부** 02-925-2825
홈페이지&북스토어 www.kyowoo.co.kr / **이메일** kyowoo@kyowoo.co.kr

등 록 1994년 3월 24일 제1994-000013호
ISBN 979-11-251-0357-8 (93310)

(주) 교우는 보다 혁신적이고 참신한 도서를 다양하게 기획하고 있습니다.
책으로 펴내고자 하는 아이디어나 원고는 메일로 보내주세요.
(주) 교우는 전과정을 책임지고 최선을 다하겠습니다.

값 36,000원

교우미디어는 (주) 교우의 Imprint 사입니다.
수학정원·과학정원은 (주) 교우의 새로운 브랜드명입니다.

잘못된 책은 구입하신 서점에서 교환해 드립니다.